Bouska/Leue

StVO
Straßenverkehrs-Ordnung

StVO
Straßenverkehrs-Ordnung

Textausgabe mit Erläuterungen, Allgemeiner Verwaltungsvorschrift zur Straßenverkehrs-Ordnung, verkehrsrechtlichen Bestimmungen des Bundes-Immissionsschutzgesetzes, Ferienreiseverordnung sowie ausgewählten Ausnahmeverordnungen

begründet von

Dr. Wolfgang Bouska
Leitender Ministerialrat a. D. †

fortgeführt ab der 20. Auflage von

Anke Leue
Ministerialdirigentin beim Bundesministerium für Verkehr und digitale Infrastruktur

26., neu bearbeitete Auflage
Stand: April 2021

C.F. Müller

Bibliografische Information der Deutschen Nationalbibliothek

Die Deutsche Nationalbibliothek verzeichnet diese Publikation in der Deutschen Nationalbibliografie; detaillierte bibliografische Daten sind im Internet über <http://dnb.d-nb.de> abrufbar.

ISBN 978-3-8114-5733-1

E-Mail: kundenservice@cfmueller.de

Telefon: +49 1859 599
Telefax: +49 1859 598

www.cfmueller.de

Satz: preXtension, Grafrath

Druck: Westermann Druck, Zwickau

Vorwort zur 26. Auflage

Die 26. Auflage dieses Buches berücksichtigt sämtliche Rechtsänderungen mit Bezug zum Verhaltensrecht im Straßenverkehr seit Oktober 2017. Seitdem ergangene wesentliche obergerichtliche und höchstrichterliche Entscheidungen dazu sind ebenso abgebildet. An Rechtsnovellen sind insbesondere zu nennen:

- Artikel 4a der sog. Elektrokleinstfahrzeuge-Verordnung, mit der diese neue Fahrzeugart den Fahrrädern in der StVO gleichgestellt wurde.
- Die 54. Verordnung zur Änderung straßenverkehrsrechtlicher Vorschriften, mit der u. a. ein Mindestabstand für das Überholen von Radfahrern, die Schrittgeschwindigkeit für rechtsabbiegende Lkw zum Schutze kreuzender Fußgänger und Radfahrer, der Grünpfeil nur für Radfahrende und ein Verbotszeichen für das Überholen einspuriger Fahrzeuge bei engen Straßenverhältnissen in die StVO Eingang fanden.
- Die Einzelverordnungen zur Änderung der InfGG-Beleihungsverordnung sowie der StVO, mit denen die Zuständigkeit des Fernstraßenbundesamtes und in der Folge der Autobahn GmbH als Straßenverkehrsbehörde im Wesentlichen zur Anordnung von Verkehrszeichen und Verkehrseinrichtungen für Bundesautobahnen festgelegt wurde.

Darüber hinaus wurden gleichzeitig vorgenommene Änderungen der Ferienreise-Verordnung (Ordnungsnr. 3 b) berücksichtigt und die verkehrsrechtlichen Bestimmungen des Bundes-Immissionsschutzgesetzes (BImSchG, Ordnungsnr. 3 c) im Lichte der Rechtsprechung überarbeitet. Hier war es besonders wichtig, die Rechtsfolgenverweisung des BImSchG auf die Instrumente der StVO einerseits und die Mittel der StVO mit Blick auf die Ermächtigungsgrundlage des StVG andererseits sauber voneinander abgegrenzt darzustellen.

Schließlich wurden sämtliche seitdem ergangene Änderungen der Ausnahme-Verordnung zum Lang-Lkw und weitere aktualisierte Ausnahmeverordnungen eingepflegt.

An dieser Stelle sei zudem der Hinweis erlaubt, dass vereinzelt in Literatur und Rechtsprechung vertretene Annahmen, der StVO-Neuerlass im Jahr 2013 leide an einem Zitierfehler in der Präambel und verstoße deshalb gegen das verfassungsrechtlich verankerte Zitiergebot (mit der Folge der Nichtigkeit), fehl gehen. Der Neuerlass ist in Kraft und seinerzeit rechtens ergangen, die behaupteten Zitierfehler bestehen nicht.

Dieses Buch ist gleichzeitig Teil 3 des Loseblattwerks Stoll/Leue, Straßenverkehrsrecht, (zur Fortsetzung ISBN 978-3-8114-4074-6). **Daher beginnt in diesem Buch die Kapitelzählung bei 3.**

Bonn, im März 2021 Anke Leue

Inhaltsübersicht

Abkürzungsverzeichnis

Allgemein verständliche Abkürzungen (z.B. Kfz, Pkw) sind nicht aufgenommen. **Ortsnamen ohne Zusatz** bezeichnen das **Oberlandesgericht** mit dem Sitz an diesem Ort. Das **Zeichen „§"** ohne Zusatz benennt einen **Paragrafen der Straßenverkehrs-Ordnung**.

a.A.	=	anderer Ansicht
aaO	=	am angegebenen Ort
AB	=	Autobahn
Anm.	=	Anmerkung
Art.	=	Artikel
BAnz	=	Bundesanzeiger
BayObLG	=	Bayer. Oberstes Landesgericht
BayVBl	=	Bayer. Verwaltungsblätter
BayVGH	=	Bayer. Verwaltungsgerichtshof
Begr.	=	Amtliche Begründung zur Straßenverkehrs-Ordnung
BGBl	=	Bundesgesetzblatt
BGH	=	Bundesgerichtshof
BVerfG	=	Bundesverfassungsgericht
BVerwG	=	Bundesverwaltungsgericht
CsgG	=	Gesetz zur Bevorrechtigung des Carsharing (Carsharinggesetz – CsgG)
DAR	=	Deutsches Autorecht
Drs.	=	Drucksache
eBAnz	=	Elektronischer Bundesanzeiger
eKFV	=	Verordnung über die Teilnahme von Elektrokleinstfahrzeugen am Straßenverkehr (Elektrokleinstfahrzeuge-Verordnung – eKFV)
Erl.	=	Erläuterung
FBA	=	Fernstraßenbundesamt
FeV	=	Fahrerlaubnis-Verordnung
Fzg	=	Fahrzeug / Fahrzeuge / Fahrzeugen

Fzgf.	=	Fahrzeugführer/in
FZV	=	Fahrzeug-Verordnung
ggü.	=	gegenüber
grds. / Grds.	=	grundsätzlich / Grundsatz
GüKG	=	Güterkraftverkehrsgesetz
Hs.	=	Halbsatz
i.Ü.	=	im Übrigen
idR	=	in der Regel
insbes.	=	insbesondere
insg.	=	insgesamt
iSd / iSv / isE	=	im Sinne des / im Sinne von / im Sinne eines
iVm	=	in Verbindung mit
KfzF / KfzFührer	=	Kraftfahrzeugführer/in
m.w.N.	=	mit weiteren Nachweisen
JW	=	Juristische Wochenschrift
KG	=	Kammergericht
NJW	=	Neue Juristische Wochenschrift
NVwZ	=	Neue Zeitschrift für Verwaltungsrecht
NZV	=	Neue Zeitschrift für Verkehrsrecht
OWiG	=	Gesetz über Ordnungswidrigkeiten
OVG	=	Oberverwaltungsgericht
PBefG	=	Personenbeförderungsgesetz
RG	=	Reichsgericht
RiLi / RL	=	Richtlinie
Rspr.	=	Rechtsprechung
RWBA	=	RiLi für wegweisende Beschilderung auf BAB
StGB	=	Strafgesetzbuch
StPO	=	Strafprozessordnung
StrVerkBeh	=	Straßenverkehrsbehörde
StVO	=	Straßenverkehrs-Ordnung
StVZO	=	Straßenverkehrs-Zulassungs-Ordnung

SVR	=	Zeitschrift für Straßenverkehrsrecht
UBA	=	Umweltbundesamt
VA	=	Verwaltungsakt
VersR	=	Versicherungsrecht
VGH	=	Verwaltungsgerichtshof
vgl.	=	vergleiche
VD	=	Der Verkehrsdienst
Verk.Si.	=	Verkehrssicherheit
VkBl	=	Verkehrsblatt
VM / VerkMitt	=	Verkehrsrechtliche Mitteilungen (Seitenzahl od. Nr. der Entsch.)
VO	=	Verordnung
VT	=	Verkehrsteilnehmer
VRS	=	Verkehrsrechtssammlung (Band und Seite)
VwGO	=	Verwaltungsgerichtsordnung
VwV-StVO	=	Allgemeine Verwaltungsvorschrift zur Straßenverkehrs-Ordnung
VZ / Z	=	Verkehrszeichen
ZusatzZ / ZZ	=	Zusatzzeichen

3

Straßenverkehrs-Ordnung (StVO)

vom 6. März 2013 (BGBl. I S. 367)
zuletzt geändert durch Artikel 1 Verordnung vom 18.12.2020
(BGBl. I S. 3047)

Inhaltsübersicht

I.
Allgemeine Verkehrsregeln[0]

§ 1 Grundregeln

(1) Die Teilnahme am Straßenverkehr[1 2] erfordert ständige Vorsicht und gegenseitige Rücksicht[3].

(2) Wer am Verkehr teilnimmt[4] hat sich so zu verhalten[5], dass kein Anderer[6] geschädigt, gefährdet[6a] oder mehr, als nach den Umständen unvermeidbar, behindert[6b] oder belästigt[7] wird[8 9].

Erläuterungen

0 Geführte Diskussionen über eine angebliche Nichtigkeit der StVO seit ihrem Neuerlass in 2013 gehen ins Leere. Das Zitiergebot (Art. 80 Abs. 1 S 3 GG) wurde nicht verletzt. Sämtl. Regelungen sind einer der in der Eingangsformel zitierten Ermächtigungsgrundlagen zuordbar. § 6 Abs. 1 Nr 3 StVG gliedert sich in einen 4 Punkte umfassenden einleitenden Teil mit anschließenden Regelbeispielen, die an den ersten Satzteil mit einem „ ," und einem „und" angefügt sind und damit jeweils kumulativ mit dem gesamten 1 Satzteil zu lesen sind. Der einleitende Teil ist immer bei der Nennung der einzelnen Buchstaben mitumfasst und muss nicht durch ein „und" zusätzlich in der Präambel entsprechender Änderungsverordnungen genannt werden. Dies wird unterstrichen dadurch, dass die aufgeführten Regelbeispiele ungeordnet zum einleitenden Satzteil angeschlossen und durch die Formulierung „und zwar hierzu unter anderem" nicht abschließend sind. Der § 6 Abs. 1 Nr. 3 StVG wurde nur deshalb nicht in 2013 als übergeordnete Gliederungseinheit in Gänze benannt, weil die Zuordnung der Einzelvorschriften zu verschiedenen Spiegelstrichen aufgrund der Benennung verschiedener Verordnungsgeber erforderlich wurde. Im Ergebnis so auch *OLG Braunschweig* Beschl. v. 4.12.2020 – 1 Ss (Owi) 173/20, juris.

Versuche seitens vereinzelter Länder und Interessenvertreter, die Vision Zero in § 1 zu verankern oder der StVO eine dahingehende Präambel voranzustellen, gingen bislang ins Leere, weil es sich bei der StVO in Gänze um eine Unfallverhütungsvorschrift handelt, welche damit noch weitergehend ist als das erstrebenswerte Ziel, keine Verletzten oder Tote im Straßenverkehr zu haben.

1 StVO gilt grds. nur für Verk. auf **öff. Wegen u. Plätzen** (§ 6 Abs. 1 Nr. 3 StVG). Verkehrsfläche ist nicht nur dann öff., wenn es sich um eine straßenrechtl. gewidm. Verkehrsfläche handelt, sondern auch, wenn sie **tatsächlich** einem unbestimmten, nicht durch pers. Beziehungen eingeschränkten, Personenkreis (also der Allgemeinheit) mit ausdrücklicher oder stillschweigender Zustimmung des Verfügungsberechtigten zur Benutzung offen steht – sog. faktisch öff. Verkehrsfl. (*BGH* VM 57, 14; DAR

63, 132; *BayObLG* VRS 10, 277; 29, 182; *Düsseldorf* VRS 64, 300; *BGH* VRS 104, 24). **Sachl.** Beschränkung der tatsächl. Zulassung eines öff. Verk. (z.B. auf Fußg. [Fußgängerzone] oder Kfz ab einer bauartbedingten Höchstgeschwindigkeit von 60 km/h [Autobahn] oder auf Fahrräder [Radfahrstraße]) beeinträchtigt Öff. nicht, bedingt aber vorherigen widmungsrechtl. Akt (unklar *Stuttgart* VersR 70, 846, das die Probleme der Abgrenzung von Straße u. Grundstück mit der Unterscheid. zw. öff. u. nichtöff. Verkehrsfläche vermischt). **Zeitweise** öff. sind z.B. auch Gehwege in Parks oder Friedhöfe während der Öffnungszeiten. Für Verkehrsregelung auf öff. Verkehrsgrund gilt ausschließl. Straßenverkehrsrecht; Bund hat von konkurr. Gesetzgebungszust. nach Art. 74 Abs. 1 Nr. 22 GG Gebrauch gemacht durch Erlass StVG und der darauf beruhenden StVO, dortige Regelungen entfalten Sperrwirkung für abw. Landesrecht. Länder können z.B. nicht generell abstrakt Tempolimit auf AB für ihr Gebiet flächendeckend einführen. Verkehrsreg. in Gemeindesatzungen (*BayObLG* VRS 62, 475 = DAR 82, 301) und im Landesrecht (BGHSt 47, 181) sind also unzulässig und unwirksam.

2 Verkehrsrechtl. **öffentlich:** Tankstelle (*BayObLG* VRS 24, 69 = VM 63, 13 = VkBl 63, 52; *Düsseldorf* VRS 59, 282; VRS 76, 34 = NZV 88, 231); Parkplätze immer dann nicht, wenn der Verfügungsberechtigte nach außen erkennbar seinen gegenläufigen Willen verdeutlicht hat. Dies erfolgt z.B. durch Aushang von Nutzungsbedingungen oder durch eigene Beschilderung „Hier gilt die StVO" oder Vorhaltung von speziellen Mutter-Kind-Parkplätzen etc. Der Verfügungsberechtigte macht dann von seinem Hausrecht Gebrauch. Ist dies nicht der Fall: Parkplatz vor Gastwirtschaft (*BGH* VRS 20, 453 = DAR 61, 205 = VM 61, 56 = NJW 61, 1124; *Düsseldorf* NZV 92, 120 = VRS 82, 123); Parkplatz od. Parkhaus, die der Allgemeinheit zur Benutzung offen stehen (*KG* DAR 77, 47; 78, 19; 83, 80; NZV 2003, 381; *Düsseldorf* VRS 63, 289); Parkplatz eines Einkaufscenters (*Saarbrücken* VRS 47, 54); Parkplatz in Hinterhof, der den Kunden mehrerer Firmen sowie den Anwohnern offen steht (*OVG Münster* NZV 2000, 183 = DAR 2000, 91); Ladestraße eines Güterbahnhofs (*Celle* DAR 65, 100); öff. Parkhäuser u. Tiefgaragen (*Bullert* DAR 63, 325; *Stuttgart* VRS 30, 210; *Bremen* VRS 33, 193; *Düsseldorf* VRS 39, 204); gemeinsame Zufahrt zu mehreren Häusern, soweit keine Sperreinrichtungen od. Z vorh. (*BayObLG* NVwZ 83, 438); Straßen in priv. Klinikgelände (*VGH Kassel* NZV 89, 406) Straßen in Klinikgelände, das Besuchern von Patienten offen steht, sind öff., auch wenn Umzäunung und Zufahrtkontrolle vorhanden; Forstweg, der als Wanderweg zur Verf. steht (*Bouska* BayVBl 65, 51); Straßen, die nur nach Bezahlung eines bes. Entgelts (Maut) benutzt werden dürfen, grds. aber jedermann zur Verf. stehen; Straße in nicht abgeschloss. Ind.- od. Gewerbegebiet. Bauliche Mittelstreifen od. Grünstreifen in Straßen mit getrennten Richtungsfahrb. sind öff. iSd Straßenverkehrsrechts, idR sogar iSd Straßenrechts, denn sie bilden zus. mit den für den fließ. Verk. best. Straßenteilen einen einheitl. Straßenraum (z.B. als „Insel" für Fußg., die die gesamte Straße überschreiten wol-

len), auch wenn sie nicht ausdrückl. dazu bestimmt sind. Die Auff. von *Düsseldorf* (NZV 93, 161 = VRS 84, 471 = VM 93, 46) ist als zu eng abzulehnen. Entspr. gilt für Straßenteile, z.B. Grünstreifen, die zw. Fahrb. und Gehweg verlaufen und tatsächl. den Fußg. beim Überqueren der Fahrb. zur Verfügung stehen (davon gehen wohl auch *Hamm* DAR 94, 409 und *Düsseldorf* NZV 94, 372 aus). **Nicht öffentlich:** Kasernengelände (*BGH* VRS 26, 255); Fliegerhorst (*BayObLG* VRS 24, 305 = VM 63, 27 = NJW 64, 501); abgeschl. Fabrikgelände, auch mit Parkplatz (*Braunschweig* VRS 8, 144; 27, 458); ausweispfl. Großmarktgelände (*BGH* DAR 63, 132 = VM 63, 9); a.A. *LG Dresden* (NZV 1999, 221); Weg, der erkennbar nur Anwohnern u. Besuchern dient (*Hamm* VRS 52, 207); Wagendeck eines Fährschiffes (*Karlsruhe* NZV 93, 77 = VRS 84, 100); wohl auch sog. Verkehrsübungsplätze, jed. nur, wenn sie ggü. dem öff. Verkehrsraum abgeschlossen sind (Zaun), einer Zugangskontrolle und bes. Benutzerregeln unterliegen (die fahrpraktische Ausbildung vor Erwerb einer Fahrerlaubnis darf jed. auch auf solchen Übungsplätzen nur durch Fahrlehrer nach Maßg. des Fahrlehrergesetzes durchgeführt werden). Außerhalb des öff. Verkehrsraums gilt die StVO grds. nicht, dennoch hat man sich zumindest stets an die Grundregel des § 1 zu halten (Vorsicht und gegens. Rücksichtnahme), Versuche seitens vereinzelter Länder und Interessenvertreter.

3 Jeder Fußg., Radf., KfzFührer und damit jeder VT muss sich in jeder Situation darüber klarwerden, ob sein Verhalten in diesem Zeitpunkt nach vernünftiger Auffassung die nach den Umständen mögliche Sicherheit und Störungsfreiheit für die anderen und für sich selbst gewährleistet. **Defensiv** fahren (*Wimmer* DAR 64, 37) heißt, „auf Sicherheit" fahren, so fahren, „dass nichts passieren kann". Rspr. verlangt risikoärmstes Verhalten (*BGH* NJW 88, 909). Bedeutet aber nicht, dass man sich als VT immer auf ein Idealverhalten des Anderen verlassen kann. Derjenige, der die gebotene Sorgfalt außer Acht lässt, die in der konkreten Situation erforderlich erscheint, um sich selbst vor Schaden zu schützen, muss ggf. eine Mitverantwortung tragen (*Karlsruhe* 1 U 8/12, juris).

4 VT ist jeder, der durch eigenes Tun od. Unterlassen unmittelbar auf den Verkehr einwirkt. **Beispiele:** FzgFührer, der Fzg parkt, für die Dauer des Parkens (*Hamburg* VRS 23, 139; *BayObLG* VRS 24, 460; 27, 220); Soziusfahrer auf Kraftrad (*BGH* VRS 7, 68 = DAR 54, 304; VRS 18, 415); Lenker eines abgeschleppten Kfz (*Hamm* VRS 22, 220); Führer von Schienenbahn im öff. Verkehrsraum, auch auf Bahnübergang (*BGH* DAR 53, 118 = VRS 5, 304 = VkBl 53, 240); Baggerführer bei StrBauarb. auf nicht gesperrter Straße (*Hamm* DAR 64, 115); Fahrlehrer (§ 3 StVG); Lenker der Hinterachse bei Langfzg **Kein VT:** Fahrgast in Kraftwagen (außer bei Einwirkung auf Fahrer oder Bedienungsapp., Ablenkung des Fahrers, *BayObLG* VRS 13, 285); Bediensteter der StrVerkBeh u. der StrBaubeh. beim Vollzug des § 45 (*Köln* NJW 65, 829; Vd 65, 351), des StrBaulastträgers bei § 45 Abs. 5; Bauunternehmer bei § 45 Abs. 6 (Hamm VRS 5, 623); FzgHalter in dieser Eigenschaft.

5 Tatbestand hinreichend bestimmt (*BVerfG* DAR 68, 329 = VkBl 68, 488; VD 67, 321 abw. von *Lange-Fuchs* NJW 67, 1843).

6 Andere sind nicht nur VT, sondern alle Menschen, auch Tiere, aber grds. nicht Sachen.

6a Immer konkrete Gefahr; Befürchtung, dass Unfall unmittelbar bevorsteht (Beinahe-Unfall *BGH* NJW 95, 3131). Liegt keine konkrete Gefahr vor, ggf. Behinderung oder Belästigung gegeben.

6b Wer mit der höchstzul. Geschw. auf dem linken Fahrstreifen der Richtungsfahrb. einer AB fährt, **behindert** einen Fahrer, der überholen will, **nicht,** wenn das Überholen nur bei Überschreitung der Geschw.beschr. möglich wäre (*BGH* VRS 72, 293), wohl aber kann ein Verstoß gegen das Rechtsfahrgebot (§ 2 Abs. 2) vorliegen. Versammlungsfreiheit begr. kein Recht zur absichtl. Lahmlegung des Straßenverkehrs; Behinderungen insoweit nur gedeckt, soweit sie sozialadäquate Nebenfolge der Versammlungsfreiheit sind; AB stehen für Demonstrationen nicht zur Verfügung (*OVG Lüneburg* NZV 95, 332). Blockade einer AB durch Kfz kann Nötigung (§ 240 StGB) sein (*BGH* DAR 95, 453 = VM 96, Nr. 1). Zu den Vorauss., unter denen stetiges Fahren auf dem linken Fahrstr. einer AB Nötigung sein kann vgl. *Düsseldorf* NZV 2000, 301 (vgl. auch Erl. 5 zu § 2). Verlangt wird eine nachhaltige Beeinträchtigung (BGHSt 34, 238).

7 Störung einer Radarmessung durch geparkte Fzg ist Belästigung der Überwachungskräfte (*Hamm* VRS 52, 208). Ein subjektives Unbehagen ist Voraussetzung.

8 Gefährdung, Behinderung und Belästigung müssen **konkret** nachweisbar sein.

9 Verhältnis zu and. Vorschriften der StVO:

a) Einzelvorschr. untersagt best. Verh. ohne Rücksicht auf Gefährdung usw.: Bei Eintritt einer dieser Folgen **Tateinheit** (§ 19 OWiG). Beisp.: § 3 Abs. 1, § 4, § 12 Abs. 1.
b) Einzelvorschr. untersagt best. Verh., wenn dadurch **einer** der Erfolge des § 1 Abs. 2 eintritt: § 1 Abs. 2 nicht anzuwenden **(Gesetzeskonkurrenz),** wenn **diese** Folge eintritt, jed. **allein** anzuwenden, wenn eine and. Voraussetzung erfüllt wird. Beisp.: Gefährdung durch Öffnen der Wagentür = nur § 14 Abs. 1; Behinderung in solchem Falle = nur § 1 Abs. 2.
c) Einzelvorschr. untersagt best. Verh., das **notwendig** auch den Tatbest. des § 1 Abs. 2 erfüllt: anzuwenden ist nur die Einzelvorschr. Beisp.: Verletzung der Vorfahrt, § 8, des Vorranges nach § 9 Abs. 3.

§ 2 Straßenbenutzung[1] durch Fahrzeuge

(1) Fahrzeuge[2] müssen die Fahrbahn[3] benutzen, von zwei Fahrbahnen[4] die rechte. Seitenstreifen[4a] sind nicht Bestandteil der Fahrbahn[4b 4c].

(2) Es ist möglichst weit rechts[5] [6] zu fahren, nicht nur bei Gegenverkehr, beim Überholtwerden, an Kuppen, in Kurven oder bei Unübersichtlichkeit.

(3) Fahrzeuge, die in der Längsrichtung einer Schienenbahn verkehren, müssen diese, soweit möglich, durchfahren lassen.

(3a) [7]Der Führer eines Kraftfahrzeuges darf dies bei Glatteis, Schneeglätte, Schneematsch, Eisglätte oder Reifglätte nur fahren, wenn alle Räder mit Reifen ausgerüstet sind, die unbeschadet der allgemeinen Anforderungen an die Bereifung den Anforderungen des § 36 Absatz 4 der Straßenverkehrs-Zulassungs-Ordnung genügen[7a]. Satz 1 gilt nicht für[7b]
1. Nutzfahrzeuge der Land- und Forstwirtschaft,
2. einspurige Kraftfahrzeuge,
3. Stapler im Sinne des § 2 Nummer 18 der Fahrzeug-Zulassungsverordnung,
4. motorisierte Krankenfahrstühle im Sinne des § 2 Nummer 13 der Fahrzeug-Zulassungs-Verordnung und
5. Einsatzfahrzeuge der in § 35 Absatz 1 genannten Organisationen, soweit für diese Fahrzeuge bauartbedingt keine Reifen verfügbar sind, die den Anforderungen des § 36 Absatz 4 der Straßenverkehrs-Zulassungs-Ordnung genügen und
6. Spezialfahrzeuge, für die bauartbedingt keine Reifen der Kategorien C1, C2 oder C3 verfügbar sind.

Kraftfahrzeuge der Klassen M2, M3, N2, N3 dürfen bei solchen Wetterbedingungen auch gefahren werden, wenn mindestens die Räder
1. der permanent angetriebenen Achsen und
2. der vorderen Lenkachsen

mit Reifen ausgerüstet sind, die unbeschadet der allgemeinen Anforderungen an die Bereifung den Anforderungen des § 36 Absatz 4 der Straßenverkehrs-Zulassungs-Ordnung genügen.[7c] Soweit ein Kraftfahrzeug während einer der in Satz 1 bezeichneten Witterungslagen ohne eine den Anforderungen des § 36 Absatz 4 der Straßenverkehrs-Zulassungs-Ordnung genügenden Bereifung geführt werden darf, hat der Führer des Kraftfahrzeuges über seine allgemeinen Verpflichtungen hinaus,
1. vor Antritt jeder Fahrt zu prüfen, ob es erforderlich ist, die Fahrt durchzuführen, da das Ziel mit anderen Verkehrsmitteln nicht erreichbar ist,
2. während der Fahrt
   a) einen Abstand in Metern zu einem vorausfahrenden Fahrzeug von mindestens der Hälfte des auf dem Geschwindigkeitsmesser

im km/h angezeigten Zahlenwertes der gefahrenen Geschwindigkeit einzuhalten,

b) nicht schneller als 50 km/h zu fahren, wenn nicht eine geringere Geschwindigkeit geboten ist.[7d]

Wer ein kennzeichnungspflichtiges Fahrzeug mit gefährlichen Gütern[8] führt, muss bei einer Sichtweite unter 50 m[9], bei Schneeglätte[10] oder Glatteis jede Gefährdung Anderer ausschließen[11] und wenn nötig[11a] den nächsten geeigneten Platz[12] zum Parken aufsuchen.

(4) Mit Fahrrädern[12a] darf nebeneinander gefahren werden; wenn dadurch der Verkehr nicht behindert wird; anderenfalls muss einzeln hintereinander gefahren werden[12b]. Eine Pflicht Radwege[13] in der jeweiligen Fahrtrichtung[14] zu benutzen[14a], besteht nur, wenn dies durch Zeichen 237, 240 oder 241 angeordnet ist. Rechte Radwege ohne die Zeichen 237, 240 oder 241 dürfen benutzen werden[14b]. Linke Radwege ohne die Zeichen 237, 240 oder 241 dürfen nur benutzt werden, wenn dies durch das allein stehende Zusatzzeichen „Radverkehr frei“ angezeigt ist.[14c] Wer mit dem Rad fährt, darf ferner rechte Seitenstreifen benutzen[14d], wenn keine Radwege vorhanden sind und zu Fuß Gehende nicht behindert werden. Außerhalb geschlossener Ortschaften darf man mit Mofas[15] und E-Bikes[16] Radwege benutzen[16a].

(5) Kinder bis zum vollendeten achten Lebensjahr müssen[17], Kinder bis zum vollendeten zehnten Lebensjahr dürfen mit Fahrrädern Gehwege benutzen[18]. Ist ein baulich von der Fahrbahn getrennter Radweg vorhanden, so dürfen abweichend von Satz 1 Kinder bis zum vollendeten achten Lebensjahr auch diesen Radweg benutzen.[18a] Soweit ein Kind bis zum vollendeten achten Lebensjahr von einer geeigneten Aufsichtsperson begleitet wird, darf diese Aufsichtsperson für die Dauer der Begleitung den Gehweg ebenfalls mit dem Fahrrad benutzen; eine Aufsichtsperson ist insbesondere geeignet, wenn diese mindestens 16 Jahre alt ist.[18b] Auf zu Fuß Gehende ist insbesondere Rücksicht zu nehmen[19] [20]. Der Fußgängerverkehr darf weder gefährdet noch behindert werden. Soweit erforderlich, muss die Geschwindigkeit an den Fußgängerverkehr angepasst werden.[20a] Wird vor dem Überqueren einer Fahrbahn ein Gehweg benutzt, müssen die Kinder und die diese begleitende Aufsichtsperson absteigen[21] [22].

Erläuterungen

1 Vorschrift gilt nur für den **fließenden** Verkehr. Daher z.B. bei Parken auf Gehweg Verstoß nur gegen § 12 Abs. 4 (*KG* VRS 45, 66; *BayObLG* VRS 48, 456; *Düsseldorf* VRS 61, 64; *BVerwG* DAR 92, 473 = VRS 84, 127 = NZV 93,

44; a.A. *Düsseldorf* VRS 63, 384 = DAR 82, 336, jed. in sich widersprüchl., weil Pflicht zur Fahrb.Benutzung – § 2 Abs. 1 – durch § 12 Abs. 4 gerade nicht für ruh. Verk. gilt). Innerhalb des fließenden Verkehrs gilt die Vorschrift nur für den **Längsverkehr.** Sie verbietet deshalb z.B. nicht das Überfahren des Gehwegs (oder eines Radwegs), um in ein Grundstück zu gelangen (*Hamburg* DAR 85, 292); zulässig ist hier aber nur eine direkte rechtwinklige Überquerung. Ein KfzFührer, der vor einer Straßenkreuzung die Fahrb. verlässt, um über ein Tankstellengelände die Querstraße schneller zu erreichen, verstößt nicht deshalb gegen die Vorschrift, weil er den Gehweg überquert (*BGH* VRS 69, 386). Wer eine parallel zur Richtungsfahrb. einer AB verlaufende Parkplatzstraße benutzt, um sich an deren Ende wieder einzufädeln, verstößt gegen § 2 Abs. 1, nicht aber gegen § 5 Abs. 1 (*Düsseldorf* VRS 73, 146).

2 Fzg **jeder Art** (Kfz, Fahrräder, Fuhrwerke). Fahrr. u. Mofas s. auch Abs. 4; Fzg, die von Fußg. mitgeführt werden, fallen nicht unter Abs. 1, sondern unter § 25 Abs. 2. Kinderwagen, einschl. sog. City-Roller, Skateboards, Inlineskates usw. begriffl. keine Fzg (§ 24 Abs. 1). Die Vorschr. verbietet also insbes. auch die Benutzung des Gehwegs durch Radf. (Ausn.: Abs. 5); kollidiert ein rechtswidr. auf dem Gehsteig fahr. Radf. mit Pkw, der aus einer Grundstücksausfahrt kommt, so kann selbst die Betriebsgefahr des Pkw zurücktreten (*LG Nürnberg-Fürth* NZV 91, 433; vgl. auch *Hamburg* NZV 92, 281; *Hamm* NZV 95, 152).

3 Derjenige Teil der Straße, der nach seiner **bautechn. Gestaltung** nach vernünftiger Auffassung für den Fzgverkehr bestimmt ist. Auch Radwege sind Teil der Fahrb. Seitenstreifen der AB darf – außer in Notfällen und bei Anordnung von Z 223.1 „Seitenstreifen befahren" (vgl. auch Erl. 4c) – nicht benutzt werden, auch nicht für kurze Strecke, um zu einer Ausfahrt zu gelangen (*BGH* VRS 61, 57 = DAR 81, 295; vgl. auch *Bouska* DAR 81, 289). Def. des Fahrstreifens als Teil der Fahrb. vgl. § 7 Abs. 1 Satz 2.

4 Gilt nur für **gleichartige** Fahrb. **einer** Straße, also z.B. nicht für schmale Anliegerstraße neben breit ausgebauter Hauptverkehrsstraße. Dann idR **zwei** Straßen, nicht **eine** Str. mit mehreren Fahrb. Ggf. Regelung durch Z 220, 267. „Geisterfahrer" auf AB verstößt gegen § 2 Abs. 1 Satz 1 (*BayObLG* VM 98 Nr. 52).

4a **Seitenstreifen** sind entlang der Fahrb. – durchgehend od. für eine best. Strecke – verlaufende, befestigte od. unbefestigte befahrbare Straßenflächen, die idR durch Fahrbahnbegrenzungslinie (Z 295) von der Fahrb. abgetrennt sind (Ausn.: Abgrenzung durch and. Mittel in verk.beruhigten Geschäftsbereichen, wohl auch für baulich auf kurze Strecken angelegte „Parkstreifen" § 12 Abs. 4 Satz 1).

4b Obwohl die StVO nach ihrer Systematik zw. Fahrb. und Seitenstreifen unterscheidet, hatte die Rspr. früher wiederholt Seitenstreifen als Bestandteil der Fahrb. bezeichnet (z.B. *BGH* DAR 81, 295; zuletzt *Köln* NZV 92, 415). Auch die mittelbare Klarstellung durch den VO-Geber durch deutliche Hervorhebung des Seitenstreifens in § 18 Abs. 8 durch VO v. 22.3.1988 (BGBl I S. 405) hatte daran zunächst nichts geändert. Erst die Ergänzung des § 2 Abs. 1 stellte ausdrücklich klar, dass der Seitenstreifen im Verh. zur Fahrb. ein aliud ist.

4c Damit ist z.B. auch klargestellt, dass der Seitenstreifen nicht zum Fahren benutzt werden darf (§ 2 Abs. 1 Satz 1), ausgen. in Notfällen (§ 16 OWiG) und in den bes. geregelten Fällen (z.B. § 2 Abs. 4 Satz 5, § 5 Abs. 6 Satz 3; Z 223.1); klargestellt ist auch, dass Fzg, die auf dem Seitenstreifen fahren, von Fzg auf der Fahrb. im Rechtssinne nicht „überholt" werden, so dass z.B. Überholverbote (Z 276, 277) insoweit nicht greifen; anders bei angeordnetem Z 223.1, denn dann gelten für den temporär umfunktionierten Seitenstreifen die Vorschriften über die Benutzung von Fahrb. Z 295 wird dann zu Z 340, es gilt das Rechtsfahrgeb. und ein angeordn. Überholverb. muss beachtet werden.

5 Grundsatz des **Rechtsverkehrs.** Es muss so nahe am rechten Fahrbahnrand gefahren werden, wie das nach Auff. eines durchschn. erfahrenen verantwortungsbewussten Fahrers unter Berucks. der Geschwindigkeit, der Verkehrslage, der Sichtverhältnisse, der Fahrbahnbreite u. -beschaffenheit (z.B. Wölbung, tiefe Schlaglöcher) u. sonst. Umstände (z.B. Baumäste im Lichtraum der Straße) vertretbar erscheint. Schutz des Gegenverkehrs stets vorrangig (reibungslose Abwicklung des Fahrverkehrs, *BGH* VersR 64, 1069; DAR 96, 462 = VRS 92, 189 = NZV 96, 444 = VM 97 Nr. 11). Linksfahren auch auf Fahrb. ohne Gegenverkehr, z.B. Autobahn, verboten, jed. beim Überholen kein Einscheren in ungenüg. Fzglücken notwendig (*Frankfurt* VM 64, 23; *BayObLG* VRS 28, 44; 29, 468; *Hamm* VRS 33, 130). Kfz, die links neben einem **Schutzstreifen** für Radf. (Z 340) fahren, verstoßen nicht gegen das Rechtsfahrgebot. Zur Frage, wann auf Fahrb. mit mehreren Fahrstreifen für eine Richtung der linke Fahrstreifen für nachfg. schnelleren Verk. freigemacht werden muss, vgl. *Bouska* DAR 85, 137; *BayObLG* DAR 90, 187. Wer auf AB rechtswidrig links fahrt und dadurch nachfolg. Fzg am Überholen hindert, verstößt nur gegen § 2 Abs. 2, nicht gegen § 1 Abs. 2, wenn das Überholen nur unter Überschreiten der dort geltenden Höchstgeschw. möglich gewesen wäre (*BGH* VRS 72, 293). **Nötigung** (§ 240 StGB) kann gegeben sein, wenn ein Fzgf. den linken Fahrstreifen der AB nicht freigibt und damit ein nachf. Fzg planmäßig, langerwährend und ohne vernünftigen Grund am Überholen hindert (*Stuttgart* NZV 91, 119; vgl. auch *Hamm* NZV 91, 480, *Köln* NZV 93, 36 und *Düsseldorf* NZV 2000, 301). Kurven dürfen nicht geschnitten werden, auch nicht bei übersichtlicher Fahrb. u. Fehlen einer Behinderung od. Gefährdung (*BGH* VRS 39, 367 = VM 70, 89). Abstand 80 cm zum recht. Fahrbahnrand und 50 cm z. Fahrbmitte nicht zu beanstanden (*BayObLG* VRS 61, 55). Bei Nebel unter best. Vorauss. geringerer Abstand (50 cm) zur Leitlinie in Fahrbmitte zulässig (*BayObLG* VRS 62, 377).

6 Sog. **Kriechspuren** sind Fahrstreifen, die im Bereich von Steigungs- u. Gefällstrecken zusätzlich angelegt und von den übrigen Richtungsfahrstreifen durch eine Leitlinie (Z 340) in Breitstrichausführung (vgl. VwV-StVO Rn. 5 zu Z 340 iVm RMS) abgegrenzt sind. Beschilderung, z.B. mit Z 209, häufig, jed. nicht begriffsnotw. Zügiger Verkehr muss Kriechsp. idR nicht benutzen (vgl. *BGH* DAR 70, 21; *Bouska* DAR 62, 254; *Frankfurt* VM 76, 56, das eine Abweich. vom Rechtsfahrgebot bei fahrstreifenbezogener Geschw.Beschr. für zulässig hält. Das muss auch bei unterschiedl. Mindestgeschw. gelten, wie bei Kriechstreifen, aber auch bei regulären dreistreifigen Richtungsfahrbahnen in Steigungsstrecken häufig angeordnet; vgl. auch VD 77, 81). Nachdem nunmehr auch fahrstreifenbezogene Anordnungen unterschiedlicher Geschw. ausdrücklich zugelassen sind (vgl. § 39 Abs. 2 Satz 4) empfiehlt sich eine Klarstellung, dass dann eine Abweichung vom Rechtsfahrgebot zulässig ist. Zügig = wer an Steigung oder Gefälle mind. 60 km/h fährt. Am Ende der Kriechsp. Wartepflicht gegenüber durchgeh. Fahrspur; Z 205 zulässig, aber nicht notw. (*BGH* aaO); das Reißverschlussverfahren (§ 7 Abs. 4) kommt am Ende eines Kriechstreifens wegen § 7 Abs. 5 Satz 1 in aller Regel nicht in Betracht, weil eine Vermischung des Verkehrs nach diesem Verfahren angesichts der hohen Geschwindigkeitsunterschiede gefährlich wäre.

7 Neugefasst durch 52. VO zur Änd. straßenverk. Vorschr. Mai 2017. Novellierung musste im Anschluss an die Verortung der Anforderungen an Reifen für winterliche Verh. in § 36 Abs. 4 StVZO erfolgen. Eine erste Konkretisierung solcher Reifen erfolgte Ende 2010. Bereits vorherige Vorschrift beinhaltete Verhaltenspflichten zur Anpassung der Ausrüstung an die Wetterverhältnisse. Es handelt sich nach wie vor ausschließlich um eine situative, witterungsabhängige Verhaltens- und nicht um eine generelle Ausrüstungspflicht. Für Fzg, die der Personenbeförderung dienen (Omnibus, Taxi), enthält § 18 BOKraft bereits seit geraumer Zeit eine Winterreifenpflicht. *Oldenburg* hatte mit Beschl. v. 9.7.10 entschieden, dass die Bußgeldbewehrung für Verstöße gegen die alte Vorschrift gegen das Bestimmtheitsgebot (Art. 103 Abs. 2 GG) verstößt. Bundesrat hatte zu dieser Konkretisierung in 2010 gleichz. eine Entschließung gefasst, in der weiterer Beratungs- und Prüfbedarf zum Ausdruck kam (z.B. Prüfung der Profiltiefe, Aufforderung Bußgeldtatbestand für Halter durch Anpassung StVZO zu schaffen). Festlegung einheitlicher Kriterien für Winterreifen scheiterte vormals daran, dass erst eine Verabschiedung in den intern. Gremien der UN-Wirtschaftskommission für Europa (UNECE) für Prüfanforderungen für Winterreifen notwendig war (im Nov. 2012 geschaffen -Verankerung des Alpine-Symbols, dessen Aufbringung einen definierten Test durchlaufen muss – dadurch werden Mindestanforderungen an die Leistungsfähigk. des Winterreifens bei schneebedeckter Straße festgelegt). In der Folge wurde die Bundesanstalt für Straßenwesen mit einem Forschungsprojekt zu Reifenalter, Profiltiefe, Winterreifen nur auf der Lenkachse von Nutzfzg und Schneekettenpflicht bei Nutzfzg beauftragt. Verpflicht. gilt auch für Mietwagen,

Fzgf. hat sich vor Fahrtantritt von der ordnungsgem. Bereifung zu überzeugen.

7a Reifen müssen dem § 36 Abs. 4 StVZO entsprechen. Regelung gilt für M2, M3, N2, N3 Kfz. Im Fzg mitgeführte Ersatzräder werden davon nicht erfasst. Die Reifen für winterliche Verhältnisse werden über die Kennzeichnung mit entsprechenden Symbolen (Alpine-Symbol) definiert. Sie müssen die in der ECE-Regelung Nr. 117 festgelegten Anforderungen auf Schnee erfüllen. Zur Übergangsbestimmung vgl. § 52. Die in § 36 Abs. 4 StVZO beschriebene Reifenkennzeichnung wird in abgestuften Zeitschritten eingeführt. M+S-Reifen können bis 30.9.2024 verwendet werden, wenn sie bis 31.12.2017 produziert wurden (Herstellungsdatum auf Reifenseitenwand ablesbar).

7b Schaffung der Ausnahmetatbestände ist in Teilen umstr. Laut ECE-Regelung Nr. 117 dürfen Winterreifen der Klassen C1, C2, C3 (Reifen für Lkw und Pkw) das Alpine-Symbol erhalten, wenn sie einen Test durchlaufen haben. Bei Motorrädern fehlt dies bislang. Einspurige Fzge werden nun ausgenommen. Unter Verk.Si.Gründen ist dies fraglich. Besser ist es, von vornherein das Motorrad bei solchen Bedingungen stehen zu lassen. Auch Motorräder mit Doppelrad fallen darunter, es sei denn, sie sind mit Pkw-Reifen ausgerüstet. Bundesanstalt für Straßenwesen ist beauftragt, den Einfluss von Winterreifen auf die Verk.Si. zu untersuchen. Änderungen könnten je nach Ausgang also noch folgen. Motorisierte Krankenfahrstühle und Gabelstapler sind ebenfalls ausgenommen – geringe Geschw. (15 km/h) lässt dies unter Verk.Si.Gründen im Gegensatz zu Motorrädern aber auch generell zu. Die zusätzlich verankerten Parameter, die unter Verk.Sicherheitsgründen unentbehrlich sind, lassen dennoch ein generelles situatives Fahrverbot vermuten. Es dürfte quasi niemals erforderlich sein, die Fahrt wirklich mit dem Motorrad durchzuführen, da zumindest die Möglichkeit der Anmietung von Pkw oder der Nutzung des ÖPNV immer gegeben sein dürfte. Jegliche Verkehrsziele sind in Deutschland mit anderen Verkehrsmitteln als mit Motorrädern erreichbar!

7c Ausnahme geht auf Bundesrat (BR-Drs. 771/16 Beschluss) zurück mit der Begründung, dass Testergebnisse der Fachpresse sowie Angaben der Reifenhersteller eine Verbesserung der Fahrstabilität sowie eine erhebliche Verkürzung des Bremsweges von Lkw und Lkw-Gespannen belegen, wenn diese auf allen Achsen mit Winterbereifung ausgerüstet sind. Mit dem Begriff der „vorderen Lenkachse" soll dem Umstand Rechnung getragen werden, dass im Nutzfahrzeugbereich gelenkte Achsen in Form einer Reibungs- und Hilfslenkung auch an der Hinterachse Anwendung finden. Zur Übergangsfrist vgl. § 52.

7d Mögliche Geschw. dürfte bei richtigen winterl. Verh. weit unter 50 km/h betragen, soweit sie ohne entspr. Bereifung unterwegs sind.

8 Zu beurteilen nach der Gefahrgutverordnung Straße (GGVS) und dem Europ. Übereinkommen über die internat. Beförderung gefährl. Güter auf der

Straße (ADR-Übereinkommen). Betrifft insbes. auch Tankfzg mit brennbaren Flüssigkeiten.

9 Als Entfernungsorientierung kann auf die Leitpfosten am Fahrbahnrand zurückgegriffen werden.

10 Glatteis und Schneeglätte, Eis- und Reifglätte zählen nach Auskunft des Deutschen Wetterdienstes zu den winterlichen Wetterverh., die geeignet sind, die Sicherheit des Straßenverk. zu beeinträchtigen. Verursacht durch unterschiedl. Niederschlagsarten: Schneefall (inkl. Schneeregen und Schneegriesel), Eiskörner, gefrierendem Regen und Nebel und Schneeverwehungen (fallender bzw. abgesetzter Schnee iVm starkem Wind). Wettererscheinungen und -verhältnisse können bereits bei Lufttemperaturen einige Grad über Gefrierpunkt auftreten. So kann sich bei starkem Schneefall bei 4°C eine geschlossene Schneedecke ausbilden. Beschränkung gilt bei mehreren Fahrstreifen nur, wenn Glätte auf konkret befahrenem Streifen vorliegt (*Hamm* NZV 98, 213 = VM 98 Nr. 53). Streuung mit abstumpfendem Material (z.B. Splitt) kann das Merkmal Schneeglätte beseitigen.

11 Verlangt wird hier die höchste Sorgfaltsstufe. Der Fzgf. muss garantieren können, dass durch die Weiterfahrt nichts passieren kann. Begriff des Anderen umfasst nicht nur VT, sondern alle Menschen.

11a Wenn durch Benutzung von Winterreifen oder Schneeketten gefahrloses Befahren möglich, ist Fahrtunterbrechung nicht nötig.

12 Die Fahrb. selbst ist idR. nicht geeignet in diesem Sinne, Seitenstreifen ist nicht Teil der Fahrb.

12a Definition Fahrrad vgl. § 63a StVZO.

12b Die mit der StVO-Novelle v. 20.4.2020 (BGBl I S. 814) vorgenommene Umstellung ändert die alte Regelung inhaltlich nicht (reiner Symbolcharakter zugunsten des Radverk.), es darf weiterhin stets nebeneinander gefahren werden, soweit der Verkehr (jeglicher Verkehr) nicht behindert wird. Angesichts heutiger Verk.Verh. dürfte sich im Straßenbild also nichts verändern – idR ist vor allem im Stadtbereich infolge der Verkehrsdichte ein hintereinander Fahren geboten. Behinderung schon gegeben, soweit die Möglichkeit zur Erreichung der zulässigen Geschw. erschwert wird.

13 Die von einer Beschilderung unabhängige **allgemeine Benutzungspflicht** für rechte Radwege ist 1997 entfallen. Vorschr. gilt für bauliche (d. h. idR durch einen Bordstein von der Fahrb. bzw. von einem parallel verlauf. Gehweg) getrennte od. für von der Fahrb. mittels einer durchgeh. Linie (Z 295) abmarkierte Radfahrstreifen (Letztere sind allerdings nur dann benutzungspflichtige „Radwege", wenn Z 237, 240 od. 241 angeordnet, sonst sind sie Seitenstreifen).

14 Benutzungspflicht kann sowohl – aus der Sicht des Fahrbahnbenutzers – für rechte als auch linke Radwege durch Z 237, 240 od. 241 angeordnet sein. Gleichzeitige Anordnung auf beiden Seiten in ein und dieselbe Fahrtrichtung sollte (da ansonsten die Anforderungen an die Klarheit und Bestimmtheit des Verwaltungsaktes nicht erfüllt sind, mit der Folge der Nichtigkeit der Allgemeinverfügung, § 44 Abs. 2 Nr. 4 VwVfG) auf absoluten Ausnahmefall (z.B. Straße mit 2 Richtungsfahrbahnen und baulicher Trennung in der Mitte) beschränkt und allenfalls im Zuge von hochfrequentierten Velorouten vorgenommen werden. Zuvor ist ein strenger Prüfmaßstab anzulegen, ob der Radf. durch die Anordnung infolge der Örtlichkeit verunsichert werden könnte, wo er denn nun zu fahren hat. Auch ist eine ausreichende Radwegebreite (mind. 2 besser 2,50 m) Voraussetzung, damit ein gefahrloses Begegnen der Radf. erfolgen kann. Auch sind unnötige Querungen durch geeignete bau- bzw. verkehrstechnische Maßnahmen zu unterbinden. Diese Anordnung setzt zudem voraus, dass an Kreuz. und Einm. die Vorfahrt und ggf. die Lichtzeichenregelung auch für den linken Radweg zweifelsfrei aufeinander abgestimmt sind. Insgesamt darf es nur wenige Kreuzungen, Einmündungen und verkehsreiche Grundstückszufahrten geben (vgl. VwV – Ordnungsnr. 3 a § 2 Rn. 33 ff.). Sind sowohl der rechte als auch der linke Radweg benutzungspflichtig angeordnet, so hat der Radf. jedenfalls die Wahl, welche der beiden er dann auch benutzen will (so im Erg. auch *BGH* DAR 97, 69 = NZV 97, 70); diese Wahlmöglichkeit besteht auch, wenn nur der linke Radweg benutzungspflichtig angeordnet ist (vgl. Erl. 14c).

14a Die **Benutzungspflicht** ergibt sich ausschließl. aus Z 237, 240 und 241. Mit der Anordn. der Benutzungspfl. sind stets immanent auch ein Fahrbahnbenutzungsverbot und damit ein belastender Eingriff in die Rechte des Radf. verbunden. Die Anordn. hat also unter Beachtung des § 45 Abs. 9 Satz 2 zu erfolgen (BVerwGE 138, 159, 162; *BVerwG* NJW 2012, 3048). Es muss also eine qualifizierte Gefährdungslage (für die Verkehrssicherheit und / oder den Verkehrsfluss = insb. Streckenführung, Ausbauzustand der Strecke, witterungsbedingte Einflüsse, Verkehrsbelastung, Unfallzahlen, zul. Geschwindigkeit) aufgrund besonderer örtl. Verhältn. vorliegen, die auch im Hinbl. auf den Ausbauzustand des Radweges nicht hinnehmbar ist, sodass eine Entmischung des Radverk. vom übrig. Fzgverk. auf der Fahrb. geboten ist. Hier wird auch die Funktion der Straße (z.B. innerörtliche Hauptverkehrsstraße, klassifiziertes Straßennetz zur Gewährleistung des überörtlichen Verkehrs) zu berücks. sein. Für den Bereich des Straßenbaus, der Straßenverkehrstechnik und der Verkehrsplanung gibt u. a. die Forschungsgesellschaft für Straßen- und Verkehrswesen e. V. (FGSV) techn. Veröffentlichungen heraus. Im Zusammenhang mit dem Radverkehr sollten als Orientierungsrahmen für Planung, Bau und Betrieb der Radverkehrsinfrastruktur insb. die „RiLi für die Anlage von Stadtstraßen (RASt)“, die für den Entwurf von Landstraßen maßgebenden RiLi, die RiLi für integrierte Netzgestaltung (RIN), die „Empfehlungen für Radverkehrsanlagen“ (ERA) und die Hinweise zur Wegweisung des Radverkehrs beachtet werden, soweit sie nicht im Widerspruch zur StVO und VwV und für den

Bereich der Bundesfernstraßen im Widerspruch zu den RiLi für die Behandlung von Ortsdurchfahrten im Zuge der Bundesstraßen sowie den Grundsätzen für Bau und Finanzierung von Radwegen im Zuge von Bundesstraßen in der Baulast des Bundes stehen. Sie stellen, soweit sie mit dem höherrangigen Recht übereinstimmen, geeignete Grundlage für sichere Führungsformen des Radverk. dar und gewährleisten adäquate Qualität des Radfahrens. Mit der Formulierung in Rn. 13 der VwV hat sich der Gesetzgeber dazu entscheiden, dass die ERA nur hinsichtlich der Gestaltung der Radverkehrsanlagen herangezogen werden kann. Insoweit erarbeiten Bund und Länder derzeit ergänzend Handlungsempfehlungen zur Anordnung der Benutzungspflicht. Zur Haftung eines den Gehweg benutzenden Radf. vgl. *Hamm* NZV 95, 152. Benutzt Radf. trotz vorh. benutzungspfl. Radwegs die Fahrb., so trifft ihn bei einem Unfall zumind. Mitverschulden (*Hamm* NZV 95, 26, *LG Schwerin* NZV 2004, 581). Ist die Benutzung eines benutzungspfl. Radwegs weg. seiner Beschaffenheit od. seines Zustandes (z.B. tiefer Schnee, Eis – *Sachsen-Anhalt* DAR 2012,146) für den Radf. obj. nicht möglich od. nicht zumutbar, so besteht für die entspr. Radwegstrecke keine Benutzungspflicht (im Hinbl. darauf, dass die StrVerkBeh die Ben.Pflicht nach Überprüfung förmlich durch ein VZ angeordnet hat, dürfte es aber obj. nur seltene Fälle dieser Art geben); keinesfalls genügt es, dass der Radf. die Benutzung subj. als unzumutbar empfindet, z.B. weil er nicht mit der gewünschten Geschw. fahren kann (vgl. im Übrigen *Düsseldorf* NZV 92, 291 = VRS 83, 285 = VM 92, 39; *Köln* NZV 94, 278) oder ein Überholen anderer Radf. nicht möglich ist. Nach der VwV ist die Benutzung immer zumutbar, wenn er unter Berücksichtigung der gewünschten Verkehrsbedürfnisse ausreichend breit, befestigt und einschließlich eines Sicherheitsraumes frei von Hindernissen ist und die Verkehrsfläche nach den Regeln der Baukunst und Technik in einem den Erfordernissen des Radverk. genügenden Zustand gebaut und unterhalten wird. Vgl. ferner *Bouska* DAR 97, 337 und *VGH Baden-Württemberg* NZV 2003, 301 zur Benutzungspflicht trotz versetzter Sperren mit Erl. von *Bitter*, der es allerdings fälschlich unterlässt, auf die alte Rn. 17 der VwV zu § 2 Abs. 4 StVO hinzuweisen; denn eine Sperre dürfte ein Hindernis iSd Vorschrift darstellen, welches die Anordnung der Benutzungspflicht **grds.** in Frage stellen dürfte. Auch sog. Liegefahrräder, große Dreiräder (Rikschas), Fahrräder mit Anhänger und Rennräder sind Fahrräder iSd StVO (*BVerwG* VRS 2001, 310 = NZV 2001, 493). Gleiches gilt für Elektrofahrräder (zur Definition und Unterscheidung zu sog. Pedelecs vgl. Erl. zu LeichtmofaAusnahmeverordnung, Ordnungsnr. 3 d). Zu Kinderfahrrädern vgl. § 24. Auch Segways sind durch § 7 MobHV grds. auf für den Radverkehr bestimmte Verkehrsflächen verwiesen. Durch Änderung des § 1 StVG sind gewisse Pedelecs Fahrrädern gleichgestellt.

14b **Andere, nichtbenutzungspflichtig angeordnete Radwege** dürfen nur benutzt werden, wenn sie **rechts** entlang der Fahrb. verlaufen; die Benutzung nichtbenutzungspflichtiger linker Radweg bleibt, wie bisher, grds. verboten, es sei denn, dass das allein stehende ZusatzZ „Radverkehr frei“ angezeigt ist. Verzichtet ein Radf. darauf, einen anderen rechten Radweg zu benutzen und fährt er stattdessen auf der Fahrb., so kann ihm dies auch unter dem Gesichtspunkt des § 1 Abs. 2 nicht vorgeworfen werden, auch nicht, wenn dadurch der Verk. auf der Fahrb. eine gew. Behinderung erfährt. Auch ein Mitverschulden des Radf. bei einer Kollision mit einem Kfz im Längsverkehr kann in solchen Fällen – angesichts der Entscheidung des VO-Gebers – nicht mit der Begr. geltend gemacht werden, der Unfall wäre bei Benutzung des Radwegs vermeidbar gewesen. Dagegen Mitverschulden des einen **Radweg in falscher Richtung** benutzenden Radf. auch dann, wenn er Vorfahrt hatte (*Hamm* NZV 99, 86). Dies kann bis zu einer vollen Haftung des Radf., der auf einem linken Gehweg herankommt, bei Koll. mit Pkw (*AG Bad Homburg* NZV 2000, 130) führen.

14c Ist die Benutzungspflicht nur für den linken Radweg angeordnet, der rechte aber nicht, so muss der linke Radweg gleichwohl nicht benutzt werden, solange der Radf. – freiwillig – den anderen rechten Radweg benutzt. Satz 4 durch Neuerlass der StVO eingef., der laut Begr. insb. vorteilh. ist, wenn z.B. im Zuge von Ortsdurchfahrten ein einseitiger Zweirichtungsradweg in den Ort hineinführt und nach der Ortsdurchfahrt auf einem Zweirichtungsradweg weiter geführt wird oder wenn eine bedeutende Radverkehrsverbindung nur auf einem Teilabschn. geführt werden kann. Die Anwendung dürfte sich aus Gründen der Verk.Si. auf diesen Fall beschränken.

14d Mit Wirkung v. 1.9.97 ist die bisherige **Pflicht** zur Benutzung von **Seitenstreifen** innerorts wie außerorts **entfallen.** Ein Radf. hat jed. – innerorts wie außerorts – das **Recht,** einen rechten Seitenstreifen zu benutzen, wenn kein – rechter od. linker – benutzungspflichtiger Radweg oder rechter anderer Radweg vorhanden ist und Fußg. nicht „behindert“ werden. Behinderung jed. z.B. nicht, wenn ein Fußg. – etwa auf ein Klingelzeichen des Radf. hin – beiseite treten muss, um den mit angemessener Geschw. fahrenden Radf. passieren zu lassen. Seitenstreifen ist abzugrenzen von durch Z 340 auf der Fahrb. aufgebrachten Schutzstreifen, der einen Rückzugsraum für Fahrräder darstellt und nur bei Bedarf (z.B. Ausweichen bei Gegenverkehr und schmaler Fahrb.) durch andere Fzgf. überfahren werden darf. Anordnung von Schutzstreifen ist von den strengen Anordnungsvoraussetzungen des § 45 Abs. 9 ausgenommen. Wegen seines künftig zu erwartenden vermehrten Einsatzes wurde von dem zunächst angestrebten absoluten Haltverbot auf Schutzstreifen Abstand genommen, jetzt gilt „nur“ ein generelles Parkverbot. Trotz der Begründung „zur Förderung des Radverkehrs“ bleibt es bei der Anordnung eines Schutzstreifens immer beim ordnungsrechtlichen Anordnungsgrund (§ 45 StVO), denn der alleinige Fördergedanke ist nicht von der Ermächtigungsgrundlage § 6 StVG gedeckt.

15 Definition des Mofas: § 4 Abs. 1 Satz 2 Nr. 1 FeV (FmH bis 25 km/h), auch sog. Leichtmofas (vgl. Ordnungsnr. 3 d). Andere FmH (z.B. Mopeds, vgl.

Erl. 1 zu Z 237) dürfen Radwege auch dann nicht benutzen, wenn sie durch Treten fortbewegt werden. Sollen ausnahmsweise Mofas mit Motorkraft zugelassen werden, so kann das durch Z 237 mit Zusatzschild geschehen; vgl. die diesbzgl. Erl. zu Anl. 2.

16 Eingefügt durch VO v. 14.12.2016 (BGBl I S. 2848). Vgl. dazu Erl. 12a zu § 39.

16a Seit 2007 (BGBl I S. 2774, Begr. VkBl 2008, 4) gibt es die generelle Zulassung von Mofas auf Radwege außerhalb geschlossener Ortschaften. Die geringe Anzahl der Mofas lässt keine Behinderung der Radf. befürchten und dem Verkehrsfluss auf der Straße ist dies dienlich.

17 Neugefasst in 1997. Die Vorschr. versucht eine angemessene Abwägung der Int. der radf. Kinder einerseits und der Fußg., insbes. der älteren Fußg., andererseits. Weiterhin gilt für radf. Kinder bis zum vollend. 8. Lebensjahr die Verpflichtung, Gehwege zu benutzen und zwar auch dann, wenn Radwege vorhanden sind. Benutzungspflicht besteht auch für einen nur links verlauf. Gehweg. Bei Gehwegen auf beiden Seiten besteht Wahlmöglichkeit. Fehlt ein Gehweg oder eignet er sich nicht für die Benutzung durch radf. Kinder (z.B. schmale Gehw. in der Altstadt), so dürfen auch Kinder bis zu 8 Jahren die Fahrb. benutzen, allerdings nur, soweit sie indiv. den Anford. des Fahrb.Verk. gewachsen sind (§ 2 Abs. 1 FeV). Das ist zumind. bei Kindern bis zu 6 Jahren, die ohne Aufsicht Erwachsener fahren, idR nicht der Fall. Fahren Kinder bis zu 8 Jahren unter strikter Aufsicht durch Erwachsene gleichsam im „Verband“ auf der Fahrb., so kann das nach dem Opp.Prinzip hingenommen werden, wenn es nach den Umständen ungefährlich erscheint (ruhige Wohnstraße). Ansonsten müssen Kinder ggf. absteigen. Aufsichtspflichtige sollten solche Stellen meiden! Radfahren auf der Fahrb. zu Spielzwecken ist nach § 31 verboten.

18 Die Gehweg-Benutzungspflicht für Kinder bis zum vollend. 8. Lebensjahr wird seit 1997 ergänzt durch ein **Gehweg-Benutzungsrecht** für ältere Kinder bis zum vollend. 10. Lebensjahr (gilt also bis zum „10. Geburtstag“ des Kindes). Wahlweise kann der rechte od. der linke Gehweg benutzt werden. Mittelbar kann sich für Kinder zw. 8 und 10 Jahren eine Verpflichtung zum Benutzen des Gehwegs ergeben, wenn – z.B. auf stark befahrenen städt. Straßen – das Kind im Einzelfall den Anforderungen des Fahrb.Verk noch nicht gewachsen ist (§ 2 Abs. 1 FeV).

18a Zur Fundstelle vgl. Erl. 16. Ergänzung erfolgte infolge eines Maßgabebeschlusses des BR. Angesichts der geistigen und körperlichen Entwicklung von Kindern in diesem Alter stößt die Ergänzung auf Verkehrssicherheitsbedenken. Auf Radfahrer kommen infolge der Änderung erheblich mehr Sorgfaltspflichten auf Radwegen zu. Sie müssen dort nun jederzeit mit unvorhersehbarem und nicht rechtskonformem Verhalten dieser jungen Kinder rechnen. Die schulische Radfahrausbildung beginnt erst am Ende der Grundschulzeit. Siehe auch Erl 21.

18b Zur Fundstelle vgl. Erl. 16. Das festgesetzte Alter wurde im Gleichklang zu § 21 Abs. 3 festgelegt. Die Zulassung der radf. Aufsichtsperson auf dem Gehweg erfolgt vor dem Hintergrund, dass dann eine Einwirkung auf die Kinder, die entwicklungsbedingt noch nicht in der Lage sind, sicher am Straßenverkehr teilzunehmen, erleichtert wird. Die räumliche Trennung wird aufgehoben, so ist ein sofortiges Einwirken auf das radfahrende junge Kind auf dem Gehweg für die Begleitperson zum Wohle auch der dort befindlichen Fußgänger erleichtert.

19 Schon nach § 1 Abs. 2 muss ein auf dem Gehw. radf. Kind absteigen, wenn es sonst einen Fußg. gefährden od. schädigen würde. Die **bes. Rücksichtspflicht** in § 2 Abs. 5 Satz 2 bedeutet, dass idR auch dann abzusteigen ist, wenn Fußg. unvermeidbar – und damit nach § 1 Abs. 2 nicht verboten – behindert od. belästigt würden. Jedenfalls Schrittgeschw., wenn Radf. auf Gehweg einem Fußg. begegnet, ihn überholt od. an ihm vorbeifährt. Allerdings müssen auch Fußg. ggü. radf. Kindern auf Gehw. § 1 Abs. 2 beachten.

20 Endet der Gehweg, so muss – außer an Kreuzungen od. Einmündungen – beim Einfahren auf die Fahrb. § 10 beachtet werden. Meist wird dazu Absteigen erforderlich sein. Zum Überqueren der Fahrb. vgl. Erl. 21.

20a Die Rücksichtnahmeregelungen wurden den Anforderungen des Z 239, 240 nachgebildet. Dabei wurde einerseits berücksichtigt, dass diese besonders jungen Kinder zum normalen Erscheinungsbild eines Gehwegs gehören, nunmehr auch die begleitende Aufsichtspers., andererseits die Kinder aber in diesem Alter nicht per se in der Lage sind, richtig einzuschätzen, was Schrittgeschwindigkeit (7 – 11 km/h lt. Rspr.) bedeutet. Deshalb wird ihnen zumindest vorgegeben, soweit ein Aufeinandertreffen mit Fußg. stattfindet, dass der Fußverkehr die maßgebende Geschwindigkeit vorgibt, egal wie schnell dieser sich fortbewegt. Damit können sich die Kinder an den Fußgängern besser orientieren.

21 Gilt an Kreuzungen, Einmündungen und auch dann, wenn das Kind im Verlauf einer Straße auf die andere Fahrb.seite vom Gehweg aus überwechseln will. Es muss also die **Fahrb. als Fußg.** (der ein Fzg mitführt) **überqueren.** Steigt ein Kind an einer Kreuzung od. Einm. verbotswidrig nicht ab, sondern fährt vom Gehweg auf die Fahrb. hinab und überquert diese „fahrend", so nimmt es allerdings an der für die Fahrb. geltenden Vorfahrtsituation (§ 8) in gleicher Weise teil, wie wenn es auf einem Radweg herangefahren wäre. Benutzer der Fahrb. müssen beim Abbiegen auch auf Radf. achten, die auf dem Gehweg fahren (§ 9 Abs. 3 Satz 1). Gegenüber Kindern ist vorrangig § 3 Abs. 2a zu beachten. Der Bundesrat hat zwar mit VO vom 14.12.2016 (BGBl I. 2848) den bis zu achtjährigen Kindern auch das Befahren eines baulich angelegten Radweges erlaubt, er hatte es aber zunächst unterlassen, gleichfalls für den Radweg eine Ausnahme beim Überqueren der Fahrb. ausdrückl. zu verankern. Damit bestand zunächst eine Unsicherheit, ob diese Kinder auch dort die Fahrb. eigentlich

als Fußg. überqueren müssten. Dies wäre aus Gründen der Verk.Si eigentlich auch geboten. Denn die Kinder sind insbes. noch nicht in der Lage, Geschwindigkeiten herannahender Fahrzeuge richtig einzuschätzen. Auf der anderen Seite bedeutet dies aber für den übrigen Verkehr, dass im Kreuzungsbereich unterschiedliche Verhaltensweisen der Radfahrer je nach Alter dort zu verzeichnen wären (vgl. § 9 Abs. 3 S. 1), was allein bereits aus Platzgründen dort ebenfalls misslich wäre. Die Systematik deutet zudem darauf hin, dass das Absteigegebot nur für die Gehwegbenutzung gelten soll. Es war daher zur Klarstellung geboten, eine ausdrückl. Beschränkung des Absteigegebots auf die Gehwegnutzung vorzunehmen, was mit der StVO-Novelle v. 20.4.2020 (BGBl I S. 814) erfolgt ist.

22 Die Vorschr. des Abs. 5 über radf. Kinder lässt § 24 Abs. 1 unberührt, sodass Kinder mit **„Spielzeug-Fahrrädern"** (also mit Fahrr., die üblicherweise zum spielerischen Umherfahren auf Gehwegen im vorschulpflichtigen Alter benutzt werden; „Kinder-Fahrrädern") schon deshalb den Gehweg benutzen dürfen und müssen, weil solche Gefährte keine Fzg sind und deshalb die Fahrb. nicht benutzen müssen (§ 2 Abs. 1) und im Hinblick auf § 31 StVO, § 2 Abs. 1 FeV auch nicht benutzen dürfen.

§ 3 Geschwindigkeit[1]

(1) Wer sein Fahrzeug führt, darf nur so schnell fahren, dass das Fahrzeug ständig beherrscht wird[1a]. Die Geschwindigkeit ist insbesondere den Straßen[1b], Verkehrs-, Sicht- und Wetterverhältnissen[2] sowie den persönlichen Fähigkeiten und den Eigenschaften von Fahrzeug und Ladung anzupassen. Beträgt die Sichtweite[2a] [2b] durch Nebel, Schneefall oder Regen weniger als 50 m, so darf nicht schneller als 50 km/h gefahren werden, wenn nicht eine geringere Geschwindigkeit geboten ist[2c]. Es darf nur so schnell gefahren werden, dass innerhalb der übersehbaren Strecke gehalten werden kann[3] [4] [5]. Auf Fahrbahnen, die so schmal sind, dass dort entgegenkommende Fahrzeuge gefährdet werden könnten, muss jedoch so langsam gefahren werden, dass mindestens innerhalb der Hälfte der übersehbaren Strecke halten kann.

(2) Ohne triftigen Grund dürfen Kraftfahrzeuge nicht so langsam fahren, dass sie den Verkehrsfluss behindern[6].

(2a) Wer sein Fahrzeug führt, muss sich gegenüber Kindern, hilfsbedürftigen und älteren Menschen, insbesondere durch Verminderung der Fahrgeschwindigkeit und durch Bremsbereitschaft, so verhalten, dass eine Gefährdung dieser Verkehrsteilnehmer ausgeschlossen ist[7] [8].

(3) Die zulässige Höchstgeschwindigkeit[8a] beträgt auch unter günstigsten Umständen

1. innerhalb geschlossener Ortschaften für alle Kraftfahrzeuge 50 km/h,

2. außerhalb geschlossener Ortschaften
   a) für
      aa) Kraftfahrzeuge mit einer zulässigen Gesamtmasse über 3,5 t bis 7,5 t, ausgenommen Personenkraftwagen,
      bb) Personenkraftwagen mit Anhänger,
      cc) Lastkraftwagen[8b] und Wohnmobile[8c] jeweils bis zu einer zulässigen Gesamtmasse von 3,5 t mit Anhänger sowie
      dd) für Kraftomnibusse[8d], auch mit Gepäckanhänger,

      80 km/h,
   b) für
      aa) Kraftfahrzeuge mit einer zulässigen Gesamtmasse über 7,5 t,
      bb) alle Kraftfahrzeuge mit Anhänger, ausgenommen Personenkraftwagen, Lastkraftwagen und Wohnmobile jeweils bis zu einer zulässigen Gesamtmasse von 3,5 t, sowie
      cc) Kraftomnibusse mit Fahrgästen, für die keine Sitzplätze mehr zur Verfügung stehen[9],

      60 km/h,
   c) für Personenkraftwagen sowie für andere Kraftfahrzeuge mit einer zulässigen Gesamtmasse bis 3,5 t
      100 km/h.

Diese Geschwindigkeitsbeschränkung gilt nicht auf Autobahnen (Zeichen 330.1) sowie auf anderen Straßen mit Fahrbahnen für eine Richtung, die durch Mittelstreifen oder sonstige bauliche Einrichtungen getrennt sind. Sie gilt ferner nicht auf Straßen, die mindestens zwei durch Fahrstreifenbegrenzung (Zeichen 295) oder durch Leitlinien (Zeichen 340) markierte Fahrstreifen für jede Richtung haben[10].

(4) Die zulässige Höchstgeschwindigkeit beträgt für Kraftfahrzeuge mit Schneeketten auch unter günstigsten Umständen 50 km/h[11].

Erläuterungen

1 Vorschr. über die zul. Höchstgeschw. sind sowohl im Hinbl. auf die Verkehrssicherheit als auch den Umweltschutz nicht unzulänglich und damit verfassungsrechtlich nicht zu beanstanden (*BVerfG* DAR 96, 92 = NZV 96, 155; DAR 97, 66 = NZV 96, 155 – zur ehemaligen Ozonproblematik vgl auch *Limbach* NZV 2001, 97). Wegen der Vielzahl der unterschiedlichen Geschwindigkeitsregelungen in der StVO sollte der VO-Geber allerdings aus Gründen der bürgerfreundlichen und verständlichen Sprache **eine** einfache und straffe Regelung verankern (ggf. in Form einer Tabelle).

Warnung unbefugter Dritter vor Geschw.kontrollen ist Gefährdung der öff. Sicherheit (*OVG Münster* DAR 97, 290). BMVBS kritisiert Blitzerwarnungen im Radio, sieht aber vor dem Hintergrund der allg. Presse- und Rundfunkfreiheit von einem Eingr. in Radiodurchsagen (Blitzerwarnungen) ab. Auch stellen die gemeldeten Verkehrsüberwachungen nur einen Teilbereich aller mob. Einsätze der Überwachungsbehörden dar. Auch sog. Blitzer-Apps in Smartphones (vgl. auch § 23) werden abgelehnt. Sie sorgen zwar im Nahbereich für Einhalt. der Geschwindigkeitsvorgabe, sodass Unfallschwerpunkten entgegengewirkt wird, schmälern aber insg. die Verkehrsmoral. Zudem sorgen sie für eine Zweiklassengesellschaft der VZ, solchen, die zwingend wegen der Verkehrsüberwachung zu beachten sind, und solchen, bei denen keine Überwachung stattfindet, deren Wirkungsgrad dadurch geschmälert wird. Problematisch vor allem auch, weil Geschw.beschr. nicht nur an Unfallschwerpunkten angeordnet werden, sondern auch z. B. aus Gründen des Umweltschutzes – auch diese sind gleichsam zu beachten.

Zum Standort von mobilen Geschwindigkeitsmessungen gibt es vielfach VwV der Landesinnenministerien (vgl. *Sobisch* mit einer Zusammenst. der RiLi der Bundesländer zur Geschw.überw. in DAR 2010, 48). Die RiLi beschreiben den Abstand der Messstellen zu einem VZ (Ausfluss des Opportunitätsprinz.), das den Beginn eines Tempolimits anzeigt (z. B. Ortseingangstafel). Da vor den Z kein Limit gilt, bezieht sich der Abstand auf den Bereich nach dem jeweiligen Z. Die RiLi beziehen sich aber nicht auf Z, welche die Geschw.beschr. wieder aufheben (z. B. Ortsausgangstafel). Außenwirkung solcher RiLi ist umstr. (Art. 3 GG).

In der Anfertigung und Auswertung von anlassbezogenen Geschwindigkeitsmessungen und des dabei angefertigten Bildmaterials liegt keine Verletzung des Rechts auf informelle Selbstbestimmung (*BVerfG* 2 BvR 759/10, juris). Die bildliche Erfassung bußgeldrelevanter Ordnungswidrigkeiten findet ihre Grundl. in §§ 46, 53 OWiG, 100h Abs. 1 Satz 1 Nr. 1 StPO. Standardisiertes Geschwindigkeitsmessverfahren = durch Normen vereinheitlichtes technisches Verfahren, bei dem die Bedingungen seiner Anwendb. und sein Ablauf so festgelegt sind, dass unter gleichen Vorauss. gleiche Ergebn. zu erwarten sind (BGHSt 43, 277). Hierzu zählen insbes. Lasermessverfahren, deren Bauart von der Physikalisch-Technischen Bundesanstalt zur Innerstaatlichen Eichung zugelassen ist (Messtolenranzen vgl. Anlage zur Eichordnung). Dabei müssen nicht nur die Zulassungsbed. der Bundesanstalt, sondern auch die Bedienungsanl. des Geräterherst. beachtet werden (*Hamm* NZV 1997, 187). Liegt kein standardisiertes Messverfahren vor, dürfen sich die Feststellung und Darstellung des Tatvorwurfes nicht auf die bloße Mitteilung des Messverfahrens und die nach Abzug von Tolenranzen ermittelten Ergebnisse beschränken. Es bedarf weiterer Darlegungen (Art des Messverfahrens, Ablauf der Messung, ermittelte Einzelmesswerte, Ablauf und Auswertung der Messung, Messergebnis, Erörterung und Feststellung der Toleranzen). Liegt keine Eichung des Gerätes vor, folgt daraus kein Beweisverwertungsverbot im OWi-Verfahren (*Celle* NZW 1996, 419, *KG* NZV 1995, 456). Bedenken gegen die Genauigkeit können gegen einen Sicherheitsabschlag ausgeglichen werden, der genau zu beschreiben ist (*Thüringer OLG* VRS 115, 431).

Nach *BVerfG* (2 BvR 941/08, juris) ist die verdachtslose Verkehrsüberwachung mittels Videoaufzeichnungen (hier: von einer AB-Brücke werden alle durchfahrenden Fzg mit Festhaltung Kennz. und Fahrzeugführerbild gefilmt) Eingriff in das Recht auf *informationelle Selbstbestimmung* (Art. 2 Abs. 1 iVm Art. 1 Abs. 1 GG), der nur gerechtfertigt ist, wenn für diese Art der Verkehrsüberwachung eine gesetzl. Grundlage vorhanden ist. Ländererlass als innerdienstliche Weisung reicht nicht aus.

Verkehrsüberwachung mittels Abschnittskontrolle (Section Control) wird seitens einiger Länder und Interessenvertretungen gefordert und laut *Nds OVG* auf der B 6 auch rechtm. ausgeübt (Urt. v. 13.11.2019 – 12 LC 79/19 unter Verweis auf § 32 Abs 7 NPOG – als Pilotbetrieb). Section Control ist eine abschnittsbez. Geschw.überw., bei der die Durchschnittsgeschw. jedes Kfz auf einer best. Wegstrecke gemessen wird. Dies erfolgt zunächst unabh. davon, ob der Fzgf. sich an ein angeordnetes Tempolimit hält. Auf der Basis einer Erfassung der passierenden Fzg (Kennz., Fzg-Umrisse etc.) erstellen Videokameras einen Vergleich der Aufnahmen zu Beginn und am Ende des Abschn., durch den die Durchschnittsgeschw. errechnet wird (Weg Zeit-Berechnung). Bei Übertretung der erlaubten Geschw. werden die Daten gespeichert und es erfolgt im Anschluss eine Bildaufnahme des Fzg sowie des Fahrers durch eine weitere Kamera (sog. „Blitzerfoto" – Rechtsgrundlage: § 100h StPO). Alle anderen Aufnahmen werden gelöscht. Urt., dass der Rückgriff zu den beiden ersten Kameras auf landesrechtl. Gefahrenabwehrvorschr. verwehrt sein dürfte,, da der Bund für den Bereich des Straßenverk. als besonderes Gefahrenabwehrrecht von seiner Gesetzgebungskompetenz bereits Gebrauch gemacht hat. Die Gesetzgebungszust. der Länder beschränkt sich nach Art. 30, 70 GG nur auf das allg. Gefahrenabwehr. Hierum handelt es sich bei der Abwehr spez. Gefahren im Straßenverk. jedoch nicht. Kamera 1 und 2 betreffen Sonderordnungsrecht, für das der Bund (Art. 74 Abs. 1 Nr. 22 GG) gesetzgebungsbefugt ist. Länder sind im Rahmen ihrer konkurrierenden Gesetzgebungskompetenz (Art. 72 Abs. 1 GG) lediglich befugt entspr. Gesetze zu erlassen, solange und soweit der Bund von seiner Kompetenz noch nicht Gebrauch gemacht hat. Dass konkr. Rechtsgrundlage im Bundesrecht fehlt, bedeutet nicht, dass Landesrecht zul. wäre. Bund hat von seiner Gesetzgebungskompetenz durch das Straßenverkehrsrecht vollumfänglich Gebrauch gemacht. Das BVerwG (Beschl. vom 31.07.2020 – 3 B 4.20) hat unter Datenschutzgesichtspunkten allerdings keine Bedenken gegen das Urteil des OVG. Das BVerfG hat die Verfassungsbeschwerde gegen die Geschwindigkeitsmessung gar nicht erst zur Entscheidung angenommen (1 BvR 2356/20 vom 11.01.2021). Die abschließende Prüfung der Gesetzgebungskompetenz blieb damit bislang aus.

1a Die Geschw. ist so zu wählen, dass der Fzgf unter Berücksichtigung

a) subj. Momente (Fahrfertigkeit, Erfahrung, Fahrtüchtigkeit im konkr. Zeitpunkt) und

b) obj. Momente (Art und Zustand der Fahrb., Streckenverlauf, Witterung, Sichtverhältnisse, aber auch FzgArt, insbes. Straßenlage und Bremsvermögen)

das **Fzg** stets **„in der Hand hat".** Er muss in der Lage sein, allen auftretenden Verkehrslagen, die nicht völlig außerhalb der Wahrscheinlichkeit liegen, gerecht zu werden (z.B. Minderung der Fahrstabilität auf Grund der Fliehkraft, durch mang. Bodenhaftung, Seitenwind; Hindernisse aller Art). Beifahrer ist nicht verpflichtet, auf den Fahrer einzuwirken, um ihn zu veranlassen, seine unangemessene hohe Geschw. zu mäßigen (*Hamm* NZV 2000, 167). Auch Radf. dürfen nicht unangemessen schnell fahren (45–50 km/h auf verengter innerörtl. Straße = zu schnell: *Karlsruhe* NZV 91, 25). Zur Annahme einer nicht angepassten Geschw. vgl. *Düsseldorf* VRS 96, 72.

1b Wer die **Autobahn-Richtgeschw.** (130 km/h) überschreitet, begeht zwar keine Ordnungswidrigkeit, kann aber bei einem Unfall sich grds. nicht auf ein „unabwendbares Ereignis" iSd § 7 Abs. 2 (alt) StVG berufen, sodass er einen Teil des (fremden und eigenen) Schadens selbst dann zu tragen hat, wenn ihn kein Verschulden trifft (*BGH* NZV 92, 229 = VRS 83, 171; vgl. dazu in der Tendenz auch *Hamm* DAR 91, 455, NZV 92, 33; NZV 94, 193; *Köln* NZV 92, 34; *Hamm* NZV 2000, 42; NZV 2000, 373 = DAR 2000, 218). Dieser Entscheidung ist zuzustimmen, weil sie das höhere Risiko des Schnellfahrens berücksichtigt und zugleich dem Institut der Richtgeschw. größeres Gewicht verleiht. Zur Diskussion um die Einf. eines allg. Tempolimits auf Autobahnen vgl. Ordnungsnr. 3 g. § 7 StVG wurde 2003 geändert (neugef. durch Bekanntm. v. 5.3.2003, BGBl I, 310; BGBl I 2002, 2674 = 2. G. zur Änderung schadensersatzrechtl. Vorschriften v. 19.7.2002). Die Ersatzpflicht ist nunmehr nur noch ausgeschlossen, wenn der Unfall durch „höhere Gewalt" verursacht wurde; das „unabwendbare Ereignis" bleibt aber bedeutend für § 17 Abs. 3 StVG (Schadensausgleich zw. Haltern mehrerer beteiligter Fzge). § 17 Abs. 3 StVG erfordert Idealfahrer und, dass er in seiner Fahrweise auch allg. Erfahrungen berücksichtigt, die geeignet sind, Gefahrensituationen nach Möglichk. zu vermeiden. Ein „Idealfahrer" fährt keinesfalls schneller als 130 km/h, ihm ist bewusst, dass eine Gefahr, in einen Unfall verwickelt zu werden, durch höhere Geschwindigkeiten deutlich steigt (*Nürnberg* DAR 2010, 707). Bei deutlicher Überschreitung der Richtgeschw. auf AB tritt die Haftung aus Betriebsgefahr auch bei erheblichem Verschulden des Unfallgegners regelm. nicht zurück. Änderung wurde zu Gunsten der verkehrsschwächeren (Kinder, Ältere etc.) getroffen. Gefährdungshaftung wird ausgedehnt. Nur noch die Risiken spielen keine Rolle, die mit Straßenverk. nicht zusammenhängen (betriebsfremde Ereignisse wie Blitzeinschlag, Lawine; nicht aber Hochschleudern von Stein durch vorausfahrendes Fzg). Zur Def. der „höheren Gewalt" vgl. *Celle* Verkehrsrecht aktuell 2005, 154, *LG Karlsruhe* Schaden-Praxis 2004, 256. Dagegen kann die Rspr. nicht durch Interpretation des § 3 Abs. 1 StVO eine Art **„absolute" allg. Geschwindigkeitsgrenze,** z.B. durch einen „Zuschlag" zur Richtgeschw. „130", festlegen, bei deren Überschreitung stets ein Verstoß gegen die Vorschrift anzunehmen ist. Dafür sind die obj. und subj. Umstände zu vielgestaltig. Die Festlegung allg. Geschw.grenzen ist vielmehr dem Gesetzgeber vorbehalten, der hierfür ein weites, im Wesentl. nur durch das Verbot des Übermaßes begrenztes Ermessen hat. Gesetzgeber hat sich bisl. gegen Tempolimit auf AB entschieden, aus der Nichtbeachtung einer empfehlenden VO ist zwar allein kein Schuldvorwurf abzuleiten. Auf die Unabwendbarkeit des Unfalls kann der Kraftf. sich aber nur dann berufen, wenn er nachweist, dass der Unfall auch bei 130 km/h mit vergleichbaren Folgen passiert wäre (*BGH* NJW 1992, 1684, *Stuttgart* MDR 2010, 518, *Hamm* NZV 2000, 42).

2 Bes. Vorsicht bei **vereister** Straße (*BGH* VM 64, 78). Nach ständ. Rspr. beginnt die Streupflicht von Gemeinden an Sonn- und Feiertagen nicht vor 9.00 Uhr; an Werktagen nicht vor 6.30 Uhr (vgl. *Köln* VersR 1997, 507; *Hamm* VersR 1988, 693; *Oldenburg* DAR 2002, 128). Allerdings kein Erfahrungssatz, dass hier 45 km/h stets zu hoch sind (*Hamm* VM 65, 54; VRS 44, 429). Bei starkem **Regen** (Gefahr des Aquaplaning) sind auch bei gutem Reifenprofil mehr als 90 km/h nicht vertretbar. Steht nach Wolkenbruch Wasser auf der Fahrb., dann können schon 80 km/h erheblich zu schnell sein (*BGH* DAR 75, 95). Nach *Hamm* (VRS 2001, 25 = DAR 2001, 456) muss ein Motorradfahrer, wenn seine Sicht durch Regentropfen auf seinem Visier stark eingeschränkt ist, Geschwind. so vermindern, dass er Sichtbehind. Rechn. trägt. Ggf. besteht auch Möglichk., Visier hochzuklappen. In Parkhäusern im Allg. nicht mehr als 10 km/h zulässig (*KG* DAR 83, 80).

2a Vorschr. soll dazu beitragen, das Fahren mit weit überhöhter Geschw. vor allem bei Nebel, das häufig zu schwersten Massenunfällen führt, einzudämmen. Dem Fzgf. wird für einen best. Fall (50 m Sichtweite, z. B. Abstand der Leitpfosten auf Autobahnen) verdeutlicht, wie schnell er höchstens fahren darf; bei anderen – geringeren oder höheren – Sichtweiten bleibt es bei dem allg. Grds. des „Fahrens auf Sicht", wobei die konkret zul. Geschw. vom techn. Bremsvermögen des Fzg, vom Fahrbahnzustand, von der Art und vom Zustand der Bereifung sowie von der Reaktionszeit des Fahrers abhängt (bei Sichtw. unter 50 m aber nie über 50 km/h!). Das Gebot des Fahrens auf Sicht ist insbes. bei Nebel strikt zu beachten und zwar gerade auch auf AB, auf denen die gerade Streckenführung und die vorhandenen Markierungen viele Kraftf. zu rechtsw. hoher Geschw. verleiten. Wer z. B. bei einer Sichtweite von 20-30 m mit 80 km/h fährt, verstößt nicht nur gegen § 3 Abs. 1, sondern das Verhalten hat ggf. auch versicherungsrechtliche Konsequenzen bis hin zum Haftungsausschluss bei der Kaskoversicherung.

2b **Sichtweite** bedeutet, dass der Fzgf. einen unbeleuchteten Gegenstand, z. B. Leitpfosten, erkennen kann, ggf. mit Hilfe der Scheinwerfer. Es genügt nicht, dass die allg. Schlussleuchten oder die Nebelschlussleuchten des vorausf. Fzg erkennbar sind. Ggü. § 18 Abs. 6 ist die Vorschrift lex specialis; dies ist berechtigt, weil bei dichtem Nebel das Vor- und Umfeld des vorausfahr. Fzg als Orientierungsraum ausfällt.

2c Z.B. bei einer Sichtweite, die deutlich unter 50 m liegt (40 m oder geringer) oder bei ungünstigen Fahrbahnverhältnissen, z.B. Glatteis, Schneeglätte.

3 **Fahren auf Sicht** (vgl. *Möhl* DAR 67, 173) gilt als „goldene Regel des Verkehrs" stets und überall, auch auf AB (*BGH* DAR 61, 260 = VRS 21, 148 = VM 61, 63 = VkBl 61, 676) und Bundesstraßen (*BGH* VRS 21, 241). § 18 Abs. 6 schränkt den Grds. nicht ein, sondern passt ihn den bes. Verh. des Autobahnverkehrs an; auf Hindernisse, die erst außergewöhnl. spät erkennbar werden, braucht der Kraftf. seine Geschw. aber nicht einzurichten (*BGH* VRS 67, 195; *Hamm* NZV 88, 64; *Stuttgart* VRS 80, 412 = DAR 91, 180). Im Übrigen muss aber auch in der Dunkelheit mit liegen geblieb. Fzg (auch unbeleuchtet, selbst mit Tarnanstrich, z. B. Panzer) gerechnet werden (*BGH* VRS 73, 427 = DAR 87, 325). Vgl. auch *Bohnert* DAR 86, 11. **Anhalteweg** = Reaktionsweg (einschl. Bremsenansprechzeit) + Bremsweg. Faustformel für Reaktionsweg bei Reaktionszeit von 1 Sek.: 3/10 m je km/h Geschw., bei 50 km/h also 15 m; für Bremsweg (gute Bremsen, trockene, griffige Fahrb.): Quadrat der durch 10 geteilten km/h, bei 50 km/h also 25 m. Anhalteweg bei 50 km/h daher 15 + 25 = 40 m. Verbesserung dieser Werte durch kürzere ReaktZeit (bis 0,6 Sek.) und stärkere Verzögerung (bis 8 m/sec^2), Verschlechterung insbes. durch Fahrbahnglätte, abgefahrene Reifen bei Nässe oder schlechte Bremsen. Straßenbahnen auf bes. Bahnkörper müssen jedenfalls an Kreuzung mit öff. Straße „auf Sicht" fahren (*BGH* DAR 75, 75). Sichtfahrgebot ausnahmsweise nicht verletzt, wenn Fzg auf ungewöhnl. schwer erkennbares Hindernis trifft, für dessen Auftreten keinerlei Anhaltspunkte gegeben waren (*Hamm* DAR 73, 302, 305; NZV 88, 64). Zu den Grenzen des Sichtfahrgebots vgl. auch *BGH* DAR 74, 243 und VRS 64, 168.

4 Sichtweite bei **Abblendlicht** 50 m und mehr, bei asymmetr. Abblendlicht rechts bis 75 m und darüber (*BGH* VM 64, 77; *Köln* VM 64, 37; dagegen zu Unrecht *Celle* DAR 63, 328: 25 m, offenbar im Hinblick auf die Werte des § 50 Abs. 6 Satz 2 StVZO). Auf mod. ausgebauten, zügig befahrenen Straßen daher idR 70 km/h unbedenklich, bes. beim Fahren in Kolonne mit ausreich. Abstand. Autobahn: § 18 Abs. 6. Bei **Blendung** äuß. Zurückhaltung (*BGH* VersR 63, 652), keine verlängerte ReaktZeit (*BGH* VRS 27, 107); 45 – 50 km/h hier zu hoch (*BGH* VM 65, 60), nötigenfalls Drosselung auf 20 – 30 km/h.

5 Bei Wahl der Geschw. ist bes. auf **Fußgänger** zu achten, die die Fahrb. überschreiten oder das möglicherweise tun wollen. Vor allem muss mit Fehlverhalten von **Kindern** (und älteren Leuten) gerechnet werden (u. a. *BGH* VRS 23, 371; 27, 100; 39, 192; VersR 64, 624; 65, 290; *Stuttgart* VRS 27, 125; *Saarbrücken* VersR 65, 196; *BayObLG* VM 65, 51; *Martin* DAR 67, 117). Allerdings braucht ein KfzFührer seine Geschw. nicht darauf einzurichten, dass zw. den haltenden Fzgen unvermittelt Fußg. auf die Fahrb. treten (*Hamm* VRS 85, 18; *Köln* VersR, 80, 338 zu § 7 Abs. 2 StVG a. F. heute bedeutend bei § 17 Abs. 3 StVG n.F.; [vgl. auch Erl. 1b]; *Hamm* NZV 1991,

194). Kinder ab vollendetem 7. Lebensj. sind nach § 828 Abs. 1 BGB deliktsfähig. Kinder zw. 7 und 10 Jahren sind für Schäden, die bei Unfall mit Kfz passiert sind, nicht verantwortlich, es sei denn, der Schaden wurde vorsätzlich (z. B. mutwilliges Zerkratzen eines parkenden Pkw) herbeigeführt (§ 828 Abs. 2 BGB in der Fassung des Zweiten Gesetzes zur Änderung schadensrechtl. Vorschriften v. 19.7.2002, BGBl I, 2674). So auch *BGH* NJW 2005, 354, der auf das zwingende Erfordernis einer typischen Überforderungssituation des Kindes durch die spezif. Gefahren des motorisierten Verkehrs abstellt (wie Unterschätzung von Entfernungen oder Geschwindigkeiten); dies wird bei einem Skateboard fahrenden 9-jähr. Kind verneint, dessen Board bei einem Wettrennen vor ein parkendes Pkw knallt. Selbige Aussage trifft der *BGH* in NJW 2005, 356 für ein Fahrrad fahrendes 9-jähr. Kind bei Kollision mit einem parkenden Pkw (8 Jahre = *BGH* NZV 2007, 403 = SVR 2007, 340; NZV 2008, 22). Damit wurde Deliktsfähigk. für Straßenverk. altersmäßig heraufgesetzt (aber beschränkt auf **motorisierten** Straßenverk. = gilt nicht für Unfall mit Radf.). Haftung ggü. Kindern ist durch Neuf. von § 7 Abs. 2 StVG erheblich ausgedehnt worden. Daher hat die Rspr. zu § 3 Abs. 2a StVO für Kinder bis zum 10. Lebensj. an Bedeutung verloren, gilt aber weiter für Unfälle mit Radf. und für Kinder ab dem 10. Lebensj. Geschwindigkeit muss auch nicht darauf ausgerichtet werden, dass sich ein Fußg. plötzlich auf die Fahrb. einer AB wirft (*Hamm* VRS 85, 13). Befinden sich Kinder in Begl. Erwachsener, so muss sich Kraftf. nicht darauf einstellen, dass die Kinder plötzlich vor den Wagen laufen (*Köln* VRS 28, 266; ähnlich *Stuttgart* NZV 92, 185). Weder Warnzeichen noch Notbrems. notwendig, wenn 12-jähr. Kind mit Rücken zur Fahrb. auf Gehweg Ball spielt (*Koblenz* VRS 46, 437). Rücksicht auch auf **Hunde,** nötigenfalls ist langsamer zu fahren (*Stuttgart* DAR 64, 170). Vgl. auch Erl. 7 u. 8.

6 **Zu langsam fährt** idR, wer auf AB weniger als 80 km/h, auf sonstigen Straßen außerorts weniger als 60 km/h, innerorts weniger als 30 km/h fährt, obwohl eine solche Geschw. nach den Umständen obj. und für einen durchschnittl. Fahrer auch subj. vertretbar wäre. Behinderung ist gegeben, wenn nachf. Fzg seine Geschw. deutlich herabsetzen muss und Überholen für eine unzumutbar lange Strecke nicht möglich ist. Unter diesen Umständen genügt auch die Behind. eines einzelnen Fzg (umstritten).

7 Verpflichtung betrifft **Fzgf.**, also Führer von Kfz, Fahrrädern, Fuhrwerken und Straßenbahnen. „Gegenüber" bedeutet, dass der Fzgf. die geschützte Person entw. tatsächl. gesehen hat oder bei Anw. der notw. Sorgfalt hätte sehen müssen oder dass er nach den Umständen mit ihrem Auftauchen rechnen musste (vgl. Begr. und *KG* VRS 70, 463; *Düsseldorf* VRS 84, 468 = VM 93, 28). KfzFührer muss im Allg. nicht damit rechnen, dass ein Kind hinter einem park. Fzg hervorkommt, auch nicht in einem Wohngebiet, sofern nicht konkr. Anhaltspunkte für die Anwesenheit von **Kindern** gegeben sind (*Hamm* VRS 85, 16), vgl. aber Erl. 5. Halten sich zwei Kinder am rechten Fahrbahnrand auf und läuft eines über die Fahrb., muss Kraftf. mit Nachlaufen des and. Kindes rechnen (*Oldenburg* VRS 87, 17; Gruppe etwa

8-jähr. Schüler auf Gehweg; 45 km/h deutlich zu hoch, *Hamm* NZV 2000, 259; radf. Kinder: *BGH* NZV 2001, 35, *Hamm* NZV 2000, 167, *BGH* VRS 94, 33). Auf einen Verstoß gegen § 3 Abs. 2a kann sich grds. nur derjenige berufen, demggü. die Vorschrift in der konkr. Verkehrssituation die Pflicht zur erhöhten Rücksichtnahme ausgelöst hat (*BGH* DAR 91, 22 = NZV 91, 63). Geschützt sind z. B. **ältere Menschen** schon dann, wenn sie sich in einer Verkehrssituation befinden, die sie nach der Lebenserfahrung nicht meistern können (Überquerung einer breiten Straße mit schnellem Verkehr: *BGH* DAR 94, 320 = VRS 87, 266). Keine gesteigerte Sorgfaltspflicht, wenn z. B. „älterer Mensch" bei Annäherung nicht als solcher erkennbar war (*Hamm* NZV 91, 466). Verlangt wird höchste Sorgfaltsstufe (wortgleiche Regelung wie z. B. beim Fahrstreifenwechsel – § 7 Abs. 5 –, beim Wenden und Rückwärtsfahren – § 9 Abs. 5 –, beim Ein- und Ausfahren – § 10 –, beim Vorbeifahren an Haltestellen öff. Verk.mittel oder an Schulbussen – § 20 Abs. 1, 2 –, also nicht im engsten Wortsinne ein Gefährdungsausschluss oder eine Form der Gefährdungshaftung; vom Fzgf. wird nichts Unmögliches verlangt (*Karlsruhe* VRS 71, 62). **Kinder:** bis vollend. 10. bzw. 14. Lebensjahr (*Hamm* NZV 93, 397). Alte Rspr. zu § 3 Abs. 2a hat an Bedeutung verloren. Haftung des Kfz-Führers steht seit Änderung in § 828 BGB und § 7 StVG fest. Aber ggf. v. Bedeutung, wenn Höhe des Schmerzensgeldes festzusetzen ist. § 3 Abs. 2a mit seiner alten Rspr. behält zudem Bedeutung bei Unfällen zw. Kindern und Radf. Ansonsten zudem bei Kindern zw. 10. und 14. Lebensj. zu beachten. Grds. gilt bei älteren Kindern der Vertrauensgrds. (BGB NJW 2001, 152). Wegen der geänderten Rechtslage ist damit zu rechnen, dass Geschädigte ihren Ausgleich mehr über § 832 BGB (Verletzung der Aufsichtspflicht) suchen. Insoweit besteht keine Pflicht der Aufsicht auf Schritt und Tritt bei den 7 – 10-jähr. Kindern (vgl. *BGH* NJW 1997, 2047). Auch nach geänderter Rechtslage bleibt Alleinhaftung z. B. eines Jugendlichen von 12 Jahren möglich, wenn ihm obj. und subj. ein Hauptverschulden (bei grob verkehrswidrigem Verhalten) trifft, das die Betriebsgefahr des Kfz völlig untergeordnet erscheinen lässt (*Nürnberg* NZV 2007, 205). Hier sind stets altersgem. Maßstäbe anzulegen! **Hilfsbedürftige:** z. B. Behinderte; ältere Menschen: etwa ab 70 Jahre; erkennbar alkoholisierter Fußg., *BGH* NZV 2000, 120 = DAR 2000, 114. Eigenschaften müssen für Fzgf. erkennbar sein. Umfang der vom Fzgf. zu treffenden Schutzmaßnahmen abhängig vom Grund der erkennb. Behinderung, auch vom bisherigen Verhalten der geschützten Person in der konkr. Situation (*BayObLG* VRS 65, 461). Kinder im Kindergartenalter oder im Alter beginnender Volksschulpflicht erfordern wegen ihrer Unerfahrenheit und Unberechenbarkeit bes. Aufmerksamkeit der Kraftf. (*BGH* DAR 82, 98). Sieht der Kraftf. dreijähr. Kinder am Fahrbahnrand, so muss er mit unachtsamem Überqueren der Fahrb. rechnen und deshalb entspr. Maßn. treffen (*Hamm* NZV 89, 473; *Schleswig-Holstein* VRS 75, 282). Anders bei einem zehnjähr. Kind, das vom Fahrbahnrand aus den Verkehr beobachtet hat (*BayObLG* VRS 76, 144 = DAR 89, 114). Beim Überholen eines neun Jahre alten, unauffällig am rechten Fahrbahnrand fahr. Radf. muss Kraftf. nur unter bes. Umständen mit plötzl. Linksabbiegen rechnen (*BayObLG* VRS 62, 59 = DAR 82, 167). Kraftf. darf nicht darauf vertrauen, dass ein radf. Kind, das auf die Fahrb. zufährt, anhalten wird (*BGH* DAR 97, 399). Feststellung konkr. Gefährdung notw. (*Köln* VRS 65, 463). Fzgf. muss nicht damit rechnen, dass ein 12 – 13 Jahre alter Junge, der auf der Mitte des Gehwegs läuft, unvermittelt die Laufrichtung ändert und auf die Fahrb. läuft, wenn nicht bes. Umstände auf kindliche Unbesonnenheit und Unaufmerksamkeit hinweisen (*Hamm* DAR 91, 180 = VRS 80, 261). Auch der „Idealkraftf." braucht nicht damit zu rechnen, dass hinter jedem geparkten Fzg ein Kind auf die Fahrb. treten könnte (*Hamm* NZV 91, 194; VRS 85, 16). Zur Haftungsquote bei 11-jähr. Kind, das auf die Fahrb. läuft vgl. *Hamm* NZV 2006, 151.

8 **Beispiele** für **Schutz**maßnahmen: kl. Kind von etwa 4 Jahren am Fahrbahnrand ohne Aufsicht: „echte" Schrittgeschw., Anhaltebereitschaft. Kinder von 6 und mehr Jahren, die sich offenb. diszipliniert auf Gehweg aufhalten: idR Vorbeifahrt mit 20-30 km/h in gehörigem Abstand zulässig. 10-12-jähr. Schulkind wartet an Ampel offenb. diszipliniert bei „Fußgänger-Rot": idR Durchfahrt bei „Grün" mit der dort allg. zul. Geschw. Ein 1,66 m großer Schüler tritt auf Mehrzweckstreifen, bleibt dort stehen und beobachtet den Verkehr: Weiterfahrt mit (zuläss.) 60 km/h (*Hamm* NZV 96, 70). In Straßen in Wohngebieten, die häufig auf einer oder auf beiden Seiten zugeparkt sind, ist zu Zeiten, in denen mit Kindern allg. gerechnet werden muss, die innerorts zul. Höchstgeschw. von 50 km/h idR unangemessen; 30 km/h hier idR obere Grenze. In kinderreicher Gegend muss Kraftf. immer damit rechnen, dass Kinder hinter park. Fzgen hervor auf die Fahrb. laufen; 40 km/h daher zu hoch (*AG Köln* VRS 63, 9; einschränkend *Hamm* VRS 85, 16). Zur Sorgfaltspflicht beim Rückwärtsfahren im Bereich eines Kindergartens. *Frankfurt* VM 98, Nr. 36. Vgl. aber Erl. 5 und 7.

8a Auch im Rahmen der ziffernmäßig festgelegten Höchstgeschw. sind stets die **allg. Vorschriften** des § 3 Abs. 1 zu beachten. In best. Notstandslagen darf die Höchstgeschw. überschritten werden (vgl. dazu *Düsseldorf* VM 95, 71 = VRS 88, 454; *Köln* VRS 88, 370; NZV 95, 119), jed. nur, wenn die Gefahr, zu deren Abwendung die Überschreitung erfolgt, höher als die durch die Überschr. verursachte Gefährdung liegt. Tempo 50 innerorts gilt nach dem Wortlaut nur für Kfz; aber Radf. werden über § 3 Abs. 1 Satz 1 ebenfalls erfasst.

8b Zum Begriff des Lkw vgl. § 4 Abs. 4 PBefG; nicht die Eintragung im Fzgschein ist ausschlaggebend, aber ein Indiz, vielmehr die Eignung und Bestimmung sowie tatsächliche Nutzung (auch Leerfahrt) zur Güterbeförderung.

8c VO Geber hat mit Änd-VO v. 28.11.2007 (BGBl I S. 2774, Begr. VkBl 2008, S. 4) eine Gleichstellung der Wohnmobile bis 3,5 t zGG mit Anhänger mit den Lkw mit Anhänger wegen fehlender techn. Bedenken vorgenommen Ungleichbehandlung war technisch nicht nachvollziehbar.

8d Zur Def. des Kraftomnibusses vgl. § 30d Abs. 1 StVZO, § 4 Abs. 4 Nr. 2 PBefG ; eingefügt durch VO v. 22.10.2003 (BGBl I S. 2085, mit Begr. VkBl 2003, S. 734); VO passt die Vorschriften über Kraftomnibusse an die RiLi 2001/85/EG (sog. Busrichtlinie) an.

9 Gilt stets, wenn im Omnibus Fahrgäste stehen, auch wenn noch Sitzplätze frei sind, die aber nicht benutzt werden.

10 In diesen Fällen gilt eine **Richtgeschwindigkeit** von 130 km/h (zur Bedeutung der Richtgeschw. vgl. auch Erl. 1b) auf Grund der VO über eine allgemeine Richtgeschwindigkeit auf AB und ähnlichen Straßen (Autobahn-Richtgeschwindigkeits-VO) v. 21.11.1978 (BGBl I S. 1824), geändert durch VO v 7.8.1997 (BGBl I S. 2028), vgl. Ordnungsnr. 3 g.

11 Vorschr. dient der Sicherheit der Fzg und dem Schutz der Straßen. Gilt auch auf AB und Kraftfahrstraßen, beeinträchtigt aber nicht das Recht solcher Fzg, deren bauartbest. Höchstgeschw. mehr als 60 km/h beträgt, diese Straßen zu benutzen. Gilt für Schneeketten jeder Art (Metall, Kunststoff).

§ 4 Abstand

(1) Der Abstand zu einem vorausfahrenden Fahrzeug muss in der Regel so groß sein, dass auch dann hinter diesem gehalten werden kann, wenn es plötzlich gebremst wird[1 1a 2 3]. Wer voraus fährt, darf nicht ohne zwingenden Grund[4] stark bremsen[5].

(2) Wer ein Kraftfahrzeug führt, für das eine besondere Geschwindigkeitsbeschränkung gilt[6], sowie einen Zug führt, der länger als 7 m ist, muss außerhalb geschlossener Ortschaften ständig so großen Abstand[7] von dem vorausfahrenden Kraftfahrzeug[8] halten, dass ein überholendes Kraftfahrzeug einscheren kann. Das gilt nicht,

1. wenn zum Überholen ausgeschert wird und dies angekündigt wurde,
2. wenn in der Fahrtrichtung mehr als ein Fahrstreifen vorhanden ist oder
3. auf Strecken, auf denen das Überholen verboten ist.

(3) Wer einen Lastkraftwagen[9] mit einer zulässigen Gesamtmasse über 3,5 t oder einen Kraftomnibus[10] führt, muss auf Autobahnen, wenn die Geschwindigkeit mehr als 50 km/h beträgt, zu vorausfahrenden Fahrzeugen[11] einen Mindestabstand von 50 m[12] einhalten[13].

Erläuterungen

1 Abstand muss idR der **halben Tachometerzahl** entsprechen (*BGH* VRS 34, 89 = DAR 68, 50; etwa gleiches Ergebnis: „1,5-Sek-Weg", *Maase* DAR 57, 225; *Weigelt* DAR 59, 98; *Mühlhaus* DAR 67, 260; *Karlsruhe* VRS 34, 295 =

NJW 68, 463; *Frankfurt* VRS 52, 143). Geringerer Abst. im geballten Stadtverkehr unter bes. Umständen zulässig (*BayObLG* VRS 4, 216 = DAR 56, 333; *Stuttgart* VRS 27, 139; *KG* VRS 46, 66); z.B. bei guter Sicht über den Vordermann hinaus und bes. Reaktionsbereitschaft. Im Kolonnenverkehr auf der AB besteht die bes. Gefahr von Auffahrunfällen, die für nachf. Fzg den Bremsweg außergewöhnlich verkürzen; deshalb ist hier erhöhte Aufmerksamkeit – Beobachtung aller in Sichtweite fahrenden Fzg – geboten (*Celle* VRS 75, 313 = NVZ 89, 36). Fährt nachfolg. Kfz auf vorausfahr. auf, so trifft Schuld in aller Regel den nachfahr. VT (*Stuttgart* VRS 45, 243), vgl. auch Erl. 3. Abstand muss grds. nicht auf plötzl. Stillstand des Vordermanns ohne Aufleuchten der Bremslichter abgestellt sein (*BayObLG* VRS 62, 380; vgl. auch *Hamm* VRS 71, 212; *Köln* VRS 87, 172). Zwar muss – auch auf AB – mit plötzl. Bremsen des vorausfahr. Fzg gerechnet werden, doch muss der Abstand nicht so bemessen werden, dass vor einem zunächst verdeckten Hindernis angehalten werden kann (*BGH* VRS 72, 267 = DAR 87, 117). Verzögert beim Start mehrerer an einer Ampel wartender Kfz der Vorausfahrende nach wenigen Metern – z.B. wegen eines Missverständnisses über die Ampelsignale – seine Geschw., so haftet der auffahr. Hintermann (*Karlsruhe* VRS 73, 334).

1a Zum Sicherheitsabstand bei Radf. vgl. *Hamm* VersR 2001, 1757.

2 Nach alter Rspr. lag eine konkrete **Gefährdung** iSd § 1 Abs. 2 idR vor, wenn Sicherheitsabstand (oben 1) nicht nur ganz vorübergehend nahezu um die Hälfte unterschritten wird („0,8-Sek-Weg", *Karlsruhe* VRS 34, 295 = NJW 68, 463; DAR 71, 306 = VRS 41, 454; VRS 43, 105; vgl. auch *Köln* VRS 66, 48: 250 – 300 m). Nachdem der *BGH* für eine konkrete Gefährdung einen Beinah-Unfall verlangt (vgl. Erl. zu § 1 Abs. 2), verlangen die *OLG* in Anlehnung an den *BGH* (BGHSt 22, 341) das Vorliegen eines gefährdenden Abstandes, der nicht nur vorübergehender Natur sein darf (*BGH* NJW 1969, 939). Alte Rspr: So bei 5 m Abst. und 110 km/h (*BGH* VRS 36, 370). Ebenso *BayObLG* VM 71, 19 = VkBl 71, 669; 24 m bei 129,4 km/h über 300 m Strecke; dagegen *Frankfurt* NJW 70, 1560: 10 m bei 100 km/h nicht unbed. Gefährdung. Neue Rspr.: *Hamm* Beschl. v. 30.8.2012, III – 1 RBs 122/12, 1 RBs 122/12, juris (Strecke von 150 m bei standardisierten Messerfahren von Brücke hinreichend unter Hinweis auf *Celle* NJW, 1979. 325, *Düsseldorf* NZV 2002, 519). Die bes. Gefährlichkeit eines zu geringen Sicherheitsabstandes ist bei den Kraftf. nicht hinreichend bekannt. **Nötigung** durch dichtes Auffahren: *Köln* VRS 61, 425; keine Nötigung bei kurzzeitiger Abstandsunterschreitung, sofern nicht weitere Umstände hinzutreten, z. B. Hupen oder Lichthupen (*BayObLG* NZV 93, 357 = VRS 85, 334). Auch unter Berücksichtigung der Entsch. des *BVerfG* (NJW 95, 1141) ist dichtes Auffahren zur Erzwingung des Uberholens als Nötigung strafbar (*Köln* NZV 95, 405).

3 Konkr. Gefährdung ist **nicht Voraussetzung** für Ahndung nach Abs 1. Liegt konkr. Gef. vor, also ein Beinahe-Unfall, so Verstoß gegen § 1 Abs. 2

in Tateinheit (so auch *Karlsruhe* VRS 41, 454). Kommt es zu einem Auffahrunfall, so spricht Beweis des ersten Anscheins i.A. gegen den Auffahrenden (*KG* DAR 77, 20). Die Sanktionen für Abstandsverstöße wurden 2009 (BGBl I 2009, 17-18) angehoben. Beträgt die Geschwindigk. über 80 km/h, so kommt bei weniger als 1/10 des halben Tachowerts eine Geldbuße von 320 € in Betracht. Bei einer Geschwindigk. über 100 km/h kommt ein Fahrverbot von 3 Mon. hinzu. Bei einer Geschwindigk. über 130 km/h erhöht sich dies auf 400 € plus 3 Monate Fahrverbot.

4 Nur zum Schutz von Rechtsgütern oder Interessen, die dem Schutzobjekt der Vorschrift (Personen, Sachen) mind. gleichwertig sind (*München* DAR 74, 19). Läuft plötzlich Katze oder kl. Hund auf die Fahrb., so darf stark gebremst werden, wenn keine Gefahr für Menschen droht, sondern allenfalls nicht erhebl. Sachschaden (*Frankfurt* VRS 66, 372 = DAR 84, 157). Plötzl. Bremsen wegen eines Vogels (Taube) idR nicht zulässig, allenfalls bei Ausschluss der Gefährdung des nachf. Verkehrs (*Hamm* NZV 94, 28) bzw. bei Vermeidung von Gefahr für Menschen oder von höh. Sachschäden (*Köln* DAR 94, 28). „Ausbremsen" des nachf. Fzg kann vorsätzl. Eingriff in den Straßenverkehr in Tateinheit mit Nötigung sein (*Celle* VRS 68, 43 = DAR 85, 125).

5 Verkehrswidrig nur, wenn ernstliche Gefahr eines Auffahrunfalls besteht (*München* DAR 74, 19). Gefährdung des Hintermannes nur, wenn dieser mit weniger als dem dopp. Sicherheitsabstand folgt (*Karlsruhe* VRS 76, 414). Normales Bremsen muss nicht durch Antippen der Bremse vorher angekündigt werden (*Hamm* DAR 73, 167).

6 Vgl. § 3 Abs. 3 Nr. 2 Buchst. a und b, jedoch nicht Buchst. c (*Bouska* VD 76, 339). Die außerörtl. Geschw.beschr. von 100 km/h für Pkw sowie für and. Kfz mit zul. Gesamtmasse bis 3,5 t ist also keine „besondere Geschwindigkeitsbeschränkung" iSd Abs. 2 Satz 1.

7 Als Abstand genügt idR der **doppelte Sicherheitsabstand,** also Abstand = Tachometerzahl. Mögl. mind. 50 m.

8 **Kfz jeder Art,** also auch Pkw. Ist ein Fzg nach dem Überholen in die freigehaltene Lücke eingeschert, so wird es nicht zum „vorausfahrenden Kraftfahrzeug", wenn nach den Umständen davon auszugehen ist, es werde bei nächster Gelegenheit weiter überholen. Dann also keine erneute Verdoppelung des Si.Abstandes.

9 Regelung trägt Umstand Rechnung, dass schwerere Fzg auf Grund ihrer Aufprallwucht bei zu geringem Abstand eine bes. Gefahr bedeuten. Nach Sinn und Zweck sind auch Sattelkfz Lkw iSd der Vorschrift, ebenso Sonderkfz in Lkw-Form, nicht aber Zugmaschinen (vgl. auch VwV zu § 3).

10 Definition des Kraftomnibusses: vgl. § 4 Abs. 4 Nr. 2 PBefG, § 30d Abs. 1 StVZO. Auf die zul. Gesamtmasse kommt es bei diesen Fzg nicht an.

11 Die Art des vorausfahr. Fzg ist unerheblich (z. B. Pkw, Kraftrad, Lkw oder Omnibus).

12 Der geforderte Abstand entspricht dem Abstand der Leitpfosten. Schiebt sich ein and. Fzg in den Mindestabstand, so muss der Mindestabstand durch „Zurückfallen" des Lkw wieder hergestellt werden. Es handelt sich nicht um einen Einscher-, sondern um einen Sicherheitsabstand (vgl. *Saarland* Beschl. v. 10.3.2006, Ss (z) 203/2005 (17/05); Abs. 2 Satz 2 Nr. 3 ist nicht anwendbar. Bei langsamer Fahrt bis 50 km/h, z. B. an Steigungs- oder Gefällstrecken, gelten die allg. Vorschriften des § 4 Abs. 1, Abs. 2. Verboten ist grds. auch jede kurzfristige Unterschreitung des Mind.Abstands (*Zweibrücken* NZV 98, 39).

13 Abstandsmessung mit Video und Beobachtung durch hinterherfahrende geschulte Pol.Beamte ist grds. zuverlässig (*BayObLG* DAR 94, 122; *Düsseldorf* DAR 2000, 80). Hier gelten die Grds. zur Geschw.messung entspr. vgl. Erl. 1 zu § 3. Verfahren, wo zunächst verdachtsunabhängig Kfz ohne Festhalten von Kennz. und Fzgf. gefilmt werden und danach erst verdachtsabhängige Abstandsmessungen vorgenommen werden, können auf § 100h Abs. 1 Satz 1 Nr. 1 StPO iVm § 46 Abs. 1 OWiG gestützt werden (*Stuttgart* DAR 2010, 148).

§ 5 Überholen[1]

(1) Es ist links zu überholen[2 2a].

(2) Überholen darf nur, wer übersehen kann, dass während des ganzen Überholvorgangs jede Behinderung des Gegenverkehrs ausgeschlossen ist[3]. Überholen darf ferner nur, wer mit wesentlich höherer Geschwindigkeit[4] als der zu Überholende fährt.

(3) Das Überholen ist unzulässig[5]:
1. bei unklarer Verkehrslage[6] oder
2. wo es durch ein angeordnetes Verkehrszeichen (Zeichen 276, 277)[7] verboten ist.

(3a) Wer ein Kraftfahrzeug mit einer zulässigen Gesamtmasse über 7,5 t[7a] führt, darf unbeschadet sonstiger Überholverbote nicht überholen[7b], wenn die Sichtweite durch Nebel, Schneefall oder Regen weniger als 50 m beträgt[7c].

(4) Wer zum Überholen ausscheren[8] will, muss sich so verhalten, dass eine Gefährdung des nachfolgenden Verkehrs ausgeschlossen ist[9]. Beim Überholen muss ein ausreichender Seitenabstand zu den anderen Verkehrsteilnehmern eingehalten werden. Beim Überholen mit Kraftfahrzeugen von zu Fuß Gehenden, Rad Fahrenden[9a] und Elektrokleinstfahrzeug Fahrenden beträgt der ausreichende Seitenabstand innerorts

mindestens 1,5 m und außerorts mindestens 2 m. An Kreuzungen und Einmündungen kommt Satz 3 nicht zur Anwendung, soweit Rad Fahrende dort wartende Kraftfahrzeuge nach Absatz 8 rechts überholt haben oder neben ihnen zum Stillstand gekommen sind[9b]. Wer überholt, muss sich so bald wie möglich wieder nach rechts einordnen[10]. Wer überholt, darf dabei denjenigen, der überholt wird, nicht behindern[11].

(4a) Das Ausscheren zum Überholen und das Wiedereinordnen sind rechtzeitig und deutlich anzukündigen; dabei sind die Fahrtrichtungsanzeiger zu benutzen[12].

(5) Außerhalb geschlossener Ortschaften darf das Überholen durch kurze Schall- oder Leuchtzeichen angekündigt werden[12a]. Wird mit Fernlicht geblinkt, so dürfen entgegenkommende Fahrzeugführende nicht geblendet werden.

(6) Wer überholt wird, darf seine Geschwindigkeit nicht erhöhen[13]. Wer ein langsameres Fahrzeug[13a] führt, muss die Geschwindigkeit an geeigneter Stelle ermäßigen, notfalls warten, wenn nur so mehreren unmittelbar folgenden Fahrzeugen das Überholen möglich ist. Hierzu können auch geeignete Seitenstreifen[14] in Anspruch genommen werden[15]; das gilt nicht auf Autobahnen[16].

(7) Wer seine Absicht, nach links abzubiegen, ankündigt und sich eingeordnet hat, ist rechts zu überholen. Schienenfahrzeuge sind rechts zu überholen. Nur wer das nicht kann, weil die Schienen zu weit rechts liegen, darf links überholen. Auf Fahrbahnen für eine Richtung dürfen Schienenfahrzeuge auch links überholt werden.

(8) Ist ausreichender Raum[17] vorhanden, dürfen Rad Fahrende und Mofa Fahrende die Fahrzeuge, die auf dem rechten Fahrstreifen[18] warten[19], mit mäßiger Geschwindigkeit[20] und besonderer Vorsicht[21] rechts überholen.

Erläuterungen

1 Ein Fzg **überholt,** wenn es sich von hinten nach vorne an einem anderen Fzg, das sich in Fahrt befindet oder das nur aus Verkehrsgründen oder auf Grund einer Anordnung kurz anhält, vorbeibewegt (vgl. auch *BVerwG* VM 95, 18 mit Hinweis auf *BGH* NJW 74, 1205 = VM 74, Nr. 109; *BGH* NJW 75, 1330 = VM 95, Nr. 52). Kein Überholen bei gleichzeitigem Anfahren an Ampel (*BayObLG* VRS 27, 223; *Düsseldorf* DAR 66, 26). Parkende Fzg (§ 12 Abs. 2) oder nicht infolge der Verkehrslage haltende (§ 12 Abs. 1) werden nicht überholt, sondern es wird an ihnen vorbeigefahren (§ 6). Überholen setzt begrifflich voraus, dass beide Fzg auf derselben Fahrb. fahren; Fzg auf der Fahrb. „überholen" daher nicht Fzg, die auf dem Seitenstreifen,

einem Radweg oder Gehweg fahren oder einem anderen Straßenteil (vgl. § 10) (*Düsseldorf* VRS 91, 387 = DAR 96, 244); Ausnahme: Seitenstreifen ist temporär durch Z 223.1 zum Befahren freigegeben; dieser ist dann wie ein rechter Fahrstreifen zu befahren, sodass in diesen Fällen dort fahrende Fzg auch überholt werden. Auch Fußg., die sich auf der Fahrb. in gleicher Richtung bewegen, werden überholt (allerdings gilt gegenüber Fußg., die nach § 25 Abs. 1 Satz 2 und 3 auf der linken Fahrb.Seite gehen, das Gebot, links zu überholen, nicht). Begriff des Überholens vgl. auch *Bouska* VD 72, 325; *Mühlhaus* VD 72, 327. Der Begriff des Überholens iSd § 315c Abs. 1 Nr. 2 lit. b StGB ist umfassender als der in § 5 StVO (z.B. „Überholen" auf dem Seitenstreifen einer AB); *BVerfG* DAR 95, 154 = VRS 88, 84.

2 **Ausnahmen:** § 5 Abs. 7, Abs. 8, § 7 Abs. 2, Abs. 2a, Abs. 3, § 7a (vgl. auch *Bouska* DAR 71, 68; *Harthun* DAR 71, 253 zur alten Rechtslage ohne Anlagen), Erl. zu Z 297. Rechtsüberholen setzt begrifflich voraus, dass die beteiligten Fzg dieselbe Fahrb. benutzen (*Celle* DAR 77, 330). Da ein Beschleunigungsstreifen Bestandteil der Fahrb. – wenn auch nicht Bestandteil der „durchgehenden Fahrb." iSd § 18 Abs. 3 – ist (a.A. *Koblenz* VRS 73, 66 = DAR 87, 158), bedurfte es einer Sonderregelung. Sog. Mehrzweckstreifen (bes. breite befestigte Seitenstreifen – Z 295 Nr. 1 Buchst. C – sind nicht Bestandteil der Fahrb.; dort fahrende „langsame Fzg" werden daher von den auf der Fahrb. fahrenden Fzg nicht „überholt", ebenso überholen „langsame Fzg", die auf einem Seitenstreifen schneller als z.B. eine stockende FzgKolonne auf der Fahrb. fahren, letztere nicht („schnellere" Fzg, die den Mehrzweckstreifen benutzen, verstoßen gegen § 2 Abs. 1). Auf AB gilt das Verbot des Rechtsüberholens wegen der hohen Gefährlichkeit bes. streng (*BGH* VRS 16, 146 = VM 59, 15).

2a **Kein** unzulässiges **Rechtsüberholen,** wenn innerorts auf markiertem Rechtsabbiegefahrstr. überholt wird und anschl. noch vor der Kreuzung auf den Geradeaus-Fahrstr. gewechselt wird (*Düsseldorf* VRS 89, 138 = VM 95, 46). Entspr. für Benutzung des **Linksabbiege-Fahrstreifens** durch Geradeausfahrer (*Düsseldorf* VRS 91, 144 = DAR 96, 65 = NZV 96, 208). Zulässiges Rechtsüberholen des Linksabbiegenden immer, wenn eindeutig feststeht, dass Linksabbiegender auch tatsächlich abbiegen will (*Celle* 14 U 58/10, juris). Dagegen Verstoß, wenn auf Fahrb. ohne Markierung ein wartendes Fzg rechts überholt wird (*Köln* NZV 95, 74).

3 **Überholen** ist bereits **verboten,** wenn zweifelhaft ist, ob Gegenverkehr auch nur zur Verlangsamung oder zum Ausweichen veranlasst werden könnte, erst recht bei möglicher Gefährdung. Überholender muss zu Beginn des Überholvorgangs sich vergewissern, dass Überholstrecke hindernisfrei ist (*BGH* VM 2000, 74). Der benötigte Überholweg muss erkennbar hindernisfrei zur Verf. stehen (*BGH* NZV 2000, 291 = DAR 2000, 299). Kann ein Überholvorgang wegen verkehrswidr. Verhaltens des Überholten nicht gefahrlos beendet werden, so muss er idR abgebrochen werden (*Hamm* DAR 73, 277; VRS 46, 155). Steht in beiden Fahrtrichtungen gemeinsam

eine dritte Spur zur Verfügung, so darf auch bei Gegenverkehr überholt werden (Vorrang des zuerst Überholenden); räumt der Entgegenkommende rechtswidrig den Vorrang nicht ein, so muss der Bevorrechtigte den Überholvorgang sofort abbrechen (*Koblenz* VRS 66, 219). Pkw darf sich bei Sichtbeh. durch Lkw nach links „heraustasten", um sich über eine Überholmöglichkeit zu vergewissern (*Karlsruhe* DAR 74, 79).

4 Auslegung muss die **konkr. Verkehrssituation** berücksichtigen (vgl. auch *Möhl* DAR 61, 217). Außerorts idR Geschw.Diff. von 20 km/h als Mindestforderung (Beisp. aus Rspr.: *Oldenburg* VRS 24, 170: 3 – 4 km/h; *BGH* VRS 30, 349: 5 – 10 km/h; *BayObLG* DAR 61, 204: 10 km/h bei Lkw auf BAB, jeweils zu **wenig).** Nach *Hamburg* NStZ-RR 09, 154 ist Behinderung des nachf. Verk. Voraussetzung. *Zweibrücken* (SVR 2010, 66) hält 10 km/h Differenzgeschw. bei Lkw auf zweispurigen AB für ausreichend. Bei Lkw-Überholvorgängen verlangt *Hamburg* (NZV 09, 302) einen Abschluss des Überholvorgangs nach 45 Sekunden (ca. ident. mit 10 km/h). Innerorts genügt idR auch geringere Geschw.Diff. (*Bremen* VRS 28, 50 km/h zu 45 km/h; *BGH* VersR 68, 140), vor allem auf Fahrb. ohne Gegenverkehr. **Vorgeschrieb. Höchstgeschw.** darf auch beim Überholen nicht überschritten werden. Vorrangig ist stets Abs. 2 Satz 1.

5 Beim Überholen hat derjenige **Vortritt,** der das zu überholende Fzg zuerst erreicht hat (*BGH* VRS 17, 331; 30, 105; *Hamm* Urt. v. 15.1.1969, 4 Ss 1758/68; *Schleswig* DAR 75, 76). Kolonnen hinter langs. Fzg müssen sich also von vorne nach hinten, nicht umgekehrt auflösen. Ausn.: vorausf. Fzg will oder kann erkennbar nicht überholen (vgl. dazu *KG* NZV 95, 359 = VM 95, 38). Allerdings Überholen idR nicht deshalb unzulässig, weil vorausfahr. Fzg sich einem noch langsameren Fzg nähert, ohne links zu blinken (*BayObLG* DAR 74, 277 = VRS 47, 379). Auch wer danach bevorrechtigt ist, muss Abs. 4 Satz 1 beachten. **Unklare Verkehrslage**: wenn mit ungefährdetem Überholvorgang nicht gerechnet werden kann (*BayObLG* NZV 1996, 380) oder wenn sich nicht beurteilen lässt, was der Vorausfahrende gleich tun wird (*Koblenz* NZV 2005, 413), wenn stehende Fahrzeugkolonne Lücken für einbiegenden Querverkehr lässt (*Stuttgart* 4 Ss 132/07, juris). Geschützt ist hier der Überholende und der Querverkehr; nicht der Gegenverkehr, dieser wird durch Abs. 2 geschützt. Zum Schutz der Fußgänger bei Fußgängerüberwegen vgl. § 26 Abs. 3.

6 Z.B. durch schlechte Sichtverhältnisse (*Koblenz* VRS 46, 37). Zum Begriff der unklaren Verkehrslage vgl. *Mühlhaus* DAR 73, 38, ebenso allg. *BGH* DAR 96, 11 = NZV 96, 27, *Düsseldorf* VRS 91, 42 und *Köln* VRS 96, 407; *KG* VRS 2001, 56). Wenn der Überholende nach den gegebenen Umständen mit einem ungefährlichen Überholvorgang nicht rechnen darf, wenn also die Verkehrslage unübersichtlich bzw. ihre Entwicklung nach obj. Umständen nicht beurteilbar ist (*München* 10 U 1860/12, juris, *Oldenburg* DAR 2012, 641). **Keine unklare Verkehrslage:** wenn ein Kfz ohne den linken Richtungsanzeiger zu setzen, mit gleicher Geschw. hinter einem Lkw her-

fährt (*BayObLG* VRS 71, 382 = DAR 87, 25); wenn ein Vorausfahrender, der auf der Fahrb. rechts fährt, sich einer Straßenabzweigung nähert und seine Geschw. herabsetzt (*Koblenz* VRS 70, 467); wenn sich Fzg mit geringer Geschw., aber ohne zu blinken, einer nach links führenden Abzweigung nähert und unmittelb. folg. Fzg nicht überholt (*BayObLG* VRS 72, 295). Fährt ein Fzg von der rechten Parkbucht auf die Fahrb. ein, so muss herankomm. Fzg grds. nicht damit rechnen, dass es sich sogleich zur Fahrb.mitte einordnen werde, also insoweit keine unklare Verkehrslage (*BayObLG* DAR 86, 58).

7 Zum Überholverbot an Bahnübergängen vgl. § 19 Abs. 1. Bei Z 276 ist es auch verboten, an einer FzgSchlange vorbeizufahren, die vor einer Ampel bei Rotlicht wartet (*BGH* DAR 75, 165; VD 72, 325, 327; VD 74, 215, 221; VD 75, 105). Auf Fahrb. mit mehr. Richtungsfahrstreifen muss der Überholende das überholte Fzg bis zum Z 276 so weit hinter sich gelassen haben, dass er sich ohne Gefährd. vor diesem einordnen könnte (*BGH* DAR 74, 250 = VRS 47, 218; VD 74, 215). Z 276 u. 277 verbieten nicht das (Rechts-)Überholen von Fzg, die sich auf einem Abbiegefahrstreifen links eingeordnet haben (*Bouska* VD 71, 83; *Koblenz* VRS 83, 59). Z 276/277 verbieten nicht, dass langs. Fzg auf einem Mehrzweckstreifen durch Fzg auf der Fahrb. „überholt“ werden (im Rechtssinne ist dies kein Überholen, da der Mehrzweckstreifen nicht Bestandteil der Fahrb. ist). Nach *Hamm* NZV 2001, 39 dürfen Rad- und Mofafahrer Fzge die auf einem Linksabbiege-Fahrstreifen vor einer Ampel warten, nicht rechts überholen (dies gilt bei Berücks. des konkr. Sachverhalts nur, wenn auch der Zweiradfahrer nach links abbiegen will, vgl. auch Abs. 7 S. 1).

7a Das Verbot berücksichtigt die bes. Gefährlichkeit schwerer Fzg, die bei Überholvorgängen, also bei idR zügiger Fahrweise, auf langsame oder stehende Fzg auffahren. Es betrifft Kfz jeder Art, insbes. Lkw und Kraftomnibusse, und gilt auf Straßen jeder Art, insbes. auch auf den Richtungsfahrbahnen der AB. Bei Zügen kommt es auf die zul. Gesamtmasse des ziehenden Fzg an. Auch Fahrräder und Fußg. dürfen auf gleichen Straßenteilen dann nicht von diesen schweren Fzg überholt werden.

7b Nach Sinn und Zweck der Vorschrift betrifft das Verbot nicht die „Sonderfälle“ des Rechtsüberholens (z.B. des § 7 Abs. 2, Abs. 2a).

7c Vgl. Erl. 2b zu § 3.

8 Wenn der daneben liegende Fahrstreifen zumindest teilweise benutzt wird (VD 71, 193). Von dem Ausscherenden wird ein Höchstmaß an Sorgfalt verlangt (Gefährdungsausschluss!); er trägt damit idR das volle Risiko. Gilt nach Streichung des § 18 Abs. 4 für Überholvorgänge auf Straßen jeder Art, auch auf AB (vgl. *Thüringer OLG* NZV 06, 147). Ein aufmerksamer und vernünftig handelnder FzgFührer, der auf dem Überholfahrstreifen mit höh. Geschw. herannaht, darf nicht zu einer raschen und erhebl. Geschw.Herabsetzung veranlasst werden (*Köln* VRS 44, 436). Eine ange-

messene Geschw.Verringerung durch Gaswegnehmen od. leichtes Bremsen muss der nachf. FzgFührer also in Kauf nehmen; er kann sich darauf idR bei entspr. Beobachtung vorausf. Fzg, die sich einem langsameren Fzg näheren, auch einstellen.

9 Vgl. Erl. 8. Leichte Behinderung des nachf. Verk. verbietet Ausscheren noch nicht (*BayObLG* VRS 62, 61), aber plötzl. Ausscheren, was zu starken Bremsmanövern führt (*Thüringer OLG* NZV 06, 147). Linksüberholen nicht deshalb unzulässig, weil Vordermann, ohne sich deutlich nach links einzuordnen und ein Richtungszeichen zu geben, vor einer Abzweigung geringe Geschw. einhält (*BayObLG* DAR 81, 63; im Ergebnis auch VRS 64, 55); bei deutlichem Einordnen nach links in dieser Situation ist Linksüberholen allerdings idR nicht mehr zulässig (*BayObLG* VRS 69, 53).

9a Zum **Seitenabstand** gab es bis zur Novelle v. 20.4.2020 (BGBl I S. 814) ausschließlich Festlegungen in der Rspr. (idR mind. 1 m, möglichst aber mehr, *Brandenburg* NJW-RR 2011, 1400, *Hamm* NZV 91, 466: Seitenabstand gegenüber Radf. regelmäßig 1,5 – 2 m, *KG* NZV 2007, 626). Ggü. radf. Kindern auf ansteigender Strecke 1,5 m, bei bes. Umständen (z. B. Schwanken des Radf.; Radf. auf Klapprad mit Kindergartenkind auf Gepäckträger) mind. 2 m (*Frankfurt* DAR 81, 18; *Karlsruhe* DAR 89, 299).

9b Unterscheidung innerorts zu außerorts ist den gefahrenen Geschw. der überholenden Kfz geschuldet. Problematisch ist die genaue Einhaltung der Seitenabst. und deren Überwachung, denn die Seitenabstände (Kfz-Spiegel zu Fahrrad-Lenker) lassen sich im fließ. Verkehr nicht messen. Die Ausn. zur Kreuzung und Einmündung trägt dem Umstand Rechnung, dass Radf. dort rechts an stehenden Kfz vorbeifahren dürfen, um weiter vorn bei roter Ampel anzuhalten. Dies ist nachvollziehbar, weil die Einhaltung des Abstandes in solchen Fällen seitens des KfzFührers nicht sichergestellt werden kann. Überholen Radf. außerhalb des Erlaubten rechts, kann die Abstandsvorschrift durch KfzFührer ebenfalls nicht eingehalten werden. Hier bedarf es dann des Nachweises im Einzelfall. Weitere Erwähnungen drängen sich auf für die Fälle der parallelen Verkehrsführung auf Sonderwegen wie Fuß- und Radwegen und Radfahrstreifen. Beim Passieren handelt es sich in diesem Fall um keinen Überholvorgang, weil diese nicht Teil der Fahrb. sind.

10 Pflicht zum **Wiedereinordnen,** sobald der normale Sich.Abstand erreicht ist (*BayObLG* VkBl 65, 196 = VM 64, 67 = VRS 28, 44), also idR „halbe Tachometerzahl“ (Erl. 1 zu § 4). Orientierungshilfe: keinesfalls bevor überholtes Fzg im Innenrückspiegel erscheint, bei höherer Überholgeschw. mit entspr. Zuschlag. Etwas komplizierter festzustellen und geringer ist der „Einbiegeabstand“ nach *Koblenz* VRS 45, 209: Strecke, die überholtes Fzg in 1 Sek. zurücklegt (= Geschw.: 10 x 3). Beim Überholen auf AB mit 120 km/h ist Einscheren in Lücke von 200 m nicht notw., wenn überholtes Fzg mit 100 km/h fährt (*Karlsruhe* VRS 53, 5). Einscheren in Fzglücke zur Freimachung des linken Fahrstreifens für einen schnelleren „Nachfolger“ ist unter folg. Vorauss. zumutbar und geboten: Die Lücke muss so groß sein, dass

der Einscherende nicht zu einer Herabsetzung seiner Geschw. gezwungen ist oder – bei Beibehaltung seiner Geschw. – bereits nach kurzer Fahrzeit wieder zum Überholen nach links ausscheren müsste (z.B. nach weniger als 20 Sek. Fahrt innerhalb der „Lücke"); die Lücke muss zumindest dem dopp. Sicherheitsabstand zzgl. der eigenen FzgLänge entsprechen, bei 120 km/h also mind. etwa 130 m (vgl. *Bouska* DAR 85, 137, 141; *BayObLG* DAR 90, 187). Befindet sich eine FzgSchlange hinter einem langsameren Fzg, gilt:, „wer zuerst zum Überholen ansetzt, hat Vorrang" (Grund: Verkehrsfluss; vgl. *Düsseldorf* DAR 2005, 217).

11 **„Schneiden"** des überholten Fzg ist verboten (Begr.; vgl. auch *Düsseldorf* VRS 64, 7). Behinderung idR, wenn nachf. Fzg **abbremsen** muss, aber nur, wenn das **objektiv** geboten ist. IdR noch keine Behinderung, wenn nachf. Fzg Geschw. nur durch Gaswegnehmen etwas verringern muss, um Sich.Abstand herzustellen.

12 Es ist also nicht notw., nach Abschluss des Ausscherens und vor dem Beginn des Wiedereinordnens während des gesamten Überholvorgangs zu blinken. Ein ausdrückl. Verbot enthält die StVO aber nicht (vgl. jed. Erl. 12a).

12a Auch wiederholte Z grds. zulässig. längeres „Aufblenden" jed. verboten. Fährt Vordermann unzulässig auf der Überholspur der AB, darf er durch maßvolle Abgabe von Lichtzeichen zur Freigabe des Fahrstreifens aufgefordert werden (*BayObLG* VRS 62, 218). Sicherheitsabstand (§ 4) darf aber nicht unterschritten werden. Fährt Vordermann zulässig auf Überholstreifen, z.B. bei eigenem Überholen, dann sind Schall- oder Lichtzeichen sinnlos und daher verboten. Eine Unsitte ist es, wenn ein auf dem linken Richtungsfahrstreifen fahrendes Fzg den linken Blinker betätigt, um ein in zulässiger Weise dort befindliches vorausfahr. Fzg zum Verlassen des Fahrstreifens zu bewegen; darin ist – jedenfalls in krassen Fällen – eine Belästigung des Vorausfahrenden zu sehen (§ 1 Abs. 2).

13 Gilt nur für **eingeholte** Fzg Eingeholt ist ein Fzg dann, wenn ein nachf. sich auf der linken Seite mit ihm auf gleicher oder nahezu gleicher Höhe befindet. Es ist eine Unsitte, wenn beim Ende einer Geschw.beschr., z.B. am Ortsausgang, Fzg nach links ausscheren, um unter Ausnutzung des Beschl.Verbots zu überholen, obwohl das vorausf. Fzg ebenso schnell beschleunigen könnte und deshalb der Überholvorgang unnötig wäre. Auch hier ist vorausf. Fzg solange nicht gehindert zu beschleunigen, bis es eingeholt ist. Bedenklich *BayObLG* Urt. v. 20.1.1978 RReg 1 St 469/77: Schon vom Beginn des Überholvorgangs an darf Geschw. nicht mehr erhöht werden. Bewusstes Verhindern des Überholens durch Beschleunigung und anschl. Zurücknehmen der Geschw. kann als Nötigung strafbar sein (*BayObLG* DAR 86, 231).

13a **Langsameres Fzg.** Wer bei erlaubter Geschw. von 100 km/h auf längerer Strecke (z.B. 6 km) nur mit 60 bis 65 km/h fährt (*Karlsruhe* NZV 92, 122 = VRS 82, 226).

14 Seitenstreifen jeder Art (Mehrzweckstreifen od. and. Seitenstreifen) als „Ausweichfläche“, sofern sie „geeignet“, also vor allem für das betreff. Fzg (z.B. Lastzug) hinreichend befestigt sind (vgl. dazu aber Haltverbot in § 18 Abs. 8 auch zu Kraftfahrstraßen und Fahrbahnbenutzungsgebot in § 2 Abs. 1). VO-Geber sollte hier insb. auch Widerspruch zum Überfahrensverbot des Z 295 (Ausn.: dort Nr. 1 Buchst. c) auflösen.

15 Seitenstreifen kann sowohl für vorübergeh. Langsamfahren als auch für Warten vgl. dazu aber Haltverbot in § 18 Abs. 8 auch für Kraftfahrstraßen benutzt werden, um and. Fzg das Überholen zu ermöglichen. Zul. ist auch ein nur teilw. Ausweichen auf den Seitenstreifen.

16 Seitenstreifen auf AB haben die Funktion eines Pannen- oder Notfallstreifens. Sie dürfen daher für Ausweichmanöver nicht benutzt werden; dies ist auch nicht notw., weil nachf. Fzg hier auch anders überholen können, da sie über mehrere Richtungsfahrstreifen verfügt.

17 Ausreichend ist Abstand von mind. 1 m zwischen den wartenden Fzg und dem Bordstein.

18 Regelung gilt nur für den äußersten rechten Fahrstreifen (vgl. *Hamm* VersR 2002, 251). Damit ist auch klargestellt, dass *zwischen* FzgReihen nicht „vorgefahren“ werden darf (das dürfen also auch Radf. und Mofa-Fahrer nicht). Klargestellt ist auch, dass Krafträder (außer Mofas) nicht nach Abs. 8 überholen dürfen; für solche Fzg gilt nach wie vor das Verbot des Rechtsüberholens (vgl. *Düsseldorf* VRS 68, 134; VRS 65, 266). Länder lehnen es ab, Motorradfahrern im Falle eines Staus auf AB bei völligem Fahrzeugstillstand die Möglichk. zu eröffnen, mit geringer Geschw. die Rettungsgasse zu benutzen, um AB an der nächsten Ausfahrt zu verlassen. Die Überlegungen fußten auf der Grundl., dass sich Stop-and-go-Verkehr und Stau auf Motorradf. gravierender auswirken als auf andere Fzgf. Das stetige Kupplungs-Ziehen und Halten der Maschine im Stand sind mit erheblichem Kraftaufwand verbunden, sodass Motorradf. schnell ermüden, auch sind Motorradf. den Witterungsbedingungen direkter ausgesetzt (Lederkombi und Helm schützen nur mäßig bei Regen, bei Hitze drohen Kreislaufbeschwerden) zudem drohen luftgekühlte Zweiradmotoren schneller zu überhitzen. Auch wurde in Diskussionen behandelt, dass das Durchlassen der Motorradf. zu einer schnelleren Stauauflösung beitragen könnte. Länder lehnen dies mit Blick auf Verk.Si. aller VT und das uneingeschränkte Vorrecht der Rettungsfahrzeuge ab. Soweit Zweiradfahrern aber ein eigener Fahrstreifen (vgl. § 7 Abs. 1 S. 2) zur Verfügung steht, dürfen sie im Rahmen der freien Fahrstreifenwahl (§ 7 Abs. 3) auch rechts überholen; Abs. 8 ist in diesen Fällen nicht einschlägig. Ein für Radf. angelegter **„Schutzstreifen“** (lfd. Nr. 22 der Anlage 3 zu § 42 Abs. 2, dort Nr. 3 der Spalte Ge- oder Verbot zu Zeichen 340) ist kein Fahrstreifen idS. Allerdings dürfen Radf. auf dem Schutzstreifen die Fzge auf den Fahrstreifen mit bes. Vorsicht auch dann rechts überholen, wenn diese in Bewegung sind (also nicht nur „wartende“ Fzg; vgl. *Bouska* DAR 97, 337).

19 Nur Fzg, die warten, also verkehrsbedingt od. auf Grund einer Anordnung (z.B. Ampel) stehen, dürfen überholt werden. Bewegen sich die Fzg, so dürfen sie von Radf. od. Mofa-Fahrern auch dann nicht rechts überholt werden, wenn langsam gefahren wird. Regelung gilt überall, nicht nur vor Ampelanlagen.

20 Im Hinblick auf die gegeb. Situation höchstens 10 km/h.

21 Radf. bzw. Mofa-Fahrer trägt das Risiko dafür, wenn er an einem der wartenden Fzge anstößt; er trägt auch mind. ein Teilrisiko dann, wenn er an eine FzgTür stößt, die während des Wartens nach rechts geöffnet wird. In letzterem Fall liegt allerdings das überwieg. Risiko nach wie vor bei dem Fzg-Insassen, der sich nach § 14 Abs. 1 so verhalten muss, dass eine Gefährdung and. VT ausgeschlossen ist.

§ 6 Vorbeifahren

Wer an einer Fahrbahnverengung[1], einem Hindernis[2] auf der Fahrbahn oder einem haltenden Fahrzeug[2a] links vorbeifahren will, muss entgegenkommende Fahrzeuge durchfahren lassen. Satz 1 gilt nicht, wenn der Vorrang durch Verkehrszeichen (Zeichen 208, 308) anders geregelt ist. Muss ausgeschert werden[3], ist auf den nachfolgenden Verkehr zu achten und das Ausscheren sowie das Wiedereinordnen – wie beim Überholen – anzukündigen[4].

Erläuterungen

1 Vorschr. greift nur ein, wenn Fahrb. derart versperrt ist, dass rechts ein Vorbeifahren unmöglich ist und links so wenig Platz bleibt, dass sich begegnende Fzg die Engstelle nicht gleichz. teilen können (*Köln* SVR 2011, 141).

2 Bezieht sich seit Neuorl. der StVO in 2013 nicht mehr nur auf vorübergehende Hindernisse, damit werden in diesen Fällen Z 208, Z 308 weitgehend entbehrlich. Satz 2 dient nur der Klarstellung (§ 39 Abs. 2 S. 1).

2a Halten ist – wie bei § 12 – eine gewollte Fahrtunterbrechung, die nicht durch Verkehrslage oder Anordnung veranlasst ist; vgl. auch Erl. 1 zu § 12.

3 Vgl. Erl. 8 zu § 5.

4 Angleichung an die Regeln des **Überholens.** Daher bei Hindernis auf dem rechten von zwei gleichgerichteten Fahrstreifen:
a) Vortritt hat, wer das Hindernis zuerst erreicht;
b) erreichen die Fzg auf beiden Fahrstreifen das Hindernis gleichzeitig, so muss ein rechts fahrendes Fzg beim Ausscheren vor dem Hindernis auf den nachfolgenden Verkehr achten, wie wenn es gerade überholt würde. Allerdings sind die links fahrenden Fzg nach § 7 Abs. 4 verpflichtet,

das Einordnen nach links im sog. Reißverschlussverfahren zu ermöglichen (vgl. dazu auch Erl. 13 zu § 7).

§ 7 Benutzung von Fahrstreifen durch Kraftfahrzeuge

(1) Auf Fahrbahnen mit mehreren Fahrstreifen für eine Richtung dürfen Kraftfahrzeuge von dem Gebot, möglichst weit rechts zu fahren (§ 2 Abs. 2) abweichen, wenn die Verkehrsdichte das rechtfertigt[1]. Fahrstreifen[2] ist der Teil einer Fahrbahn, den ein mehrspuriges Fahrzeug zum ungehinderten Fahren im Verlauf der Fahrbahn benötigt.

(2) Ist der Verkehr so dicht, dass sich auf den Fahrstreifen für eine Richtung[3] Fahrzeugschlangen[4] gebildet haben, darf rechts schneller als links gefahren werden.

(2a) Wenn auf der Fahrbahn für eine Richtung[5] eine Fahrzeugschlange[6] auf dem jeweils linken Fahrstreifen[7] steht oder langsam fährt[8], dürfen Fahrzeuge diese mit geringfügig höherer Geschwindigkeit[9] und mit äußerster Vorsicht rechts überholen[10].

(3) Innerhalb geschlossener Ortschaften – ausgenommen auf Autobahnen (Zeichen 330.1) – dürfen Kraftfahrzeuge mit einer zulässigen Gesamtmasse bis zu 3,5 t auf Fahrbahnen mit mehreren markierten Fahrstreifen für eine Richtung (Zeichen 296 oder 340) den Fahrstreifen frei wählen, auch wenn die Voraussetzungen des Absatzes 1 Satz 1 nicht vorliegen[11]. Dann darf rechts schneller als links gefahren werden[12].

(3a) [12a] Sind auf einer Fahrbahn für beide Richtungen insgesamt drei Fahrstreifen durch Leitlinien (Zeichen 340) markiert, dann dürfen der linke, dem Gegenverkehr vorbehaltene, und der mittlere Fahrstreifen nicht zum Überholen benutzt werden. Dasselbe gilt für Fahrbahnen, wenn insgesamt fünf Fahrstreifen für beide Richtungen durch Leitlinien (Zeichen 340) markiert sind, für die zwei linken, dem Gegenverkehr vorbehaltenen, und den mittleren Fahrstreifen. Wer nach links abbiegen will, darf sich bei insgesamt drei oder fünf Fahrstreifen für beide Richtungen auf dem jeweils mittleren Fahrstreifen in Fahrtrichtung einordnen.

(3b) [12b] Auf Fahrbahnen für beide Richtungen mit vier durch Leitlinien (Zeichen 340) markierten Fahrstreifen sind die beiden in Fahrtrichtung linken Fahrstreifen ausschließlich dem Gegenverkehr vorbehalten; sie dürfen nicht zum Überholen benutzt werden. Dasselbe gilt auf sechsstreifigen Fahrbahnen für die drei in Fahrtrichtung linken Fahrstreifen.

(3c) Sind außerhalb geschlossener Ortschaften für eine Richtung drei Fahrstreifen mit Zeichen 340 gekennzeichnet, dürfen Kraftfahrzeuge, abweichend von dem Gebot, möglichst weit rechts zu fahren, den mittleren Fahrstreifen dort durchgängig befahren, wo – auch nur hin und wieder – rechts davon ein Fahrzeug hält oder fährt.[12c] Dasselbe gilt auf Fahrbahnen mit mehr als drei so markierten Fahrstreifen für eine Richtung für den zweiten Fahrstreifen von rechts. Den linken Fahrstreifen dürfen außerhalb geschlossener Ortschaften Lastkraftwagen mit einer zulässigen Gesamtmasse von mehr als 3,5 t sowie alle Kraftfahrzeuge mit Anhänger nur benutzen, wenn sie sich dort zum Zwecke des Linksabbiegens einordnen.[12d]

(4) Ist auf Straßen mit mehreren Fahrstreifen für eine Richtung das durchgehende Befahren eines Fahrstreifens nicht möglich[13] oder endet ein Fahrstreifen[14] [15], so ist den am Weiterfahren gehinderten Fahrzeugen der Übergang auf den benachbarten Fahrstreifen in der Weise zu ermöglichen, dass sich diese Fahrzeuge unmittelbar vor Beginn der Verengung jeweils im Wechsel nach einem auf dem durchgehenden Fahrstreifen fahrenden Fahrzeug einordnen können (Reißverschlussverfahren)[16] [16a].

(5) In allen Fällen darf ein Fahrstreifen nur gewechselt werden, wenn eine Gefährdung anderer Verkehrsteilnehmer ausgeschlossen ist[17]. Jeder Fahrstreifenwechsel ist rechtzeitig und deutlich anzukündigen; dabei sind die Fahrtrichtungsanzeiger zu benutzen.

Erläuterungen

1 Zulässig, wenn das „gestaffelte Fahren" geeignet ist, den **Verkehrsfluss zu fördern** (*Bouska* DAR 63, 123, 125), insbes. bei Kolonne auf rechtem Fahrstreifen. Auf lichtzeichengeregelten Straßen ist Nebeneinanderfahren stets zulässig (§ 37 Abs. 4). Besond. Regelung für Fahrb. mit Pfeilmarkierungen (Z 297) und für Richtungsfahrb. mit 3 und mehr Fahrstreifen (vgl. Erl. 12c). Vorschrift wurde durch VO v. 22.3.1988 auf alle Kfz erweitert (früher nur mehrspurige Kfz), gilt nunmehr also auch für mot. Zweiradfahrzeuge.

2 Eigenschaft einer Fahrbahnfläche als „Fahrstreifen" hängt nicht von einer Markierung ab. Schutzstreifen für Radf. sind auf Grund ihrer geringen Breite keine Fahrstreifen.

3 **Fahrzeugschlangen** müssen sich auf sämtlichen Richtungsfahrstreifen gebildet haben, auch auf dem äußersten linken (*Hamm* DAR 72, 249). Ausgenommen sind allerdings solche Fahrstreifen, die nicht durchgängig dem fließ. Verkehr zur Verfügung stehen (z. B. Fahrstreifen mit geparkten Fzg, *Harthun* DAR 71, 253, 254).

4 **Fahrzeugreihen,** bei denen Abstand den gebotenen Sicherheitsabstand nicht wesentlich überschreitet (Begr.), also auch verh.mäßig lockere Kolonnen (*Bouska* VD 71, 193, 196: Abstände von 50 – 60 m im innerörtl. Verkehr; im Ergebnis ebenso *Möhl* DAR 71, 29, 31, *Mühlhaus* VOR 72, 27, 38 und *BayObLG* DAR 73, 26 = VRS 43, 452: doppelter Si.Abstand = voller „Tacho-Abstand"). FzgSchlange auch schon bei verhältnismäßig wenigen Fzg (*Möhl* aaO: 4 – 6 Fzge; *Bouska* aaO: 2 – 3 Fzg im Stadtverkehr). Außerorts FzgSchlange wohl erst ab etwa 5 Fzg.

5 Die Vorschrift (eingefügt durch VO v. 22.3.1988) übernimmt im Wesentl. die vorherige Rspr. zum ausnahmsweisen Rechtsüberholen durch „Vorbeitasten" an stehenden oder „dahinschleichenden" FzgKolonnen auf AB (*BGH* VRS 35, 141 = DAR 68, 248; vgl. auch VD 68, 33, 225), die auch für die StVO 1970 galt (*Hamm* VRS 47, 216; *BayObLG* DAR 78, 197). Regelung gilt nur für getrennte Richtungsfahrb., aber nicht nur auf AB, sondern auf allen Straßen außerorts und innerorts. Hat sich auch auf dem rechten Fahrstreifen eine FzgSchlange gebildet, so geht allerdings Abs. 2 vor, so dass Abs. 2a vor allem für das Rechtsüberholen durch einzelne Fzg Bedeutung hat. Innerorts wird die Regelung häufig durch Abs. 3 überlagert. Die bes. Anforderungen des § 7 Abs. 2a gelten daher nicht im Rahmen der freien Fahrstreifenwahl nach Abs. 3 (vgl. *Hamm* NZV 2000, 85).

6 Vgl. Erl. 4.

7 Regelung gilt bei dreistreifiger Richtungsfahrb. auch im Verhältnis des mittl. zum äußersten linken Fahrstreifen.

8 Entspr. der vorh. Rspr. höchstens 60 km/h.

9 Entspr. der vorh. Rspr. höchstens 20 km/h.

10 Es muss jederzeit damit gerechnet werden, dass ein Fzg von links auf den rechten Fahrstreifen überwechselt.

11 **Freie Wahl des Fahrstreifens** bedeutet, dass die genannten Fzg unabhängig von der Verkehrsdichte (also auch ein einzelnes Fzg, das allein auf der Fahrb. fährt) jeden Richtungsfahrstreifen benutzen dürfen. Andere Fzg dürfen dagegen vom Rechtsfahrgebot nur nach Abs. 1 = Verkehrsdichte, § 37 Abs. 4 = Ampelregelung, Pfeilmarkierungen nach Z 297 oder Erl. 12a ff abweichen. Regelung wurde durch VO v. 22.3.1988 auf alle Kfz bis 2,8 t, durch VO v. 7.8.1997 auf Kfz bis 3,5 t erweitert (früher nur Pkw sowie Lkw bis 2,8 t), gilt also nunmehr auch für mot. Zweiräder sowie Zugmaschinen und Kraftomnibusse (bis 3,5 t), aber nicht mehr für Pkw über 3,5 t.

12 Nach hM steht die Befugnis, im Bereich der freien Fahrstreifenwahl rechts zu überholen, allen Fzg zu, also nicht nur den Kfz, die den Fahrstreifen frei wählen dürfen. Die Befugnis setzt allerdings voraus, dass dem Rechtsüberholer ein Fahrstreifen zur Verfügung steht. Deshalb dürfen z. B. mot. Zweiradfzg auf sog. Schutzstreifen nicht rechts überholen (vgl. dazu *Bouska* DAR 97, 337).

12a Sprachlich bereinigte Übernahme der vor Neuerlass der StVO in § 42 Abs. 6 Nr 1 lit. b – c enthaltenen Regelungen durch Einfügung in die wesentliche Vorschrift zur Fahbahnbenutzung. Die Vorschriften waren wegen ihres Standortes vielen VT nicht bekannt und sind nun hier und in § 7a gebündelt.

12b Vgl. Rn. 12a.

12c Vgl. Rn. 12a. Striktes Rechtsfahrgebot hier also nur, wenn „weit und breit" auf dem rechten Fahrstr. kein Fzg zu sehen ist. Die abw. Auff. von *Düsseldorf* VRS 77, 457 (Einscheren nach rechts, wenn dort längere Zeit mit gleicher Geschw. gefahren werden könnte) passt für diese Situation nicht, schafft Rechtsunsicherheit – wie lange ist eine „längere Zeit"? – und ist, sofern auf dem mittl. Fahrstreifen zügig gefahren wird, wegen der Überholmöglichkeit auf dem äußersten linken Fahrstreifen auch nicht notwendig (vgl. *Bouska* DAR 85, 137; *BayObLG* DAR 90, 187). Die Vorschr. hat insbes. Bedeutung für den Verkehr auf dreistreifigen Richtungsfahrb. der AB.

12d Hat vor allem Bedeutung für den Verkehr auf drei- oder mehrstreifigen Richtungsfahrb. der AB und führt hier – wo es kein „Linksabbiegen" gibt – für die betr. Fzg zu einem völligen Benutzungsverbot (also auch keine Benutzung des linken Fahrstr. zum Überholen oder für das „gestaffelte" Fahren des § 7 Abs. 1).

13 Z. B. wegen einer Baustellenabsperrung, eines haltenden oder liegen gebliebenen Fzg oder eines sonst. vorübergeh. Hindernisses. Dagegen keine Anwendung, wenn Verkehr auf einem Fahrstreifen durch wartende Fzg „blockiert" wird, etwa durch Linksabbieger, die wegen Gegenverkehrs warten müssen; dann Fahrstreifenwechsel nur nach Abs. 5.

14 Gilt für markierte u. nicht markierte Fahrstreifen. Für den Sonderfall **„Kriechspur"** dürfte die Vorschrift nicht anwendbar sein. Dieser zusätzliche Fahrstreifen ist erkennbar nur für eine begrenzte (Steigungs- oder Gefäll-) Strecke angelegt und nur für den langsamen Verkehr bestimmt. Am Ende der Kriechspur hat der Verkehr auf dem durchgehenden Fahrstreifen Vorrang; jede andere Lösung würde zu Gefährdungen und Behind. führen (*BGH* DAR 70, 21). Diese besondere Situation, bei der wegen der extremen Geschw.unterschiede ein „Reißverschlussverfahren" nicht durchführbar ist, wird von der Vorschrift nach ihrem Sinn und Zweck nicht erfasst. Fällt auf der AB ein Fahrstreifen weg, so kommt auch in and. Fällen (z. B. Übergang von 3 auf 2 Fahrstreifen) auf Grund der hohen Geschw. das Reißverschlussverfahren wegen Abs. 5 idR nicht in Betracht; anders z. B. vor AB-Baustellen, wo ohnehin langsam gefahren wird.

15 Einfädelungsstreifen (vgl. § 7a) sind keine Richtungsfahrstreifen iSd Vorschrift. Zwar ist der Einfädelungsstreifen Bestandteil der Fahrb.; er gehört jedoch iSd Vorfahrtsregeln noch zu der Fahrb., aus der der Verkehr herkommt, um in die nunmehr durchgehende Fahrb. eingeführt zu werden. Deshalb gilt an seinem Ende nicht das Reißverschlussverfahren und auch nicht Abs. 5, sondern es gelten die Regeln des § 8 bzw. des § 18 Abs. 3. Dabei muss – abgesehen von den Fällen des § 18 Abs. 3 – die Vorfahrt bei Verwendung eines Einfädelungsstreifens stets durch Z geregelt sein – auch innerorts –, weil der Grds. „rechts vor links" hier nicht praktikabel und einsichtig wäre.

16 Nach dem Wortlaut der Vorschrift ist unklar, ob das Verf. auch gelten soll, wenn nur einige wenige Fzg – die z. B. nach Abs. 3 in „freier Fahrstreifenwahl" fahren – betroffen sind (z. B. ein Fzg auf dem blockierten, zwei Fzg auf dem durchgeh. freien Fahrstreifen). Nach Sinn und Zweck der Vorschrift kommt ein Reißverschlussverf. begriffl. nur in Betracht, wenn seine Anwendung notw. oder zumind. förderlich ist, um das Einordnen zu ermöglichen, also bei wenigstens lockerer FzgReihe auf dem durchgeh. freien Fahrstreifen. Sonst nur § 6 Satz 2, der ohnehin auch beim Reißverschlussverf. – wie auch § 7 Abs. 5 – stets zu beachten ist. Vorschrift will ordnungsgem. wechselseitiges Einordnen an der Engstelle gewährleisten. Aus der „Ist"-Formulierung folgt Beachtens**pflicht**. Verstoß aber nicht als Ordnungswidrigkeit in § 49 normiert. Damit Verfolgung bei Verstoß ausschließl. über § 1 Abs. 2.

16a VO v. 11.12.2000 (BGBl I S. 1690) hat klargestellt, dass das Reißverschlussverf. an der Stelle zu praktizieren ist, an der der Fahrstr. endet. Deshalb **muss** jeweils bis zur Engstelle vorgefahren werden; ein früheres Einordnen auf den „freien Fahrstr." ist zwar nicht stets verboten, jed. nur dann zulässig, wenn and. Fzge nicht behindert und erst recht nicht gefährdet werden (z. B. dadurch, dass ein Fzg sich in den „freien Fahrstr." vorzeitig „hineindrängen" oder auf dem später wegfallenden Fahrstr. so verzögert, dass nachf. Fzg, die zügig noch bis zur Verengung vorfahren wollen, daran gehindert werden). Verhindert ein Fzg auf den durchgeh. Fahrstr. an der Engstelle das Überwechseln eines and. Fzg, so ist das ein Verstoß gegen § 1 Abs. 2, in krassen Fällen kann Nötigung gegeben sein (vgl. *Bouska* NZV 2001, 27). Durch Zusatzschild „Reißverschluss erst in ... m" zur Einengungstafel (Z 531 ff.) kann pos. Verh. der Fzgf. beeinflusst werden (vgl. VkBl 2001 S. 47). Bei Einfahren auf AB gilt Reißverschlussverfahren nicht (vgl. *Köln* NZV 2006, 420), vgl. Erl. 15.

17 Die Vorschrift ist zur Beruhigung des Verkehrsflusses dringend notwendig. Vollständiger Spurwechsel ist nicht erforderlich (*München* 10 U 5122/10, juris). Nach *Rostock* 5 U 169/10, juris, muss der nachfolgende KfzF nach dem Fahrspurwechsel des vorausfahrenden Kfz in der Lage sein, zu diesem einen ausreichenden Sicherheitsabstand aufzubauen bzw. einzuhalten. Wegen der hohen Anforderungen schließt sie im Ergebnis auch das „Slalomfahren" aus. Auch das nur teilweise Hinüberfahren in den and. Fahrstreifen löst die bes. Sorgfaltspflicht aus (*Düsseldorf* VRS 74, 65 = DAR 87, 389). Kommt es zum Unfall, dann ist immer derjenige **schuld,** der den **Fahrstreifen gewechselt** hat (*Köln* DAR 65, 82; *Hamm* VRS 81, 342), – allerdings kann eine obj. nicht gebotene „Überreaktion" des z. B. auf eine AB nachfolg. Fzgf. dessen Haftung auslösen (*Nürnberg* NZV 2000, 128). Hintermann muss allerdings bei genüg. Entfernung dem Benutzer eines benachbarten Fahrstreifens Fahrspurwechsel jedenfalls dann ermöglichen, wenn dieser blinkt und berechtigter Grund für Wechsel erkennbar ist (*BayObLG* DAR 73, 166 = VRS 44, 453), z. B. auch beim Überwechseln eines Fzg, das auf der AB auf ein – für den nachf. Überholer erkennbares – Hindernis trifft (*Düsseldorf* VRS 63, 339). Benutzt auf einer mehrstreif. Fahrb. ein Fzg den äußersten linken Richtungsstreifen und wird es an einer Kreuzung durch ein vorausfahr. Fzg, das nach links abbiegen will und wegen des bevorrechtigten Gegenverkehrs warten muss, ebenfalls zum Warten gezwungen (sog. „Linksabbieger-Falle"), so muss der Fahrer stets so lange warten, bis er gefahrlos auf den rechten Fahrstr. überwechseln kann, um geradeaus weiterzufahren; hier ist die strikte Anwendung der Vorschrift des Abs. 5 im Int. der Klarheit unerlässlich, weil bei freiwilligem Abbremsen oder gar Anhalten des rechts Fahrenden die Gefahr eines Auffahrunfalls zu groß wäre.

§ 7a Abgehende Fahrstreifen, Einfädelungs- und Ausfädelungsstreifen[1]

(1) Gehen Fahrstreifen, insbesondere auf Autobahnen und Kraftfahrstraßen, von der durchgehenden Fahrbahn ab, darf beim Abbiegen vom Beginn einer breiten Leitlinie (Zeichen 340) rechts von dieser schneller als auf der durchgehenden Fahrbahn gefahren werden.[2]

(2) Auf Autobahnen und anderen Straßen außerhalb geschlossener Ortschaften darf auf Einfädelungsstreifen schneller gefahren werden als auf den durchgehenden Fahrstreifen.[3]

(3) Auf Ausfädelungsstreifen darf nicht schneller gefahren werden als auf den durchgehenden Fahrstreifen. Stockt oder steht der Verkehr auf den durchgehenden Fahrstreifen, darf auf dem Ausfädelungsstreifen mit mäßiger Geschwindigkeit und besonderer Vorsicht überholt werden.[4]

Erläuterungen

1 Regelungen wurden mit Neuerlass der StVO in 2013 von den ehemaligen Erl. f und e in Z 340 an diese Stelle verschoben. Die ehemaligen Begrifflichkeiten Beschleunigungsstreifen und Verzögerungsstreifen wurden gegen die Begriffe Einfädelungs- und Ausfädelungsstreifen ersetzt.

2 Ausn. vom Verbot des Rechtsüberholens (ehemals eingef. durch VO v. 22.3.1988), gilt vom Beginn der Leitlinie an. Gilt nur für Abbieger; wer geradeaus weiter fahren will, darf also den abgeh. Fahrstreifen nicht zum Rechtsüberholen benutzen (vgl. auch *Düsseldorf* VM 90, 82; VM 95, 79;

VRS 88, 467); die Geschw. ist grds. nicht beschränkt (Z 274 gilt nur für die Fahrb.). Die zul. genannte Entsch. *Düsseldorf* ist ungenau, weil sie von einer „Rechtsabbiegespur" an einer Anschlussstelle spricht, also einen Ausfädelungsstreifen betrifft, für den die Vorschr. gerade nicht gilt (vgl. Erl. 4).

3 Einfädelungsstreifen ist Bestandteil der Fahrb., wenn auch nicht der „durchgehenden Fahrb." iSd § 18 Abs. 2 (vgl. Erl. 2 zu § 5). Rechtsüberholen ist im Int. eines zügigen Einfädelns in die AB zulässig. Zur Bedeutung der Leitlinie zw. der durchgeh. Fahrb. vgl. *Braunschweig* VRS 50, 386.

4 Ausfädelungsstreifen haben eine and. Funktion. Sie leiten den AB-Verkehr in das regionale Straßennetz über; schon deshalb ist eine Herabsetzung der Geschw. geboten. Außerdem muss damit gerechnet werden, dass ein nachf. Fzg noch unvermittelt auf den Ausfädelungsstreifen überwechselt. § 7 Abs. 2a gilt auch für den Ausfädelungsstreifen (vgl. auch *Seidenstecher* DAR 89, 412; krit. *Janiszewski* DAR 89, 410).

§ 8 Vorfahrt[1 2]

(1) An Kreuzungen und Einmündungen hat die Vorfahrt, wer von rechts kommt[3]. Das gilt nicht,

1. wenn die Vorfahrt durch Verkehrszeichen besonders geregelt ist (Zeichen 205, 206, 301, 306)[4] oder
2. für Fahrzeuge, die aus einem Feld- oder Waldweg auf eine andere Straße kommen[5].

(1a) Ist an einer Einmündung in einen Kreisverkehr Zeichen 215 (Kreisverkehr)[5a] unter dem Zeichen 205 (Vorfahrt gewähren) angeordnet[5b], hat der Verkehr auf der Kreisfahrbahn Vorfahrt[5c]. Bei der Einfahrt in einen solchen Kreisverkehr[5d] ist die Benutzung des Fahrtrichtungsanzeigers unzulässig.[5e]

(2) Wer die Vorfahrt zu beachten hat, muss rechtzeitig durch sein Fahrverhalten, insbesondere durch mäßige Geschwindigkeit, erkennen lassen, dass er warten wird[6]. Es darf nur weitergefahren werden, wenn übersehen werden kann, dass wer die Vorfahrt hat, weder gefährdet noch wesentlich behindert wird[7]. Kann das nicht übersehen werden, weil die Straßenstelle unübersichtlich ist, so darf sich vorsichtig in die Kreuzung oder Einmündung hineingetastet werden, bis die Übersicht gegeben ist[8]. Wer die Vorfahrt hat, darf auch beim Abbiegen in die andere Straße nicht wesentlich durch den Wartepflichtigen behindert werden.

Erläuterungen

1 Vorschrift gilt – wie gesamte StVO – **nur für Verkehr auf öff. Wegen und Plätzen** (vgl. Erl. 1 u. 2 zu § 1), also nicht bei Kreuzungen und Einmündun-

gen nicht öff. Straßen wie z. B. an Grundstücksausfahrten (*BGH* VRS 12, 414); bei der Abgrenzung kommt es auf das äußere Gesamtbild an (*BayObLG* DAR 72, 219). Zusammentreffen eines Geh- und Radweges mit einer dem Fzgverk. gewidmeten Straße vgl. *Karlsruhe* NZV 2012, 437. Vorfahrt gibt es begriffl. nur, wenn sich an einer Kreuzung oder Einmündung die Fahrwege der auf versch. Straßen fahrenden Fzg kreuzen oder zumindest berühren (*Köln* VRS 84, 426). Vorschrift gilt auch ggü. VT, die aus für sie gesperrten Straßen kommen (*BGH* DAR 63, 193 = VRS 24, 175 = VM 63, 49). Wer rückwärts in eine Kreuzung oder Einmündung einfährt, verliert trotz der für ihn gesteigerten Sorgfaltspflicht (§ 9 Abs. 5) sein Vorfahrtsrecht nicht (*Düsseldorf* DAR 84, 123). Die bes. Problematik der Vorfahrt an Einmündungen eines (öff.) Weges über einen abgesenkten Bordstein (vgl. dazu u. a. *BGH* VRS 72, 260; *Köln* VRS 61, 285) ist durch die Einbeziehung solcher Fälle in die Regelung des § 10 gegenstandslos geworden. Kann ein Wartepflichtiger wegen eines neben ihm befindl. Fzg den bevorrechtigten Verk. nicht sehen, so darf er allenfalls dann neben diesem Fzg die Kreuzung überqueren, wenn er während des gesamten Vorgangs durch das andere Fzg „abgeschirmt" ist (*BayObLG* VRS 70, 33). Ist die Sicht des Wartepflichtigen durch parkende Fzg behindert, ist gleichwohl ein Einweiser nicht erforderlich (*BayObLG* DAR 90, 30); hier muss sich der Wartepflicht. mit äußerster Vorsicht „vorantasten" (zur Probl. schwerfälliger landw. Fzg, die in Vorfahrtstraße einfahren, vgl. *BGH* DAR 94, 195 = NZV 94, 184 = VRS 87, 12). Vorfahrt gilt ggü. Querverkehr für den nach links abbiegenden Vorfahrtber. nur auf der für ihn rechten Fahrbahnseite (*KG* VM 93, 74 = VRS 85, 270; NZV 94, 30).

2 Vorfahrtregeln sind auch auf den „Hauptfahrb." (faktisch) öff. **Parkplätze** (und Parkhäuser) anzuwenden (*Hamm* NJW 74, 1913 = VRS 47, 455; *Köln* DAR 75, 166; *KG* DAR 77, 47; *Düsseldorf* NZV 2000, 263 = DAR 2000, 175; VD 75, 65, 183; **dagegen** *Stuttgart* VRS 45, 313; *Saarbrücken* VRS 47; *Düsseldorf* NZV 2000, 263 = DAR 2000, 175; *Koblenz* VRS 48, 133 mit unterschiedl. Lösungsversuchen). Nach *LG Detmold* (NKW-RR 2012, 1173) kann Vorfahrtregel rechts vor links auf Parkplätzen nur angewandt werden, wenn die kreuzenden Wege hinsichtlich Markierung, Breite und Verkehrsführung vergleichbar sind und den Charakter einer Fahrb. klar in sich tragen. Im Verh. zw. fließ. u. ruh. Verk. gilt allerdings auf Parkflächen nicht die Regel „rechts vor links" (*Hamm* DAR 76, 110); Vorrang hat hier entspr. § 10 stets der fließ. Verkehr; nach *Oldenburg* (DAR 92, 304) wird allerdings dieser Vorrang durch § 1 Abs. 2 eingeschränkt, so dass der auf der „Fahrb." des Parkplatzes Fahrende stets mit ausparkenden Fzg rechnen und deshalb brems- oder anhaltebereit sein muss. Auf verk.rechtl. öff. Tankstellengelände ist § 8 nicht direkt anwendbar, allenfalls über § 1 Abs. 2 die Regel „rechts vor links" (*Köln* NZV 94, 438 = VRS 88, 176); der so „Vorfahrtberechtigte" muss aber bes. Vorsicht walten lassen (*Köln* aaO sowie NZV 95, 401).

3 **Einmündung:** jedes Zusammentreffen von Straßen mit nur einer Fortsetzung (*BGH* NJW 1974, 949) – setzt zwei gleichberechtigte, dem fließenden

Verk. dienende Straßen voraus, von denen die eine in die andere einmündet (*Köln* in Schaden und Praxis 1998, 199). Dabei ist das äußere Erscheinungsbild entscheidend (typische bauliche Merkmale und gestalterische Elemente wie z. B. Pflasterung, Breite, Länge, Begrenzung der Straße); also z. B. nicht eine Zufahrt (*Naumburg* SVR 2007, 61). Bei **„rechts vor links"** jeweils nur „halbe Vorfahrt", deshalb bes. Vorsicht für beide Richtungen, insbes. mäß. Geschw. (*BGH* DAR 77, 270). Radf., die einen parallel z. Fahrb. verlaufenden unselbst. nicht abgesetzten Radweg oder einen solchen Gehweg benutzen, nehmen an der Vorfahrt der Fahrb. teil (*Bouska* DAR 82, 108) und zwar auch dann, wenn ein Radf. verbotswidrig einen in Fahrtrichtung links verlaufenden (nicht durch Z 237 angeordneten) Radweg benutzt (*BGH* VRS 71, 383 = DAR 86, 361; *Hamm* NZV 92, 364, DAR 96, 322, NZV 97, 103; *Celle* 14 U 157/09, juris; a.A *Bremen* DAR 97, 272 gegen *BGH* NJW 86, 2691 und wohl zu Unrecht unter Berufung auf die „Einbahnstraßen"-Entsch. des *BGH* NJW 82, 334 = DAR 82, 14 = VRS 62, 93, nach der der Radf keine Vorfahrt hat, der auf einer nicht ausdrückl. für Rad-Gegenverkehr freigegebenen Fahrb. einer Einbahnstraße fährt (*BGH* VRS 62, 93 = DAR 82, 14). Allerdings ist bei einem Unfall idR von einem Mitverursacheranteil des Radf. auszugehen, der gegen § 2 und das Rechtsfahrgebot verstoßen hat. *BGH* meint aber, KfzFührer müssten heutzutage mit nicht regelkonformem Fahren der Radf. stets erfahrungsgemäß rechnen. Rspr. wird als bedenklich angesehen; dies stellt einen Freibrief für Radf. dar und kann nicht dem rechtskonform handelnden KfzFührer angelastet werden. Münden zwei Nebenstraßen von derselben Seite in einen gemeinsamen Einfahrtbereich einer Vorfahrtstraße, gilt für die Benutzer der Nebenstraßen untereinander rechts vor links (*Stuttgart* NZV 94, 440). Zum Verhältnis zw. Vorfahrt und Vorrang an kleinräumigen Kreuzungen vgl. Erl. 9 zu § 9.

4 a) **Z 306** macht Straßen innerorts wie außerorts zu Vorfahrtstraßen; das Z hat also nicht nur Bedeutung für eine einzelne Kreuzung oder Einmündung. Die vorgeschrieb. Wiederholung des Z 306 an den folg. Kreuzungen und Einmündungen von rechts hat nur deklaratorische Bedeutung. Bei „abknickender Vorfahrt" gilt für die beiden untergeordneten Straßen untereinander die Regel „rechts vor links" (*BGH* DAR 74, 193). Ein **Radf.** verliert Vorfahrtsrecht nicht dadurch, dass er verbotswidrig einen **linken Radweg** benutzt (*Düsseldorf* NZV 2000, 506 = DAR 2001, 78 im Anschluss an *Hamm* DAR 1996, 321 und NZV 1997, 123); es ist ihm jed. idR ein Mitverschulden anzulasten (vgl. Erl. 14b zu § 2).

b) Vorfahrtstraße endet bei Z 205, 206 oder 307. Endet sie an Kreuzungen oder Einmündungen, so steht nach VwV-StVO Z 307 nur zusammen mit Z 205 oder 206. Innerorts ist Z 307 entbehrlich. Allein steht Z 307 z. B., wenn innerörtl. Vorfahrtstraße am Ortsausgang in Feldweg übergeht.

c) Vorfahrtregelung durch Z 301, ergänzt durch Z 205 oder 206, wenn keine „Vorfahrtstraße" begründet werden soll. Innerorts idR nur an höchstens drei aufeinander folg. Kreuz. oder Einmünd., sonst besser Vorfahrtstraße (Z 306); vgl. VwV-StVO – 3a Zu § 42 Zu Z 301 Rn. 4.

d) Einseitige neg. Vorfahrtbeschilderung nach § 10 Satz 3 (eingefügt durch VO v. 7.8.1997, vgl. auch Erl. 8 zu § 10).

5 Begriff richtet sich allein nach äußerer Beschaffenheit des Weges, nicht nach Verkehrsdichte und -bedeutung (*Düsseldorf* Urt. v. 10.2.2015 – I-1 U 41/14, juris; *Düsseldorf* VRS 47, 61; *Hamm* VRS 49, 147; *Rostock* 8 U 48/06, juris; *BayObLG* VRS 49, 139; *Koblenz* VRS 69, 10; *München* Verkehrsrecht Aktuell 2012, 2). *BGH* urteilt widersprüchlich: nach einer Entsch. des 6. Zivilsenats des *BGH* v. 18.11.1975 (DAR 76, 76) und nach *Köln* (VRS 66, 378, *LG Dessau* NJW-RR 2012, 1306) soll es nur auf die Verkehrsbedeutung (entspr. dem Willen des Gesetzgebers), nicht z. B. auf Wegbefestigung ankommen; demggü. ist Auslegung des *BayObLG* und *Düsseldorf, Hamm* und *Koblenz* vorzuziehen, weil Kraftf. Verkehrsbedeutung als Ortsfremder meist nicht feststellen kann. Eigenschaft als Feldweg muss für unbefangenen Betrachter an Ort und Stelle erkennbar sein (*BayObLG* VRS 49, 139). Mündet ein Weg in eine Straße, der zwar kein Feld oder Waldweg, jedoch von völlig untergeordneter Verkehrsbedeutung ist, so trifft den aus dem Weg Kommenden stets nach § 1 eine bes. Sorgfaltspflicht, die im Ergebnis einer Wartepflicht gleichkommen kann (vor allem, wenn der Nebenweg nicht einsehbar ist: *BGH* VRS 27, 70; *Mühlhaus* DAR 66, 141; so im Ergebnis auch *BayObLG* VRS 76, 310 = DAR 89, 308 = NZV 89, 121). Nach *BGH* VersR 1987, 306; *Rostock* 8 U 48/06, juris ist wiederum das Gesamtbild der äußerlich erkennbaren Merkmale entscheidend. Der Wille des Gesetzgebers lässt sich einem Ortsfremden wohl kaum vermitteln!

5a Die vorherige Kreisverkehrsvorschrift befand sich in einem eigenständigen § 9a. Dieser wurde mit dem Neuerlass der StVO in 2013 gestrichen und in Teilen hier verankert. Die übrigen Regelungen befinden sich nun bei Z 215. Zur ehemaligen Vorschr. (BGBl I 2000 S. 1690); vgl. dazu insg. *Kramer* DAR 2001, 100; *Bouska* NZV 2001, 27. Kreisverkehr ist ein baulich derart gestalteter Straßenknoten, dass in eine mehr oder weniger ringförmig verlaufende Kreisfahrb. andere Fahrb. **einmünden**. Davon zu unterscheiden ist eine durchgehende Fahrb., die an einer best. Stelle durch eine Verkehrsinsel oder eine sonstige bauliche Trenn-Einheit in zwei selbstständige Äste geteilt wird (z. B. zur Erleichterung der Überquerung durch Fußg. oder zur „Beruhigung" des herankomm. Fzgverkehrs). Eine solche „Insel-Lösung" ist selbst dann kein Kreisverkehr, wenn in ihrem Bereich and. Fahrb. in die durchgeh. Fahrb. einmünden. Ob ein Kreisverk. oder eine „Insel-Lösung" gegeben ist, ist nach dem optischen Eindruck zu bewerten, den ein durchschn. VT empfindet. Bei Beschilderung mit Z 215/205 ist rechtl. allerdings stets ein Kreisverk. idS gegeben.

5b Z 215 schreibt die Fahrtrichtung auf der Kreisfahrb. – nach rechts – vor (auch wenn das nicht ausdrücklich im Ge- oder Verbot beim VZ verankert ist. Zusätzl. Z (209, 211) sind grds. nicht mehr erforderlich, rechtl. aber nicht ausgeschlossen, bei Kreisfahrb. mit erhebl. Breite und starkem Verkehr zumindest Z 211 auf der Mittelinsel zweckmäßig. Ist Z 215 nicht angebracht, so gilt die bes. Vorschr. nicht; in letzteren Fällen hat sich der in einen Kreisverk. einfahrende oder der die Kreisfahrb. benutzende Fzgf. u. a. nach den allg. Regeln über das Abbiegen (§ 9) bzw. die Vorfahrt (§ 8) zu verhalten.

5c Wer auf der Kreisfahrb. eines mit Z 215 beschilderten Kreisverk. fährt, hat kraft VO ggü. in den Kreisverk. Einfahrenden Vorfahrt, gleich ob er auf der Kreisfahrb. verbleibt oder von ihr in eine der einmündenden Fahrb. abbiegen und damit den Kreisverk. verlassen will. Einer pos. Vorfahrtbeschilderung (z. B. Z 301 oder 306) bedarf es nicht. Dagegen muss für die einmündende Fahrb. eine Wartepflicht durch Z 205 begründet werden, weil Z 215 – nach internat. Bestimmungen – keine vorfahrtregelnde Bedeutung haben darf (vgl. amtl. Begr. zu § 9a, VkBl 2001 S. 6, 7). Die Kombination des Z 215 mit Z 206 („STOP“) ist dagegen wg des klaren Wortlauts des § 8 Abs. 1a nicht zulässig. Verläuft ein Radweg unmittelb. neben (bis 5 m) der Kreisfahrb., so nehmen die Benutzer des Radwegs grds. an der Vorfahrt der Kreisfahrb. teil, auch wenn sie den Radweg verbotswidrig gegen die vorgeschr. Fahrtrichtung benutzen (wie durch die Rspr. für das verbotswidrige Benutzen linker Radwege entschieden, wobei jed. idR ein erhebl. Mitverschulden des Radf. anzunehmen ist, vgl. Erl. 14b zu § 2).

5d Die Formulierung macht zusätzlich deutlich, dass die Regelung nur dann für die Einfahrt in eine Kreisfahrb. gilt, wenn eine Beschilderung mit Z 215/205 vorhanden ist („solchen“).

5e In diesen Fällen darf der Fahrtrichtungsanzeiger (Blinker) nicht benutzt werden (also abw. von § 9 Abs. 1 Satz 1 Hs. 2); nach dem Sinn und Zweck der Regelung darf hier überhaupt keine „Ankündigung“ der Fahrtrichtungsänderung erfolgen.

6 **Vertrauensschutz** für den Vorfahrtberechtigten gilt nicht, wenn konkr. Anhaltspunkte für Vorfahrtverletzung gegeben sind (*Celle* DAR 75, 273), z. B. bei ungewöhnl. schnellem Zufahren des Wartepflichtigen auf die Kreuzung, *Hamm* NZV 2003, 414; für den Wartepflichtigen kann dies aber bereits eine Vorfahrtverletzung sein (vgl. auch *Hamm* DAR 2000, 63). Der Wartepflichtige braucht nicht mit groben Verstößen des Vorfahrtber. zu rechnen (*Düsseldorf* DAR 77, 161; *Köln* NZV 2003, 414). Überschreitet der Vorfahrtber. die zul. Geschw. erheblich oder reagiert er auf ein verkehrswidrig einbiegendes Fzg zu spät, so trifft ihn eine Mithaftung bei einem Unfall (*Köln* VRS 81, 417; NZV 94, 320; *KG* VRS 83, 407 = VM 92, 81). Nähert sich auf Vorf.Straße von links kein Fzg und gibt es auch kein Anzeichen dafür, dass von rechts komm. Fzg die Fahrb.seite wechseln werden, darf Wartepflichtiger idR davon ausgehen, dass er ohne Behind. nach rechts abbiegen kann (*BGH* DAR 82, 326; vgl. auch *Hamm* NZV 96, 69).

7 Fährt ein Wartepflichtiger so schnell heran, dass er seiner **Wartepflicht** nicht mehr genügen kann, so verstößt er gegen § 3 Abs. 1; Tateinheit mit

Verstoß gegen § 8 Abs. 1, wenn es dabei zu Gefährd. oder Behind. des Vorfahrtber. kommt (*BayObLG* VRS 70, 155; vgl. auch *Düsseldorf* NZV 88, 111). Wartepflichtiger darf grds. darauf vertrauen, dass Vorfahrtber., der rechten Blinker eingeschaltet hat, auch nach rechts abbiegt (*BGH* 4 StR 37/74 in DAR 75, 115; *KG* DAR 75, 41) bzw. dass Vorfahrtber., der kein Z gibt, geradeaus weiterfährt (*BayObLG* VRS 63, 289), nach *Oldenburg* (NZV 92, 454) allerdings nicht, wenn in geringer Entfernung weitere Straßen einmünden oder sich Einfahrten befinden, auf die sich die Fahrtrichtungsanzeige ebenfalls beziehen kann. Evtl. Mitverschulden des Wartepflichtigen, wenn sich das Fehlverhalten des Vorfahrtber. aus best. Umständen erkennen ließ (unentschieden *Düsseldorf* DAR 77, 161). Gibt Vorfahrtber. bei „abknickender Vorfahrt" kein Richtungszeichen, so darf Wartepflicht. nicht darauf vertrauen, dass er „geradeaus" weiterfahren wird (*BayObLG* DAR 74, 302 = VRS 47, 457); in der Tendenz anders *Zweibrücken* (VRS 80, 48): wartepfl. VT darf bei abknickender Vorfahrt auf richtiges Blinkzeichen des Vorfahrtber. vertrauen. Keine Vorfahrtverletzung, wenn der Vorfahrtber. schon von Weitem in die Vorfahrtstraße langsam einbiegendes Fzg sieht und sich ohne weiteres durch leichtes Gaswegnehmen oder leichtes Abbremsen darauf einstellen konnte (*Braunschweig* DAR 92, 218).

8 Nur in Ausnahmefällen Einweisung durch **Hilfsperson** (*Düsseldorf* DAR 81, 62), z. B. nicht bei Einfahren aus Waldweg in Staatsstraße, wenn einsehbare Strecke nicht ausreicht, um ein mit erhebl. überhöhter Geschw. herankommendes Fzg rechtzeitig zu sehen (*Nürnberg* NZV 91, 353; vgl. auch Erl. 1 und *BGH* DAR 94, 195 = NZV 94, 184 = VRS 87, 12).

§ 9 Abbiegen, Wenden und Rückwärtsfahren

(1) Wer abbiegen[1] will, muss dies rechtzeitig und deutlich ankündigen[2]; dabei sind die Fahrtrichtungsanzeiger zu benutzen. Wer nach rechts abbiegen will, hat sein Fahrzeug möglichst weit rechts, wer nach links abbiegen will, bis zur Mitte, auf Fahrbahnen für eine Richtung möglichst weit links einzuordnen[3], und zwar rechtzeitig. Wer nach links abbiegen will, darf sich auf längs verlegten Schienen nur einordnen, wenn kein Schienenfahrzeug behindert wird. Vor dem Einordnen und nochmals vor dem Abbiegen ist auf den nachfolgenden Verkehr zu achten; vor dem Abbiegen ist es dann nicht nötig, wenn eine Gefährdung nachfolgenden Verkehrs ausgeschlossen ist[4].

(2) [5] Wer mit dem Fahrrad nach links abbiegen will, braucht sich nicht einzuordnen, wenn die Fahrbahn hinter der Kreuzung oder der Einmündung vom rechten Fahrbahnrand aus überquert werden soll.[6] Beim Überqueren ist der Fahrzeugverkehr aus beiden Richtungen zu beachten.[7] Wer über eine Radverkehrsführung abbiegt, muss dieser im Kreuzungs- oder Einmündungsbereich folgen.[8]

(3) Wer abbiegen will, muss entgegenkommende Fahrzeuge durchfahren lassen[9], Schienenfahrzeuge, Fahrräder mit Hilfsmotor, Fahrräder und Elektrokleinstfahrzeuge auch dann, wenn sie auf[9a] oder neben[10] der Fahrbahn in der gleichen Richtung fahren. Dies gilt auch gegenüber Linienomnibussen und sonstigen Fahrzeugen, die gekennzeichnete Sonderfahrstreifen benutzen[11]. Auf zu Fuß Gehende ist besondere Rücksicht zu nehmen; wenn nötig, ist zu warten[12].

(4) Wer nach links abbiegen will, muss entgegenkommende Fahrzeuge, die ihrerseits nach rechts abbiegen wollen, durchfahren lassen. Einander entgegenkommende Fahrzeuge, die jeweils nach links abbiegen wollen[12a] müssen voreinander abbiegen, es sei denn, die Verkehrslage[12b] oder die Gestaltung der Kreuzung[12c] erfordern, erst dann abzubiegen, wenn die Fahrzeuge aneinander vorbeigefahren sind[12d].

(5) Wer ein Fahrzeug führt, muss sich beim Abbiegen in ein Grundstück[13], beim Wenden[14] und beim Rückwärtsfahren[15] darüber hinaus so verhalten, dass eine Gefährdung anderer Verkehrsteilnehmer ausgeschlossen ist; erforderlichenfalls muss man sich einweisen lassen.

(6) Wer ein Kraftfahrzeug mit einer zulässigen Gesamtmasse über 3,5 t innerorts führt, muss beim Rechtsabbiegen mit Schrittgeschwindigkeit fahren, wenn auf oder neben der Fahrbahn mit geradeaus fahrendem Radverkehr oder im unmittelbaren Bereich des Einbiegens mit die Fahrbahn überquerendem Fußgängerverkehr zu rechnen ist[16].

Erläuterungen

1 **Abbiegen** ist Richtungsänderung, umfasst Einbiegen in andere Straßen und Einfahren auf Grundstücke (verkehrsrechtl. öff. Grundstücke wie öff. Parkplätze, Tankstellen usw. – vgl. Erl. 2 zu § 1 –, aber auch priv. Grundstücke ohne öff. Verk.). Abbiegen bedeutet Verlassen der bisherigen Fahrtrichtung. Die Fahrtrichtung ändert, wer den natürlichen Verlauf der Straße verlässt. Wer dem abknickenden Verlauf einer Vorfahrtstraße (Z 306 mit Zusatzschild) folgt, biegt nicht iSd Vorschrift ab und muss sich daher nicht nach links einordnen (*BayObLG* DAR 72, 250). Er muss jed. blinken (*BGH* DAR 66, 24; VD 66, 147); so ausdrückl. auch die Erl. zum Zusatzschild zu Z 306; auf die Richtigkeit der Fahrtrichtungsanzeige darf aber hier nicht vertraut werden (*BayObLG* DAR 74, 302 = VRS 47, 457); a.A *Zweibrücken* (VRS 80, 48), das mit guten Gründen auf die seit Einführung der abknick. Vorf. vor mehr als drei Jahrzehnten zunehmend vertraute Verkehrspraxis abstellt; gleichwohl ist erfahrungsgem. in diesem Bereich noch immer mit Unsicherheiten bei der Zeichengebung zu rechnen.

2 **Rechtzeitige Ankündigung** bedeutet: Ankündigung nicht zu früh und nicht zu spät. Nachfolgender Verkehr muss sich einstellen können (*BGH*

VRS 15, 147 = DAR 58, 249). Deutliche Ankündigung: Fahrtrichtungsanzeiger ist so lange zu betätigen, bis Fahrer Gewissheit hat, dass andere VT Kenntnis nehmen konnten. Ankünd. auch, wenn Fahrtrichtung vorgeschrieben ist, z.B. durch Z 209 (*Celle* VRS 52, 219). Ebenso, wenn keine and. Fzg od. überhaupt VT sichtbar sind. Die Pflicht zur Fahrtrichtungsanzeige beim Abbiegen wird häufig missachtet. Viele Kraftf. meinen, die Anzeige sei nur notw., wenn ein and. Fzg auf „Konfliktkurs" herankommt. Die Anzeige ist aber bewusst stets vorgeschrieben; sie dient auch der Information nachf. Fzg od. von Fußg., die sich auf das Fzg „einstellen" müssen.

3 **Einordnen** muss rechtzeitig erfolgen. Innerorts etwa 50 m, außerorts etwa 100 m vor Abbiegen. Soweit Abbiegen in dopp. Reihe nicht durch Markierung zugelassen, dürfen die gleichwohl in zweiter Reihe Abbiegenden die linke (eingeordnete) Reihe nicht behindern (*BayObLG* DAR 74, 304). Im Mehrreihenverkehr kann frühe Wahl des entspr. Fahrstreifens zweckmäßig sein. Rückschaupflicht vor Einordnen und Betätigung des Fahrtrichtungsanzeigers. Überholen einer richtig eingeordn. Reihe unter Benutzg. des Gegenfahrstreifens verstößt stets gegen § 9 Abs. 1 Satz 2 (*Düsseldorf* VRS 52, 141). Wer abknick. Vorfahrt folgt, biegt nicht iSd § 9 ab (*Frankfurt* DAR 83, 81). Wer aus einem Überholvorgang nach links abbiegt, seine Abbiegeabsicht nicht rechtzeitig und deutlich ankündigt und stark bremst, haftet, wenn nachf. Fzg auffährt (*BayObLG* VRS 71, 380).

4 **Rückschaupflicht** vor Abbiegen entfällt idR nur, wenn Überholen aus techn. Gründen nicht möglich od. durch Verkehrsregelung an dieser Stelle verboten ist (*Stuttgart* VRS 44, 149; *Zweibrücken* DAR 77, 138; vgl. auch *BayObLG* VRS 80, 340). Wer bei der zweiten Rückschau erkennt, dass er als Linksabb. noch überholt werden soll, muss warten (*Köln* DAR 77, 192); er darf dann aber nicht entg. FahrtrichtAnz. nach rechts steuern (*Frankfurt* DAR 77, 81).

5 Alter Satz 1 wurde durch StVO-Neuerlass gestrichen, da bereits in § 2 Abs. 2 1. Halbsatz geregelt. Ausreich. Raum = etwa 1 m. Fehlt es daran, so darf der Radf. wie ein Kfz (z.B. wie ein Kraftrad) abbiegen, also letztlich einen angemessenen Teil des Fahrstreifens zum Abbiegen beanspruchen.

6 Radf. dürfen – gleich ob sie auf der Fahrb. od. auf einem Radweg herankommen – geradeaus über die Kreuzung od. Einm. hinweg fahren und die Fahrb. hinter dem Knoten vom rechten Fahrbahnrand aus überqueren. „Indirektes Linksabbiegen" ist eigentlich kein Abbiegevorgang, sondern eine Fahrbahnquerung, dennoch bleibt Radf. Abbieger iSd Vorschrift und fällt solange nicht unter die für querende Fußg. geltenden Vorschr., bis er verkehrsbedingt absteigt (vgl. auch § 37 Abs. 2 Nr. 6).

7 Absteigepflicht besteht nach Überqueren der kreuzenden od. einmünd. Fahrb. auf der and. Seite des Knotens, also vor dem Überqueren der längs verlauf. Fahrb. nach links vom rechten Fahrbahnrand aus. Erforderlich, wenn auf der längs verlauf. Fahrb. Fzg herankommen, deren Fahrlinie ge-

kreuzt od. berührt würde; solche Fzg haben gegenüber dem nach links abbieg. Radf. beim indirekten Abbiegen Vorrang, wenn er verkehrsbedingt abgestiegen ist und mit dem Queren der Fahrb. nicht mehr dem § 9 unterfällt.

8 **Radverkehrsführung** ist eine Fahrbahnmarkierung, die einen bis zu der Kreuzung od. Einm. führenden Radweg in bestimmter Weise über den Straßenknoten hinweg fortsetzt (z.B. als Radfahr-Furt mit best. Aufstellmarkierung für Linksabbieger). Schilder – die in der StVO nicht vorgesehen sind – können die Radverkehrsführung optisch verdeutlichen. An einer Kreuzung können auch mehrere Radverkehrsführungen vorhanden sein, zw. denen der Radf. die Wahl hat.

9 Zeigt Ampel für Gegenverkehr Rotlicht und halten die Fzg an, so darf Linksabbieger grds. darauf vertrauen, dass kein Gegenverkehr mehr in die Kreuzung einfährt (*BayObLG* DAR 75, 135). Bei grünem Pfeil als Lichtsignal (§ 37 Abs. 2) braucht Linksabbieger nicht mit „feindlichem" Verkehr zu rechnen (*Karlsruhe* DAR 74, 223 = VRS 47, 464; *BGH* DAR 92, 143 = VRS 82, 286 = VM 92, 25). Auch ein Radf., der verbotswidrig den linken Radweg benutzt, hat Vorrang ggü. einem abbieg. Fzg (*BGH* NJW 86, 2651 = VRS 71, 383 = DAR 86, 361). Wer in eine Grundstückseinfahrt abbiegt und dabei eine „Lücke" in der entg.kommenden FzgReihe nutzen will, kann sich dabei nicht auf die sog. „Lückenrechtsprechung" (die den in der FzgReihe Fahrenden bes. Sorgfaltspfl. auferlegt) berufen (*KG* VM 98, Nr. 43). Bei dreiarmiger Kreuzung, an der die Vorf. durch re-vor-li geregelt ist, kann es zu gleichz. Anwendung von §§ 8 Abs. 1 u. 9 Abs. 3 kommen, wenn eigentlich Vorf.berecht. nach li abbiegen will (vgl. *LG Paderborn* NZV 2001, 307). Von re kommender Fzgf. darf im Kreuzungsbereich einfahren, muss Gegenverk. Vorfahrt gewähren, der aber ebenf. re-vor-li beachten muss. Betriebsgefahr eines Kfz, das nach li abbiegt, ist ggü. geradeaus fahrendem Kfz erhöht (vgl. *BGH* NJW 2005, 1351 = VerkehrsR aktuell 2005, 73 = NZV 2005, 249) Anscheinsbeweis spricht für Verschulden des Abbiegenden.

9a Kraftf. muss sich nach Halt an Ampel vergewissern, dass sich rechts neben seinem Fzg kein Radf. eingeordnet hat (*Bremen* NZV 92, 35).

10 Z.B. auf einem (rechten oder linken) Radweg, Seitenstreifen oder Gehweg. Bes. Sorgfaltspflicht (vgl. *Köln* NZV 92, 35) für abbieg. Lkw mit beschränkter Sicht (*Hamm* VRS 73, 280). Vorrang des Radwegbenutzers vor einem von der Fahrb. auf ein Grundstück einbieg. Kraftf. (*KG* VM 95, 51).

11 Benutzer gekennzeichn. Sonderfahrstreifen (Z 245) – auch unbefugte Benutzer (*Stuttgart* VM 95, 6) – haben nicht nur als entgegenkomm. Fzg Vorrang vor Abbiegern, sondern auch dann, wenn sie in gleicher Richtung fahren. Sonderfahrstr. verlaufen idR am Fahrbahnrand und müssen beim Links- od. Rechtsabbiegen überquert werden. Entspr. der bevorzugten Funktion des öff. Personennahverkehrs und als Sich.Maßn. wurde der Vorrang auf diese Fälle erstreckt.

12 **Verpflichtung besteht** auch ggü. einem Fußgänger, der bei Rot die Fahrb. überquert (sei es, dass er die Fahrb. bei Grün betreten hat und beim Umschalten auf Rot seinen Weg „zügig fortsetzt" – § 37 Abs. 2 Nr. 5 – sei es, dass er verbotswidrig schon bei Rot auf die Fahrb. getreten ist; in letzt. Falle aber zumind. Mitverschulden des Fußg. bei Unfall, soweit nicht Vertrauensgrds. Verschulden des Kraftf. ganz ausschließt). Auch Fußg., die auf der Fahrb. gehen, haben ggü. einbieg. Fzg Vorrang, gleich ob sie entgegenkommen od. in gleicher Richtung gehen (gilt auch für Fußg., die ein Fzg mitführen). **Keine Verpflichtung** aus § 9 Abs. 3 besteht gegenüber einem Fußg., der diejenige Fahrb. überqueren will, auf welcher der Abbieger herankommt. Dies ergibt sich – trotz des insoweit nicht eindeutigen Wortlauts der Vorschrift – aus der Historie des § 9 Abs. 3 Satz 3. In der StVO (alt) war diese Regelung zunächst nur für Kreuzungen und Einmündungen vorgesehen, an denen eine Regelung durch Lichtzeichen oder Polizeibeamte stattfand, und zwar für „einbiegende" Fzg Durch VO v. 30.4.1964 (BGBl I S. 305) wurde die Regelung für alle Fälle des Einbiegens vorgeschrieben (§ 8 Abs. 3 StVO a. F.) und dies hat die StVO für alle „Abbieger" (also auch z. B. für solche, die in ein Grundstück abbiegen) übernommen. Vorschr. räumt auch außerh. förmlicher Fußgängerüberwege vorrangähnliche Stellung ein. Ist auch gegeben, wenn Fußg. aus Sicht des Fzgf. längs der Fahrb. eine Einmündung innerh. der geschützten Querungsstraße überquert, selbst wenn es eine T-Kreuzung ist (*Hamm* MDR 2012, 1409).

12a Seit 1992 besteht die Vorschrift, dass beim Abbiegen nach links „voreinander" (tangential, „amerikanisch") abgebogen werden muss. Nur ausnahmsweise darf (und soll) jeweils um das and. Fzg herumgefahren werden (vgl. dazu Erl. 12c und 12d).

12b Z.B. bei Blockierung der für das tang. Abbiegen erforderl. Fläche (etwa durch Fzge, die aus der Seitenstraße eingefahren sind), bei starker Sichtbehinderung durch die Ausmaße des „Gegen-Linksabbiegers" (z.B. bes. großer Lastzug mit hohem Aufbau).

12c Insbes. bei entspr. Markierung der Kreuzungsfläche, aber auch z.B. bei best. kleinräumigen Kreuzungen (hier wird oft auch § 11 Abs. 3 eingreifen).

12d In and. Fällen – also ohne Gegenverkehr – steht es dem Linksabbieger frei, ob er in einem weiten od. in engem Bogen abbiegt; in letzt. Fall muss er darauf achten, nicht in den „Gegen-Fahrstreifen" der Fahrb. zu gelangen, in die er abbiegt.

13 Jede Verkehrsfläche, die nicht dem fließ. Verkehr dient, z.B. öff. Parkplatz neben der Straße (*Celle* DAR 73, 306). Trifft der Einfahrende auf einen aus demselben Grundstück Ausfahrenden, so hat ersterer Vorrang (*Düsseldorf* DAR 91, 426). Vorschrift gilt nicht für das Abbiegen von der Fahrb. in eine sog. Parktasche/Parkbox (*Düsseldorf* NZV 93, 360 = DAR 93, 479 = VRS 85, 458 = VM 93, 69), also in eine markierte Parkfläche auf der Fahrb. od. auf dem Seitenstreifen.

14 Beim **Wenden** ist der Fahrtrichtungsanzeiger zu betätigen (*BayObLG* VRS 14, 462 = VkBl 58, 387), nicht beim Rückwärtsfahren (*BayObLG* VRS 5, 318; VkBl 54, 63). Beim Abbiegen, Wenden und Rückwärtsfahren wird das Äußerste an Sorgfalt gefordert. Während des ganzen Wendevorgangs ist Fahrb. nach beiden Seiten zu beobachten (*Koblenz* DAR 74, 276). Wo Pfeile od. VZ das Linksabbiegen zulassen, darf auch gewendet werden (VD 74, 155). Beim Wenden wird das Fzg auf derselben Straße in die Gegenrichtung umgedreht, liegt auch dann vor, wenn ein Fzg nicht in einem Zug in die entgegengesetzte Fahrtrichtung gebracht wird, sondern unter Mitbenutzung einer Grundstückseinfahrt; das Fzg darf dabei aber nicht die Straße gänzlich verlassen, sondern muss wenigstens mit einem Teil auf ihr verbleiben (*Koblenz* VRS 71, 58 = DAR 86, 155, *BGH* NZV 02, 375).

15 **Rückwärtsfahren:** das gewollte Rückw.fahren im Rückw.Gang, nicht dagegen das unabsichtl. Rückw.fahren od. Zurückrollen ohne Motorkraft (*Düsseldorf* NZV 2000, 303). Aber auch das Rangieren zu zwei am Fahrb.Rand geparkten Fzg um rückwärts einzuparken (a.A. *Koblenz* DAR 2000, 84). Fahrer muss sich auch davon überzeugen, dass sich kein Hindernis dort befindet, wohin er weder im Rückspiegel noch durch Zurückschauen sehen kann („toter Winkel") vgl. *Oldenburg* VRS 2001, 432 = NZV 2001, 377; ggf. Einweisung (*Nürnberg* VRS 80, 90 = NZV 91, 67). Besonders ist auf kleine Kinder zu achten, die sich hinter dem Fzg befinden können (*Hamm* VRS 42, 422). Die Vorschrift gilt auch beim Ausfahren aus Parkbuchten bzw. Parkständen im öff. Verkehrsraum auf die Fahrb. Auf Parkplätzen von Einkaufszentren hingegen nicht unmittelbar, aber über § 1 Abs. 2 (*BGH* DAR 2016, 260; zuvor umstr.: dafür *LG Kleve* NJW-Spezial 2010, 234; offen lassend *Hamm* NJW-RR 2013, 33; dagegen *LG Saarbrücken* ZfSch 2011, 494); auf privaten Parkplätzen (auch Parkhäuser etc.) trifft allerdings auch den Führer des vorbeifahrenden Fzg eine bes. Sorgfaltspflicht; § 1 Abs. 2 ist für beide anwendbar (*LG Nürnberg-Fürth* NZV 91, 357). Zum Anscheinsbeweis in solchen Fällen vgl. *BGH* DAR 2016, 197. Ggf. trifft bes. Sorgfaltspflicht auch den im Heckbereich eines Lkw befindl. Fußg., der vom Zurücksetzen bereits frühzeit. Kenntnis hatte (vgl. *Oldenburg* aaO). Bei Fahrbewegungen von anderen, nicht dem Fahrverkehr dienenden Straßenteilen (z.B. Grundstück) gilt § 10. Vgl. *Dresden* SVR 2007, 34.

16 Vorschr. wurde mit Novelle v. 20.4.2020 (BGBl I S. 815) eingefügt zum Schutz von Radf. und Fußg. im toten Winkel von größeren Kfz; dies soll neben den techn. Abbiegeassistenten, die intern. erst zu einem späteren Zeitpkt. verpflichtend vorgeschrieben sein werden, helfen, Abbiegeunfälle zu vermeiden. Vorschr. ist umstritten, Viele forderten die Spezifiz. der Schrittgeschw., einigen sind 7–11 km/h als Schrittgeschw. zu schnell, andere halten die Festlegung einer Höchstgeschw. generell nicht für wirksam, um die Sicht im toten Winkel während des Abbiegevorgangs zu verbessern. BMVI als VO-Geber wollte zunächst eine generelle Schrittgeschw. beim Abbiegevorgang. BR ging dies zu weit, er hat durch die Ergänzung des 3. Halbs. folgende Situation aus dem Anwendungsbereich verbannt:

AB, Kraftfahrstr., Verkehrsverb. oder eine eigenständige Abbiegesituation durch Lichtzeichen „Grüner Pfeil", weil dort Fuß- und Radverkehr nicht vorhanden bzw. zu befürchten seien (BR-Drs. 591/19 Beschl.).

§ 10 Einfahren und Anfahren

Wer aus einem Grundstück[1], aus einer Fußgängerzone (Zeichen 242.1 und 242.2)[2], aus einem verkehrsberuhigten Bereich (Zeichen 325.1 und 325.2)[3] auf die Straße oder von anderen Straßenteilen[4] oder über einen abgesenkten Bordstein hinweg[5] auf die Fahrbahn einfahren oder vom Fahrbahnrand anfahren will, hat sich dabei so zu verhalten, dass eine Gefährdung anderer Verkehrsteilnehmer ausgeschlossen ist; erforderlichenfalls muss man sich einweisen lassen[6]. Die Absicht einzufahren oder anzufahren ist rechtzeitig und deutlich anzukündigen[7]; dabei sind die Fahrtrichtungsanzeiger zu benutzen. Dort, wo eine Klarstellung notwendig ist, kann Zeichen 205 stehen[8].

Erläuterungen

1 Private Grundstücke, aber auch z. B. öff. Parkplätze und sonst. verkehrsrechtl. öff. Flächen wie Tankstellen. Ob eine Grundstücksausfahrt (§ 10) oder eine Straßeneinmündung (§ 8) vorliegt, entscheidet das Gesamtbild der äußerlich erkennbaren Merkmale bzw. die nach außen in Erscheinung tretende Verkehrsbedeutung (*BGH* VRS 73, 437, *Köln* NZV 1994, 279). Abgesenkter Bordstein als Abgrenzung ist für die Frage, ob es sich um ein Grundstück handelt, nicht zwingend erforderlich (*BGH* aaO). Anzeichen sind: kein eigener Straßenname, Verkehrsfläche dient nicht dem Verkehr als Zugang für dahinter liegende Grundstücke (*München* 10 U 4845/08, juris).

2 Fußgängerzone sind nur noch solche Flächen, die mit Z 242.1, 242.2 beschildert sind. In bes. Fällen kann auch an der „Einmündung" einer Fußgängerzone in eine querende Fahrb. eine Vorfahrtbeschilderung angeord. werden (vgl. *BGH* DAR 88, 269 = VRS 75, 406 = NZV 88, 58), z. B., wenn dies nach den örtl. Verh. für eine klare Regelung notw. ist; die Vorfahrtregelung geht dann vor.

3 An der Nahtstelle zw. verk beruh. Bereich und Fahrb. finden die Regeln über die Vorfahrt (§ 8) keine Anwendung. Selbst dann nicht, wenn Z 325.2 nicht unmittelbar im Einmündungs- bzw. Kreuzungsbereich, sondern einige Meter davor (*BGH* NZV 08, 193: 30 m) aufgestellt ist. Sollte Z 325.1 im Einmündungsbereich nicht durch den vorbeifahrenden Kfz-Führer erkennbar sein, und die Straßengestaltung nicht auf einen verk.beruh. Bereich hinweisen (kein anderer Belag, keine Bordsteinabsenkung), dürfte sich der annähernde VT außerhalb dieses Bereich nicht seiner Vorfahrt bewusst sein und die re-vor-li-Regel anwenden. Notfalls ist eine Verständigung herbeizuführen. Die Haltung des *BGH* ist angesichts der nicht zu befürwortenden Beschilderungspraxis geboten, weil sich allein der den verk.beruh. Bereich Verlassende seiner Pflicht sicher sein kann.

4 Flächen, die zwar dem öff. Verk. aber nicht dem durchgehenden Verk. dienen z. B. Seitenstreifen, Gehweg, Beschleunigungstreifen (*Naumburg* NZV 2008, 25, *BGH* VersR 1985, 835; *Saarbrücken* NZV 2015, 492), besonderer Bahnkörper der Straßenbahn. Aber nicht Sonderfahrstreifen z. B. für Busse. Auch straßenbegleitender baulich angelegter Radweg, soweit dieser vor dem Kreuzungsbereich z. B. zur Verbesserung der Sichtwirkung auf die Straße geführt wird. Im Kreuzungsbereich gilt im Übrigen § 9, dann handelt es sich nicht um „Einfahren" in die, sondern um ein Kreuzen der Fahrbahn. Ebenso auf Parkplätzen bei der Einfahrt von Parkflächen auf eine „Hauptstraße" innerh. d. Parkplatzes, jedoch kein Vertrauensgrds. (*Köln* VRS 96, 412; vgl. auch *Celle* DAR 2000, 216). Zur Verantw. eines Fußg. der einen Fzgf. aus einer Hofeinfahrt auf die Fahrb. „winkt" (vgl. *AG Lahnstein* NZV 2000, 379).

5 Bedeutung z.B. für Wohnwege oder -straßen, für einmünd. Radwege, die auf diese Weise in eine Fahrb. eingeführt (verschwenkt) werden. Gilt unabhängig von der Breite der eingeführten Straße/Weg; ist das Merkmal „abgesenkter Bordstein" nicht klar erkennbar (z.B. bei sehr breiten „Einfahrten"), so ist Vorfahrtbeschilderung zu empfehlen (zur Zulässigkeit einer Vorfahrtbeschilderung in Fällen, die grds. § 10 unterliegen, vgl. *BGH* DAR 88, 269 = VRS 75, 406 = NZV 88, 58). Im Übrigen gelten die Regeln der Vorfahrt (§ 8) in solchen Fällen nicht (*Zweibrücken* DAR 92, 190 = VRS 82, 51); soweit die Entscheidung zusätzlich davon ausgeht, dass die Regelung „abgesenkter Bordstein" auch für einen durchgehend „niedrigen" Bordstein gilt, kann ihr jed. nicht gefolgt werden (vgl. *Bouska* DAR 98, 385). Vorfahrt und nicht die Regelung des § 10 gilt, wenn der Gehweg baulich unterbrochen ist, also der Bordstein nicht abgesenkt, sondern jeweils in die einmünd. Straße „hineingezogen" ist; auch dies gilt ohne Rücksicht auf die Breite der einmünd. Straße. Im Einzelnen sind folg. Fälle zu unterscheiden:

a)

Absenkung des Gehwegs (Bordsteins) an der „Einmündung". Anzuwenden ist nur § 10; kein Fall der Vorfahrt iSd § 8, vgl. *Koblenz* VersR 2003, 1454.

b)

Gehweg verläuft durchgehend – also nicht nur im Bereich der „Einmündung" – mit niedrigem Bordstein (z.B. 2-3 cm). Kein Fall der „Absenkung" des Bordsteins, daher ist nicht § 10, sondern § 8 (Vorfahrt) anzuwenden (vgl. *Köln* DAR 97, 79 und *Bouska* am zul. aO).

c)

Gehweg (Bordstein) ist im Bereich der „Einmündung“ unterbrochen. Anzuwenden ist nicht § 10, sondern § 8 (Vorfahrt).

d)

Gehweg ist im Bereich der „Einmündung“ unterbrochen. Jedoch ist die „Einmündung“ mit einer sog. Aufpflasterung (meist aus and. Baumaterial) ausgestattet. Keine „Absenkung“ des Bordsteins iSd § 10; anzuwenden ist § 8 (Vorfahrt), Beschilderung ist notw., wenn nicht „rechts vor links“ gelten soll. Die Zuordnung zu § 10 oder § 8 ist oftmals schwierig. Zu Beispielsfällen vgl. *LG Kiel* Urt. v. 19.4.2007 – 7 S 128/06, juris.

6 Vom Einfahrenden und Anfahrenden wird das **Äußerste an Sorgfalt** gefordert. Fließ. Verkehr muss jedoch unvermeidbare Behinderung in Kauf nehmen (*BayObLG* DAR 56, 133). Pflichten des Anfahrenden gleichen Pflichten des Wartepflichtigen bei Vorfahrt (*Bremen* VM 65, 7). Wenn Einblick in Straße nur dann vorhanden, wenn beträchtl. Teil des Fzg in der Fahrb. ist, dann Einweisungspflicht (*BGH* VM 66, 1). Versperren parkende Fzg die Sicht, dann gleichwohl grds. keine Pflicht, Einweiser zuzuziehen; vortasten zulässig (*BayObLG* VRS 61, 384; zu eng daher *Celle* VRS 80, 92, das ein „Hineintasten“ bei Ausfahrt aus Grundstück für unzulässig hält). Grds. darf fließ. Verk. darauf vertrauen, dass sein Vorrecht beachtet wird. Wer aus einer Grundstücksausfahrt herausfährt, muss damit rechnen, dass auf dem zu überquerenden Radweg ein Radf. in verkehrter Richtung fährt (*KG* VRS 68, 284; *KG* DAR 93, 257 = VM 93, 50; *Düsseldorf* DAR 96, 67 = VRS 91, 62), jedoch Mitverschulden des Radf. (*KG* aaO). Gesteigerte Sorgfaltspflicht nach § 10 gilt nicht, wenn Fzg aus dem fließ. Verkehr nach verkehrsbedingtem Warten am Straßenrand weiterfährt (*BayObLG* VRS 66, 52 = DAR 84, 31).

Bei kurzem Anfahren mit leichtem Schrägstellen des Wagens keine Behinderung (*Hamburg* VM 56, 627).

7 Beim Rechtsabbiegen aus Grundstück idR zuerst rechts blinken; folgt ein „Anfahren vom Fahrbahnrand“, dann auf linken Blinker umschalten.

8 Mögl. gegeben, in allen Fällen des § 10 (also nicht etwa nur bei der „Einmündung“ von Radwegen in eine Fahrb., obwohl die Regelung primär dafür geschaffen wurde) dessen Vorrangregel durch eine „Vorfahrtregelung“ (neg. Beschilderung mit Z 205) zu ersetzen. Damit wird zwar im Einzelfall die bes. strenge Regel des § 10 (Gefährdungsausschluss) durch die etwas „mildere“ Vorfahrtregel (keine Gefährdung bzw. wesentl. Behinderung) außer Kraft gesetzt; dieser „Nachteil“ wird aber durch die optische Ver-

deutlichung des „Nachrangs" (Z 205) idR mehr als ausgeglichen. Die Hervorhebung der „notwendigen Klarstellung" im Text der VO bedeutet, dass die Beschild. nicht der Regelfall sein darf, sondern nur zulässig ist, wenn sich aus den konkr. örtl. Umständen ergibt, dass der „Nachrang" des „einfahrenden" Verkehrs durch die bloße Regel des § 10 Satz 1 für einen durchschnittl. VT nicht hinreichend deutlich gemacht wird. Danach bietet die VO in den Fällen des § 10 nunmehr folg. Lösungen an:

a) Regelung nur durch § 10 Satz 1, z.B. bei „normalen" Grundstücksausfahrten (max. etwa 5 m breit), bei der Ausfahrt aus baulich deutlich abgesetzten und mit Z 242.1 bzw. Z 325.2 gekennz. Fußgängerzonen oder verkehrsberuhigten Bereichen;
b) einseitige neg. Vorfahrtbeschilderung (Z 205), z.B. bei Radwegen, die in eine Fahrb. münden und nicht eindeutig die Vorfahrtregelung der parallel verlauf. Fahrb. teilen, etwa bei „abgesetzten" Radwegen, sowie bei isoliert verlauf. Radweg bei der Einführung in eine Fahrb., ebenso z.B. bei über einen abgesenkten Bordstein eingeführten Wohnwegen, wenn auf Grund der Breite des Weges Zweifel am „Nachrang" entstehen können. Wichtig ist, dass auch der danach Vorfahrtberechtigte nach den örtl. Umständen die Rechtslage erkennen kann, z.B. weil sie einem „natürlichen Vorfahrtsempfinden" entspricht (unterschiedl. Fahrb.breite, Beleuchtung usw.);
c) volle (pos. + neg.) Vorfahrtbeschilderung, wenn z. B. eine über einen abgesenkten Bordstein eingeführte Straße auf Grund ihrer Fahrb.breite den Bezug zu § 10 Satz 1 nicht ohne Schwierigkeiten erkennen lässt oder am Ende einer ausgedehnten, stark frequentierten, evtl. von öff. Verkehrsmitteln befahrenen Fußgängerzone. Vgl. insg. auch *Bouska* DAR 97, 337.

§ 11 Besondere Verkehrslagen

(1) Stockt der Verkehr, darf trotz Vorfahrt oder grünem Lichtzeichen[1] nicht in die Kreuzung oder Einmündung eingefahren werden, wenn auf ihr gewartet werden müsste[2].

(2) Sobad[2a] Fahrzeuge auf Autobahnen sowie auf Außerortsstraßen mit mindestens zwei Fahrstreifen für eine Richtung mit Schrittgeschwindigkeit fahren oder sich die Fahrzeuge im Stillstand befinden, müssen diese Fahrzeuge für die Durchfahrt von Polizei- und Hilfsfahrzeugen[2b] zwischen dem äußerst linken und dem unmittelbar rechts daneben liegenden [2c], Fahrstreifen für eine Richtung [2d], eine freie Gasse bilden[2e].

(3) Auch wer sonst nach den Verkehrsregeln weiterfahren darf oder anderweitig Vorrang hat[3], muss darauf verzichten, wenn die Verkehrslage es erfordert[4]; auf einen Verzicht darf man nur vertrauen[4a] [5], wenn man sich mit dem oder der Verzichtenden verständigt hat[6].

Erläuterungen

1 In solchen Fällen darf also auch **nicht** darauf **vertraut** werden, dass vorausf. Fzg bei Grün durchfährt (so bisher *Hamm* VRS 29, 43, 297).

2 Kein „Stocken", wenn lediglich Abbieger warten müssen, um bevorrechtigte VT durchfahren oder weitergehen zu lassen; hier also kein „Einfahrverbot" (*Düsseldorf* VRS 76, 312 = DAR 89, 112; *KG* VRS 48, 462; *Hamm* DAR 93, 396). Im Übrigen verschulden nur, wenn Wartenmüssen im Kreuz.- oder Einmündungsbereich **voraussehbar** war, insbes. wenn eine Kreuzung durch wartende Fzg bereits überfüllt ist (*Düsseldorf* VM 95, 19; *BayObLG* VRS 56, 126 = VM 79, Nr. 13).

2a Mit VO v. 14.12.2016 (BGBl I S. 2848) wurde für diesen Absatz der unbestimmte Begriff des „Stockens" aufgegeben. In der Praxis war es zu Unsicherheiten gekommen, wann die Rettungsgasse genau zu bilden ist. Die Konkretisierung umfasst das „Dahinschleichen" und „Stehen" von Fzgkolonnen. Der Zeitpunkt ist damit konkreter bestimmt. Damit muss nicht erst beiseite gefahren werden, wenn Sonderrechtsfzge tats. herannahen oder nach den Umständen damit zu rechnen ist (z. B. wenn ein Unfall erkennbar ist). Daraus folgt, dass auch bei einem Stau infolge hoher Verkehrsdichte eine Rettungsgasse bereits zu bilden ist (dies kann bei Stop-and-go"-Verkehr zu einem gewissen „Schlangenlinienfahren" führen).

2b Z. B. Fzg des Rettungsdienstes oder des Techn. Hilfswerks, aber auch Abschleppfzg oder Schneeräumfzg der Straßenbauverwaltung. Motorradf. dürfen die Rettungsgasse nicht zum Durchschlängeln bei Stau benutzen. Länder lehnen dies aus Gründen der Verk.Si strikt ab. Zwar stünde hier idR ein Fahrstreifen (Raum den ein zweispuriges Fzg zum Fahren benötigt) zur Verfügung, welcher unter Beachtung der größtm. Sorgfalt und bei verkehrsgerechtem Verhalten aller VT auch gefahrlos befahrbar wäre. Des Weiteren wäre es Motorradf. im Gegensatz zu mehrspurigen Fzg idR jederzeit möglich, einen von hinten herannahendem Rettungsfzg den Rettungsweg durch Einscheren in die Pkw-Kolonne freizumachen, wenn denn die Fzg nicht zu dicht hintereinander aufgestellt sind. Zu bedenken ist aber, dass viele Kfz-Führer im stockenden Verkehr unerwartet den Fahrstreifen wechseln, weil sie meinen, dass auf dem anderen Fahrstreifen schneller voranzukommen oder um sich einen besseren Überblick über die Staulänge zu ermöglichen, Schlangenlinien fahren. Dies spricht von vornherein gegen Zulassung der Benutzung der Rettungsgasse, wenn die Fzg noch in Bewegung sind. Bei stehendem Verkehr wird die Fahrb. nach gewisser Standzeit oft durch Pkw-Fahrer und andere Insassen betreten. Sollte ein Unfall den Stau ausgelöst haben, käme es zudem in Höhe der Unfallstelle zu einer Anhäufung der Motorradfahrer und dann u. U. zur Behinderung der Rettungsfzg.

2c Die Vorschrift betrifft – neben den AB – alle außerörtl. Straßen mit mind. zwei Fahrstreifen für eine Richtung; deshalb ist der Begriff „Richtungsfahrbahn", der eigentl. baulich getrennte Fahrb. voraussetzt, hier missverständlich.

2d Zur Vereinfachung der Regelung ist unabhängig von der Fahrstreifenanzahl nun immer rechts neben dem linken Fahrstreifen die Gasse zu bilden. Die VT müssen damit nicht mehr nach konkreter Örtlichkeit in Abhängigkeit der Fahrstreifenzahl ihr Verhalten ausrichten. Die Regelung ist damit einfacher zu befolgen.

Durch das 52. G zur Änderung des StGB zur Stärkung des Schutzes von Vollstreckungsbeamten und Rettungskräften vom Mai 2017, wurde der Straftatb. der unterl. Hilfeleistung (§ 323c StGB) um einen neuen Abs. 2 ergänzt, der die Behind. von Pers. unter Strafe stellt, die bei Unglücksfällen oder gemeiner Gefahr oder Not Hilfe leisten oder Hilfe leisten wollen (BGBl I S. 1226). Hiermit ist auch das Blockieren einer Rettungsgasse im Unglücksfall gemeint.

2e Nötigenfalls ausweichen auf Seiten- oder Mittelstreifen. Seitenstreifen sollten allerdings, wenn irgend möglich, gleichwohl freibleiben, weil in der Praxis oft nur dort für Hilfsfzge ein Durchkommen ist. Stets ist § 38 Abs. 1 zu beachten, so dass beim Herannahen von Fzgen mit Sondersignalen jeweils situationsangepasst Platz zu schaffen ist.

3 Z. B. Gegenverkehr im Verh. zu Überholern (§ 5 Abs. 2) und Entgegenkommenden bei Hindernissen (§ 6 Satz 1); Vorfahrtberechtigte (§ 8, Z 205, 206, 301, 306); Geradeausfahr. oder Rechtsabbieger ggü. Abbiegern bzw. Linksabbiegern (§ 9 Abs. 3 u. 4), Fzg mit Sonderrechten (§ 35, § 38 Abs. 1), Gegenverkehr bei Z 208, 308; Fußg. ggü. einbieg. Fzg (§ 9 Abs. 3), auf Fußg.überwegen (§ 26, Z 293) u. an Haltestellen (§ 20, Z 224).

4 Verzicht kann aus Gründen der Sicherheit oder der Flüssigkeit des Verk. geboten sein. Wer auf Vorfahrt verzichtet, schafft atypische Verkehrslage, die ihn zu erhöhter Vorsicht auch ggü. nachf. Wartepflichtigen verpflichtet (*Köln* NZV 94, 110). Der „verzichtende" Fahrer muss auch darauf achten, Fzg, die ihm nachfolgen, nicht zu gefährden; eine gew. Behinderung müssen „Nachfolger" jedoch in Kauf nehmen, wenn Verzicht nach Abs. 3 geboten ist.

4a Bes. geregelter Fall des allg. Vertrauensgrds. (vgl. Erl. 5), hier allerdings mit Verständigungspflicht.

5 Im Straßenverkehr gilt allg. der sog. **Vertrauensgrundsatz.** Er besagt: Ein VT der sich selbst vorschriftsmäßig verhält, darf grds. darauf vertrauen, dass auch die anderen VT sich nicht verkehrswidrig verhalten (*BGH* VRS 15, 450 = DAR 58, 335). Das gilt nicht, wenn nach der Erfahrung des Lebens oder nach den Umst. des Einzelfalls Anlass zu Misstrauen besteht (u. a. *BGH* VRS 19, 344; *Koblenz* VRS 44, 192; insbes. ggü. Fußg.: *Hamm* VRS 42, 202). Grds. darf also darauf vertraut werden, dass z. B. **Vorfahrt** auf Vorfahrtstraße (Z 306, 205, 206), AB (§ 18 Abs. 3, Z 330.1) oder bei

sonst. Vorf.Regelung durch Z (Z 301, 205, 206), durch Lichtzeichen (§ 37) oder durch Polizeibeamte (§ 36) beachtet wird; dass **Fußg.,** die am Straßenrand stehen und Verk. beobachten, nicht plötzlich auf Fahrb. treten (*BGH* VRS 23, 177 = VersR 62, 638; VersR 64, 826); dass ein **Radf.** nicht plötzlich ohne Z nach links abbiegt (*RG* JW 1936, 2999). **Misstrauen** ist geboten, wenn

a) **erfahrungsgemäß Fehlverhalten** zu erwarten ist, z. B. an Kreuz. u. Einm., an denen „rechts vor links" (§ 8 Abs. 1 Satz 1) gilt. Kein Vertr. darauf, dass Lkw entspr. Überholverb. auf Autob. (Z 277) beachtet (*Düsseldorf* VM 65, 70); Vorrang des „Nachzüglers" beim Räumen einer ampelgeregelten Kreuzung besteht zwar auch ggü. dem Gegenverkehr; darauf vertrauen darf der Berechtigte jed. nur nach Verständigung mit dem and. VT (*Hamm* NZV 91, 31)

b) **Kinder** sowie **alte oder gebrechl. Leute** beteiligt sind (u. a. *BGH* VRS 17, 204 = VM 59, 75; VRS 23, 267 = VM 63, 1; VRS 23, 445 = VM 63, 3; VM 63,9 = VersR 63, 89; VersR 70, 820; VRS 94, 33; *Düsseldorf* VM 65, 70; VRS 63, 257; ausnahmsweise gilt Vertrauensgrds. auch ggü. verkehrsunerfahrenen Personen – z. B. unbeaufsichtigten kleineren Kindern – wenn nach den konkr. Umständen vernünftigerweise kein Zweifel an ihrem verkehrsrichtigen Verhalten bestehen kann (*Saarbrücken* VRS 47, 344). Vgl. aber insoweit auch § 3 Abs. 2a und die dortigen Erl. (insbes. Erl. 5 u. 7); **Achtung:** zum Vertrauen auf das richtige Verhalten von Kindern unter vollendetem 8. Lebensj. auf Radwegen vgl. Erl. 18a zu § 2.

c) die **Witterungs-, Sicht- u. Straßenverhältnisse** schwierig sind (z. B. bei Nebel, starkem Regen, Schneefall, Glätte)

d) ein and. VT sich **erkennbar verkehrswidrig verhält** (*BGH* VRS 5, 133).

6 IdR unmissverständl. **Handzeichen** notwendig. Verwendung von Warnzeichen meist missverständl. u. nach § 16 auch unzulässig. Davon geht auch der *BGH* DAR 77, 157 zumind. für diejenigen Fälle aus, in denen der Fzgf. nicht zusätzl. Maßn. trifft (z. B. Herabsetz. d. Geschw.) oder Z (Handzeichen) gibt; allerdings muss der Kraftf. häufig damit rechnen, dass die Betät. der Lichthupe als Einräumung des Vorranges missverstanden wird.

§ 12 Halten und Parken[1] [1a]

(1) Das Halten[2] ist unzulässig

1. an engen[3] und an unübersichtlichen[4] Straßenstellen,
2. im Bereich von scharfen Kurven[5],
3. auf Einfädelungsstreifen und auf Ausfädelungsstreifen,
4. auf Bahnübergängen,
5. vor und in amtlich gekennzeichneten Feuerwehrzufahrten[6].

(2) Wer sein Fahrzeug[7] verlässt[8] oder länger als drei Minuten hält, der parkt[8a].

(3) Das Parken ist unzulässig
1. vor und hinter Kreuzungen und Einmündungen bis zu je 5 m von den Schnittpunkten der Fahrbahnkanten, soweit in Fahrtrichtung rechts neben der Fahrbahn ein Radweg baulich angelegt ist, vor Kreuzungen und Einmündungen bis zu je 8 m von den Schnittpunkten der Fahbahnkanten[8b],
2. wenn es die Benutzung gekennzeichneter Parkflächen verhindert[9],
3. vor Grundstücksein- und -ausfahrten, auf schmalen Fahrbahnen auch ihnen gegenüber[10],
4. über Schachtdeckeln und anderen Verschlüssen, wo durch Zeichen 315 oder eine Parkflächenmarkierung (Anlage 2 Nummer 74) das Parken auf Gehwegen erlaubt ist,
5. vor Bordsteinabsenkungen[10a].

(3a) Mit Kraftfahrzeugen mit einer zulässigen Gesamtmasse über 7,5 t sowie mit Kraftfahrzeuganhängern[11] über 2 t zulässiger Gesamtmasse ist innerhalb geschlossener Ortschaften
1. in reinen[12] und allgemeinen[13] Wohngebieten,
2. in Sondergebieten, die der Erholung dienen[14],
3. in Kurgebieten[15] und
4. in Klinikgebieten[16]

das regelmäßige[17] Parken in der Zeit von 22.00 bis 06.00 Uhr sowie an Sonn- und Feiertagen[17a] unzulässig.

Das gilt nicht auf entsprechend gekennzeichneten Parkplätzen[18] sowie für das Parken von Linienomnibussen an Endhaltestellen.

(3b) Mit Kraftfahrzeuganhängern ohne Zugfahrzeug darf nicht länger als zwei Wochen geparkt werden. Das gilt nicht auf entsprechend gekennzeichneten Parkplätzen[18a 18b 18c].

(4) Zum Parken ist der rechte Seitenstreifen, dazu gehören auch entlang der Fahrbahn angelegte Parkstreifen[19], zu benutzen, wenn er dazu ausreichend befestigt ist, sonst ist an den rechten Fahrbahnrand heranzufahren[20 20a 20b 21]. Das gilt in der Regel auch, wenn man nur halten will; jedenfalls muss man auch dazu auf der rechten Fahrbahnseite[21a] rechts bleiben[22a]. Taxen dürfen, wenn die Verkehrslage es zulässt[22], neben anderen Fahrzeugen, die auf dem Seitenstreifen oder am rechten Fahrbahnrand[23] halten oder parken, Fahrgäste ein- oder aussteigen lassen[24]. Soweit auf der rechten Seite Schienen liegen sowie in Einbahnstraßen (Zeichen 220), darf links gehalten und geparkt werden. Im Fahrraum von Schienenfahrzeugen[25] darf nicht gehalten[25a] werden.

(4a) Ist das Parken auf dem Gehweg erlaubt, so ist hierzu nur der rechte Gehweg, in Einbahnstraßen der rechte oder linke Gehweg zu benutzen.

(5) An einer Parklücke hat Vorrang[26], wer sie zuerst unmittelbar erreicht[27]; der Vorrang bleibt erhalten, wenn der Berechtigte an der Parklücke vorbeifährt, um rückwärts einzuparken[28] oder wenn sonst zusätzliche Fahrbewegungen ausgeführt werden, um in die Parklücke einzufahren[29]. Satz 1 gilt entsprechend, wenn an einer freiwerdenden Parklücke gewartet wird[30].

(6) Es ist platzsparend[31] zu parken; das gilt in der Regel auch für das Halten[32 33].

Erläuterungen

1 Zur Vermeidung einer Doppelbewehrung wurden mit dem Neuerlass der StVO die mit einem VZ verbundenen Halt- und Parkverbote zu den Anlagen 1 und 2 verschoben. Im Einzelnen: alte Nr. 4, 6, 7 und 9 des Abs. 1 wurden gestrichen und in Anlage 2 zu den Z 293, 283, 286, 290.1, 295, 296, 297, 299 und 229 eingefügt. Das Haltverbot in Nr. 6 lit. f befindet sich bei § 37 Abs. 3. Der Teil-Text zu Nr. 7 ist zu Z 201, 205 und 206 verschoben. Nr. 7 im Übrigen wird bei 37 in einem neuen Abs. 5 geregelt. Abs. 1a wird zu Z 245 verschoben. In Abs. 3 werden die alten Nr. 4, 5, 6 und 8 nun bei Z 224, 306, 201, 295, 296, 314, 315 und 299 geregelt. Parkverbot auf Schutzstreifen befindet sich bei Z 340.

1a Das **Parken** ist bundesrechtlich erschöpfend geregelt (*BVerfG* VRS 68, 1), also kein Raum für landes- oder kommunalrechtl. Regelungen. **Kein** Halten oder Parken iSd StVO, sondern Sondernutzung iSd Straßenrechts: Abstellen (auch eines zugelassenen) Kfz auf öff. Verkaufsgrund zum alleinigen Zweck des Verkaufs (*BayObLG* VRS 63, 476); aber verkehrsrechtl. zul. Parken auch dann keine Sondernutzung, wenn das Fzg *zugleich* mit einer Verkaufsofferte versehen ist (*Hamm* VRS 72, 387; so auch *OVG Münster* Urt. v. 4.12.2000 – 11 A 2870/97; *OVG NW* VM 2001, 46 = DAR 2001, 183 = NVwZ 2002, 218 = NZV 2001, 315). Abstellen eines Wohnwagenanhängers oder eines Wohnmobils zu Wohnzwecken, abgesehen von Ruhepausen im Zuge einer Fahrt – z. B. einmalige Übernachtung – (*Braunschweig* VRS 61, 226, *Schleswig-Holstein* NZV 2003, 347). Zugleich kann ein Verstoß gegen § 32 vorliegen. Dagegen ist Abst. zugel. u. betr.bereiter Kfz durch Kfz-Vermieter Parken und damit Gemeingebrauch (*BVerwG* VRS 63, 229).

2 **Halten** ist gewollte Fahrtunterbrechung, die nicht durch Verkehrslage oder Anordnung veranlasst ist, also nicht z. B. Anhalten vor Ampel (*BGH* VRS 18, 313 = DAR 60, 149 = VM 60, 50) oder wegen Betriebsstörung (in letzterem Fall wird das Liegenbleiben dann zum – möglicherweise verbotenen – Halten, wenn der Fahrer in der Lage wäre, das Fzg wieder in Be-

trieb zu setzen oder abschleppen zu lassen; *Frankfurt* NZV 88, 32). Anhalten aus and. dring. Gründen kann nach § 16 OWiG gerechtfertigt (z. B. Arzt bei dring. Krankenbesuch) oder Verfolg. nach Opportunitätsprinzip (§§ 47, 53 OWiG) entbehrlich sein.

3 IdR müssen für den fließ. Verk. **3 m Durchfahrbreite** verbleiben (*BayObLG* VRS 19, 154 = DAR 60, 268 = VM 60, 52; *Düsseldorf* VM 2000, 62) nur bei beschränktem FzgVerkehr evtl. weniger (*BayObLG* VRS 27, 232 = VM 64, 37); der VO-Geber sieht zu Recht von Festlegungen zur Engstelle ab. Dazu sind die Straßenverk.Verh. zu uneinheitlich (z. B. Altstadt mit engen Gassen, ländlicher Raum mit breiten landwirtsch. Fzg). Verstöße sind gefährlich, deshalb kann Polizei das Fzg grds. abschleppen bzw. abschleppen lassen und Kostenersatz verlangen (*VGH Mannheim* DAR 72, 137). Beim Parken auf engem Wohnweg nur OWiG nach StVO, nicht unerlaubte Sondernutzung nach Landesrecht (*Stuttgart* VRS 71, 457). Ist eine Fahrb. (z. B. eine Wohnsammelstraße) so schmal, dass in einmündende Wohnwege nicht eingefahren werden kann, wenn gegenüber der Einfahrt ein Fzg steht, so ist auch dies eine „enge Straßenstelle" iSd Vorschrift. Einmaliges Rangieren dürfte – wie bei Abs. 3 Nr. 3 – zumutbar sein (vgl. Erl. 10).

4 Wenn überschaubare Fahrb.strecke **hinter einem halt. Fzg** (in Richtung auf ein nachf. Fzg) kleiner ist als der **Anhalteweg,** der bei Einhaltung der für einen Durchschnittsfahrer technisch mögl. Geschw. benötigt wird (Schutz auch für den, der entg. § 3 Abs. 1 nicht „auf Sicht" fährt) oder wenn überschaub. Fahrb.strecke **vor einem halt. Fzg** (in Richtung auf ein entg.komm. Fzg) kleiner ist als der **doppelte Anhalteweg** (soweit z. Vorbeifahren die linke Fahrb.hälfte benutzt werden müsste).

5 Wendeschleifen sind keine Kurven idS; ggf. kommt für diese Abs. 1 Nr. 1 zur Anwendung (vgl. *Brandenburg* NJW 2004, 961 = VD 2004, 76).

6 Kennzeichnung durch die zust. Brandschutzbehörde (idR also die Gemeinde). Die „amtliche" Herkunft des Z muss für den Kraftf. erkennbar sein (deshalb. sollte auf dem Z die Behörde angegeben sein). Kennzeichnung durch den Grundstückseigentümer begründet kein Haltverbot. Vgl. auch *KG* NZV 92, 291 = VRS 83, 63; VRS 88, 215 = NZV 94, 407; *Köln* NZV 94, 121.

7 Notwend. Nebenverrichtungen wie Bezahlen oder Ein- bzw. Ausladen von Gepäck sind zulässig. Parkverbotsregelungen gelten nicht für Fahrräder, diese werden nicht geparkt, sondern abgestellt.

8 Fahrer **verlässt** Fzg, wenn er sich soweit davon entfernt, dass er nicht sogleich wegfahren kann, wenn das erforderl. wird (vgl. sinngem. *BGH* VRS 20, 25 = DAR 61, 53 = VM 61, 10 = VkBl 61, 87). Bloßes Aussteigen also kein Verlassen, ebenso wenig Entfernung bis etwa 15 m, wenn kein Gebäude betreten wird (Gang z. Briefkasten, Zeitungskauf am Kiosk; zum Begriff des „Verlassens" vgl. auch *Düsseldorf* NZV 96, 161 = VM 96, Nr. 86). Es genügt, wenn **eine** Person, die willens u. (rechtl. wie tatsächl.) in der Lage ist,

nötigenfalls Fzg zu entfernen (Fahrerlaubnis!), beim Fzg bleibt; diese Person wird damit ebenfalls z. Adressaten eines Parkverbots (*Bremen* VRS 28, 48; *Stuttgart* VRS 39, 373).

8a Auf den Zweck des Haltens (z. B. Be- und Entladen, Ein- und Aussteigen) kommt es für den Begriff des Parkens nicht an (*BGH* Beschl. v. 3.10.1978, 4 St R 263/78 = BGHSt 28, 143 gegen *KG* VRS 51, 383; vgl. auch VD 77, 49; 79, 4). Zur Abgrenzung zw. Abstellen eines Wohnmobils auf Parkplatz im Rahmen des gemeingebräuchlichen Parkens zur Wiederherstellung der Fahrtüchtigkeit und einer Sondernutzung (Camping) vgl. *Schleswig-Holstein* NZV 2003, 347 = VM 2003, 4. Zum Geltungsbereich des § 12 betreffend Abstellen von Fahrrädern vgl. *BVerwG* NZV 2005, 333. Auch ein Abstellen eines Wohnmobils auf einem Privatgelände (z. B. Hofplatz) ist kein Parken; hier ist das Fzg aus dem Verkehrsraum entfernt worden (vgl. *Karlsruhe* NJW-Spezial 2005, 402).

8b Verbot gewährleistet eine ausreichende Sicht in den Einmündungs- und Kreuzungsbereich und schafft den notwendigen Raum zum gefahrlosen Abbiegen. BMVI wollte mit der Novelle v. 20.4.2020 (BGBl I S. 815) die Definition der Schnittpunkte der Fahrbahnkante im Fall von nicht rechtwinklig aufeinandertreffenden Kanten zur besseren Verortung der Parkverbotszone klarer fassen. BR hat dies aber mit der nicht nachvollz. Begründung, dies sei nicht praktikabel, abgelehnt BR-Drs. 591/19 (Beschl.). Der Begriff der Eckausrundung sei unklar und regelmäßig nicht besser erkennbar als der fiktive Schnittpunkt der Fahrbahnkanten. Vor Ort kann sich zur Klarstellung „bis wohin gilt das Parkverbot?" auch die Absenkung des Bordsteins empfehlen. Die nun getroffene Formulierung kann ebenfalls zu Auslegungsschwierigk. führen, weil der Charakter einer Aufzählung verschiedener Fallkonstellationen ohne und mit begleitendem Radweg nicht hinreichend deutlich wird, was aber gewollt war. Sie geht auf die Änderung des BR zurück. Ziel: besonderer Schutz der Radfahrer – Verbesserung der Sicht auf den Radweg im Kreuzungsbereich.

9 Also z. B. Parkverbot auf der Fahrb. entlang von Gehwegparkflächen (Z 315 oder Markierung nach lfd. Nr. 74 der Anlage 2 zu § 41 Abs. 1).

10 Verbot gilt nicht

a) für denjenigen, der über die Ein- oder Ausfahrt verfügen kann (z. B. Hauseigent., *KG* VM 55, 3) und für Personen, die von ihm entspr. ermächtigt sind (*BayObLG* DAR 75, 221 = VRS 49, 149; *Düsseldorf* DAR 94, 163 = NZV 94, 162),

b) für FzgFührer, die jederzeit bereit und in der Lage sind, die Einfahrt freizumachen (*Koblenz* DAR 59, 251); diese Vorauss. ist nicht erfüllt, wenn Fahrer Fzg verlässt (oben 8), auch wenn er einen Hinweis (Zettel) hinterlässt, der es ermöglicht, ihn herbeizurufen.

Keine „Vorrechte" an Ein- u. Ausfahrten, soweit and. Beschränkungen des ruh. Verk. (z. B. Haltverbot für ges. Strecke) entgegenstehen (VD 66, 65).

Keine „Vorrechte" auch, wenn im Bereich einer Grundstückseinfahrt auf dem Gehweg geparkt wird (*KG* VRS 73, 473). Dagegen darf derjenige, der über die Einfahrt verfügen kann, im Bereich eines Parkscheinautomaten (§ 13 Abs. 1 Satz 1) oder einer Parkscheibenregelung (§ 13 Abs. 2 Satz 1) vor der Grundstückszufahrt parken, ohne die Einrichtungen zu betätigen. Denn der mit einer solchen „Parkraumbewirtschaftung" angestrebte Zweck wird dadurch nicht beeinträchtigt, weil and. FzgFührer auch mit Parkschein bzw. Parkscheibe nicht vor der Zufahrt parken dürfen (so sinngemäß *BayObLG* DAR 92, 270 = VRS 83, 218 = VM 92, 74 für den Fall eines eingeschr. Haltverbots für eine Zone – Z 290.1/290.2 –, wenn das Parken nur auf gekennz. Flächen zugelassen ist). Vgl. zum Verh. Grundstückszufahrt und Bewohnerparkregelung auch Erl. zu Z 286 und 314. Absenkung der Bordsteine nicht Voraussetzung für Grundstücksein- und -ausfahrt; es kommt darauf an, ob nach den Umständen Fahrverkehr zw. Grundstück und öff. Fahrb. ohne zeitraub. Vorkehrungen möglich und ob das für jedermann ohne Weiteres erkennbar ist (*BGH* DAR 71, 222 = VM 71, 36 = VD 71, 109; *BayObLG* VRS 62, 142). „Schmal" iSd Vorschr. ist Fahrb., wenn Grundstückszufahrt weg. gegenüber geparktem Fzg nicht mehr unter nur mäß. Rangieren mögl. ist; ein- bis dreimaliges Rangieren zumutbar (*Saarbrücken* VRS 87, 225, *VGH Baden-Württemberg* VM 2003, 13, *BayVGH* Beschl. v. 21.12.2005, 11 CS 05.1329, juris). *VGH Mannheim* hält Begriff „schmal" nicht für bestimmt genug. Anm. von *König* in DAR 2017, 652 (657) wird geteilt.

10a Zum Begriff „Bordsteinabsenkung" vgl. auch Erl. 5 zu § 10. Vorschrift betrifft folg. Fälle:

a) „Einmündungen" von Gehwegen, bei denen die Bordsteine zur Erleichterung der Benutzung durch Behinderte oder Personen mit Kinderwagen abgesenkt wurden (z. T. auch durch Abs. 3 Nr. 1 erfasst);
b) „Einmündung" von Seitenstraßen (z. B. von Wohnwegen) über abgesenkten Bordstein (§ 10 und dort. Erl. 5);
c) Grundstücksein- und -ausfahrten über abgesenkte Bordsteine (insoweit auch erfasst durch Abs. 3 Nr. 3, wobei letztere Vorschrift auch and. Grundstücksein- oder -ausfahrten betrifft.

Ist ein Bordstein nicht „abgesenkt", sondern durchgehend „niedrig", so besteht kein Parkverbot (vgl. *Köln* DAR 97, 79 und Erl. 5 zu § 10). Die in Erl. 10 genannten „Vorrechte" gelten auch im Fall c), nicht aber in den Fällen a) und b), weil die dort genannten Bereiche im Interesse der durch die Vorschr. begünstigten VT möglichst weitgehend freigehalten werden müssen.

11 Gilt auch für Sattelzugmaschinen ohne Sattelauflieger mit zul. Gesamtmasse über 7,5 t (*BayObLG* DAR 97, 452 = VRS 94, 134 = VM 98 Nr. 31). Verbot betrifft sowohl Anhänger, die am Kfz angekoppelt sind, als auch allein abgestellte Anhänger.

12 Vgl. § 3 BauNVO. Abzustellen ist auf die tatsächl. Bebauung (*Hamm* VRS 66, 53 = DAR 84, 61); neben der Ausweisung des Gebiets im Bebauungsplan (*VG Göttingen* Urt. v. 13.4.2011, 1 A 126/10, juris) und unter Berücksichtigung der jeweiligen Begriffsbestimmungen der BauNVO.

13 Vgl. § 4 BauNVO.

14 Vgl. § 10 BauNVO.

15 Vgl. § 11 Abs. 2 BauNVO.

16 Vgl. vorherige Erl.

17 „Regelmäßig" ist der Gegensatz zu „gelegentlich". Regelmäßigkeit setzt nicht voraus, dass das Fzg in jeder Nacht in dem betr. Gebiet abgestellt sein muss. Andererseits kann Abstellen auch dann regelmäßig sein, wenn es wöchentlich nur ein- bis zweimal, jed. wiederkehrend erfolgt (vgl. auch *Hamm* VRS 66, 53 = DAR 84, 61). Dies dürfte aber auch die unterste Grenze sein.

17a Feiertage: vgl. § 30 Abs. 4. Diese Vorschrift kann als „Feiertagsregelung" innerhalb der StVO entspr. herangezogen werden.

18 Z 314 mit entspr. Zusatzschild.

18a Gilt allgemein auf verkehrsrechtlich öff. Flächen, nicht nur in den in Abs. 3a genannten Gebieten (dies folgt – abw. von der amtl. Begr. – nicht nur aus dem Wortlaut und der system. Stellung der Vorschrift in einem eigenen Absatz, sondern auch aus ihrer Entstehungsgeschichte: der vom Land Nordrhein-Westf. gestellte Antrag bezog sich ursprünglich nur auf die bes. geschützten Gebiete des Abs. 3a und wollte daher die Vorschrift dort einfügen, gestützt auf § 6 Abs. 1 Nr. 3 Buchst. e StVG. Darauf bezieht sich auch die amtl. Begr. Im Verkehrsausschuss des Bundesrates wurde jed. die Meinung vertreten, die Einschränkung des Parkens für Anhänger müsse aus Gründen der Sicherheit und Ordnung des Verkehrs – § 6 Abs. 3 Halbsatz 1 StVG – allgemein gelten; deshalb wurde die Vorschrift in einen bes. Abs. 3b aufgenommen; dabei wurde übersehen, die Begr. anzupassen). Die vorh. Rspr. zum Parken von Wohnanhängern (vgl. *BVerwG* DAR 86, 30; *Karlsruhe* VRS 65, 465) ist damit gegenstandslos.

18b Überwachung ist schwierig, doch ergibt eine dem Zweck der Vorschr. entspr. Auslegung, dass die Zweiwochenfrist nicht bereits durch Vorgänge unterbrochen wird, die lediglich eine „Schein-Inbetriebnahme" darstellen, z. B. kurzfristiges (nach *Frankfurt* DAR 93, 305 auch 30 Minuten dauernde Fahrt, die nur zur Umgehung des Verbots ausgeführt wird). Herausziehen des Anhängers aus der Parkfläche, um ihn sofort wieder zurückzustellen, kurzfristiges Ankuppeln eines Zugfahrzeugs (z. B. jeweils während der Nachtzeit), ohne tatsächliche Absicht, wegzufahren; vgl. auch *Darr* NZV 89, 297, *Hauser* DAR 90, 9.

18c Dazu kann z. B. Z 314 mit entspr. Zusatzschild verwendet werden.

19 Klarstellung der rechtl. Einordnung der Parkstreifen als Seitenstreifen (vgl. dazu schon VD 74, 151; 78, 17). Damit besteht für Parkstreifen und Ladebuchten Benutzungspflicht im Rahmen des § 12 Abs. 4. Links entlang der Fahrb. verlauf. Parkstreifen dürfen nicht benutzt werden, ausgen. in den Fällen des § 12 Abs. 4 Satz 4. Linke Parkstreifen dürfen allerdings dann benutzt werden, wenn sie durch Markierungen so aufgeteilt sind, dass das Einparken rechtwinklig zum Fahrbahnverlauf oder schräg erfolgt. Denn hier parkt das Fzg nicht in Fahrtrichtung links, sondern es verlässt seine ursprüngl. Fahrtrichtung. Es muss also beim Verlassen des Parkstreifens auch nicht diagonal über die Fahrb. hinüberwechseln. Die Ausfahrt geschieht vielmehr durch Zurückstoßen auf die Fahrb., gleich aus welcher Richtung das Fzg eingefahren ist.

Beispiele:

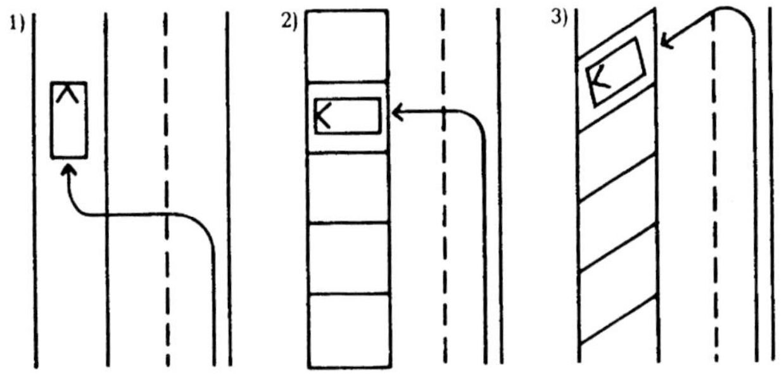

unzulässig zulässig zulässig

20 Zum Gesamtproblem des ruh. Verk. vgl. *Bouska* DAR 72, 253; *Mühlhaus* DAR 74, 29. Sperrung eines Fahrstreifens wegen Bauarbeiten durch Warnbaken stellt keinen „Fahrbahnrand" her, neben dem geparkt werden darf (*KG* VRS 62, 63). Entlang dem querverlauf. rückw. Abschluss einer Sackstraße darf grds. geparkt werden; rechte Seite der Fzg muss dem Abschluss zugekehrt sein (*BayObLG* VRS 63, 297). Halt- und Parkverbote gelten je nach ihrem Sinngehalt nicht für den Seitenstreifen, soweit nicht ausdrückl. anders bestimmt (vgl. ZusatzZ zu Z 283, Z 286). Kein Gewohnheitsrecht für Gehwegparken (*Düsseldorf* VRS 43, 381); Gehwegparken auch zum Be- und Entladen verboten, Ausnahmen nur bei notstandsähnl. Situationen (*KG* VRS 45, 66). Soweit nicht bes. zugelassen, darf Fzg auch nicht mit nur zwei Rädern auf Gehweg geparkt werden (*BayObLG* DAR 75, 190); hier kann allerdings häufig auf Einschreiten verzichtet werden, wenn keine Behinderung oder Schädigung vorliegt. Unzulässiges Parken auf dem **Gehweg** verstößt gegen § 12 Abs. 4, nicht gegen § 2 (*Köln* VRS 71, 224; *BayObLG* VRS 48, 456; *KG* VRS 45, 66; *Düsseldorf* VRS 82, 209; *BVerwG* NZV 93,44 = DAR 92, 473 = VRS 84, 127). VO-Geber sollte den Begriff des Gehwegs we-

gen besserer Verständlichkeit festlegen. Zulässig ist daher das Halten und Parken auf öff. Verkehrsflächen nur, wenn diese nach § 12 Abs. 4 oder einer and. Vorschrift der StVO (z. B. Z 314) dafür bestimmt sind. Nicht gegen § 12 Abs. 4 verstößt deshalb, wer auf einem jenseits eines Gehwegs verlauf. **Grünstreifen** parkt (*Köln* VRS 65, 156), denn dieser ist keine öff. Verkehrsfläche. Anders wohl, wenn der Grünstreifen zw. Gehweg und Fahrb. liegt, weil er hier tatsächl. von Fußg. überquert werden kann, somit jedenfalls öff. iSd Straßenverkehrsrechts ist; wer hier hält oder gar parkt, verstößt also gegen § 12 Abs. 4 (vgl. VD 73, 131; im Erg. wohl auch *Hamm* DAR 94, 409; 96, 383; *Köln* NZV 94, 372). Letztere Situation ist vor allem bei Grünstreifen entlang innerörtl. Fahrb. gegeben, wobei die Bewertung der Fahrb., des Grünstreifens und des anschl. Geh- oder Radwegs als eine zusammenhängende öff. Verkehrsfläche idR schon deshalb berechtigt ist, weil der Grünstreifen nur eine geringe Breite aufweist und auch häufig von Fußgängern, die die Fahrb. überqueren wollen, benutzt wird. Handelt es sich dagegen um einen sehr breiten Grünstreifen, der erkennbar keine „verbindende" Funktion zw. Fahrb. und Geh- bzw. Radweg hat, so gehört der Grünstreifen nicht mehr zur verkehrsrechtl. öff. Fläche, so dass § 12 Abs. 4 nicht eingreift (so *Karlsruhe* VRS 80, 290 = NZV 91, 38 für eine außerörtl. 10 m breite Grünfläche). Auf **Mittelstreifendurchlässen** in Straßen mit zwei Richtungsfahrbahnen darf nicht geparkt werden (*KG* VRS 80, 223 = DAR 91, 192 = NZV 91, 163). Parkverbote können sich – für Flächen außerhalb des öff. Verk.Raums – auch z. B. aus **Landschaftsschutzrecht** eines Landes ergeben (*Düsseldorf* VM 97, Nr. 60).

20a Nach *BayObLG* VRS 20, 441 und 64, 141, *Düsseldorf* VRS 88, 65 soll der Eigentümer einer tats. öff. – also nicht „gewidmeten" – Verkehrsfläche (auch z. B. Gehweg) dort parken dürfen (jedenfalls bei Ausschluss einer Gefährdung), weil er jederzeit die öff. Benutzung der Fläche einschränken könne. Dieser Auff. kann nicht gefolgt werden. Gilt für eine Verk.Fläche die StVO, so muss auch der Eigentümer diese beachten (hier: § 12 Abs. 4). Das vorübergehende Parken eines Fzg ist einer Rücknahme der Zulassung des öff. Verkehrs nicht gleichzusetzen. Eine allg. Unordnung des ruh. Verkehrs und ein „Nachzieh-Effekt" wären sonst die Folge, denn für die and. VT bietet sich ledigl. das Bild eines Falschparkens, nicht einer „Einziehung".

20b StVO enthält keine ausdrückl. Anordnung, dass **parallel** zum Fahrbahnrand zu parken ist. Dies folgt aber aus dem Rechtsfahrgeb. (§ 2 Abs. 1) iVm § 12 Abs. 4, am re Fahrbahnrand zu parken. Querparken (z. B. für Smart) daher nur erlaubt, wenn entspr. Markierung nach lfd. Nr. 74 der Anlage 2 zu § 41 Abs. 1 oder Zusatzsch. zu Z 314 dies fordern. Querparken von Kleinstfzg sollte auch künftig nicht zugelassen werden; Gründe: Parken ist in D durch recht homogene Fahrzeugflotte geprägt mit Pkw-Breite von 1,70 m. Kleinstfzg sind idR 2,50 m lang. 80 cm Überstand behindert einparkende Fzg Sie brauchen größeren Rangierraum, Radf. müssten Slalom fahren, Stoßstangen sind nach hinten ausgerichtet, Rückstrahler werden bei

Dunkelheit bei Querparken vom nachfolgenden Verk. nicht gesehen. Verbot des Gehwegparkens ergibt sich aus § 12 Abs. 4.

21 Parken in **zweiter Reihe** nicht zulässig (Begr.), auch nicht zum Laden. Konkr. Behinderung nicht erforderl., wenn gegeben, § 1 Abs. 2 in Tateinheit. Ladevorgänge oder sonst. **Halten** (z. B. Ein- und Aussteigen) bis zu 3 Min. ohne Verlassen des Fzg (oben 8) kann ausnahmsweise in zweiter Reihe zul. sein, wenn sonst unzumutbar erschwert (*BGH* VRS 38, 228 = NJW 70, 619) oder wenn sonst das Interesse des Haltenden gegenüber dem Int. der Allgemeinheit am ungehind. Straßenverkehr überwiegt (*BayObLG* DAR 72, 195; *Saarbrücken* VRS 46, 69). „Zweite Reihe" auch neben Parkbucht unzulässig (*BGH* aaO), denn „rechter Fahrbahnrand" nur zulässig, wenn befestigte Seitenstreifen nicht vorhanden, nicht schon, wenn Seitenstreifen (also auch Parkbucht) nur besetzt. Vgl. auch *Hauser* DAR 84, 271.

21a Zum Halten darf nur die rechte Seite der Fahrb. benutzt werden, nicht etwa ein rechts verlaufender Geh- oder Radweg. An der grds. „Rangfolge" der Park- bzw. Haltflächen des § 12 Abs. 4 ändert sich dadurch nichts, weil Satz 2 ggü. der Verpflichtung aus Satz 1 subsidiär ist.

22 Ausn. für Taxen vom Verbot des Haltens (und ggf. auch des Parkens) in zweiter Reihe (vgl. Erl. 24). Voraussetzung ist, dass die Verkehrslage es zulässt. Kurze Behind. des übr. Verk. in Kauf zu nehmen, Stauungen müssen aber vermieden werden.

22a BMVI wollte im Rahmen der StVO-Novelle v. 20.4.2020 mit einer Ergänzung klarstellen, dass Fahrr. nicht im eigentlichen Sinne des Abs. 4 geparkt werden. Da Fahrr. aber auch Fzg sind und es zunehmend zu Unstimmigk. kam, ob sie von der Parkvorschr. erfasst werden, und um den sich mehrenden Forderungen vorzubeugen, sie ebenfalls am re Fahrbahnrand zu parken, was den Parkraum weiter zu Lasten der Kfz eindämmen würde, sollten sie (ausgen. Lastenfahrräder und Fahrräder mit Anhänger) ausdrücklich in den Straßennebenraum verwiesen werden. Dies wäre auch folgerichtig gewesen, denn in der Praxis schiebt man das Fahrrad als Fußg. idR bis zum Abstellort, wo man es dann möglichst platzsparend sichert (z. B. Anketten an Geländer etc.). Ungeordnetes Abstellen stößt bei Fußgängern zunehmend auf Kritik, ggf. Verstoß gegen § 1 Abs. 2. BR war der Auffassung, dass diese Ergänzung gegen die mit der Novelle verfolgte Förderung des Radv. verstoßen würde und hat die Änderung gestrichen (BR-Drs 591/19, Beschl.) auch mit Blick auf die Tendenz, dass Städte vermehrt Fahrradabstellanlagen in den Straßenraum verlagern (Begr. geht fehl, da VZ-Anordnungen den allg. Verkehrsregeln vorgehen). Weit mehr Unsicherheit zu Lasten der Verk.Si. ist nun zu erwarten. Bislang werden Fahrräder nicht im Straßenraum abgestellt, diese Praxis ist vollends unüblich, auch mit Blick darauf, dass sie nachts nicht mit eigener Lichtquelle versehen sind. Auch deshalb hatte sich in der Praxis für Fahrräder nicht der Begriff des Parkens, sondern Abstellens etabliert. Das Abstellen von Mietfahrrädern (call a bike etc.) ist zunächst kein Parkvorgang, sondern ergeht zum Zwecke des Abschlusses eines Mietvertrages (Verlagerung der Gewerbefläche in den öff. Verkehrsraum wie beim stationierten carsharing) und ist damit dort Sondernutzung (vgl. *OVG NW* Beschl. v. 20.11.2020, 11 B 1459/20, juris).

23 Sind Fzg ganz auf dem Gehweg geparkt (Z 315), so greift die Vorschr. nicht ein. Auch Taxen müssen hier das Parkverbot des § 12 Abs. 3 Nr. 2 beachten.

24 Begriff des Ein- oder Aussteigens ist derselbe wie bei § 13 Abs. 4 Nr. 1 bzw. bei Z 286. Der Taxifahrer darf also ggf. auch „parken", also über 3 Min. halten oder das Fzg verlassen, wenn dies in engem und notw. Zusammenhang zum Ein- oder Aussteigen eines Fahrgastes steht. Er darf also z. B. auf einen in Kürze zu erwartenden Fahrgast für angemessene Zeit warten (*BayObLG* DAR 79, 198), wobei allerdings etwa 10 Min. nicht überschritten werden dürfen (vgl. Erl. 1 zu Z 286) und er darf einen – insbes. älteren oder behind. – Fahrgast in der Wohnung abholen oder dorthin begleiten (z. B. um das Gepäck zu transportieren). Die Entgegennahme des Entgelts und das Ausstellen einer Quittung gehören stets zum „Aussteigenlassen".

25 **Fahrraum** ist der Bereich einer verkehrsrechtl. öff. Fläche, den ein Schienenfzg zur ungehinderten Fahrt benötigt, also die Fläche zw. den parallelen Schienen (Gleisbereich) und 1 – 1,5 m rechts und links des Gleisbereichs. Für bes. und unabhängige Bahnkörper (§ 55 Abs. 3 BOStrab) gilt die Vorschrift nicht; hier greift das Benutzungsverbot des § 58 Abs. 1 BOStrab ein.

25a Zum Begriff des „Haltens" vgl. Erl. 1a. Verboten ist jedes Halten, also nicht nur das Halten in der Form des Parkens.

26 Vorschrift geht von den durch die Rspr. auf Grund des § 1 Abs. 2 entwickelten Grds. aus, bringt aber eine detaill. Regelung. Im Hinblick darauf, dass der „Kampf um die Parklücke" zu den häufigsten „Konfliktfällen" des mot. Straßenverkehrs gehört, war die Regelung gerechtfertigt und notwendig. Wer den Vorrang missachtet, begeht eine OWi nach § 49 Abs. 1 Nr. 12. IdR ist auch § 1 Abs. 2 verletzt. Im Einzelfall kann sich der Täter auch wegen Nötigung (§ 240 StGB) strafbar machen. Vorrang steht nur einem Fzg-Führer zu, nicht einem Fußg., der die Lücke für einen Fzg-Führer freihalten will und zwar auch dann nicht, wenn es sich um den Beifahrer handelt. Der Berechtigte darf den rechtswidr. dort steh. Fußg. aber nicht unter Gefährd. wegdrängen (*Hamm* DAR 70, 331; vgl. auch *BayObLG* NZV 95, 327 = DAR 95, 299); nach *Naumburg* (DAR 98, 28 = NZV 98, 163) darf der Berechtigte den Parkplatz „in maßvoller Weise" und ohne erhebl. Gefährdung einer dort stehenden Person „erzwingen". Die widerrechtl. Benutzung eines priv. Stellplatzes berechtigt nicht dazu, dem Parkenden die Ausfahrt zu versperren (*OVG Saarlouis* DAR 94, 79), möglicherweise aber zum Abschleppen (vgl dazu Erl. 32).

27 Unmittelb. erreicht bedeutet, dass sich das Fzg zumind. mit seinem vord. Teil in gleicher Höhe mit der Parklücke befindet und zwar auf der Fahrbahnseite, auf der auch die Parklücke liegt. Nicht unmittelb. erreicht ist die Parklücke, wenn das Fzg auf der gegenüberlieg. Fahrbahnseite herangekommen ist.

28 Berechtigter darf sich aber räumlich nur so weit von der Parklücke entfernen, wie das zum ordnungsgem. Einparken unbedingt erforderl. ist; andernfalls geht Vorrang verloren.

29 Fahrbewegungen, die notw. sind, um in eine Lücke senkrecht oder schräg zur Fahrbahnkante hineinzustoßen (z. B. bei entspr. Markierung).

30 Vorauss. liegt vor, wenn der Fahrer des bisher dort geparkten Fzg bereits abfahrbereit bei oder in seinem Fzg ist und entspr. Anstalten trifft. Wer lediglich neben einer Reihe geparkter Fzg wartet in der Hoffnung, es werde demnächst irgendeiner der besetzten Plätze freigemacht, besitzt kein Vorrecht (*Düsseldorf* NZV 92, 199 = DAR 92, 227 = VRS 82, 468 = VM 92, 52). Wartendes Fzg muss sich auch hier unmittelbar an der frei werdenden Lücke befinden, nicht auf der gegenüberlieg. Fahrbahnseite.

31 And. Fzg dürfen aber nicht „eingesperrt" werden. **Abstand** nach vorne und hinten je 1 m idR ausreichend (*Hamm* DAR 62, 303: 80 cm vorne, 50 cm hinten; *KG* DAR 66, 305: je 30 cm zu wenig). Wer neu hinzukommt, muss prüfen, ob noch genüg. Raum für bereits abgest. Fzg bleibt (*KG* aaO, also evtl. mehr Abstand, wenn dieses Fzg nicht zurückstoßen kann. Behind. durch zu geringen Abstand: § 1 Abs. 2. Wo Schrägparken für Kraftwagen zulässig ist, gilt dies auch für Motorräder oder -roller; wo Kraftwagen nur parallel zum Fahrbahnrand abzustellen sind, dürfen auch Motorräder oder -roller nicht schräg parken (*KG* NZV 92, 249 = VRS 82, 374).

32 **Abschleppen** vorschriftswidr. geparkter Fzg nach Polizeirecht der Länder (*Daumann* DAR 69, 317, *Steckert* DVBl 71, 243, *Wiethaupt* DAR 73, 264, *VG München* DAR 65, 223). Vorherige Androhung des Abschleppens oder eine bes. Anordnung ggü. Fzghalter oder Fzgf. grds. nicht erforderl. (*OVG Bremen* DAR 77, 276; *BVerwG* NJW 78, 656; *OVG Magdeburg* DAR 88, 403). Abschleppen von Behindertenparkplatz, auch wenn kein Berechtigter konkret am Parken gehindert wird (*OVG Münster* NZV 2000, 310 = DAR 2000, 447), ggf. auch ggü. einem Beh.Parkplatz (*Düsseldorf* DAR 2000, 414). Abschleppen aus Fußg.Bereichen idR zulässig, auch ohne Verk. Beeinträchtigung (*OVG Münster* VRS 63, 237; Abschleppen aus verk.ber. Bereich: *OVG Münster* VRS 94, 159), bei Blockierung einer Bordsteinabsenkung: *VG Schwerin* DAR 98, 405). Umsetzen eines auf Radweg park. Pkw ist verhältnismäßig (*VG Berlin* NZV 93, 368; *OVG Hamburg* NZV 2001, 52). Abschleppen von Gehweg vgl. *BVerwG* NZV 92, 44. Umsetzen eines rechtswidrig vor einer Grundstückszufahrt geparkten Fzg gehört als Unterbindung einer OWi (§ 12 Abs. 3 Nr. 3, § 49 Abs. 1 Nr. 12) nach Maßg. der allg. Grds. für pol. Einschreiten zu den Aufgaben der Polizei. Widerrechtl. Parken auf priv. Grundstück ist Besitzstörung; Besitzer darf das Fzg „sofort" (bis 2 – 3 Stunden nach Beginn der Störung) abschleppen lassen (*AG München*

DAR 93, 31; *OVG Saarlouis* NZV 93, 366; die Auff. von *Schünemann* DAR 97, 267, wonach priv. Abschleppen bei Besitzstörung nur innerh. von etwa 30 Min. und nur, wenn pol. Maßn. nicht zu erwirken sind, zulässig ist, erscheint als zu eng). Die Polizei kann sich bei der Anordnung des Abschleppens auf die (z. B. über Funk übermittelte) Sachverhaltsschilderung zuverlässiger Informanten (z. B. kommunale Parküberwachungskräfte) stützen, muss also nicht in jedem Falle selbst „vor Ort" sein (sog. „Münchner Modell", vgl. *VGH München* NZV 92, 47); die Informationen müssen jed., ggf. gemeinsam mit der Ortskenntnis des anordn. Pol.Beamten, ausreichen, um die erforderliche Ermessensausübung zu ermöglichen. Wird ein **Haltverbot** angeordnet, nachdem ein Kfz zunächst erlaubtermaßen geparkt wurde, so ist Abschleppen nicht unverhältnismäßig, wenn die Anordnung mit einem **Vorlauf** von 4 Tagen *BVerwG* DAR 97, 119 = NZV 97, 246 = VM 97, Nr. 34) bzw. 48 Stunden (*OVG Münster* VM 96, Nr. 88) bekannt gemacht wurde.

33 Wird eine Straße durch auf **beiden Seiten** park. Fzg **blockiert,** so ist Fahrer und Eigent. des zuerst abgestellten, ordnungsgem. geparkten Fzg ordnungsrechtl. nicht verantw. (*OVG Münster*, NZV 2001, 94).

§ 13 Einrichtungen zur Überwachung der Parkzeit

(1) An Parkuhren[1] darf nur während des Laufens der Uhr, an Parkscheinautomaten[2] nur mit einem Parkschein, der am oder im Fahrzeug von außen gut lesbar[2a] angebracht sein muss, für die Dauer der zulässigen Parkzeit gehalten werden[3]. Ist eine Parkuhr oder ein Parkscheinautomat nicht funktionsfähig, darf nur bis zur angegebenen Höchstparkdauer geparkt werden. In diesem Fall ist die Parkscheibe[3a] zu verwenden (Absatz 2 Satz 1 Nummer 2)[3aa]. Die Parkzeitregelungen können auf bestimmte Stunden oder Tage beschränkt sein[3b].

(2) Wird im Bereich eines eingeschränkten Haltverbots für eine Zone (Zeichen 290.1 und 290.2)[4] oder einer Parkraumbewirtschaftungszone (Zeichen 314.1 und 314.2) oder bei den Zeichen 314 oder 315 durch ein Zusatzzeichen die Benutzung einer Parkscheibe[5] (Bild 318) vorgeschrieben, so ist das Halten[5a] und Parken nur erlaubt

1. für die Zeit, die auf dem Zusatzzeichen angegeben ist, und,
2. soweit das Fahrzeug eine von außen gut lesbare Parkscheibe hat und wenn der Zeiger der Scheibe auf den Strich der halben Stunde eingestellt ist, die dem Zeitpunkt des Anhaltens folgt.

Sind in einem eingeschränkten Haltverbot für eine Zone oder einer Parkraumbewirtschaftungszone Parkuhren oder Parkscheinautomaten aufgestellt, gelten deren Anordnungen[5b]. Im Übrigen bleiben die Vorschriften über die Halt- und Parkverbote unberührt[6].

(3) Die in den Absätzen 1 und 2 genannten Einrichtungen zur Überwachung der Parkzeit müssen nicht betätigt werden, soweit die Entrichtung der Parkgebühren und die Überwachung der Parkzeit auch durch elektronische Einrichtungen oder Vorrichtungen, insbes. Taschenparkuhren oder Mobiltelefone, sichergestellt werden kann. Satz 1 gilt nicht, soweit eine dort genannte elektronische Einrichtung oder Vorrichtung nicht funktionsfähig ist[7].

(4) Einrichtungen[8] und Vorrichtungen[9] zur Überwachung der Parkzeit brauchen nicht betätigt zu werden[10]
1. beim Ein- oder Aussteigen sowie
2. zum Be- oder Entladen.

(5) Wer ein elektrisch betriebenes Fahrzeug im Sinne des Elektromobilitätsgesetzes oder ein Carsharingfahrzeug im Sinne des Carsharinggesetzes und der entsprechenden Länderregelungen führt, muss Einrichtungen und Vorrichtungen zur Überwachung der Parkzeit nicht betätigen, soweit dies durch bevorrechtigende Zusatzzeichen zu Zeichen 290.1, 314, 314.1 oder 315 angeordnet ist. Sind im Geltungsbereich einer Anordnung im Sinne des Satzes 1 Parkuhren oder Parkscheinautomaten aufgestellt, gelten deren Anordnungen. Im Übrigen bleiben die Vorschriften über die Halt- und Parkverbote unberührt.[11]

Erläuterungen

1 **Parkuhren** sind techn. Einrichtungen zur Kontrolle der zugelassenen Parkzeit. Form und Funktionsweise der Parkuhren sind nicht vorgeschrieben. Parkuhr muss jed. einer bestimmten Stellfläche räumlich unmittelb. zugeordnet sein. Betätigung der Parkuhr ist gebührenpflichtig; die Gebühr beträgt grds. 0,05 € pro angef. halbe Stunde; höh. Geb. nach Maßg. einer bes. Gebührenordnung der Landesregierung od. einer ermächt. Stelle zulässig (§ 6a Abs. 6 StVG). Heute liegen Gebührenintervall/-höhe und das „Ob" der Gebührenentrichtung im alleinigen Ermessen des Gebührengläubigers (meist der Kommunen). Auch die sogen. „Brötchentaste" (Gebührenfreiheit für die ersten 10 – 15 Min.) ist zulässig; § 6a Abs. 6 StVG wurde auf Initiative des Bundesrates geändert (BGBl I 2004, 74). Erneute Vorstöße zur weiteren Änderung des § 6a StVG, dieses Mal um eine Möglichkeit zu schaffen, um auf die Erhebung von Parkgebühren z. B. für umweltverträglichere Kraftfahrzeuge ganz verzichten zu können (z. B. Freistellung für Elektrofzg oder Carsharingfzg oder Kfz mit geringem Schadstoffausstoß) sind von § 6a Abs. 6 StVG nicht gedeckt. Die Parkraumbewirtschaftung dient der Erhöhung der Fluktuation, da Parkraum oftmals im Straßenraum ein knappes Gut ist. Außerdem wird die öffentliche Leistung „Bereitstellung von Parkraum" durch die Gebühr gedeckt. Umweltpolitische Fördergesichtspunkte sind damit nicht bezweckt und müssten, da nicht verkehr-

lich begründbar, außerhalb des StVG geregelt werden. Aus gutem Grund musste daher für die Möglichkeit der Parkgebührenbefreiung für Elektrofahrzeuge das EmoG geschaffen werden. Für das Carsharing ist ein entspr. Bevorrechtigungsgesetz, welches im Wesentlichen unter Umweltschutzgesichtspunkten und zur Wirtschaftsförderung ergeht, ebenfalls ergangen (im Wesentlichen in Kraft Sept. 2017, CsgG). Zum CsgG vgl. auch *Brenner* SVR 2017. Etwaige Parkgebührenbefreiungen für Carsharingunternehmen sind ggf. beihilferechtlich relevant. Die Kommunen müssen ihre entspr. Satzungsvorschriften, oder die Länder ihre VOen, die zu einer Befreiung führen, ggf. in Brüssel genehmigen lassen. Die 2004 ergangene Änderung des § 6a StVG war ein erster Schritt zur Deregulierung der Parkraumbewirtschaftung; es ist auch Änderung der VwV erfolgt (BAnz 2008 S. 1106, Begr. VkBl S. 283, Streichung der Vorgaben zur höchstzulässigen Parkdauer bei Parkscheibe, ehemalige Rn. 12; hier ist jed. bereits aus der Vorschrift selbst eine höchstzulässige Parkdauervorgabe der Parkscheibe immanent, Abs. 2 S. 1 Nr. 2 setzt durch die Einstellpflicht auf die folgende ½ Stunde der Vorgabe der Parkdauer enge Grenzen, wenn diese auf unter 30 Min. festgelegt werden soll). Vgl. zur vormals geltenden Ausnahme-VO auch *Wohlfahrth* NJW 2005, 2645. Wegen der Einführung des Euro dürfte es sich bei Parkuhren um „Auslaufmodelle“ handeln. Die Umrüstung von DM auf € dürfte oftmals zu kostspielig gewesen sein. Vgl. auch Erl. 6 zu Z 314. Wird die zul. Parkzeit an Parkuhr um mehr als eine Stunde überschritten, kann das Fzg abgeschleppt werden (*OVG Hamburg* DAR 89, 475). Parkuhren bzw. Parkscheinautomaten (zu letzt. vgl. Erl. 2) können auch für private Parkhäuser (Tiefgaragen) bußgeldbewehrt angeordnet werden (*Frankfurt* NZV 95, 408 = VM 95, 15), jed. nicht durch den Betreiber, sondern – wie alle Verkehrszeichen und -einrichtungen – nur durch die StrVerkBeh.

2 **Parkscheinautomat** ist ein Gerät, das nach Einwurf der vorgesehenen Geldmenge einen Parkschein automatisch ausgibt, auf dem die für die Kontrolle erford. Daten gut lesbar verzeichnet sind. Beschaffenheit des Geräts und seine Gestaltung sind nicht vorgeschrieben. Geltungsbereich eines Parkscheinautomaten muss durch Z 314 bzw. 315 mit Zusatzschild „nur mit Parkschein“ gekennzeichnet sein. Parkscheinautomaten kommen auf Plätzen zur Regelung des Parkens entlang der Fahrb. od. auf Seitenstreifen in Betracht; sie sollen einer Verunstaltung des Ortsbildes durch zahlr. Parkuhren vorbeugen. Weiteste Gehstrecke vom Abstellplatz zum Parkscheinautom. mögl. nicht über 100 m. Parkgebührenbefreiungen für Elektrofzg oder Carsharingfzg auf dem Parkscheinautomat selbst sind seit 2020 möglich. Vgl. Erl. 11.

2a Der genaue **Ort der Anbringung** ist nicht vorgeschrieben. Die Überwachungskräfte müssen jedenfalls in der Lage sein, die erforderl. Daten schnell und ohne Schwierigkeiten abzulesen (daher z. B. keine „nach innen“ ausgerichtete Platzierung des Parkscheins, zulässig jed. die Anbringung auf der der Fahrb. zugewandten Seite, *Naumburg* NZV 98, 168 = VM

98, Nr. 49). Ist in einer Parktasche Platz für zwei Fzge, muss dennoch für jedes Fzg ein Parkschein gezogen werden (vgl. *Koblenz* DAR 2004, 108).

3 Ohne Betätigung der Einrichtungen darf – abgesehen von Abs. 3 – nicht gehalten werden, auch nicht bis 3 Min. ohne Verlassen des Fzg (a. A. *Oldenburg* DAR 94, 77 = NZV 93, 491, allerdings gegen den klaren Wortlaut und die vom VO-Geber bewusst gewählte Systematik der Vorschrift). Nachzahlen ist innerh. der zul. Höchstparkzeit möglich (*Hamburg* VM 61, 53). Ausnutzung der Restparkzeit eines „Parkvorgängers" zulässig (so auch *Koblenz* VRS 45, 68).

3a Zur Ausgestaltung der Parkscheibe vgl. VkBl 2012, S. 502 und 2013, S. 1046 (insb. zur elektronischen Parkscheibe). Abweichungen von diesen Vorgaben sind nicht zulässig. Werbung ist allenfalls auf der Rückseite erlaubt. VT hat eigenverantwortl. Konformität der Parkscheibe mit den Vorgaben zu verantworten. Verboten ist z. B. eine „mitlaufende" Scheibe, die sich selbstständig einstellt.

3aa Gilt auch bei techn. Störungen durch Nichtannahme best. Münzsorten (*Zweibrücken* VRS 81, 471 = DAR 91, 348 = NZV 91, 362). Es besteht aber Pflicht, verschiedene zulässige Münzen zu benutzen, falls eine der gewählten nicht akzeptiert wird (vgl. *Hamm* NZV 2006, 323).

3b Die Beschränkungen können durch eine Aufschrift auf den Geräten od. durch Zusatzschild (Letzteres wenig praktikabel) zum Ausdruck gebracht werden. Der Begriff „werktags" bezieht sich dabei auch auf Samstage, sofern diese nicht auf einen allg. Feiertag fallen (*Düsseldorf* VRS 81, 132 = DAR 91, 310 = NZV 91, 402; *Hamm* VRS 2001, 468 = DAR 2001, 376). Parkgebührenbefreiungen für Elektrofzg oder Carsharingfzg auf dem Parkscheinautomat selbst sind seit 2020 ebenfalls möglich, vgl. Erl. 11; vgl. Abs. 5.

4 Die Vorschriften über das **Haltverbot für Zonen** (Z 290.1/290.2) wurden 1989 neu gestaltet (vgl. Erl. zu diesen Z bei Anl. 2). Wird nach der Neufassung das Z 290.1 mit einem Zusatzschild verwendet, das die Benutzung einer Parkscheibe vorschreibt, so verliert es die Bedeutung eines „eingeschränkten Haltverbots" (Z 286) und wird zu einer eigenständigen „Parkscheiben-Zone". Es ist dort also *jedes* Halten zulässig, nicht nur bis zu 3 Min. oder zum Be- bzw. Entladen, Ein- oder Aussteigen, sofern die vorgesehene Höchstzeit eingehalten und eine Parkscheibe vorschriftsmäßig eingestellt ist. Parkscheibenpflicht besteht auf allen öff. Verkehrsflächen innerhalb der Zone (z. B. Fahrb., Seitenstreifen, Plätze).

5 Zulässig ist nur die Parkscheibe nach Bild 318; Werbeaufschriften sind nur auf der Rückseite möglich.

5a Soweit nicht Abs. 3 eingreift, ist jedes Halten, nicht nur in der Form des Parkens, an die bes. Vorauss. gebunden (a. A. *Oldenburg* NZV 93, 491 = DAR 94, 77, jed. ohne überzeugende Begr.; vgl. auch Erl. 1).

5b Auch im **eingeschr. Haltverbot** für eine Zone können Parkuhren od. Parkscheinautomaten aufgestellt werden. Deren Anordnungen gehen dann dem Zonenverbot vor, gleich ob dieses mit od. ohne „Parkscheibenregelung“ erlassen ist. Gelten solche Einrichtungen jeweils nur zu best. Zeiten (z. B. 7 – 17 Uhr), so sollte auf der Einrichtung ein Hinweis auf das im Übrigen geltende Zonenhaltverbot angebracht sein, um einen Irrtum des FzgFührers zu vermeiden.

6 In der Zone können auch – wie sich aus den Vorschr. zu Z 290.1 ergibt – andere Anordnungen durch VZ getroffen werden, z. B. absolute Haltverbote oder mit Z 314 beschilderte Bereiche (ggf. Parkflächen für Behinderte mit außergewöhnl. Gehbehinderung) „eingelagert“ werden, nach deren Ende die Regelungen der Zone wieder gelten, ohne dass ein erneutes Z 290.1 aufgestellt werden muss. Auch die allg. Halt- und Parkverbote des § 12 sind im Bereich der Zone zu beachten.

7 Eingef. durch Änd-VO v. 28.11.2007 (BGBl I S. 2774, Begr. VkBl 2008, S. 4). Vorschrift ersetzt die bis 31.12.2007 befristete 11. AusnahmeVO, mit der die elektronischen Systeme zur Entrichtung der Parkgebühren und zur Überwachung der Parkzeit zunächst erprobt wurden (z. B. mobile Taschenparkuhr, Handy etc.). In diesem Zusammenhang wurde es versehentlich zunächst unterlassen, für die elektronische Parkscheibe eine neue Verkehrsblattverlautb. unabhängig von der 11. AusnahmeVO vorzusehen, wurde aber nachgeholt vgl. VkBl 2013, S. 1046.

8 Einrichtungen waren bislang nur Parkuhr, Parkscheinautomat, Parkscheibe; die Änderung des § 6a Abs. 6 StVG (vgl. Erl. 1) ließ die Erprobung alternativer Methoden der Parkraumbewirtschaftung zu (vgl. AusnahmeVO v. 28.1.2005, die bis zum 31.12.2007 befristet war). Vgl. auch vorherige und nachfolgende Erl.

9 Wegen der inhaltlichen Beschränkung des Begriffs „Einrichtungen“ wurde die Vorschrift mit Änd.-VO v. 28.11.2007 (BGBl I S. 2774, Begr. VkBl 2008, S. 4) ergänzt

10 Die höchstzul. Parkzeit darf aber auch in diesen Fällen nicht überschritten werden.

11 Eingef. durch Novelle v. 20.4.2020 (BGBl I S. 815), Anordnungen auf Parkscheinautomaten reichen nun aus, zusätzliche VZ nicht mehr erforderl., Vorschr. dient der Eindämmung des Schilderwaldes.

§ 14 Sorgfaltspflichten beim Ein- und Aussteigen

(1) Wer ein- oder aussteigt, muss sich so verhalten, dass eine Gefährdung anderer am Verkehr Teilnehmenden ausgeschlossen ist[1].

(2) Wer ein Fahrzeug führt, muss die nötigen Maßnahmen treffen, um Unfälle oder Verkehrsstörungen zu vermeiden, wenn das Fahrzeug

verlassen wird[2]. Kraftfahrzeuge sind auch gegen unbefugte Benutzung zu sichern[3].

Erläuterungen

1 **Höchststufe an Sorgfalt gefordert.** Ist mit dem Vorbeifahren eines and. Fzg zu rechnen, so darf die Tür eines am Fahrbahnrand abgestellten Fzg nicht geöffnet werden; allerdings muss auch der Vorbeifahrende einen solchen Abstand einhalten, dass die Tür ein wenig geöffnet werden kann (*KG* VRS 69, 99; *LG Wiesbaden* verlangt Spaltbreite bis max. 10 cm VkBl 2012, 515; ebenso *LG Düsseldorf* Urt. v. 26.10.2011, 5 O 493/09, juris). Ein- und Aussteigen durch linke Türen nicht verkehrswidrig; allerdings ist dringend zu empfehlen, bei starkem Verkehr möglichst rechts auszusteigen. Wagentüren sind nach Umschau vorsichtig zu öffnen, mit plötzlichem Öffnen um 50 cm braucht niemand zu rechnen (*BGH* VRS 19, 404). Ob Blick in Rück- oder Außenspiegel genügt, hängt von gegeb. Situation ab. Jedenfalls darf Wagentür auch nicht geringfügig geöffnet werden, um rückwärtige Verk.lage zu erkunden (*Düsseldorf* DAR 76, 215); es ist dem Kraftf. zuzumuten, etwas längere Zeit den Rückspiegel zu beobachten, damit er sicher sein kann, dass sich kein Fzg im toten Winkel befindet (*BGH* VRS 61, 26). Allerdings darf fließ. Verk. darauf nicht vertrauen, sondern idR nur darauf, dass Tür nicht plötzlich mit einem Ruck weit geöffnet wird (*BGH* aaO). Gleiche Sorgfaltspflicht erfordert Öffnen der rechten Tür, wenn Radfahrweg vorhanden. Kommt Radf. von hinten heran, so darf Tür nicht geöffnet werden, bevor er vorbeigefahren ist (*BGH* DAR 71, 221). Vorschrift gilt auch für Fahrgäste (*Hamm* NZV 2000, 126). Aus- und Einsteigevorgang sind erst abgeschlossen, wenn Tür wieder geschlossen ist. Nach *BGH* (NJW 09, 3791) ist der Aussteigevorgang erst beim Verlassen der Fahrb. abgeschlossen.

2 **Beispiele:** Anziehen der Handbremse, Einlegen eines Ganges, entspr. Stellung der gesteuerten Räder. Je nach Gefälle genügt Anziehen der Handbremse nicht, Einlegen des Rückwärtsgangs und Unterlegen von Gegenständen unter die Räder kann notw. sein.

3 **Unbefugte Benutzung.** Wer Fzg nicht entspr. sichert (§ 38a StVZO), kann u.U. bei unbefugter Benutzung schadenersatzpflichtig und strafrechtlich mitverantwortlich gemacht werden. Vorgeschrieb. Sicherungseinrichtungen sind zu betätigen, ebenso sind Türen und Fenster zu schließen. Keine Bedenken, wenn Fenster einen Spalt geöffnet bleiben (VwV-StVO). Auch bei off. Verdeck sind Türen zu verschließen. Auf privaten Abstellplätzen, in Garagen, Parkhäusern und dergl. hängen Maßnahmen von gegeb. Situation ab (*Oldenburg* DAR 66, 138). In priv. Tiefgaragen ohne abschließb. Einzelboxen oder auf priv. Hoffläche ohne abschließb. Tor ist volle Sicherung notw. Keine Absperrmaßnahmen sind nötig, wenn Fahrer oder eine and. Person, die ermächtigt, willens u. in der Lage ist, eine unbefugte Benutzung des Fzg zu verhindern, jederzeit eingreifen kann (VwV-StVO hins. d.

Fahrers). Diese Vorauss. ist idR nicht mehr gegeben, wenn Fahrer usw. sich in ein Gebäude begibt.

§ 15 Liegenbleiben von Fahrzeugen

Bleibt ein mehrspuriges Fahrzeug an einer Stelle liegen, an der es nicht rechtzeitig als stehendes Hindernis erkannt werden kann, so ist sofort Warnblinklicht einzuschalten[1]. Danach ist mindestens ein auffällig warnendes Zeichen gut sichtbar in ausreichender Entfernung aufzustellen, und zwar bei schnellem Verkehr in etwa 100 m Entfernung; vorgeschriebene Sicherungsmittel, wie Warndreiecke, sind zu verwenden[2]. Darüber hinaus gelten die Vorschriften über die Beleuchtung haltender Fahrzeuge.

Erläuterungen

1 § 15 verlangt zeitnahes Handeln (*BGH* MDR 2010, 1378). **Warnblinkanlage** nach § 53a Abs. 4 StVZO für alle mehrspurigen Fzg vorgeschrieben, die über Fahrtrichtungsanzeiger verfügen müssen (das sind praktisch alle Kfz und ihre Anhänger, vgl. § 54 StVZO). Bestimmung gilt grds. inner- u. außerorts. Im Allg. muss innerorts mit abgest. Kfz gerechnet werden (*Hamm* VM 63, 96). Bes. Sicherung für liegen gebliebene (stets unfreiwillig veranlasst, wegen technischen Defekts, Unfall, leerem Tank etc., wenn das Fzg aus eigener Kraft nicht mehr fort- oder aus dem Verkehrsbereich wegbewegt werden kann – *Celle* SVR 2008, 304) Fzge, die sich voll auf dem Seitenstreifen einer AB befinden und nicht in die Fahrb. hineinragen, ist idR nicht nötig (so auch *Hamm* VRS 47, 65, das aber in Einzelfällen je nach den Sicht- und Verkehrsverhältnissen eine Sich.pflicht für möglich hält; vgl. auch *Düsseldorf* VRS 58, 281). Entscheidend sind nach *BGH* (aaO) u.a. Beschaffenheit der Straße, Standort des Fzg sowie Licht- und Sichtverhältnisse; bei Seitenstreifen auf AB sind Breite des Seitenstreifens, welcher Zwischenraum zw. linker Seite des Fzg und dem rechten Rand des rechten Fahrstreifens bleibt, welche Lichtverh. herrschen, aus welcher Entfernung das stehende Fzg für andere VT zu erkennen ist sowie ob dadurch andere VT irritiert werden können.

2 Für Pkw, land- und forstw. Zugmasch., Arbeitsmasch. u. a. Kfz bis 3,5 t: **1 Warndreieck;** über 3,5 t: **1 Warndreieck + 1 Warnleuchte** (§ 53a Abs. 2 StVZO). Beleuchtung haltender Fzg § 17 Abs. 4.

§ 15a Abschleppen von Fahrzeugen

(1) Beim Abschleppen[1] eines auf der Autobahn liegen gebliebenen Fahrzeugs ist die Autobahn (Zeichen 330.1) bei der nächsten Ausfahrt zu verlassen.

(2) Beim Abschleppen eines außerhalb der Autobahn liegen gebliebenen Fahrzeugs darf nicht in die Autobahn (Zeichen 330.1) eingefahren werden.

(3) Während des Abschleppens haben beide Fahrzeuge Warnblinklicht einzuschalten[2].

(4) Krafträder dürfen nicht abgeschleppt werden[3].

Erläuterungen

1 Die Vorschrift regelt nicht die Frage, in welchen Fällen Abschleppen überhaupt zulässig ist. Letzteres ist nach § 6 Abs. 1 Satz 3 FeV (ggf. iVm § 33 StVZO für den zu unterscheidenden Fall des Schleppens) zu beurteilen (Abschleppen = Notbehelfsgedanke; nur bei **betriebsunfähigen Kfz,** d. h. wegen techn. Mängel oder bei verunfalltem Fzg aus Gründen der Verk.Si. nicht mehr in Betrieb zu setzende Fzg; nicht, wenn Kfz abgemeldet oder gewollt fahruntüchtig gemacht wurde). Abschleppen nur zu einem mögl. nahe gelegenen Bestimmungsort, nicht über weite Strecken; vgl. insbes. *BGH* VRS 37, 466, VD 69, 327. § 15a gilt für alle Abschleppvorgänge (Abschleppunternehmer, zugel. PannenhilfsFzge, priv. Kfz). Für Unternehmer können erforderlichenfalls Ausn.Gen. erteilt werden, wenn Benutzung einer best. AB-Strecke zweckmäßig ist. Länder haben für das Abschleppen von Pkw und größeren Fzgen (Lkw, Busse) Erlasse herausgegeben, in denen die Parameter festgelegt sind zur Erteilung von Dauerausnahmegenehmigungen. Darin u.a. enthalten: Genehmigungsstrecke idR max. 100 km, bei Pkw wegen größerer Werkstattdichte idR nicht über 50 km, wobei die gesamte Strecke (AB und nachgeordnetes Netz) zu berücksichtigen ist. Vorschr. gilt nicht für Kraftfahrstraßen. Ausnahmegenehmigungen sind abzulehnen für nicht gewerbsmäßige Abschleppvorgänge und für das Abschleppen von Krafträdern (für diese auch kein Einfahren auf die AB).

2 Sowohl das ziehende als auch das abgeschl. Fzg muss **Warnblinklicht** einschalten. Soweit AbschleppFzg mit gelbem Blinklicht ausgerüstet sind, bleibt ihre Berechtigung, nach § 38 Abs. 3 dieses Blinklicht zu verwenden, unberührt. Wird ein Unfallfzg abgeschleppt, dessen Zustand ein sicheres Abschleppen noch ermöglicht, bei dem jed. das Warnblinklicht nicht funktioniert, so soll dadurch nach der Zweckbest. des § 15a das Abschleppen nicht ausgeschlossen werden. Muss der Fahrtrichtungsanzeiger betätigt werden, so haben die Fzgf. – da es sich um gleichrangige Vorschr. handelt – unter Beachtung des § 1 zu entscheiden, ob sie für kurze Zeit das Warnblinklicht abschalten oder ob sie den betreff. Fahrvorgang, z.B. Abbiegen, auf and. geeignete Weise anzeigen (z.B. Handzeichen).

3 Betrifft Krafträder jeder Art (z.B. Mofas, Mopeds, Leichtkrafträder, schwere Motorräder, Motorroller), auch mit Beiwagen. Gilt für Straßen jeder Art, innerorts wie außerorts. Vorschrift bezieht sich nur auf das Abschleppen

betriebsunf. Krafträder (das Schleppen betriebsfäh. Krafträder ist nach § 33 Abs. 1 StVZO verboten). Betriebsunf. Krafträder dürfen also nur geschoben oder als Ladung auf einem and. Fzg befördert werden.

§ 16 Warnzeichen[1]

(1) Schall- und Leuchtzeichen darf[2] nur geben

1. wer außerhalb geschlossener Ortschaften überholt (§ 5 Absatz 5)[3] oder
2. wer sich oder Andere[4] gefährdet sieht[5].

(2) Wer einen Omnibus des Linienverkehrs[6] [6a] oder einen gekennzeichneten Schulbus[7] führt, muss Warnblinklicht einschalten, wenn er sich einer Haltestelle[7a] nähert[7b] und solange Fahrgäste ein- oder aussteigen[7c], soweit die für den Straßenverkehr nach Landesrecht zuständige Behörde (Straßenverkehrsbehörde)[7d] für bestimmte Haltestellen ein solches Verhalten angeordnet[7e] hat. Im Übrigen darf außer beim Liegenbleiben (§ 15) und beim Abschleppen von Fahrzeugen (§ 15a) Warnblinklicht nur einschalten, wer Andere durch sein Fahrzeug gefährdet[8] oder Andere vor Gefahren warnen will, zum Beispiel bei Annäherung an einen Stau oder bei besonders langsamer Fahrgeschwindigkeit auf Autobahnen und anderen schnell befahrenen Straßen[9].

(3) Schallzeichen dürfen nicht aus einer Folge verschieden hoher Töne bestehen[10].

(4) Keine Schallzeichen im Sinne der Absätze 1 und 3 sind akustische Fahrzeugwarnsysteme im Sinne der Artikel 3 Satz 2 Nummer 22, Artikel 8 und Anhang VIII der Verordnung (EU) Nr. 540/2014 des Europäischen Parlaments und des Rates vom 16. April 2014 über den Geräuschpegel von Kraftfahrzeugen und von Austauschschalldämpferanlagen sowie zur Änderung der Richtlinie 2007/46/EG und zur Aufhebung der Richtlinie 70/157/EWG (ABl. L 158 vom 27.5.2014, S. 131) in der jeweils geltenden Fassung[11].

Erläuterungen

1 **Warnzeichen** müssen immer die **Ausnahme** sein, denn sie bedeuten eine Störung. Je „besser", d. h. je angepasster an die Verkehrslage ein Kraftf. fährt, desto weniger benötigt er die Hupe. Vgl. zum unnötigen Hupen auch § 30 Abs. 1 Satz 1 StVO.

2 Die Vorschr. begründet keine **Verpflichtung** zur Abgabe von Warnzeichen. Eine solche Verpfl. kann sich jed. aus § 1 Abs. 2 ergeben (*Köln* VRS 81, 418), z.B. für Führer bes. langsamer Fzg (*Düsseldorf* NZV 2000, 164).

3 Vgl. Erl. 12a zu § 5.

4 Der „Andere“ kann auch durch einen Dritten gefährdet sein (z.B. durch Falschfahrer auf AB). Anderer bedeutet aber auch, dass eine Gefahr für Sachgüter nicht ausreicht.

5 Innerhalb wie außerhalb geschl. Ortschaft sind hier **Schall- und Leuchtzeichen** zulässig. Nach der klaren Fassung der Vorschr. ist es unzulässig, Warnzeichen zu geben, um z.B. einem and. VT den Vorrang einzuräumen. Die vielfachen Verstöße führen zu Missverständnissen und Gefahren. Deshalb muss z.B. ein Kraftf. damit rechnen, dass Fußg. sein **Leuchtz.** missdeutet, wenn er nicht eindeutig gefährdet und die Absicht der Warnung für ihn nicht offensichtl. ist (*BGH* DAR 77, 157 = VRS 52, 405). Jedenfalls darf ein Lichthupenzeichen nur dann als Verzicht auf einen Vorrang gedeutet werden, wenn das an sich bevorrechtigte Fzg „deutlich anhält“ (*Koblenz* NZV 91, 428; NZV 93, 273). Linksabbieger darf aus Lichthupensignal eines entgegen komm. Fzg auch dann nicht auf Vorrangverzicht schließen, wenn der Bevorrechtigte Geschw. herabsetzt (*Hamm* NZV 2000, 415).

6 Seit 1995 ist eine langwährende Diskussion über mehr Sicherheit an Bushaltestellen, insbes. auch für Schulbusse, beendet (vgl. dazu Begr. VkBl 95, 531 und *Bouska* DAR 95, 397).

6a Vgl. § 42 PBefG, §§ 32 ff. BOKraft. Auf Grund der Kennzeichnung (§ 33 BOKraft) ist die Eigenschaft als Linienbus für and. VT erkennbar. Nach dem Sinn und Zweck des § 16 werden die sog. Sonderformen des Linienverkehrs (§ 43 PBefG) grds. nicht erfasst (fehlen fester und ausgeschilderter Haltestellen, keine bes. Kennzeichnung, § 36 BOKraft). Schulbusfahrten (Schulbusse, § 43 Satz 1 Nr. 2 PBefG) sind in § 16 Abs. 2 ausdrücklich genannt.

7 Vgl. § 33 Abs. 4 BOKraft. Für kleine Fzge (6 Plätze einschl. Fahrer) gilt zwar die Kennzeichnungspflicht nicht (§ 33 Abs. 5 BOKraft). Auch solche Fzge können jed. mit einem „Schulbus-Schild“ (Anlage 4 BOKraft) gekennzeichnet werden und sind dann von § 16 Abs. 2 erfasst.

7a Obwohl § 16 Abs. 2 Satz 1 den Begriff „Haltestelle“ ohne den Zusatz „gekennzeichnet“ verwendet, ergibt sich doch aus dem Zusammenhang zw. § 16 und § 20, dass es sich stets um Haltestellen handeln muss, die für den Kraftf. auf Grund eines Z 224 als Haltestelle erkennbar sind. Festlegung der Haltestellen durch die StrVerkBeh (§ 45 Abs. 3). Bloße Haltepunkte von Schulbussen ohne Z 224 (mit Zusatzschild), die auch nicht auf eine Haltestelle von Linienbussen gelegt sind, werden durch § 16 nicht erfasst, müssen also ggf. künftig beschildert werden.

7b Die konkr. **Entfernung vor einer Haltestelle,** bei der das Warnblinklicht einzuschalten ist, wird in § 16 nicht festgelegt. Festlegung durch die StrVerkBeh bei der Anordnung an den Betreiber der Linie (mögl. landes- bzw. bundeseinheitlich). Keine exakte Meterangabe, weil dies für den Busfahrer nicht zumutbar wäre. Vorgabe sollte deshalb nur überschlägig erfolgen und zwar innerorts „etwa 50 m", außerorts „etwa 150 m".

7c Fahrer **darf Warnblinklicht erst ausschalten,** wenn alle Fahrgäste den Bus verlassen haben und auch keine Fahrgäste mehr im Begriff sind, in den Bus einzusteigen. Darüber hinaus **sollte** der Fahrer das Warnblinklicht nach § 16 Abs. 2 Satz 2 aber **noch eingeschaltet lassen,** bis diejenigen Fahrgäste, insbes. Schulkinder, die erkennbar auf die and. Fahrbahnseite gelangen wollen, die Fahrb. überquert haben bzw. erkennbar zum Einsteigen „Heraneilende" die Fahrb. zum Bus hin überquert haben.

7d Der Begriff der StrVerkBeh wurde in der StVO mit ihrem Neuerlass vollständig aufgegeben. Hintergrund: Seit der Föderalismusreform dürfen infolge einer Änderung des GG Kommunen nicht mehr durch Bundesgesetze mit Aufgaben belastet werden (zwischen Bund und Ländern besteht kein sog. Konnexitätsprinzip). Wer StrVerkBeh ist, richtet sich also allein nach landesrechtl. Vorschriften.

7e Regelung gilt **nur an Haltestellen,** für die die zust. StrVerkBeh das entspr. Verhalten **angeordnet** hat, dann aber auch für Haltebuchten. Kriterien für die Anordnung sind z.B. die bekannte Unfallgefährdung des Haltstellenbereichs, die Lage der Haltestelle in unmittelbarer Nähe einer Schule od. eines Altenheimes; Krit. für Verzicht auf Anordnung ist insbes. Vorhandensein and. gesicherter Überquerungshilfen, z.B. Ampeln od. Überführungen. Eine auf alle Haltestellen im Bereich einer StrVerkBeh bezogene Anordnung ist zwar nicht ausgeschlossen, sollte jed. nur gewählt werden, wenn die Voraussetzungen für alle Haltestellen zutreffen; sonst nur als Übergangslösung bis zur Einzeluntersuchung der Haltestellen vertretbar. Anordnung ergeht als **Verwaltungsakt** gegenüber dem Betreiber der Omnibuslinie bzw. des Schulbusverkehrs; sie muss die Verpflichtung des Betreibers enthalten, alle Fahrer entspr. zu unterrichten und ihnen die betreff. Haltestellen zu verdeutlichen (z.B. Markierung im „Fahrplan" des Fahrers). Eine bes. **zusätzl. Kennzeichnung** der Haltestelle selbst (z.B. durch Zusatzschild od. Markierung) sieht die Vorschr. nicht vor. Es steht der StrVerkBeh jed. frei, eine solche Kennzeichnung anzuordnen (z.B. durch best. Folie am Mast des Haltestellenschildes); ergibt sich, dass eine solche Kennzeichnung verbreitet als notw. erachtet wird, sollte eine bundeseinheitl. Form festgelegt werden.

8 Bloße **Behinderung** oder bloßes Aufmerksammachen reichen nicht aus (*BGH* NZV 2007, 451), z.B. bei unzul. Halten in zweiter Reihe (Erl. 12 zu § 12).

9 Der letzte Halbsatz nennt beispielhaft einige wichtige Fälle, in denen Warnblinklicht eingeschaltet werden darf. Damit sollen diese – schon bisher zulässigen – Fälle klargestellt und hervorgehoben werden. Eine Verpflichtung zum Einschalten des Warnblinklichts wird dadurch nicht begründet, denn damit wäre der Fahrer bei plötzl. auftret. Stau manchmal

überfordert. Im Einzelfall kann sich bei extremen „Langsamfahrten" auf Schnellstraßen eine Verpfl. aus § 1 Abs. 2 ergeben (vgl. *Frankfurt* VRS 69, 58; *Düsseldorf* NZV 2000, 164). „Bes. langs. Fahrgeschw." iSd neuen Vorschr. ist auf den genannten Straßen jedenfalls eine Geschw. von weniger als 50 km/h. „Andere schnell befahrene Straßen" sind primär Straßen, auf denen die Richtgeschw. von 130 km/h gilt, idR aber nicht „normale" Außerortsstraßen iSd § 3 Abs. 3 Nr. 2.

10 Verboten ist also eine Hupe mit „Ta-tü-ta-ta" oder melodieartigen Tönen.

11 Eingef. durch VO v. 20.4.2020 (BGBl I S. 815). Gemeint sind akustische Fzg-Warnsysteme für Hybridelektro- und reine Elektrofzg mit Blick auf die Wahrnehmbarkeit durch im Sehvermögen behinderte Menschen (deren Motorleistung und Fahrgeräusch ist so leise, dass es nicht wahrnehmbar ist). Dynamische Verweise für techn. Anforderungen nicht unüblich und für diesen Ausnahme-Tatbestand nicht bedenklich.

§ 17 Beleuchtung

(1) Während der Dämmerung[1], bei Dunkelheit oder wenn die Sichtverhältnisse es sonst erfordern, sind die vorgeschriebenen[2] Beleuchtungseinrichtungen zu benutzen[2a]. Die Beleuchtungseinrichtungen[2b] dürfen nicht verdeckt oder verschmutzt sein.

(2) Mit Begrenzungsleuchten (Standlicht) allein darf nicht gefahren werden[3]. Auf Straßen mit durchgehender, ausreichender Beleuchtung darf auch nicht mit Fernlicht gefahren werden. Es ist rechtzeitig abzublenden, wenn ein Fahrzeug entgegenkommt oder mit geringem Abstand vorausfährt[4] oder wenn es sonst die Sicherheit des Verkehrs auf oder neben der Straße erfordert. Wenn nötig ist entsprechend langsamer zu fahren.

(2a) Wer ein Kraftrad führt, muss auch am Tag mit Abblendlicht oder eingeschalteten Tagfahrleuchten fahren[4a 4b]. Während der Dämmerung, bei Dunkelheit oder wenn die Sichtverhältnisse es sonst erfordern, ist Abblendlicht einzuschalten.

(3) Behindert Nebel, Schneefall oder Regen die Sicht erheblich[5], dann ist auch am Tage mit Abblendlicht[6] zu fahren. Nur bei solcher Witterung dürfen Nebelscheinwerfer eingeschaltet sein[7]. Bei zwei Nebelscheinwerfern genügt statt des Abblendlichts die zusätzliche Benutzung der Begrenzungsleuchten. An Krafträdern ohne Beiwagen braucht nur der Nebelscheinwerfer benutzt zu werden. Nebelschlussleuchten dürfen nur dann benutzt werden, wenn durch Nebel die Sichtweite weniger als 50 m beträgt[8].

(4) Haltende Fahrzeuge sind außerhalb geschlossener Ortschaften mit eigener Lichtquelle[9] zu beleuchten. Innerhalb geschlossener Ortschaften genügt es, nur die der Fahrbahn zugewandte Fahrzeugseite durch Parkleuchten oder auf andere zugelassene Weise kenntlich zu machen; eigene Beleuchtung ist entbehrlich, wenn die Straßenbeleuchtung das Fahrzeug auf ausreichende Entfernung deutlich sichtbar macht[10]. Auf der Fahrbahn haltende Fahrzeuge, ausgenommen Personenkraftwagen, mit einer zulässigen Gesamtmasse von mehr als 3,5 t und Anhänger sind innerhalb geschlossener Ortschaften stets mit eigener Lichtquelle zu beleuchten oder durch andere zugelassene lichttechnische Einrichtungen kenntlich zu machen[11]. Fahrzeuge, die ohne Schwierigkeiten von der Fahrbahn entfernt werden können, wie Krafträder, Fahrräder mit Hilfsmotor, Fahrräder, Krankenfahrstühle, einachsige Zugmaschinen, einachsige Anhänger, Handfahrzeuge oder unbespannte Fuhrwerke dürfen bei Dunkelheit dort nicht unbeleuchtet stehen gelassen werden.

(4a) Soweit bei Militärfahrzeugen von den allgemeinen Beleuchtungsvorschriften abgewichen wird[12], sind gelb-rote retroreflektierende Warntafeln[13] oder gleichwertige Absicherungsmittel[14] zu verwenden. Im Übrigen können sie an diesen Fahrzeugen zusätzlich verwendet werden[15].

(5) Wer zu Fuß geht und einachsige Zug- oder Arbeitsmaschinen an Holmen oder Handfahrzeuge mitführt, hat mindestens eine nach vorn und hinten gut sichtbare, nicht blendende Leuchte mit weißem Licht auf der linken Seite anzubringen oder zu tragen.

(6) Suchscheinwerfer dürfen nur kurz und nicht zum Beleuchten der Fahrbahn benutzt werden.

Erläuterungen

1 **Dämmerung** liegt zw. Tageslicht und Dunkelheit. Naturwiss. Abgrenzung schwierig. Subj. Betrachtung gerechtfertigt: Dämm. herrscht, wenn zur Abend- oder Morgenzeit nach Auff. eines durchschn. erfahrenen, verantwort.bewussten Kraftf. zwar eine Beleuchtung noch nicht oder nicht mehr erforderlich ist, um selbst zu sehen, jed. um gesehen zu werden. Das ist idR der Fall, wenn die and. Fzg häufig oder überwieg. bereits mit Licht fahren (vgl. auch den Versuch einer Begriffsbestimmung durch *KG* DAR 75, 77: Sonnenuntergang = frühester Zeitpunkt der Abenddämmerung, nach Sonnenaufgang = Dämmerung begriffl. ausgeschlossen). Bel.Pflicht, wenn Fzg nicht auf eine Strecke deutlich erkennbar ist, deren Hindernisfreiheit ein Entgegenkommender vor einem Überholen feststellen muss (*Hamm* VRS 28, 303).

2 §§ 49a ff. StVZO. Vgl. auch Erl. 7 u. 8. Zu lichttechnischen Einrichtungen an Fahrrädern vgl. § 67 StVZO und an Fahrradanhängern § 67a StVZO.

2a Fahren mit Abblendlicht bei „hellem Tageslicht“ grds. u.a. aus Gründen des Umweltschutzes nicht wünschenswert (keine Vergleichbarkeit mit Lichtverh. z.B. in den nordeurop. Staaten, Energieverschwendung), jed. nicht verboten. Fzg sind zunehmend mit sog. Tagfahrleuchten ausgestattet, was zu einer wesentl. Verb. der Sichtbark. der Fzg beiträgt und Motorradfahrer weiterhin in ihrer Auffälligkeit nicht mindert; diese müssen tagsüber stets mit Abblendlicht fahren (vgl. Erl. 4b).

2b Bezieht sich auf die vorgeschrieb. Einrichtungen (vgl. auch § 23 Abs. 1 Satz 4).

3 Bezieht sich nur auf Zeiten, in denen nach Abs. 1 Beleuchtungspflicht besteht; im Übrigen unschädlich, nicht verboten, aber sinnlos.

4 Hat Überholer einen größ. Abstand gewonnen und kann der Überholte Fahrb. nur mit Fernlicht ausreich. beleuchten, so muss Überholer noch vorhand. Blendwirkung von rückwärts in Kauf nehmen (*Saarbrücken* VRS 42, 37). Exakte Angabe der Entfernung, bei der das folg. Fzg wieder aufblenden darf, ist schwierig; abgeblendet muss auf jeden Fall gefahren werden, wenn Abblendlicht noch ausreicht, um Zwischenraum auszuleuchten.

4a Die Vorschrift soll der Gefahr entgegenwirken, die darin besteht, dass die Umrisse eines Kraftrads mit Fahrer keine auffällige Silhouette bilden, so dass solche Fzg oft übersehen werden. Gilt für Krafträder jeder Art, auch für Fahrräder mit Hilfsmotor (einschl. Mofas), aber nicht für Leichtmofas, da diese nur über eine Fahrradbeleuchtung verfügen. Mit Fernlicht dürfen entspr. ausgerüstete Krafträder gefahren werden, wenn dies nach den allg. Vorschriften (§ 17 Abs. 2) zulässig ist. Bei Fahren ohne Licht spricht Anscheinsbeweis für Verschulden bei Unfall (vgl. *BGH* NJW 2005, 1351 m. w. N.).

4b Seit dem Neuerlass 2013 der StVO dürfen Krafträder der Kategorie L 3 (Verbrennungsmotor mit mehr als 50 ccm Hubraum, oder die unabhängig vom Antrieb schneller als 45 km/h fahren) ebenfalls mit Tagfahrleuchten ausgerüstet sein. Diese dürfen nun auch benutzt werden als Alternative zum Abblendlicht, wenn die Voraussetzungen des § 17 Abs. 1 nicht vorliegen, was ausdrücklich im letzten Satz klargestellt ist.

5 **Außerorts** bei deutl. Sicht von weniger als etwa 150 m bei Schnellverkehrsstraßen (im Ergebnis wohl *Karlsruhe* VRS 28, 237; *Celle* DAR 82, 28), von weniger als 100 – 120 m bei sonst. Straßen (*Schleswig* VM 62, 52; *Celle* VRS 31, 387; *Karlsruhe* aaO; *Düsseldorf* DAR 57, 166; *Koblenz* VRS 64, 305). **Innerorts** genügt entspr. zul. Höchstgeschw. geringere Sicht, 60 – 70 m (*Celle* aaO: 70 m).

6 Standlicht hier völlig unbrauchbar und verboten. Fernlicht nicht verboten, aber idR unzweckmäßig (*BayObLG* VRS 27, 389 = VM 64, 50); manchmal

sinnvoll, z.B. bei Dunkelheit in Grenzfällen zw. leichtem u. dichterem Nebel (VD 65, 106). Die Benutzung des Abblendlichts bei hellem Tage ist nicht verboten, jed. energieverschwendend.

7 Hört Sichtbeh. wieder auf, so müssen die Nebelscheinwerfer unverzügl. ausgeschaltet werden, jed. nicht, wenn zw. mehreren Nebelfeldern nur freie Abschnitte von nicht mehr als etwa 1 km liegen. Eine Verpflichtung zum Einschalten der Nebelscheinwerfer besteht nicht, weil solche Scheinwerfer zwar zulässig, aber nicht vorgeschrieben sind (vgl. Erl. 2 und § 52 Abs. 1 StVZO).

8 Gilt innerorts und außerorts. Da Nebelschlussleuchten blenden können, muss die Beschränkung genau eingehalten werden. Bei kleinen Lücken zwischen Nebelfeldern darf die Leuchte jed. eingeschaltet bleiben. Soweit Nebelschlussleuchten nach § 53d Abs. 2, § 72 Abs. 2 StVZO vorgeschrieben sind (mehrspurige Kfz mit bauartbest. Höchstgeschw. über 60 km/h und ihre Anhänger, soweit ab 1.1.1991 erstmals in den Verkehr gekommen), müssen sie nach Abs. 1 auch eingeschaltet werden; die Sichtverhältnisse erfordern dies (Abs. 1 Satz 1), wenn die Sichtweite weniger als 50 m beträgt. Soweit ältere Fzg freiwillig mit Nebelschlussleuchten ausgerüstet sind, ergibt sich im Hinblick auf die allg. bekannten bes. Gefahren bei Nebel, insbes. auf Autobahnen, eine entspr. Verpflichtung aus § 1 Abs. 2.

9 Es sind die Begrenzungsleuchten (§ 51 Abs. 1 StVZO) und die Schlussleuchten (§ 53 Abs. 1 StVZO) einzuschalten. Das ergibt sich aus der Begriffsbestimmung in Abs. 2 Satz 1 („Standlicht") und aus der Einschränkung für den innerörtl. Bereich (Satz 2). Abblendlicht kann nach den Umständen im Einzelfall erlaubt oder sogar notw. sein. Bei allein abgestellten Anhängern ohne eig. Stromquelle mind. eine Sturmlaterne (vgl. *Hamburg* DAR 67, 196); §§ 49a, 66a StVZO. Wo solche Sicherung im Einzelfall nicht ausreicht, um selbst vorsichtig fahrenden Kraftf. vor unvermuteten Gefahren zu schützen, bedeutet die Vorschrift im Ergebnis ein Abstellverbot für die Fahrb.

10 Sätze 1 u. 2 betreffen grds. nur Fzge, die auf der Fahrb. oder u.U. bei Anordnung Z 223.1 auf dem Seitenstreifen (ausgen. Parkbuchten) halten, weil dort fließ. Verk. stattfindet (§ 2). Grds. keine Bel. also auf Parkplätzen, auch Parkbuchten (die gegenteil. Auff. von *Stuttgart* VRS 44, 369 ist zu streng und aus Gründen der Verkehrssicherheit nicht erforderlich. Denn auf einem Parkplatz – der nicht gerade die Form einer „Straße" hat – muss jeder Kraftf. mit abgestellten Fzg rechnen, die er bei entspr. Geschw. und Abblendlicht gut erkennen kann. Vgl. zum Gesamtproblem *Bouska* VD 73, 311). Ausn.: Parkplatz auf AB, die die Form eines abzweig. und wieder einmünd. Weges haben (*BayObLG* VkBl 61, 130); allerdings BelPflicht auch hier nur für die Flächen, die für fließ. Verk. in Betracht kommen, also nicht für „Standflächen" abseits des Weges. Eine „andere zugelassene Weise" ist die Parkwarntafel (Z 630).

11 Vorschrift hat nur für den innerörtl. Bereich Bedeutung, weil außerorts nach Satz 1 bereits strengere Regelung gilt (für Fzge aller Art, vgl. Erl. 10). Zu beleuchten ist bei Lkw und Zügen sowie bei KOM grds. mit Standlicht und Schlussleuchten. Hinsichtl. der Verwendung von Parkleuchten besteht eine Diskrepanz zw. § 51c StVZO (Parkleuchten an allen Kfz, Anh. oder Zügen zulässig) und Nr. 4.12.1 der EG-RiLi 76/756/EWG (nur zul. an Kfz bis 6 m Länge und 2 m Breite). Bis zu einer notw. Angleichung dürfen an den gen. Fzg Parkleuchten verwendet werden, wenn diese in der Betriebserlaubnis – die ggf. ergänzt werden kann – enthalten sind, sonst dürfen als „andere zugel. lichttechn. Einrichtungen" nur Parkwarntafeln (Z 630) verwendet werden.

12 Z.B. die Bundeswehr nach § 35 Abs. 1, die Truppen der NATO-Vertragsstaaten nach § 35 Abs. 5. Betrifft auch Fahrten im Rahmen von Manövern. Diese Verbände können in bes. Fällen auch von § 17 Abs. 4a abweichen, wobei allerdings die Frage, ob dies „dringend geboten" ist, idR zu verneinen ist. Jedenfalls müssten in einem solchen Fall nach § 35 Abs. 8 ausreich. and. Sicherheitsmaßn. getroffen werden. Vorschrift gilt im fließ. und im ruh. Verkehr.

13 Größe, Ausgestaltung und Anbringung der Tafeln sind nicht vorgeschrieben, sondern von den Verbänden in eig. Verantw. zu entscheiden. Ausreich. Sicherungswirkung muss jed. gewährleistet sein. Als Anhaltspunkt kann Z 630 iVm § 51c StVZO gelten.

14 Z.B. Parkwarntafeln nach Z 630.

15 Die Sicherungsmittel können sowohl während der Fahrt als auch für haltende bzw. parkende Militärfzg verwendet werden. Solange die allg. Beleuchtungsvorschriften voll beachtet werden, besteht hier aber keine Verpflichtung.

§ 18 Autobahnen und Kraftfahrstraßen[1]

(1) Autobahnen (Zeichen 330.1) und Kraftfahrstraßen (Zeichen 331.1) dürfen nur mit Kraftfahrzeugen benutzt werden, deren durch die Bauart bestimmte Höchstgeschwindigkeit mehr als 60 km/h beträgt; werden Anhänger mitgeführt, gilt das Gleiche auch für diese. Fahrzeug und Ladung dürfen zusammen nicht höher als 4 m und nicht breiter als 2,55 m sein[2]. Kühlfahrzeuge dürfen nicht breiter als 2,60 m sein[2a].

(2) Auf Autobahnen darf nur an gekennzeichneten Anschlussstellen (Zeichen 330.1) eingefahren werden, auf Kraftfahrstraßen nur an Kreuzungen oder Einmündungen[2b].

(3) Der Verkehr auf der durchgehenden Fahrbahn hat die Vorfahrt[3].

(4) (aufgehoben)

(5) Auf Autobahnen darf innerhalb geschlossener Ortschaften schneller als 50 km/h gefahren werden. Auf ihnen sowie außerhalb geschlossener Ortschaften auf Kraftfahrstraßen mit Fahrbahnen für eine Richtung, die durch Mittelstreifen oder sonstige bauliche Einrichtungen getrennt sind[4], beträgt die zulässige Höchstgeschwindigkeit auch unter günstigsten Umständen[5]

1. für
   a) Kraftfahrzeuge[5a] mit einer zulässigen Gesamtmasse von mehr als 3,5 t, ausgenommen Personenkraftwagen[5b],
   b) Personenkraftwagen mit Anhänger, Lastkraftwagen mit Anhänger, Wohnmobile mit Anhänger und Zugmaschinen mit Anhänger sowie
   c) Kraftomnibusse[5c] ohne Anhänger oder mit Gepäckanhänger

   80 km/h,
2. für
   a) Krafträder mit Anhänger und selbstfahrende Arbeitsmaschinen mit Anhänger,
   b) Zugmaschinen[5d] mit zwei Anhängern sowie
   c) Kraftomnibusse mit Anhänger oder mit Fahrgästen, für die keine Sitzplätze mehr zur Verfügung stehen

   60 km/h,
3. [6] für Kraftomnibusse ohne Anhänger, die
   a) nach Eintragung in der Zulassungsbescheinigung Teil I für eine Höchstgeschwindigkeit von 100 km/h zugelassen sind,[7]
   b) hauptsächlich für die Beförderung von sitzenden Fahrgästen gebaut und die Fahrgastsitze als Reisebestuhlung ausgeführt sind,[8a]
   c) auf allen Sitzen sowie auf Rollstuhlplätzen, wenn auf ihnen Rollstuhlfahrer befördert werden, mit Sicherheitsgurten ausgerüstet sind,
   d) mit einem Geschwindigkeitsbegrenzer ausgerüstet sind, der auf eine Höchstgeschwindigkeit von maximal 100 km/h (V_{set}) eingestellt ist,
   e) [8b] den Vorschriften der Richtlinie 2001/85/EG des Europäischen Parlaments und des Rates vom 20. November 2001 über besondere Vorschriften für Fahrzeuge zur Personenbeförderung mit mehr als acht Sitzplätzen außer dem Fahrersitz und zur Änderung der Richtlinien 70/156/EWG und 97/27/EG (Abl. Nr. L 42 vom 13.2.2002, S. 1) in der jeweils zum Zeitpunkt der Erstzulassung des jeweiligen Kraftomnibusses geltenden Fassung entsprechen und
   f) auf der vorderen Lenkachse nicht mit nachgeschnittenen Reifen ausgerüstet sind, oder

g) für nicht in Mitgliedstaaten der Europäischen Union oder in Vertragsstaaten des Abkommens über den Europäischen Wirtschaftsraum zugelassene Kraftomnibusse, wenn jeweils eine behördliche Bestätigung des Zulassungsstaates in deutscher Sprache über die Übereinstimmung mit den vorgenannten Bestimmungen und über jährlich stattgefundene Untersuchungen mindestens im Umfang der Richtlinie 96/96/EG des Rates vom 20. Dezember 1996 zur Angleichung der Rechtsvorschriften der Mitgliedstaaten über die technische Überwachung der Kraftfahrzeuge und Kraftfahrzeuganhänger (ABl. L 46 S. 1) in der jeweils geltenden Fassung vorgelegt werden kann,

100 km/h.

(6) Wer auf der Autobahn mit Abblendlicht fährt, braucht seine Geschwindigkeit nicht der Reichweite des Abblendlichts anzupassen, wenn[9]

1. die Schlussleuchten[9a] des vorausfahrenden Kraftfahrzeugs klar erkennbar sind und ein ausreichender Abstand von ihm eingehalten wird, oder
2. der Verlauf der Fahrbahn durch Leiteinrichtungen mit Rückstrahlern und, zusammen mit fremdem Licht, Hindernisse rechtzeitig erkennbar sind.

(7) Wenden[10] und Rückwärtsfahren[10a] sind verboten.

(8) Halten, auch auf Seitenstreifen, ist verboten[11].

(9) Zu Fuß Gehende dürfen Autobahnen[12] nicht betreten. Kraftfahrstraßen dürfen sie nur an Kreuzungen, Einmündungen oder sonstigen dafür vorgesehenen Stellen überschreiten; sonst ist jedes Betreten verboten.

(10) Die Ausfahrt von Autobahnen ist nur an Stellen erlaubt, die durch die Ausfahrttafel (Zeichen 332) und durch das Pfeilzeichen (Zeichen 333) oder durch eins dieser Zeichen gekennzeichnet sind. Die Ausfahrt von Kraftfahrstraßen ist nur an Kreuzungen oder Einmündungen erlaubt.

(11) Lastkraftwagen mit einer zulässigen Gesamtmasse über 7,5 t, einschließlich ihrer Anhänger, sowie Zugmaschinen dürfen, wenn die Sichtweite durch erheblichen Schneefall oder Regen auf 50 m oder weniger eingeschränkt ist, sowie bei Schneeglätte oder Glatteis den äußerst linken Fahrstreifen nicht benutzen.[13]

Erläuterungen

1 Einf. eines allg. Tempolimits zwar in der Diskussion, scheiterte bislang aber an einer Mehrheit in Bund und Ländern. Vgl. dazu Ordnungsnr. 3 g. Vorschrift gilt für alle **öff. Verkehrsflächen** zw. Z 330.1 u. 330.2 bzw. zw. Z 331.1 u. 331.2 (vgl. auch *Hamm* VRS 42, 111; *Düsseldorf* VRS 94, 232 = VM 98, Nr. 32). Auf Rastanlagen ist aber § 18 nicht 1 zu 1 anzuwenden; hier stattdessen Rückgriff auf § 1 teilw. geboten (z. B. bei den Parkflächen). Straßenrechtl. Widmung als BAB ist nicht notw.; aber Aufstufung wegen des Verbotes (Teileinziehung) für Fzg mit bauartbed. Höchstgeschw. unter 60 km/h. Verbindungsstraßen zw. Aus- und Einfahrten der AB gehören zu den AB (*Hamm* DAR 73, 221).

2 Ausn.Regelung für **Land- u. Forstwirtschaft** (§ 22 Abs. 2 Satz 2) gilt also *nicht* für AB und Kraftfahrstraßen. Spiegel werden bei der Breite der Fzg anders als bei Z 264 nicht mitgerechnet.

2a Vgl. § 32 StVZO, die Zulässigkeit solcher Fzg setzt nicht voraus, dass tatsächl. auch kühlungsbedürftige Ladungen befördert werden.

2b Wollen mehr. Fzg vom Einfädelungsstreifen auf die durchgeh. Fahrb. einfahren, so müssen sie das *hintereinander* tun; wer diese „Reihenfolge" nicht beachtet, haftet für Schaden infolge einer dadurch bedingten Kollision (*Hamburg* NZV 2000, 507). Bei Einfädeln auf AB gilt Reißverschlussverf. nicht (*Köln* NZV 2006, 420); notfalls muss auf Einfädelungsspur gewartet werden; Einfädelungsstreifen ist nicht Teil der durchgehenden Fahrb., sondern anderer Straßenteil (§ 10). Einfahrender darf nur einfahren, wenn die Möglichkeit der Besorgnis, dass das Vorfahrtrecht des auf der durchgehenden Fahrb. Fahrenden verletzt werden könnte, nicht besteht (*Köln* VRS 28, 143). Schwere und beschleunigungsschwache Fzg müssen die Einfädelungsspur voll ausnutzen (*Koblenz* VersR 94, 361). Im Rahmen eines Pilotprojektes werden derzeit auf ausgewählten AB in Bayern zur Eindämmung der Falschfahrerproblematik sog. Falschfahrerwarntafeln nach österreichischem Vorbild vor allem im Ausfahrtbereich der AB getestet. Bei den Tafeln handelt es sich nicht um VZ. Sie sollen eine unbewusste Falschfahrt im letzten Moment unterbinden. Zur Aufstellung der Tafeln sind Vorgaben in der Erarbeitung.

3 Sog. **Kriechspur** (Erl. 6 zu § 2) gehört zur durchgeh. Fahrb., nicht aber Einfädelungsstreifen. Am Ende der Kriechspur Wartepflicht gegenüber den – insoweit „durchgehenden" – Fahrstreifen (*BGH* DAR 70, 21); vgl. Erl. 14 zu § 7. Sog. **Parallelfahrbahnen** im Bereich von AB-Knoten sind keine „durchgehende Fahrb."; münden in solche Fahrb. and. Fahrb. ein (z. B. Tangentialfahrb. als Überleitungsfahrb.), so bedarf es einer Vorfahrtbeschilderung (z. B. positiv mit Z 301, neg. mit Z 205), wenn nicht „rechts-vor links" gelten soll (§ 8; die abw. Auff. des *Düsseldorf* NZV 89, 404, ist abzulehnen: § 1 Abs. 2 gilt selbstverständlich immer, ist jed. als „Ersatz" einer Vorfahrtregel bei Einmündung einer Überleitungsfahrbahn in die Parallel-

oder Verteilerfahrbahn nicht ausreichend; dies gilt insbes., wenn die Fahrstreifen im Einmündungsbereich nicht oder nur für eine kurze Strecke durch eine durchgehende Linie – Z 295 – getrennt sind). An der Einmündung der Parallelfahrb. in die Hauptfahrb. ist Letztere „durchgehende Fahrb.", die auch ohne Beschilderung Vorfahrt gewährt; bei baulich nicht eindeutiger Situation ist aber eine – negative – Vorfahrtbeschilderung der Parallelfahrb. an der Einmündung in die durchgehende Fahrb. zulässig und zweckmäßig. Fahren zwei Kfz auf dem Einfädelungsstreifen und wechselt das zweite Fzg schneller auf die durchgeh. Fahrb. der AB hinüber, so kann es gegenüber dem and. Fzg Vorfahrt erhalten, muss allerdings diesem gegenüber bes. Sorgfalt walten lassen, wenn es nunmehr seinerseits überwechselt (*Koblenz* VRS 73, 66 = DAR 87, 158; die in dieser Entsch. getroffene Folgerung des *OLG Koblenz*, der Einfädelungsstreifen sei nicht Bestandteil der Fahrb., sondern eine davon zu unterscheidende eigene Fahrb., ist aber nicht zutr.) Vielmehr gehört der Einfädelungsstreifen zur Fahrb. der AB, wenn auch nicht zur „durchgehenden Fahrb." iSd Vorfahrtregel des § 18 Abs. 3. Fzg auf dem Einfädelungsstreifen dürfen jed. wegen der Funktion dieses Fahrstreifens rechts überholen und zwar auf Grund ausdrückl. Zulassung in § 7a Abs. 2). Zur Haftung beim sof. Überwechseln vom Einfädelungsstreifen auf den Überholfahrstreifen vgl. *Hamm* NZV 92, 320; 94, 229. Zu den Sorgfaltspflichten des Fahrers eines schwach motorisierten Lkw bei Einfahrt in AB vgl. *Hamm* DAR 2001, 457 = VersR 2001, 654. Einfahrender darf nicht darauf vertrauen, dass ihm das Einfädeln ermöglicht wird. Notfalls muss er anhalten.

4 Für den außerörtl. Bereich werden AB und Kraftfahrstraßen mit getrennten Richtungsfahrb. gleichgestellt. Trennung der Fahrb. durch Markierung ist nicht ausreichend. Es genügt jeweils *ein* Fahrstreifen für jede Richtungsfahrb. Bedeutung für Kfz mit zul. Gesamtmasse über 7,5 t und solche Kfz mit Anhänger, die bisher auch auf Straßen dieser Art nach § 3 Abs. 3 Nr. 2 Buchst. b nur mit einer Geschw. von 60 km/h fahren durften.

5 Pkw und mehrspur. Kfz mit zul. Gesamtmasse bis 3,5 t mit **Anhänger** dürfen unter best. Vorauss. 100 km/h fahren (vgl. 9. Ausn.VO zur StVO, s. Ordnungsnr. 3 i).

5a Nach einer Entscheidung des *BayObLG* (VD 2003, 273 = VM 2004, 12) unterfallen als Pkw zugelassene Klein-Lkw über 3,5 t zGG dem Tempolimit für Lkw, wenn sie zur Güterbeförderung genutzt werden; problematisch ist die Überwachung, da die Fzge äußerlich nur wenig von denen bis 3,5 t zGG abweichen. Vgl. auch Erl. von *Kramer* zur Entsch. in VD 2003, 267 (aus hiesiger Sicht stellt sich allerdings nicht die Frage der Richtigkeit der Annahme eines Verbotsirrtums). So auch *Karlsruhe* VD 2004, 274 = VRS 107, 390 = DAR 2004, 715. Auch die steuerliche Einordnung eines Fzgs richtet sich nach Bauart und Einrichtung (vgl. *BFH* NZV 1997, 456) samt Erscheinungsbild. § 23 Abs. 6a StVZO wurde durch Art. 1 Nr. 1 der 27. VO zur Änderung der StVZO v. 2.11.2004 (BGBl I S. 2712) gestrichen, der die

Grundlage für die steuerliche Besserstellung der Kombinationsfzge (2,8 t) darstellte. A.A *AG Freiburg* in Verkehrsrecht aktuell 2004, 101. Die Entscheidung stellt fälschlicherweise auf die EU-rechtl. Einordnung der Fzg ab. Es wird verkannt, dass die EG-Typgenehmigung nicht lex specialis zum nation. Verhaltensrecht ist (vgl. dazu auch *AG Linz* Beschl. v. 3.8.2004, Az. 2040 Js 10336/04 oder *Karlsruhe* NZV 2005, 380; *Jena* ebenda S. 383). *Hamm* NJW 2006, 241 wendet sachgerecht § 4 Abs. 4 Nrn. 1 und 3 PBefG zum Lkw-Begriff an (hier unvermeidbarer Verbotsirrtum; *Hamm* NJW 2006, 245 mit vermeidbarem Verbotsirrtum). Inzwischen ist auch durch den Europ. Gerichtshof geklärt, dass die RiLi 70/156/EWG des Rates v. 6.2.1970 zur Angleichung der Rechtsvorschriften der Mitgliedstaaten über die Betriebserlaubnis für Kfz idF der RiLi 92/53/EWG des Rates v. 18.6.1992 nicht der nation. Regelung entgegensteht, die Fzg als Lkw bei den nation. Geschwindigkeitsvorschriften zu behandeln, die nach der EG-Typgenehmigung als Pkw zugelassen wurden (NJW 2006, 532 = NJW 2006, 2539 = VD 2006, 247).

5b Zur Notwendigkeit der Einführung eines gesetzlichen Tempolimits für Kleintransporter zw. 2,8 t und 3,5 t zGG vgl. *Kramer* in VD 2003, 292 und VD 2004, 63. Dies ist abzulehnen – Gründe: Kleintransporter sind zulassungsrechtlich nicht abgrenzbar, eine Ungleichbehandlung zu den Vans wäre technisch kaum begründbar; besser wäre technische Lösung (z. B. Festlegung einer Ausrüstungspflicht mit Geschwindigkeitsbegrenzer).

Zu den Wohnmobilen, die nach EU-Recht zu den M1-Fzgen gehören und damit keine Nutzfzge zur Güterbeförderung darstellen, vgl. auch Erl. 8c zu § 3. Bund und Länder halten es für vertretbar, im Rahmen einer der nächsten Novellen die Höchstgeschwindigkeit von Wohnmobilen zw. 3,5 t und 7,5 t zGG auf 100 km/h anzuheben (auch Rettungsfzge, die nicht im Einsatz sind, unterfallen der Limitierung).

5c Zur Def. eines Kraftomnibusses vgl. Erl. 8d zu § 3.

5d Sattelzugmaschine mit zwei Sattelanhängern fällt nicht darunter.

6 Vorschrift durch Änd. VO v. 28.11.2007 (BGBl I S. 2774, Begr. VkBl 2008, 4) neu gefasst. Vor allem im Hinblick auf im Ausland zugelassene Kraftomnibusse, für die in technischer Hinsicht keine Bedenken bei der Tempo-100-Zulassung bestehen, wird das ehemals aufwendige Verfahren (Gutachten eines Sachverständigen, Ausnahmegenehmigung) erleichtert. Auch 100er Plakette auf der Rückseite des Busses ist nicht mehr erforderlich. Für vor dem 8.12.2007 zugelassene Fzg vgl. § 53 Abs. 2 Nr. 2. Fehlt die Eintragung in der Zulassungsbescheinigung Teil I (vgl. § 11 FZV), gilt Nr. 1 (80 km/h). Eintragung nicht durch StrVerkBeh (§ 44 Abs. 1), sondern durch Zulassungsbehörde (§ 46 FZV). Ist ein Fzg „geeignet", dann besteht Rechtsanspruch auf Eintragung. Für im Ausland zugelassene Fzg gelten die §§ 20 ff. FZV. Eintragung ist VA. Vgl. insges. *Bouska* DAR 83, 262 zur vor der FZV geltenden Rechtslage.

7 Die aufgelisteten techn. Voraus. sind mit Ausnahme der Regelung zu den nachgeschnittenen Reifen (Buchst. f) nur für Kraftomnibusse aus nicht EU-/EWR-Staaten erforderlich. Im Übrigen müssen die Anforderungen bereits für die Inbetriebnahme auf öff. Straßen erfüllt sein.

8a Vgl. Klasseneinteilung nach § 30d StVZO, dies sind Reisebusse oder Kombibusse (Überlandlinienbusse Klasse II, mit Gurten ausgerüstet, vgl. im Übrigen § 35a Abs. 6 StVZO). Reisebestuhlung gewährleistet hohe Sicherheit bei Frontal-Crash, wenn bei Insassen Klappmessereffekt eintritt. Rückenlehnen dienen dann als schützender Aufprallkörper; Rollstuhlfahrer sind nicht nur durch Aufprallflächen zu schützen, sondern ebenfalls durch Gurte, vgl. Abs. 5 Nr. 3 Buchst. c.

8b Ermöglicht gegenüber nicht in der EU/im EWR zugelassenen Bussen die Ausrüstung mit Notausstiegsystemen (Nottüren, Notfenstern, Notluken, Öffnen der Fahrgasttüren in Notfällen); durch Verweisung auf Zeitpunkt der Erstzulassung werden bei Änderung der RiLi aufwendige Nachrüstungen vermieden.

9 Die „goldene Regel" des Fahrens auf Sicht gilt auch auf AB und zwar auch bei Dunkelheit. Die Vorschrift bringt nur die bes. Umstände auf AB in diese Regel ein (vgl. *Bamberg* NZV 2000, 49; *Nürnberg* NZV 2000, 128). Auf außergewöhnl. spät erkennbare und untypische Hindernisse braucht der Kraftf. aber seine Geschw. nicht einzurichten (*BGH* NJW 1984, 2412 = DAR 84, 283), z. B. Splitthaufen oder Baumstamm, der unbeleuchtet aus dem Anhänger herausragt (fehlender Kontrast zur Fahrb., Lichtabsorption). Typische früh erkennbare Hindernisse sind hingegen Personen auf der Fahrb., großes Wild, liegen gebliebenes Fzg. Liegen die bes. Vorauss. der Vorschr. *nicht* vor, sind 130 km/h oder mehr bei Dunkelheit nicht vertretbar (*Hamm* NZV 2000, 369). Bei Nebel, Schneefall oder Regen ist vorrangig § 3 Abs. 1 Satz 3 zu beachten (lex specialis, vgl. auch Erl. 2a – 2c zu § 3). Beträgt in solchen Fällen die Sichtweite weniger als 50 m, so darf in keinem Fall schneller als 50 km/h gefahren werden, auch wenn die Schlussleuchten des vorausfahr. Fzg noch sichtbar sind (Nebelschlussleuchten erfüllen ohnehin nicht die Vorauss. der Nr. 1; vgl. Erl. 9a) und zwar schon deshalb nicht, weil hier der Abstand kaum mehr eingeschätzt werden kann.

9a Schlussleuchten sind die in § 53 Abs. 1 StVZO beschriebenen Leuchten, nicht aber die bes. Nebelschlussleuchten (§ 53d StVZO), die ohnehin nur bei Nebel (vgl. Erl. 9 und nur bei Sichtweiten unter 50 m eingeschaltet werden dürfen – § 17 Abs. 3, § 3 Abs. 1 Satz 3).

10 **Unzul. Wenden** liegt stets vor, wenn Fzg in die „Gegenrichtung" gebracht wird; Fortsetzung der Fahrt in dieser Richtung nicht notw. (*BGH* DAR 77, 30 = VRS 53, 307). Wenden liegt nicht vor (*BGH* NZV 02, 376), wenn Fzg unter Benutzung eines Parkplatzes auf Kraftfahrstraße in Gegenrichtung gebracht wird (a. A. überholt: *BayObLG* VRS 62, 143 = DAR 82, 164; *Koblenz* NZV 92, 406; *BayObLG* VersR 2003, 1455 = VD 2003, 53 = NZV 2003, 201,

BayObLG DAR 2002, 78 = VRS 2001, 305 = VM 2002, 5 = NZV 2001, 526). Auch hier liegt zwar ein vorübergehendes Querfahren und die sich daraus ergebende besondere Gefahr für den Schnellverkehr vor, dennoch wollte VO-Geber nur das Wenden **auf** der Kraftfahrstraße aus Gründen der Verkehrssicherheit unterbinden. „Wenden" idS auch, wenn sich zw. getrennten Richtungsfahrb. nur ein schmaler Grünstreifen befindet, so dass Fahrbahnwechsel noch „in einem Bogen" möglich ist (*KG* VM 93, 26; vgl. auch *Düsseldorf* NZV 2000, 176). **Kein Wenden,** wenn Kraftfahrstraße von der Einfahrt zur gegenüberlieg. Ausfahrt überquert und auf der Ausfahrt weitergefahren wird (*BayObLG* DAR 96, 242 = NZV 96, 208 = VRS 91, 307 = VM 96 Nr. 82), wenn Fzg abgebremst oder angehalten wird, um bei nächster Gelegenheit zu wenden (*BayObLG* DAR 96, 324 = VRS 92, 37) oder wenn ein Kraftf. die Kfzstraße verlässt, indem er nach links in einem priv. Forstweg abbiegt, um von dort erneut einzufahren und die Fahrt in Gegenrichtung fortzusetzen (*BayObLG* NZV 96, 161 = VM 96, Nr. 68). Wenden bei Benutzung des Seitenstreifens *BayObLG* DAR 03, 128). **Kein** Wenden bei Benutzung von Tankstellen, Rastplätzen etc.

Wer auf der für den Gegenverk. best. Fahrb. fährt, verstößt gegen § 2 Abs. 1. Das Wenden auf AB nach einer vorausgegangenen „Geisterfahrt" kann nach § 16 OWiG gerechtfertigt sein (*Karlsruhe* VRS 65, 470).

10a Verstöße sind bes. gefährlich, wenn auf den für den durchgeh. Verk. best. Fahrb. begangen. Verbot gilt aber auch für die übrigen Fahrb. bzw. Bestandteile der AB (Anschlussstück, Verbindung zw. Ein- und Ausfahrt) sowie für den Seitenstreifen (vgl. auch *Düsseldorf* VRS 68, 141 = DAR 85, 261). Auf den Verkehrsflächen von Parkplätzen, Tankstellen und Raststätten ist wegen abw. Zweckbestimmung Rückwärtsfahren (ebenso wie das Halten) idR zulässig, kann aber gegen § 1 Abs. 2 verstoßen.

11 **Halten** (Erl. 1 zu § 12) ist nicht nur auf den Fahrb., sondern auch auf den Seitenstreifen (sog. Standspuren) verboten. Diese sind nicht Bestandteil der Fahrb., die VO v. 22.3.1988 hat dies im Hinblick auf die abw. Entsch. des *BGH* v. 6.5.1981 (DAR 81, 295) klargestellt (vgl. auch *Bouska* DAR 81, 289; vgl. auch § 2 Abs. 1 Satz 2 idF der VO v. 22.12.1992). Im Einzelfall kann das Halten auf dem Seitenstreifen nach § 16 OWiG gerechtfertigt sein, z. B. zur Befestigung eines Dachgepäckträgers, der abzurutschen droht. In sonstigen drlng. Fällen kann bei Halten auf Seitenstreifen von der Verfolgung abgesehen werden (§ 47 OWiG). Vorschrift gilt nicht für Parkplätze, Tankstellen u. Raststätten, soweit nicht bes. Anordnungen (z. B. Z 283) bestehen (*Koblenz* NZV 94, 83); allerdings unterliegen die von der durchgeh. Fahrb. zu den Parkplätzen usw. bzw. die aus dem Parkplatz zurück zur durchgeh. Fahrb. führenden Fahrb. – auf Großparkplätzen wohl auch die eindeutig nur für den fließ. Verkehr bestimmten, parallel zur durchgeh. Fahrb. verlaufenden „Fahrb." – dem Haltverbot.

12 Im Hinblick auf ihre Zweckbest. gilt die Vorschrift nicht für den Bereich von **Raststätten, Tankstellen oder Parkplätzen,** jed. mit Ausnahme der von der durchgeh. Fahrb. abgehenden „Zubringerfahrbahn" zur Raststätte etc. bzw. der entspr. wieder zur durchgeh. Fahrb. führenden Fahrb. Bei berechtigtem Halten auf dem Seitenstreifen gilt sie auch dort nicht, soweit das Verlassen des Fzg notw. ist (z. B. zur Befestigung des Dachgepäckträgers), jed. stets mit äußerster Vorsicht, wobei das Betreten der Fahrb. zu vermeiden ist. Zulässig ist es auch, in Notfällen (z. B. Panne) von den auf dem Seitenstreifen abgestellten Fzg zu Fuß unter Benutzung des Seitenstreifens zur nächstgeleg. Notrufsäule zu gehen.

13 Es wurde ein Beschluss der VMK umgesetzt. Bei extrem winterlichen Straßenverhältnissen stellten „liegengebliebene Lkw" besonders an Steigungsstrecken immer wieder ein Problem dar (Staus durch Querstehen). Zudem würden gefährliche Überholvorgänge bei starkem Schneefall oder Regen unterbunden (schlechte Sicht, Aquaplaning).

§ 19 Bahnübergänge[1]

(1) Schienenfahrzeuge haben Vorrang[1a]

1. auf Bahnübergängen mit Andreaskreuz (Zeichen 201),
2. auf Bahnübergängen über Fuß-, Feld-, Wald- oder Radwege[1b],
3. in Hafen- und Industriegebieten, wenn an den Einfahrten das Andreaskreuz mit dem Zusatzzeichen „Hafengebiet, Schienenfahrzeuge haben Vorrang" oder „Industriegebiet, Schienenfahrzeuge haben Vorrang" steht.

Der Straßenverkehr darf sich solchen Bahnübergängen nur mit mäßiger Geschwindigkeit[1c] nähern. Wer ein Fahrzeug führt, darf an Bahnübergängen vom Zeichen 151, 156 an bis einschließlich des Kreuzungsbereichs von Schiene und Straße Kraftfahrzeuge nicht überholen.[1d]

(2) Fahrzeuge haben vor dem Andreaskreuz, zu Fuß Gehende in sicherer Entfernung vor dem Bahnübergang zu warten, wenn

1. sich ein Schienenfahrzeug nähert,
2. rotes Blinklicht oder gelbe oder rote Lichtzeichen gegeben werden[2],
3. die Schranken sich senken[3] oder geschlossen sind,
4. ein Bahnbediensteter Halt gebietet oder
5. ein hörbares Signal, wie ein Pfeifsignal des herannahenden Zuges, ertönt[3a].

Hat das rote Blinklicht oder das rote Lichtzeichen die Form eines Pfeils, hat nur zu warten, wer in die Richtung des Pfeils abbiegen will. Das Senken der Schranken kann durch Glockenzeichen angekündigt werden.

(3) Kann der Bahnübergang wegen des Straßenverkehrs nicht zügig und ohne Aufenthalt überquert werden, ist vor dem Andreaskreuz zu warten.

(4) Wer einen Fuß-, Feld-, Wald- oder Radweg[4] benutzt, muss sich an Bahnübergängen ohne Andreaskreuz entsprechend[5] verhalten.

(5) Vor Bahnübergängen ohne Vorrang der Schienenfahrzeuge ist in sicherer Entfernung zu warten, wenn ein Bahnbediensteter mit einer weiß-rot-weißen Fahne oder einer roten Leuchte Halt gebietet. Werden gelbe oder rote Lichtzeichen gegeben, gilt § 37 Absatz 2 Nummer 1 entsprechend.

(6) Die Scheinwerfer wartender Kraftfahrzeuge dürfen niemanden blenden.

Erläuterungen

1 Der ehemalige Abs. 3 (Wartegebot für Lkw über 7,5 t und Züge an der einstreifigen Bake) ist mit dem Neuerlass der StVO im Jahr 2013 entfallen; Hintergrund: durch die Verankerung des generellen Überholverbotes (vgl. Erl. 1d) ist die Vorschrift entbehrlich, da ansonsten ein Rückstau über den Bahnübergangsbereich hinaus verlagert würde. Nunmehr darf der Verkehrsraum über die einstreifige Bake hinaus bis zum Z 201 genutzt werden.

1a § 19 ist eine Sondervorschrift; die allg. Bestimmungen über Vorrang, insbes. über die Vorfahrt (§ 8), finden daneben keine Anwendung (*Düsseldorf* NZV 89, 482).

1b Gilt nur für selbstständige Radwege. Verlaufen Radwege entlang der Fahrb., so fallen sie zus. mit der Fahrb. unter Abs. 1 Nr. 1.

1c Rechtzeitiges Anhalten ohne Gefahrenbremsung muss möglich sein. 50 km/h idR innerorts und außerorts nicht zu hoch (vgl. auch *Köln* DAR 58, 311; *Celle* DAR 59, 216 = VRS 17, 281), bei schlechter Sicht entspr. langsamer. Ist best. Höchstgeschw. (Z 274) angeordnet, dann kann sich der Kraftf. idR daran halten (*BayObLG* DAR 81, 153). Sehr weitgehend *Schleswig* (DAR 85, 291): danach hält Kraftf. mäßige Geschw. immer bereits dann ein, wenn er sich im Rahmen der allg. für die benutzte Straße zugel. Höchstgeschw. bewegt. Ist Höchstgeschw. nicht durch amtl. VZ beschränkt, so ist Kraftf. zur Einhaltung einer geringeren Geschw. als 50 km/h nur dann verpflichtet, wenn bes. Umstände hierzu Anlass geben (*BayObLG* VRS 68, 472). Zu den Pflichten des Fzgf. bei unbeschr./nicht techn. gesichertem Bahnübergang, bei dem die Sicht auf die Schienenstrecke eingeschränkt ist vgl. *AG Coburg* NZV 2002, 188.

1d Mit Neuerlass der StVO in 2013 besteht ein generelles Überholverbot, sodass die ehemaligen Z eingespart werden können. Verboten ist nur das Linksüberholen. „Rechtsüberholen" eines eingeordneten Linksabbiegers ist genauso erlaubt, wie das „Linksüberholen" auf einer Abzweigespur zum Zwecke des Abbiegens nach links. Der *BGH* (4 str 508/74, juris) verlangt für das Überholen, dass ein VT von hinten an einem anderen VT vorbeifährt, der sich auf derselben Fahrb. in derselben Richtung bewegt. Dies tun Abbieger gerade nicht. Abbiegespur darf aber nicht missbraucht werden, um sich weiter vorne wieder einzuordnen, dann unzulässiges Überholen.

2 **Rotes Blinklicht** erscheint ohne Vorwarnung u. gebietet daher Anhalten nur, wenn das vor dem Übergang gefahrlos geschehen kann, sonst entspr. Regelung bei § 37 beschleunigt weiterfahren (vgl. dazu *Karlsruhe* VRS 62, 219; *BayObLG* DAR 81, 153; *Schleswig* DAR 85, 291). Rotlicht muss also entspr. früh eingeschaltet werden; Lichtzeichen und Schranken sollten so geschaltet bzw. bedient werden, dass eine „Warnphase" von etwa 3 Sek. entsteht (*Mühlhaus* DAR 67, 313, 316). Bei Verwendung von Zwei-Phasen-Ampeln **(Gelb/Rot)** Verhalten wie bei § 37 Abs. 2 Nr. 3; Gelb bedeutet beschl. Durchfahren, wenn nicht gefahrlos vor Übergang angehalten werden kann. Bei Rot unbed. Haltgebot, auch wenn Zug bereits durchgefahren ist.

3 Vgl. Erl. 2 zur „Warnphase". Bei unmittelb. am Ort bedienten Schranken muss sich der Schrankenwärter auf den Verkehr nach Möglichkeit einstellen, um gefährl. Bremsvorgänge zu vermeiden. Kein Verstoß, wenn Fzg durchfährt, weil trotz mäßiger Geschw. bei Beginn der Schrankenbewegung nicht mehr angehalten werden kann (*Düsseldorf* VM 61, 72).

3a Ergänzung notwendig wegen der Möglichkeit zur Sicherung von bestimmten Bahnübergängen durch hörbare Signale der Eisenbahnfahrzeuge nach § 7 EBO.

4 Gilt wie in Abs. 1 Nr. 2 nur für selbstständige Radwege.

5 Entspr. Verhalten bezieht sich auf alle vorstehenden Verhaltenspflichten (Annäherung mit mäßiger Geschwindigkeit, warten in sicherer Entfernung etc.).

§ 20 Öffentliche Verkehrsmittel und Schulbusse[1]

(1) An Omnibussen des Linienverkehrs[2], an Straßenbahnen[3] und an gekennzeichneten Schulbussen[4], die an Haltestellen (Zeichen 224) halten[5], darf, auch im Gegenverkehr[6], nur vorsichtig vorbeigefahren werden[7].

(2) Wenn Fahrgäste ein- oder aussteigen[8], darf rechts[9] nur mit Schrittgeschwindigkeit[10] und nur in einem solchen Abstand[10a] vorbeigefahren werden, dass eine Gefährdung von Fahrgästen ausgeschlossen ist[11]. Sie dürfen auch nicht behindert werden[12]. Wenn nötig, muss, wer ein Fahrzeug führt, warten[13].

(3) Omnibusse des Linienverkehrs und gekennzeichnete Schulbusse, die sich einer Haltestelle (Zeichen 224)[14] nähern und Warnblinklicht eingeschaltet haben[15], dürfen nicht überholt werden[16].

(4) An Omnibussen des Linienverkehrs und an gekennzeichneten Schulbussen, die an Haltestellen (Zeichen 224)[17] halten und Warnblinklicht eingeschaltet haben, darf nur mit Schrittgeschwindigkeit[18] und nur in einem solchen Abstand vorbeigefahren werden, dass eine Gefährdung von Fahrgästen ausgeschlossen ist[19]. Die Schrittgeschwindigkeit gilt auch für den Gegenverkehr auf derselben Fahrbahn[20]. Die Fahrgäste dürfen auch nicht behindert werden[21]. Wenn nötig, muss, wer ein Fahrzeug führt, warten[22].

(5) Omnibussen des Linienverkehrs und Schulbussen ist das Abfahren von gekennzeichneten Haltestellen zu ermöglichen. Wenn nötig, müssen andere Fahrzeuge warten[23].

(6) Personen, die öffentliche Verkehrsmittel benutzen wollen, müssen sie auf den Gehwegen, den Seitenstreifen oder einer Haltestelleninsel, sonst am Rand der Fahrbahn erwarten.[24]

Erläuterungen

1 Vgl. auch Erl. 6 zu § 16. Schutzzweck umstr.: Nach einer Ansicht bezieht sich § 20 nur auf Personen, die ein öff. Verkehrsmittel oder einen Schulbus benutzt haben oder benutzen wollen (vgl. *LG München* NZV 2000, 473); a. A. *Köln* NZV 2003, 189 unter Hinweis auf Gefahr im Haltestellenbereich, wo mit erhöhtem Fußgängeraufkommen zu rechnen ist. *KG* NZV 2010, 200 unterstreicht, dass Fzg des öff. Verk. halten bzw. Fahrgäste ein- oder aussteigen müssen, ansonsten greifen Pflichten nicht. Dies sei nicht mehr der Fall, wenn Bus bereits wieder angefahren sei, denn dann müsse nicht mehr mit Fußg. gerechnet werden, die noch vor dem Bus unachtsam auf die Fahrb. gehen. Zwar legt die Überschrift den Schutzbereich der Vorschrift eindeutig fest, über § 1 Abs. 2 muss sich jed. ein Fzgf. in vergleichbaren Gefährdungssituationen gegenüber anderen Fußg. sinngem. verhalten, da man nicht abschätzen kann, welcher der Fußg. tatsächlich das öff. Verkehrsmittel nutzen wird. *BGH* hat daher zu Recht unabhängig von dem eindeutigen Wortlaut der Überschrift die Vorschrift als Schutzgesetz iSd § 823 Abs. 2 BGB für Fußg. angesehen, die im räumlichen Bereich eines an der Haltestelle haltenden Busses unachtsam die Fahrb. betreten (NZV 2006, 465), und auf der ggü. liegenden Fahrbahnseite an einer Haltestelle einen Bus erreichen wollen. Auch eine Querungshilfe gehört zum räumlichen Schutzbereich einer Bushaltestelle (*Hamm* NZV 2010, 566); die Vorschrift gewährleistet aber kein Recht auf Unachtsamkeit für den Fußg., sondern erhöht „nur“ die Sorgfaltspflicht für den Kfz-Verkehr.

2 Vgl. Erl. 6a und 7 zu § 16.

3 § 4 PBefG.

4 Vgl. Erl. 7 zu § 16. Kennzeichnung nach § 33 Abs. 4 iVm Anl. 4 zur BO-Kraft: quadrat. Schild (60 x 60 cm, Vorderseite mind. 40 x 40 cm) mit Sinnbild 2 sich an den Händen halt. Kindern (vgl. Z 136) in schwarzer Farbe auf orangefarb. Grund (vorne genügt auch entspr. Kennzeichnung im Zielschilderkasten des Busses). Kennz. der Schulbusse ist zwingend vorgeschrieben. Schilder dürfen jed. nur gezeigt werden, solange Schüler befördert werden (für Anfahrt zur ersten Haltestelle und Rückfahrt nicht zu beanstanden).

5 Auch mit Zusatzschild „Schulbus". Vorschr. betrifft auch Haltestellen, die in sog. **Haltestellen-Buchten** liegen.

6 Betrifft nur den **Gegenverkehr auf derselben Fahrb.** Bei baulich getrennten Fahrb. fehlt der „Bezug" zu einem auf der „Gegenfahrbahn" haltenden Bus (vgl. *Bouska* DAR 95, 397, 398).

7 Die **bes. Sorgfaltspflicht** gilt – vorbehaltlich der weitergehenden spezif. Regelungen in den Abs. 2 und 4 – beim Vorbeifahren, gleich ob dies rechts oder links erfolgt. Hält der Bus bzw. die Straßenbahn nicht auf der Fahrb., sondern an einer **Haltestelleninsel,** so greift die Vorschr. nicht ein (*Bremen* VM 66, 7), weil hier nicht an dem öff. Verkehrsmittel, sondern an der Haltestelleninsel, die nicht Bestandteil der Fahrb. ist, vorbeigefahren wird. Nach § 1 Abs. 2 besteht jed. auch hier Anlass zu bes. Vorsicht, weil mit Unachtsamkeit von Fahrgästen – insbes. von solchen, die ein wartendes Verkehrsmittel noch gerade zu erreichen suchen – erfahrungsgemäß zu rechnen ist (Vertrauensgrds. eingeschränkt).

8 Der Vorgang des **Ein- oder Aussteigens** betrifft zunächst das Betreten der Fahrb. (bzw. eines Radwegs) beim Verlassen des Busses bzw. der Straßenbahn, darüber hinaus das Gehen vom Bus bzw. von der Straßenbahn zu dem auf der „Türseite" des Verkehrsmittels gelegenen Fahrbahnrand und umgekehrt. Nicht erfasst wird durch Abs. 2 die Überquerung der Fahrb. durch Fahrgäste, die von der „anderen", gegenüberliegenden Fahrbahnseite herankommen bzw. dorthin wollen; sie werden durch Abs. 1 geschützt, soweit nicht Abs. 4 eingreift. Den letzteren Vorgang noch dem „Ein- oder Aussteigen" zuzurechnen, würde die Begriffe ungerechtfertigt ausdehnen; Abs. 2 trägt dem durch die Beschränkung auf das Rechtsvorbeifahren Rechnung.

9 Betrifft das (Rechts-)Vorbeifahren sowohl auf der Fahrb. als auch auf einem Radweg.

10 4–7 km/h (*Köln* VRS 68, 382).

10a Vgl. Erl. 19.

11 Verlangt wird **Gefährdungsausschluss** als höchste Sorgfaltsstufe.

12 Fahrgäste dürfen nicht veranlasst werden, stehen zu bleiben oder ihre Bewegung wesentl. zu verzögern, um das Fzg vorbeizulassen. Keine Behinderung, wenn Fahrgast „aus freien Stücken" Fzg vorbeiwinkt.

13 **Nötig** ist das Warten dann, wenn Fzgf. erkennt oder erkennen müsste, dass ohne das Anhalten eine Gefährdung oder jedenfalls Behinderung (Erl. 12) des Fahrgastes nicht vermieden werden kann. Hinsichtl. des Vorbeifahrens auf der Fahrb. ist es seit Langem Übung, vom Anhalten des öff. Verk.mittels bis zu dem Zeitpunkt, in dem alle Fahrgäste den rechten Fahrbahnrand erreicht haben, **auf jeden Fall** zu warten, ohne Rücksicht darauf, ob das im konkreten Fall durch die Vorschr. zwingend geboten ist. Ein entspr. positives Verhalten ist dagegen bei den Benutzern des rechten Radweges, den die Fahrgäste überqueren müssen, noch nicht ausreichend feststellbar.

14 Vgl. Erl. 5.

15 Vgl. § 16 Abs. 2 und die dort. Erl. Schaltet der Fahrer eines Linien- oder Schulbusses Warnblinklicht ein, ohne dass die Vorauss. des § 16 Abs. 2 vorlagen, so tritt gleichwohl das Überholverbot ein.

16 Zweck des **Überholverbots** ist es, der bes. Gefahr zu begegnen, die sich bei einem – notwendigerweise – schnellen Überholvorgang für Fußg. ergibt, die noch schnell den Bus erreichen wollen. Fzge im Gegenverkehr werden, da sie den Bus nicht überholen, sondern lediglich vorbeifahren, nicht betroffen, müssen aber Abs. 1 bzw. Abs. 4 sowie § 1 Abs. 2 beachten; wollen sie ihrerseits Fzg überholen, so kann dies ggf. wegen „unklarer Verkehrslage" unzulässig sein (§ 5 Abs. 3 Nr. 1).

17 Vgl. Erl. 5. Gilt auch an sog. Busbuchten.

18 Vgl. Erl. 10.

19 Vgl. Erl. 11. Notw. Abstand idR mind. 1,5 m; in der Rspr. werden sogar mind. 2 m verlangt (*Köln* VRS 102, 436; *Oldenburg* NZV 88 103) – VO-Geber hat sich in der StVO-Novelle 2020 beim Überholen z. B. von Radf. auf einen Abstand innerorts von 1,5 m festgelegt – es dürfte im Gleichklang Sinn machen, auch hierzu einen Mindestabstand in der VO selbst festzulegen.

20 Bei **baulich getrennten Richtungsfahrbahnen** (Grünstreifen, Leitplanken u.Ä.) ist der „Gegenverkehr" nicht betroffen. Vorschr. gilt aber auch für Fahrb. mit mehreren Fahrstreifen für jede Richtung, also „breite" Fahrb.; allerdings wird in solchen Fällen die StrVerkBeh häufig auf eine „Blink-Anordnung" (§ 16 Abs. 2 Satz 1) verzichten können, weil and. sichere Überquerungshilfen bestehen.

21 Vgl. Erl. 12.

22 Vgl. Erl. 13. Die Vorschr. betrifft primär Fälle, in denen ein Kfz an einem „blinkenden" Linien- oder Schulbus, der am rechten Fahrbahnrand – oder in einer Busbucht – hält, **links vorbeifährt.** Geschützt werden also insbes. Fußg., die vor oder hinter dem Bus auf die Fahrb. treten, um auf die gegenüberliegende Fahrbahnseite zu gelangen oder die von der gegenüberliegenden Fahrbahnseite kommend den Bus erreichen wollen; gefährdet sind

hier vor allem Kinder und ältere Fußg. Die Vorschr. bringt zwar keine unbedingte Verpflichtung, in diesen Fällen stets anzuhalten (etwa wie bei einem Fußgängerüberweg); Fußg. sind daher nicht von der Verpfl. befreit, auf den Verkehr zu achten. Andererseits besteht durchaus ein „Vorrang“ der Fußg. (z. T. ergänzt durch § 3 Abs. 2a), so dass der ohnehin nur mit Schrittgeschw. „vorbeischleichende“ Fzgf. jedenfalls dann zu einem völligen Halt kommen muss, wenn er erkennen muss, dass ohne das Anhalten eine Gefährdung der zur Fahrbahnüberquerung „ansetzenden“ Fußg. nicht ausgeschlossen werden kann. Allg. und zu Beispielen vgl. *Bouska* DAR 95, 397, 399. Die Regelung kann jedenfalls ihre Aufgabe nur dann wirksam erfüllen, wenn ein vernünftiges „Zusammenspiel“ der Beteiligten stattfindet, wobei die Hauptverantwortung allerdings auf dem – ohnehin zu Schrittgeschw. verpflichteten – Kraftf. lastet, vor allem gegenüber dem auch durch § 3 Abs. 2a geschützten Personenkreis. Unmögliches wird aber, wie in allen Fällen des „Gefährdungsausschlusses“, nicht verlangt.

23 Gilt an Haltestellen, die durch Z 224, ggf. mit Zusatzschild „Schulbus“, gekennzeichnet sind. Omnibusse müssen Anfahrabsicht so rechtzeitig ankündigen, dass dem fließ. Verk. zumind. Zeit bleibt, um sich darauf einzustellen und notfalls mit mittelstarker Bremsung anzuhalten (*Köln* VRS 67, 59). Trotz des Vorrangs des Omnibusses unterliegt dessen Fahrer der allg. Sorgfaltspflicht; fährt er vom Straßenrand an, muss Gefährd. Dritter ausgeschlossen sein (*Düsseldorf* VRS 65, 156). Vorrang für Straßenbahnen: § 2 Abs. 3. Zum Verschuldensanteil eines Busfahrers im Bereich einer Haltestelle vgl. *Celle* in Schadenrecht, Rechtsprechung 2006, 69. Ein aufmerksamer Kfzf. muss bei einem an einer Haltestelle wartenden Linienbus damit rechnen, dass er diesem das Abfahren ermöglichen muss und notfalls anzuhalten hat. Dies setzt ein sorgfältiges Beobachten des Busses voraus, ggf. muss mit erhöhter Bremsbereitschaft herangefahren werden (*LG Saarbrücken* NZV 2913,35 unter Berufung auf *Hamm* VersR 1992,1016); §§ 1 Abs. 2, 3 Abs. 1 S. 2 StVO.

24 Für aussteigende und einsteigende Fahrgäste gilt im Übrigen § 25 Abs. 3 sinngemäß, d. h. auf dem kürzesten Weg muss die Fahrb. nach dem Aussteigen wieder verlassen bzw. hin zum Bus überquert werden.

§ 21 Personenbeförderung

(1) [1]In Kraftfahrzeugen dürfen nicht mehr Personen befördert werden, als mit Sicherheitsgurten ausgerüstete Sitzplätze[2] vorhanden sind. Abweichend von Satz 1 dürfen in Kraftfahrzeugen, für die Sicherheitsgurte nicht für alle Sitzplätze vorgeschrieben[3] sind, so viele Personen befördert werden, wie Sitzplätze vorhanden sind. Die Sätze 1 und 2 gelten nicht in Kraftomnibussen, bei denen die Beförderung stehender Fahrgäste zugelassen ist. Es ist verboten, Personen mitzunehmen

1. auf Krafträdern ohne besonderen Sitz[4],

2. auf Zugmaschinen ohne geeignete Sitzgelegenheit oder
3. in Wohnanhängern hinter Kraftfahrzeugen[5].

(1a) Kinder bis zum vollendeten 12. Lebensjahr[6], die kleiner als 150 cm sind, dürfen in Kraftfahrzeugen auf Sitzen, für die Sicherheitsgurte vorgeschrieben sind, nur mitgenommen werden, wenn Rückhalteeinrichtungen für Kinder benutzt werden, die den in Artikel 2 Absatz 1 Buchstabe c der Richtlinie 91/671/EWG des Rates vom 16. Dezember 1991 über die Gurtanlegepflicht und die Pflicht zur Benutzung von Kinderrückhalteeinrichtungen in Kraftfahrzeugen (ABl. L 373 vom 31.12.1991, S. 26), der zuletzt durch Artikel 1 Absatz 2 der Durchführungsrichtlinie 2014/37/EU vom 27. Februar 2014 (AbBl. L 59 vom 28.2.2014, S. 32) neu gefasst worden ist, genannten Anforderungen genügen[7] und für das Kind geeignet sind[8 9 10 11]. Abweichend von Satz 1
1. ist in Kraftomnibussen mit einer zulässigen Gesamtmasse von mehr als 3,5 t Satz 1 nicht anzuwenden,
2. dürfen Kinder ab dem vollendeten dritten Lebensjahr auf Rücksitzen mit den vorgeschriebenen Sicherheitsgurten gesichert werden, soweit wegen der Sicherung anderer Kinder mit Kinderrückhalteeinrichtungen für die Befestigung weiterer Rückhalteeinrichtungen für Kinder keine Möglichkeit besteht.
3. ist[12 13]
   a) beim Verkehr mit Taxen und
   b) bei sonstigen Verkehren mit Personenkraftwagen, wenn eine Beförderungspflicht im Sinne des § 22 des Personenbeförderungsgesetzes besteht,

   auf Rücksitzen die Verpflichtung[14] zur Sicherung von Kindern mit amtlich genehmigten[15] und geeigneten Rückhalteeinrichtungen auf zwei[16] Kinder mit einem Gewicht ab 9 kg beschränkt, wobei wenigstens für ein Kind mit einem Gewicht zwischen 9 und 18 kg eine Sicherung möglich sein muss; diese Ausnahmeregelung gilt nicht, wenn eine regelmäßige Beförderung von Kindern gegeben ist.[17]

(1b) [18] In Fahrzeugen, die nicht mit Sicherheitsgurten ausgerüstet sind, dürfen Kinder unter drei Jahren nicht befördert werden. Kinder ab dem vollendeten dritten Lebensjahr, die kleiner als 150 cm sind, müssen in solchen Fahrzeugen auf dem Rücksitz befördert werden. Die Sätze 1 und 2 gelten nicht für Kraftomnibusse.

(2) [19] Die Mitnahme von Personen auf der Ladefläche oder in Laderäumen von Kraftfahrzeugen ist verboten.[20] Dies gilt nicht, soweit auf der Ladefläche oder in Laderäumen mitgenommene Personen dort not-

wendige Arbeiten auszuführen haben. Das Verbot gilt ferner nicht für die Beförderung von Baustellenpersonal innerhalb von Baustellen. Auf der Ladefläche oder in Laderäumen von Anhängern darf niemand mitgenommen werden[21 22]. Jedoch dürfen auf Anhängern, wenn diese für land- oder forstwirtschaftliche Zwecke eingesetzt werden, Personen auf geeigneten Sitzgelegenheiten[23] mitgenommen werden. Das Stehen während der Fahrt ist verboten, soweit es nicht zur Begleitung der Ladung oder zur Arbeit auf der Ladefläche erforderlich ist.

(3) Auf Fahrrädern dürfen Personen von mindestens 16 Jahre alten Personen nur mitgenommen werden, wenn die Fahrräder auch zur Personenbeförderung gebaut und eingerichtet sind. Kinder bis zum vollendeten siebten Lebensjahr dürfen auf Fahrrädern von mindestens 16 Jahre alten Personen mitgenommen werden, wenn für die Kinder besondere Sitze vorhanden sind und durch Radverkleidungen oder gleich wirksame Vorrichtungen dafür gesorgt ist, dass die Füße der Kinder nicht in die Speichen geraten können[23a 24]. Hinter Fahrrädern dürfen in Anhängern, die zur Beförderung von Kindern eingerichtet sind, bis zu zwei Kinder bis zum vollendeten siebten Lebensjahr von mindestens 16 Jahre alten Personen mitgenommen werden. Die Begrenzung auf das vollendete siebte Lebensjahr gilt nicht für die Beförderung eines behinderten Kindes.[25]

Erläuterungen

1 Abs. neu gef. durch VO v. 11.5.2006 (BGBl I S. 1160, Begründung vgl. VkBl 2006, 489). Die Änd-VO dient der Umsetzung der RiLi 2003/20/EG des Europ. Parl. und des Rates v. 8.4.2003 zur Änderung der RiLi 91/671/EWG des Rates zur Angleichung der Rechtsvorschr. der Mitgliedstaaten über die Gurtanlegepflicht in Kfz mit einem Gewicht von weniger als 3,5 t (ABl. EU Nr. L 115 S. 63).

2 Vorschr. begründet eigenständige Pflicht des Fzgf. Sitzplätze vgl. § 35a StVZO; verboten ist damit z. B. Beförderung auf Hutablage oder im Kofferraum. Liegendbeförderung in Lkw-Schlafkabine ist ebenfalls unzulässig. Wird aber teilw. in EU-rechtlichen Vorgaben zur Lenk- und Ruhezeit so angenommen. Hier ist also eine Klarstellung im Rahmen einer der nächsten StVO-Novellen zu erwarten. Gleiches gilt für die Liegendbeförderung in Krankenwagen auf Krankentransportliegen, die idR über eine eigenständige Sicherung verfügen. Damit wörtlich geregelt, dass nur so viele Personen befördert werden dürfen, wie mit Sicherheitsgurten ausgerüstete Sitzplätze vorhanden sind. Lt. Begründung (vgl. Erl. 1, S. 490 der Begr.) konnten die StrVerkBeh bis April 2008 Ausnahmen erteilen, um unzumutbaren Härten zu begegnen (z. B. bei kinderreichen Familien). Ein Rückgriff auf § 23 Abs. 1 S. 2 StVO ist seitdem nicht mehr erforderlich. Nach § 34a

Abs. 1 StVZO gilt für Kraftomnibusse, dass nicht mehr Personen befördert werden dürfen, als im Fahrzeugschein Plätze ausgewiesen sind.

3 Satz 2 dient der Klarstellung und gilt nur für Fzg, die nicht von der Ausrüstungspflicht mit Sicherheitsgurten erfasst sind (z. B. Oldtimer).

4 Zum „besonderen Sitz" vgl. VwV; also nicht Gepäckträger oder Tank (vgl. §§ 35a, 61 StVZO).

5 In der 16. Änd-VO (vgl. Erl. 1) noch enthaltene Wörter „mit nur einer Achse oder mit Doppelachse" wurden 2006 (BGBl I, 3226, Begründung VkBl 2007, 23) gestrichen, weil Wohnwagen (= Anhänger) generell nicht für eine Personenbef. geeignet sind. Bei Wohnmobilen ist Bef. zulässig auf Sitzen, die als Fahrgastplätze zugelassen sind (siehe Betriebserlaubnis u. Fahrzeugschein).

6 Die in Erl. 1 genannte EG-RiLi enthält keine Altersgrenze (Grund: in EU war eine Einigung auf eine einheitl. Grenze nicht erzielbar); Deutschland hat sich entschieden, dennoch ehemalige Grenze von 12 Jahren beizubehalten. Ältere oder größere Kinder müssen den regulären Sicherheitsgurt nutzen. Altersgrenze ist dennoch aus Gründen der Verkehrssicherheit unbedenklich, auch weil in RiLi von „Kindern" die Rede ist (vgl. auch *Kramer* in VD 2003, 124, 128).

7 Die ehemalige Vorgabe „amtlich genehmigt" war bis 8.4.2008 gültig. Die Änderung war bereits Gegenstand der in Erl. 1 genannten Änd-VO; verbunden mit einem späteren Inkrafttreten, das dem Umstand geschuldet war, dass noch Kinderrückhaltesysteme verkauft werden durften, die nicht den Vorgaben der ECE-Regelung 44/03, 44/04 mit entspr. Prüfzeichen entsprachen. Durch Art. 1 der 49. VO zur Änderung straßenverkehrsrechtlicher Vorschriften v. 22.10.2014 (VkBl 2014, S. 933) wurde die Anwendung von Kinderrückhalteeinrichtungen vereinfacht. Es wurde das sog. Universal-IsoFix-System („i-Size") im Nachgang zur Internationalen UNECE-Regelung 129 auch im deutschen Recht verankert.

8 Vgl. VwV.

9 Die **Eignung** einer Kinderrückhalteeinrichtung ergibt sich aus der Genehmigung sowie der Einbauanweisung, die vom Hersteller beizufügen ist. Die Rückhalteeinrichtungen sind nach der RiLi 2003/20/EG (vgl. Erl. 1) in fünf Gewichtsgruppen unterteilt:
- Gruppe 0: Körpergewicht von weniger als 10 kg
  (in etwa bis neun Monate)
- Gruppe 0+: Körpergewicht von weniger als 13 kg (in etwa bis 2 Jahre)
- Gruppe I: Körpergewicht von 9 kg –18 kg
  (in etwa bis ca. vier Jahre)
- Gruppe II: Körpergewicht von 15 kg – 25 kg
  (in etwa drei bis sieben Jahre)

– Gruppe III: Körpergewicht von 22 kg – 36 kg (in etwa vier bis zwölf Jahre).

Die Gewichtsangabe auf der Einrichtung bezieht sich auf das Körpergewicht des Kindes. Sitzkissen mit Zulassung 36 kg können auch für schwerere Kinder verwendet werden. Die spezielle Eignung einer Rückhalteeinrichtung (z. B. nur für Vorder- oder nur für Rücksitze, nur für bestimmte Fzg) ergibt sich aus der Gebrauchsanleitung. Ist für einen **Beifahrerplatz** ein betriebsbereiter **Airbag** vorhanden, so dürfen auf einem solchen Sitz nach hinten gerichtete Rückhalteeinrichtungen für Kinder nicht angebracht sein; darauf muss ein entspr. Warnhinweis (Plakette) aufmerksam machen (§ 35a Abs. 8 StVZO). Aber auch sonst ist es nicht zu empfehlen, kleinere Kinder auf einem solchen Beifahrersitz zu befördern (Verletzungsgefahr beim Auslösen des Airbags unter best. Voraussetzungen).

10 Abs. 1a wurde kurzfristig hintereinander zweimal geändert. Zunächst wurde durch die 16. Änd-VO (vgl. Erl. 1) die Altersgrenze durch Neufassung des ehemaligen Abs. 1a Satz 3 hinzugefügt. Dies gründet sich einerseits mittelbar auf Art. 2 der RiLi 2003/20/EG, die verlangt, dass Kinder unter 3 Jahren nicht mehr in Fzg befördert werden dürfen, die nicht über Sicherheitssysteme verfügen. Damit und nach Abs. 1 Satz 1 nicht mehr zulässig, dass das Kind zusätzlich noch auf den Schoß genommen wird. Nach Art. 6 der genannten RiLi ist die Schaffung der Ausnahme „Sicherung ohne spezielle Rückhalteeinrichtung und nur durch Gurt“ von der (vorherigen) Zustimmung der Europ. Kommission abhängig. Diese liegt aber nicht vor.

11 Erneute Änderung des Abs. 1a erfolgte durch VO v. 18.12.2006 (BGBl I S. 3226, Begründung VkBl 2007, 23). Nr. 1 und 2 blieben inhaltlich unverändert, es wurde aber Neugliederung vorgenommen.

12 Hinzugekommen ist die Überführung der vormals vorhandenen 7. Ausnahme-VO zur StVO zur Kindersicherung in Taxen, die Ende 2006 ausgelaufen ist. Mit Überführung der Ausnahmen in die StVO wurden diese auch auf Linienersatzverkehre, Anmeldelinienverkehre und Anrufsammeltaxen ausgedehnt, soweit es sich um einen Pkw handelt und keine regelmäßige Beförderung vorliegt. Die Hoffnung, dass die Kfz-Industrie geeignete Lösungen für Taxen für platzsparende Kinderrückhaltesysteme langfristig anbietet, hatte sich nicht erfüllt.

13 Gemäß Art. 2 der RiLi 2003/20/EG (vgl. Erl. 1) können die Mitgliedstaaten Ausnahmen für die Beförderung in Taxen gestatten. Die nunmehr getroffene Ausnahme bleibt jed. hinter den Möglichkeiten der RiLi zurück. Da sich die mit der 7. Ausnahme-VO getroffenen Ausnahmen bewährt hatten, ist aus Verkehrssicherheitsgründen aber Beibehaltung der Anforderungen auf gleichem Sicherheitsniveau geboten.

14 Bei nicht regelmäßiger Beförderung gilt die Verpflichtung des Taxifahrers, auf Rücksitzen Kinder nur gesichert mitzunehmen, nicht für Kinder der

Gewichtsgruppen 0 und 0+ (vgl. Erl. 10). Für diese ist aber davon auszugehen, dass eigene Einrichtungen durch die Aufsichtspflichtigen vorgehalten werden (sog. Baby-Schale); diese sind dann auch entspr. zu verwenden. Auf Vordersitzen besteht stets volle Sicherungspflicht. Aus Sinn und Zweck der VO ist Befreiung stets nur geboten, soweit Rückhalteeinrichtungen tatsächlich nicht vorhanden sind. Es genügt also, dass bei Mitnahme von Kindern insg. zwei Kinder der Gruppen I, II, III durch Rückhalteeinrichtungen gesichert sind, soweit nicht weitere Einrichtungen vorhanden sind. Werden Kinder der Gruppe I befördert, muss wenigstens eines entspr. gesichert werden.

15 Zur erneuten Änderung (vgl. Erl. 7).

16 StVO enthält keine Ausrüstungsvorschrift, sodass das Mitführen der Einrichtungen ebenfalls nicht vorgeschrieben ist. Regelungsgegenstand ist aber die Sicherung durch den Fzgf. Damit wird mittelbar über die Beförderungspflicht des § 22 PBefG doch eine Verpflichtung zum Mitführen begründet, weil dem ansonsten bestehenden Beförderungsverbot durch den Unternehmer abgeholfen werden kann (§ 22 Nr. 3 PBefG).

17 Ob über die Ausnahmen hinausgehend weitere Ausnahmen durch die StrVerkBeh zulässig sind (§ 46 Abs. 1 Nr. 5a), ist auch im Lichte der europ. RiLi 2003/20/EG (vgl. Erl. 1) zu bewerten. Ggf. bietet sich in begründeten Fällen eher die Anwendung des Opportunitätsprinzips im OWi-Verfahren an.

18 Damit dürfen Kinder unter 3 Jahren nicht mehr in Oldtimern befördert werden, wenn diese nicht mit Sicherheitsgurten nachgerüstet wurden.

19 Die Mitnahme von Personen auf der Ladefläche von Lkw umfasst auch die Beförderung von Personen in havarierten oder verunfallten Kfz auf der Ladefläche von Pannenhilfsunternehmen (Plateauwagen). Ist im Führerhaus nur begrenzt Platz, ist ein weiteres Fzg anzufordern. Eine Rechtfertigung für die Mitnahme kommt weder über § 16 OWiG noch etwaige Erlasse der Länder in Betracht (Grund: u. a. gibt es keine Möglichkeit, unvorhersehbares Aussteigen der Insassen während der Fahrt zu unterbinden, außerdem unterfällt die Beförderung der Insassen nicht der Aufgabe des Pannenhelfers).

20 Geändert durch VO v. 22.12.2005 (BGBl I S. 3716, Begründung vgl. VkBl 2006, 41). Es erfolgte Gleichstellung zur Mitnahme von Personen auf der Ladefläche von Anhängern. Kfz-Beschleunigung und -Verzögerung, -Kurvenlaufverhalten, Fahrbahnunebenheiten und Befahren von Gefäll- und Steigungsstrecken lassen keine geeignete Sitz- bzw. Haltemöglichkeiten zu, egal ob Ladefläche, Laderaum oder Anhänger. Ladefläche ist die Fläche des Kfz, die der Beförderung von Gütern und Gegenständen dient. Hintere „Standplätze" an Müllfzgen sind keine Ladefläche idS. Allein die Ausnahmetatbestände für das Verrichten notwendiger Arbeiten und die Beförderung von Baustellenpersonal innerhalb von Baustellen wurden fortgeführt.

Eine Änderung der VwV-StVO zu § 21 Abs. 2 Satz 1 erfolgte mit VwV v. 20.3.2008 (BAnz S. 1106, Begr. VkBl S. 283).

21 Das Verbot gilt auch für die Ladefläche von Anhängern, die nicht von Kfz gezogen werden, also auch für Anh. hinter **Fahrrädern** (*Bremen* DAR 81, 265 = VRS 61, 465). Deshalb dürfen Personen, insbes. auch Kinder, auf der Ladefläche eines Fahrradanhängers nicht befördert werden. Ist allerdings ein Fahrradanhänger so konstruiert und ausgerüstet, dass dort besondere und sichere Sitze für Kinder fest eingebaut sind und dass z. B. die Hände der Kinder nicht in die Speichen der Räder geraten können, so handelt es sich um einen Personenanhänger, nicht um einen „Anhänger mit Ladefläche". Siehe dazu auch Erl. 25.

22 Bei örtlichen Brauchtumsveranstaltungen (z. B. Karnevals-/Faschingsumzüge, Volksfeste) dürfen Personen auf Anhängern befördert werden (§ 1 Abs. 3, Abs. 4 der 2. VO üb. Ausnahmen von straßenverkehrsrechtl. Vorschr., Ordnungsnr. 3e) und zwar unter folg. Voraussetzungen:

- Beförderung nur während der Veranstaltung, nicht bei An- oder Abfahrt
- ebene, tritt- und rutschfeste Ladefläche
- Sicherung aller Steh- und Sitzplätze
- sichere Gestaltung und feste Anbringung der Aufbauten
- bes. Haftpflichtversicherung
- Schrittgeschwindigkeit (4–7 km/h).

23 Geeign. Sitzgel. kann hier auch die Ladefläche des Anhängers sein (VwV-StVO).

23a Mit nächster Änd-VO wird die Übernahme der in § 10 Abs. 4 der Fahrerlaubnis-Verordnung (FeV) verorteten Vorschrift in die StVO erfolgen. Auch auf Mofas nach § 4 Abs. 1 Satz 2 Nr. 1 FeV oder Kleinkrafträdern nach § 4 Abs. 1 Satz 2 Nr. 1b der FeV sind für die Mitnahme von Kindern (bis zum vollendeten 7. Lebensj.) neben besonderen Sitzen auch Radverkleidungen oder gleich wirksame Vorrichtungen erforderlich. An diese Fzg werden also geänderte techn. Anforderungen (für die Mitnahme von Kindern bis zum vollendeten 7. Lebensj.) gestellt. Dies ist in der StVO mögl., weil das Verhaltensr. dem Subsidiaritätsprinzip unterfällt. Vorschr. bedarf der Notifizierung. Allein deshalb konnte sie noch keinen Eingang in die StVO-Novelle 2020 finden.

24 Zur rechtlichen Einordnung von Velotaxen (Fahrradtaxen) vgl. *Kramer* VD 2002, 143; VkBl 2003, 429. BMVI hat Empfehlungen für die Entscheidung über Anträge auf Zulassung des Betriebs von Fahrradtaxen herausgegeben (VkBl 2003, S. 429), denn es muss die Mitnahme auf von anderen Personen, als den in Abs. 3 genannten erlaubt werden (§ 46 Abs. 1 Nr. 1, 5a, 9). Zur Beschaffenheit und Anbringung von Kindersitzen und Fußstützen an Fahrr. vgl. VkBl 1980, S. 788 (keine Anbringung an Lenker oder Gabel etc.). BR hat im Rahmen der Änd-VO v. 20.4.2020 (BGBl I, S. 815) die Mitnahme von über 7jähr. Personen z. B. auf Lastenfahrrädern zugelassen. Dann müssen solche Fahrräder für den Transport von Personen gebaut sein und über eigene Sitzgelegenheiten (zwingend mit Gurten aus Verk.Si-Aspekten) für jede Person verfügen (BR-Drs. 591/19, Beschl.).

25 Eingefügt mit dem Neuerlass der StVO in 2013. Der Einsatz von Fahrradanhängern ist dann vertretbar, wenn dies unter Berücksichtigung der Anforderungen des Merkblatts für das Mitführen von Anhängern hinter Fahrrädern v. 6.11.1999 (VkBl S. 703) erfolgt. Auch ein Rad mit Fahrradanhänger hat einen benutzungspflichtig angeordneten Radweg zu benutzen, es sei denn, dies ist **obj.** (z. B. Radweg tatsächlich nicht breit genug) unmöglich.

§ 21a Sicherheitsgurte, Rollstuhl-Rückhaltesysteme, Rollstuhlnutzer-Rückhaltesysteme, Schutzhelme

(1) [1] Vorgeschriebene Sicherheitsgurte[2] müssen während der Fahrt angelegt sein; dies gilt ebenfalls für vorgeschriebene Rollstuhl-Rückhaltesysteme und vorgeschriebene Rollstuhlnutzer-Rückhaltesysteme.[3] [4] Das gilt nicht[5] für

1. (aufgehoben)[6],
2. Personen bei Haus-zu-Haus-Verkehr, wenn sie im jeweiligen Leistungs- oder Auslieferungsbezirk regelmäßig in kurzen Zeitabständen ihr Fahrzeug verlassen müssen,[7]
3. Fahrten mit Schrittgeschwindigkeit wie Rückwärtsfahren, Fahrten auf Parkplätzen[8],
4. Fahrten in Kraftomnibussen, bei denen die Beförderung stehender Fahrgäste zugelassen ist[9],
5. das Betriebspersonal in Kraftomnibussen und das Begleitpersonal von besonders betreuungsbedürftigen Personengruppen während der Dienstleistungen, die ein Verlassen des Sitzplatzes erfordern,
6. Fahrgäste in Kraftomnibussen mit einer zulässigen Gesamtmasse von mehr als 3,5 t beim kurzzeitigen Verlassen des Sitzplatzes.

(2) Wer Krafträder oder offene drei- oder mehrrädrige Kraftfahrzeuge[10] [10a] mit einer bauartbedingten Höchstgeschwindigkeit von über 20 km/h[11] führt sowie auf oder in ihnen mitfährt, muss während der Fahrt einen geeigneten Schutzhelm[12] tragen. Dies gilt nicht, wenn vorgeschriebene Sicherheitsgurte angelegt sind.[13]

Erläuterungen

1 Vgl. Erl. 1 zu § 21. Eine Anpassung des § 21a erfolgte nicht; durch die konkreten Vorgaben der RiLi 2003/20/EG zur Frage der Schaffung von Ausnahmen, die idR nur mit Zustimmung (vorherige Zustimmung) durch die

Mitgliedstaaten vorgenommen werden dürfen und teils zu befristen sind, war eine Änderung allerdings zu erwarten.

2 **Vorgeschrieben** sind **Sicherheitsgurte** für folgende Fahrzeuge:

a) Für Fzg, die ab 1.10.1999 erstmals in Verkehr gekommen sind gelten neue Vorschriften. Vgl. §§ 35a Abs. 3, 72 Abs. 2 StVZO mit Verweisen auf Europ. RiLi im Anhang zu § 35a StVZO (RiLi 77/541/EWG – 96/36/EG, Tabelle in Anhang XV). Wohnmobile bis 2,5 t, Pkw einschl. Cabriolet: Automatik-Dreipunktgurte für alle Seitensitze, Beckengurte im Übrigen bei Wohnmobilen auch bzgl. der für den Fahrbetrieb genehmigten Sitze im Wohnteil, bei Wohnmobilen über 2,5 t Automatik-Dreipunktgurte für die vorderen Seitensitze, Beckengurte für alle anderen. Ab 1.10.2001 müssen Omnibusse bis 3,5 t (mit selbiger Ausnahme) mit Automatik-Beckengurten für alle Sitze ausgerüstet sein. Bei Lkw bis 3,5 t werden seitdem Automatik-Dreipunktgurte für die vorderen Sitze und Beckengurte im Übrigen verlangt; über 3,5 t müssen Beckengurte für alle Sitze vorhanden sein. Fzg, die **ab 1.1.1992** erstmals in den Verkehr gekommen sind: Pkw, Sattelzugmaschinen, Lkw mit bauartbest. Höchstgeschw. über 25 km/h: Automatik-Dreipunktgurte für die Außensitze – soweit Verankerungen vorhanden –; für die übrigen Sitze sowie für alle Sitze in Cabriolets mind. Zweipunktgurte (Beckengurte, § 35a Abs. 7 StVZO a. F.). Bei techn. vergleichbaren Fzg (z. B. Wohnmobilen) gilt ebenfalls Gurtausrüstungspflicht, jed. genügen für alle hinteren Sitze (also auch für die Außensitze hinten) Beckengurte (§ 35a Abs. 5 StVZO a. F.). Allg. ausgenommen von der regulären Gurtausrüstungspflicht sind Klappsitze (Notsitze) sowie Sitze, die mit sog. „Hosenträgergurten" oder best. geeigneten Rückhaltesystemen ausgerüstet sind (§ 35a Abs. 8 StVZO a. F.). Werden betriebsfertige Rückhalteeinrichtungen für Kinder mitgeführt und werden für die Befestigung dieser Einr. die vorh. Verankerungen benutzt, so sind Sicherheitsgurte entbehrlich (§ 35a Abs. 7 Satz 4 StVZO a. F.).

b) Fzg, die **ab 1.5.1979** und **vor dem 1.1.1992** erstmals in den Verkehr gekommen sind: Pkw sowie Lkw bis 2,8 t zul. Gesamtmasse: Dreipunktgurte für die Außensitze vorne, Zweipunktgurte (Beckengurte) für die Rücksitze. Cabriolets: Zweipunktgurte. Ausnahmen bei Ausrüstung mit geeign. Rückhaltesystemen und beim Mitführen von Kinder-Rückhalteeinrichtungen wie oben a). Vgl. § 72 Abs. 2 StVZO iVm § 35a Abs. 7 StVZO früherer Fassung. Auch für die Rücksitze (Außensitze) sind Dreipunktgurte (mögl. Automatikgurte) dringend zu empfehlen.

c) Fzg, die **ab 1.1.1974** und **vor dem 1.5.1979** erstmals in den Verkehr gekommen sind: Pkw und Lkw bis 2,8 t zul. Gesamtmasse: Dreipunktgurte für die Außensitze vorne, bei Cabriolets genügen hier Zweipunktgurte (Beckengurte). Ausnahmen wie bei b).

d) Fzg, die **ab 1.4.1970** und **vor dem 1.1.1974** erstmals in den Verkehr gekommen sind: Wie bei c), jed. nur, soweit solche Fzg mit entspr. Verankerungen ausgerüstet sind.

e) **Kraftomnibusse** bis 3,5 t Gesamtmasse: erstmals in den Verkehr kommende **neue Typen** ab 1.10.1999; § 35a Abs. 2 und 4 a. F., § 72 Abs. 2 StVZO).

f) **Kraftomnibusse** bis 3,5 t Gesamtmasse: erstmals in den Verkehr kommende Fzg ab 1.10.2001; § 35a Abs. 2 und 4 a. F., § 72 Abs. 2 StVZO.

g) **Kraftomnibusse** mit einer Gesamtmasse von mehr als 3,5 t: erstmals in den Verkehr kommende neue Typen ab 1.6.1998, erstmals in den Verkehr kommende andere Fzg ab 1.10.1999 (§ 35a Abs. 2 und 4 a. F., § 72 Abs. 2 StVZO), ausgenommen Nahverkehrs-Busse mit Stehplätzen (§ 35a Abs. 6 StVZO).

Wenn gleichzeitig eine nach hinten gerichtete Baby-Schale transportiert wird, ist Airbag zu deaktivieren (§ 35a Abs. 8 StVZO).

BMVI hat zusammen mit obersten Landesbehörden Hinweise zur Gurtanlegepflicht veröffentlicht (VkBl 1986, S. 508 unter Verweis auf VkBl 1976, S. 437 für die Erteilung von etwaigen Ausnahmen – Fahrleherer oder Prüfer, Schwerbehinderte, gesundheitliche Gründe), die teilw. aber bereits durch eine geänd. Rechtslage überholt sind.

3 Verstöße gegen die Verpflichtung, vorgeschriebene **Sicherheitsgurte** anzulegen, sind nach § 49 Abs. 1 Nr. 20a bußgeldbewehrt. Die Vorschrift ist verfassungsgemäß (BVerfG VRS 72, 1 = DAR 87, 16; *Hamm* VRS 69, 147; *BayObLG* VRS 69, 150; *Düsseldorf* VRS 71, 69; *Stuttgart* VRS 70, 44). Für Verstöße des Beifahrers hat der Fzgf. nicht nach § 23 Abs. 1 einzustehen (*BayObLG* DAR 94, 282); er kann aber wegen Beteiligung (§ 14 OWiG) zur Verantwortung gezogen werden, wenn er ggü. dem Beifahrer aufgrund anderer Vorschriften eine „Garantenstellung" hat (z. B. Personensorgeberechtigte ggü. Minderjährigen, insbes. ggü. Kindern, §§ 1626, 1631 BGB; Schulbusfahrer ggü. mitfahrenden Kindern aufgrund Vertrags; nicht dagegen Ehegatten untereinander, nicht Taxifahrer ggü. Fahrgast, *KG* VRS 70, 469) und ihm entspr. Handeln im Einzelfall zumutbar ist (*BayObLG* NZV 93, 491; vgl. auch *Bouska* DAR 84, 265). Dagegen stützt *Hamm* DAR 96, 24 die Verpfl. des Fahrers in solchen Fällen auf § 23 Abs. 1 Satz 2. Klarstellung des VO-Gebers nicht erforderl. Die Vorschrift wendet sich nicht nur an den Fzgf. sondern an sämtl. Insassen. Würde man die Verpflichtung des Fzgf. auf die Beifahrer ausdehnen, hätte dies unzumutbare Folgen: Fzgf. müsste dann nicht nur vor Fahrtantritt sondern auch während der Fahrt stets prüfen, ob Beif. angegurtet ist. Daher: Einstehen des Fzgf. nur bei Garantenstellung. Gurtanlegepflicht ist nur erfüllt, wenn der Gurt ordnungsgem. angelegt ist, so dass er seine Schutzfunktion erfüllen kann (*Hamm* VRS 69, 458, 460; *Oldenburg* VRS 70, 298 = DAR 86, 28). Deshalb ist es z. B. rechtswidrig, wenn ein Gurt unter der Achsel durchgeführt oder deutlich zu locker getragen wird (*Düsseldorf* VRS 80, 291 = NZV 91, 241; DAR 93, 70). Die Rückenlehnen der Vordersitze dürfen nur so weit zurückgestellt werden, dass der Gurt noch ordnungsgem. anliegt (Liegesitze dürfen also während der Fahrt nicht in „Schlafstellung" gebracht werden). Zur „Fahrt" iSd Vor-

schrift gehört auch kurzfristiges Anhalten aus verkehrsbedingten Gründen (vgl. *BGH* DAR 2001, 117 = VersR 2001, 524 = NJW 2001, 1485), z. B. an einer Ampel (a. A. *Celle* VRS 70, 50), während bei längerem Stehen z. B. in einem Stau keine Gurtanlegepflicht besteht. Vgl. zur Gurtanlegepflicht auch *Kramer* VD 2001, 121. Gurtpflicht gilt auch für Fahrlehrer auf Ausbildungsfahrten (*Köln* VRS 69, 307).

Mit Art. 2 der 51. VO zur Änd. straßenverkehrsrechtl. Vorschr. v. 17.6.2015 (BGBl I S. 1463) wurde zum Wohle der Verkehrssicherheit für Rollstuhlfahrer eine Regelungslücke geschlossen: Sowohl ein vorgeschriebenes Rollstuhlrückhaltesystem als auch ein vorgeschriebenes Rollstuhlnutzer-Rückhaltesystem muss bei Personenbeförderung im Rollstuhl im Pkw nunmehr genutzt werden. Zur technischen Ausrüstung vgl. § 35a StVZO, ebenfalls eingef. mit dieser Änderungs-VO (Art. 1).

4 Bei einem **Unfall** wird dem Geschädigten, der vorschriftswidrig – gleich ob auf Vordersitz oder Rücksitz – den Gurt nicht angelegt hatte, idR ein **Mitverschulden** angelastet, auch wenn er sich im Übrigen völlig korrekt verhalten hatte. Er muss dann also einen Teil des eigenen Schadens (bis zu 50 %) selbst tragen, obwohl er am Verkehrsunfall keine Schuld hatte (*BGH* DAR 79, 162; DAR 80, 274 = VRS 59, 166; NZV 93, 23; *Karlsruhe* NZV 89, 470; *Knippel* NJW 75, 2249; *Schlund* DAR 76, 57; 78, 215). Nach *BGH* NZV 93, 23 kommt ein Mitverschulden des Geschädigten, der den Gurt nicht angelegt hatte, nur dann nicht in Betracht, wenn er durch AusnGen. der StrVerkBeh von der Gurtpflicht befreit war oder wenn er jedenfalls Anspruch auf eine solche AusnGen. gehabt hätte; Letzteres ist nur der Fall, wenn infolge des Anlegens des Gurtes für den Betr. konkret ernsthafte Gesundheitsschäden zu befürchten sind, denen auf and. Wege nicht vorgebeugt werden kann (*BGH* aaO). Ebenso Wegfall des Anspruchs auf Lohnfortzahlung (*BAG* DAR 82, 123). Fährt eine Person ohne Gurtsicherung mit, weil alle vorgeschr. Gurte bereits durch and. Fahrgäste „besetzt" sind, so Verstoß gegen § 21 Abs. 1.

5 Neben den in § 21a genannten Ausnahmen gelten die allg. Befreiungen, z. B. nach § 35 Abs. 1, Abs. 5a. Einzelausnahmegenehmigungen: § 46 Abs. 1 Nr. 5b (vgl. auch *Düsseldorf* VRS 80, 376: Einzelausnahmegenehmigung muss mitgeführt werden). Für die Sicherung von **Kindern** gilt § 21 Abs. 1a als lex specialis. Kinder, die nicht von § 21 Abs. 1a erfasst werden (Kinder ab vollend. 12. Lebensjahr oder Kinder, die zwar noch nicht 12 Jahre alt, aber mind. 150 cm groß sind), müssen nach § 21a Abs. 1 Satz 1 die regulären Sicherheitsgurte anlegen. Soweit Kinder von der bes. Sicherungspflicht nach § 21 Abs. 1a ausgenommen sind (nämlich in Omnibussen über 3,5 t; vgl. § 21 Abs. 1a Satz 2) müssen sie, soweit möglich, mit Hilfe der regulären Gurte (Beckengurte) nach § 21a gesichert werden.

6 Befreiung für Taxifahrer während der Fahrgastbeförderung gilt seit Ende 2014 nicht mehr BGBl I S. 1635, mit Begr. VkBl 2014, 933); aufgehoben durch 49. VO zur Änderung straßenverk. Vorschr. Die Aufhebung der

Ausn. wurde nach der RiLi 2003/20/EG der Europ. Kommission gemeldet. Vorschrift wurde auf Drängen der VerkSiVerbände und Berufsgenossenschaften gestrichen. Hintergrund: Taxifahrer schnallen sich zunehmend gar nicht mehr an mit der Folge größerer Unfallschäden. Die Ausn. fußte auf Erfahrungen aus den 70ern, wo vermehrt Übergriffe auf Taxifahrer zu verzeichnen waren; laut Taxiverband ist das heute vernachlässigbar.

7 Geändert durch die VO v. 22.12.2005 (BGBl I S. 3716, Begründung vgl. VkBl 2006, 41). Begriff des Lieferanten (lt. Duden Person zur Überbringung eines Handelsgutes) griff zu kurz. Ausnahmeregelung war ehemals getroffen worden, weil von „Lieferanten und Handelsvertretern im Haus-zu-Haus-Verkehr, die nur kürzeste Entfernungen in langsamer Fahrgeschwindigkeit zurücklegen, das wiederholte Anlegen des Sicherheitsgurtes im Auslieferungsbezirk billigerweise nicht verlangt werden kann". Daher ist ausschlaggebend, ob nach kurzer Fahrstrecke (vgl. zur alten Regelung jeweils *Düsseldorf* NZV 91, 482; NZV 92, 40 = VRS 82, 142 [hier: 300 m]; *Zweibrücken* DAR 89, 349 [hier: 500 m]), die mit geringer Geschwindigkeit (etwas über Schrittgeschwindigkeit, da ansonsten Nr. 3 einschlägig) gefahren wird, immer wieder aus- und eingestiegen werden muss. Dann ist An- und Ablegen des Sicherheitsgurtes unzumutbar; kann z. B. bei Schornsteinfegern im Haus-zu-Haus-Verkehr, behördl. Amtsboten, *BayObLG* VRS, 72, 304 (zur alten Regelung) oder bei Postboten zur Anwendung kommen. Ausnahme gilt nicht für die Fahrt hin zum Leistungs- oder Auslieferungsbezirk, die Fahrt zwischen solchen Bezirken oder die anschließende Fahrt weg von diesem Bezirk. Die Ausn. bedarf nach der RiLi 2003/20/EG (vgl. Erl. 1) eigentlich der Zustimmung der Europ. Kommission.

8 Schrittgeschw. = 4-7 km/h. Gilt nicht nur in den genannten Beispielsfällen, sondern stets bei Schrittgeschw., solange es sich nur um eine kurze Strecke handelt (*Stuttgart* VRS 70, 49). Befr. gilt nicht, wenn Schrittgeschw. nur durch verkehrsbedingtes Herabsetzen der Geschw. „entsteht" (*KG* VRS 70, 299; im Ergebnis auch *Düsseldorf* VRS 72, 211), also z. B. nicht bei Auflaufen auf einen Stau und wohl auch nicht beim Passieren einer Grenzkontrolle. Die Ausnahmemöglichkeit geht über die erlaubten Ausnahmen der RiLi 2003/20/EG (vgl. Erl. 1) hinaus. Eine Streichung ist daher zu erwarten.

9 Z. B. Linienbusse mit Stehplätzen (auch Schulbusse). Vgl. für die StVZO: § 35a Abs. 6.

10 **Ausgenommen** von der Helmtragepflicht sind die Führer von sog. Leichtmofas (VO v. 26.3.1993, BGBl I S. 394) und von Krafträdern bis 20 km/h bauartbedingter Höchstgeschw. Die Leichtmofa-Ausnahme-VO bedarf der Überarbeitung, da ihr teilw. ein praktischer Anwendungsbereich fehlt und StVO, StVZO in ihrer derzeitigen Ausgestaltung diese überholt haben. Gleichwohl ist auch in diesen Fällen das Tragen eines Schutzhelms dringend zu empfehlen. **Keine Helmpflicht** besteht für **Radf.,** vorläufig auch noch kein Mitverschulden des ohne Helm fahrenden Radf. bei einem Unfall (*Hamm* NZV 2001, 86, VersR 2001, 1577). Die Entscheidung des *LG Kre-*

feld (NZV 2006, 205) ist angesichts widersprüchlicher wissenschaftlicher Studien zur Wirkung von Fahrradhelmen nicht haltbar; zu Recht hatte die Berufung daher Erfolg (*Düsseldorf* NJW-RR 2006, Heft 23); vgl. auch *Düsseldorf* NZV 2007, 614 und NZV 2007, 619, wo das Gericht bei einem sportlichen Radf. (Rennrad, Mountainbike) wegen gesteigerter Eigengefährdung bei hoher Geschwindigkeit oder schwierigem Gelände eine Helmpflicht bejaht und demzufolge einen Mitverschuldensanteil (§ 254 BGB) zu Recht annimmt. Zu Unrecht wird hier aber auf eine allg. Verkehrsanschauung zur Benutzung von Helmen beim Radfahren als Begr. abgestellt. Die derzeitige Diskussion zur Helmtragepflicht für sog. Pedelecs lässt weitere Änderungen erwarten. Das Verlangen des Tragens eines Integralhelms dürfte für die etwas langsameren Pedelecs, die von ihrer techn. Ausstattung eher Fahrrädern gleichen, ein Übermaß darstellen. Zur Einstufung von Elektrofahrrädern vgl. VkBl 2012, S. 848. Zudem ist eine Änderung des StVG für Elektrofahrräder mit elektromotorischer Anfahr- und Schiebehilfe erfolgt; sie wurden Fahrrädern gleichgestellt. Intern. Änderung ist bei der Festlegung der bauartbed. Höchstgeschw. zu erwarten. Entscheidend ist bei der Unterscheidung zw. Kraftrad und Fahrrad, wann die elektronische Tretunterstützung aufhört.

10a Geändert durch VO v. 22.12.2005 (BGBl I S. 3716, Begründung vgl. VkBl 2006, 41). Adressatenkreis wurde auf Führer und Beifahrer in oder auf Trikes (offene, kraftradähnliche dreirädrige Kfz) oder Quads (offene vierrädrige Kfz) erweitert, die inzw. eine eigene EG-Fahrzeugklasse darstellen (vgl. RahmenRiLi 2002/24/EG). Zuvor in Deutschland vorgenommene Praxis (AusnGen. nach § 70 StVZO mit Auflage Sicherheitsgurte bzw. Helmtragepflicht nicht mehr möglich). Vorschrift gilt auch für Mitfahrer in Beiwagen.

11 Die Festlegung der Mindestgeschwindigkeit ist erforderlich, um z. B. zugelassene Kleintraktoren oder leichte Arbeitsmaschinen (Mähmaschinen etc.) bis 20 km/h nicht zu erfassen. Wortlaut der Vorschrift umfasst aber anders als die Begründung auch die offenen land- und forstwirtschaftlichen Zugmaschinen; darüber hinaus auch Oldtimer. Begründung stellt auf die drei- oder vierrädrigen Kfz gem. Art. 1 Abs. 2 und 3 der RiLi 2002/24/EG des Europ. Parl. und des Rates über Typgenehmigung für zweirädrige oder dreirädrige Kfz und zur Aufhebung der RiLi 92/61/EWG des Rates v. 18.3.2002 (Abl. EG Nr. L 124 S. 1) ab. Treten Probleme in der Praxis auf, sollten diese im Notfall unter Anwendung des Opportunitätsprinzips gelöst werden. Die Änderung in 2005 machte die 6. Ausnahme-VO v. 26.3.1994 (BGBl I S. 394) entbehrlich. Sie wurde gleichzeitig aufgehoben. Für sog. Leichtmofas gilt weiterhin eine Ausnahme von der Helmtragepflicht nach § 2 der VO v. 26.3.1993, BGBl I S. 394. Für diese ist gleichwohl das Tragen von Schutzhelmen zu empfehlen; vgl. auch Erl. 10.

12 Der Begriff „amtlich genehmigt" wurde ebenfalls 2005 (vgl. Erl. 10a) in „geeignet" geändert. Vormals war begleitende VwV zur Def. heranzuziehen, die 2008 gestrichen wurde (BAnz S. 1106, Begr. VkBl S. 283). Damit nunmehr zulässig: amtlich genehmigte Schutzhelme (nach ECE-Regelung Nr. 22 [BGBl II 1984 S. 746] gebaut, geprüft, genehmigt und gekennzeichnet) und Kraftrad-Schutzhelme mit ausreichender Schutzwirkung (nicht gegeben z. B. bei Bauarbeiter-, Feuerwehr-, Radfahr- oder Stahlhelmen der Bundeswehr).

13 Offene, kraftradähnliche Konstruktion der Trikes und Quads lässt idR Gurteinbau nicht zu. Zudem Knautschzone durch Überrollbügel nicht immer gewährleistet. In diesen Fällen reicht Schutz durch Gurte nicht aus; bei diesen sind die Gurte dann auch nicht vorgeschrieben.

§ 22 Ladung

(1) Die Ladung einschließlich Geräte zur Ladungssicherung sowie Ladeeinrichtungen[1] sind so zu verstauen und zu sichern, dass sie selbst bei Vollbremsung oder plötzlicher Ausweichbewegung nicht verrutschen, umfallen, hin- und herrollen, herabfallen oder vermeidbaren Lärm erzeugen können[1a]. Dabei sind die anerkannten Regeln der Technik zu beachten[1b 1c].

(2) Fahrzeug und Ladung dürfen zusammen nicht breiter als 2,55 m und nicht höher als 4 m sein[2]. Fahrzeuge, die für land- oder forstwirtschaftliche Zwecke eingesetzt werden, dürfen, wenn sie mit land- oder forstwirtschaftlichen Erzeugnissen oder Arbeitsgeräten beladen sind, samt Ladung nicht breiter als 3 m sein[3]. Sind sie mit land- oder forstwirtschaftlichen Erzeugnissen beladen, dürfen sie samt Ladung höher als 4 m sein[3]. Kühlfahrzeuge dürfen nicht breiter als 2,60 m sein[3a].

(3) Die Ladung darf bis zu einer Höhe von 2,50 m nicht nach vorn über das Fahrzeug, bei Zügen über das ziehende Fahrzeug hinausragen. Im Übrigen darf der Ladungsüberstand nach vorn bis zu 50 cm über das Fahrzeug, bei Zügen bis zu 50 cm über das ziehende Fahrzeug betragen[4].

(4) Nach hinten darf die Ladung bis zu 1,50 m hinausragen[5], jedoch bei Beförderung über eine Wegstrecke bis zu einer Entfernung von 100 km bis 3 m[6]; die außerhalb des Geltungsbereichs dieser Verordnung zurückgelegten Wegstrecken werden nicht berücksichtigt[7]. Fahrzeug oder Zug samt Ladung darf nicht länger als 20,75 m sein. Ragt das äußerste Ende der Ladung mehr als 1 m über die Rückstrahler des Fahrzeugs nach hinten hinaus, so ist es kenntlich zu machen[7a] durch mindestens

1. eine hellrote, nicht unter 30 x 30 cm große, durch eine Querstange auseinander gehaltene Fahne,

2. ein gleich großes, hellrotes, quer zur Fahrtrichtung pendelnd aufgehängtes Schild oder
3. einen senkrecht angebrachten zylindrischen Körper gleicher Farbe und Höhe mit einem Durchmesser von mindestens 35 cm.

Diese Sicherungsmittel dürfen nicht höher als 1,50 m über der Fahrbahn angebracht werden. Wenn nötig (§ 17 Abs. 1), ist mindestens eine Leuchte mit rotem Licht an gleicher Stelle anzubringen, außerdem ein roter Rückstrahler nicht höher als 90 cm.

(5) Ragt die Ladung seitlich mehr als 40 cm über die Fahrzeugleuchten, bei Kraftfahrzeugen über den äußeren Rand der Lichtaustrittsflächen der Begrenzungs- oder Schlussleuchten hinaus, so ist sie, wenn nötig (§ 17 Abs. 1), kenntlich zu machen, und zwar seitlich höchstens 40 cm von ihrem Rand und höchstens 1,50 m über der Fahrbahn nach vorn durch eine Leuchte mit weißem, nach hinten durch eine mit rotem Licht. Einzelne Stangen oder Pfähle, waagerecht liegende Platten und andere schlecht erkennbare Gegenstände[8] dürfen seitlich nicht hinausragen.

Erläuterungen

1 Vorschrift ist abstrakter Gefährdungstatbestand. Neu gef. durch VO v. 22.12.2005 (BGBl I S. 3716, Begr. VkBl 2006, 41), mit der die Anforderungen an das verkehrssichere Verstauen der Ladung weiter präzisiert wurden. Grund für die Änderung waren Feststellungen in der Praxis: Zunehmendes Unterlassen der Ladungssicherung, vermehrt mangelhafte Ladungssicherung einschl. der fehlerhaften Verankerung von Sicherungseinrichtungen. Anbaugeräte fallen nicht darunter. Für diese gilt Merkblatt v. 10.7.1985 (VkBl S. 436). Gemeint sind aber nicht die zur Fahrzeugausrüstung gehörenden Sachen. Fahrzeugausstattung hingegen sind Sachen, die charakterisierend für das jeweilige Fzg sind (wie z. B. ein Schlauch auf einem Tankwagen, Reservekanister). Gabelstapler am Heck des Fzg, der zum Be- und Entladen mitgeführt wird, zählt z. B. zur Ladung (*BayObLG* NZV 1999, 479); auch eine im Fußraum eines Kfz mitgeführte und dem Kfz dienende Werkzeugkiste (*Hamm* SVR 2010, 276).

1a Aufzählung besonders gefahrenträchtiger Verkehrssituationen verdeutlicht, gegen welche Gefahren die Ladung stets zu sichern ist. Aufzählung ist nicht abschließend.

1b VO-Geber hat auf konkrete Vorgaben zur Ladungssicherung bewusst verzichtet, weil Einzelfall abhängig zu sichern ist. Verweis auf die anerkannten Regeln der Ladungssicherungstechnik (DIN-Normen wie DIN EN 12195-1:2010) dient der Orientierung der Ladeverantwortlichen. RiLi sind antizipierte Sachverständigengutachten, die vor Gericht überprüft werden können und mit einem Gegengutachten „ausgeräumt" (z. B. Nachweis, dass sie überholt sind) werden können (vgl. *BayObLG* VersR 2003, 746 = NZV 2003, 540; *Hamm* VerkMitt 2010, Nr. 19). Pflicht trifft Fahrer, Halter und Personen, die für die Verladung zuständig sind (z. B. Versender). Adressatenkreis wurde bewusst offengehalten (*Celle* VD 2007, 128).

1c Im Jahr 2010 wurde durch das Europ. Komitee für Normung (CEN) die zuvor mit der VDI-RiLi 2700 inhaltsgleiche EN 12195-1 überarbeitet. Deutsche Experten (z. B. DIN und Königsberger Ladungssicherungskreis) kritisieren die Überarbeitung und befürchten einen Sicherheitsabfall (vgl. Vorwort zur DIN EN 12195-1:2011-06 und Positionspapier des Königsberger Ladungssicherungskreises v. 25.3.2011). Deshalb hatten sich Bund und Länder zunächst darauf verständigt, weiter nach der VDI RiLi 2700 iVm der zuvor gültigen DIN EN 12195-1 zu kontrollieren. Gegen die Stimmen Deutschlands hat die UN ECE beschlossen, für **Gefahrguttransporte** den Standard EN 12195-1:2010 ausreichen zu lassen. Deutschland ist trotz des ablehnenden Votums als Vertragspartei des ADR verpflichtet, diese Änderung nun anzuerkennen und aufgrund der RiLi 2010/61/EU in nationales Recht umzusetzen (Gefahrgutverordnung Straße, Eisenbahn und Binnenschiff (GGVSEB)); damit fiel die Kontrollpraxis in Deutschland auseinander, was misslich war und dazu geführt hat, dass die DIN EN 12195-1:2011 nun als Regel der Technik in Deutschland ebenfalls anerkannt ist.

2 **Ausnahmegenehmigungen** nach § 46 Abs. 1 Nr. 5 möglich. Davon sollte jed. im Interesse der Sich. u. Flüssigkeit des Verk. sparsam und nur dann Gebrauch gemacht werden, wenn entw. ein öff. Int. besteht oder die Ablehnung zu einer unzumutbaren, vom VO-Geber nicht beabsichtigten Härte führen müsste. Zusätzl. **Erlaubnis** nach § 29 Abs. 3, wenn dessen bes. Vorauss. vorliegen, insbes. also übergroße und überschwere Fzge eingesetzt werden. Die 4 m-Höhe gilt auch für sog. Megatrailer, wo zur Erleichterung der Ladetätigkeit vorübergehend das Dach angehoben werden kann. Nach dem Ladevorgang ist das Dach wieder abzusenken; ansonsten Verstoß gegen § 22 Abs. 2 S. 1.

3 Abs. 2) lässt eine Breite bis zu 3 m auch für den Transport von Arbeitsgeräten zu; Vorauss. ist allerdings auch insoweit, dass das Fzg für einen land- oder forstw. Zweck eingesetzt ist. Für **Autobahnen** und **Kraftfahrstraßen** gilt diese Erleichterung nicht (§ 18 Abs. 1 Satz 2). Kein landw. Zweck, wenn gewerbl. Unternehmen landw. Produkte zum Absatz oder zur Verarbeitung befördern (*BayObLG* DAR 86, 326); Einbringung der Ernte durch gewerbl. Transporteur im Auftrag eines landw. Betriebes ist landw. Zweck iSd Vorschrift.

3a Vgl. dazu Erl. 2a zu § 18.

4 **Ladungsüberstand** nach vorne allg. zulässig, aber nur in einer Höhe von mehr als 2,5 m und auch dann nur bis max. 50 cm. Damit dürfen nach wie vor nach vorn überrag. Ladungen wie z. B. Masten von Surfbrettern unzulässig sein, weil die Ladung (auf dem Dach eines Pkw) idR niedriger als 2,5 m angebracht ist (Vorschr. dient insbes. dem Schutz von Fußg.). Ausnahmen vgl. Erl. 2.

5 Auf die Wegstrecke kommt es dabei nicht an. Bei mehr als 1 m Sicherung nach Satz 3-5.

6 Es zählt nicht die Luftlinie, sondern die tatsächl. Fahrstrecke. Mehr als 3 m darf eine Ladung also in keinem Fall nach hinten hinausragen, im Einzelfall AusnGen. nach § 46 Abs. 1 Nr. 5 möglich. Bes. Sorgfalt beim Abbiegen, wenn Ladung ausschert (*BayObLG* VM 70, 66).

7 Fahrstrecken im Ausland bleiben außer Betracht.

7a RiLi für die Kenntlichmachung überbreiter oder überlanger Straßenfzg sowie bestimmter hinausragender Ladungen siehe VkBl 2015 S. 294.

8 Verboten ist es z. B. Skier aus dem Seitenfenster eines Pkw hinausragen zu lassen. Transport von mehreren waagerecht liegenden Gegenständen (z. B. Blechen) mit denselben überbreiten Abmessungen ist nicht nach § 22 Abs. 5 Satz 2 StVO, sondern nach § 22 Abs. 2 Satz 1 StVO zu beurteilen. Gleiches gilt, wenn nur ein überbreiter waagerecht liegender Gegenstand als Ladungsgut transportiert wird. § 22 Abs. 5 Satz 2 StVO kommt nur zur Anwendung, wenn einzelne schlecht erkennbare Gegenstände der Ladung, mit denen andere VT auf Grund des Erscheinungsbildes der Ladung insg. nicht rechnen müssen, seitlich herausragen.

§ 23 Sonstige Pflichten von Fahrzeugführenden[1]

(1) Wer ein Fahrzeug führt, ist dafür verantwortlich, dass seine Sicht[2] [3] und das Gehör[3a] nicht durch die Besetzung, Tiere[3b], die Ladung, Geräte oder den Zustand des Fahrzeugs beeinträchtigt werden. Wer ein Fahrzeug führt, hat zudem dafür zu sorgen, dass das Fahrzeug, der Zug, das Gespann sowie die Ladung und die Besetzung vorschriftsmäßig[4] sind und dass die Verkehrssicherheit des Fahrzeugs durch die Ladung oder die Besetzung[5] [5a] nicht leidet. Ferner ist dafür zu sorgen, dass die vorgeschriebenen Kennzeichen stets gut lesbar sind[6]. Vorgeschriebene Beleuchtungseinrichtungen[7] müssen an Kraftfahrzeugen und ihren Anhängern auch am Tage vorhanden und betriebsbereit sein[7a].

(1a) Wer ein Fahrzeug führt[8], darf ein elektronisches Gerät[8a], das der Kommunikation, Information oder Organisation dient oder zu dienen bestimmt ist, nur benutzen, wenn
1. hierfür das Gerät weder aufgenommen noch gehalten wird[8b] und
2. entweder
   a) nur eine Sprachsteuerung und Vorlesefunktion genutzt wird oder

b) zur Bedienung und Nutzung des Gerätes nur eine kurze[8c], den Straßen-, Verkehrs-, Sicht- und Wetterverhältnissen angepasste Blickzuwendung zum Gerät bei gleichzeitig entsprechender Blickabwendung vom Verkehrsgeschehen erfolgt oder erforderlich ist[8d].

Geräte in Sinne des Satzes 1 sind auch Geräte der Unterhaltungselektronik oder Geräte zur Ortsbestimmung, insbesondere Mobiltelefone oder Autotelefone, Berührungsbildschirme, tragbare Flachrechner, Navigationsgeräte, Fernseher oder Abspielgeräte mit Videofunktion oder Audiorekorder. Handelt es sich bei dem Gerät im Sinne des Satzes 1, auch in Verbindung mit Satz 2, um ein auf dem Kopf getragenes visuelles Ausgabegerät, insbes. eine Videobrille, darf dieses nicht benutzt werden. Verfügt das Gerät im Sinne des Satzes 1, auch in Verbindung mit Satz 2, über eine Sichtfeldprojektion[8e], darf diese für fahrzeugbezogene, verkehrszeichenbezogene, fahrtbezogene oder fahrtbegleitende Informationen benutzt werden.[8f] Absatz 1c und § 1b des Straßenverkehrsgesetzes bleiben unberührt.[8g]

(1b) Absatz 1a Satz 1 bis 3 gilt nicht für

1. ein stehendes Fahrzeug, im Falle eines Kraftfahrzeuges vorbehaltlich der Nummer 3 nur, wenn der Motor vollständig[8h] ausgeschaltet ist,
2. den bestimmungsgemäßen Betrieb einer atemalkoholgesteuerten Wegfahrsperre, soweit ein für den Betrieb bestimmtes Handteil aufgenommen und gehalten werden muss,
3. stehende Straßenbahnen oder Linienbusse an Haltestellen (Zeichen 224).

Das fahrzeugseitige automatische Abschalten des Motors im Verbrennungsbetrieb oder das Ruhen des elektrischen Antriebes ist kein Ausschalten des Motors in diesem Sinne. Absatz 1a Satz 1 Nummer 2 Buchstabe b gilt nicht für

1. die Benutzung eines Bildschirms oder einer Sichtfeldprojektion zur Bewältigung der Fahraufgabe des Rückwärtsfahrens oder Einparkens, soweit das Fahrzeug nur mit Schrittgeschwindigkeit bewegt wird oder
2. die Benutzung elektronischer Geräte, die vorgeschriebene Spiegel ersetzen oder ergänzen.

(1c) [8i] Wer ein Fahrzeug führt, darf ein technisches Gerät nicht betreiben oder betriebsbereit mitführen, das dafür bestimmt ist, Verkehrsüberwachungsmaßnahmen anzuzeigen oder zu stören[8j]. Das gilt insbes. für Geräte zur Störung oder Anzeige von Geschwindigkeitsmessungen (Radarwarn- oder Laserstörgeräte)[8k]. Bei anderen technischen Geräten, die neben anderen Nutzungszwecken auch zur Anzeige oder Störung von Verkehrsüberwachungsmaßnahmen verwendet werden können, dürfen die entsprechenden Gerätefunktionen nicht verwendet werden[8l].

(2) Wer ein Fahrzeug führt, muss das Fahrzeug, den Zug oder das Gespann auf dem kürzesten Weg aus dem Verkehr ziehen, falls unterwegs auftretende Mängel, welche die Verkehrssicherheit wesentlich beeinträchtigen, nicht alsbald beseitigt werden[9]; dagegen dürfen Krafträder und Fahrräder dann geschoben werden.

(3) Wer ein Fahrrad oder ein Kraftrad führt, darf sich nicht an Fahrzeuge anhängen. Es darf nicht freihändig[10] gefahren werden. Die Füße dürfen nur dann von den Pedalen oder den Fußrasten genommen werden, wenn der Straßenzustand das erfordert[11].

(4) Wer ein Kraftfahrzeug führt, darf sein Gesicht nicht so verhüllen oder verdecken, dass er nicht mehr erkennbar ist. Dies gilt nicht in Fällen des § 21a Absatz 2 Satz 1.[12]

Erläuterungen

1 Gilt auch für ausländ. Kfz; solche Fzge müssen den einschläg. internat. Abkommen, z. B. Art. 3 des Internat. Abk. über Kfz-Verkehr v. 24.4.1926, entsprechen (*KG* VRS 69, 309), zudem seit Einfügung z. B. des § 31d StVZO (BGBl I 2006, 988) zu Gewichten, Abmessungen, Beschaffenheiten teilweise auch den spez. Bestimmungen der StVZO (hier: §§ 32, 34 StVZO). Pflichten des **FzgHalters** sind in § 31 Abs. 2 StVZO geregelt.

2 Sicht muss auch durch **Innenrückspiegel** gewährleistet sein, wenn nicht zweiter Außenspiegel nach § 56 Abs. 1 Nr. 2 StVZO a. F. (vgl. Übergangsvorschr. § 72 Abs. 2 StVZO) vorhanden (vgl. auch *Düsseldorf* VRS 80, 376). Ist nur ein Rückspiegel vorhanden, darf das Rückfenster nicht durch Gegenstände (Ladung, Stofftiere) verstellt oder Sicht durch Fahrgäste so eingeengt werden, dass Beobachtung des Verk. nicht möglich ist. Dann auch große Plaketten an Windschutzscheibe oder Rückfenster verboten (Begr.), nicht aber Einzelplakette.

3 **Vereiste** oder beschlagene Scheiben müssen ausreichend frei gemacht werden (*Bremen* VRS 30, 226). Bei vereister Heckscheibe darf nur mit funktionsfähigem zweiten Außenspiegel gefahren werden (*Karlsruhe* VRS 71, 305 = DAR 86, 327); Scheiben sollten jed. auch bei so ausgerüsteten Fzg stets frei gemacht werden.

3a Verboten ist insbes., dass der Fahrer während der Fahrt mit Hilfe von Kopfhörern Tonübertragungen (Rundfunk, Kassette) hört, wenn dadurch die Fähigkeit des Fahrers, Verkehrsgeräusche wahrzunehmen, eingeschränkt wird. Auch Radf. dürfen nicht mit Walkman-Kopfhörern fahren, wenn Gehör beeinträchtigt wird (*Köln* VRS 73, 148); dies ist idR der Fall.

Unzul. ist es aber auch, Tongeräte innerh. des Fahrgastraums so laut zu betreiben, dass die Fähigkeit beeinträchtigt wird, die Verkehrsgeräusche aus dem Umfeld wahrzunehmen.

3b Nach der amtl. Begr. zu VO v. 11.12.2000 (VkBl 2001, S. 3, 8) dient die Einfügung des Wortes „Tiere" dazu, § 90a BGB nachzuvollziehen. Darüber hinaus hat die Vorschr. aber auch Bedeutung für Satz 2; Tiere gehören zwar weder zur „Besetzung" noch zur „Ladung", allg. Rechtsgedanke spricht aber auch für ihre ordnungsgemäße Sicherung. VO-Geber hat dabei offen gelassen, wie sie zu sichern sind (z. B. Gitter, Geschirr oder Box).

4 Wann Fzg vorschriftsmäßig sind, ergibt sich überwieg. aus den Vorschriften über Bauart, Ausrüstung, einschl. Lärm- und Abgasvorschriften der StVZO und den Zulassungsvorschriften der FZV, z. B. Bereifung aus § 36 StVZO, Ladung § 22. Besetzung § 34a StVZO bei Kraftomnibussen, sonst beschränkt z. B. durch zul. Gesamtmasse, nicht aber durch die Zahl der im Fahrzeugschein angegebenen Sitzplätze (vgl. auch *BayObLG* VRS 66, 280 und Beschl. v. 14.10.1970, Az. 1 Ws-B-58/70, juris). Bei Verstoß gegen bußgeldbewehrte Vorschriften der StVZO: Ordnungswidrigkeit nach § 69a StVZO, nicht Tateinheit mit §§ 23, 49 (Vorrang der StVZO-Vorschriften iSe „Spezialität" ggü. § 23: *BGH* VRS 47, 397; *Düsseldorf* VM 96, Nr. 72; vgl. krit. VD 74, 227). Die Entscheidung des *BGH* zu § 31 Abs. 2 StVZO (VRS 94, 186 = VM 98, Nr. 41) kann sinngemäß auch für die Beurteilung von Pflichten nach § 23 herangezogen werden; der Halter (hier: ggf. der Fahrer) genügt seinen Pflichten durch einen Überprüfungsauftrag an eine Kfz-Werkstatt. Den Halter trifft ggf. auch Sorgfaltspflicht für Einhaltung der zulässigen Gesamtmasse zu sorgen und Massenüberschreitung zu verhindern (vgl. *Hamm* VM 2003, 68); Gewährleistung z. B. über stichprobenartige Wiegungen.

5 Insbes. muss **Behinderung** des Fahrers ausgeschlossen sein. Hier wurde zwar mit der Einfügung des Wortes Tiere in Satz 1 dieselbe Ergänzung an dieser Stelle unterlassen, dennoch gilt auch hier, dass die Verkehrssicherheit des Fzgs nicht unter der Beförderung eines Tieres leiden darf. VO-Geber sollte an dieser Stelle aus Klarstellungsgründen eine Ergänzung ebenfalls vornehmen.

5a Verboten ist es, in einem Kfz Personen zu befördern, die sich nicht auf **Sitzen** befinden, die nach § 35a Abs. 2 StVZO als solche zugelassen und im Fahrzeugschein eingetragen sind (vgl. auch Erl. 1 zu § 21). Auch in Wohnmobilen dürfen Fahrgäste nur auf solchen Sitzplätzen mitgenommen werden, nicht auf sonstigen Sitz- oder Liegeplätzen. Stehen während der Fahrt ist unzulässig. Vgl. zur Gesamtproblematik auch *Zweibrücken* NZV 94, 35.

6 Farbe der **Kennz.** darf nicht abgeschabt sein, beschädigte Kennz. müssen ersetzt werden. Zur Ausgestaltung der Kennz. vgl Anlage 4 zu § 10 Abs. 2, § 16 Abs. 5, § 17 Abs. 2, § 19 Abs. 1 Nr. 3 FZV (BGBl I 2006, 1036–1050). Schmutz oder Schnee muss vor Fahrbeginn beseitigt werden, **während** der

Fahrt – z. B. bei Schneematsch – in zumutbaren Abständen (*Hamm* VRS 5, 80).

7 Also insbes. Scheinwerfer (§ 50 StVZO), Begrenzungsleuchten (§ 51 StVZO), Schluss- und Bremsleuchten (§ 53 StVZO), Rückstrahler (§ 53 StVZO, *BayObLG* VRS 6, 79), Fahrtrichtungsanzeiger u. Warnblinkanlage (§ 54, § 53a Abs. 4 StVZO).

7a Nur **vorgeschriebene Beleuchtungseinrichtungen** müssen ständig **betriebsbereit** sein, nicht auch die nur „für zulässig erklärten". Dies bedeutet einen Widerspruch zu § 49a Abs. 1 Satz 3 StVZO. Wird z. B. ein Kfz – wie das häufig der Fall ist – zusätzlich zu den beiden vorgeschriebenen Schlussleuchten (§ 53 Abs. 1 Satz 1 StVZO) mit zwei zusätzlichen Schlussleuchten ausgestattet (§ 53 Abs. 1 Satz 6 StVZO), so genügt es nach § 23 Abs. 1 Satz 4, wenn links und rechts je ein Schlusslicht betriebsbereit ist, sofern die Vorauss. des § 53 Abs. 1 Satz 5 StVZO erfüllt sind. Fällt daher ein Schlusslicht auf einer Seite aus, ist das zweite Schlusslicht derselben Seite aber betriebsbereit, so muss das Fzg nicht nach Abs. 2 aus dem Verkehr gezogen werden. Geändert durch die 52. VO zur Änder. straßenverk. Vorschr. Mai 2017. Die vormals vorhandene Ausnahme für Fzge, dass sie nur über betriebsbereite Beleuchtungseinrichtungen verfügen müssen, soweit zu erwarten ist, dass sie auch bei widrigen Lichtverh. (§ 17 Abs. 1) unterwegs sind, wurde seitens des Bundesrates als nicht mehr zeitgemäß aufgegeben. Hintergrund: ihre geringe Anzahl und meist geringe Geschwindigkeit.

8 Fahrlehrer bei Ausbildungsfahrten mit fortgeschrittenem Fahrschüler, bei dem nicht jederzeitige Eingriffsbereitschaft mehr vorliegen muss, ist nicht Fahrzeugf. im genannten Sinne (*BGH* DAR 2015, 97). Verbot gilt für Führer von Kfz und von anderen Fzg (z. B. Radf.), nicht für andere Fzg-Insassen. Benutzer der unter § 24 Abs. 1 fallenden Fortbewegungsmittel sind nicht betroffen (z. B. die dort genannten, nichtmotorisierten Krankenfahrstühle, aber auch nicht z. B. Benutzer von Inlineskates, City-Roller/Kickboards oder Skateboards; zur Auslegung des § 24 Abs. 1 vgl. auch die dort. Erl.).

8a Eingefügt durch VO v. 11.12.2000 (BGBl I S. 1690), geändert durch die 53. VO zur Änd. straßenverk. Vorschr. v. 6.10.2017 (BGBl I S. 3549). Verbot gilt für sämtliche Geräte der Navigation, Organisation, Unterhaltung, Kommunikation oder Information. Auch z. B. Scanner eines Paketauslieferungsfahrers (*OLG Hamm* Beschl. v. 3.11.2020, 4 RBs 345/20, juris. Technik offene Formulierung wurde extra gewählt, um auch etwaige Neuerung in diesem Segment abzudecken (so auch *OLG Karlsruhe* Beschl. v. 5.10.2018, 2 Rb 9 Ss 627/188, SVR 2019, 70. Einwahl ins öff. Fernsprechnetz nicht mehr ausschlaggebend; für Funkgeräte wurde Übergangsbest. geschaffen, § 52 (vgl. zur vorherigen Rechtslage *Karlsruhe* SVR 2007, 309, *Hamm* VM 2003, 45 = NJW 2003, 912 = NZV 2003, 98; NJW 2005, 2469, *Hamm* NZV 2005, 548). *Köln* NZV 2005, 547 verneint zu Recht Benutzung, wenn Handy lediglich an anderen Standort gelegt wird (aber ggf. widerlegbare Schutzbehauptung), vgl. auch zum Ablesen einer gespeicherten Telefonnummer *Hamm* NZV 2006, 555).

8b Kein Verbot der Benutzung oder Bedienung von elektronischen Geräten im genannten Sinne, wenn der Fzgf. weder das Gerät oder den Hörer des Gerätes in die Hand nimmt noch in der Hand hält. Aufnahme und Halten am Ohr lassen Behauptung des reinen Umverlagerns des Handys als Schutzbehauptung qualifizieren (*Hamm* NZV 2007, 483, *Düsseldorf* NZV 2007, 95). Zulässig: Eingabe einer Nummer oder Herstellung der Verbindung durch Betätigung von Druckknöpfen/-tasten ohne Aufnehmen oder Halten des Hörers (hier empfiehlt sich zusätzl. Arretierung des Hörers) oder durch Sprachsteuerung, Führung des Gesprächs mittels sog. Head-Sets oder Freisprechanlage (eingebautes Mikrofon). Es reicht aber bereits das Durchlaufen der Menüpunkte des Displays als Benutzung aus (*AG Ratzeburg* NZV 2005, 431). Auch Gebrauch des Handys z. B. als Diktiergerät untersagt (vgl. *Jena* DAR 2006, 636 = VerkehrsR aktuell 2006,142 = NZV 2006, 665 = NJW 2006, 3734). Verbotenes Halten lt. sehr weitegehendem *OLG Köln* Beschl. v. 4.12.2020, 1 RBs 347/20, juris, auch bei Einklemmen zwischen Ohr und Schulter. Mit Blick auf die verbundene Beeinträchtigung in Bezug auf Schulterblick etc. jedoch vertretbare Entscheidung. Verbotene Benutzung auch, wenn das Gerät aufgenommen wird und es nach Ablesen der Telefonnummer ausgeschaltet (weggedrückt) wird (*Köln* DAR 2012, 220). Während der Fahrt sind auch ohne Aufnehm. oder Halten des Hörers grds. zulässige Benutzungsformen keinesfalls zu empfehlen, weil solche Gespräche jederzeit zu einer mentalen Ablenkung vom Verkehrsgeschehen führen können (deutlich mehr als ein Gespräch mit einem Fzg-Insassen, der idR ebenfalls durch Blickkontakt mit dem Verkehrsgeschehen „verbunden“ ist); haftungs- und strafrechtlich bleibt eine Verantw. des Fzgf., wenn es zu einem Unfall kommt, der durch das Telefongespräch ganz oder teilw. verursacht ist. Zu den Aspekten des Versicherungs- und Haftungsrechts vgl. DAR 2001, 145; *LG Frankfurt* NZV 2001, 480. *Celle* (VRS 2001, 48 = DAR 2001, 415 = NJW 2001, 2647 = NZV 2001, 354) nimmt vors. Rotlichtverstoß an, wenn Fzgf. ohne Freisprecheinr. telef., da er in Kauf nimmt, so abgelenkt zu sein, dass es zu Verkehrsverstößen kommt. VO-Geber hat durch die Ausgestaltung des Abs. 1a in vormaliger Ausgestaltung und in der Fassung der Änderung nicht zum Ausdruck gebracht, dass Telefonieren während der Fahrt in der zugelassenen Form unbedenklich sei; er hat lediglich diese Form der Nutzung der Eigenverantwortung des Fzgf. überlassen (vgl. auch amtl. Begr. VkBl 2001, S. 8). Für Freisprecheinrichtungen gilt: Mit der RiLi 72/245/EWG idF der RiLi 95/54/EG wird die elektromagnetische Verträglichkeit von Fzg, deren Teilen und Unterbaugruppen geregelt. Bauteile, die dieser RiLi entsprechen, tragen eine E/e-Kennzeichnung. Mit dem Fzg fest verbundene Teile müssen seit dem 1.10.2002 einer Typgenehmigung und Kennzeichnung nach dieser RiLi besitzen (Verbindung über Adapter oder Zigarettenanzunder reicht aus). Für zuvor eingebaute Geräte vgl. VkBl 2002, 554; im Übrigen vgl. § 55a StVZO.

8c Änd. berücks. auch die europ. Empfehlung über sichere und effiziente bordeigene Informations- und Kommunikationssysteme (2008/653/EG), wonach Informationen mit wenigen Blicken erfasst werden müssen, die kurz genug sein müssen, um das Fahrverhalten nicht zu beeinträchtigen. Der Rückgriff auf die genannten Verh. entspr. der Aufzählung in § 3 Abs. 1 Satz 2 StVO. Genaue Zeitangabe war nicht gewollt, weil Verkehrs-, Straßen-, Sicht- und Wetterverhältnisse relativ sind. Nicht nur techn. Voraus. des Fzg, sondern Geschwindigkeit, Verkehrsdichte etc. sind ausschlaggebend für die Nutzung überhaupt. Deshalb lässt sich ein der Verkehrssicherheit zuträglicher Verordnungstext nur durch die Verwendung von unbest. Rechtsbegriffen, bei deren Anwendung die konkreten Rahmenbedingungen Berücksichtigung finden können, und nicht durch die Einführung fester Zeitvorgaben herstellen. Die Blickabwendung vom Verkehrsgeschehen darf im fließenden Verkehr dabei nur so kurz wie möglich und beiläufig sein. Dabei können Einzelumstände im Verkehrsgeschehen auch bedeuten, dass in diesen speziellen Momenten eine Blickabwendung vom Verkehrsfluss gar nicht möglich ist. Die europ. RiLi enthalten konkrete Zeitvorgaben zur Bedienbarkeit der Geräte: **längstens** 2 Sek.

8d Formulierung „erforderl. ist" wurde gewählt, um Ausreden in der Praxis von vornherein so gering wie möglich zu halten. Rspr. kann den Sachverhalt auf diese Weise abstrakt betrachten und auch aus der Ferne beurteilen, ob für die Erfassung der Anzeige z. B. von Anbeginn eine längere Dauer als kurze Blickzuwendung erforderl. wäre.

8e Gemeint ist das Head-up-display in der Frontscheibe.

8f Head-up-display darf also nicht für Unterhaltung genutzt werden (kein Filmschauen etc.); zulässig sind Wiedergaben von VZ, Angabe des Routenverlaufs zur Navigation, Radiosendereinblendung, Motorölstandsanzeige etc.

8g Handelt es sich um ein Kfz, das zulässigerweise im (hoch)automatisierten Fahrmodus sich fortbewegt, so darf während dieser Phase von der Vorschrift abgewichen werden. Auch die längere Blickabwendung zwecks Lesen oder das Filmansehen ist dann erlaubt, solange der Fahrzeugführer derart wahrnehmungsbereit bleibt, dass er nach Aufforderung ohne schuldhaftes Zögern sofort die Fahraufgabe wieder übernehmen kann. Der Verweis ist deklaratorisch, auch ohne ihn ginge das höherrangige StVG vor. BMVI hat eine FörderRiLi „Automatisiertes und vernetztes Fahren auf digitalen Testfeldern in Deutschland veröffentlicht (BAnz AT 6.7.2016), mit dem insbes. infrastrukturelle Entwicklungen hin zum Regelbetrieb ermöglicht werden sollen. Durch die FörderRiLi Automatisiertes und vernetztes Fahren (BAnz AT 3.1.2017) sollen u.A. Erkenntnisgewinne erreicht werden, wie sich solche Fzg in das bestehende Verkehrssystem integrieren lassen.

8h Nach der Rspr. des *BGH* (NZV 2001, 130) gehören kurze Haltevorgänge noch zur „Fahrt" iSd § 21a.; vgl. auch *Celle* NZV 2006, 164 zur vorherigen

Fassung. Anders mit einem Hinweis auf die Vergleichbarkeit eines Anhaltevorgangs vor einem Bahnübergang *Bamberg* NJW 2006, 3732. Die Start-Stop-Funktion bei ausgekuppeltem Warten vor einer roten Ampel zählt auch noch zur Fahrt. VO-Geber wollte eine Aufmerksamkeit bei solchen Anhaltevorgängen, bei denen es gleich wieder losgehen kann, gewährleisten.

8i Eingef. d. VO v. 14.12.2001 (BGBl I S. 3783). Ermächtigungsgrundlage: § 6 Abs. 1 Nr. 3 Buchstabe i StVG (eingef. durch G v. 19.3.2001; vgl. BGBl I S. 386). Die Vorschrift musste, weil darin getroffene Festlegungen eventuell als Handelshemmnis im Rahmen des freien Warenverkehrs innerhalb der Europäischen Gemeinschaft zu bewerten gewesen wären, zuvor bei der EU-Kommission notifiziert werden. Die entspr. EU-RiLi sind der VO-Begründung (VkBl 2002 S. 138) zu entnehmen. Regelung verbietet nicht Herstellung oder Vertrieb der Geräte; laut VO-Begr. dient sie der Unterstützung von Maßn. zur Geschwindigkeitsbekämpfung, zudem der Rechtsklarheit. Bis 1995 untersagte § 15 FAG den Betrieb von Radarwarngeräten. Mit der Liberalisierung des Telekommunikationsrechtes ist diese Vorschrift, die auch Auswirkungen auf das Straßenverkehrsrecht hatte, weggefallen. Zur Sicherstellung von Radarwarngeräten nach Landes-POR vgl. *VG Schleswig* NZV 2000, 103; *VG Hamburg* VD 2001, 239; *VG Berlin* DAR 2000, 282; *VG Aachen* NVwZ-RR 2003, 684.

8j Vorschrift enthält Benutzungsverbot. Mit Satz 1 ist Vorschrift abschließend formuliert; Satz 2 enthält keinen neuen Regelungstatbestand. Auf die tatsächliche Eignung des Gerätes, vor Verkehrskontrollen zu warnen, kommt es nicht an, Gerät muss nur dazu **bestimmt** sein; zudem muss der tatsächliche Einsatz im Einzelfall nicht nachgewiesen werden, **betriebsbereites Mitführen** reicht aus. Zur Abgrenzung zum bloßen nicht untersagten Transport reicht es aus, wenn das Gerät jederzeit während der Fahrt ohne (technischen) Aufwand eingesetzt werden könnte. Regelung wurde auch im Inter. der Überwachungsbehörden formuliert, die mit einem Nachweis des Verstoßes ansonsten überfordert gewesen wären. Unter Verkehrsüberwachungsmaßn. fallen laut VO-Begr. nicht Messungen oder Verkehrsbeobachtungsmaßnahmen, die z. B. für wissenschaftliche Zwecke durchgeführt werden. Auch Handy mit Blitzer APP (vgl. *Celle* Beschl. v. 3.11.2015, S Ss (Owi) 131/15, juris).

8k Satz 2 dient ausschließlich der Erläuterung des Benutzungsverbotes in Satz 1, damit dem Verständn. für den Normadressaten. Aufz. nicht abschließend alle Geräte, die Standorte von Verkehrskontrollen anzeigen oder Überwachungsmaßn. stören sollen. Ggf. auch moderne Routensysteme, wenn sie als Streckeninfo zusätzl. z. B. stationäre „Starenkästen“ angeben. Herkömmliche Autoradios selbst dann nicht, wenn Rundfunksender über Standort mobiler Überwachungsmaßn. informiert; dies ist allein Art. 5 GG (Rundfunkfreiheit) geschuldet. Solche Informationen sind jedenfalls zu missbilligen.

8l BR hielt es in der Änd-VO v. 20.4.2020 (BGBl. I S. 815) für erforderlich, (BR-Drs. 591/19, Beschl.), eine ausdr. Klarstellung zur Nutzung von Geräten zu verankern, die nicht ausdr. zur Anzeige oder Störung von Überwachungsmaßn. bestimmt sind, aber derart genutzt werden können (z. B. Navi-Systeme oder Handys mit derartigen Apps, aus Gründen der Verhältn. soll das Mitf. solcher Geräte nicht verboten werden, nur die Nutzung ist damit untersagt. Dies wird in der Praxis erhebl. Nachweisschwierigk. veranlassen.

9 Je nach Art des Mangels kann es zulässig sein, das Fzg bis zur nächsten Werkstatt zu bringen, wenn entspr. Vorkehrungen getroffen werden, um Mängel auszugleichen, vor allem bes. langsam gefahren wird (Notrecht, *BayObLG* DAR 63, 361 = VRS 25, 297 = VM 63, 92; bes. zur Lenkung *Hamm* VRS 5, 639; bes. zu den Bremsen *Schleswig* VM 57, 74). Denn die meisten Mängel können bei bes. langs. Fahrt zur Werkstatt in Kauf genommen werden (Pflicht zum Langsamfahren vgl. auch *BGH* DAR 56, 59). Anders z. B. bei Ausfall beider Scheinwerfer (*BGH* VM 64, 76 = VersR 64, 621). Fällt rechter Scheinwerfer oder Rücklicht aus, so idR Weiterfahrt zur nächst. Werkstatt (Tankstelle) zulässig, um Ersatzbirne zu beschaffen. Ebenso bei Ausfall der Bremsleuchten; dann ist langsam zu fahren u. auf nachf. Verk. bes. zu achten. Ebenso bei Ausfall des Fahrtrichtungsanzeigers (Anzeige mittels Handzeichen, evtl. auch durch Beifahrer). Wird Mangel bei der techn. Fahrzeuguntersuchung nach § 29 StVZO festgestellt, so gilt Entspr. zumindest, wenn Mangel dem Fzgf. vorher nicht bekannt war (vgl. VD 66, 289; 67, 70; 68, 38; *BayObLG* VRS 32, 469; Urt. v. 18.10.1967 RReg 1 b St 307/67).

10 Fahren mit nur einer Hand am Lenker ist zulässig, Vorsicht ist insoweit geboten, wenn beide Bremsen (§ 65 Abs. 1 Satz 2 StVZO) per Hand zu bedienen sind.

11 Nur bei extrem schlechten Fahrbahnzustand (z. B. Schlammpfütze), keinesfalls bei nur nasser Fahrb.

12 Eingef. durch 53. VO zur Änd. straßenverk. Vorschr. (v. 6.10.2017, BGBl I S. 3549) zur Gewährl. der Erkennbarkeit des Kfz-Führers. Das Gesicht mit seinen ausschlaggebenden Zügen (Augen, Nase, Mund) muss verdeckt sein. Nicht darunter fallen Hut, Mütze, Kappe, Kopftuch, Perücke, soweit wesentliche Gesichtszüge freibleiben. Auch Tätowierung, Piercing, Karnevals- oder Faschingsschminke, Sonnenbrillen weiter erlaubt, soweit nur geringfügige Teile des Gesichts umfasst sind und Erkennbarkeit der Gesichtszüge nicht beeinträchtigt ist. Masken, Schleier und Hauben, die das ganze Gesicht oder wesentliche Teile des Gesichts verdecken, sind erfasst. Schutzhelme für Kraftradfahrer und darunter befindliche Sturmhauben sind nicht erfasst. Einsatzkräfte der Feuerwehr, die im Einsatz spezielle Ausrüstungsgegenstände wie Schutzhelme oder -masken tragen, die auch das Gesicht ganz oder wesentlich verdecken, sind bereits aufgrund von § 35 Abs. 1 StVO befreit, soweit das Tragen zur Erfüllung hoheitl. Aufga-

ben dringend geboten ist. Dasselbe gilt für Mitarbeiter der anderen dort aufgezählten Hoheitsträger. Wegen der Auswirkungen auf die Religionsfreih. ist Vorschr. umstr.; begründete Ausnahmen aber weiter möglich (§ 46 Abs. 2). *VG Düsseldorf* bestätigt Rechtm. der Vorschr. (Beschl. v. 26.11.2020 – 6 L 2150/20, juris. Überzeugend erschien in diesem Zusammenhang, dass anderes Verkehrsmittel, z. B. Kraftrad gewählt werden könnte.

§ 24 Besondere Fortbewegungsmittel

(1) Schiebe- und Greifreifenrollstühle, Rodelschlitten, Kinderwagen, Roller[1], Kinderfahrräder[1a], Inline-Skates, Rollschuhe und ähnliche nicht motorbetriebene Fortbewegungsmittel[2] sind nicht Fahrzeuge im Sinne der Verordnung[3]. Für den Verkehr mit diesen Fortbewegungsmitteln gelten die Vorschriften für den Fußgängerverkehr entsprechend.

(2) Mit Krankenfahrstühlen[4] oder mit anderen als in Absatz 1 genannten Rollstühlen darf dort, wo Fußgängerverkehr zulässig ist[5], gefahren werden, jedoch nur mit Schrittgeschwindigkeit[6].

Erläuterungen

1 Vgl. § 16 Abs. 2 StVZO; hier hieß es „Kinderroller": wurde durch VO v. 22.10.2003 (BGBl I, 2085) wieder rückgeändert zu „Roller". Fortbewegungsmittel sind nicht solche mit elektrischem Antrieb. Diskussion zu sog. Kleinstelektrofzg ist insg. noch nicht abgeschl., sie sind aber ohne Änderung des StVG zum Begriff des Kfz keinesfalls besondere Fortbewegungsmittel. Eine BASt-Studie lässt erwarten, dass man nach dem Vorbild der MobHV für die meisten Fzg entspr. Regelungen treffen wird, soweit die Fzg bestimmte Parameter (Ausstattung, Höchstgeschw. etc.) erfüllen. Sie unterfallen dem deutschen Zulassungsrecht und sind keine Fahrräder. Allenfalls damit analoge Anwendung der Radverkehrsvorschr. möglich. Die EU-TypgenehmigungsVO 168/2013 schließt selbstbalancierende Fzg sowie Fzg ohne Sitz von ihrem Anwendungsbereich aus – diese Lücke soll national geschlossen werden. Ggf. werden bestimmte Elektrokleinstfzg auch als Sport- und Spielgerät oder besonderes Fortbewegungsmittel eingestuft werden.

1a Fahrräder, wie sie üblicherweise von Kindern im Vorschulalter zum spielerischen Umherfahren auf Gehwegen und Spielplätzen benutzt werden (VwV Rn. 3); es kommt auf die Art des Fahrrads, nicht auf das Alter des Kindes an, das im konkr. Fall fährt. Mit Kinderfahrrad dürfen stets die Gehwege benutzt werden, auch wenn Radwege vorhanden sind.

2 Z. B. Dreiräder, Gokarts, Skateboards, Rollschuhe, mit dem Neuerlass der StVO ausdrücklich aufgeführt auch Inlineskates und Rollschuhe (*Seidenstecher* DAR 97, 104; *Kramer* VD 2001, 255; *Kramer* VD 2001, 291; die Auff. von

Grams NZV 97, 65 – Inlineskates als Fzge bei analoger Anw. der Vorschr. über Radf. – findet spätestens seit dem Neuerlass der StVO gar keine Stütze mehr und dürfte bereits zuvor mit der Entscheidung des *BGH* v. 19.3.2002 – vgl. VD 2002, 153 = NJW 2002, 1955 = VM 2002, 49 – überholt gewesen sein). Der Auff. des *Oldenburg* (NZV 2000, 470 = DAR 2000, 528), die zu gefährlichen verhaltensrechtl. Konsequenzen führen würde, kann ebenfalls nicht gefolgt werden (vgl. Erl. *Bouska* in NZV 2000, 472). Vgl. auch *Karlsruhe* NZV 1999, 44; *Karlsruhe* NZV 1999, 44; *Celle* NJW-RR 1999, 1187; Inlineskates als bes. Fortbewegungsmittel iSd § 24 Abs. 1. VO-Geber hat Hinweis des *BGH* im Rahmen des Neuerlasses der StVO aufgegriffen und es wurde für Klarstellung gesorgt. Berücksichtigt wurde dabei auch ein BASt-Forschungsprojekt „Nutzung von Inline-Skates im Straßenverkehr" (Unterreihe „Mensch und Sicherheit", Heft M 135, Januar 2002), wonach die verkehrsrechtliche Einstufung als besondere Fortbewegungsmittel am besten geeignet ist und der Sicherheitsaspekt es zudem gebietet, sie iVm § 25 auf die Fußgängerverkehrsfläche zu verweisen (Begr.). Trittroller für Erwachsene (*Oldenburg* VM 97 Nr. 5), nicht dagegen Handwagen oder sonst. Handfzge (vgl. auch § 17 Abs. 4 u. 5).

3 Das bedeutet: Alle Vorschriften über Fzg sind nicht anwendbar, z. B. §§ 2, 8, 12, 17. Also auch keine Beleuchtung, keine Rückstrahler (VwV-StVO). Wer **Fortbewegungsmittel** nach § 24 mitführt oder benutzt, ist Fußg. (§ 25); deshalb Pflicht zur Benutzung des Gehwegs und zum Linksgehen außerh. geschl. Ortschaft (Begr.). Die Benutzung von Kinderfahrrädern, Skateboards, Rollschuhen oder Inline Skates ist ggf. zudem dem Bereich „Spiel und Sport" zuzurechnen, § 31 greift (vgl. auch die dort. Erl.). Vgl. z. B. für die Frage des (nicht gegebenen) Vorfahrtrechts für Kinderfahrräder *Karlsruhe* NZV 91, 355.

4 **Krankenfahrstühle** sind Fzg (VwV-StVO). Zum Begriff des „motorisierten Krankenfahrstuhls" vgl. *LG München* NZV 2001, 385; *BayVGH* NZV 2001, 444; *BayObLG* VN 2000, 91; Entscheidung des *BVerwG* v. 31.1.2002 (Az. 3 C 39.01) – vgl. VD 2002, 157 unter Hinweis auf § 4 Abs. 1 Satz 2 Nr. 2 FeV, § 2 Nr. 13 FZV (Hinweis erfolgte zum vormals geltenden § 18 Abs. 2 Nr. 5 StVZO – BGBl I, 2006 S. 988, Begr. VkBl 2006, 535).

5 Gehwege, Seitenstreifen, Fußgängerbereiche. Benutzung der Fahrb. stets zulässig, aber nicht vorgeschrieben.

6 4 – 7 km/h.

§ 25 Fußgänger

(1) Wer zu Fuß geht, muss die Gehwege[1] benutzen. Auf der Fahrbahn darf nur gegangen werden, wenn die Straße weder einen Gehweg noch einen Seitenstreifen hat[2]. Wird die Fahrbahn benutzt, muss innerhalb geschlossener Ortschaften am rechten oder linken Fahrbahnrand ge-

gangen werden; außerhalb geschlossener Ortschaften muss am linken Fahrbahnrand gegangen werden, wenn das zumutbar ist[3]. Bei Dunkelheit, bei schlechter Sicht oder wenn die Verkehrslage es erfordert, muss einzeln hintereinander gegangen werden[4].

(2) Wer zu Fuß geht und Fahrzeuge[5] oder sperrige Gegenstände[6] mitführt, muss die Fahrbahn benutzen, wenn auf dem Gehweg oder auf dem Seitenstreifen andere zu Fuß Gehende erheblich behindert würden[7]. Benutzen zu Fuß Gehende, die Fahrzeuge mitführen, die Fahrbahn, müssen sie am rechten Fahrbahnrand gehen; vor dem Abbiegen nach links dürfen sie sich nicht links einordnen.

(3) Wer zu Fuß geht, hat Fahrbahnen unter Beachtung des Fahrzeugverkehrs[8] zügig[9] auf dem kürzesten Weg[10] quer zur Fahrtrichtung zu überschreiten. Wenn die Verkehrsdichte, Fahrgeschwindigkeit, Sichtverhältnisse oder der Verkehrsablauf es erfordern[11], ist eine Fahrbahn nur an Kreuzungen oder Einmündungen, an Lichtzeichenanlagen innerhalb von Markierungen, an Fußgängerquerungshilfen oder auf Fußgängerüberwegen (Zeichen 293) zu überschreiten. Wird die Fahrbahn an Kreuzungen oder Einmündungen überschritten, sind dort vorhandene Fußgängerüberwege oder Markierungen an Lichtzeichenanlagen stets zu benutzen[12].

(4) Wer zu Fuß geht, darf Absperrungen[13] wie Stangen- oder Kettengeländer, nicht überschreiten. Absperrschranken (Zeichen 600) verbieten das Betreten der abgesperrten Straßenfläche.

(5) Gleisanlagen, die nicht zugleich dem sonstigen öffentlichen Straßenverkehr dienen[14], dürfen nur an den dafür vorgesehenen Stellen betreten werden.

Erläuterungen

1 Jede öff. Verkehrsfläche, die **erkennbar** dem Fußg.-Verkehr dienen soll. Z 239 stellt das im Einzelfall klar, wenn er als solcher nicht als Gehweg erkennbar ist (zum Begriff vgl. auch *Düsseldorf* DAR 96, 244 – VRS 91, 309 – VM 96 Nr. 119). Dies ist z.B. der Fall, wenn zur Fahrb. eine Abgrenzung durch einen ausreichend hohen (wohl etwa 10 cm) Bordstein besteht, allenfalls auch dann, wenn die als Gehweg vorgesehene Fläche einen deutlich vom Fahrbahnbelag abw. „gehwegtypischen" Belag (z.B. Fahrb. mit Asphaltdecke, andere Fläche mit gehwegüblichen Plattenbelag) aufweist, der auch von einem durchschn. VT als Gehweg erkannt wird (aber auch in letzterem Fall sollte ein deutl. Bordstein vorgesehen werden). Besteht keine bauliche Abgrenzung od. nur ein ganz geringer Höhenunterschied od. besteht die Abgrenzung zur Fahrb. nur durch einen unterschiedlichen Belag

(der aber kein „gehwegtypischer" Belag ist), eine Pflasterlinie od. eine Fahrbahnbegrenzungslinie (Z 295), so ist eine so abgegrenzte Fläche idR nicht Gehweg, sondern Seitenstreifen (jedenfalls dann, wenn die für Seitenstreifen/Parkstreifen übliche Breite nicht überschritten wird) mit der Folge, dass diese Fläche nicht nur Fußg. zur Verfügung steht (Abs. 1 Satz 2), sondern auch zum Parken zu verwenden ist (§ 12 Abs. 4 Satz 1). Soll ein solcher „Streifen" verkehrsrechtlich als Gehweg ausgewiesen werden, so muss er mit Z 239 beschildert werden. Auch ein größerer entspr. gestalteter (z.B. ggü. Fahrb. höher gelegter) Platz kann Gehweg sein.

2 Auch wenn Gehweg od. Seitenstr. nur auf einer Fahrbahnseite vorh. ist, muss er benutzt werden (*BGH* VM 64, 25). Für kurze Strecken innerorts (z.B. 30 m von einem Haus zum Nachbarhaus) kann allerdings nach den Umständen zweimaliges Überqueren der Fahrb. unzumutbar sein. Im Einzelfall hilft vernünft. Anwend. des OppPrinzips (§§ 53, 47 OWiG).

3 **Unzumutbar** idR, wenn nach der Örtlichkeit ein „rettender Sprung nach links" unmöglich wäre, z.B. bei Begrenzung der Fahrb. durch Mauer, Felswand od. steilen Abhang (vgl. auch Begr.).

4 Im eig. Interesse sollten Fußg. auf Fahrb. nie nebeneinander gehen; die Verkehrslage erfordert das idR, wenn nicht ganz unbedeut. Verk. herrscht.

5 Z.B. Handwagen, Schubkarren, Fahrräder, Krafträder, Mopeds.

6 Z.B. Stangen, Bretter, große Kisten.

7 Durchschnittl. Behind. muss also in Kauf genommen werden. **Erhebliche Behind.,** wenn andere Fußg. beim Ausweichen auf Fahrb. treten müssten.

8 Fahrb. dient in erster Linie dem **Fahrzeugverkehr,** der also dort einen gewissen **Vorrang** vor dem FußgQuerverk. besitzt (vgl. auch *BGH* VersR 57, 413; VM 66, 73 = VersR 66, 877), der seine für ihn bestimmte Verkehrsfläche verlässt, dies gilt auch für einen Radweg als Teil der Fahrb., soweit nicht bes. Vorschrift dem Fußg. Vorrecht einräumt (z.B. § 9 Abs. 3, insbes. § 26). Allerdings darf Fzg Fußg. nicht gefährden od. durch Fahrweise zu Schreckreaktionen verleiten (*BGH* VM 69, 91). Kraftf. darf grds. darauf vertrauen, dass Fußg. nicht plötzlich auf die Fahrb. laufen (Ausn. allenfalls Kinder, Betrunkene und ältere Menschen = *Köln* VRS 91, 264). Ein Fußg., der eine innerstädt. Straße überquert und den gegenüberlieg. Gehweg fast erreicht hat, kann darauf vertrauen, dass ein von rechts herannah. Kraftf. ihm das gefahrlose Überqueren des Restes der Fahrb. ermöglichen werde (*Düsseldorf* VRS 83, 100). Zum „etappenweisen" Überqueren der Fahrb. vgl. *Hamm* (NZV 97, 123; Stehenbleiben in Fahrbahnmitte grds. zul., nicht jed. auf dem Fahrstreifen). Fußg. hat vor Betreten und beim Überschreiten der Fahrb. besondere Vorsicht walten zu lassen (*Hamm* NZV 2012, 595).

9 **So schnell** wie das dem Fußg. subj. (körperl. Verfassung) und obj. (z.B. Mutter mit Kleinkindern) möglich ist, ohne die erforderl. Sorgfalt bei Be-

achtung des FzgVerk. zu vernachlässigen. Also weder hastig, noch gemächlich.

10 Also idR **rechtwinklig.** Kreuzung darf nicht diagonal überquert werden.

11 Das Ersetzen des Merkmals „Verkehrslage" durch konkretere Bezeichnungen erfolgte mit der 53. VO zur Änd. straßenverk. Vorschriften (Okt. 2017). Nunmehr ist deutlicher, bei welchen Bedingungen das Überqueren der Fahrb. nur an den aufgez. Querungsstellen erlaubt ist. Laut VO-Begründung spielt insbes. eine Rolle, ob größere Fahrzeuglücken ein gefahrl. Überqueren zulassen. IdR der Fall in Tempo 30-Zonen, Fahrradstraßen, Straßen, für die ein umfassendes Kfz-Verbot angeordnet wurde und in Sackgassen, weil solche Straßen verkehrsarm sind, wo ein Unterbinden des Querens der Fahrb. im Verlauf der Straße nicht erforderlich ist. Fußgängerzonen (Zeichen 242.1) und verkehrsberuhigte Bereiche (Zeichen 325.1) verfügen über keine Fahrbahn. Dort ist Fußgängerverk. überall möglich, die Regelungen bleiben unberührt. Zur vorherigen Regelung erging folgende Rechtsprechung: IdR, wenn **Fahrzeuglücken** für gefahrloses Überschreiten nicht ausreichen, Überquerung also nach Sachlage bedrohlich wäre (vgl. auch *BGH* VM 69, 91). Fehlt es daran, so muss z.B. ein 200 m entf. Fußgängerüberweg nicht benutzt werden (*BGH* aaO). Auch bei geringer Verkehrsdichte kann es für Fußg. bei ungünst. Sichtverhältnissen geboten sein, die Fahrb. nur an Kreuzungen od. Einmünd. zu überqueren (*BayObLG* DAR 72, 339 = VRS 42, 443). Mitverschulden eines älteren Fußg., der eine stark befahr. Straße bei ungünstigen Sicht- und Witterungsverh. 15 m neben einem Fußgängerüberweg überschreitet (*BGH* DAR 77, 98 = VRS 52, 243). Zum Mitverschulden des Fußg. und zu den Pflichten des Fzgf. ggü. einem Fußg.; *BGH* NZV 2000, 466 = DAR 2000, 524; *Hamm* NZV 2001, 41.

12 Fußgängerüberweg aber nur, wenn er den Fußg. – auch auf einem „Umweg" (Begr.) – zu seinem Ziel bringt, es sei denn, eine andere Überquerung ist nach Abs. 4 ausgeschlossen.

13 Hierzu gehören auch z.B. Absperrtafeln mit Aufschrift „Hier kein Übergang".

14 Insbes. Straßenbahnschienen auf abgegrenztem Bahnkörper.

§ 26 Fußgängerüberwege

(1) An Fußgängerüberwegen[1] haben Fahrzeuge mit Ausnahme von Schienenfahrzeugen[2] den zu Fuß Gehenden[3] sowie Fahrenden von Krankenfahrstühlen oder Rollstühlen[4], welche den Überweg erkennbar benutzen wollen[5], das Überqueren der Fahrbahn zu ermöglichen. Dann dürfen sie nur mit mäßiger Geschwindigkeit heranfahren; wenn nötig, müssen sie warten[6 7].

(2) Stockt der Verkehr, so dürfen Fahrzeuge nicht auf den Überweg fahren, wenn sie auf ihm warten müssten.

(3) An Überwegen[8 9] darf nicht überholt werden.

(4) Führt die Markierung über einen Radweg oder einen anderen Straßenteil, so gelten diese Vorschriften entsprechend.

Erläuterungen

1 **Fußgängerüberwege** iSd Vorschrift sind nur die durch Z 293 auf der Fahrb. markierten Zebrastreifen (*Hamburg* DAR 74, 55). Ein solcher Überweg ist **rechtlich nur vorhanden,** wenn Fahrbahnmarkierung nach Z 293 für Kraftf. deutlich erkennbar ist, also nicht bei starker Abnutzung der Markierung oder Schneebelag (vgl. auch *Frankfurt* NJW 68, 312; *BayObLG* NJW 68, 313; VD 67, 243; 68, 103). Z 350 ist nur Hinweiszeichen und kann Überweg rechtl. ebenso wenig schaffen wie Gefahrzeichen Z 136. Allerdings muss Kraftf. bei Z 350 damit rechnen, dass Fußg. sich wie an einem Überweg verhalten (Gewohnheit), auch wenn sie das nicht tun dürfen. Damit über § 1 Abs. 2 (def. Fahren) im Wesentl. Verhalten auch des Kraftf. wie an einem Überweg (VD 67, 243, 249; *BGH* VRS 41, 307; *Hamm* VRS 39, 340; *BayObLG* DAR 72, 53; *Koblenz* DAR 73, 50 = VRS 46, 450). Bes. Verantw. für Baulastträger (§ 45 Abs. 5; vgl. auch *BGH* v. 22.4.1971 III ZR 25/68; VD 71, 277, 377).

2 Vorrang der Fußg. besteht nicht ggü. **Straßenbahn**.

3 Fußg. sind auch dann bevorrechtigt, wenn sie Fzg (z.B. Fahrräder) mit sich führen oder z.B. einen Rollstuhl schieben. Kein Vorrecht für Radf. (*Hamm* NZV 93, 66; *Düsseldorf* DAR 98, 280 = NZV 98, 296 = VM 98, Nr. 86); wollen sie von dem Vorrecht Gebrauch machen, so müssen sie absteigen.

4 Gilt auch für motorisierte Krankenfahrstühle.

5 Zweifelsfrei erkennbar, wenn Fußg. **Handzeichen** gibt. Das ist jedem Fußg. zu empfehlen. Rechtl. aber nicht Vorauss. des Vorrangs; es kommt auf das Gesamtverhalten des Fußg. an (*BGH* VRS 28, 460 = DAR 65, 162 = VM 65, 60 = NJW 65, 1236; *Hamburg* VRS 30, 218 = DAR 66, 251 = VM 66, 29). IdR will Fußg., der am Überweg am Gehwegrand mit Blickrichtung auf ankommend. Verk. steht, Fahrb. überschreiten. Nach *KG* (NZV 92, 40 = VRS 82, 146) gibt Fußg., der an der Bordsteinkante mit auf den Zebrastreifen gerichteten Blick wartet, hinreichend erkennbar seine Überquerungsabsicht kund (einschränkend *Karlsruhe* NZV 92, 330: Überquerungsabsicht nur „erkennbar", wenn konkr. objekt. Anhaltspunkte dafür gegeben sind). Eindeutig jedenfalls, wenn Fußg. bereits mit einem Fuß oder ganz auf Fahrb. getreten. Anders bei Fußg., der, ohne auf Fahrb. zu schauen, sich mit anderen unterhält. Nach *Hamm* (DAR 72, 223 = VRS 43, 67) will Fußg. Fahrb. „erkennbar" auf Fußgängerüberweg überschreiten, wenn er zügig

auf den Fußgängerüberweg zugeht oder – gleich mit welcher Blickrichtung – am Fahrbahnrand verharrt. Dagegen noch keine entspr. Absicht des Fußg., wenn er sich parallel zum Fahrbahnrand auf dem Gehweg bewegt (*Hamm* VRS 61, 295 = DAR 81, 154). Jedenfalls belegt allein die Feststellung, dass Fußg. den Überweg bereits betreten hat und dort 2 Schritte gegangen ist, als der Kfz-Führer diesen passierte, noch nicht einen Verstoß gegen die Vorschr.; deshalb kein Verstoß, wenn so großer seitl. Abstand zum Fußg. besteht, dass dieser nicht gefährdet, erschreckt oder verwirrt wird und sich auch nicht veranlasst sieht, seinen Schritt anzuhalten oder auch nur zu verlangsamen (*Düsseldorf* NZV 93, 39 = DAR 93, 74 = VRS 84, 50 = VM 93, 11; NZV 93, 320 = VRS 84, 306 = VM 93, 38; NZV 93, 162 = DAR 93, 154 = VRS 84, 309; NZV 2000, 382). Beträgt allerdings die Entf. zw. Pkw und Fußg. auf dem Fußgängerüberweg 2,5 m und weniger, so stellt dies idR eine zumindest belästigende Beeinflussung des Fußg. dar (*Düsseldorf* NZV 93, 281 = DAR 93, 153 = VRS 84, 307 = VM 93, 38).

6 An Fußgängerüberwegen gilt weder für den Fzgf. noch für den Fußg. der **Vertrauensgrundsatz** (*Celle* NZV 2001, 79). Fußg. darf nicht plötzlich unmittelb. vor Fzg auf Überweg treten und blindlings darauf vertrauen, dass Kraftf. seiner Verpflicht. nachkommt; mind. beiläufiger Blick auf Verkehrslage und bei erkennbarer Gefährdung warten (*BGH* VRS 63, 255 = DAR 82, 289; VRS 65, 94.; *Celle* 990). Allerdings muss Fzgf. damit rechnen (*Hamburg* aaO vorherige Erl.). Fußg. kann auch nach § 11 Abs. 3 verpflichtet sein, auf Vorrang zu **verzichten,** z.B. wenn nach einer geschl. Reihe von Fzg eine größere Lücke im Fahrzeugstrom Überschreiten ohne „Behinderung" der Fzg ermöglichen würde. Vorrang des Fußg. nach § 26 ist aber stets stärker als Pflicht zum Verzicht. Nur bei **deutl. Verzicht** des Fußg. auf Vorrang keine Wartepflicht (*BGH* aaO), z.B. Vorbeiwinken oder entspr. Gesamtverhalten. Verzicht gilt nur für den Fußg. selbst; ein Erwachs. kann jed. für ein Kind, dessen VerkVerhalten er „beherrscht", verzichten (*Düsseldorf* VRS 63, 472 = DAR 82, 407). Kein Verzicht, wenn Fußg. vor herannah. Kfz vom Überweg wieder auf Gehweg zurücktritt (*BayObLG* VRS 62, 466). Rechtl. zweifelhafte Grenzfälle nicht zu vermeiden, also vor allem **mäßige** Geschw., die sachgerechtes Reagieren idR noch zulässt (50 km/h zu hoch, wenn Fußg. zu sehen sind, *BGH* VersR 6, 269; *Düsseldorf* DAR 74, 160: 40 km/h unmittelb. vor Überweg zu hoch). 25 – 30 km/h idR vertretbar (vgl. *Frankfurt* DAR 68, 247), bei undurchsicht. Lage aber Schrittgeschw. (vgl. auch *Karlsruhe* VRS 45, 40). Fußg. muss aus Fahrweise schließen können, dass er Überweg gefahrlos benutzen kann (*Düsseldorf* VM 66, 64, *Hamm* VM 66, 86).

7 Wartepflicht nur, „wenn nötig", also nicht, wenn vor oder hinter dem Fußg. gefahrlos vorbeigef. werden kann. Verstoß nur, wenn Fußg. zumind. vermeidbar behindert oder belästigt wird; das ist nicht stets der Fall, wenn Kraftf. über den Überweg fährt, nachdem Fußg. ihn bereits betreten hatte (*Hamm* VRS 47, 468; vgl. auch Erl. 5 am Ende und die dort zit. Rspr.). Aber stets mäßige Geschwindigkeit. Steht Fußg. 14 Schritte vom Überweg ent-

fernt auf der Fahrb., so wird er durch § 26 nicht mehr geschützt (*Koblenz* VRS 49, 140).

8 Gilt auch, wenn „weit und breit" kein Fußg. zu sehen ist. Ein begonnener **Überholvorgang** muss jedenfalls am Beginn der Fahrbahnmarkierung nach Z 293 (Zebrastreifen) abgeschlossen sein. Steht am Überweg auch ein Hinweiszeichen 350, so muss Überholvorgang bereits hier abgeschlossen sein. Ist der Überweg durch ein Gefahrzeichen 136 angekündigt, so gilt Überholverbot nicht bereits von diesem Z an, so dass Überholvorgang auch noch nicht an diesem Z abgeschlossen sein muss. Gleichwohl ist zu empfehlen, nach Z 136 keinesfalls mehr zu überholen bzw. einen beg. Überholvorgang nach Mögl. abzubrechen.

9 Führt ein Fußgängerüberweg über eine Fahrb. mit **mehreren Fahrstreifen** für eine Richtung und kommen die Fzg auf einem der Richtungsfahrstreifen zum Stehen, weil z.B. ein Fzg abbiegen will und nach § 9 Abs. 3 warten muss, so dürfen sich die Fzg auf dem anderen Fahrstreifen mit bes. Vorsicht in Schrittgeschw. „vorbeitasten"; dabei müssen sie aber – selbstverständlich – den Vorrang evtl. Fußg. auf dem Überweg strikt beachten (es wäre nicht einsichtig und vom Zweck der Vorschrift nicht erfasst, wollte man in solchen Fällen auch die Fzg des andere Fahrstreifen trotz „freier Strecke" zum Warten zwingen; vgl. dazu die frühere Rspr. des *BGH* zum Rechtsüberholen auf Autobahnen in VRS 35, 141 = DAR 68, 248). Führt ein Fußgängerüberweg auch über einen parallel zur Fahrb. verlaufenden **Radweg** oder Seitenstreifen, so verbietet Abs. 3 nicht, dass Fzg auf der Fahrb. an Fzg auf dem Radweg bzw. Seitenstreifen vorbeifahren; hier handelt es sich nicht um „Überholen", weil begriffl. ein Überholen nur zw. Fzg auf der selben Fahrb. stattfindet. Auch Abs. 4 führt zu keinem anderen Ergebnis, weil die Vorschrift nicht den Begriff des Überholens „erweitern" wollte; allerdings dürfen sich z.B. Radf. auf dem Radweg an solchen Übergängen nicht gegenseitig überholen.

§ 27 Verbände[1]

(1) Für geschlossene Verbände gelten die für den gesamten Fahrverkehr einheitlich bestehenden Verkehrsregeln und Anordnungen sinngemäß[2]. Mehr als 15 Rad Fahrende dürfen einen geschlossenen Verband bilden. Dann dürfen sie zu zweit nebeneinander auf der Fahrbahn fahren. Kinder- und Jugendgruppen zu Fuß müssen, soweit möglich, die Gehwege benutzen.

(2) Geschlossene Verbände, Leichenzüge und Prozessionen müssen, wenn ihre Länge dies erfordert[3], in angemessenen Abständen Zwischenräume für den übrigen Verkehr frei lassen; an anderen Stellen darf dieser sie nicht unterbrechen[4].

(3) Geschlossen ist ein Verband, wenn er für andere am Verkehr Teilnehmende als solcher deutlich erkennbar ist. Bei Kraftfahrzeugverbänden muss dazu jedes einzelne Fahrzeug als zum Verband gehörig gekennzeichnet sein[5].

(4) Die seitliche Begrenzung geschlossen reitender oder zu Fuß marschierender Verbände muss, wenn nötig (§ 17 Abs. 1), mindestens nach vorn durch nicht blendende Leuchten mit weißem Licht, nach hinten durch Leuchten mit rotem Licht oder gelbem Blinklicht kenntlich gemacht werden. Gliedert sich ein solcher Verband in mehrere deutlich voneinander getrennte Abteilungen, dann ist jede auf diese Weise zu sichern. Eigene Beleuchtung brauchen die Verbände nicht, wenn sie sonst ausreichend beleuchtet sind.

(5) Wer einen Verband führt, hat dafür zu sorgen, dass die für geschlossene Verbände geltenden Vorschriften befolgt werden[6].

(6) Auf Brücken darf nicht im Gleichschritt marschiert werden.

Erläuterungen

1 Geschl. Verbände von Kfz: stets Erlaubnis nach § 29 Abs. 2. Zeichnen sich idR durch einheitl. Kennzeichnung der Fzg, ähnliches Verkehrsverhalten und geringen Abstand aus.

2 Z.B. die Regeln über die Fahrgeschw. (§ 3), das Überholen (§ 5) und die Vorfahrt (§ 8), aber auch z.B. über die Beleuchtung (§ 17; reit. oder marsch. Verb. vgl. Abs. 4) und über das Abstandhalten (§ 4).

3 Neben der **Länge** kommt es auf die **Geschwindigkeit** des Verb. an; ebenso darauf, ob **Überholen** bzw. Vorbeifahren ohne Benutzung der linken Fahrbahnseite möglich ist. Für Querverkehr genügt idR bei KfzVerb. mit 30 km/h Zwischenraum nach etwa 500 m, bei Fußg.Verb. etwa 200 m, soweit nicht bes. Regelung durch Pol. (§ 36) erfolgt. Für Längsverkehr genügt bei FzgVerb. idR § 4 Abs. 2, sonst Zwischenraum nach etwa je 50 m.

4 Kein Vorrang für „Verbandsspitze", z.B. an Kreuzungen mit Lichtzeichenregelung (§ 37), soweit nicht Sonderrechte nach § 35 bestehen. Hat Spitze jed. bei Grün überquert, so darf restl. geschl. Verb. auch bei Rot weiterfahren, ebenso z.B. Prozessionen weitergehen (*Bouska* VD 71, 313). Allerdings dürfen die nachf. Fzg das Vorrecht nicht erzwingen, indem sie gleichsam „blind" dem Führungsfzg folgen (*Karlsruhe* VRS 80, 190 = NZV 91, 154).

5 **Art** der Kennz. steht VerbFührer (Abs. 5) frei, z.B. Wimpel (Begr.) oder Tafeln. Einschalten des Abblendlichtes genügt auch am Tage nicht (*BayObLG* VRS 47, 391).

6 Verband sollte stets einen **Führenden** haben; das ist jed. nicht begriffl. Vorauss. des geschl. Verbands.

§ 28 Tiere

(1) Haus-[1] und Stalltiere, die den Verkehr gefährden können, sind von der Straße fernzuhalten. Sie sind dort nur zugelassen, wenn sie von geeigneten Personen begleitet sind, die ausreichend auf sie einwirken können[2]. Es ist verboten, Tiere von Kraftfahrzeugen aus zu führen[3]. Von Fahrrädern aus dürfen nur Hunde geführt werden[4].

(2) Wer reitet, Pferde oder Vieh führt oder Vieh treibt, unterliegt sinngemäß den für den gesamten Fahrverkehr einheitlich bestehenden Verkehrsregeln und Anordnungen[5]. Zur Beleuchtung müssen mindestens verwendet werden:
1. beim Treiben von Vieh vorn eine nicht blendende Leuchte mit weißem Licht und am Ende eine Leuchte mit rotem Licht,
2. beim Führen auch nur eines Großtieres oder von Vieh eine nicht blendende Leuchte mit weißem Licht, die auf der linken Seite nach vorn und hinten gut sichtbar mitzuführen ist.

Erläuterungen

1 Z.B. auch Hunde oder Hühner, nicht aber Katzen, da diese den Verkehr nicht gefährden können. Begr. insoweit bedenklich, jed. können Katzen nicht dauernd geführt werden.

2 Hunde können auf Straßen mit mäß. Verk. auch „durch Zuruf oder Zeichen" geführt werden (VwV-StVO). Das gilt aber nur, wenn der Hund erfahrungsgem. solchen Zurufen oder Zeichen Folge leistet; andernfalls ist er aus Gründen der Verk.Si. an der Leine zu führen (Anleinpflicht nach Landes- oder Kommunalrecht bleibt ohnehin unberührt).

3 Verbot gilt für jede Art von Tieren, insbes. auch für das Führen von Hunden (durch „Zuruf" oder mittels Leine).

4 Mittels Leine oder – bei „folgsamen" Hunden – durch Zuruf.

5 Z.B. Regeln der Vorfahrt, aber auch die durchgehende weiße Linie (Z 295, 296). Beleuchtung entspr. § 17, Beleuchtungseinrichtungen: § 28 Abs. 2 Satz 2. Keine Benutzung von Gehwegen (auch nicht als Feld- oder Waldwege): VkBl 73, 770.

§ 29 Übermäßige Straßenbenutzung

(1) (aufgehoben)[1].

(2) Veranstaltungen[1a 1b], für die Straßen mehr als verkehrsüblich[2] in Anspruch genommen werden, insbesondere Kraftfahrzeugrennen[2a], bedürfen der Erlaubnis. Das ist der Fall, wenn die Benutzung der Straße für den Verkehr wegen der Zahl oder des Verhaltens der Teilnehmer

oder der Fahrweise der beteiligten Fahrzeuge eingeschränkt wird; Kraftfahrzeuge in geschlossenem Verband nehmen die Straße stets mehr als verkehrsüblich in Anspruch. Veranstaltende haben dafür zu sorgen, dass die Verkehrsvorschriften sowie etwaige Bedingungen und Auflagen befolgt werden.

(3) Einer Erlaubnis[3] bedarf der Verkehr mit Fahrzeugen und Zügen, deren Abmessungen, Achslasten oder Gesamtmassen die gesetzlich allgemein zugelassenen Grenzen tatsächlich überschreiten[4]. Das gilt auch für den Verkehr mit Fahrzeugen, deren Bauart dem Führer kein ausreichendes Sichtfeld lässt.

Erläuterungen

1 Infolge des 56. Strafrechtsänderungsgesetzes v. 30.9.2017 (BGBl I S. 3532) wird ein neuer Straftatbestand zu illegalen Kfz-Rennen ins StGB eingefügt und zugleich Abs. 1 gestrichen als notwendige Folgeregelung.

§ 315d lautet wie folgt:

„Verbotene Kraftfahrzeugrennen

(1) Wer im Straßenverkehr

1. ein nicht erlaubtes Kraftfahrzeugrennen ausrichtet oder durchführt,
2. als Kraftfahrzeugführer an einem nicht erlaubten Kraftfahrzeugrennen teilnimmt oder
3. als Kraftfahrzeugführer mit nicht angepasster Geschwindigkeit **und** grob verkehrswidrig **und** rücksichtslos fortbewegt, **um** eine höchstmögliche Geschwindigkeit zu erreichen,

wird mit Freiheitsstrafe bis zu zwei Jahren oder mit Geldstrafe bestraft.

(2) Wer in den Fällen des Absatzes 1 Nummer 2 oder 3 Leib oder Leben eines anderen Menschen oder fremde Sachen von bedeutendem Wert gefährdet, wird mit Freiheitsstrafe bis zu fünf Jahren oder mit Geldstrafe bestraft.

(3) Der Versuch ist in den Fällen des Absatzes 1 Nummer 1 strafbar.

(4) Wer in den Fällen des Absatzes 2 die Gefahr fahrlässig verursacht, wird mit Freiheitsstrafe bis zu drei Jahren oder mit Geldstrafe bestraft.

(5) Verursacht der Täter in den Fällen des Absatzes 2 durch die Tat den Tod oder eine schwere Gesundheitsschädigung eines anderen Menschen oder eine Gesundheitsschädigung einer großen Zahl von Menschen, so ist die Strafe Freiheitsstrafe von einem Jahr bis zu zehn Jahren, in minder schweren Fällen Freiheitsstrafe von sechs Monaten bis zu fünf Jahren."

Dieses Verbot mit Erlaubnisvorbehalt gilt für Kfz aller Art, also insbes. Kraftwagen und Krafträder; Rennen sind auch sog. Sprintprüfungen

(*Braunschweig* NZV 95, 38). Das Int. am Motorsport wird weiter respektiert. Erlaubnis ist nach Abs. 2 möglich. Veranstaltung des organisierten Motorsports ist nicht ohne weiteres „sozial schädlich und unerwünscht". Zur Probl. von AusnGen. nach altem Recht (§ 46 Abs. 2, der für diesen Teil mit der Änderung ebenfalls gestrichen wurde) für Rennen vgl. bereits *OVG Münster* DAR 95, 121 = VRS 87, 233. Rennen sind nur auf abgesperrten Straßen möglich. in ausgewiesenen Erholungsgebieten dürfen Rennen nur in bes. Fällen zugelassen werden *(BVerwG* BayVBl 94, 601). *BVerwG* (DAR 97, 413 und NZV 97, 372; krit. dazu *Krampe* DAR 97, 377 und *Ronellenfitsch* DAR 97, 387). Zu grob verkehrswidrig (obj. Art des Verstoßes: besonders schwer, typischerweise besonders gefährlich) und rücksichtslos (subj. Motivation; eigensüchtige Gründe oder Gleichgültigkeit) vgl. *OLG Oldenb.* DAR 2002, 89, *OLG Karlsruhe* NJW 1960, 546, BGHSt 5, 392, BayObLG NJW 1988, 274, *OLG D'dorf* NZV 1988, 150. Höchstmögliche Geschwindigk. ist nicht nur die techn. Mögliche, sondern die in Abhängigkeit der konkreten Verkehrs- und Straßenverh. Alleinraser damit auch erfasst bei kumulativem Vorliegen der Merkmale. Alleinraser stellt objektiv und subjektiv Rennen nach. Das Führen des Kfz muss mit nicht angepasster Geschwindigkeit erfolgen. Damit ist ein zu schnelles Fahren gemeint, das Geschwindigkeitsbegrenzungen verletzt oder der konkreten Verkehrssituation zuwiderläuft. Die Geschwindigkeit ist insbes. den Straßen-, Sicht- und Wetterverhältnissen anzupassen. Höchstmögliche Geschw.: fahrzeugspezifische Höchstgeschwindigkeit und Beschleunigung – wobei sie allein nicht immer erreicht sein muss, subj. Geschwindigkeitsempfinden, Verkehrslage, Witterungsbedingungen etc. aber nicht bloße Geschwindigkeitsüberschreitungen, selbst wenn sie erheblich sind.

Rennen sind Wettbewerbe oder Teile eines Wettbewerbes (z.B. Sonderprüfung mit Renncharakter) sowie Veranstaltungen zur Erzielung von Höchstgeschw. oder höchsten Durchschnittsgeschw. mit mind. zwei teilnehmenden Kfz (z.B. Rekordversuch). Einer vorherigen Absprache bedarf es nicht (vgl. *OLG Hamm* Beschl. v. 5.3.2013 – III-1 RBs 24/13). Auf die Art des Starts (gemeinsamer Start, Gruppen- oder Einzelstart) kommt es nicht an. Indizien: Beteiligung von Sponsoren, gemeinsame Start-, Etappen- und Zielorte, Startnummern, besondere Kennzeichnung und Werbung an den Fahrzeugen sowie vorgegebene Fahrtstrecken und Zeitnahmen (auch verdeckt) und die Verbindung zw. den einzelnen Teiln. bzw. zw. Teilnehmern und Veranstalter (per Funk, GPS o. ä.). Die Einhaltung der geltenden Verkehrsregeln oder das Fahren im Konvoi widerspricht dem Renncharakter nicht. Das Verbot gilt auch für nichtorganisierte Rennen. Desh. musste für den Alleinraser gesonderte Regelung gefunden werden. Ziel: u.a. Alleinraser zu erfassen, die sich z.B. filmen und den Geschwindigkeitsrausch später medial verbreiten. Erfasst wird aber nicht der allgemeine Temposünder z.B. bei Augenblicksversagen (*BGH* NJW 1962, 2165), falscher Lagebeurteilung, Rücksichtnahme auf Dritten etc. – für den bleibt es bei Owi. Versuch der Organisation durch Veranstalter ebenfalls strafb. Versuch des Teiln.

nicht, Gesetzgeber hielt dies für schwer in der Praxis nachweisbar. **Teilnahme an einem Rennen:** Tätigkeit der Kfz-Führer, die untereinander den Geschwindigkeitswettbewerb austragen. **Veranstalter:** geistiger und praktischer Urheber, Planer und Veranlasser, der Rennen vorbereitet, organisiert oder eigenverantwortlich gestaltet. Tätigkeiten, die ausschließlich im Stadium der Durchführung erbracht werden, genügen nicht, um eine Veranstaltereigenschaft zu begründen (vgl. *OLG Karlsruhe*, Beschl. v. 24.11.2010 – 3 (4) SsBs 559/10 AK 203/10). Strafbarkeit der Beteiligung von anderen als den teilnehmenden Kfz-Führern im Durchführungsstadium und von Hilfspersonen im Vorbereitungsstadium richtet sich dagegen nach Beihilfe oder Anstiftung. Auch der vor Ort Tätige kann den Straftatbestand als Veranstalter verwirklichen.

1a **„Veranstaltungen"** sind insbes. solche, bei denen Fzg eingesetzt werden. In Betracht kommen aber auch „stationäre" Veranstaltungen, für die Straßen mehr als verkehrsüblich in Anspruch genommen werden (z.B. Straßenfeste, Umzüge), allerdings nicht, wenn es sich um eine öff. Versammlung unter freiem Himmel iSd §§ 14 und 15 des Versammlungsgesetzes handelt (*BVerwG* NZV 89, 325). Zur bundeseinheitlichen Ausgestaltung der nach VwV-StVO gebotenen Versicherungsbestätigung siehe VkBl 19/2012 S. 729 ff.

1b Wird ein **Radrennen** auf einer nicht gesperrten Strecke erlaubt, so sind nach *Hamm* NZV 2000, 257, bestehende Geschw.beschr. mit dem Sinn und Zweck des sportl. Wettkampfes nicht zu vereinbaren, so dass die Auflage, die StVO sei einzuhalten, nur als allg. Rücksichtnahmegebot (§ 1 Abs. 2) gelte. Der *BGH* hat die hiergegen eingelegte Revision nicht angenommen. Müsste diese Auff. zugrunde gelegt werden, so wären künftig Radrennen auf nicht abgesperrten Strecken nicht mehr erlaubnisfähig. Die Auff. findet allerdings in der StVO keine Stütze, sofern nicht dem Veranstalter eine entspr. AusnGen. erteilt wurde (Letztes wird kaum in Betracht kommen). Im Int. des Radsports ist daher zu hoffen, dass die Rspr. differenziertere Lösungen des Problems entwickeln wird. Deshalb sind hohe Anforderungen an die Verk.Si.Pfl. des Veranstalters auf nicht abgesperrten Straßen zu stellen wegen des anderweitigen Verkehrs (vgl. auch dazu *Frankfurt* NZV 2005, 41).

2 **Verkehrsüblich** entspricht Gemeingebrauch. „Veranstaltung" muss ein größeres Ausmaß haben (*BayObLG* VkBl 66, 203 = VRS 30, 466). Aufzählung in Abs. 2 Satz 2 abschließend. Zahl und Verhalten muss Störung des Verkehrs als möglich erscheinen lassen. Einschränkung der Benutzung der Straße durch Fahrweise liegt vor allem bei motorsportlichen Veranstaltungen vor. Zu Einzelheiten des Erlaubnisverfahrens vgl. VwV-StVO (Ordnungsnr. 3 a). Zur Frage der Zulassung **motorsportl. Veranstaltungen** vgl. auch Erl 1. Zur Erlaubnis für Rallyes vgl. auch *VG Koblenz* DAR 91, 435. Bei der Durchführung genehmigter motorsportl. Veranstaltungen haben die Anlieger nicht nur ihr eigenes, sondern auch die Int. des Veranstalters

und eines Teiles der Allgemeinheit zu berücksichtigen, die ein Int. an solchen Veranstalt. haben (*VG Koblenz* DAR 92, 394). Wurde eine traditionelle motorsportliche Veranstaltung über lange Zeit hinweg erlaubt, so besteht für den Veranstalter ein gew. Vertrauensschutz; eine abrupte Änderung der Praxis wäre jedenfalls ermessensfehlerhaft (*OVG Lüneburg* DAR 89, 474; ähnlich *OVG Koblenz* DAR 94, 166). Zum Ausmaß der Verk.Si.Pfl. des Veranstalters und zum Ausschluss der Haftung durch AGB vgl. *Frankfurt* NZV 2006, 150.

2a Es bedarf keiner AusnGen nach § 46 Abs. 2 mehr, um ein Erlaubn.Verfahren nach Abs. 2 durchführen zu können. Infolge der Aufwertung der Owi zu einem Straftatbestand handelt es sich nun um ein Verbot mit Erlaubnisvorbeh, bei dem der VO-Geber nun ausdrücklich die Möglichkeit einräumt, ein Erlaubnisverfahren durchzuführen. Mit der Schaffung des Straftatbestandes „§ 315d StGB" wird ein ausdrückliches und „plakatives" Verbot für dort erfasste Rennen auf öff. Straßen ausgesprochen. Solche „Rennen" (organisierte wie „wilde" Rennen) auf einer Straße, auf der gleichzeitig auch öff. Verkehr stattfindet, sind ausnahmslos verboten. Ihre Erlaubnis setzt das Sperren einer öff. Straße für die Dauer der Veranstaltung voraus. Durch noch vorzunehmende Änderung der VwV-StVO, die nicht im Zusammenhang mit dem Strafrechtsänderungsgesetz erfolgen konnte, weil die VwV-StVO aufgrund Art 84 Abs. 2 GG durch die Bundesregierung mit Zustimmung des BR erlassen wird und kein formelles Gesetz darstellt, muss im Nachgang noch eine objektiv ausgewogene Regelung zum Erlaubnisverfahren geschaffen werden, die die Int. der Sicherh. und des Umweltsch. ebenso respektiert wie die Int. des – idR ohne Beanstandung ausgeübten – organisierten Motorsports. Dabei können weiterhin z.B. Länder-Richtlinien, die eine solche Abwägung auf administrativem Wege vorgenommen haben (vgl. z.B. die Richtlinien über Motorsport des Freistaates Bayern), als Material herangezogen werden. Zum Begriff des Rennens und zum Haftungsausschluss bei Schäden ohne gewichtige Regelverletzung vgl. *BGH* NZV 2003, 321 = NJW 2003, 2018 = DAR 2003, 410.

3 Erteilung der Erlaubnis steht im pflichtgem. Ermessen der Behörde; kein mat. Rechtsanspruch. Dabei müssen u.a. bei Prüfung des Transportwegs die RiBS-Ing, Teil 3 für die Berechnung der Tragfähigkeit der Brücken berücksichtigt werden; vgl. dazu auch Homepage der BASt. Eine wesentliche unabdingbare Voraussetzung ist das Vorliegen unteilbarer Ladung (vgl. VwV-StVO). Zum Transport von selbstfahrenden land- oder forstwirtschaftlichen Arbeitsgeräten (hier: Mähdrescher) vgl. Urt. *VG Regensburg* v. 22.11.2011 (RO 4 K 11.447), wonach es sich bei dem abmontierten Schneidewerk oder den abmontierten Rädern und dem Arbeitsgerät um teilbare Ladung handelt.

4 Es kommt auf die tatsächl. Werte an, nicht mehr auf die jeweils zulässigen Höchstwerte. Wird z.B. ein Fzg eingesetzt, dessen zul. Gesamtmasse über den allg. zul. Grenzen liegt und das deshalb nur auf Grund einer AusnGen. nach § 70 StVZO zugelassen ist, dessen tatsächl. Masse jed. auf Grund nicht voller Ausnutzung seiner Nutzlast innerhalb der Grenzen des § 34 StVZO liegt, so bedarf es keiner Erlaubnis. Bei Unkenntnis über tats. Masse besteht ggf. Pflicht zum Nachwiegen (vgl. beim Holztransport *Stuttgart* NZV 2003, 541). Vgl. im Übrigen die Vorgaben des europ. Rechts (RiLi 96/53/EG des Rates v. 25.7.1996 zur Festlegung der höchstzul. Abmessungen für bestimmte Straßenfzg im innerstaatl. und grenzüberschreitenden Verk. in der Gemeinschaft sowie zur Festlegung der höchstzul. Gewichte, geänd. durch die RiLi (EU) 2015/719 des Europ. Parl. und des Rates v. 29.4.2015, die in nation. Recht übernommen wurden). Vgl. zur Ausrüstung von privaten Begleitfahrzeugen zur Absicherung von Großraum- und Schwertransporten das entsprechende Merkblatt – veröffentl. im VkBl 2015, S. 404, 685. Werden Verwaltungshelfer anstelle der Polizei bei der verkehrsrechtlichen Anordnung zur Gewährl. eines sicheren und geordneten Verkehrsablaufs bei Durchführung des GST eingesetzt, so erfolgen die Anordnungen unter Beachtung der Regelpläne, veröffentlicht im VkBl 2015, 686 oder entspr. durch Länder eingeführter Regelpläne. Dem Verwaltungshelfer steht kein eigenes Ermessen zu. Die StV-Behörde hat vorher die Anordnungen getroffen, die dann durch den Verwaltungshelfer nur noch visualisiert werden. Oberste Landesbehörde oder von ihr bestimmte Stelle kann über die Regelpläne hinaus weitere Pläne zu regelmäßig wiederkehrenden und einfachen Verkehrszeichenanordnungen herausgeben. Für Lang-Lkw wird auf die entspr. Ausnahme-Verordnung verwiesen. Vgl. Ordnungsnr. 3 l.

§ 30 Umweltschutz und Sonntagsfahrverbot

(1) Bei der Benutzung von Fahrzeugen sind unnötiger Lärm und vermeidbare Abgasbelästigungen verboten[1]. Es ist insbesondere verboten, Fahrzeugmotoren unnötig laufen zu lassen[2] und Fahrzeugtüren übermäßig laut zu schließen. Unnützes Hin- und Herfahren ist innerhalb geschlossener Ortschaften verboten, wenn Andere dadurch belästigt werden[3].

(2) Veranstaltungen mit Kraftfahrzeugen bedürfen der Erlaubnis, wenn sie die Nachtruhe[4] stören können.

(3) An Sonntagen und Feiertagen dürfen in der Zeit von 0 bis 22 Uhr zur geschäftsmäßigen oder entgeltlichen Beförderung von Gütern einschließlich damit verbundener Leerfahrten[5] Lastkraftwagen[5a] mit einer zulässigen Gesamtmasse über 7,5 t sowie Anhänger[6] hinter Lastkraftwagen nicht geführt werden[6a]. Das Verbot gilt nicht für[7]

1. kombinierten Güterverkehr Schiene-Straße vom Versender bis zum nächstgelegenen geeigneten Verladebahnhof oder vom nächstgele-

genen geeigneten Entladebahnhof bis zum Empfänger, jedoch nur bis zu einer Entfernung von 200 km[7a],

1a. kombinierten Güterverkehr Hafen-Straße[7b] zwischen Belade- oder Entladestelle und einem innerhalb eines Umkreises von höchstens 150 Kilometern gelegenen Hafen (An- oder Abfuhr),

2. die Beförderung[8] [8a] von
   a) frischer Milch und frischen Milcherzeugnissen[9],
   b) frischem Fleisch und frischen Fleischerzeugnissen,
   c) frischen Fischen, lebenden Fischen und frischen Fischerzeugnissen,
   d) leichtverderblichem Obst und Gemüse[10],

3. die Beförderung von Material der Kategorie 1 nach Artikel 8 und Material der Kategorie 2 nach Artikel 9 Buchstabe f Ziffer i der Verordnung (EG) Nr. 1069/2009 des Europäischen Parlamentes und des Rates vom 21. Oktober 2009 mit Hygienevorschriften für nicht für den menschlichen Verzehr bestimmte tierische Nebenprodukte und zur Aufhebung der Verordnung (EG) Nr. 1774/2002 (Verordnung über tierische Nebenprodukte) (ABl. L 300 vom 14.11.2009, S. 1, L 348 vom 4.12.2014, S. 31)[10a],

4. den Einsatz von Bergungs-, Abschlepp- und Pannenhilfsfahrzeugen im Falle eines Unfalles oder eines sonstigen Notfalles[10b],

5. den Transport von lebenden Bienen,

6. Leerfahrten[10c], die im Zusammenhang mit Fahrten nach Nummer 2 bis 5 stehen,

7. Fahrten mit Fahrzeugen, die nach dem Bundesleistungsgesetz herangezogen werden. Dabei ist der Leistungsbescheid mitzuführen und auf Verlangen zuständigen Personen zur Prüfung auszuhändigen.

(4) Feiertage im Sinne des Absatzes 3 sind

Neujahr;

Karfreitag;

Ostermontag;

Tag der Arbeit (1. Mai);

Christi Himmelfahrt;

Pfingstmontag;

Fronleichnam, jedoch nur in Baden-Württemberg, Bayern, Hessen, Nordrhein-Westfalen, Rheinland-Pfalz und im Saarland;

Tag der deutschen Einheit (3. Oktober);

Reformationstag (31. Oktober) in Brandenburg, Bremen, Hamburg, Mecklenburg-Vorpommern, Niedersachsen, Sachsen, Sachsen-Anhalt, Schleswig-Holstein[10d] und Thüringen;

Allerheiligen (1. November), jedoch nur in Baden-Württemberg, Bayern, Nordrhein-Westfalen, Rheinland-Pfalz und im Saarland[11];

1. und 2. Weihnachtstag.

Erläuterungen

1 Dagegen wird auch dann verstoßen, wenn keine konkr. Belästigung anderer feststellbar ist (*Hamm* DAR 75, 136; *KG* VRS 63, 390). Reifenquietschen beim schnellen Kurvenfahren innerorts (*Köln* VRS 63, 379 = DAR 83, 87). Unnötiger Lärm ist auch das Hochdrehen des Motors im Stand oder ein „Kavalierstart" mit quietschenden Reifen.

2 Unnötig läuft ein Motor bei steh. Fzg, wenn ein ausreich. techn. Grund dafür nicht gegeben ist (*BayObLG* VRS 46, 466); daneben kommt es auch darauf an, in welchem Umfang nach den örtl. und zeitl. Verh. Belästigung der Allgemeinheit zu erwarten ist (*BayObLG* VRS 63, 219). Ein solcher Grund ist nicht das Bedürfnis, das Fzg bei lauf. Motor zu heizen (*KG* VRS 63, 390; *Köln* VRS 72, 384; a. A. *Frankfurt* VRS 53, 154). Die Vorschrift dient sowohl dem Lärmschutz als auch dem Schutz vor Abgasen. Deshalb muss auch ein leise laufender Motor beim Halten, erst recht beim Parken, unverzüglich abgestellt werden. Keine Verpflichtung, den Motor an einer Ampel mit „normalem" Programm abzustellen; an Baustellen oder Bahnübergängen mit langen Ampel- bzw. Schrankenphasen ist das Laufenlassen des Motors aber grds. „unnötig" und damit verboten. Bei konkr. Belästigung anderer durch Lärm oder Abgase: § 1 Abs. 2 in Tateinheit.

3 Konkr. Belästigung anderer erforderlich, die auch durch den entsteh. Lärm verursacht werden kann (*Hamm* DAR 75, 136; *Bremen* DAR 97, 282).

4 Nachtruhe zwischen 22.00 und 6.00 Uhr (VwV-StVO zu § 30).

5 Klarstellung, dass das Lkw-Sonn- und Feiertagsfahrverbot nicht für den privaten Lkw-Verkehr gilt, erfolgte mit der 53. VO zur Änderung straßenverk. Vorschr. (6.10.2017, BGBl I S. 3549). Fzg, die zu Sport- und Freizeitzwecken verkehren, sollen dem Verbot nicht unterliegen. Unter das Verbot fällt auch der Werkverkehr nach § 1 Abs. 2 des Güterkraftverkehrsgesetzes (GüKG). Das Ersetzen des Wortes „verkehren" durch „fahren" stellt klar, dass der ruhende Verkehr von der Regelung nicht betroffen ist. Auch Fahrschulausbildung an Sonn- und Feiertagen erfolgt zu gewerblichen Zwecken und ist kein Freizeitverkehr, dennoch nur von dem Wortlaut des Verbotes umfasst, soweit die Beförderung der Güter zu gewerblichen Zwecken erfolgt, was kaum der Fall sein dürfte.

5a Begriff **„Lastkraftwagen"** in StVO umfasst Sattelkraftfahrzeuge (VwV-StVO zu § 3), aber nicht Zugmaschinen – auch nicht Sattelzugmaschinen (Zugmasch. mit Hilfsladefläche ist nach VwV-StVO nicht betroffen, wenn Nutzlast nicht mehr als das 0,4-fache der zul. Gesamtmasse beträgt; so auch *Celle* VRS 73, 220; *Düsseldorf* VRS 81, 473 = NZV 91, 483); vgl. auch § 4 Abs. 4 Nr. 3 PBefG, danach sind Lkw alle Kfz, die nach ihrer Bauart und Einrichtung zur Beförderung von Gütern bestimmt sind. Lkw iSd Vorschr. ist auch ein Kfz nach Art eines Pkw, das über eine Ladefläche verfügt und im Fahrzeugschein als Lkw bezeichnet ist (*BayObLG* VRS 94, 138), obwohl es nach h.M. auf die Bezeichnung im Fahrzeugschein nicht abschließend ankommt (*Hamm* NZV 97, 323). Für eine effektive pol. Kontrolle dient allerdings in der Praxis die Eintragung im Fahrzeugschein als Indiz für die FzgArt; Eintragung kann aber von Bedeutung sein bei der Frage der Vermeidbark. eines etwaigen Verbotsirrtums (*Düsseldorf* NZV 91, 483). Für die Einhaltung des Sonntagsfahrverbots ist auch der KfzHalter bußgeldrechtl. verantwortlich (*BayObLG* VRS 70, 471 = DAR 86, 231). Sattelzug = Lkw; unbeschadet des Umstands, dass Zugmaschine und Auflieger einzeln zugelassen sind.

6 Auch Wohnwagenanhänger (*Stuttgart* VRS 61, 390), aber dann **nicht** (gilt auch für Anhänger), wenn diese zu Sport- und Freizeitzwecken mitgeführt werden. Auch nicht Wohnmobile.

6a Geändert mit VO v. 6.10.2017, BGBl I S. 3549. Vorheriges Wort „verkehren" umfasste auch den Parkvorgang, der aber nicht erfasst werden soll. Anders, als es das *OLG Köln* (1 RBs 207/19, III-1 RBs 207/19, juris) geurteilt hat, ist durch die Änderung der Halter eines Lkw nicht aus seiner Verantwortung zur Einhaltung der Norm entlassen. Es bleibt trotz Änderung bei einer bußgeldrechtlichen Verantwortlichkeit auch des Fahrzeughalters (vgl. *BayObLG* VRS 70, 471 [472]; ebenso *OLG Hamm* Beschl. v. 29.5.2013 – III-3 RBs 336/12, juris. Ein entspr. Bußgeldregelsatz befand und befindet sich weiterhin in lfd. Nr. 120 BKat. Die VO-Begründung lässt keinen anderen Schluss zu; auch zuvor setzte das Wort verkehren eine aktive Handlung des Fzgf. voraus. Um entspr. Rspr. zu verhindern, sollte eine vorsätzliche Beteiligung an der Begehung durch den Fzgf. iSv § 14 Abs. 1 S. 1 OWiG zur Last gelegt werden.

7 Während die Zulassung des „Verkehrs mit der DDR" bereits durch den Beitritt der Länder der ehemaligen DDR zur Bundesrepublik Deutschland am 3.10.1990 gegenstandslos geworden war (vgl. Erl. 6 zu § 30 in der 13. Aufl.), waren „Fahrten von und nach Berlin" (einschl. des ehemaligen Ost-Berlin) zunächst noch vom Sonn- und Feiertagsfahrverbot freigestellt. Im Zuge der Rechtsvereinheitlichung hat die VO v. 19.3.1992 auch diese Privilegierung beseitigt. Befristet bis 31.8.1995 bestand für Fahrten von und nach Berlin sowie für Fahrten innerhalb der neuen Länder und für Fahrten zwischen den alten und den neuen Ländern durch Einfügung einer bes. Nr. 3 in die VwV-StVO zu § 46 (zu Abs. 1 zu Nr. 7 Ziff. I) eine erleichterte

Erteilung von Ausnahmegenehmigungen. Nach Ablauf dieser bes. Regelung ist an deren Stelle das reguläre AusnGen-Verf. getreten. Der besonderen Insellage Berlins wurde – für die nicht bundeseinheitlichen Feiertage durch einen Ländererlass – Rechnung getragen. BR hat von seinem Initiativrecht für eine Änderungsverordnung zur Erweiterung des Ausnahmekataloges Gebrauch gemacht (BR-Drs. 391/09). VO-Geber hat den Antrag nicht 1 zu 1 aufgenommen, denn Zugmaschinen, die andere Fzg ziehen, Zugmaschinen und Sattelzugmaschinen mit Hilfsladefläche, und Fzg, bei denen die beförderten Gegenstände zum Inventar gehören, fallen heute bereits nicht unter das Fahrverbot, sollten aber nach dem BR-Antrag in die StVO zusätzlich aufgenommen werden. Eine Ergänzung der Vorschrift liefe daher ins Leere. Auch für die beantragte generelle Freistellung von Erntetransporten war eine solche Umsetzung vor allem auch im Lichte der Entscheidung des *OVG Sachsen-Anhalt* (Beschl. v. 8.12.2006, 1 M 234/06, juris) nicht zu erwarten, welches die Erteilung einer Ausnahmegenehmigung für den Transport von Zuckerrüben mangels Verderblichkeit der Ware und damit mangels Eilbedürftigkeit abgelehnt hat. Wirtschaftliche und wettbewerbliche Gründe allein reichen für den Transport an Sonn- und Feiertagen angesichts des Normzweckes nicht aus. Unternehmen haben ihre Produktionsabläufe grds. auf das Sonn- und Feiertagsfahrverbot einzustellen, was auch mit einem erhöhten Energieaufwand und einem erhöhten Schadstoffaufkommen verbunden sein kann.

Inhaber einer Reisegewerbekarte nach § 55 Abs. 1 Nr. 2 Gewerbe-O ist für Zwecke seiner Tätigkeit als Schausteller oder nach Schaustellerart von Fahrverb. durch 4. Straßenverkehrs-Ausnahme-VO befreit (BAnz AT v. 26.2.2021 V2). § 60c Abs. 1 S. 1 Gewerbe-O gilt entspr., wenn er das Fzg selbst führt. Schaustellertätigkeit ergibt sich aus der Reisegewerbekarte. Die in seinem Auftrag fahrende Person muss Zweitschrift oder beglaubigte Kopie seiner Reisegewerbekarte mitführen. Diese Ausnahme ergänzt den in der VwV bereits enthaltenen Ausnahmetatbestand (beförderte Gegenstände – Inventar des Fzg, – z. B. Verkaufsbuden). Also auch für z. B. den Transport von Fahrgeschäften, Verkaufsgeschäften, Zeltgaststätten, Imbiss, Ausschank (als Reisegewerbe), Schau- und Belustigungsgeschäfte, Ausspielungsgeschäfte (vgl. auch § 2 Abs. 1 Nr. 8 GüKG (BT-Drs. 13/10037, S. 34), soweit das Gewerbe mit seiner Betriebsstätte ausschl. oder überw. an wechselnden Orten auf Volksfesten, Jahrmärkten, Schützenfesten, Kirchweihen und ähnlichen Veranstaltungen ausgeübt wird; ebenfalls gilt dies für Fzge. von Zirkusunternehmen. Nicht jedoch für Fzge zur Belieferung von Popkonzerten, Theater-, Folklore-, Sportveranstaltungen (Nr. 1.2.1 Abs. 1 S. 1 ReisegewVwV).

7a „Umwege" (z.B. über den in entgegengesetzter Richtung lieg. Heimatort des Fahrers) sind unzulässig (*BayObLG* NZV 1998, 297 – VM 98 Nr. 63).

7b Zu den Transporten zur termingerechten Be- und Entladung von Seeschiffen (vgl. VwV Nr. 7) gehören **nicht** regelmäßig verkehrende Seefähren.

8 Gilt nicht für Tiefkühlkost – zur Def. der frischen und leicht verderbl. Lebensm. vgl. VkBl 1998 S. 844.

8a Zuladung anderer „nicht-privilegierter" Güter bis max. 10 Prozent unschädlich.

9 Solche Transporte sind stets freigestellt, nicht nur für Fahrten vom Erzeuger zur Molkerei usw. Gilt auch für Leerfahrten und für Zielorte im Ausland. Unter den Begriff „Frischmilch" fallen auch Milchprodukte, die nach ihrer Eigenart zu diesem Produktbereich zu rechnen sind (z. B. neben der Rohmilch und der wärmebehandelten Konsummilch auch Sauermilch-, Joghurt-, Buttermilch-, Rahm- und Milchmischerzeugnisse).

10 Grds. alle Arten von Obst oder Gemüse, Kartoffeln jed. nur als „Frühkartoffeln" in der Zeit von 1. Januar bis 10. August und bei gewaschenen Kartoffeln, wenn unverzügliche Weiterverarbeitung erforderlich (z. B. wenn Lagerungsmöglichkeit nicht gegeben). **Nicht** Saftkonzentrate. Zur Erteilung von AusnGen. nach § 46 Abs. 1 Nr. 7 vgl. obige Erl. 7 und dortige Erl. 1c.

10a Ausnahme trägt ausschließlich aufgetretenen Seuchenfällen Rechnung. Nicht seuchenbefallene Tiere sind zu schützen um Ausbreitung zu verhindern. Unverzügl. Abholung von erkrankten, verendeten oder getöteten Tieren bzw. von tierischen Nebenprodukten ist dann auch an Sonn- und Feiertagen erforderl. Es handelt sich nur um solche Tierkörper oder Teile toter Tiere, die zum Zeitpunkt der Beseitigung spezifiziertes Risikomaterial enthalten (Kategorie 1) oder um andere Tierkörper oder Teile von Tieren, die auf anderem Weg zu Tode kamen als durch Schlachtung oder Tötung zum menschlichen Verzehr, einschließlich der Tiere, die zum Zweck der Seuchenbekämpfung getötet werden. Nicht hierunter fällt z. B. der Transport von Gülle. Den Schutz lebender Tiere generell freizustellen, gebietet der Tierschutz gerade nicht. Der Schlachtbetrieb beginnt idR erst am Montagmorgen, so dass Schlachttiere ohne Not vor weiteren Zwischenstopps auf einer Sammel- oder Kontrollstelle, verbunden mit zusätzlichen Ab- und Aufladevorgängen sowie Aufstallungen geschützt bleiben müssen.

10b Polizeilich angeordnete Versetzung oder Schleppung von Fzg, die rw im Verkehrsraum abgestellt sind, fällt nicht unter das Fahrverb. Betroffen vom Fahrverb. sind aber Fahrten zur Verbringung von Fzg zum Reparatur- oder Verwahrort, soweit diese nicht im Verkehrsraum verunfallt oder liegengeblieben sind oder sich auf einem sicheren Abstellplatz befinden. Nicht ausgenommen sind Sammeltransporte von Fzg oder Transporte von Neu- oder Gebrauchtfzg.

10c Nicht erforderl. ist, dass sowohl Last- als auch Leerfahrt im Verbotszeitraum durchgeführt wird (*Celle* Beschl. v. 26.7.2016, 1 Ss (Owi 129/16, juris).

10d Die Liste der Länder wurde durch VO v. 20.4.2020 (BGBl I, 815) um die Länder Bremen, Hamburg, Niedersachsen und Schleswig-Holstein erweitert. Wird einer der in § 30 genannten Feiertage in den Ländern als Feiertag eingef., so ist die Aufnahme in die Vorschr. notwendige Folge und kann seitens der einf. Länder nicht aus wirtschaftl. Interessen verhindert werden.

11 Die Erstreckung des Fahrverbots auf den Buß- und Bettag wurde durch die VO v. 18.7.1995 aufgehoben.

§ 31 Sport und Spiel

(1) Sport und Spiel[1] auf der Fahrbahn[2], den Seitenstreifen und auf Radwegen sind nicht erlaubt. Satz 1 gilt nicht, soweit dies durch ein die zugelassene Sportart oder Spielart kennzeichnendes Zusatzzeichen angezeigt ist.[3]

(2) Durch das Zusatzzeichen

wird das Inline-Skaten und Rollschuhfahren zugelassen. Das Zusatzzeichen kann auch allein angeordnet sein. Wer sich dort mit Inline-Skates oder Rollschuhen fortbewegt, hat sich mit äußerster Vorsicht und unter besonderer Rücksichtnahme auf den übrigen Verkehr am rechten Rand in Fahrtrichtung zu bewegen und Fahrzeugen das Überholen zu ermöglichen.[4]

Erläuterungen

1 Da sowohl Sport als auch Spiel genannt sind, ist die Unterscheidung zw. beiden Betätigungsarten, die ineinander übergehen, für das grds. Verbot mit Erlaubnisvorbehalt ohne Bedeutung. Gilt vor allem auch für Kinderspiele jeder Art. Zu differenzieren ist aber, wo Straßen durch ZusatzZ zu Z 101 bzw. Z 250 für Sport oder Spiel freigegeben sind. Rodeln Kinder oder fahren sie Ski, so dürfen sie das auch auf Spielstraßen. Kraftf. dürfen auf Spielstraßen nicht auf verkehrsgerechtes Verh. vertrauen (*Braunschweig* DAR 63, 353), ebenso wohl auf Sportstraßen, auch wenn es dort sporttreibende Erwachsene sein können. Mit Kinderfahrrädern, Skateboards (VD 77, 109) oder Rollschuhen und Inlineskates, die nach § 21 Abs. 1 keine Fzg sind (vgl. Erl. 2 zu § 24), darf nicht auf der Fahrb. gefahren werden, ausgen. auf Spielstraßen. Für das Rollschuhfahren und Inline-Skaten wurden mit dem Neuerlass der StVO ein eigenständiges ZusatzZ, welches auch allein stehen kann, und besondere Sorgfaltspflichten im Hinblick auf andere VT eingeführt.

2 Die Vorschrift regelt Sport und Spiel nicht für den **Gehwegbereich.** Verbot (§ 1 Abs. 2), wenn andere gefährdet oder mehr als unvermeidbar behindert

werden. Deshalb Mannschafts-Sport idR nicht zulässig. Bei Kinderspielen oder „sportlicher" Betätigung (z. B. Hin- und Herfahren mit Kinderfahrrädern oder Joggen) muss auf Fußg. Rücksicht genommen werden. Andererseits führt die Anerkennung eines Rechts der Kinder auf Spiel im Freien idR dazu, dass Fußg. zumutbare Behinderung durch Kinder, die auf dem Gehweg spielen, als unvermeidbar hinnehmen müssen.

3 Die bisherigen Entsch. zur Verk.Si.Pfl. ggü. Inlineskatern auf Geh- und Radwegen werden in den Fällen der Anordnung eines Zusatzzeichens, das mit dem Neuerlass der StVO eingef. wurde und das Skaten auf Radwegen zulassen wird, keinen Bestand haben. Dann treffen den Verk.Si.Pflichtigen erhöhte Sorgfaltspflichten (vgl. *Koblenz* VersR 2003, 1592 = VD 2003, 78 = VRS 104, 421) vgl. auch Begr. Als die Spielart kennzeichnendes ZusatzZ kann z. B. ZusatzZ 1010-10 (Kind mit Ball) aufgestellt werden (Begr.)

4 Vgl. Erl. 2 zu § 24. Ein BASt-Forschungsvorh. hat ergeben, dass Inlineskaten nicht flächenhaft zum Einsatz kommt. Sport-, Fitness- und Freizeitzwecke überwiegen (Begr.). Oftmals zwingt der Belag von Fußgängerverkehrsflächen zur Schaffung einer alternativen Angebotsfläche (Radweg oder Fahrb. unter gewissen Voraus.: geringer Kfz-Verkehr, Höchstgeschw. 30 km/h). Dort aber treffen Inlineskater besondere Sorgfaltspflichten.

§ 32 Verkehrshindernisse

(1) Es ist verboten, die Straße zu beschmutzen[1] oder zu benetzen[2] oder Gegenstände[3] auf Straßen zu bringen oder dort liegen zu lassen, wenn dadurch der Verkehr gefährdet oder erschwert werden kann[4]. Wer für solche verkehrswidrigen Zustände verantwortlich ist, hat diese unverzüglich zu beseitigen[5] und sie bis dahin ausreichend kenntlich zu machen[6]. Verkehrshindernisse sind, wenn nötig (§ 17 Absatz 1), mit eigener Lichtquelle zu beleuchten oder durch andere zugelassene lichttechnische Einrichtungen kenntlich zu machen[7].

(2) Sensen, Mähmesser oder ähnlich gefährliche Geräte[8] sind wirksam zu verkleiden.

Erläuterungen

1 Z.B. Verschmutzung durch Ackerfzg (*BGH* VRS 6, 168) oder Baustellenfzg, durch Viehtrieb (*BGH* VRS 22, 83). Wo unvermeidbar: unverzügl. Reinigungspflicht nach Satz 2.

2 Z.B. durch abtropf. Wasser von Kiesfzg, aber auch Waschen von Fzg, jed. – wie alle Verbote des Satzes 1 – nur bei Gefährd. oder Erschwerung des Verk., also nicht Waschen eines Fzg, wenn keine Frostgefahr besteht (vgl. auch Begr. u. *BayObLG* VRS 30, 135).

3 Sachen jeder Art, z.B. Kies, Bretter, Baumaterial (*BGH* VRS 20, 337; *Hamm* VRS 27, 62); Blumenkübel auf der Fahrb. (*LG Bremen* DAR 81, 24; *Frankfurt* NZV 91, 469). Zur bes. Problematik von „Hindernissen" als Mittel der Verkehrsberuhigung vgl. Erl. 10a zu § 45. Fzg sind Hindernisse idR nur, wenn nicht (mehr) zu Verkehrszwecken bestimmt sind, insbes. Kfz ohne Zulassung (*Hamburg* VRS 11, 383; *BayObLG* DAR 77, 54; *Zweibrücken* VRS 72, 130), aber auch Straßenbaumaschinen (*Köln* VRS 27, 64). Zugelassene oder zul. freie **Anhänger,** die ohne Zugfzg abgestellt werden, sind keine Hindernisse (VD 80, 204; *Zweibrücken* VRS 65, 465; *BVerwG* DAR 86, 30), sondern unterliegen den Vorschriften über Halten und Parken (§ 12; *Karlsruhe* VRS 65, 465; vgl. aber § 12 Abs. 3b, der das Parken von Anh. ohne Zugfzg auf höchstens 2 Wochen begrenzt). Anders zul.pfl. Anh., die abgemeldet oder sonst nicht betriebsbereit sind (z.B. auf Holzpflöcken aufgebockte Wohnanhänger, nicht aber, wenn nur fzg-eigene Stützen herausgedreht sind).

4 Abstrakte Gefährdung od. Erschwerung genügt. Wo Parkraum rar ist, wird der (ruhende) Verk. durch abgestelltes, nicht zugel. Kfz erschwert. Abstellen von Wohnmobilen auf öff. Parkplatz zu Wohnzwecken: vgl. Erl. 1 zu § 12. Ausnahme für Container und Wechselbehälter auf öff. Verk-Flächen. RiLi über Kennzeichnung solcher Gegenstände (VkBl 82, 186), deren Erfüllung bei Erteilung der AusnGen. (§ 46 Abs. 1 Satz 1 Nr. 8) durch Auflage anzuordnen ist.

5 Ist unverzügl. Beseitig. nicht gewährleistet (z.B. bei Rübenernte auf best. Straßen oder bei Strecke, die ständig zum Viehtrieb benutzt wird), so ggf. Warnzeichen (Z 101 mit ZZ, Z 114) durch StrVerkBeh. (§ 45 Abs. 3); Amtspflicht *BGH* VM 66, 15.

6 Es muss jeweils die Form der Kenntlichmachung gewählt werden, die der Art des Hindernisses u. den örtl. Straßen- und Verkehrsverhältnissen am besten gerecht wird. In manchen Fällen wird die Aufstellung eines Warndreiecks (§ 53a Abs. 1 StVZO) genügen; auch Warntafeln nach Art der Z 630 sind bei entspr. Anbringung zulässig.

7 Z.B. Parkwarntafeln (vgl. Begr.), die zwar nach § 43 Abs. 4 nur zur Kennzeichnung von Fzg nach § 17 Abs. 4 Satz 2 und 3 vorgesehen sind, gegen deren Verwendung aber keine Bedenken bestehen.

8 Z.B. Schiffsschrauben an Booten, die auf Fzg transportiert werden. Hier auch § 22 Abs. 4 zu beachten.

§ 33 Verkehrsbeeinträchtigungen

(1) Verboten ist

1. der Betrieb von Lautsprechern[1],
2. das Anbieten von Waren und Leistungen aller Art auf der Straße[2],
3. außerhalb geschlossener Ortschaften jede Werbung und Propaganda durch Bild, Schrift, Licht oder Ton,

wenn dadurch am Verkehr Teilnehmende in einer den Verkehr gefährdenden oder erschwerenden Weise abgelenkt oder belästigt werden können[2a] [3]. Auch durch innerörtliche Werbung und Propaganda darf der Verkehr außerhalb geschlossener Ortschaften nicht in solcher Weise gestört werden.

(2) Einrichtungen, die Zeichen oder Verkehrseinrichtungen (§§ 36 bis 43 in Verbindung mit den Anlagen 1 bis 4) gleichen, mit ihnen verwechselt werden können oder deren Wirkung beeinträchtigen können, dürfen dort nicht angebracht oder sonst verwendet werden, wo sie sich auf den Verkehr auswirken können[4]. Werbung und Propaganda in Verbindung mit Verkehrszeichen und Verkehrseinrichtungen sind unzulässig.[5] [6]

(3) Ausgenommen von den Verboten des Absatzes 1 Satz 1 Nummer 3 und des Absatzes 2 Satz 2 sind in der Hinweisbeschilderung für Nebenbetriebe an den Bundesautobahnen und für Autohöfe Hinweise auf Dienstleistungen, die unmittelbar den Belangen der Verkehrsteilnehmer auf den Bundesautobahnen dienen.[7] [8] [9]

Erläuterungen

1 Zu den Ermessenserwägungen der VerwBeh. bei der Ert. von Ausnahmen vgl. *BVerwG* VRS 49, 77.

2 Parken eines Kfz mit Verkaufsangebot am Fenster gehört grds. noch zum Gemeingebrauch (*Hamburg* VRS 42, 447) und ist auch nach § 33 idR nicht verboten, weil Verk. kaum beeinträchtigt werden kann (*BayObLG* VRS 33, 74; Beschl. v. 19.7.1977 AZ: 3 Ob OWi 79/77; vgl. auch *OVG Münster* Urt. v. 4.12.2000 – 11 A 2870/97), jed. unzulässige Sondernutzung, wenn Fzg primär zu Verkaufszwecken auf öff. Straße aufgestellt wird (*BayObLG* am zul. aaO). Sondernutzung ist auch das Abstellen eines Lkw mit Reklametafel auf offener Ladefläche (*Düsseldorf* NZV 91, 40). Werbung von Abschleppunternehmen am Unfallort unzulässig (*BGH* NZV 2000, 251), selbst wenn er nur auf Anruf an der Unfallstelle erscheinen will (*BVerwG* VRS 47, 231 = NJW 74, 1781). Verboten ist auch das Anbieten neben der Straße, wenn es direkt auf die Straße wirkt und obj. dort zu Verkehrsbeeinträchtigung führen kann (*BVerwG* NZV 94, 126).

2a Vorschr. betrifft insbes. **stationäre Werbeanlagen,** die Kraftf. ablenken können (z.B. bauliche Anlagen mit Werbeaufschriften, insbes. Leuchtreklame, Plakate, auch als Hinweise auf Hotels, Restaurants usw.). Es genügt die abstrakte Möglichk. einer gefährd. Ablenkung, die insbes. gegeben ist, wenn eine Werbung die Kraftf. zu best. Verhalten, z.B. zum Aufsuchen eines Restaurants in der Nähe einer AB, bewegen soll. Unzulässig z.B. Werbe-Prismenanlage ca. 100 m neben AB auf 20 m hohem Pylon (*Frank-*

furt NZV 97, 53; vgl. zu Prismenwendeanlage auf 40 m hohem Pylon *OVG Münster* NZV 2000, 310). Zur Mega-Light-Werbeanlage vgl. *OVG NW* NZV 2003, 299. Nur geringe od. keine Gefahrenlage, wenn Werbung in Bereichen stattfindet, die nach den Umständen ohnehin „auffällig" sind (z.B. größere Ansiedlung, Raststätte an AB mit Umgebung), d.h. keine bes. Aufmerksamkeit des Kraftf. über die ohnehin von der Gesamtörtlichkeit ausgehenden Eindrücke hinaus beansprucht. AusnGen. nach § 46 Abs. 2 grds. möglich, jed. bei festgestellter Gefahrenlage kaum vertretbar, ggf. nach Anordnung einer Geschw.beschränkung, wenn öff. Int. an der Werbeanlage besteht. Bevor eine Baugenehmigung für eine Werbeanlage außerh. geschl. Ortschaft, jed. im Sichtfeld des Kraftf., erteilt wird, sollte stets geprüft werden, ob das – bundesrechtliche – Verbot des Abs. 1 Nr. 3 eingreift; andernfalls könnte von der Baugenehmig. kein Gebrauch gemacht werden. Siehe insbes. auch die RiLi zur Werbung an (Bundes-)Autobahnen aus straßenverk.- und straßenrechtl. Sicht (VkBl 2001, S. 463). Danach ist z.B. an und auf Brücken die Anbringung von Werbeanlagen, die auf den Autobahnverkehr einwirken können, unzulässig. Gleiches gilt in diesen Fällen für die sog. Anbauverbotszone (bis 40 m entlang der AB). Jenseits dieser Zone ist auf die abstrakte Gefährlichk. der Werbeanlage abzustellen. Jede Werbung muss unterbunden werden, die den VT zu verkehrssicherheitsgef. od. verkehrsbeschwerenden Fahrmanövern veranlassen konnte (z.B. Jenseits 100 m von Fahrbahnrand Pylon mit Höhe von 20 m und bewegl. Werbung).

3 Vorschr. betrifft grds. auch **Werbung an Fzg,** jed. wird hier eine gefährd. Ablenkung od. Belästigung wegen der Gewöhnung des Kraftf. an Werbeaufschriften an Fzg, insbes. an Lkw und Zügen, nur in „krassen" Fällen anzunehmen sein (z.B. aufreizende od. provozierende Darstellungen, polit. Werbung). Vgl. VkBl 62, 117; aber auch § 53 Abs. 10 Satz 2 StVZO unter Hinweis auf ECE-Regelung Nr. 104 über einheitl. Bedingungen retroflektierender Markierungen für schwere und lange Kfz und ihre Anhänger v. 15.1.1998 (BGBl II 1998 S. 1134), danach ist retroreflektierende Werbung im Rahmen von Konturmarkierungen auf den Seitenflächen von Fzg erlaubt (Anhang 9 auch nach seiner Löschung im Jahr 2007 relevant, da die StVZO statischen Verweis enthält). Sonstige retroreflektierende Werbung, insb. am Heck von Fzg ist aus Gründen der Verkehrssicherh. verboten (vgl. auch § 49 Abs. 1 StVZO).

4 Auf verkehrsrechtl. **nicht-öff. Flächen** (vgl. Erl. 1 und 2 zu § 1) dürfen VZ od. -einrichtungen, die den amtl. Mustern gleichen, vom Eigentümer od. sonst. Verfügungsberechtigten aufgestellt werden. Sie haben selbstverst. keine verkehrsrechtl. Wirkung nach StVO, können aber privatrechtl. von Belang sein. VZ und -einrichtungen an **öff. Verkehrsflächen** dürfen nur die zust. Behörden anordnen (§ 45), ebenso an den „Nahtstellen" zw. verkehrsrechtl. öff. und nicht öff. Flächen (*Celle* VRS 53, 214), z.B. Ampelanlage od. Z 306 an der Ausfahrt aus einem Industriegelände in eine öff. Straße.

5 Die Vorschrift dient der Sicherheit des Verkehrs, weil andernfalls VT durch Werbung von amtl. VZ (z.B. Vorfahrtbeschilderung) od. Verkehrseinrichtungen (z.B. Ampeln) abgelenkt werden könnten. Sie betrifft auch Werbung im Zusammenhang mit polit. Wahlen. Wahlplakate dürfen deshalb an den Ständern amtl. VZ od. -einrichtungen nicht angebracht werden (auch nicht mit Hilfe eigener Ständer darum „herumgruppiert" werden). Betrifft das Z ausschl. den ruh. Verkehr, so wird idR eine Verfolgung der Ordnungswidrigkeit (§ 49 Abs. 1 Nr. 28) nach dem Opportunitätsprinzip entbehrlich sein.

6 Sogen. Geschwindigkeitsmessanlagen fallen idR nicht unter § 33 Abs. 1 od. Abs. 2; sie sind innerörtlich angebracht unter Beachtung der Vorschrift. Sind sie zurückhaltend und sinnvoll eingesetzt (keine Missbrauchsgefahr für Geschwindigkeitsrekorde), sind sie positiv zu bewerten. Die Trägertafel sollte nicht mit Werbung versehen werden; in diesen Fällen besteht die Gefahr der Ablenkung.

7 Eingef. durch die VO v. 6.8.2005 (BGBl I, S. 2418). Zur begleitenden VwV vgl. BAnz Nr. 156, 12602 v. 19.8.2005. Zu weiteren Vorgaben vgl. VkBl 2007, 115 (technische Ausführung der Beschilderung, Kostentragung etc.). Die Ergänzung soll eine bessere Information der VT, die Rastanlagen und Autohöfe aufsuchen wollen, ermöglichen über konkrete Angebote, die vorgehalten werden. Damit wird unnötiger Ausfahrtverkehr vermieden. Vorschrift gilt nur für BAB nach dem Wortlaut; VO sollte diese Einschränkung überdenken (Baulastträgereigenschaft ist für die Beurteilung der Gefährlichkeit der Ablenkung ohne Belang). Beschaffenheit, Gestaltung und Anbringung der Schilder sowie Größe und Anzahl der Firmenlogos richten sich nach den Vorgaben der RWBA 2000.

8 Der Ergänzung der Hinweisbeschilderung kommt ausschließlich informativer Charakter zu, sodass der werbende Charakter zurücktritt. Ergänzung berücksichtigt ein verändertes Informationsbedürfnis der VT. So verfügen viele VT heute z.B. über Tankkarten, die ein bargeldloses Abrechnen mit Bonussystem bei bestimmten Mineralölkonzernen ermöglichen. Andere VT suchen gezielt bestimmte Imbissketten auf. Ein unnötiges Abfahren von der BAB bei Nichtvorhalten der gesuchten Firmen wird so vermieden. Damit dürfte die Anbringung von Logos nur für Firmen statthaft sein, die eine spezielle Leistung vor Ort anbieten; ansonsten handelt es sich um unzulässige Werbung.

9 Für die Beibehaltung des Koppelungsverbotes (keine Werbung auf VZ) besteht kein Anlass, weil Firmenlogos ausschließlich der Ziel-Information dienen; keine Verunsicherung der VT zu befürchten.

§ 34 Unfall[1]

(1) Nach einem Verkehrsunfall[2] hat, wer daran beteiligt ist,[3]

1. unverzüglich[4] zu halten,

2. den Verkehr zu sichern[5] und bei geringfügigem Schaden[6] unverzüglich beiseite zu fahren[7],
3. sich über die Unfallfolgen zu vergewissern,
4. Verletzten zu helfen (§ 323c des Strafgesetzbuchs)[8],
5. anderen am Unfallort anwesenden Beteiligten und Geschädigten
   a) anzugeben, dass man am Unfall beteiligt war[9] und
   b) auf Verlangen den eigenen Namen und die eigene Anschrift anzugeben sowie den eigenen Führerschein und den Fahrzeugschein vorzuweisen und nach bestem Wissen Angaben über die Haftpflichtversicherung zu machen,
6. a) so lange am Unfallort zu bleiben, bis zugunsten der anderen Beteiligten und Geschädigten die Feststellung der Person, des Fahrzeugs und der Art der Beteiligung durch eigene Anwesenheit ermöglicht wurde[9a] oder
   b) eine nach den Umständen angemessene Zeit[10] zu warten und am Unfallort den eigenen Namen und die eigene Anschrift zu hinterlassen[11], wenn niemand bereit war, die Feststellung zu treffen,
7. unverzüglich[12] die Feststellungen nachträglich zu ermöglichen, wenn man sich berechtigt, entschuldigt[13] oder nach Ablauf der Wartefrist (Nummer 6 Buchstabe b) vom Unfallort entfernt hat[14]. Dazu ist mindestens den Berechtigten (Nummer 6 Buchstabe a) oder einer nahen gelegenen Polizeidienststelle mitzuteilen, dass man am Unfall beteiligt gewesen ist, und die eigene Anschrift, den Aufenthalt sowie das Kennzeichen und den Standort des beteiligten Fahrzeuges anzugeben und dieses zu unverzüglichen Feststellungen für eine zumutbare Zeit zur Verfügung zu halten.

(2) Beteiligt an einem Verkehrsunfall ist jede Person, deren Verhalten nach den Umständen zum Unfall beigetragen haben kann[15].

(3) Unfallspuren dürfen nicht beseitigt werden, bevor die notwendigen Feststellungen getroffen worden sind.

Erläuterungen

1 Das Verbot, sich unerlaubt vom Unfallort zu entfernen, beruht nach wie vor unmittelbar auf § 142 StGB. § 34 dient ledigl. der Verdeutlichung und Ergänzung dieser Grundvorschrift.

§ 142 StGB lautet: „Unerlaubtes Entfernen vom Unfallort

(1) Ein Unfallbeteiligter, der sich nach einem Unfall im Straßenverkehr vom Unfallort entfernt, bevor er

1. zugunsten der anderen Unfallbeteiligten und der Geschädigten die **Feststellung seiner Person, seines Fahrzeugs und der Art seiner Betei-**

ligung durch seine Anwesenheit und durch die Angabe, dass er an dem Unfall beteiligt ist, ermöglicht hat oder
2. eine nach den Umständen angemessene Zeit gewartet hat, ohne dass jemand bereit war, die Feststellungen zu treffen,

wird mit Freiheitsstrafe bis zu drei Jahren oder mit Geldstrafe bestraft.

(2) Nach Absatz 1 wird auch ein Unfallbeteiligter bestraft, der sich
1. nach Ablauf der Wartefrist (Absatz 1 Nummer 2) oder
2. berechtigt oder entschuldigt

vom Unfallort entfernt hat und die Feststellungen nicht unverzüglich nachträglich ermöglicht.

(3) Der Verpflichtung, die Feststellungen nachträglich zu ermöglichen, genügt der Unfallbeteiligte, wenn er den Berechtigten (Absatz 1 Nummer 1) oder einer nahe gelegenen Polizeidienststelle mitteilt, dass er an dem Unfall beteiligt gewesen ist, und wenn er seine Anschrift, seinen Aufenthalt sowie das Kennzeichen und den Standort seines Fahrzeugs angibt und dieses zu unverzüglichen Feststellungen für eine ihm zumutbare Zeit zur Verfügung hält. Dies gilt nicht, wenn er durch sein Verhalten die Feststellungen absichtlich vereitelt.

(4) Das Gericht mildert in den Fällen der Absätze 1 und 2 die Strafe (§ 49 Absatz 1) oder kann von Strafe nach diesen Vorschriften absehen, wenn der Unfallbeteiligte innerhalb von vierundzwanzig Stunden nach einem Unfall außerhalb des fließenden Verkehrs, der ausschließlich nicht bedeutenden Sachschaden zur Folge hat, freiwillig die Feststellungen nachträglich ermöglicht (Absatz 3).

(5) Unfallbeteiligter ist jeder, dessen Verhalten nach den Umständen zur Verursachung des Unfalls beigetragen haben kann."

2 Verkehrsunfall ist wie bei § 142 StGB ein **plötzl. Ereignis** auf öff. Verkehrsfläche (vgl. dazu Erl. 1 und 2 zu § 1), das zu Personenschaden oder zu einem nicht ganz belanglosen Sachschaden führt (*BGH* VRS 9, 33; 16, 118). Angesichts der Einbeziehung auch nur „geringfügiger Schäden" (vgl. Abs. 1 Nr. 2) wird es allerdings nur selten Sachschäden geben, die so belanglos sind, dass begriffl. ein Verk.Unfall ausscheidet (z.B. ein kaum sichtbarer kleiner Kratzer im Karosserieblech, den ein verständiger Fzghalter nicht ausbessern lassen würde). Schaden von (ehemals) 35 DM nicht völlig belanglos (*KG* VRS 61, 206; nach *Nürnberg* in SVR 2008, 75 liegt die Bagatellgrenze bei 50 €). Bedeutsamer Schaden iSd § 69 Abs. 2 Nr. 3 StGB bei 1300 € vgl. *Dresden* NJW 2005, 2633; vgl. Erl. 6. Begriff des Unfalls setzt einen Fremdschaden voraus (*Celle* VRS 69, 394); ist nur das eigene Fzg beschädigt, so besteht also jedenfalls keine Wartepflicht. Es genügt, dass Unfall von öff. Verk.Fläche ausgeht (z.B. wenn Fzg, das auf öff. Straße ins Schleudern gerät, Schaden auf priv. Grund verursacht, *BGH* VRS 31, 421; *Hamm* VRS 14, 437 = VM 61, 35). Ob darüber hinaus Verk.Unfall iSd § 142

StGB auch auf priv. Grundstück begriffl. mögl. ist (so *Bullert* DAR 65, 7), kann dahinstehen, da § 34 StVO jedenfalls nur für öff. Verk.Flächen gilt. Es muss sich aber ein verkehrstypisches Unfallrisiko realisiert haben. Liegt nicht vor, wenn Schaden Folge einer deliktischen Planung ist (vgl. *BGH* NJW 2002, 626).

3 Def. in Abs. 2. Vgl. Erl. 15.

4 Also „ohne schuldhaftes Zögern" (vgl. § 121 Abs. 1 BGB). In jedem Fall mögl. schnell nach dem Unfall und mögl. nahe an der Unfallstelle, soweit das nach den Umständen (Örtlichkeit, Verkehrslage, Sichtverh.) vertretbar ist. Der Anhalteort ist so zu wählen, dass eine weitere Gefährd. des Verk. nach Möglichkeit ausscheidet. Wer fahrlässig den Unfall nicht wahrnimmt und deshalb nicht unverzügl. anhält, begeht keine OWi (*BGH* VRS 63, 145).

5 Mind. nach § 15, soweit erforderlich. Zusätzl. kann es notw. sein, dass Warnposten mit Flagge (Tuch) oder Lampe den ankommenden Verk. warnt (z.B. bei Blockierung des Überholfahrstreifens einer AB: Warnposten auf Mittelstreifen), bis Polizei Sicherung übernimmt. Es kommt immer auf die Umstände des Einzelfalls und auf die obj. Möglichkeiten des Verpflichteten an (vgl. zur Abwägung bei einem Unf. auf Überholspur von AB: *Zweibrücken* DAR 2001, 328 = NZV 2001, 387).

6 Begriff auslegungsbedürftig. Mit Rücks. auf die erfahrungsgemäß häuf. Gefährd. u. Beh. des Verk. durch Unfallfzg ist idR Sachschaden bis etwa 2000–2500 € als geringfügig anzusehen.

7 Wie schnell beiseite gefahren werden muss, hängt auch vom Grad der Gefährd. oder Beh. des übr. Verk. ab. Kurze Kontaktaufnahme mit dem and. Beteil. ist aber idR vorher zulässig. Bei kleinen Bagatellunfällen drohen keine Versicherungsnachteile, wenn Polizei nicht hinzugezogen wird.

8 **§ 323c StGB lautet: „Unterlassene Hilfeleistung; Behinderung von hilfeleistenden Personen**

(1) Wer bei Unglücksfällen oder gemeiner Gefahr oder Not nicht Hilfe leistet, obwohl dies erforderlich und ihm den Umständen nach zuzumuten, insbesondere ohne erhebliche eigene Gefahr und ohne Verletzung anderer wichtiger Pflichten möglich ist, wird mit Freiheitsstrafe bis zu einem Jahr oder mit Geldstrafe bestraft.

(2) Ebenso wird bestraft, wer in diesen Situationen eine Person behindert, die einem Dritten Hilfe leistet oder leisten will."

9 Aktive „Meldepflicht": Verpflichteter muss, soweit möglich, auf and. Beteil. oder Geschäd. zugehen und ihnen z.B. sagen: „Ich bin an diesem Unfall beteiligt". Angaben zur Person, zum Fzg und zur Art der Beteiligung (vgl. § 142 Abs. 1 Nr. 1 StGB). Keine Stellungnahme z. Schuldfrage, weil keine Verpflichtung besteht, sich selbst zu belasten. Entfernt sich der Feststellungsberechtigte, so kann darin ein Verzicht liegen, der die Vorstel-

lungspflicht entfallen lässt (*Oldenburg* VRS 88, 349); Verzicht ggf. durch schlüssiges Verhalten (*BayObLG* NZV 92, 245). Wer nachträgl. zum Unfallort kommt (z.B. Fzgf, der falsch geparkt hatte und dadurch einen Unfall mitverursacht hatte), wird von § 142 StGB nicht betroffen und darf sich wieder entfernen (*Stuttgart* VRS 83, 182).

9a Verlangt ein Unfallbeteiligter, das Eintreffen der von ihm verständigten Polizei abzuwarten, so muss der andere UnfBet. so lange warten, auch bei nur geringem Sachschaden (*KG* VRS 63, 46). Fraglich ist, ob das auch gilt, wenn nur geringer Sachschaden eingetreten ist, die Polizei nicht binnen angemessener Frist zur Stelle sein kann und der Beteiligte seine Verpflichtung aus Abs. 1 Nrn. 5 und 6 anderweitig erfüllt hat; wäre die Vorschr. so auszulegen, dass auch dann auf Wunsch des anderen Beteiligten zu warten ist (z.B. 1 Stunde bei einem geringfügigen Blechschaden), so könnte sie gegen das verfassungsrechtl. Übermaßverbot verstoßen. Also wohl „abgestufte" Wartepflicht je nach der Schwere des Schadens.

10 Länge der Wartefrist hängt in erster Linie von der Schwere des Unfalls ab (vgl. auch *Düsseldorf* VRS 87, 290). Bei kleinen Sachschäden dürften 15–20 Minuten notw. sein (vgl. auch *Zweibrücken* DAR 92, 30), bei Unf. mit Personenschaden ist eine Stunde wohl die unterste Grenze (hier werden die Feststellungen ohnehin meist unmittelbar durch die Polizei, die über den „Notruf" unterrichtet wird, getroffen).

11 Visitenkarte oder handgeschrieb. Zettel z.B. hinter Scheibenwischer des beschäd. Fzg klemmen. Zusätzl. Angabe der Telefon-Nr. zweckmäßig.

12 Bedeutet auch hier: „ohne schuldhaftes Zögern". Verpflichteter muss jed. diejenige Alternative (Mitt. an Berechtigten oder an Polizeidienststelle) wählen, die eine Benachrichtigung noch in engem zeitl. Zusammenhang mit dem Unfall ermöglicht, so dass auf diese Weise Nachricht idR schon vorliegt, wenn sich für den Geschäd. Anlass und Gelegenheit bietet, Strafanzeige wegen Verstoßes gegen § 142 StGB zu erstatten (*Bouska* VD 75, 193, 198; *Stuttgart* VRS 52, 181 = VM 76, 84, *Hamm* VRS 52, 416; VD 77, 289; *Schleswig* DAR 78, 50; dagegen *Frankfurt* VM 76, 85; *Düsseldorf* DAR 77, 245; dazu krit. VD 77, 21; im Erg. *BayObLG* VRS 52, 348 ähnl. wie *Stuttgart* und *Hamm*, jed. differenzierend). Mitt. an Polizei auch telefonisch. Mitt. auch durch beauftragten Dritten (*Stuttgart* VM 76, 86 = DAR 77, 22). Polizei muss nicht jed. Fall eine etwa zur Nachtzeit eingelaufene Mitt. zum Anlass nehmen, den Unfallbeteiligten sofort aufzusuchen, um festzustellen, ob Blutentnahme notw. ist. Solche Maßnahmen nur nach den allg. Grundsätzen der StPO, z.B. bei Blutentnahme (§ 81a StPO) bei bestimmtem Tatverdacht. Zur allg. Probl. vgl. auch *Janiszewski* DAR 75, 169 und *Berz* DAR 75, 309.

13 Z.B. um Hilfe für Verletzte herbeizuholen oder um Verletzte in ein Krankenhaus oder zu einem Arzt zu bringen; auch bei Gefährdung durch Beteiligte oder Passanten, die „drohende Haltung" annehmen.

14 Strafmilderung oder Absehen von Strafe nach § 142 Abs. 4 StGB setzt *freiwilliges* nachträgliches Handeln des Täters voraus. Dies ist nicht der Fall, wenn der Täter innerh. der 24-Stunden-Frist anderweitig ermittelt wird, bevor der Täter sich meldet. Wird von Strafe abgesehen, so erfolgt gleichwohl ein Schuldspruch, der auch in das Fahreignungsregister (FAER) eingetragen und „bepunktet" wird (§ 28 Abs. 3 Nr. 1 StVG).

15 Z.B. auch Fzgf., der an unübersichtl. Stelle überholt hat und Gegenfzg von Fahrb. abgedrängt hat, ohne dass die Fzg sich berührt haben. Aber nicht jeder Fahrer einer plötzl. stockenden Kolonne, der infolge ausreich. Abstandes selbst anhalten kann, während vor ihm und hinter ihm Fzg auf and. Fzg auffahren. Es gibt keinen Erfahrungssatz, dass die Berührung zweier Fzg immer von den FzgInsassen „gefühlt" wird (*Köln* VRS 82, 120). Halter als Beifahrer: *BayObLG* NZV 2000, 133.

§ 35 Sonderrechte

(1) Von den Vorschriften dieser Verordnung sind die Bundeswehr, die Bundespolizei[1], die Feuerwehr[1a], der Katastrophenschutz, die Polizei[2] und der Zolldienst befreit, soweit das zur Erfüllung hoheitlicher Aufgaben dringend geboten ist[3].

(1a) Absatz 1 gilt entsprechend für ausländische Beamte[3a], die auf Grund völkerrechtlicher Vereinbarungen zur Nacheile oder Observation im Inland berechtigt sind[3b].

(2) Dagegen bedürfen diese Organisationen auch unter den Voraussetzungen des Absatzes 1 der Erlaubnis,
1. wenn sie mehr als 30 Kraftfahrzeuge im geschlossenen Verband (§ 27) fahren lassen wollen,
2. im Übrigen bei jeder sonstigen übermäßigen Straßenbenutzung mit Ausnahme der nach § 29 Absatz 3 Satz 2.

(3) Die Bundeswehr ist über Absatz 2 hinaus auch zu übermäßiger Straßenbenutzung befugt, soweit Vereinbarungen getroffen sind.

(4) Die Beschränkungen der Sonderrechte durch die Absätze 2 und 3 gelten nicht bei Einsätzen anlässlich von Unglücksfällen, Katastrophen und Störungen der öffentlichen Sicherheit oder Ordnung sowie in den Fällen der Artikel 91 und 87a Absatz 4 des Grundgesetzes sowie im Verteidigungsfall und im Spannungsfall.

(5) Die Truppen der nichtdeutschen Vertragsstaaten des Nordatlantikpaktes sowie der Mitgliedstaaten der Europäischen Union ausgenommen Deutschland[3c] sind im Falle dringender militärischer Erfordernisse von den Vorschriften dieser Verordnung befreit, von den Vor-

schriften des § 29 allerdings nur, soweit für diese Truppen Sonderregelungen oder Vereinbarungen bestehen.

(5a) Fahrzeuge des Rettungsdienstes[4] sind von den Vorschriften dieser Verordnung befreit, wenn höchste Eile geboten ist, um Menschenleben zu retten oder schwere gesundheitliche Schäden abzuwenden[5].

(6) Fahrzeuge, die dem Bau, der Unterhaltung oder Reinigung der Straßen und Anlagen im Straßenraum oder der Müllabfuhr dienen und durch weiß-rot-weiße Warneinrichtungen gekennzeichnet sind[5a], dürfen auf allen Straßen und Straßenteilen und auf jeder Straßenseite in jeder Richtung zu allen Zeiten fahren und halten, soweit ihr Einsatz dies erfordert, zur Reinigung der Gehwege jedoch nur, wenn die zulässige Gesamtmasse bis zu 2,8 t beträgt. Dasselbe gilt auch für Fahrzeuge zur Reinigung der Gehwege, deren zulässige Gesamtmasse 3,5 t nicht übersteigt und deren Reifeninnendruck nicht mehr als 3 bar beträgt. Dabei ist sicherzustellen, dass keine Beschädigung der Gehwege und der darunter liegenden Versorgungsleitungen erfolgen kann. Personen, die hierbei eingesetzt sind oder Straßen oder in deren Raum befindliche Anlagen zu beaufsichtigen haben, müssen bei ihrer Arbeit außerhalb von Gehwegen und Absperrungen auffällige Warnkleidung tragen[6].

(7) Messfahrzeuge der Bundesnetzagentur für Elektrizität, Gas, Telekommunikation, Post und Eisenbahnen (§ 1 des Gesetzes über die Bundesnetzagentur) dürfen auf allen Straßen und Straßenteilen zu allen Zeiten fahren und halten, soweit ihr hoheitlicher Einsatz dies erfordert[7] [8].

(7a) [9] Fahrzeuge von Unternehmen, die Universaldienstleistungen nach § 11 des Postgesetzes in Verbindung mit § 1 Nummer 1 der Post-Universaldienstleistungsverordnung erbringen oder Fahrzeuge von Unternehmen, die in deren Auftrag diese Universaldienstleistungen erbringen (Subunternehmer), dürfen abweichend von § 41 Anlage 2 Nummer 21 (Zeichen 242.1) Fußgängerzonen auch außerhalb der durch Zusatzzeichen angeordneten Zeiten für Anlieger- und Anlieferverkehr benutzen, soweit dies zur zeitgerechten Leerung von Briefkästen oder zur Abholung von Briefen in stationären Einrichtungen erforderlich ist. Ferner dürfen die in Satz 1 genannten Fahrzeuge abweichend von § 12 Absatz 4 Satz 1 und § 41 Anlage 2 Nummer 62 (Zeichen 283), Nummer 63 (Zeichen 286) und Nummer 64 (Zeichen 290.1) in einem Bereich von 10 m vor oder hinter einem Briefkasten auf der Fahrbahn auch in zweiter Reihe kurzfristig parken, soweit dies mangels geeigneter anderweitiger Parkmöglichkeiten in diesem Bereich zum Zwecke der Leerung von Briefkästen erforderlich ist. Die Sätze 1 und 2 gelten nur, soweit ein Nachweis zum Erbringen der Universaldienstleistung oder zusätzlich ein Nachweis über die Beauftragung als Subunternehmer im Fahrzeug jederzeit gut sichtbar ausgelegt oder angebracht ist. § 2 Absatz 3 in Verbindung mit Anhang 3 Nummer 7 der Verordnung zur Kennzeichnung der Kraftfahrzeuge mit geringem Beitrag zur Schadstoffbelastung vom 10. Oktober 2006 (BGBl. I S. 2218), die durch Artikel 1 der Verordnung zur Kennzeichnung der Kraftfahrzeuge mit geringem Beitrag zur Schadstoffbelastung vom 5. Dezember 2007 (BGBl. I S. 2793) geändert worden ist, ist für die in Satz 1 genannten Fahrzeuge nicht anzuwenden.

(8) Die Sonderrechte dürfen nur unter gebührender Berücksichtigung der öffentlichen Sicherheit und Ordnung ausgeübt werden[10 11].

(9) Wer ohne Beifahrer ein Einsatzfahrzeug der Behörden und Organisationen mit Sicherheitsaufgaben (BOS) führt und zur Nutzung des BOS-Funks berechtigt ist, darf unbeschadet der Absätze 1 und 5a abweichend von § 23 Absatz 1a ein Funkgerät oder das Handteil eines Funkgerätes aufnehmen und halten.[12]

Erläuterungen

1 Geändert durch Art. 99 des G zur Umbenennung des BGS zur Bundespolizei v. 21.6.2005 (BGBl I 2005, 1818 (1836).

1a Gilt auch für Rückfahrt von Brandstellen, Brandverhütungsmaßnahmen, Übungsfahrten; auch für Werksfeuerwehren (*Krumme* DAR 75, 151). Befreiung gilt auch für Feuerwehrleute, die im Alarmfall zum Gerätehaus oder zur Einsatzstelle mit ihrem priv. Fzg fahren; dabei ist aber bes. auf Abs. 8 zu achten, zumal solche Fzg für die übr. VT nicht als Einsatzfzg erkennbar sind. Vgl. *Stuttgart* NJW 2002, 2118.

2 Gilt für alle Dienstfzg, gleich ob äußerlich als Polizeifzg erkennbar oder nicht. Auch für KrimPolizei einschl. der Observationsgruppen. Ebenso für Privatfzg eines PolBeamten, der dienstl. tätig wird. Auch bei Verfolg. von Verk.Ordnungswidrigkeiten (*Bouska* VD 76, 303) und bei Fahrten, die der Schulung für künftige Einsätze dienen. Anwendungsbereich ist wegen der damit verbundenen Gefahrensituationen eng auszulegen (*Stuttgart* NZV 2002, 410). Fzg der Unfallforschung sind nicht erfasst *Celle* NJW-RR 2011, 1323). Aber auch Bundesamt für Güterverkehr, soweit es sich um eine polizeiliche Aufgabenwahrnehmung handelt – Kontrolltätigkeit im Straßenverkehr nach Güterkraftverkehrsgesetz oder Bundesfernstraßenmautgesetz (weit auszulegender materieller Polizeibegriff im Gegensatz zu § 36 – formeller Polizeibegriff, eng auszulegen).

3 **Vorauss. ist gegeben,** wenn sof. Diensterfüllung wichtiger erscheint als die Beachtung der Verkehrsregeln, wobei den Beamten ein gew. Beurteilungsspielraum zusteht (*KG* NZV 2000, 510); Inanspruchnahme der Sonderrechte darf nicht zu konkr. Gefährdung and. VT führen (*Stuttgart* DAR 92, 153). **Befreiung** von Vorschriften der StVO enthebt nicht der allg. Sorgfaltspflicht im Verkehr, jed. ist Frage der Fahrlässigkeit mit besonderer Sorgfalt zu prüfen (*BGH* VRS 11, 93 = VM 56, 56; VRS 14, 81 = VM 58, 26 = VkBl 58, 342). Erhöhte Sorgfalt bei Abweichung, die Unfallgefahr in sich birgt (*BGH* VM 58, 26; *Braunschweig* VRS 19, 230; *Schleswig* VM 60, 82). Wer Sonderrechte in Anspruch nimmt, muss das grds. anderen VT zur Kenntnis bringen (*BGH* VM 55, 53); vgl. § 38. Ausnahmen vom Zwang der Benutzung des Einsatzhornes möglich (*BGH* VRS 23, 25) z.B. bei nicht gekennzeichn. Einsatzfzg der Polizei. Stets ist Abs. 8 zu beachten.

3a Beamte iSd Vorschrift sind Personen, die nach dem Recht des and. Staates zur Ermittlung von Straftaten befugt und dazu nach dem Recht dieses Staates zu Handlungen berechtigt sind, die sinngemäß den Befugnissen der Polizei bzw. des Zollfahndungsdienstes nach der StPO entsprechen. Die konkrete völkerrechtl. Vereinbarung kann Einzelheiten festlegen. Die Vorschr. bezieht sich nicht auf die Beamten der Staatsanwaltschaft.

3b **Nacheile** setzt voraus, dass die völkerrechtl. Vereinbarung den ausländ. Polizeibeamten das Recht einräumt, einen Straftäter über die Grenze hinweg zu verfolgen, wenn die Verfolgung noch im Gebiet des and. Staates tatsächlich begonnen hatte (z.B. Täter wird im Gebiet des and. Staates gestellt und flüchtet über die Grenze in die BR-Deutschland). Einzelheiten kann das konkr. Abkommen regeln. Anzuwenden ist wegen der begriffl. Verbindung auch Abs. 8. Die Vorschr. hat Bedeutung wegen des Wegfalls von Grenzkontrollen.

3c Ergänzt durch VO v. 20.4.2020 (BGBl I, S. 815), weil insoweit keine Deckungsgleichheit besteht – auch als Folge des Brexit.

4 Welche Körperschaften, Organisationen usw. Träger des **Rettungsdienstes** sind, wird durch Landesrecht bestimmt. Die Vorschr. betrifft Einsatzfzg (§ 52 Abs. 3 Nr. 2 StVZO) und Fzg iSd § 52 Abs. 3 Nr. 4 StVZO (Krankenkraftwagen). Notarztfzg erfüllen idR beide Voraussetzungen: Die Vorschrift befreit das Kfz, nicht die Organisation; daher: bei Verstoß gegen die StVO durch KfzFührer, der zwar für Rettungsdienst tätig ist, aber mit eigenem Pkw fährt, das nicht Rettungsdienst-Kfz ist, kommt allenfalls Rechtfertigung der Handlung nach § 16 OWiG (rechtfertigender Notstand) in Betracht. Es muss sich um ein Fzg handeln, das dazu eingesetzt wird, Menschenleben zu retten oder schwere gesundheitliche Schäden abzuwenden (*Düsseldorf* NZV 2010, 267). Nach landesrechtlichen Regelungen sind dies Fzg, die mit landesrechtlicher Genehmigung Fahrten zur Wahrnehmung der in den Rettungsdienstgesetzen aufgeführten Aufgaben des Rettungsdienstes durchführen (*OVG Münster* NZV 2000, 514); also alles, was zur Notfallrettung und zum Krankentransport eingesetzt wird.

5 Befreiung gilt also auch, wenn zwar keine Lebensgefahr für die beförd. Person besteht, eilige Fahrt jed. zwingend geboten ist, um die ärztl. Behandl. sicherzustellen. Gesundheitl. Schäden sind auch schwere Schmerzzustände. Der Einsatz der Sondersignale richtet sich nunmehr auch für den Rettungsdienst nach § 38 Abs. 1. Die Sonderrechte nach § 35 Abs. 5a können also auch ohne Sondersignale in Anspruch genommen werden, wenn das nach den Umständen vertretbar ist und eine Gefährdung anderer nicht zu besorgen ist (z.B. zur Nachtzeit bei geringer Verkehrsdichte). Blaulicht ohne Einsatzhorn darf nach Maßg. des § 38 Abs. 2 verwendet werden.

5a Z.B. eigene Fzg der Straßenbauverwaltung (auch Pkw, soweit entspr. eingesetzt, z B. Bauleitung) oder Fzg von Unternehmen, die von ihr beauftragt sind (Straßenbau, Winterdienst). Fzg der Müllabfuhr (auch Sperrmüll, auch Abholung von Müllcontainern) können entw. eigene Fzg der Gemeinde/des Landkreises, aber auch Fzg beauftragter Unternehmen sein. Sie müssen zur Abfallentsorgung eingesetzt sein von öff-rechtl. Entsorgungsträgern selbst oder von Dritten, denen öff.-rechtl. Abfallentsorgungsverpflichtung des öff-rechtl. Entsorgungsträgers übertragen wurde (*BVerwG* NJW 2014, 328). Auch Fzg der Versorgungs- und Entsorgungsunternehmen (Strom, Gas, Wasser, Telekommunikation, Abwasser, Kanalreinigung, Fettabscheiderentsorgung); nicht aber, wenn das abzutransportierende Gut als Rohstoff für einen anderen Produktionsprozess dient (z.B. bei wieder verwendbarem Schrott). Zum Vorrang von Straßenwartungs-Fzg vgl. *Jena* NZV 2000, 210.

6 Für Straßenkehrer, Straßenbauarbeiter usw., deren Tätigkeitsbereich sich aus § 35 Abs. 6 ergibt, gelten, soweit das zur Erfüllung ihrer Aufgaben notwendig ist, die in Betracht kommenden Bestimmungen der StVO nicht. Wurde durch Gemeindesatzung die Straßenreinigung auf Anlieger übertragen, werden diese nicht „hierbei“ tätig; StVO ist privilegienfeindlich.

7 Bezeichnungen wurden durch Neuerlass der StVO an die aktuelle Rechtslage angepasst. Für Fzg der **Telekom AG** und ihrer beauftr. Unternehmen bestehen keine Sonderrechte nach dieser Vorschrift; es können jed. auch für diese z.B. Ausn.Gen. nach § 46 StVO über Ausnahmen für Handwerker (z.B. für notw. Werkstattwagen) erteilt werden.

8 And. Fzg dieser Behörde oder Messfzg, die in einem konkreten Zeitpunkt nicht in hoheitl. Einsatz sind, haben keine Sonderrechte. Im Übrigen ist auch insoweit Abs. 8 immer zu beachten.

9 Eingef. durch Neuerlass der StVO; zur Historie vgl. Begr. Ergänzung berücksichtigt den staatl. Handlungsauftrag zur „Gewährleistung einer flächendeckenden Grundversorgung durch Sicherung der aus Benutzersicht angemessenen und ausreichenden Postdienstleistung“. Die eingeräumten Sonderrechte gelten nur für das Abholen von Briefsendungen; Pakete unterfallen nicht dem strengen zeitl. Auslieferungsgebot wie Briefsendungen; gleichzeitiges Abholen von Paketen ist aber dann unschädlich, wenn die Abholung nur Zuladung darstellt (Anwendung Opportunitätsprinzip). Bestehen in der Nähe (ca. 5 – 10 m) eines Briefkastens anderweitige Parkmöglichkeiten, dürfen die beschriebenen Sonderrechte nicht in Anspruch genommen werden. Für Zustell. von Postsendungen und hinsichtl. Sonn- und Feiertagsfahrverbot (§ 30 Abs. 3) und Fahrverbot nach Ferienreise-VO sind Fzg so zu stellen wie die eines jed. and. Unternehmens (d.h. Nachweis der Notwend. der Ausn. im Einzelfall, § 46 Abs. 1 Nr. 7). Die Umweltzonen-Regelung bleibt ebenfalls unberührt. Voraus. der Regelung ist aber nicht, dass sämtliche Anforderungen der Post-Universaldienstleistungs-Verordnung (PUDLV) vollständig erfüllt sein müssen (z.B. Vorhaltung von 1000 Briefkästen nicht erforderlich). Unter Regelung fallen vielmehr alle lizensierten Postdienstleistungs-Unternehmen.

10 Wer Sonderrechte in Anspruch nimmt, muss darauf achten, dass Gefahren für and. VT weitestgehend ausgeschlossen sind (so darf sich auch ein Einsatzfzg bei „Rot" über eine Kreuzung nur „hinwegtasten"; vgl. zum Überqueren einer für den Sonderrechtsfahrer nicht hinreichend einsehbaren Kreuzung bei Rot mit 40 km/h und dadurch bedingter Kollision mit Kfz im Querverkehr *KG* VRS 2001, 329 = VM 2001, 75; *LG Hof* NZV 2001, 306) und auch Behind. so weit wie möglich vermieden werden. Die Abweichung von den Regeln muss stets in angemessenem Verhältnis zu der dadurch eintretenden Situation stehen. Dabei ist zu berücksichtigen, dass and. VT auf Sondersituationen häufig unsicher und atypisch reagieren (vgl. dazu auch *Hamm* DAR 96, 93). Entgegen der Fahrtrichtung fahrender Motorradpolizist mit Blaulicht ohne Martinshorn in Einbahnstraße haftet bei Unfall mit Fußg. allein (*KG* NZV 2005, 636). Die Sonderrechte räumen nur eine Berechtigung ein, die allg. Verkehrsregeln mit größtmöglicher Sorgfalt zu missachten, es gibt z.B. kein generelles Vorfahrtrecht gegenüber dem übrigen Verkehr (*Celle* NJW-RR 2011, 1323).

11 Bei Ausbildungsfahrten der Sondereinsatzkommandos der Polizei mit zivilen Fzg sind die Fzg für andere VT nicht als sonderberechtigte Fzg erkennbar. Deshalb besteht erhöhte Sorgfaltspfl. Sonderrechtsfahrten sind deshalb auf das Unvermeidbare zu beschränken. Zunächst sind Möglichkt. außerh. des öff. Verk.Raums zu nutzen (Fahrsimulator, Übungsplatz). Im Zweifel ist zudem auf Sonderrecht zu verzichten. Vgl. auch NZV 2003, 126.

12 Absatz eingefügt durch die 53. VO zur Änd. straßenverk. Vorschr. (6.10.2017, BGBl I S. 3549). Es ist nicht auszuschließen, dass VO-Geber den Standort der Vorschr. ggf. überdenkt, denn auch die Nutzung des Funks darf nur unter gebührender Berücks. der öff. Sicherh. und Ordnung ausgeübt werden. Zu empfehlen ist stets, den hand-held-Betrieb zu vermeiden und stattdessen Freisprecheinrichtungen zu nutzen. Vgl. auch Übergangsregelung in § 52 für das Funken durch den Fahrzeugf. im Allgemeinen. Zu den Berechtigten des BOS-Funks vgl. § 4 Abs. 1 BOS-Funkrichtlinie (u.a. Polizeien, THW, Bundeszollverwaltung, Feuerwehren, Katastrophen- und Zivilschutzbehörden des Bundes, Notfallrettung, Verfassungsschutzbehörden).

II.
Zeichen und Verkehrseinrichtungen

§ 36 Zeichen und Weisungen der Polizeibeamten[1]

(1) Die Zeichen und Weisungen der Polizeibeamten sind zu befolgen[2] [3]. Sie gehen allen anderen Anordnungen und sonstigen Regeln vor, entbinden den Verkehrsteilnehmer jedoch nicht von seiner Sorgfaltspflicht.

(2) An Kreuzungen ordnet an:

1. Seitliches Ausstrecken eines Armes oder beider Arme quer zur Fahrtrichtung: „Halt vor der Kreuzung“.
   Der Querverkehr ist freigegeben.
   Wird dieses Zeichen gegeben, gilt es fort, solange in der gleichen Richtung gewinkt oder nur die Grundstellung beibehalten wird. Der freigegebene Verkehr kann nach den Regeln des § 9 abbiegen, nach links jedoch nur, wenn er Schienenfahrzeuge dadurch nicht behindert.
2. Hochheben eines Armes:
   „Vor der Kreuzung auf das nächste Zeichen warten“,
   für Verkehrsteilnehmer in der Kreuzung: „Kreuzung räumen“[3a].

(3) Diese Zeichen können durch Weisungen ergänzt oder geändert werden.

(4) An anderen Straßenstellen, wie an Einmündungen und an Fußgängerüberwegen, haben die Zeichen entsprechende Bedeutung.

(5) Polizeibeamte dürfen Verkehrsteilnehmer zur Verkehrskontrolle[4] einschließlich der Kontrolle der Verkehrstüchtigkeit[5] und zu Verkehrserhebungen[6] anhalten. Das Zeichen zum Anhalten kann auch durch geeignete technische Einrichtungen am Einsatzfahrzeug[7], eine Winkerkelle oder eine rote Leuchte gegeben werden. Mit diesen Zeichen kann auch ein vorausfahrender Verkehrsteilnehmer angehalten werden[8]. Die Verkehrsteilnehmer haben die Anweisungen der Polizeibeamten zu befolgen[9].

Erläuterungen

1 Es handelt sich um **VerwAkte,** die kraft Gesetzes sofort vollziehbar sind (§ 80 Abs. 2 Nr. 2 VwGO). Nachträgl. Feststellung der Nichtigkeit oder sonst. Fehlerhaftigkeit: § 43, § 113 Abs. 1 Satz 4 VwGO. Allerdings Notwendigkeit und Zweckmäßigkeit einer Anordnung ohne Einfluss auf Rechtmäßigkeit (*Hamm* VRS 5, 634; *KG* VRS 19, 67).

2 Weisungen nur zur **Regelung** des (fließ. und ruh.) Verkehrs (§ 44 Abs. 2 Satz 1; *Hamburg* VRS 11, 383 = DAR 57, 52; *BayObLG* VM 55, 49; *Hamm* VRS 16, 382 = NJW 59, 114; *Köln* VRS 20, 300; *Düsseldorf* DAR 94, 330 = VRS 87, 376). Begriff der Verk.Regelung allerdings weit auszulegen. Es genügt, wenn die Weisung bei verständiger Betrachtung im Zus.hang mit der Sicherheit und Flüssigkeit des Verk. steht. Nach der Rspr. sind Weisungen der Polizei an VT, die der Verfolgung einer Straftat oder OWi dienen, zwar nach Maßg. der StPO und des OWiG zulässig und müssen von den Betroff. auch befolgt werden; solche Weisungen fallen jed. nicht unter § 36 Abs. 1 und sind deshalb nicht bußgeldbewehrt (*BGH* VRS 66, 472; *Koblenz* VRS 71, 70; BGHSt 32, 248, *BayObLG* VRS 72, 132 = DAR 87, 91).

3 **Kein Nachprüfungsrecht** des VT (*Düsseldorf* VM 67, 72). Dieser kann seine Rechte durch spätere Aufsichts- oder Dienstaufsichtsbeschwerde oder durch Klage nach VwGO wahren.

3a Hochstrecken eines Arms durch Polizeibeamten während er auf Motorrad sitzt und über Kreuzung fährt, zählt nicht als Verkehrsregelung idS (vgl. *KG* VersR 2004, 487).

4 Verkehrskontr. muss nicht der alleinige Zweck des Anhaltens sein. Allerdings soll nach *BayObLG* VRS 72, 132 = DAR 87, 91 die Bußgeldbewehrung entfallen, wenn die Anhaltung nicht nur der Kontrolle der FzgPapiere, sondern auch der Verfolgung einer OWi dienen soll. Verkehrskontrolle darf jedenfalls nicht nur „beiläufig" erfolgen. Wer sich den kontroll. Pol-Beamten bereits so weit genähert hat, dass er sich in deren unmittelb. Einwirkungsbereich befindet, darf nicht wenden und davonfahren, um sich der Kontr. zu entziehen (*BayObLG* VM 78, 33, 34; a.A. *Köln* DAR 77, 30). *BAG* kontrolliert aufgrund § 12 GüKG; Ausleitungszeichen ergehen auch auf dieser Grundlage.

5 Schon nach der vorherig. Fassung war davon auszugehen, dass Verkehrskontrollen auch die **Fahrtüchtigkeit** umfassen können (vgl. VwV-StVO). Zur Klarstellung und rechtl. Absicherung, insbes. aber zur plakativen Hervorhebung dieser Befugnis im Hinblick auf die Bedeutung von Alkoholverstößen für die Verkehrssicherheit, wurde die Bestimmung unmittelbar in die StVO übernommen. Eine Verpflichtung des Fzgf. zur Mitwirkung, z.B. zum Pusten in ein Teströhrchen oder ein Atemalkoholmessgerät, wird dadurch nicht begründet. Sind Anhaltspunkte für Fahruntüchtigkeit gegeben und folgt der Fzgf. der Aufforderung zum „Atemlufttest" nicht, so kann die Polizei nach Maßgabe des § 81a StPO eine Blutentnahme anordnen.

6 Verkehrszählungen oder sonst. Erhebungen. VT müssen hierzu zwar anhalten, sind jed. zu Aussagen nur verpflichtet, wenn dazu eine spezielle gesetzl. Grundlage besteht.

7 Z.B. durch auf das Dach des Dienstfzg aufgesetzte Einrichtungen, die über ein beleuchtetes Display eine verbale Aufforderung bekannt geben, etwa „Polizei! Bitte folgen!" (vgl. auch § 52 Abs. 3a StVZO). Die Befugnis, das

Anhalten durch Zuruf oder Handbewegung anzuordnen, bleibt unberührt („auch").

8 Die Polizei kann wahlweise entw. das anzuhaltende Fzg überholen und dann das Anhaltezeichen „nach hinten" geben oder zu dem anzuhaltenden Fzg aufschließen und dann ein Anhaltezeichen „nach vorne" geben. Entscheidend ist, dass die Anhalteweisung – auch für den Führer eines vorausfahrenden Fzg – als solche deutlich erkennbar ist. Dazu genügt z.B. nicht die Betätigung der Hupe, der Lichthupe oder der Sondersignale (a.A. *Köln* VRS 67, 295, vgl. Erl. 1 zu § 38; diese Entsch. hat nicht die durch die Neufassung des § 36 Abs. 5 gebotenen Möglichkeiten berücksichtigen können und dürfte daher überholt sein), wohl aber – auch ggü. einem Vorausfahrenden – das Zeigen einer Winkerkelle oder die Einschaltung eines nach vorne wirkenden Weisungstextes im Display einer entspr. Einrichtung (Spiegelschrift).

9 Anweisungen beziehen sich nicht nur auf das Anhalten, sondern auch auf die **Durchführung der Kontrollen.** Polizei kann also einen Fzgf. anweisen, z.B. die Beleuchtung einzuschalten, damit deren Funktionieren überprüft werden kann. Sie kann ihn auch anweisen, das Fzg zu verlassen, damit der Beamte z.B. das Funkt. der Bremsen durch Betätigung des Bremspedals überprüfen kann. Kommt Fzgf. der Auff. auszusteigen, nicht nach, sondern verriegelt stattdessen die Fzgtüren von innen, leistet er Widerstand iSd § 113 Abs. 1 StGB (*Düsseldorf* DAR 96, 367 = NZV 96, 458 = VM 97, Nr. 28). Die Vorschrift ergänzt insoweit § 31b StVZO, wonach KfzFührer verpflichtet sind, zuständ. Personen, also insbes. der Polizei, best. mitzuführende Gegenstände (z.B. Erste-Hilfe-Material, Feuerlöscher, Warndreieck) vorzuzeigen und zur Prüfung auszuhändigen.

§ 37 Wechsellichtzeichen, Dauerlichtzeichen und Grünpfeil[1]

(1) Lichtzeichen gehen Vorrangregeln, vorrangregelnden Verkehrszeichen vor. Fahrzeugführer dürfen bis zu 10 m vor einem Lichtzeichen nicht halten, wenn es dadurch verdeckt wird.[2]

(2) Wechsellichtzeichen haben die Farbfolge Grün – Gelb – Rot – Rot und Gelb (gleichzeitig) – Grün. Rot ist oben, Gelb in der Mitte und Grün unten.

1. An Kreuzungen bedeuten:
   Grün: „Der Verkehr ist freigegeben"[3].
   Er kann nach den Regeln des § 9 abbiegen, nach links jedoch nur, wenn er Schienenfahrzeuge dadurch nicht behindert.
   Grüner Pfeil: „Nur in Richtung des Pfeiles ist der Verkehr freigegeben".
   Ein grüner Pfeil links hinter der Kreuzung zeigt an, dass der Gegenverkehr durch Rotlicht angehalten ist und dass wer links abbiegt, die

Kreuzung in Richtung des grünen Pfeils ungehindert befahren und räumen kann[4].

Gelb ordnet an: „Vor der Kreuzung auf das nächste Zeichen warten“[5 6].

Keines dieser Zeichen entbindet von der Sorgfaltspflicht.

Rot ordnet an: „Halt vor der Kreuzung“[7 8].[9]

Nach dem Anhalten[10 11 12] ist das Abbiegen nach rechts auch bei Rot erlaubt[13 14], wenn rechts neben dem Lichtzeichen Rot[15] ein Schild mit grünem Pfeil auf schwarzem Grund (Grünpfeil)[16] angebracht ist. Durch das Zeichen

wird der Grünpfeil auf den Radverkehr beschränkt[16a]. Wer ein Fahrzeug führt, darf nur aus dem rechten Fahrstreifen[17] abbiegen. Soweit der Radverkehr die Lichtzeichen für den Fahrverkehr zu beachten hat, dürfen Radfahrende auch aus einem am rechten Fahrbahnrand befindlichen Radfahrstreifen oder aus straßenbegleitenden, nicht abgesetzten, baulich angelegten Radwegen abbiegen[17a]. Dabei muss man sich so verhalten, dass eine Behinderung oder Gefährdung anderer Verkehrsteilnehmer, insbesondere des Fußgänger- und Fahrzeugverkehrs der freigegebenen Verkehrsrichtung, ausgeschlossen ist[18].

Schwarzer Pfeil auf Rot ordnet das Halten, schwarzer Pfeil auf Gelb das Warten nur für die angegebene Richtung an.

Ein einfeldiger Signalgeber mit Grünpfeil zeigt an, dass bei Rot für die Geradeaus-Richtung nach rechts abgebogen werden darf.[19]

2. An anderen Straßenstellen, wie an Einmündungen und an Markierungen für den Fußgängerverkehr, haben die Lichtzeichen entsprechende Bedeutung.
3. Lichtzeichenanlagen können auf die Farbfolge Gelb – Rot beschränkt sein.

4. Für jeden von mehreren markierten Fahrstreifen (Zeichen 295, 296 oder 340) kann ein eigenes Lichtzeichen gegeben werden[20]. Für Schienenbahnen können besondere Zeichen, auch in abweichenden Phasen, gegeben werden; das gilt auch für Omnibusse des Linienverkehrs und nach dem Personenbeförderungsrecht mit dem Schulbus-Zeichen zu kennzeichnende Fahrzeuge des Schüler- und Behindertenverkehrs, wenn diese einen vom übrigen Verkehr freigehaltenen Verkehrsraum benutzen; dies gilt zudem für Krankenfahrzeuge, Fahrräder, Taxen und Busse im Gelegenheitsverkehr, soweit diese durch Zusatzzeichen dort ebenfalls zugelassen sind.[21].
5. Gelten die Lichtzeichen nur für zu Fuß Gehende oder nur für Rad Fahrende, wird das durch das Sinnbild „Fußgänger" oder „Radverkehr" angezeigt[22]. Für zu Fuß Gehende ist die Farbfolge Grün – Rot – Grün; für Rad Fahrende kann sie so sein. Wechselt Grün auf Rot, während zu Fuß Gehende die Fahrbahn überschreiten, haben sie ihren Weg zügig fortzusetzen.
6. Wer ein Rad fährt, hat die Lichtzeichen für den Fahrverkehr zu beachten. Davon abweichend sind auf Radverkehrsführungen die besonderen Lichtzeichen für den Radverkehr zu beachten. An Lichtzeichenanlagen mit Radverkehrsführungen ohne besondere Lichtzeichen für Rad Fahrende müssen Rad Fahrende bis zum 31. Dezember 2016 weiterhin die Lichtzeichen für zu Fuß Gehende beachten, soweit eine Radfahrerfurt an eine Fußgängerfurt grenzt[23].

(3) Dauerlichtzeichen[24] über einem Fahrstreifen sperren ihn oder geben ihn zum Befahren frei.

Rote gekreuzte Schrägbalken ordnen an:
„Der Fahrstreifen darf nicht benutzt werden".

Ein grüner, nach unten gerichteter Pfeil bedeutet:
„Der Verkehr auf dem Fahrstreifen ist freigegeben".

Ein gelb blinkender, schräg nach unten gerichteter Pfeil ordnet an:
„Fahrstreifen in Pfeilrichtung wechseln"[25].

(4) Wo Lichtzeichen den Verkehr regeln, darf nebeneinander gefahren werden, auch wenn die Verkehrsdichte das nicht rechtfertigt[26 27].

(5) Wer ein Fahrzeug führt, darf auf Fahrstreifen mit Dauerlichtzeichen nicht halten.[28]

Erläuterungen

1 Enthalten Anordnungen durch Lichtzeichen Ge- oder Verbote, stellen sie ebenfalls wie VZ VerwAkte in Form der Allgemeinverfügung dar (BGHSt 20, 128, *BVerwG* VRS 33, 149).

2 Auch Markierungen sind VZ. Mit Neuerlass der StVO in 2013 wurde das in § 12 Abs. 1 Nummer 7 vor Lichtzeichen befindliche Haltverbot hierhin verschoben.

3 **Querverkehr,** der „hängen geblieben" ist, darf zunächst Kreuzung räumen. Also Vorsicht beim „fliegenden Start". Allerdings bes. Sorgfalt auch des Nachzüglers (*BGH* DAR 71, 213 = VersR 71, 822). Das gilt auch für Fahrb., die durch Mittelstreifen getrennt sind (*BGH* VRS 52, 104). Zu den bevorrecht. „Nachzüglern" gehören auch Fzg, die bei „Grün" angefahren waren, verkehrsbedingt aber noch vor der eigentl. Kreuzung anhalten mussten (*Koblenz* VRS 68, 419; *Köln* VRS 72, 212). Wer absehen kann, dass er trotz Grün Kreuzung wegen der Verkehrslage wird nicht rechtzeig verlassen können, darf erst gar nicht in die Kreuzung einfahren (vgl. § 11 Abs. 1) Der Vorrang entgegenkomm. Fzg (§ 9 Abs. 3) entfällt, wenn diese in den Kreuzungsbereich einfahren, obwohl Ampel für sie schon läng. Zeit Rotlicht zeigt (*Düsseldorf* VRS 72, 125).

4 Sog. **Diagonal-Grünpfeil;** Gelblicht darf hierfür nicht verwendet werden (vgl. VwV-StVO – Ordnungsnr. 3 a zu § 37 Rn. 25). „Ungehindert" bedeutet, dass auch querenden Fußg. ein Wartesignal gegeben sein muss. Andererseits geben die Vorschr. und die entspr. Schaltung der Lichtzeichen keine Garantie, dass die Fahrb. in Pfeilrichtung tatsächlich frei ist. Die Kreuzung kann vielmehr verstopft sein, Nachzügler können das Abbiegen hemmen und Fußg. können vorschriftswidrig die Fahrb. überqueren. Der Hinweis der VO auf die Weitergeltung der allg. Sorgfaltspflicht betrifft daher gerade auch das Abbiegen bei Diagonal-Grünpfeil (vgl. dazu auch *Hamm* DAR 91, 177; *KG* DAR 91, 336). Andererseits hat der *BGH* (DAR 92, 143 = VRS 82, 286 = VM 92, 25) deutlich hervorgehoben, dass der bei grünem Linkspfeil abbieg. Kraftf. darauf vertrauen dürfe, dass Fzg aus der Gegenrichtung das für sie geltende Haltegebot beachten.

5 Anzuhalten ist vor der **Haltlinie,** welche der Lichtzeichenanlage zugeordnet ist (*Dresden* NZV 98, 335). Gebot gilt nur, wenn noch vor Kreuzung oder Einmündung (Nr. 2) **gefahrlos angehalten** werden kann; sonst ist beschleunigt weiterzufahren (*Celle* DAR 56, 135 = VRS 10, 231 = VM 56, 5 = VkBl 56, 104; *Düsseldorf* DAR 60, 185; *Stuttgart* DAR 65, 186; *Hamm* VRS 45, 473; *Frankfurt* DAR 72, 83). Wechsel von Grün auf Gelb rechtfertigt auch starkes Bremsen (*Karlsruhe* VRS 72, 168). Durch die Fassung „vor der Kreuzung" ist klargestellt, dass auch nach „Überfahren" der Haltlinie noch vor dem Kreuzungsbereich angehalten werden muss, jed. ebenfalls nur, wenn das gefahrlos möglich ist (vgl. auch *Mühlhaus* DAR 67, 315, 316). Fahrb. der Querrichtung muss also möglichst freigehalten werden (*Hamburg* VersR 67, 960). Wer bei Rot über die Haltlinie hinweg fährt, jed. noch vor dem Kreuzungsbereich anhält, verstößt nicht gegen § 37 Abs. 2, sondern gegen Z 294 (vgl. VD 77, 329 zum alten § 41 Abs. 3 Nr. 2). Sichert jed. die Ampel eine FußgFurt (allein oder zusätzl. zu einer Kreuzung), so verstößt das Einfahren auf die FußgFurt bei „Rot" gegen § 37 Abs. 2, auch wenn der Fzgf.

noch vor der Kreuzung anhält (*BayObLG* DAR 84, 327); aber auch insoweit gilt, dass vor der FußgFurt nur angehalten werden muss, wenn dies gefahrlos möglich ist (in vielen Fällen ragt das stehende Fzg noch etwas in die Furt hinein; wird in solchen Fällen kein Fußg. gefährdet oder erhebl. behindert, kann idR auf eine Verfolgung des objektiv gegeb. Verstoßes verzichtet werden).

6 Gefahrlos kann idR anhalten, wer beim Aufleuchten des Gelblichts bei einer Geschw. von 50 km/h 38 m, bei einer Geschw. von 60 km/h noch 52 m vom Kreuzungsbereich entfernt ist (Gutachten des TÜV Bayern 1970; *Celle* DAR 77, 220: 28, 75 m bei 45 km/h zu wenig). Allg. zul. Geschw. muss auch vor Ampel nicht herabgesetzt werden (*Celle* VRS 15, 219; *Hamburg* VM 58, 60; *BayObLG* VRS 17, 295; *Hamm* NJW 59, 1789; *Karlsruhe* DAR 75, 220 = VRS 49, 142). Wer bei Gelblicht anhält, muss vorher nicht in den Rückspiegel schauen, um festzustellen, ob ein and. Fzg gefährlich nahe ist (vgl. auch *BayObLG* VRS 17, 226; *Hamm* DAR 63, 309; *Frankfurt* DAR 72, 83). Das ist im eig. Interesse (z. B. Lastzug fährt unmittelbar auf) gleichwohl dringend zu empfehlen, auch wenn der nachf. Fzgf. in aller Regel einen Auffahrunfall zu verantworten hat. Kann ein Auffahrunfall nur dadurch vermieden werden, dass bei Rot durchgefahren wird (z. B. weil and. Fzg extrem dicht auffährt und objektiv nicht mehr rechtzeitig anhalten könnte), so kann das nach § 16 OWiG als Notstandshandlung gerechtfertigt sein (*Düsseldorf* DAR 92, 108 = NZV 92, 201 = VRS 82, 204 = VM 92, 53); aber auch § 16 OWiG setzt eine Güterabwägung voraus, so dass z. B. auch dann ein Durchfahren nicht zulässig ist, wenn zwar der Auffahrunfall vermieden, ein Zusammenstoß mit einem Fzg des Querverkehrs aber in Kauf genommen würde (das gerechtfertigte Durchfahren kommt also nur in Betracht, wenn entw. Querverkehr in dem konkr. Zeitpunkt nicht vorhanden ist oder der Querverkehr noch nicht „losgefahren“ ist). Einschränkend *KG* NZV 93, 362 = VRS 85, 211 (Annaherung des and. Fzg mit erhebl. Geschw.unterschied reicht nicht aus, weitere Gefahrenmomente müssen hinzutreten) und *Düsseldorf* (VRS 82, 369) für den Fall der Straßenglätte (die „einkalkuliert“ werden kann und muss). Zur Problematik der kurzen Gelbphasen vgl. *Menken* DAR 75, 262, 323

7 **Rotlichtverstoß** auch, wenn Fzgf. (auch Radf.) vor Ampel auf Gehweg auffährt, dort nach rechts abbiegt und Fahrt auf Fahrb. d. Querstraße fortsetzt (*Düsseldorf* VRS 63, 75; 68, 377; *Hamm* VRS 65, 158; *Karlsruhe* VRS 76, 390 = NZV 89, 158, *Düsseldorf* NZV 93, 243 = VRS 85, 136 = VM 93, 52); a. A. *Düsseldorf* NZV 94, 329 = VRS 87, 227: durch § 37 soll nur der durch die Ampelanlage begrenzte Fahrbahnraum (Schutzbereich) geschützt sein. Wer an Ampel mit versch. Lichtzeichen für zwei mark. Fahrstr. auf dem Fahrstr. mit „Grün“ in Kreuzung einfährt, anschl. aber auf den Fahrstr. mit „Rot“ wechselt, verstößt gegen § 37 Abs. 2 (*BayObLG* DAR 96, 104 = VRS 91, 72 = VM 96, Nr. 104; *BayObLG* DAR 2002, 77; *BayObLG* VersR 2001, 1394 = VM 2000, 75 = NZV 2001, 386; im Erg. auch *Zweibrücken* DAR 97, 289). Ebenso verstößt gegen § 37 Abs. 2, wer auf einem Linksabbieger-Fahrstr. bei Rot in

die Kreuzung einfährt und anschl. in der Richtung eines durch Grünlicht freigegebenen and. Fahrstr. weiterfährt (*BGH* DAR 98, 107 = NZV 98, 119 = VM 98, Nr. 22) bzw. wer auf einem linksabb. Fahrstr. bei Grün einfährt, dann aber geradeaus fährt, obwohl hierfür Rot galt (*Hamm* DAR 98, 244 = NZV 98, 255 = VM 98, Nr. 74). Vgl. zu dieser Probl. auch *BayObLG* NZV 2000, 422 = DAR 2000, 533. Verlässt ein Fzgf. vor der Ampel die Fahrb., fährt über ein Grundstück (z. B. Tankstelle, Kundenparkplatz) und anschl. auf die querende Straße, so **verstößt** das **nicht** gegen § 37 (*Oldenburg* VRS 68, 286; *Düsseldorf* VRS 66, 370 = DAR 84, 156); das Einfahren aus dem Grundstück ist hier nach § 10 zu beurteilen (Gefährdungsausschluss); im Erg. auch *BayObLG* NZV 94, 80 hins. eines Tankstellengrundstücks, jedenfalls dann, wenn Tanken beabsichtigt war. **Kein Rotlichtverstoß,** wenn Pkw vor einer Ampel auf eine rechts verlaufende Busspur ausweicht und dort an der Signalanlage vorbeifährt (*Düsseldorf* VM 98, Nr. 66). Kein Verstoß, wenn der Schutzbereich (vor allem Kreuzungsbereich) nicht befahren/begangen wird. Jedenfalls in der Tendenz **problematisch** ist die Entsch. von *Celle* (VRS 94, 139), wonach keinen Rotlichtverstoß begeht, wer über die Haltlinie hinweg in eine FußgFurt bei Rot einfährt, während die Furt ihrerseits durch Rotlicht für Fußg.-Querverkehr gesperrt ist. Die Auff. findet im gelt. Recht keine Stütze und ist gefährlich. Keinesfalls ist die Pflicht, bei Rot anzuhalten, davon abhängig, dass die querverlaufende FußgFurt für Fußg. Grün zeigt (so können sich z. B. Fußg. legal bei Rot auf der Furt bewegen, wenn das Signal umgeschaltet hat, Abs. 2 Nr. 5 Satz 3). Vgl. i.Ü. auch Erl. 19.

8 Bei Einstrahlung von **Sonnenlicht** auf die Ampel ist **bes. Sorgfalt** des Fahrers notw. (*Hamm* NZV 99, 302).

9 Vgl. Erl. 19.

10 **Grünpfeilschild** war früher in § 3 Abs. 4 StVO-DDR iVm Bild 23 dieser Vorschrift enthalten und wurde zunächst durch die 3. AusnVO zur StVO v. 11.12.1990 (BGBl I S. 2765; vgl. Nr. 3 c der 13. Aufl. dieses Buches) und im Anschluss daran durch die „Verordnung über die vorübergehende Weiterverwendung des grünen Pfeilschildes an Lichtsignalanlagen" v. 20.12.1991 (BGBl I S. 2391; vgl. Nr. 3 c der 14. Aufl. dieses Buches) aufrechterhalten; letztere VO ist mit Ablauf des 28.2.1994 außer Kraft getreten (Art. 3 der VO v. 14.12.1993). Die Vorschrift, die wegen der straßenbaulichen und verkehrstechn. Gegebenheiten im Gebiet der ehemaligen DDR und – übergangsweise – auch in den neuen Bundesländern eine gewisse Berechtigung hatte, wurde früher teilw. als ständige Regelung für das gesamte Bundesgebiet als **in hohem Maße problematisch** angesehen. Nach einem Bericht der Bundesanstalt für Straßenwesen (BASt) aus 1999 (Unterreihe Verkehrstechnik Heft 72) sind Unfälle beim Rechtsabbiegen bei Rot mit Grünpfeil nicht häufiger oder schwerer als beim Rechtsabbiegen bei Grün. Gefährdungen von Fußg. oder Radf. können bei Beachtung der durch die VwV vorgegebenen Vorgaben eingegrenzt werden. Vorauss. ist aber eine sorgf. Prüfung der örtl. Eignung für die Anordnung des Grünpfeils. Zudem empfiehlt sich vor jeder Neueinführung eine intensive Öffentl.arbeit. Insbes. ist den VT die Anhaltepfl. nicht hinreichend bekannt. An Außerortsstraßen hingegen wird er kritisch bewertet. Grund: VT schätzen oftmals Geschwindigk. falsch ein. Dies muss insbes. für die Fzgf. gelten, die in schnell befahrene, übergeordnete Straßen einbiegen. Der Regierungsentw. zur Änderung der VwV, die am 1.2.2001 in Kraft getreten ist (vgl. BAnz Nr. 21 S. 1419) enthielt deshalb zu Recht einen Ausschluss des Grünpfeils an Außerortsstraßen, hat aber nicht die Zust. des Bundesrats erhalten. Hinzu kommt, dass die Regelung im **internationalen Recht keine Grundlage findet.** Art. 23 Abs. 1 Buchst. a) ii), Art. 10 des auch für die Bundesrepublik verbindlichen Wiener Übereinkommens über Straßenverkehrszeichen lässt ein Abbiegen bei Rot nur auf Grund eines grünen **Lichtsignals** in Form eines Grünpfeils, nicht aber auf Grund eines „Grünpfeilschildes" zu. BMVBS hat im Verordnungsverfahren die Auffassung vertreten, die genannte internat. rechtl. Regelung gebiete nur, ein **Anhalten** bei Rot vorzuschreiben, überlasse es aber dem nationalen Recht, das **Weiterfahren** bei Rot zu gestatten. Diese Haltung ist auf der Grundlage der allg. anerkannten Interpretationsmethoden umstr. (vgl. insgesamt *Bouska* DAR 92, 281, 282; *Seidenstecher* NZV 91, 215 *Albrecht* DAR 94, 89). Der VO-Geber kann sich zumindest auf Art. 3 Abs. 1 Buchst. a) Doppelbuchst. ii) des Übereinkommens berufen: Dies gestattet es den Vertragsstaaten, ein eigenes Z zum Anzeigen einer Vorschr. einzuführen, wenn das Übereinkommen dazu nicht eigens ein Z vorhält und das Z nicht bereits mit einer anderen Bedeutung durch das Übereink. belegt ist. Im Ergebnis bestehen nunmehr **zwei „Grünpfeilregelungen"**, die völlig unterschiedliche Bedeutungen und Funktionen haben: der grüne Leuchtpfeil (§ 37 Abs. 2 Nr. 1 Satz 7), der gewährleistet, dass kein and. Verkehr Grün haben darf, der den durch den Pfeil gelenkten Verkehr kreuzt und das Grünpfeilschild, welches gerade davon ausgeht, dass die VT, die bei Grün gehen oder fahren, mit and. Verkehr, der Rot hat, zusammentreffen, wenn auch bei Vorrang des „Grün-Verkehrs".

11 **Fahrradverkehr** in erheblichem Umfang iSd Rn. 32 der VwV-StVO zu § 37 Abs. 2 Nr. 1 und 2 setzt während einer Ampelphase eine gewisse Regelmäßigkeit eines verbotswidrigen Überquerens der Fahrb. voraus. Da die „Grünpfeilschildregelung" starr ist, also nicht den zeitlich unterschiedl. Verhältnissen angepasst werden kann, kommt es auf den Radverkehr an, der in der Zeit der stärksten Belastung, z. B. im Berufsverkehr, herrscht.

12 Der **FzgVerkehr** muss bei Rot auf jeden Fall zunächst **anhalten,** also zu einem – wenn auch ggf. nur kurzfristigen – völligen Stillstand kommen (*KG* NZV 95, 199 = VRS 88, 472, *VG Berlin* NZV 1997, 327) und zwar **vor** der Haltlinie (Z 294); wenn diese nicht mit der Sichtlinie übereinstimmt, ist ein nochmaliges Anhalten aus Verk.Si-Gründen dort geboten.

13 **Erlaubt** ist das Rechtsabbiegen unter den in der Vorschrift genannten Voraussetzungen, **nicht** aber **vorgeschrieben.** Wird jed. der vorrangige

Fußg.- oder FzgVerkehr durch einen Rechtsabbieger weder gefährdet noch behindert – also insbes. dann, wenn „weit und breit" solche VT nicht zu sehen und auch nicht zu erwarten sind – dann kann sich eine Verpflichtung, die Erlaubnis zum Rechtsabbiegen auch tats. in Anspruch zu nehmen, aus dem Verbot vermeidbarer Behinderung (§ 1 Abs. 2) ergeben, wenn ein nachfolg. Fzg seinerseits nicht abbiegen kann. Der Führer eines nachfolg. Fzg darf gleichwohl **Warnzeichen** (Hupe, Lichthupe) nicht verwenden, um den Vordermann darauf hinzuweisen, dass er – nach Auff. des nachf. Fzgf. – abbiegen dürfe und müsse (§ 16 Abs. 1).

14 Bei **Gelb** muss gem. § 37 Abs. 2 Nr. 1 Satz 3 auf das nächste Z gewartet werden; das Grünpfeilschild berechtigt in dieser Phase nicht zum Rechtsabbiegen. Diese Rechtsfolge ist auch notw., weil das Aufleuchten des Gelblichts schnelle, oft schwierige Entscheidungen des Fzgf. erfordert und dieser Entscheidungsvorgang nicht durch die zusätzliche Prüfung belastet werden darf, ob z. B. Fußg. im Querverkehr (der dann allerdings noch nicht Grün hat, gleichwohl aber – wenn auch rechtswidrig – bereits das Überqueren beginnt) gefährdet werden können.

15 Gilt nur bei „vollem" **Rot;** bei dem Signal „Rot mit schwarzem Pfeil" (Abs. 2 Nr. 1 Satz 6) darf ein Grünpfeilschild nicht angebracht sein (Rn. 30 VwV-StVO zu § 37 Abs. 2 Nrn. 1 und 2).

16 Die **Form des Grünpfeilschilds** war in der StVO bis zum 20.4.2020 (BGBl I S. 815) nicht estgelegt. Mit der Aufnahme des Zeichens beschränkt auf den Radverk. (vgl. folgende Erl.) hat es nun indirekt doch Eingang in die Vorschr. gefunden. Sie ergab sich zuvor aus der Verlautb. des BMV v. 10.3.1994 (VkBl S. 294) und aus dem VZKat als Anlage zur VwV-StVO. Die **Abmessungen** des Schildes (250 × 250 mm) und seine **Ausführung** (das Schild darf nicht leuchten, nicht beleuchtet sein und nicht retroreflektieren) ergibt sich aus Rn. 37 VwV-StVO aaO. Das Grünpfeilschild darf ausschl. neben dem roten Signalfeld (also nicht etwa neben dem gelben oder grünen Signalfeld) angebracht werden.

16a Mit der Novelle v. 20.4.2020 (BGBl I S. 815) wird nunmehr dem insbes. von Radverkehrsverbänden geforderten erleichterten Abbiegen für Radf. bei Rot Rechnung getragen. Allerdings geht auch dies mit einem zwingenden vorherigen Anhaltevorgang (Rad muss zum Stillstand kommen) einher.

Dies ist den Vorgaben des Wiener Übereinkommens zum Verhalten bei roten Lichtzeichen geschuldet, welches in Deutschland ratifiziert ist. Es ist zu befürchten, dass Radf. dieses Anhalte-Gebot kaum beachten werden. Eine Untersuchung der BASt läuft, um entscheiden zu können, ob die strengen Anordnungsvorauss. für das Grünpfeilschild im Allg. für die Beschr. auf den Radverk. erleichtert werden können in der VwV-StVO.

17 Sind **mehrere Fahrstreifen** durch Pfeile (Z 297) als Fahrstr. zum Rechtsabbiegen (od. neben einer and. Fahrtrichtung auch zum Rechtsabbiegen) markiert, so darf hier kein Grünpfeilschild angebracht sein (Rn. 33 VwV-StVO zu § 37 Abs. 2 Nr. 1 und 2). Aber selbst dann, wenn ein solches Schild tats. vorhanden ist, darf nur aus dem äußersten rechten Fahrstr. abgebogen werden. Damit auch nicht von Radfahrern aus dem Radfahrstreifen (Sonderweg) oder auf dem daneben befindlichen baulichen Radweg. Mit nächster Novelle ist Änderung der Vorschrift zu erwarten, damit Radfahrer dort auch in den Genuss des Grünpfeils kommen können. Befindet sich die Lichtzeichenanlage vor der Einfahrt in einen Kreisverkehr, darf bei zugleich angeordnetem Grünpfeilschild ebenfalls nur vom äußersten rechten Fahrstreifen abgebogen werden; Fzgf. muss den Kreis dann an der nächsten Ausfahrt sofort wieder verlassen (vgl. *KG* NZV 2002, 49 = VRS 2001, 307). Das Abbiegerecht besteht auch, wenn neben dem rechten Fahrstr. ein Seitenstreifen angelegt ist, der z. B. von Radf. benutzt wird (§ 2 Abs. 4 Satz 3), ebenso wenn neben dem rechten Fahrstr. ein durch eine Leitlinie (Z 340) abmarkierter „Schutzstreifen" angelegt ist, der aber nicht die Vorauss. eines Fahrstr. (§ 7 Abs. 1 Satz 2) erfüllen darf. In letzteren Fällen muss aber der Vorrang der Radf. (§ 9 Abs. 3) sorgfältig beachtet werden.

17a Eingef. durch die Novelle v. 20.4.2020 (BGBl. I S. 815). Zuvor war die Nutzung des Grünpfeils durch Radf. aus einem Radfahrstreifen oder straßenbegleitenden Radweg nicht möglich, was insbes. misslich war, seitdem die Radf. die Lichtz. des Fahrverk. zu beachten haben. Für abgesetzte Radwege (räumlich über 5 m) oder solche, die durch Hecken etc. von der Fahrb. abgetrennt sind, gilt die Regelung nicht.

18 Leider wurde es versäumt, diesen Satz ausdrücklich auf beide vorhergehenden Sätze zu beziehen, nun ist unklar, was unter „Dabei" zu verstehen ist. Der systematische Zusammenhang sowie Sinn und Zweck der Vorschr. legen aber nahe, dass diese Anforderung für beide vorhergehende Sätze gilt. Verlangt wird die **höchste Sorgfaltsstufe** (wie etwa bei §§ 3 Abs. 2a, 7 Abs. 5, 9 Abs. 5, 10, 20 Abs. 1a,), d. h. die Verantwortung liegt praktisch immer beim abbieg. Fzgf., auch wenn nichts „Unmögliches" gefordert wird. Es muss nicht nur eine Gefährdung, sondern sogar jede Behinderung „ausgeschlossen" sein. Beides sind unbestimmte Rechtsbegriffe, die der Fzgf. jeweils auslegen muss und die, die betroffenen VT des Querverkehrs häufig anders interpretieren werden, als dies der Fzgf. tut. Letzterer muss daher in vielen Fällen mit Anzeigen rechnen, wobei die abschl. Entscheidung der Gerichte im OWi-Verfahren erfahrungsgemäß nicht abzuschätzen ist.

19 Die vormalige Regelung des § 37 Abs. 2 Satz 11 wurde mit dem Neuerlass der StVO hierhin verschoben.

20 Zeigt die Ampel für einen „Geradeaus-Fahrstreifen" Grün, die Ampel für den „Linksabbiege-Fahrstreifen" aber Rot, so darf aus dem Geradeaus-Fahrstr. nicht nach links abgebogen werden (*KG* VRS 73, 75). Zeigt die Ampel für einen Linksabbiege-Fahrstr. Grün, während für die Geradeaus-Fahrstr. Rot gegeben ist, und fährt ein Fzg bei Grün in die Kreuzung, um auf dieser in den Geradeaus-Bereich zu wechseln und weiterzufahren, so verstößt er gegen § 37 („Rotlicht-Verstoß"), denn er fährt innerh. der Kreuzung in den geschützten Bereich ein, der z. B. häufig in der Gegenrichtung für das Linksabbiegen (tangential) freigegeben ist (a. A. *BayObLG* VRS 64, 148, allerdings ohne Berücksichtigung dieser dargelegten bes. Gefahrenlage; *Düsseldorf* VRS 74, 295); vgl. auch Erl. 7.

21 Bes. Lichtzeichen, die für Linienbusse auf einem ihnen vorbehaltenen Sonderfahrstreifen gegeben werden, gelten nicht für ein Taxi, das diesen Streifen unberechtigt benutzt (*BayObLG* VRS 67, 436 = DAR 85, 29; a. A. *Düsseldorf* VRS 68, 70 = DAR 85, 126). Der unberechtigte Benutzer des Sonderfahrstreifens muss die für den allg. Verk. bestimmten Lichtzeichen beachten (*BayObLG* VD 2005, 80; *Hamburg* NZV 2001, 389). **Im Übrigen:** Durch Neuerlass der StVO eingefügte Folgeregelung zur Erweiterung des Berechtigtenkreises bei Z 245 (Begr.).

22 Waren vor dem Neuerlass der StVO **Sonderampeln für Radf.** für alle Radf. im Kreuzungsbereich maßgebend, auch wenn sie nicht auf dem für sie best. Sonderweg gefahren sind (*Celle* VRS 67, 294; *Köln* VRS 73, 144 zur Regelung vor Neuerlass der StVO), so gelten nunmehr für Radf. grds. die Lichtzeichen für den Fahrverkehr, es sei denn, es ist für eine markierte Radverkehrsführung ein eigenständiges Lichtzeichen für Radf. vorhanden und der Radf. muss diese benutzen (d. h. z. B. bei Fortführung eines benutzungspflichtigen Radweges); vgl. auch nachfolgende Erl. 23.

23 Zu Radverkehrsführungen vgl. VwV-StVO zu § 9 Rn. 3 ff. **Radf.Furten** sind Markierungen auf der Fahrb. (unterbroch. Linien), die einen Radweg über die kreuzende oder einmünd. Fahrb. hinweg fortsetzen. Grenzen sie unmittelbar an eine Fußg.Furt, so gilt – sofern eine eigene Radf.Signalisierung fehlt – seit dem 1.1.2017 auch für die Furt das allg. Signal des Fahrb.Verkehrs. Mit gesonderter Lichtzeichenregelung für den Radverkehr geht diese den allgemeinen auf den Fahrverkehr bezogenen Lichtzeichen vor. Die Kombin. des Signalträgers mit den Symbolen Radverkehr und Fußg. gilt ebenfalls als besonderes Lichtzeichen für Radf. iSd § 37 Abs. 2 Nr. 6.

24 **Dauerlichtzeichen** können verwendet werden, um Fahrstr. zu sperren oder z. B. für Linienbusse freizuhalten (besser: Z 245). Seit 2001 ist es möglich, sie auch (BGBl I S. 3783; VkBl 2002, 138) für einzelne Fahrstr. zu ver-

wenden. Der vor dem Neuerlass der StVO enthaltene Satz 3 2. Halbsatz in Abs. 3 wurde gestrichen, weil er in Abs. 5 (neu) enthalten ist.

25 Solche Pfeile können insbes. notw. sein, wenn einzelne Fahrstr. durch Lichtzeichen gesperrt werden und rechtzeitig vorher das Überwechseln auf den weiterhin freien Fahrstr. angeordnet werden soll (z. B. vor Tunneleinfahrten oder vor Dauerlichtzeichenanlagen).

26 Gegenüber der allg. Regelung des Nebeneinanderfahrens (§ 7 Abs. 1) noch weitergehende Ausnahme vom Rechtsfahrgebot (§ 2 Abs. 2). Im Ergebnis praktisch freie Fahrstreifenwahl (es sei denn, die Fahrb. wird nur von Einzelfzg befahren) und zwar ohne die Beschränkungen des § 7 Abs. 3 (also auch für schwere Lkw), auch rechts überholen zulässig (BGHSt 25, 298). Das zul. Nebeneinanderfahren bei Lichtzeichenregelung befreit nicht von der Beachtung eines Überholverbotszeichens (*Düsseldorf* DAR 86, 93).

27 Bei der **Ahndung** von Rotlicht-Verstößen ist bei einer lichtzeichengesicherten FußgFurt auf den Zeitpunkt abzustellen, in dem die Haltlinie überfahren wird, ansonsten bei Überfahren der Fluchtlinie der Kreuzung.

28 Mit dem Neuerlass der StVO in 2013 wurde das ehemalig in § 12 Abs. 1 Nr. 6 lit. f enthaltene Haltverbot hierhin verschoben. Gleichgültig ist, ob der Fahrstr. durch Dauerlichtz. gesperrt oder freigegeben ist oder gelbe Pfeile das Wechselgebot angezeigt ist (Begr.). Vgl. auch Erl. 24.

§ 38 Blaues Blinklicht und gelbes Blinklicht

(1) Blaues Blinklicht zusammen mit dem Einsatzhorn darf nur verwendet werden, wenn höchste Eile geboten ist, um Menschenleben zu retten oder schwere gesundheitliche Schäden abzuwenden, eine Gefahr für die öffentliche Sicherheit oder Ordnung[1] abzuwenden, flüchtige Personen zu verfolgen oder bedeutende Sachwerte zu erhalten.

Es ordnet an:

„Alle übrigen Verkehrsteilnehmer haben sofort freie Bahn zu schaffen“[2].

(2) Blaues Blinklicht allein darf nur von den damit ausgerüsteten Fahrzeugen und nur zur Warnung an Unfall- oder sonstigen Einsatzstellen, bei Einsatzfahrten[3] oder bei der Begleitung von Fahrzeugen oder von geschlossenen Verbänden verwendet werden.

(3) Gelbes Blinklicht warnt vor Gefahren. Es kann ortsfest[4] oder von Fahrzeugen aus verwendet werden. Die Verwendung von Fahrzeugen aus ist nur zulässig, um vor Arbeits- oder Unfallstellen, vor ungewöhnlich langsam fahrenden Fahrzeugen[5] oder vor Fahrzeugen mit ungewöhnlicher Breite oder Länge oder mit ungewöhnlich breiter oder langer Ladung zu warnen.

Erläuterungen

1 Gilt grds. auch bei Verfolgung von OWi, allerdings hier idR nach Verhältnismäßigkeitsgrds. nicht vertretbar. Folgt Polizeifzg mit Blaulicht und Einsatzhorn, so soll dies nach einer zwischenzeitl. wohl überholten Entsch. des *Köln* (VRS 67, 295) eine Weisung zum Anhalten nach § 36 Abs. 5 bedeuten können (vgl. Erl. 8 zu § 36). Unter Vollzugsdienst der Polizei iSd § 52 Abs. 3 S. 1 Nr. 1 StVZO ist der Vollzugsdienst der Polizei im formell-institutionellen Sinn als Vollzugspolizeibehörde zu verstehen. Der ordnungsbehördliche Vollzugsdienst gehört nicht dazu. Ausn.Gen. nach § 70 Abs. 1 Nr. 1 StVZO für diesen ist nicht vertretbar, da Bedarf an Blaulichtfzg zur Bewältigung von Gefahrensituationen durch Polizei bereits gedeckt ist (*OVG NW* Nordrhein-Westfälisches Verwaltungsblatt 2010, 195 unter Verweis auf *BVerwG* DÖV 2000, 779, da die StVZO-Vorschrift einen Ab- und Eingrenzungszweck verfolgt).

2 Alle VT, insbes. Fzgf., aber auch Fußg., müssen sich so verhalten, dass sofort **freie Durchfahrt** für das Einsatzfzg geschaffen wird. Das Signal ist sofort, unbedingt und ohne Prüfung, ob es berechtigt ist, zu befolgen (*KG* NZV 98, 27 = VM 98, Nr. 19). Wenn Platz ist, dann ist also rechts heranzufahren und dort anzuhalten oder langsam weiterzufahren (vgl. auch *BayObLG* VRS 16, 393 = VM 60, 9). Ist die Fahrb. aber verstopft (z.B. im innerstädt. Berufsverkehr), so muss u.U. beschleunigt weitergefahren werden, bis Ausweichmögl. besteht. Ggf. vorsichtig auf Gehweg ausweichen (vgl. auch *Köln* VRS 67, 295). Wer Einsatzhorn hört, aber nicht feststellen kann, woher das Einsatzfzg kommt, kann zunächst auch mitten auf Fahrb. anhalten (*BGH* VRS 22, 191 = DAR 62, 128 = VM 62, 24 = VkBl 62, 238 = NJW 62, 797 = VersR 62, 227). Aber keine Umkehrung des Vorfahrtrechts im Kreuzungsbereich. Fzgf. muss hier stets Sorgfalt walten lassen, dass ihm freie Fahrt gewährt wird; notfalls im Schritttempo hinübertasten (*BGH* NJW 1971, 616, NJW 1975, 370).

3 Einsatzfzg dürfen während der Fahrt **nur Blaulicht nutzen,** also ohne Einsatzhorn, um sich in geeigneter Weise bemerkbar zu machen. Sie haben damit aber **kein Wegerecht** nach Abs. 1 (vgl. *KG* VD 2006, 111). Zur Haftungsverteilung zw. mit Sondersignal fahrenden Kfz und Unfallgegner im beampelten Kreuzungsbereich bei überhöhter Geschwindigk. des Sonderrechtsfzg vgl. *KG* NZV 2003, 126. Regelung ist zweckmäßig, weil so den übr. VT signalisiert wird, dass sich das Fzg auf einer Einsatzfahrt befindet, was von den VT erfahrungsgem. in angemessener Weise „respektiert" wird. Die vom Einsatzhorn ausgehenden Lärmbeeinträchtigungen und das oft hektische Verhalten der VT bei Verwendung beider Sondersignale können teilw. vermieden werden. Nähert sich z.B. ein Polizeifzg einer Einsatzstelle (etwa bei einem Überfall), so kann es sich bemerkbar machen, ohne dem Täter die Annäherung akustisch zu „melden".

4 Z.B. vor Fußgängerüberwegen oder zur Unterstützung eines neg. Vorfahrtzeichens (z.B. Z 205 bei Abschaltung einer Ampelanlage).

5 Z.B. beim **Abschleppen** von Kfz.

§ 39 Verkehrszeichen[1] [2]

(1) Angesichts der allen Verkehrsteilnehmern obliegenden Verpflichtung, die allgemeinen und besonderen Verhaltensvorschriften dieser Verordnung eigenverantwortlich zu beachten[2a], werden örtliche Anordnungen durch Verkehrszeichen nur dort getroffen, wo dies auf Grund der besonderen Umstände zwingend geboten ist[2b].

(1a) Innerhalb geschlossener Ortschaften ist abseits der Vorfahrtstraßen (Zeichen 306) mit der Anordnung von Tempo 30-Zonen[2c] (Zeichen 274.1) zu rechnen[2d].

(1b) Innerhalb geschlossener Ortschaften ist abseits der Vorfahrtstraßen (Zeichen 306) mit der Anordnung von Fahrradzonen (Zeichen 244.3) zu rechnen[2d1].

(2) Regelungen durch Verkehrszeichen gehen den allgemeinen Verkehrsregeln vor.[2e] Verkehrszeichen sind Gefahrzeichen, Vorschriftzeichen und Richtzeichen[3]. Als Schilder stehen sie regelmäßig rechts.[3a] Gelten sie nur für einzelne markierte Fahrstreifen, sind sie in der Regel über diesen angebracht.[3b]

(3) Auch Zusatzzeichen[4] sind Verkehrszeichen. Zusatzzeichen zeigen auf weißem Grund mit schwarzem Rand schwarze Sinnbilder, Zeichnungen oder Aufschriften, soweit nichts anderes bestimmt ist.[4a] Sie sind unmittelbar, in der Regel unter dem Verkehrszeichen, auf das sie sich beziehen, angebracht[4b].

(4) Verkehrszeichen können auf einer weißen Trägertafel aufgebracht sein.[5] [5a] Abweichend von den abgebildeten Verkehrszeichen[6] können in Wechselverkehrszeichen die weißen Flächen schwarz und die schwarzen Sinnbilder und der schwarze Rand weiß sein, wenn diese Zeichen nur durch Leuchten erzeugt werden.

(5) [6a] Auch Markierungen und Radverkehrsführungsmarkierungen sind Verkehrszeichen. Sie sind grundsätzlich weiß. Nur als vorübergehend gültige Markierungen sind sie gelb; dann heben sie die weißen Markierungen auf. Gelbe Markierungen können auch in Form von Markierungsknopfreihen, Markierungsleuchtknopfreihen oder als Leitschwellen oder Leitborde ausgeführt sein. Leuchtknopfreihen gelten nur, wenn sie eingeschaltet sind. Alle Linien können durch gleichmäßige dichte Markierungsknopfreihen ersetzt werden. In verkehrsberuhigten Geschäftsbereichen (§ 45 Absatz 1d) können Fahrbahnbegrenzun-

gen auch mit anderen Mitteln, insbes. Pflasterlinien, ausgeführt sein. Schriftzeichen und die Wiedergabe von Verkehrszeichen auf der Fahrbahn dienen dem Hinweis auf ein angebrachtes Verkehrszeichen.

(6) Verkehrszeichen können an einem Fahrzeug angebracht werden[7]. Sie gelten auch während das Fahrzeug sich bewegt[8]. Sie gehen den Anordnungen der ortsfest angebrachten Verkehrszeichen vor[9].

(7) Werden Sinnbilder auf anderen Verkehrszeichen als den in den Anlagen 1 bis 3 zu den §§ 40 bis 42 dargestellten gezeigt, so bedeuten die Sinnbilder:

Kraftwagen und sonstige mehrspurige Kraftfahrzeuge

Kraftfahrzeuge mit einer zulässigen Gesamtmasse über 3,5 t, einschließlich ihrer Anhänger, und Zugmaschinen, ausgenommen Personenkraftwagen und Kraftomnibusse

Radverkehr[10]

Fahrrad zum Transport von Gütern oder Personen – Lastenfahrrad[10a]

Fußgänger

Reiter

Viehtrieb

Straßenbahn

Kraftomnibus

Personenkraftwagen

Personenkraftwagen oder Krafträder mit Beiwagen, die mit mindestens drei Personen besetzt sind – mehrfachbesetzte Personenkraftwagen[10b]

Personenkraftwagen mit Anhänger[10c]

Lastkraftwagen mit Anhänger

Wohnmobil

Kraftfahrzeuge und Züge, die nicht schneller als 25 km/h fahren können oder dürfen

Krafträder, auch mit Beiwagen, Kleinkrafträder und Mofas[11]

Mofas[12]

Einsitzige zweirädrige Kleinkrafträder mit elektrischem Antrieb, der sich auf eine bauartbedingte Geschwindigkeit von nicht mehr als 25 km/h selbsttätig abregelt
E-Bikes[12a]

Elektrokleinstfahrzeug im Sinne der Elektrokleinstfahrzeuge-Verordnung (eKFV)

Gespannfuhrwerke[13]

(8) Bei besonderen Gefahrenlagen können als Gefahrzeichen nach Anlage 1 auch die Sinnbilder „Viehtrieb“ und „Reiter“ und Sinnbilder mit folgender Bedeutung angeordnet sein[14]:

Schnee- oder Eisglätte

Steinschlag

Splitt, Schotter

Bewegliche Brücke

Ufer

Fußgängerüberweg

Amphibienwanderung

Unzureichendes Lichtraumprofil

Flugbetrieb

(9) Die in den Anlagen 1 bis 4 abgebildeten Verkehrszeichen und Verkehrseinrichtungen können auch mit den im Verkehrszeichenkatalog dargestellten Varianten angeordnet sein. Der Verkehrszeichenkatalog wird vom Bundesministerium für Verkehr und digitale Infrastruktur im Verkehrsblatt veröffentlicht.[15]

(10) Zur Bevorrechtigung elektrisch betriebener Fahrzeuge kann das Sinnbild

als Inhalt eines Zusatzzeichens angeordnet sein. Zur Unterstützung einer Parkflächenvorhaltung für elektrisch betriebene Fahrzeuge kann das Sinnbild zusätzlich auf der Parkfläche aufgebracht sein. Elektrisch betriebene Fahrzeuge sind die nach § 9a Abs. 2 und 4, jeweils auch iVm Abs. 5, der Fahrzeug-Zulassungsverordnung gekennzeichneten Fahrzeuge.[16]

(11) Zur Parkbevorrechtigung von Carsharingfahrzeugen kann das Sinnbild

Carsharing

als Inhalt eines Zusatzzeichens zu Zeichen 314 oder 315 angeordnet sein. Carsharingfahrzeuge sind Fahrzeuge im Sinne des § 2 Nummer 1 und des § 4 Absatz 1 und 2 des Carsharinggesetzes, in denen die Plakette

deutlich sichtbar auf der Innenseite der Windschutzscheibe anzubringen ist[17].

Erläuterungen

1 Soweit Z Anordnungen (vor allem Ge- und Verbote) enthalten, sind sie VerwAkte in Form der Allgemeinverfügung (*BVerfG* NJW 65, 2395; *BVerwG* VRS 33, 149 = NJW 67, 1627 = DAR 67, 226; *BVerwG* VRS 58, 314; *BGH* DAR 69, 304; vgl. auch VD 67, 257). Widerspruch u. Anfechtungsklage nach VwGO zulässig, jed. entspr. der Regelung für unaufschiebbare Maßn. von Polizeibeamten (§ 80 Abs. 2 Nr. 2 VwGO) ohne aufschieb. Wirkung (*OVG Münster* DAR 69, 110 = VkBl 69, 216 = NJW 69, 765, *BGH* aaO dazu VD 69, 291; *BVerwG* VRS 54, 235). Z sind keine Urkunden (*Köln* NZV 99, 134). Als VerwAkte sind Z zu beachten, solange sie sichtbar angebracht sind (sog. **Sichtbarkeitsgrds**), auch wenn sie fehlerhaft sind (vgl. dazu

BayObLG VRS 33, 295; 35, 195; *Celle* VRS 32, 151; *Karlsruhe* NJW 67, 1625; *Koblenz* NZV 95, 39; *Düsseldorf* NZV 99, 217 = VRS 96, 143 = VM 99 Nr. 42). Nach Begehung der Tat eingelegter Widerspruch gegen Z beseitigt OWi nicht (*BGH* DAR 69, 304 = VM 69, 89, VD 69, 291). Nur bei offensichtl. Nichtigkeit (z. B. Aufstellung durch unzust. Behörde) unbeachtlich (*BayObLG* VRS 29, 221 = DAR 65, 187 = VM 65, 65 = VkBl 65, 671), aber wohl nicht (§ 1 Abs. 2), wenn damit zu rechnen ist, dass and. VT darauf vertraut und daraus eine Gefahr entstehen kann (vgl. auch *BayObLG* VM 70, 67). Sichtbarkeitsgrds gilt eingeschränkt bei Zonen-Beschilderungen. Das *BVerwG* hatte zum Ausgleich zur alten Tempo 30-Zonen-Regelung eine bauliche Umgestaltung des Straßenraumes verlangt, um dem VT eine geringere Geschwindigkeit als die der generellen Innerortshöchstgeschwindigkeit auch ohne Wiederholung der Z nahezulegen. Die heutige Tempo 30-Zonen-Regelung ersetzt die bauliche Umgestaltung durch ein rechtliches Regime (vgl. Abs. 1a und § 45 Abs. 1c) – entspr. rechtliche Regelungen fehlen zu anderen Zonen-Regelungen wie z. B. zu den Umweltzonen, was bedenklich ist. Daher nimmt die Rspr. auch zu Recht an, dass denjenigen, der ein Kfz innerhalb einer Zone (z. B. Mietfzg in Parkraumbewirtschaftungszone) übernimmt, keine Verpflichtung trifft, sich zunächst über den in der Zone befindlichen Rechtsrahmen zu informieren (*Düsseldorf* DAR 97, 283).

2 Z haben rechtl. Wirkung nur, wenn und solange sie sichtbar aufgestellt sind **(Sichtbarkeitsgrds),** also nicht, wenn Z durch Verwitterung od. Verschmutzung auch für aufmerks. VT unkenntlich geworden ist (vgl. auch *Köln* VRS 31, 305, VD 67, 243), wenn Z umgestoßen wurde, von der Fahrb. weggedreht ist (nach *OVG NW* VM 98 Nr. 20 soll ein umgedrehtes mobiles Haltverbotschild idR seine Wirksamkeit nicht verlieren, wenn es einem best. Straßenabschnitt zuzuordnen ist. In dieser allg. Form ist diese Aussage für die Praxis problematisch, weil z. B. mobile Haltverbotszeichen nach Abschluss einer „Veranstaltung" – z. B. Umzug, Möbeltransport, Sportveranstaltung – häufig durch Beauftragte der zust. Behörde umgedreht werden und der Abtransport erst Tage danach erfolgt. Es muss deshalb für den Kraftf. erkennbar sein, dass der Grund für die Anordnung noch weiter besteht.). Zur Wirksamkeit eines mobilen Haltverbotschildes vgl. *VGH Mannheim* NZV 2007, 487; vgl. zur neuen Rechtslage lfd. Nr. 61 zu Anlage 2. Z ist sofort wirksam, Abschleppen ab 4. Tag nach Aufstellen (nach *VG Aachen* Urt. v. 25.4.2007, 6 K 1149/06, juris bereits nach 2 Tagen) zulasten des verbotswidrig Parkenden rechtmäßig, der VT darf nicht darauf vertrauen, dass sich Verkehrsverhältnisse nie ändern. Z müssen zudem so beschaffen sein, dass ein durchschnittlicher VT beim Vorbeifahren das Z mit einem beiläufigen Blick erfassen und verstehen kann (*BVerwG* NJW 08, 2867). Auch Z, die für den ruhenden Verk. angeordnet wurden, sind wirksam, solange ein durchschnittl. Kraftfahrer bei Einhaltung der in § 1 erforderl. Sorgfalt und ungestörten Sichtverh. während der Fahrt oder durch einfache Umschau beim Aussteigen ohne weiteres das Z erkennen kann. Zu einer Nachschau (Abschreiten eines Bereichs) ist man nur verpfl., wenn

im Einzelfall dazu ein Anlass besteht (z. B. bei hohen Fzgen, die Schilder verdecken könnten oder nach U-Turn oder bei Nebel – vgl. *BVerwG* DAR 2016, 598). Entspricht die Z-Anbringung und -Verortung den Vorgaben der VwV, so ist dies Indiz für die Annahme der hinreichenden Sichtbarkeit des Z; anderenfalls ist dies anhand der konkr. Umstände des Einzelfalls darzulegen (vgl. BVerwG, Beschl. v. 30.1.2018 – 3 B 4/17, juris). Mehr als 3 Z an einem Schildermast können nicht erfasst und verstanden werden (*BVerwG* aaO). Die Z müssen den amtl. Mustern in den Anlagen zu den §§ 40 bis 43 oder den durch VkBlverlautb. bekannt gegebenen Mustern entsprechen, geringe Abweichung aber ohne Bedeutung (*KG* VRS 12, 128 = DAR 57, 81; *Düsseldorf* VM 66, 15).

2a Die Vorschr. richtet sich an die **VT.** Die Verpfl., die Vorschr. der StVO zu beachten, wird durch Abs. 1 **nicht begründet;** sie ergibt sich unmittelbar aus dem Charakter der StVO als Rechtsnorm. Den VT wird jed. deutlich gemacht, dass sie die „Befehle" der StVO (z. B. die Wahl einer angemess. Geschw., den Verzicht auf das Überholen in best. Situationen) **eigenverantwortlich** zu befolgen haben, d. h. insbes. auch dann, wenn kein entspr. Z diese VerkNormen an einer konkr. Strecke gleichsam „verbindlich interpretiert". Damit verfolgt der **VO-Geber** ein doppeltes Ziel.

a) Der VT soll darauf achten, im Rahmen des Verhaltensrechts der StVO sein konkr. Verhalten in der Verkehrsrealität eigenverantw. zu „gestalten", also z. B. seine Geschw. an den Grds des § 3 Abs. 1 auszurichten und nicht – wie das überwiegend geschieht – etwa auf außerörtl. Strecken ab dem Ortsendeschild gleichsam automatisch auf (mind.) 100 km/h zu beschleunigen und diese Geschw. bis zu der nächsten geschl. Ortschaft (bestenfalls) beizubehalten, sofern auf dieser Strecke die Geschw. nicht ausdrückl. durch Z 274 begrenzt ist. Eine – notwendige – weitere Steigerung der Verk.Si. hängt entscheidend von mehr Eigenverantwortlichkeit – innerh. des allg. rechtl. Rahmens – ab. Auch der Neuerlass der StVO mit dem Ziel des Abbaus des Schilderwaldes verfolgt das Ziel der Steigerung der Eigenverantwortlichkeit der VT (vgl. Begr.).
b) Die Häufung von Z ist geeignet, die Einsicht der VT in die obj. Notw. solcher Regelungen zu gefährden, so dass häufig Anordnungen durch Z auch dann nicht „ernst genommen" werden, wenn ihre Befolgung obj. dringend geboten ist. Polizeiliche VerkÜberwachung kann und darf das Fehlen obj. Notw. eines Z nicht ausgleichen.

Die korrespondierenden Vorschr. für die **StrVerkBeh.** finden sich in § 45 Abs. 9.

2b Der 2. Halbs. des Abs. 1 **informiert** die VT, dass sie weniger auf VZ-Anordnungen treffen werden, weil es den StrVerkBeh. rechtl. verboten ist, ohne obj. zwing. Grund (vgl. dazu § 45 Abs. 9 und die dort. Erl.) Z anzuordnen und aufstellen zu lassen, auch wenn – wie das nicht selten der Fall ist – z. B. einzelne Bürger, ggf. Bürgerinitiativen, oft mit nachdrückl. Unterstützung der örtl. Medien, solche Anordnungen fordern.

2c Also nicht mit Zonen, die eine niedrigere Geschw. als 30 km/h vorgeben.

2d Damit besteht beim Befahren solcher Straßen eine Verpflichtung zu erhöhter Aufmerksamkeit. Ist hier eine Tempo 30-Zone ordnungsgemäß beschildert, so kann sich – jedenfalls idR – der Kraftf. nicht auf ein „Augenblicksversagen" berufen (vgl. insges. auch *Kramer* DAR 2001, 100, 104). Die Vorschrift ist erforderl., weil bei einer Zonen-Anordnung der Sichtbark. grds. abgeschwächt wird, nur am Anfang und Ende der Zone sind die Z anzutreffen, innerhalb der Zone wird auf solche Z verzichtet. Das *BVerwG* hatte zur ehemaligen Tempo 30-Zonen-Regelung die Schaffung eines sog. Zonenbewusstseins infolge baulicher Umgestaltungen der betroffenen Straßen gefordert, die eine niedrigere Geschwindigkeit in dem Bereich nahelegen. Die Regelung schafft iVm den in § 45 Abs. 1c getroffenen Anforderungen an die Tempo 30-Zone ein rechtliches Pedant zur Schaffung dieses Bewusstseins.

2d1 Mit der Novelle v. 20.4.2020 (BGBl I S. 814) wurde nach dem Vorbild der Tempo 30-Zone der Rspr. zum Sichtbarkeitsgrds. von VZ folgend an den VT gerichtet eine Regelung notwendig, um das Zonenbewusstsein auch für Fahrradzonen ohne bauliche Umgestaltung ausbilden zu können. BMVI hielt eine zusätzliche regelmäßige Aufbringung des Sinnbildes zur Stärkung dieses Bewusstsein für erforderlich, weil die Fahrrad-Straßen in der Zone sich nicht durch weitere Merkmale vereinheitlichen lassen. BR (BR-Drs. 591/19 Beschl.) hielt dies in der StVO nicht für erforderl. und will dies in die VwV verschieben; die VwV richtet sich aber gerade nicht an den VT, daher ist der Standort durch BR falsch gewählt.

2e Mit Neuerlass der StVO wurde der ehemalige Abs. 3 an diese Stelle aus systematischen Gründen verschoben. Eine Integration von Ge- oder Verbotszeichen in der Verschwenkungstafel (z. B. Z 264) ist für VT nicht eindeutig. Soll dadurch das Ge- oder Verbot erhalten bleiben, sollte in § 39 diese Möglichkeit ausdrücklich zugelassen werden (zudem Festlegung, dass in diesem Fall von der gängigen Größe der Z nach unten hin abgewichen werden darf).

3 Alle Z sind mit ihren Varianten und Abmessungen im Katalog für VZ (Anlage zur VwV-StVO BAnz Nr. 66 a v. 3.4.1992, seine Überarbeitung steht an) veröffentlicht. Der Katalog ist Bestandteil der VwV-StVO und damit für alle Behörden verbindlich. Dort finden sich auch die Abbildungen solcher Z, die in der StVO nur textlich beschrieben, aber nicht im Bild dargestellt sind (z. B. Verkehrszeichenvarianten). So wurden z. B. mit VkBl-Verlautb. v. 31.1.2007 (VkBl 2007, S. 76) Piktogramme „Freibad" und „Hallenbad" als Ergänzung der RWB 2000 eingeführt. VZ, die Rechte od. Pflichten begründen od. einschränken, müssen in der StVO selbst verankert sein (Ausn. für best. Zusätze zu amtl. VZ durch Auslegung möglich; *BGH* DAR 76, 307; dazu krit. *Bouska* VD 76, 239). Durch AusnGen. können **neue** od. **abweichende** VZ dieser Art **nicht zugelassen** od. eingeführt werden. Insgesamt – also auch für Richtzeichen – können Inhalt und Form eines amtl.

VZ – soweit nicht in der StVO vorgesehen – nicht verändert werden, auch nicht durch eine AusnGen. der zust. obersten Landesbehörde nach § 46 Abs. 2. Ein Spielraum besteht nur bei den textlich gestalteten ZusatzZ (vgl. VwV). Zur Rechtswidrigk. oder Nichtigk. von Vorschrift- oder Richtz., die Ge- oder Verbote enthalten, vgl. Erl. 1 zu § 41. Die Anfechtungsfrist beginnt nicht bereits mit dem Aufstellen des Z, sondern erst, wenn der VT sich erstmals im Geltungsbereich des Z aufhält (BVerwGE 138, 21).

3a Eingef. durch den Neuerlass der StVO zwecks Abbaus des Schilderwaldes (Begr.).

3b Eingef. durch den Neuerlass der StVO, um die in der Praxis bereits gängigen unterschiedlichen Geschw. je nach Fahrstreifen rechtlich abzusichern, für diese gilt das Rechtsfahrgebot nicht.

4 Begriff geändert durch VO v. 22.12.2005 (BGBl I S. 3716, Begründung vgl. VkBl 2006, 41).

4a Halbsatz eingef. durch **Art. 2** der sog. Kennz.-VO (BGBl I S. 2218, 2226) v. 10.10.2006 (Inkrafttreten 1.3.2007). Die Ergänzung wurde erforderlich, da das ZusatzZ zu dem mit dieser VO eingeführten Z 270.1 (Umweltzone), das Kfz von den so angeordneten Verkehrsverboten ausnimmt, eine **farbige** Ausgestaltung der Kennzeichnungsplaketten enthält.

4b Auch **ZusatzZ** müssen genau den Vorschriften der StVO entsprechen; werden die Formvorschriften nicht beachtet, so ist das ZusatzZ zumindest rechtswidrig (z. B. wenn Text ohne Umrandung unterhalb des Vorschriftzeichens od. neben diesem dargestellt wird: *BayObLG* VRS 71, 309; 72, 306 das sogar Unwirksamkeit attestiert). Ein ZusatzZ bezieht sich nur auf **ein unmittelb. idR darüber** angebrachtes Z; **ein darunter** befindl. VZ ist in den in der StVO enthaltenen Fällen möglich (z. B. Z 205 mit ZusatzZ „Radverkehr kreuzt"; ein nicht betroff. Z muss deutlich abgesetzt sein (*BayObLG* DAR 78, 189; VRS 76, 148 = NZV 89, 38; *BayObLG* VRS 2001, 382 = VM 2001, 57, *BVerwG* NJW 2003, 1408; *BayObLG* NJW 2003, 2253 = VD 2003, 193 = NZV 2003, 430 = DAR 2003, 426 = VM 2004, 11). Auch die ZusatzZ sind im Katalog für VZ abgebildet. Dieser ist aber nicht abschließend. (*VG Bremen*, Beschl. v. 11.4.2011, 5 V 2085/10, juris, *BayObLG* DAR 1981, 18, *OVG NRW* NZV 1997, 414). And. ZusatzZ (mit textlichen Inhalten) nach Rn. 46 VwV-StVO zu den §§ 39 – 43 nur mit Zustimmung der obersten Landesbehörde zulässig.

5 Geändert durch. VO v. 22.12.2005 (BGBl I S. 3716, Begründung vgl. VkBl 2006, 41). Aufbringung eines Z auf einer Trägertafel ist allenfalls bei „ungünstigen Bedingungen" zulässig (z. B. schlechter Kontrast zum Umgebungshintergrund).

5a Festlegung zur Farbe der Trägertafel geht auf eine Forderung des Bundesrates zurück. So soll der Tendenz der Zunahme farblich gestalteter (meist neon-gelb, -grün oder -orange fluoreszierend) Trägertafeln begegnet werden. Forderung fußt auf wissenschaftliche Untersuchungen zur Entstehung von Gewöhnungseffekten (Z besonders auffällig bei erstmaligem Vorbeifahren, da außergewöhnlich gestaltet, nach häufigem Vorbeifahren wird es kaum noch wahrgenommen). Zudem bestehe die Gefahr, dass andere „normal" gestaltete Z weniger beachtet werden. Vorschrift untersagt aber nicht die Ausgestaltung der Z in weiß fluoreszierend.

6 Sog. **Matrix-Zeichen,** bei denen das Bild durch leuchtende Glasfaserelemente abgestrahlt wird. Aus techn. Gründ. sind bei solchen Z die sonst weißen Flächen schwarz und die schwarzen Sinnbilder bzw. der schwarze Rand weiß. Matrix-Zeichen sind bes. auffällig und leicht wandelbar. Sie eignen sich daher vor allem für Anlagen, in denen häufig unterschiedl. Z zu versch. Zeiten gezeigt werden müssen. Matrix-Zeichen haben dieselbe Wirkung wie Schilder. Für Z als Dauerverwaltungsakte ist zur Frage der Rechtm. auf den Zeitpunkt der letzten tatsachengerichtlichen Verhandlung abzustellen. Bis dahin können Begründungen für das Z nachgeholt werden (*BVerwG* NJW 2004, 698; BVerwGE 97, 214; BVerwGE 92, 32). Dies gilt auch für Z in Streckenbeeinflussungsanlagen. In diesen Fällen ist nicht der Zeitpunkt entscheidend, wo das Z wieder erloschen ist. Denn der Anzeige liegen feste Algorithmen zugrunde, die Z richten sich nach voreingestellten Werten, die sich stetig wiederholen (BVerwGE 138, 21)

6a Neu gefasst durch den Neuerlass der StVO. Nicht die Radverkehrsführung als solche, sondern die Markierung hat die Bedeutung eines Z (Begr.) gelbe Leitschwellen oder gelbe Leitborde heben weiße Markierungen auf. Schriftzeichen enthalten keine selbstständigen Ge- oder Verbote, Gleiches gilt für Z auf der Fahrb.

7 Grds. sind **Z ortsfest** anzubringen. Abs. 2a lässt die Anbringung auch an Fzg zu (Fzg einer öff. Verwaltung, z. B. der Straßenbaubehörde, der Polizei, aber auch private Fzg, z. B. Begleitfzg für Schwertransporte; letztere dürfen Z aber nur aufgrund einer Anordnung durch die zust. StrVerkBeh führen). Auch die auf Fzg angebrachten Z müssen nach Form, Inhalt und Größe den in der StVO bzw. in der VwV-StVO (Katalog) enthaltenen Angaben entsprechen.

8 Anordnungen durch die Z gelten sowohl bei stehenden als auch bei fahrenden Fzg („auch"). An fahrenden Fzg kommen im Wesentl. Überholverbote und Gefahrzeichen in Betracht.

9 Bedeutet nicht, dass an Fzg angebrachte Z alle ortsfesten Z „außer Kraft" setzen. Vorrang der „Fahrzeug-Zeichen" nur, soweit sie im selben Bereich befindlichen Z widersprechen und weitergehende Anordnungen enthalten (z. B. ortsfeste Geschw.beschr. mit Z 274 auf 80 km/h; an stehendem Fzg angebrachtes Z mit 60 km/h geht vor. Ortsfestes Überholverbot Z 277, an fahrendem Fzg angebr. Z 276 geht vor. Ortsfestes Überholverbot Z 276, an fahrendem Fzg angebr. Z 277 ist zwar nicht „kongruent", geht aber als we-

niger weitgehend nicht vor, so dass es beim allg. Überholverbot bleibt); diese Auslegung ergibt sich aus dem Zweck der Vorschrift.

10 Das Sinnbild kann auch zur Kennzeichnung nicht benutzungspflichtiger Radwege aufgebracht werden, wenn die Verkehrsfläche als Radweg nicht baulich erkennbar ist.

10a Eingef. mit Novelle v. 20.4.2020 (BGBl I S. 814). Damit sollen spezielle Parkplätze für die Beförderung von Gütern und nach Einfügung des BR (BR-Drs. 591/19 Beschl.) auch von Personen mit Fahrrädern im Straßenraum angeordnet werden können. Zum Transport von Personen muss das Rad über geeignete Sitzgelegenheiten verfügen. Eine reine Güterladefläche reicht nicht aus; vgl. § 21 Abs. 3. Im Vorgriff auf Vorgaben in der VwV-StVO (VZKat als Anlage) wurde im VkBl (2020, S. 504) die Ausgestaltung des ZZ bekanntgegeben.

10b Ausgehend von einem Wunsch der Stadt D'dorf, zur Luftreinhaltung Fahrspuren für mehrfachbesetzte Kfz einrichten zu können, wurde durch BMVI dieses ZZ zur Verwirklichung einer „Umweltspur" durch VO v 20.4.2020 (BGBl I S. 816) zwecks bundesweitem Einsatz eingefügt. Das ZZ sollte das Hauptverkehrszeichen 245 ergänzen. Es sollte der Einzelfallprüfung vorbehalten bleiben, ob dadurch der ÖV eingeschränkt wird, was zu vermeiden gewesen wäre. BR (591/19 Beschl.) hat nun aber bei Z 245 die Möglichkeit zur Ausweisung solcher Öffnungen gestrichen, gleichwohl aber das ZZ nicht gestrichen – insoweit ist das BR-Vorgehen nicht nachvollziehbar.

10c Kleinere Fzg mit einer Lkw-Zulassung mit einer zulässigen Gesamtmasse unter 3,5 t (z. B. VW Caddy o. ä.) mit Anhänger sind von dem Zusatzzeichen nicht erfasst. Hierfür empfiehlt sich die Anordnung von Z 277 mit einer geringeren Gewichtsgrenze auf einem ergänzenden ZusatzZ.

11 Bezieht sich auf Krafträder jeder Art (vgl. Begriffsbestimmungen in § 2 Nr. 9 ff. FZV). Die redaktionell nicht ganz klare Fassung führt daher einzelne Formen der Krafträder nur zur Verdeutlichung beispielhaft auf.

12 Sog. Mofa 25 (vgl. Def. in § 4 Abs. 1 Satz 2 Nr. 1 FeV). Auch sog. Leichtmofas (AusnVO v. 26.3.1993, BGBl I S. 394), Ordnungsnr. 3 d.

12a Eingef. mit VO v. 14.12.2016 (BGBl I S. 2848). Bei dem Fzg handelt es sich nicht um ein Pedelec (fällt unter das Fahrrad, vgl. § 1 Abs. 3 StVG und § 63a Abs. 2 StVZO) und auch nicht um ein S-Pedelec (Geschw. bis 45 km/h).

Pedelecs sind Fahrräder, bei denen während des Tretens ein Elektromotor (von bis zu 250 Watt) zugeschaltet werden kann, dessen Unterstützung sich bis zu einer Geschw. von max. 25 km/h progressiv verringert und unterbrochen wird, wenn der Fahrer im Treten einhält oder die Geschw. von max. 25 km/h erreicht wird. Wer schneller fahren will, muss dies selbst leisten. Dazu zählen auch Pedelecs mit Anfahr- oder Schiebehilfe bis 6 km/h. Für sie besteht keine Altersbeschränkung, Führerschein- oder Helmpflicht.

E-Bikes sind einsitzige zweirädrige Kleinkrafträder mit elektrischem Antrieb, der sich bei einer Geschwindigkeit von mehr als 25 km/h selbsttätig abschaltet. Darunter fallen einspurige Fahrzeuge, die sich mit Hilfe des Elektroantriebs durch einen Drehgriff oder Schaltknopf mit einer Geschw. von bis zu 25 km/h fahren lassen, auch ohne dass der Fahrer gleichz. in die Pedale tritt. Sie sind nicht zulassungs- aber versicherungspflichtig, benötigen ein Versicherungskennzeichen und eine Betriebserlaubnis. Fahrer müssen über eine Mofa-Prüfbescheinigung verfügen und einen geeigneten Schutzhelm tragen. Die Fahrzeuge ähneln den früher gebräuchlichen Mofas mit Verbrennungsmotor, die zunehmend vom Markt verschwinden. Zu diesen Fahrzeugen zählen auch Kleinkrafträder bis 45 km/h der Klasse L1e der EU VO 168/2013, wenn ihre Bauart Gewähr dafür bietet, dass die Höchstgeschwindigkeit auf ebener Strecke auf höchstens 25 km/h beschränkt ist.

S-Pedelecs sind nach EU-Typgenehmigungsvorschriften Kleinkrafträder. Sie benötigen eine Betriebserlaubnis sowie ein Versicherungskennzeichen. Fahrer müssen mind. 16 Jahre alt sein und benötigen eine Fahrerlaubnis der Klasse AM. Zudem müssen sie einen geeigneten Schutzhelm tragen. Wenn S-Pedelecs eine Geschwindigkeit von mehr als 45 km/h erreichen, auch ohne dass der Fahrer in die Pedale tritt, benötigen sie ein amtliches Kennzeichen. Für das Führen dieser Kraftfahrzeuge wird dann eine Fahrerlaubnis der Klasse A1 benötigt.

Vgl. zur Einstufung von Elektrofahrrädern auch VkBl 2012, S. 848.

13 Sinnbild mit Neuerlass der StVO aufgenommen, vor allem um eine Ausnahme zum Durchfahrverbot in historischen Altstädten zu ermöglichen.

14 Absatz wurde mit Neuerlass der StVO eingefügt zur Lichtung des Schilderwaldes, nur bundesweit gängige Z sind in den Anlagen dargestellt. Seltener anzutreffende Z können aber in besonderen Fällen notw. sein. Deshalb werden sie an dieser Stelle berücksichtigt. Die Sinnbilder stehen weiterhin zur Verfügung, es besteht aber laut VwV eine besondere Prüfpflicht, ob nicht Warnung mit Z 101 und ggf. ZusatzZ hinreichend ist.

15 Verweis auf den Verkehrszeichenkatalog wurde durch Neuerlass der StVO verankert und trägt dem **Ausschließlichkeitsgrds** Rechnung (BGHSt 26, 348), dass VT nur in der StVO verankerte oder durch Verkehrsblattverlautbarung veröffentliche Z zu beachten haben (Begr.).

16 Eingef. durch Art. 2 der 50. VO zur Änderung straßenverkehrsrechtl. Vorschr. v. 15.9.2015 (BGBl I S. 1575). Das Plakettenmuster wurde durch Artikel 1 der VO eingef.

Rechtsgrundlage ist das Elektromobilitätsgesetz (EmoG) iVm § 6 StVG (sog. unselbstständige VO-Ermächtigung). Zum Außerkrafttreten vgl. § 52. Straßenverkehrsrecht ist sachlich begrenztes Ordnungsrecht und dient im Wesentlichen der Gefahrenabwehr und der Unfallverhütung (vgl. *BVerfG* Beschl. v. 10.12.1975, Az. 1 BvR 118/71). Dem StVG wurde keine eigene Zweckbestimmung an den Anfang gestellt. Gesamtgefüge des StVG im Lichte der Ermächtigung des Art. 74 Abs. 1 Nr. 22 GG lässt ausschließl. den Schluss zu, dass StVG-Ziel die Sicherstellung eines sicheren und ordnungsgemäßen Ablaufs des Straßenverkehrs ist. Durchmischung des besonderen verkehrsbezogenen Gefahrenabwehrrechts mit umweltschutzrechtlichen Gesichtspunkten oder Wirtschaftsförderungsgesichtspunkten ist zu vermeiden, weil insbes. die Auslegung der an Artikel 80 Abs. 1 GG zu messenden Ermächtigungsgrundlagen erschwert würde. Straßenverkehrsrecht ist zudem privilegienfeindlich, d. h. es dürfen keine Bevorrechtigungen für bestimmte Verkehrsarten oder Unternehmen vorgesehen werden (*BVerwG* Urt. v. 28.5.1998, Az. 3 C 11/97), es sei denn, es liegt ein ordnungsrechtlicher, verkehrlicher Grund für die Ungleichbehandlung vor.

BMVI hat FörderRiLi Elektromobilität erlassen, mit der die Beschaffung von Elektrofzgen unterstützt werden soll – vgl. BAnz AT v. 29.6.2015 B3 – angesichts des noch nicht erreichten Fzg-Bestandes ist mit einem Hinausschieben des Außerkrafttretens zu rechnen. Auch zur Ladeinfrastruktur gibt es eine FörderRiLi (BAnz AT 15.2.2017). Diese RiLi bedingen eine entspr. Markierung, dies sollte in der StVO nachvollzogen werden, BR hat dies aber mangels Regelungsbedarfs nicht zugelassen (591/19 Beschl.), weil dies „selbstverständlich" sei. Einige erhoffen sich dadurch auch eine größere Beachtung der Vorhaltung für die Elektrofzge, Falschparken soll so minimiert werden; zumal das Abschleppen, welches durch landesrechtl. Vorschr. geregelt wird, wohl unverh. sein dürfte. Im Vorgriff auf Vorgaben in der VwV-StVO (VZKat als Anlage) wurden im VkBl (2020, S. 504) die Ausgestaltung des ZZ und Vorgaben zur Anbringung der Aufkleber am Parkscheinautomaten bekanntgegeben.

17 Sinnbild ermöglicht die Vorhaltung spezieller Parkplätze für Carsharingfzg iSe Bevorrechtigung. Eingef. durch Novelle v. 20.4.2020 (BGBl I S. 816). BR wollte das Auslegen von Parkausweisen, die das BMVI aus Gründen der Erleichterung von Mischmodellen (Autovermietung und Carsharing wäre beides durch einen Anbieter möglich gewesen) angestrengt hatte, nicht zulassen, laut Begründung (BR-Drs. 591/19 Beschl.) soll aber keine feste Verbindung der Plaketten erfolgen müssen – die nun getroffene Lösung erscheint nicht praktikabel, weil die Plakette in ihrer Ausgestaltung an der Windschutzscheibe angebracht werden muss – was im Übrigen widersprüchlich ist. Im Vorgriff auf Vorgaben in der VwV-StVO (VZKat als Anlage) wurden im VkBl (2020, S. 504) die Ausgestaltung des ZZ und Vorgaben zur Anbringung der Aufkleber am Parkscheinautomaten bekanntgegeben.

§ 40 Gefahrzeichen

(1) Gefahrzeichen mahnen zu erhöhter Aufmerksamkeit, insbesondere zur Verringerung der Geschwindigkeit im Hinblick auf eine Gefahrensituation (§ 3 Absatz 1).[1]

(2) Außerhalb geschlossener Ortschaften stehen sie im Allgemeinen 150 bis 250 m vor den Gefahrstellen. Ist die Entfernung erheblich geringer, so kann sie auf einem Zusatzzeichen angegeben sein, wie

(3) Innerhalb geschlossener Ortschaften stehen sie im Allgemeinen kurz vor der Gefahrstelle.

(4) Ein Zusatzzeichen wie

kann die Länge der Gefahrstrecke angeben.

(5) Steht ein Gefahrzeichen vor einer Einmündung, weist auf einem Zusatzzeichen ein schwarzer Pfeil in die Richtung der Gefahrstelle, falls diese in der anderen Straße liegt.

(6) Allgemeine Gefahrzeichen ergeben sich aus der Anlage 1 Abschnitt 1.[2]

(7) Besondere Gefahrzeichen vor Übergängen von Schienenbahnen mit Vorrang ergeben sich aus der Anlage 1 Abschnitt 2.[3]

Erläuterungen

1 Durch den Neuerlass der StVO in 2013 wurden die an Gefahrzeichen geknüpften allgemeinen Verhaltenspflichten konkretisiert, Ziel ist ein restriktiverer Einsatz. Mit der Einforderung der Absenkung der Geschwindigk.

erübrigen sich laut Begründung Gefahrz. überall dort, wo auch ohne Verringerung der Geschw. an der Gefahrenstelle vorbeigefahren werden kann. Sämtliche Gefahrz. wurden in einer Anlage 1 ausgegliedert, dies erleichtert dem VT das Lesen und Verstehen der Vorschriften.

2 An Gefahrz. nicht übernommen, sondern als Sinnbilder nach § 39 verschoben wurden die Sinnbilder Reiter, Viehtrieb (dort Abs. 7) Steinschlag, Schnee- und Eisglätte, Ufer, Splitt, Schotter, bewegliche Brücke, Flugbetrieb, Fußgängerüberweg (dort Abs. 8). Sie sind nur noch im besonders begründeten Einzelfall anzuordnen, wenn ein allgemeines Gefahrz. 101 – ggf. mit ZusatzZ – im Einzelfall nicht ausreicht, um der Gefahr zu begegnen.

3 Solche Gefahrz. können allein für vorrangberechtigte Bahnübergänge angeordnet werden. Hat die Schienenbahn keinen Vorrang (z.B. wenn sie nicht auf einem eigenen besonderen Bahnkörper verkehrt, sondern die Gleise in der Straße verlegt sind) scheiden diese VZ aus.

§ 41 Vorschriftzeichen

(1) Wer am Verkehr teilnimmt, hat die durch Vorschriftzeichen nach Anlage 2 angeordneten Ge- oder Verbote zu befolgen.[1]

(2) Vorschriftzeichen stehen vorbehaltliches des Satzes 2 dort, wo oder von wo an die Anordnung zu befolgen ist.[2] Soweit die Zeichen aus Gründen der Leichtigkeit oder der Sicherheit des Verkehrs in einer bestimmten Entfernung zum Beginn der Befolgungspflicht stehen, ist die Entfernung zu dem maßgeblichen Ort auf einem Zusatzzeichen angegeben. Andere Zusatzzeichen enthalten nur allgemeine Beschränkungen der Gebote oder Verbote oder allgemeine Ausnahmen von ihnen. Die besonderen Zusatzzeichen zu den Zeichen 283, 286, 277, 290.1 und 290.2 können etwas anderes bestimmen, zum Beispiel den Geltungsbereich erweitern.[3] [4]

Erläuterungen

1 Sämtliche VorschriftZ wurden durch den Neuerlass der StVO in die Anlage 2 verschoben zum Zwecke der bürgerfreundlichen Fassung. Abs. 1 dient der Rechtsbereinigung (Begr.) Es ist unstreitig, dass Ge- und Verbote Gegenstand von Z sein können und VerwAkte in Form einer Allgemeinverfügung darstellen (*BGH* NJW 1965, 308, *BGH* DAR 2011, 39). Vgl. dazu auch Erl. zu § 39. Z sind so aufzustellen, dass die durch sie getroffene Anordnung klar erkennbar wird, andernfalls sind sie unwirksam (*Düsseldorf* VRS 75, 362 = NZV 88, 189). Sie gelten nur bei Sichtbarkeit und in Fahrtrichtung der Bildseite (*Oldenburg* VRS 89, 53). Überlagern sich zwei durch Z oder Markierungen getroffene Anordnungen, so gilt für ein best. Verhalten jeweils die Anordnung, die dieses Verhalten speziell regeln soll. Beispiel: Auf der Fahrb. sind Leitlinien (Z 340) bzw. Fahrstreifenbegrenzun-

gen (Z 295) zwischen Pfeilen angebracht (Z 297). Auf dieser Fahrb.strecke ist damit – auch – ein Haltverbot angeordnet (Erl. zu Z 297). Die StrVerkBeh hat aber für dieselbe Strecke ein eingeschr. Haltverbot (Z 286) angeordnet, weil im konkr. Fall ein Bedürfnis für Ladetätigkeit besteht und diese Tätigkeit nach den örtl. Verh. bei Abwägung auch hingenommen werden kann. Für die Frage, ob hier „gehalten" werden darf, gilt die speziell hierfür erlassene Anordnung, nämlich Z 286. Entspr. gilt, wenn sich die an ein Z geknüpfte Anordnung aus einer and. Vorschr. der StVO ergibt und durch ein Z „überlagert" wird. Beispiel: An Haltestellen (Z 224) besteht Parkverbot. Ordnet die StrVerkBeh an der Haltestelle ein absolutes Haltverbot (Z 283) wegen der bes. örtl. Verh. an, so gilt hins. des Haltens die speziell dafür getroffene Anordnung, nämlich Z 283.

2 Die ehemalige Regelung, dass die Z regelmäßig rechts stehen, wurde mit dem Neuerlass der StVO in 2013 nach § 39 Abs. 2 verschoben.

3 Im Gegensatz zur „Schilderwaldnovelle" wurde im Neuerlass der StVO die Möglichk., besondere Zusatzzeichen anordnen zu können, beibehalten. Die ausdrückliche Nennung und explizite Aufführung solcher ZusatzZ in der Anlage 2 bei den entspr. VorschriftZ ist erforderlich, weil durch die Anordnung von Z der Wille des VO-Gebers nicht erweiterbar ist. So verbleiben die Möglichk., Parkverbotsregelungen auf den Seitenstreifen zu erweitern oder nur für den Seitenstreifen vorzusehen, die nicht Teil der Fahrb. sind. Auch können Anhaltekontrollen durch Ergänzung des Z 277 auf Kraftomnibusse und Pkw mit Anhänger und auf Kfz ab 2,8 t ausgedehnt werden. Achtung: Das *BAG* wird in originärer Zuständigk. aufgrund des GüKG tätig. Anordnung der Z also nur durch vorherige Entsch. der StrVerkBeh. Ansonsten sind die speziellen Ausleitungen, welche das „Auswinken" ersetzen keine Z der StVO.

4 Der ehemalige Abs. 4 befindet sich seit dem Neuerlass der StVO in 2013 im Wesentlichen bei § 39 Abs. 5.

§ 42 Richtzeichen

(1) Richtzeichen geben besondere Hinweise zur Erleichterung des Verkehrs. Sie können auch Ge- oder Verbote[1] enthalten.

(2) Wer am Verkehr teilnimmt, hat die durch Richtzeichen nach Anlage 3 angeordneten Ge- oder Verbote zu befolgen.[2]

(3) Richtzeichen stehen vorbehaltlich des Satzes 2 dort, wo oder von wo an die Anordnung zu befolgen ist.[3] Soweit die Zeichen aus Gründen der Leichtigkeit oder der Sicherheit des Verkehrs in einer bestimmten Entfernung zum Beginn der Befolgungspflicht stehen, ist die Entfernung zu dem maßgeblichen Ort auf einem Zusatzzeichen angegeben.[4]

Erläuterungen

1 Durch den Neuerlass der StVO in 2013 wurden die Z zur besseren Lesbarkeit in Anlage 3 verschoben. Auch in Richtz. können Ge- oder Verbote enthalten sein, dann gelten für diese die gleichen Grds. wie bei den VorschriftZ. Die in der Anlage 3 enthaltenen Abschnitte orientieren sich an der vormaligen Aufteilung. Ausnahme: Abs. 8, in dem Wegweisung, Umleitungsbeschilderung und sonstige Verkehrsführungen enthalten waren. Nunmehr werden diese Unterthemen durch eigene Abschnitte voneinander getrennt.

2 Dann handelt es sich um Allgemeinverfügungen. Vgl. insoweit Erl. zu § 41. I.Ü. enthalten RichtZ nur allg. Hinweise zur Erleichterung des Verk. Verstoß gegen den Inhalt ist daher idR nur über § 1 Abs. 2 bewehrt.

3 Auch RichtZ stehen regelmäßig rechts. Vgl. insoweit die Regelung in § 39.

4 Im Unterschied zu den VorschriftZ sind keinen besonderen – z.B. erweiternden – ZusatzZ bei den RichtZ verankert.

§ 43 Verkehrseinrichtungen[1]

(1) Verkehrseinrichtungen sind Schranken, Sperrpfosten[2], Absperrgeräte sowie Leiteinrichtungen, die bis auf Leitpfosten, Leitschwellen und Leitborde rot-weiß gestreift sind. Leitschwellen und Leitborde haben die Funktion einer vorübergehend gültigen Markierung und sind gelb. Verkehrseinrichtungen sind außerdem Absperrgeländer, Parkuhren, Parkscheinautomaten, Blinklicht- und Lichtzeichenanlagen sowie Verkehrsbeeinflussungsanlagen. § 39 Absatz 1 gilt entsprechend.

(2) Regelungen durch Verkehrseinrichtungen gehen den allgemeinen Verkehrsregeln vor.

(3) Verkehrseinrichtungen nach Absatz 1 Satz 1 ergeben sich aus Anlage 4. Die durch Verkehrseinrichtungen (Anlage 4 Nummer 1 bis 7) gekennzeichneten Straßenflächen darf der Verkehrsteilnehmer nicht befahren.[3]

(4) Zur Kennzeichnung nach § 17 Absatz 4 Satz 2 und 3 von Fahrzeugen und Anhängern, die innerhalb geschlossener Ortschaften auf der Fahrbahn halten, können amtlich geprüfte Park-Warntafeln verwendet werden.

Erläuterungen

1 Anordnung nur nach Maßgabe der §§ 44, 45. Verkehrseinrichtungen wirken sich regelnd, sichernd oder verbietend auf den Verkehr aus. Sind sie nur vorübergehend angeordnet, sind sie in gelber Farbe ausgeführt. Haben

sie nur hinweisenden Charakter, sind sie farblich neutral (meist grau) ausgeführt. Graue Sperrpfosten sind zwar dem Wortlaut des Satz 1 nach Verkehrseinrichtungen, sie sind aber nicht in Anlage 4, die abschließend die Verkehrseinrichtungen aufzählt, aufgeführt (*VG Koblenz* VD 2010, 116). Widerspruch sollte im Rahmen einer der nächsten StVO-Novellen aufgelöst werden. Derzeit sind sie „nur" Straßenzubehör (vgl. § 32), damit greift auch die Kostentragungsregelung für VZ nicht.

2 Graue Sperrpfosten kommen idR nur am Beginn einer Straße od. eines Weges in Betracht. Sollen sie ausnahmsweise im Verlauf einer Straße aufgestellt werden, so bedarf es idR einer deutlichen Warnung, um Unfälle zu vermeiden. Balisetten (flexible Poller aus weichem Material) sind als Verkehrseinrichtungen bislang nicht explizit in der StVO genannt. Die BASt untersucht derzeit ihre Wirksamkeit zum Schutze vor allem bei Motorradunfällen – je nach Ausgang der Untersuchung ist eine Ergänzung der StVO zu erwarten. Das Material entscheidet aber idR nicht über den Inhalt der Verkehrseinrichtung – dazu ist allein das Erscheinungsbild laut Anlage entscheidend.

3 Zur besseren Lesbarkeit sind die einzelnen Verkehrseinrichtungen in Anlage 4 durch den Neuerlass der StVO ausgegliedert worden. Einzige Ausnahme: das Verbot abgesperrte Straßenflächen zu befahren.

III.
Durchführungs-, Bußgeld- und Schlussvorschriften

§ 44 Sachliche Zuständigkeit

(1) Zuständig zur Ausführung dieser Verordnung sind, soweit nichts anderes bestimmt ist, die Straßenverkehrsbehörden.[1] Nach Maßgabe des Landesrechts kann die Zuständigkeit der obersten Landesbehörden und der höheren Verwaltungsbehörden im Einzelfall oder allgemein auf eine andere Stelle übertragen werden[2] .

(2) Die Polizei[3] ist befugt, den Verkehr durch Zeichen und Weisungen (§ 36) und durch Bedienung von Lichtzeichenanlagen zu regeln. Bei Gefahr im Verzug kann zur Aufrechterhaltung der Sicherheit oder Ordnung des Straßenverkehrs die Polizei an Stelle der an sich zuständigen Behörden tätig werden und vorläufige Maßnahmen treffen[4]; sie bestimmt dann die Mittel zur Sicherung und Lenkung des Verkehrs.[5]

(3) Die Erlaubnis nach § 29 Absatz 2 und nach § 30 Absatz 2 erteilt die Straßenverkehrsbehörde, dagegen die höhere Verwaltungsbehörde, wenn die Veranstaltung über den Bezirk einer Straßenverkehrsbehörde hinausgeht, und die oberste Landesbehörde, wenn die Veranstaltung

sich über den Verwaltungsbezirk einer höheren Verwaltungsbehörde hinaus erstreckt. Berührt die Veranstaltung mehrere Länder, so ist diejenige oberste Landesbehörde zuständig, in deren Land die Veranstaltung beginnt. Nach Maßgabe des Landesrechts kann die Zuständigkeit der obersten Landesbehörden und der höheren Verwaltungsbehörden im Einzelfall oder allgemein auf eine andere Stelle übertragen werden[6].

(3a) Die Erlaubnis nach § 29 Absatz 3 erteilt die Straßenverkehrsbehörde, dagegen die höhere Verwaltungsbehörde, welche Abweichungen von den Abmessungen, den Achslasten, den zulässigen Gesamtmassen und dem Sichtfeld des Fahrzeugs über eine Ausnahme zulässt, sofern kein Anhörverfahren stattfindet; sie ist dann auch zuständig für Ausnahmen nach § 46 Absatz 1 Nummer 2 und 5 im Rahmen einer solchen Erlaubnis. Dasselbe gilt, wenn eine andere Behörde diese Aufgaben der höheren Verwaltungsbehörde wahrnimmt.

(4) Vereinbarungen über die Benutzung von Straßen durch den Militärverkehr werden von der Bundeswehr oder den Truppen der nichtdeutschen Vertragsstaaten des Nordatlantikpaktes oder der Mitgliedstaaten der Europäischen Union ausgenommen Deutschland mit der obersten Landesbehörde oder der von ihr bestimmten Stelle abgeschlossen.

(5) Soweit keine Vereinbarungen oder keine Sonderregelungen für ausländische Streitkräfte bestehen, erteilen die höheren Verwaltungsbehörden oder die nach Landesrecht bestimmten Stellen die Erlaubnis für übermäßige Benutzung der Straße durch die Bundeswehr oder durch die Truppen der nichtdeutschen Vertragsstaaten des Nordatlantikpaktes oder der Mitgliedstaaten der europäischen Union ausgenommen Deutschland; sie erteilen auch die Erlaubnis für die übermäßige Benutzung der Straße durch die Bundespolizei[7], die Polizei und den Katastrophenschutz.

Erläuterungen

1 Vgl. Erl. 7d zu § 16. Anforderungsbefugnisse nach § 45 ergänzen, ersetzen die sachliche Zust. aber nicht; sind dort andere mit Befugnissen ausgestattet, bedient sich die StV-Behörde derer z.B. in Amtshilfe. Mit dem Neuerlass der StVO in 2013 wurde die Möglichkeit, auf der Grundlage der StVO selbst **Weisungen** zur **Auslegung** der bundesrechtlichen Vorschriften und zur **Lenkung des Ermessens** erteilen zu können, gestrichen. Künftig sind dafür ausschließlich landesrechtliche Vorschriften maßgebend. Hintergrund der Streichung: mittels Bundes-VO soll nicht in die landesrechtliche Aufgabenzuweisung, Zuständigkeit und die Möglichkeit zur Fachaufsicht eingegriffen werden (vgl. Begr.). Gemeinden können fachaufsichtliche

Weisungen im Allg. nicht anfechten, da Verletzung eig. Rechte idR nicht möglich, da Weisung im Allgemeinen eine Außenwirkung fehlt, ausnahmsweise jed. dann, wenn die Weisung auf den Selbstverwaltungsbereich übergreift (z.B. Planungshoheit): *BVerwG* NZV 95, 243 = VM 95, 59 zur alten Regelung); so z.B. bei Anordnungen nach § 45 Abs. 1b Satz 1 Nr. 5 (*VG Köln* Urt. v. 28.1.2008, 11 K 153/07, juris).

Um Ausführung der StVO handelt es sich auch, soweit die behördl. Anordnung ihre Rechtsgrundlage außerhalb der StVO hat (z.B. polizeiliche Generalklausel lt. Landesrecht als Beseitigungsanordnung) und diese iVm einer Verhaltenspflicht aus der StVO ergangen ist (z.B. § 32 Beseitigung einer unerlaubt im Straßenverkehrsraum befindlichen Absperrvorrichtung zur Verdeutlichung von Grundstücksgrenzen) – sachl. dafür zuständig bleibt die StV-Behörde, ein Rückgriff auf die nach Landesrecht zust. allgemeine Ordnungbeh. nach allg. Gefahrenabwehrrecht ist nicht möglich. StVO ist abschließendes Sonderordnungsrecht des Bundes für den Straßenverkehr und ein Rückgriff auf das Landesrecht ist für diesen Bereich nicht möglich (vgl. *BVerwG* DVBl. 2016, 192). Aufstellen von Leitkegeln durch Fahrschulen, um Motorradfahrern das Schlangenlinienfahren zu ermöglichen, ist mangels Anordnungsbefugnis in § 45 rechtswidrig. Leitkegel sind Verkehrseinrichtungen nach § 43 – sie dürfen nur von der sachlich zust. Behörde angeordnet werden, die sich laut VO dazu bislang keines Verwaltungshelfers bedient hat.

2 Die Vorschrift enthält kein unmittelbar auf § 44 beruhendes **Selbsteintrittsrecht** mehr für die obersten und höheren Verkehrsbehörden; für sie, Landratsämter als Fachaufsichtsbehörden kreisangehöriger Gemeinden, besteht ein solches Recht also nur noch nach Maßgabe des Landesrechts. Die Übertragung im Einzelfall ist auch danach durch innerdienstliche Verfügung möglich. Soll eine Zuständigkeit allgemein mit Wirkung gegenüber Dritten übertragen werden, so ist hierzu eine Rechtsvorschrift erforderlich.

3 Die StrVerkBeh darf die Sperrung einer öff. Straße nicht **privaten Beauftragten** überlassen und zwar auch dann nicht, wenn die Vorauss. der Sperre durch Anweisung festgelegt sind (*BayVGH* DAR 92, 272 = VRS 83, 226 = VM 92, 67). Das kann aber nicht gelten, wenn die Vorauss. für die Sperre durch feste, nicht interpretierungsbedürftige Angaben festgelegt wurden, z.B. durch Zeitangaben wie „20 – 24 h" und die Privaten dann nur reine Verwaltungshelfer sind, denen kein Beurteilungsspielraum und kein Ermessen bleibt. Grds. sowohl Polizeibehörden als auch der einzelne Polizeibeamte (*Zweibrücken* Urt. v. 28.4.1989, 1 U 236/88, *VGH Mannheim* Urt. v. 5.12.2002, 5 S 2625/01). *Welche* Stelle die Befugnisse aus Abs. 2 als **„Polizei"** ausübt, wird durch Landesrecht bestimmt (wie z.B. auch bei der Bestimmung der Dienststellen der „Polizei" iSd § 36 OWiG, § 26 StVG). So kann z.B. durch Landesrecht der **Feuerwehr,** ggf. unter best. Vorauss., die Befugnis zu Weisungen (§ 36 Abs. 1, § 44 Abs. 2 Satz 1) oder zum Erlass

vorläuf. verkehrsrechtlicher Anordnungen bei Gefahr im Verzug (§ 44 Abs. 2 Satz 2) an Unfall- und anderen Einsatzstellen eingeräumt werden (vgl. z.B. Art. 7a des bayer. Gesetzes über Zuständigkeiten im Verkehrswesen v. 28.6.1990 [GVBl S. 220], idF des Gesetzes vom 24.7.1996 [GVBl S. 295]).

4 In diesem Rahmen kann Polizei sowohl anstelle der StrVerkBeh als auch der StrBauBeh tätig werden, also nicht nur z.B. bestimmen, welche VZ aufzustellen sind, sondern diese Z auch selbst anbringen.

5 Zur Gewährleistung einer Verbesserung der Sicherheit von **Pannen-**Dienstleistern auf AB vgl. Erl. 20 f. zu § 45. Möglichk., Leitkegel (Verk.einr. nach § 43) aufstellen zu dürfen, wurde auf anerk. Pannenhilfsfzg nach § 52 Abs. 4 Nr. 2 StVZO beschr., zudem bleibt es bei der Absicherung einer **Unfallstelle** durch die **Polizei**.

6 Vgl. Erl. 2.

7 Vgl. Erl. 1 zu § 35.

§ 44a Besondere sachliche Zuständigkeit des Fernstraßen-Bundesamtes[1]

(1) Zuständig für den Erlass von verkehrsrechtlichen Anordnungen nach dieser Verordnung für die mit Zeichen 330.1 und 330.2 gekennzeichneten Autobahnen in der Baulast des Bundes ist das Fernstraßen-Bundesamt. Die Zuständigkeit der Polizei bleibt unberührt[2]. Abweichend[3] von § 44 Absatz 3 erteilt das Fernstraßen-Bundesamt die Erlaubnis nach § 29 Absatz 2, wenn die Veranstaltung ausschließlich auf den mit Zeichen 330.1 und 330.2 gekennzeichneten Autobahnen in der Baulast des Bundes stattfindet. § 16 Absatz 2a bleibt unberührt. Das Fernstraßen-Bundesamt ist Straßenverkehrsbehörde ausschließlich im Rahmen seiner Zuständigkeit nach dieser Verordnung.

(2) Soweit mit den Zeichen 330.1 und 330.2 gekennzeichnete Autobahnen in der Baulast des Bundes oder Bundesstraßen in Bundesverwaltung betroffen sind, werden abweichend von § 44 Absatz 4 die dort genannten Vereinbarungen mit dem Fernstraßen-Bundesamt abgeschlossen[4].

(3) Das Fernstraßen-Bundesamt kann nach § 4 Absatz 2 des Fernstraßen-Bundesamt-Errichtungsgesetzes seine Aufgaben der aufgrund des Infrastrukturgesellschaftserrichtungsgesetzes beliehenen Gesellschaft privaten Rechts[5] ganz oder teilweise übertragen. Soweit das Fernstraßen-Bundesamt von dieser Möglichkeit Gebrauch macht, gelten die Regelungen dieser Verordnung in Bezug auf das Fernstraßen-Bundesamt für die aufgrund des Infrastrukturgesellschaftserrichtungsgesetzes be-

liehene Gesellschaft privaten Rechts in dem Umfang der erfolgten Aufgabenübertragung. Die Aufgabenübertragung ist im Bundesanzeiger bekanntzugeben.

Erläuterungen

1 Eingefügt durch VO v. 18.12.2020 (BGBl I S. 3047) Ermächtigungsgrundlage: § 4 Abs. 1 FStrBAG, konkretisiert durch Änderungsgesetz v. 29.07.2020 (BGBl. I S. 1528). Verfassungsrechtliche Grundl. für Aufgabenübertragung: Art. 87 Abs. 3 S. 1 GG, wonach für den Bund die Möglichk. besteht, für Angelegenh., für die er die Gesetzgebungskomp. hat (Art. 74 Abs. 1 Nr. 22 GG „Straßenverkehr) selbst. Bundesoberbehörden errichten. Bund kann zudem dort, wo der Verwaltungsvollzug (Art. 83 GG) bei den Ländern liegt, in diesen Fällen auch nach Art. 87 Abs. 3 S. 1 GG durch G eigene Verwaltungszust. begründen. Im Kern geht es um die sachl. Zuständigk. mit Blick auf verkehrsrechtl. Anordnungen von VZ. Von der EGL wird nicht vollumfänglich Gebrauch gemacht. Z. B. hat BR die Bundesstraßen von einer Aufgabenwahrnehmung des Fernstraßen-Bundesamtes (FBA) ausgeschlossen, weil diese in das Stadtstraßennetz eingebettet sind. Die Gewährleistung einer kontinuierlichen Regelung bei Geschw.beschr., Wegweisungen (Zielangaben, Kontinuität etc.) und Radverkehrsführung soll nicht konterkariert werden. Dem Wunsch des Landes BY (BR-Drs. 748/1/20), die Lärmschutzanordnungen bei den Landesbehörden zu belassen, ist BR nicht gefolgt. BVerfG (BVerfGE 110, 33, 50) lässt Ausfüllung durch VO zu, soweit Aufgabenzuweisung im G erfolgt ist.

2 Polizei wird weiterh. insbes. bei Gefahr im Verzug, Verkehrskontrollen und Transportbegleitung von GST tätig.

3 Erlaubnisse und Ausnahmegenehmigungen werden idR weiter von den Ländern erteilt. Ziel: weitestgehend einheitlicher Ansprechpartner für Antragsteller. Ausnahme: Erlaubnisse und Ausnahmegenehmigungen mit BAB-Bezug (§ 18 Abs. 1, 2, 8, 9 und 10 S. 1, § 33 Abs. 1 S. 1 Nr. 3 und 2, Z 448.1, § 46 Abs. 1 S. 1 Nr. 11).

4 Betrifft Vereinbarungen über übermäßige Straßenbenutzung durch Militärverkehr (§ 35 Abs. 3 und 5).

5 Nach *BVerfG* (BVerfGE 14, 197, 221) darf FBA nur Aufgaben wahrnehmen, die für das ganze Bundesgebiet von einer Oberbehörde ohne Mittel- und Unterbau und ohne Inanspruchnahme von Verwaltungsbehörden der Länder (Ausnahme: Amtshilfe) wahrgenommen werden. FBA ist selbst. Bundesoberbehörde mit mehreren Standorten im Geschäftsbereich BMVI und hat keinen Verwaltungsunterbau. Die übertragenen Aufgaben sind abgegrenzt und eignen sich für eine zentrale Erledigung. Ziel: homogene Verkehrsführung auf BAB durch bundeseinheitliche Vorgehensweise. Dies gilt auch für die Autobahn GmbH als Beliehene, der auf der Grundlage des § 44a iVm mit der InfrGG-Beleihungsverordnung v. 23.3.2020 (BGBl I

S. 743, geänd. durch VO v. 21.12.2020, BGBl I S. 3206) die straßenverk.rechtl. Befugnisse eingeräumt wurden und die als Teil der mittelbaren Bundesverwaltung ebenfalls keine bundeseigenen Mittel- oder Unterbehörde ist. Die Einbindung der aufgrund des InfrGG beliehenen Autobahn GmbH erfolgte ebenso ohne Schaffung eines dortigen Verwaltungsunterbaus. Die Autobahn GmbH ist ggü FBA organisatorisch eigenständig. FBA ist zwar Aufsichtsbehörde (§ 2 Abs. 1 Satz 1 Nr. 5 FStrBAG), aber Zugriffsrechte sind nicht so weitreichend, dass dies einer hierarchischen Behördenstruktur gleicht. Auch die Gesellschaft wird die Aufgaben zentral und bundesweit wahrnehmen. Es wird 10 verteilte unselbstständigen Niederlassungen geben, zudem Außenstellen (Autobahnmeistereien und Verkehrsleitzentralen), die im Namen und unter der Autobahn GmbH und nicht selbstständig agieren. Begrifflich wird das FBA StV-Behörde für die ihm übertragenen Aufgaben. Soweit FBA Aufgaben an die Autobahn GmbH übertragen hat, ist dementspr. diese Gesellschaft StV-Behörde. Durch eine nachf. Änderung der VwV-StVO soll auch die Zuständigkeit für Verkehrsschauen und Unfallkommissionen für die BAB auf den Bund übergehen.

§ 45 Verkehrszeichen und Verkehrseinrichtungen

(1) Die Straßenverkehrsbehörden können die Benutzung bestimmter Straßen oder Straßenstrecken aus Gründen der Sicherheit oder Ordnung des Verkehrs [1] [2] [2a] beschränken oder verbieten und den Verkehr umleiten. Das gleiche Recht haben sie

1. zur Durchführung von Arbeiten im Straßenraum,
2. zur Verhütung außerordentlicher Schäden an der Straße[2b],
3. zum Schutz der Wohnbevölkerung vor Lärm und Abgasen[3],
4. zum Schutz der Gewässer und Heilquellen,
5. hinsichtlich der zur Erhaltung der öffentlichen Sicherheit erforderlichen Maßnahmen[4] sowie
6. zur Erforschung des Unfallgeschehens, des Verkehrsverhaltens, der Verkehrsabläufe sowie zur Erprobung geplanter verkehrssichernder oder verkehrsregelnder Maßnahmen[4a].

(1a) Das gleiche Recht haben sie ferner

1. in[4aa] Bade- und heilklimatischen Kurorten,
2. in Luftkurorten,
3. in Erholungsorten von besonderer Bedeutung,
4. in Landschaftsgebieten und Ortsteilen, die überwiegend der Erholung dienen,

4a. hinsichtlich örtlich begrenzter Maßnahmen aus Gründen des Arten- oder Biotopschutzes[4b],

4b. hinsichtlich örtlich und zeitlich begrenzter Maßnahmen zum Schutz kultureller Veranstaltungen, die außerhalb des Straßenrau-

mes stattfinden und durch den Straßenverkehr, insbes. durch den von diesem ausgehenden Lärm, erheblich beeinträchtigt werden[4c],
5. in der Nähe von Krankenhäusern und Pflegeanstalten sowie
6. in unmittelbarer Nähe von Erholungsstätten außerhalb geschlossener Ortschaften,

wenn dadurch anders nicht vermeidbare Belästigungen durch den Fahrzeugverkehr verhütet werden können.

(1b) Die Straßenverkehrsbehörden treffen auch die notwendigen Anordnungen
1. im Zusammenhang mit der Einrichtung von gebührenpflichtigen Parkplätzen für Großveranstaltungen[5],
2. im Zusammenhang mit der Kennzeichnung von Parkmöglichkeiten für schwerbehinderte Menschen mit außergewöhnlicher Gehbehinderung, beidseitiger Amelie oder Phokomelie oder mit vergleichbaren Funktionseinschränkungen sowie für blinde Menschen[6a],
2a. im Zusammenhang mit der Kennzeichnung von Parkmöglichkeiten für Bewohner städtischer Quartiere mit erheblichem Parkraummangel[6b] durch vollständige oder zeitlich beschränkte Reservierung des Parkraums für die Berechtigten oder durch Anordnung der Freistellung von angeordneten Parkraumbewirtschaftungsmaßnahmen,[6c]
3. zur Kennzeichnung von Fußgängerbereichen und verkehrsberuhigten Bereichen[7],
4. zur Erhaltung der Sicherheit oder Ordnung in diesen Bereichen[8] sowie
5. zum Schutz der Bevölkerung vor Lärm und Abgasen[9] oder zur Unterstützung einer geordneten städtebaulichen Entwicklung[10 10a].

Die Straßenverkehrsbehörden ordnen die Parkmöglichkeiten für Bewohner, die Kennzeichnung von Fußgängerbereichen, verkehrsberuhigten Bereichen und Maßnahmen zum Schutze der Bevölkerung vor Lärm und Abgasen oder zur Unterstützung einer geordneten städtebaulichen Entwicklung im Einvernehmen mit der Gemeinde[11] an.

(1c) Die Straßenverkehrsbehörden ordnen ferner innerhalb geschlossener Ortschaften[11a], insbes. in Wohngebieten und Gebieten mit hoher Fußgänger- und Fahrradverkehrsdichte sowie hohem Querungsbedarf[11b], Tempo 30-Zonen im Einvernehmen mit der Gemeinde an. Die Zonen-Anordnung darf sich weder auf Straßen des überörtlichen Verkehrs (Bundes-, Landes- und Kreisstraßen) noch auf weitere Vorfahrtstraßen (Zeichen 306) erstrecken[11c]. Sie darf nur Straßen ohne Lichtzeichen geregelte Kreuzungen oder Einmündungen, Fahrstreifenbegrenzungen (Zeichen 295), Leitlinien (Zeichen 340) und benutzungspflichtige Radwege (Zeichen 237, 240, 241 oder Zeichen 295 in Verbindung mit Zeichen 237) umfassen[11d]. An Kreuzungen und Einmündungen innerhalb der Zone muss grundsätzlich die Vorfahrtregel nach § 8 Absatz 1 Satz 1 („rechts vor links") gelten[11e]. Abweichend von Satz 3 bleiben vor dem 1. November 2000 angeordnete Tempo 30-Zonen mit Lichtzeichenanlagen zum Schutz der Fußgänger zulässig[11f 11g].

(1d) In zentralen städtischen Bereichen mit hohem Fußgängeraufkommen und überwiegender Aufenthaltsfunktion (verkehrsberuhigte Geschäftsbereiche)[11h] können auch Zonen-Geschwindigkeitsbeschränkungen von weniger als 30 km/h[12] angeordnet werden.

(1e) Die Straßenverkehrsbehörden ordnen die für den Betrieb von mautgebührenpflichtigen Strecken erforderlichen Verkehrszeichen und Verkehrseinrichtungen auf der Grundlage des von dem Konzessionsnehmer vorgelegten Verkehrszeichenplans an. Die erforderlichen Anordnungen sind spätestens drei Monate nach Eingang des Verkehrszeichenplans zu treffen.[13]

(1f) Zur Kennzeichnung der in einem Luftreinhalteplan oder einem Plan für kurzfristig zu ergreifende Maßnahmen nach § 47 Absatz 1 oder 2 des Bundes-Immissionsschutzgesetzes festgesetzten Umweltzonen ordnet die Straßenverkehrsbehörde die dafür erforderlichen Verkehrsverbote mittels der Zeichen 270.1 und 270.2 in Verbindung mit dem dazu vorgesehenen Zusatzzeichen an.[14]

(1g) Zur Bevorrechtigung elektrisch betriebener Fahrzeuge ordnet die Straßenverkehrsbehörde unter Beachtung der Anforderungen des § 3 Absatz 1 des Elektromobilitätsgesetzes die dafür erforderlichen Zeichen 314, 314.1 und 315 in Verbindung mit dem dazu vorgesehenen Zusatzzeichen an.[14a]

(1h) Zur Parkbevorrechtigung von Carsharingfahrzeugen ordnet die Straßenverkehrsbehörde unter Beachtung der Anforderungen der §§ 2 und 3 des Carsharinggesetzes die dafür erforderlichen Zeichen 314, 314.1 und 315 in Verbindung mit dem dazu vorgesehenen Zusatzzeichen mit dem Carsharingsinnbild nach § 39 Absatz 11 an. Soll die Parkfläche nur für ein bestimmtes Carsharingunternehmen vorgehalten werden, ist auf einem weiteren Zusatzzeichen unterhalb dieses Zusatzzeichens die Firmenbezeichnung des Carsharingunternehmens namentlich in schwarzer Schrift auf weißem Grund anzuordnen[14aa].

(1i) Die Straßenverkehrsbehörden ordnen ferner innerhalb geschlossener Ortschaften, insbesondere in Gebieten mit hoher Fahrradverkehrsdichte, Fahrradzonen im Einvernehmen mit der Gemeinde an. Die Zonen-Anordnung darf sich weder auf Straßen des überörtlichen Verkehrs (Bundes-, Landes- und Kreisstraßen) noch auf weitere Vorfahrtstraßen (Zeichen 306) erstrecken. Sie darf nur Straßen ohne Lichtzeichen geregelte Kreuzungen oder Einmündungen, Fahrstreifenbegrenzungen (Zeichen 295), Leitlinien (Zeichen 340) und benutzungspflichtige Radwege (Zeichen 237, 240, 241 oder Zeichen 295 in Verbindung mit Zeichen 237) umfassen. An Kreuzungen und Einmündungen innerhalb der Zone muss grundsätzlich die Vorfahrtregel nach § 8 Absatz 1 Satz 1 („rechts vor links") gelten. Die Anordnung einer Fahrradzone darf sich nicht mit der Anordnung einer Tempo 30-Zone überschneiden. Innerhalb der Fahrradzone ist in regelmäßigen Abständen das Zeichen 244.3 als Sinnbild auf der Fahrbahn aufzubringen[14a1].

(2) Zur Durchführung von Straßenbauarbeiten und zur Verhütung von außerordentlichen Schäden an der Straße, die durch deren baulichen Zustand bedingt sind, können die nach Landesrecht für den Straßenbau bestimmten Behörden (Straßenbaubehörden) – vorbehaltlich anderer Maßnahmen der Straßenverkehrsbehörden – Verkehrsverbote und -beschränkungen anordnen, den Verkehr umleiten und ihn durch Markierungen und Leiteinrichtungen lenken. Für Bahnübergänge von Eisenbahnen des öffentlichen Verkehrs können nur die Bahnunternehmen durch Blinklicht- oder Lichtzeichenanlagen, durch rot-weiß gestreifte Schranken oder durch Aufstellung des Andreaskreuzes ein bestimmtes Verhalten der Verkehrsteilnehmer vorschreiben. Für Bahnübergänge von Straßenbahnen auf unabhängigem Bahnkörper gilt Satz 2 mit der Maßgabe entsprechend, dass die Befugnis zur Anordnung der Maßnahmen der nach personenbeförderungsrechtlichen Vorschriften zuständigen technischen Aufsichtsbehörde des Straßenbahnunternehmens obliegt.[14b] Alle Gebote und Verbote sind durch Zeichen und Verkehrseinrichtungen nach dieser Verordnung anzuordnen.

(3) Im Übrigen bestimmen die Straßenverkehrsbehörden, wo und welche Verkehrszeichen und Verkehrseinrichtungen anzubringen und zu entfernen sind, bei Straßennamensschildern nur darüber, wo diese so anzubringen sind, wie Zeichen 437 zeigt. Die Straßenbaubehörden legen – vorbehaltlich anderer Anordnungen der Straßenverkehrsbehörden – die Art der Anbringung und der Ausgestaltung, wie Übergröße, Beleuchtung fest; ob Leitpfosten anzubringen sind, bestimmen sie allein. Sie können auch – vorbehaltlich anderer Maßnahmen der Straßenverkehrsbehörden – Gefahrzeichen anbringen, wenn die Sicherheit des Verkehrs durch den Zustand der Straße gefährdet wird.

(4) Die genannten Behörden dürfen den Verkehr nur durch Verkehrszeichen und Verkehrseinrichtungen regeln und lenken; in dem Fall des Absatzes 1 Satz 2 Nummer 5[15] auch durch Anordnungen, die durch Rundfunk, Fernsehen, Tageszeitungen oder auf andere Weise bekannt gegeben werden, sofern die Aufstellung von Verkehrszeichen und -einrichtungen nach den gegebenen Umständen nicht möglich ist.

(5) Zur Beschaffung, Anbringung, Unterhaltung und Entfernung der Verkehrszeichen und Verkehrseinrichtungen und zu deren Betrieb einschließlich ihrer Beleuchtung ist der Baulastträger verpflichtet, sonst der Eigentümer[16] der Straße. Das gilt auch für die von der Straßenverkehrsbehörde angeordnete Beleuchtung von Fußgängerüberwegen.[16a]

(6) Vor dem Beginn von Arbeiten, die sich auf den Straßenverkehr auswirken, müssen die Unternehmer – die Bauunternehmer unter Vorlage eines Verkehrszeichenplans – von der zuständigen Behörde Anordnungen nach den Absätzen 1 bis 3 darüber einholen, wie ihre Arbeitsstellen abzusperren und zu kennzeichnen sind, ob und wie der Verkehr, auch bei teilweiser Straßensperrung, zu beschränken, zu leiten und zu regeln ist, ferner ob und wie sie gesperrte Straßen und Umleitungen zu kennzeichnen haben[17]. Sie haben diese Anordnungen zu befolgen und Lichtzeichenanlagen zu bedienen[18].

(7) Sind Straßen als Vorfahrtstraßen oder als Verkehrsumleitungen gekennzeichnet, bedürfen Baumaßnahmen, durch welche die Fahrbahn eingeengt wird, der Zustimmung der Straßenverkehrsbehörde; ausgenommen sind die laufende Straßenunterhaltung sowie Notmaßnahmen. Die Zustimmung gilt als erteilt, wenn sich die Behörde nicht innerhalb einer Woche nach Eingang des Antrags zu der Maßnahme geäußert hat.

(7a) [19] Die Besatzung von Fahrzeugen, die im Pannenhilfsdienst, bei Bergungsarbeiten und bei der Vorbereitung von Abschleppmaßnahmen eingesetzt wird, darf bei Gefahr im Verzug zur Eigensicherung, zur Absicherung des havarierten Fahrzeugs und zur Sicherung des übrigen Verkehrs an der Pannenstelle Leitkegel (Zeichen 610) aufstellen.[20] [21]

(8) Die Straßenverkehrsbehörden können innerhalb geschlossener Ortschaften die zulässige Höchstgeschwindigkeit auf bestimmten Straßen durch Zeichen 274 erhöhen. Außerhalb geschlossener Ortschaften können sie mit Zustimmung der zuständigen obersten Landesbehörden die nach § 3 Absatz 3 Nummer 2 Buchstabe c zulässige Höchstgeschwindigkeit durch Zeichen 274 auf 120 km/h anheben.

(9) Verkehrszeichen und Verkehrseinrichtungen sind nur dort anzuordnen, wo dies auf Grund der besonderen Umstände zwingend geboten ist[22] [23]. Dabei dürfen Gefahrzeichen nur dort angeordnet werden, wo es für die Sicherheit des Verkehrs erforderlich ist, weil auch ein aufmerksamer Verkehrsteilnehmer die Gefahr nicht oder nicht rechtzeitig erkennen kann und auch nicht mit ihr rechnen muss.[23a] Insbesondere Beschränkungen und Verbote des fließenden Verkehrs dürfen nur angeordnet werden, wenn auf Grund der besonderen örtlichen Verhältnisse[23b] eine Gefahrenlage besteht, die das allgemeine Risiko einer Beeinträchtigung der in den vorstehenden Absätzen genannten Rechtsgüter erheblich übersteigt.[23c] Satz 3 gilt nicht für die Anordnung von

1. Schutzstreifen für den Radverkehr (Zeichen 340),
2. Fahrradstraßen (Zeichen 244.1)[23d]
3. Sonderwegen außerhalb geschlossener Ortschaften (Zeichen 237, Zeichen 240, Zeichen 241) oder Radfahrstreifen innerhalb geschlossener Ortschaften (Zeichen 237 in Verbindung mit Zeichen 295),
4. Tempo 30-Zonen nach Absatz 1c,
5. verkehrsberuhigten Geschäftsbereichen nach Absatz 1d,
6. innerörtlichen streckenbezogenen Geschwindigkeitsbeschränkungen von 30 km/h (Zeichen 274) nach Absatz 1 Satz 1 auf Straßen des überörtlichen Verkehrs (Bundes-, Landes- und Kreisstraßen) oder auf weiteren Vorfahrtstraßen (Zeichen 306) im unmittelbaren Bereich von an diesen Straßen gelegenen Kindergärten, Kindertagesstätten, allgemeinbildenden Schulen, Förderschulen, Alten- und Pflegeheimen oder Krankenhäusern[24].
7. Erprobungsmaßnahmen nach Absatz 1 Satz 2 Nummer 6 zweiter Halbsatz,
8. Fahrradzonen nach Absatz 1i.

Satz 3 gilt ferner nicht für Beschränkungen oder Verbote des fließenden Verkehrs nach Absatz 1 Satz 1 oder 2 Nummer 3 zur Beseitigung oder Abmilderung von erheblichen Auswirkungen veränderter Verkehrsverhältnisse, die durch die Erhebung der Maut nach dem Bundesfernstraßenmautgesetz hervorgerufen worden sind.[24a] Satz 3 gilt zudem nicht zur Kennzeichnung der in einem Luftreinhalteplan oder einem Plan für kurzfristig zu ergreifende Maßnahmen nach § 47 Absatz 1 oder 2 des Bundes-Immissionsschutzgesetzes festgesetzte Umweltzonen nach Absatz 1f.[25]

(10) Absatz 9 gilt nicht, soweit Verkehrszeichen angeordnet werden, die zur Förderung der Elektromobilität nach dem Elektromobilitätsgesetz oder zur Förderung des Carsharing nach dem Carsharinggesetz getroffen werden dürfen.[26]

(11) Absatz 1 Satz 1 und 2 Nummer 1 bis 3, 5 und 6, Absatz 1a, 1f, 2 Satz 1 und 4, Absatz 3, 4, 5 Satz 2 in Verbindung mit Satz 1, Absatz 7 sowie Absatz 9 Satz 1 bis 3, Satz 4 Nummer 7 und Satz 6 gelten entsprechend für mit den Zeichen 330.1 und 330.2 gekennzeichnete Autobahnen in der Baulast des Bundes für das Fernstraßen-Bundesamt. Absatz 2 Satz 1 und 4 sowie Absatz 3, 4 und 7 gelten entsprechend für Bundesstraßen in Bundesverwaltung für das Fernstraßen-Bundesamt.[27]

Erläuterungen

1 Verkehrsbeschränkungen u. Verkehrsverbote sind nur zulässig, wenn die **sachl. Voraussetzungen** erfüllt sind, die Maßnahmen z. B. aus Gründen der Sicherheit oder Ordnung des Verk. **erforderlich** sind (vgl. auch *BVerwG* VRS 49, 70), wenn also z. B. eine **konkrete Gefahrenlage** gegeben ist (mit hinreichender Wahrscheinlichkeit sind Schadensfälle zu befürchten – *BVerwG* NZV 96, 86), z. B. auf Grund des Ausbauzustandes der Straße, spezieller örtl. Gegebenheiten wie Kurven, Steigungen, Gefälle, häufig auftretender Nebel, dichte Folge von Autobahnauf- und -abfahrten, Zusammenführung von Verkehrsströmen oder große Verkehrsdichte; dagegen genügen nicht z. B. die „generellen Gefahren" einer AB, deren Bekämpfung nicht Aufgabe der Verk-Behörden, sondern des Gesetzgebers ist (*OVG Koblenz* DAR 95, 173 und ihm folgend *BVerwG* Beschl. v. 12.9.1995 Nr. 11 B 23.95); vgl. zur qualifizierten Gefahrenlage auch Erl. zu Abs. 9. Auch nicht von der Vorschrift gedeckt ist die Durchsetzung allgemeiner verkehrspolitischer Ziele zur Verdrängung des Verkehrs zum Wohle einer Förderung gewollter Verkehre (z. B. Förderung der Elektromobilität oder von umweltgerechteren Antriebstechnologien), vgl. dazu *VG Lüneburg* NJW 06, 1609. Grds. sind nur bestimmte Straßen bzw. Straßenstrecken aufgrund der besonderen Örtlichkeit betroffen. Unter den zul. genannten Vorauss. kann aber auch z. B. eine GeschwBeschr. auch für eine längere Strecke (hier: 116 km) angeordnet werden (vgl. die zul. gen. Entscheidungen). Alle Vorauss. (z. B. auch „außerordentl. Schäden", „Schutz der Gewässer", „Erholungsorte von bes. Bedeutung") sind unbest. Rechtsbegriffe, die verwaltungsgerichtl. nachprüfbar sind (vgl. dazu *BVerwG* VRS 33, 149 = NJW 67, 1627 = DAR 67, 226; VD 67, 263). Allerdings steht der StrVerkBeh hier ein gewisser **Beurteilungsspielraum** zu, weil z. B. die Frage, ob ein eingeschr. Haltverbot (Z 286) für die Flüssigkeit des Verk. unerlässlich ist, nicht mit mathemat. Eindeutigkeit beantwortet werden kann. Eine Maßnahme ist daher wohl stets dann rechtmäßig, wenn die von der StrVerkBeh gewählte Auslegung eines der unbest. Rechtsbegriffe bei verständiger Würdigung *vertretbar* erscheint. Der Grds. der **Verhältnismäßigkeit** ist stets zu beachten (*BVerwG* VRS 46, 237), es ist stets der geringste Eingriff zu wählen (sog. Übermaßverbot). Alle gegenläufigen Interessen sind zu berücksichtigen und gegeneinander abzuwägen (*BVerwG* DVBl 61, 247, VRS 63, 232). Straßenverkehrsrechtl. Maßn. können keinen Verk. zulassen, der über die straßenrechtl. Widmung hinausgeht (*BVerwG* VRS 62, 233),

ggf. ist vorher Teileinziehung vorzunehmen (z. B. bei dauerhafter Sperrung für den Kraftfahrzeugverkehr). Die StVO ist zudem privilegienfeindlich, es dürfen nicht einzelne Personen oder Personengruppen oder Unternehmen besser gestellt werden (Ausnahme: Menschen mit Behinderungen und Bewohner – hier dann aber Nachteilsausgleich). Zur Ordnung des Verk. gehört auch dessen Leichtigkeit und Flüssigkeit (*BVerwG* DVBl 1980, 1045). Nach *OVG Schleswig-Holstein* (NZV 93, 285 = VM 92, 85) ermächtigt § 45 nicht zu Maßnahmen, die den Schutz der baulichen Substanz von Gebäuden vor Erschütterungen dienen, die vom Straßenverkehr ausgehen (bei konkr. Gefahr, z. B. Einsturzgefahr, sind Maßn. ggf. auf Abs. 1 Nr. 5 zu stützen). Jedenfalls muss die Anordnung (nach § 45 Abs. 1 Satz 2 Nr. 3) auf den Schutz vor Einwirkungen des Straßenverkehrs gerichtet sein (*BayVGH* VRS 91, 225 = NZV 96, 167). Vgl. insoweit aber auch Erl. 4. Straßenverkehrsrechtl. Ausnahmegenehmigungen machen allerdings nach § 8 Abs. 6 FStrG und entspr. Best. des Landesstraßenrechts (z. B. BayStrWG Art. 21) eine Sondernutzungserlaubnis entbehrlich (nicht in allen Landesstraßengesetzen). VZ, die durch eine unzuständige Behörde (z. B. staatl. Forstverwaltung) aufgestellt werden, haben keine verkehrsrechtl. Wirkung (*BayObLG* VRS 66, 383 = DAR 84, 121). Unwirksam sind auch Z, die durch Private auf verkehrsrechtl. öff. Flächen aufgestellt werden. Die **Anordnung,** ein VZ oder eine Verkehrseinrichtung aufzustellen, ist im Verhältnis zum VT noch kein VA (*BVerwG* Urt. 9.9.1993 NZV 94, 165), auch nicht gegenüber Anliegern (*VGH Baden-Württ*emberg VRS 91, 238 = NZV 96,167). VZ als VA (Allgemeinverfügungen) sind **zusicherungsfähig** (§ 38 VwVfG bzw. die entspr. Vorschr. der Länder; Schriftform, auch zu Niederschrift des Gerichts; *BVerwG* DAR 95, 304 = NZV 95, 244 = VM 95, 67 = BayVBl 95, 566). Zur **Zulässigkeit verk.rechtl. Anordnungen** vgl. insbes. aber auch Abs. 9. Die Anfechtungsfrist für Verkehrsverbot, das durch ein Z bekannt gegeben wird, beginnt für einen VT zu laufen, wenn er zum ersten Mal auf das Z trifft (*BVerwG*, Urt. v. 23.9.2010, 3 C 37/09, juris). Damit dürften Z als Dauerverwaltungsakte praktisch niemals bestandskräftig werden, weil es immer einen VT geben wird, der erstmalig in den Geltungsbereich des Verbotes gelangt. Zur materiellen Rechtmäßigk. von beschränkenden Z vgl. *Koehl* VD 04/13 S. 102.

2 Aber auch wenn Voraussetz. für Beschr. oder Verbote erfüllt sind, ist die StrVerkBeh. zwar berechtigt, idR aber nicht verpflichtet, die entspr. Maßnahme zu treffen (*BVerwG* VRS 46, 237). Die Entscheidung trifft sie nach pflichtgem. **Ermessen** („können"), dessen Ausübung verwaltungsgerichtl. nur auf Fehlerfreiheit hin überprüft werden kann. Fehlerfrei ist Ermessensverwaltung insbes. dann, wenn sich die Beh. nur von sachgerechten Erwägungen – deren Richtigkeit u. Zweckmäßigkeit strittig sein kann – hat leiten lassen und wenn sie die allg. Grenzen der Ermessensbetätigung, insbes. den Grds. der Verhältnismäßigkeit, beachtet hat. Unter best. Vorauss. hat auch der Anlieger einen Rechtsanspruch auf eine verkehrsrechtl. Anordnung (vgl. z. B. *VGH München* DAR 91, 73 = NZV 91, 87: ungehin-

derte Garagenzufahrt). Allerdings muss Anlieger nicht nach beiden Seiten ausfahren können (*OVG Bremen* VRS 81, 72). Ansonsten bestehen die Anordnungsvoraus. nur im Allgemeininteresse (BVerfGE 37, 112, *BVerwG* NJW 87, 1096).

2a Nur eine **situationsbezogene Verkehrsregelung** ist zulässig, z. B. muss für eine GeschwBeschr. aus Sicherheitsgründen eine atypische, konkrete und bes. Gefahrenlage gegeben sein, die für den betr. Straßenabschnitt eine konkr. Verkehrsgefahr – also eine im Vergleich zu and. Strecken erhöhte Unfallgefahr – hinreichend wahrscheinlich macht (*VG Koblenz* DAR 93, 310). Vgl. dazu auch Erl. zu § 45 Abs. 9.

2b Zur Anordnung eines Reitverbots auf Waldwegen vgl. *VGH Mannheim* NZV 95, 167.

3 Die auf diese Vorschr. gestützten Maßn. müssen dem Schutz von **Wohngebieten** dienen. Sie können sich auf Straßen innerorts und außerorts beziehen, auch auf Straßen außerh. von Wohngebieten, wenn nur dadurch Abhilfe für solche Gebiete geschaffen werden kann. Die Maßn. können für best. Zeiten, aber ggf. auch ganztägig angeordnet werden. Die Interessen der Wohnbevölkerung sind gegenüber den Int. des fließ. Verk. sorgfältig abzuwägen; der Grds. der Verhältnismäßigkeit ist zu beachten (*BVerwG* VRS 58, 314). Auf Bundesfernstraßen, insbes. auf AB, hat das Int. des fließ. Verk. bes. Gewicht, weil diese Straßen ihre Aufgabe, dichten Verk. auch über längere Entfernungen zügig zu ermöglichen und das übrige Straßennetz zu entlasten, nur erfüllen können, wenn mögl. wenig Beschränkungen vorhanden sind. In „freie Strecken" eingelagerte GeschwBeschr. auf AB stellen auch Gefahrenquellen dar. GeschwBeschr. auf AB aus Gründen des Lärmschutzes kommen daher primär in Ballungsgebieten in Betracht, soweit die AB dort durch Wohngebiete hindurch oder an ihnen vorbei in die Zentren bzw. aus ihnen heraus (gleichsam mit „Entlüftungsfunktion") führt (vgl. zu GeschwBeschr. an AB aus Gründen des Lärmschutzes *BVerwG* NZV 2000, 386; *BayVGH* DAR 84, 62). Die Vorschrift gewährt Schutz vor Straßenverkehrslärm nicht nur dann, wenn dieser einen best. Schallpegel überschreitet (*VG Düsseldorf* Urt. v. 7.4.2005, 6K 6832/03); es genügen Lärmeinwirkungen, die jenseits dessen liegen, was im konkr. Fall unter Berücks. der Belange des Verkehrs als ortsüblich hingenommen werden muss (*BVerwG* VRS 71, 468). Vgl. im Übrigen die Lärmschutz-Richtlinien-StV v. 23.11.2007 (VkBl S. 767), die vom BMVBS bekannt gegeben wurden und den StrVerkBeh als Anleitung dienen (entg. *VG München* DAR 97, 162 zu den vormals geltenden RiLi sind die gen. RiLi eine fachlich geeign. Grundlage für verkbeh. Lärmschutzmaßnahme, obwohl von ihnen – wie immer bei bloßen RiLi. – unter bes. Umständen „nach unten" oder „nach oben" abgewichen werden kann). Die RiLi sind in Ordnungsnr. 3 j abgedruckt. Nach einem Urteil des *BVerwG* (Urt. v. 13.3.2008, 3 C 18/07, juris) über Voraussetzungen für Verkehrsbeschränkungen zur Unterbindung von Mautausweichverkehr (vgl. auch Erl. 24a) wird als Ori-

entierungspunkt dafür, wann die Beeinträchtigungen durch Mautausweichverkehr die Erheblichkeitsschwelle erreichen, die eine Beschränkung iSd § 45 Abs. 9 Satz 3 rechtfertigt, aus der VerkehrslärmschutzV – 16. BImSchV – entnommen. So auch *OVG NW* (§ 2 Abs. 1 der 16. BImSchV gilt als Orientierungsmaßstab) in VM 2003, 70; *VG Gelsenkirchen* Urt. v. 21.6.2006 (Az.: 14 K 1655/03, juris), *VG Düsseldorf* Urt. v. 7.4.2005 (Az.: 6 K 6832/03, juris). Nach *BVerwG* liegen erhebliche Auswirkungen z. B. vor, wenn sich der Beurteilungspegel von mind 70 dB(A) am Tag oder 60 dB(A) in der Nacht erstmals erreicht oder – soweit eine Lärmbelastung schon vorher bestand – überschritten wird. Damit wird hier auf eine gebietsspezif. Lärmschutzwürdigkeit verzichtet, was den seitens des Bundes und der Länder neu gefassten Lärmschutz-RiLi-StV widerspricht. Zur Probl. von Nachtfahrverboten zulasten des Lkw-Verkehrs auf Bundesstraßen vgl. *Steiner* DAR 94, 341. Die Auffassung des *BVerwG* beruht darauf, dass ansonsten eine ohnehin bereits unzumutbare Lärmsituation noch verschlechtert oder jedenfalls verfestigt würde. Ließe man auch hier erst einen Zuwachs von 3 dB(A) genügen, liefe § 45 Abs. 9 Satz 3 StVO gerade bei einer derart hohen Vorbelastung vielfach leer. Eine solche Erhöhung des Mittelungspegels um 3 dB(A) setzt nämlich etwa eine Verdoppelung des vorhandenen Verkehrsaufkommens voraus (BVerwGE 130, 383, 392 f., Rn. 33 ff.).

4 Z. B. Schutz gefährdeter Gebäude, Absperrungen bei Demonstrationen, Umzügen oder Großveranstaltungen, VerkBeschr. bei Unwetterkatastrophen. Nach *BVerwG* (VM 2002, 42 = NJW 2003, 601 = VD 2003, 106) kann dies auch Ermächtigung sein für ein Einschreiten **zum Schutz des Eigent.** (hier: **drohende** Gebäudeschäden wegen Erschütterungen durch Schwerlastverk.). Diese Entsch. wird zwar insoweit geteilt, als auch der Schutz von anderen Rechtsgütern durch Einwirkungen des Verkehrs gewollt ist, wird aber im Ergebnis dennoch nicht geteilt. Grund: Satz 2 Nr. 5 setzt dem Wortlaut nach „zur Erhaltung … erforderlichen Maßnahmen" zunächst das Vorliegen einer (ordnungsbehördliche) Maßn. **voraus,** zu deren **Unterstützung** StrVerkBeh das gleiche Recht zusteht wie in S. 1 (verkehrsbehördliche Beschränkung, Verbot, Umleitung). Im Lichte der StVG-Ermächtigung muss auch insoweit immer eine konkrete Gefahrenlage vorliegen (vgl. Erl 1). Rein **präventive** Verkehrsbeschränkungen scheiden damit aus. Einschreiten aber ggf. aus anderen Vorschriften (z. B. FStrG, BGB, Verk.Si.Pflicht). Vgl. auch *OVG Schleswig* NJW 1993, 872 oder *BGH* VersR 2003, 125; VersR 2004, 255 (hier ist das Straßenverkehrsrecht definiert als das R, das die Teiln. am Straßenverk. und dessen Sicherh. und Leichtigk. gewährleisten soll unter Hinweis auf BVerfGE 40, 371; 67, 299, BGHSt 37, 336). Zum Verhältnis StraßenverkehrsR und StraßenR vgl. auch *VG München* Urt. v. 11.10.2006, Az.: M 23 K 05.4173 (Straßensperrung – Objektschutz). Nach einer gewissen Dauer der verkehrsrechtl. Anordnung (hier: 5 Jahre) bedarf es einer dauerhaften Umwidmung (od. Teileinziehung).

4a Auch eine solche Regelung darf nur mit dem **Instrumentarium der StVO,** insbes. den entspr. VZ und/od. -einrichtungen erfolgen, jed. müssen – wie die Begriffe „Erforschung“ und „Erprobung“ zeigen – die Eignung, Notwendigkeit und Verhältnismäßigkeit und damit die Voraussetzungen für eine endgült. Regelung noch nicht abschließ. feststehen (sonst bedürfte es des Versuchs nicht). Die – versuchsweisen – Maßn. müssen jed. notw. und geeignet sein, das Ermittlungsziel zu erreichen (*OVG Münster* VRS 91, 317 = VM 96 Nr. 100), d.h. es muss Gewissheit über die Voraussetz. einer abschließ. (Dauer-)Lösung bestehen (aber keine gesteigerte Gefahrenlage – vgl. Abs. 9 Satz 4 Nr. 7, eingefügt durch Novelle v. 20.4.2020, BGBl I, 814). Entspr. dem Versuchscharakter der Maßn. sind nur zeitlich begrenzte Maßn. zulässig, die idR ein Jahr nicht überschreiten dürfen. Möglich ist damit z. B. die Öffnung von Bussonderfahrspuren für gekennzeichnete Elektrofahrzeuge. Unzulässig hingegen Einschränkungen des fließenden Verkehrs unter Gesichtspunkten der Erforschung ihrer Wirkungen, wenn dazu bereits hinreichende Studien vorliegen oder wenn zu erwarten ist, dass VO-Geber eine derartige Maßnahme nicht in der StVO verankern wird (z. B. allgemeines Tempolimit auf AB, generelle Absenkung auf Tempo 30 innerorts).

4a1 Nach dem Vorbild der Tempo 30-Zonenregelung wollte das BMVI mit der Novelle aus 2020 eine Einvernehmensregelung für die Kommunen ergän zen, um das Mitspracherecht der Gemeinde festzulegen. Oftmals ergehen Erprobungsmaßnahmen zur Umsetzung kommunaler Verkehrskonzepte iSe Stadtentwicklung, weitergehende Forderungen hingegen, die eine größere Entscheidungsfreiheit der Kommunen zum Inhalt haben, können infolge des Umstandes, dass das Straßenverkehrsrecht Teil der konkurrierenden Gesetzgebungszuständigkeit und damit nicht der kommunalen Selbstverwaltungsangelegenheit ist, nicht umgesetzt werden. Dazu bedürfte es zunächst einer gesetzlichen Ermächtigung. BR hat das dann mit genau dieser Begr. insgesamt verhindert (BR-Drs. 591/19 Beschl. – mit zusätzlichem Verweis auf die damalige Begr. (BGBl 1980, S. 1060) und auf BVerwGE 6, 343, 345.

„In“ bedeutet nicht „für“. Damit will der VO zum Ausdruck bringen, dass nicht zonal wirkende Beschränkungen oder Verbote möglich sind. Für Lärmschutzmaßnahmen kommen ebenfalls die Lärmschutz-RiLi StV zur Anwendung, dort u. a. enthalten Grenzwerte für Kurheime.

4b Z. B. Verkehrsverbot für Kfz für eine Straße, die zu einem schutzbedürftigen Gewässer oder Feuchtbiotop führt; Geschw.beschr. oder Verkehrsverbote im Bereich von Krötenwanderungen. Zulässig sind nur örtl. begrenzte Maßnahmen, also nicht z. B. Geschw,beschr. über längere Strecken oder für größere Gebiete.

4c Z. B. für Aufführungen auf einer Freilicht-Opernbühne (vgl. amtl. Begr. VkBl 2001 S. 11).

5 Solche Parkpl. können auf best. Flächen (z. B. bei Sportstadien) als Dauereinrichtung angelegt und beschildert werden, wenn diese Flächen außerh.

der Veranstaltungen nicht als Parkplätze benötigt werden. Sie können aber auch zeitweise für best. Veranstaltungen eingerichtet werden (z. B. auf sonst gebührenfreien öff. Parkplätzen, aber auch durch vorübergeh. Inanspruchnahme von Fahrb.flächen).

6a Geändert u. a. durch VO vom 14.12.2001 (BGBl I S. 3783, Begründung: VkBl 2002, S. 138). Für die vormalige Anwohnerparkregelung wurde eine eigenständige Nr. 2a geschaffen (vgl. Erl. 6b und 6c). Laut VO-Begründung wurde der Zusammenhang der Bewohnerparkregelung mit der für Behinderte mit dem Merkmal aG und Blinde aufgegeben, weil die Einräumung von Parkvorrechten für ein ganzes Quartier gegenüber der Vorhaltung eines Behindertenparkplatzes ein anderes Gewicht habe. Der Berechtigtenkreis wurde mit VO aus 2009 erweitert; vgl. VwV zu § 45 Abs. 1 bis 1e Nr. IX Rn. 17, VwV zu § 46 Abs. 1 Nr. 11 Rn. 129 – 135.

6b Diese Nummer wurde durch VO vom 14.12.2001 (BGBl I S. 3783, Begründung: VkBl 2002 S. 138) eingefügt und enthält die neue Bewohnerparkregelung (vgl. Erl. 3 zu Z 286 und Erl. 3 zu Z 314). Es bleibt dabei: Sonderparkrechte für Bewohner sollen dazu dienen, Gebiete als Wohngebiete attraktiv zu erhalten, in denen priv. Stellflächen nicht oder nicht in ausreichendem Maß vorhanden sind und auch nicht geschaffen werden können (in erster Linie Innenstadtbereiche, Gefahr der Stadtflucht, Nachteilsausgleich). Zur VO-Ermächtigung siehe § 6 Abs. 1 Nr. 14 StVG (geänd. durch G v. 19.3.2001, BGBl I S. 386, Begründung: BT-Drs. 14/4304). Die Grundsatzentscheidung des *BVerwG* v. 28.5.1998 (DAR 98, 362 = NZV 98, 427), die die Anwendung der Anwohner-Parklizensierung auf einen Bereich von „nicht mehr als zwei bis drei Straßen" eingeschränkt hatte, ist damit überholt. Nunmehr können die StrVerkBeh größere Bereiche mit Parkvorrechten für **Bewohner städtischer Quartiere** (laut Begr. ist der formale Stadtstatus nicht ausschlaggebend, der Bedarf für eine Bewohnersonderparkberechtigung wird bei Städten ohne diesen Status aber angezweifelt) **mit „erheblichem Parkraummangel"** (unzulässiges Ziel einer Bewohnerparkprivilegierung ist damit auch künftig z. B. Förderung des ÖPNV) anordnen. Trotz Ausweitung bleibt es dabei, dass Bewohnerparkvorrechte nur unter Beachtung des Gemeingebrauchs angeordnet werden dürfen. Zur Sicherung des Gemeingebrauchs enthält die VwV zu § 45 Abs. 1 bis 1e weitere Vorgaben:

- Ausdehnung eines Bewohnerparkbereiches ist abhängig von der Größe der Stadt; sie darf selbst bei Städten mit über 1 Mio. Einwohnern grds. 1000 m nicht überschreiten (VwV Rn. 31). Reicht selbst diese Ausdehnung im Einzelfall nicht aus, muss Aufteilung der Sonderparkzone in unterschiedl. zu kennzeichnende (Buchstabe, Nummer) Bereiche erfolgen. Ausdrücklich zulässig ist nunmehr mosaikartige Überspannung ganzer Innenstadtbereiche mit unterschiedlich gekennz. Bewohnerparkbereichen. Bewohner darf seine Parkprivilegierung aber nur in dem Bereich nutzen, der ihm per Ausweis zugeteilt ist (in den übrigen Bewohnerparkbereichen steht er damit den Pendlern, Besuchern etc. gleich).

- Innerhalb der Sonderparkbereiche dürfen werktags (damit auch samstags) von 9 bis 18 Uhr max. 50 %, in der übrigen Zeit max. 75 % der vorhandenen Parkfläche für Bewohner reserviert werden (VwV Rn. 32); keine Prozent-Vorgabe wurde für den Fall festgelegt, dass in dem Bereich Parkraumbewirtschaftung durch Parkschein, Parkscheibe angeordnet ist (vgl. Erl. 6c); dies ist lt. Begr. gerechtfertigt, weil dann keine „Reservierung" des Parkraumes extra für Bewohner erfolgt.

Zur Feststellung des „erheblichen Parkraummangels" einerseits und zur Gewährleistung des Gemeingebrauchs andererseits dürfen auch Parkhäuser oder Tiefgaragen in die Gesamtbetrachtung einbezogen werden. Voraussetzung ist aber: es handelt sich bei ihnen um sog. tatsächlich öffentl. Verkehrsflächen und für sie wurde eine Parkraumbewirtschaftung nach § 13 Abs. 2 angeordnet.

Die besond. Parkausweise werden nur auf Antrag von der StrVerkBeh ausgegeben. Die Ausgabe ist eine kostenpflichtige Amtshandlung. Sondernutzungsgeb. nach Straßenrecht dürfte nicht in Betracht kommen. Es besteht kein Rechtsanspruch auf Einrichtung eines Bewohnerparkbereiches (jed. Anspruch auf fehlerfreie Ermessensausübung). Sind mehr Antragsteller vorhanden als Stellflächen verfügbar, so muss ein Zuleitungssystem gewählt werden, das insbes. den Gleichheitsgrds. beachtet (z. B. Sachkriterium Dringlichkeit oder Losverfahren gekoppelt mit Befristung). Die Zahl der Parkausweise kann die Anzahl der Stellflächen im gewissen Maß überschreiten, da anzunehmen ist, dass ein Teil der Bewohner den jeweilig. Stellplatz nicht in Anspruch nimmt (z. B. wegen Urlaubsabwesenheit). Parkausweis bietet keine Gewähr, dass stets ein freier Parkplatz vorhanden ist. Anspruchsberechtigt ist derjenige, der in dem Bereich seinen 1. Wohnsitz hat und dort auch tatsächlich wohnt (ggf. reicht Nebenwohnsitz aus, wenn von StrVerkBeh im Einvernehmen mit der Stadt so vereinbart, wenn nicht, dann liegt darin kein Verstoß gegen Art. 3 Abs. 1 GG oder Art. 6 Abs. 1 GG – vgl. *VG Frankfurt* Urt. 12 E 1343/05 v. 16.1.2007, juris); zudem muss Antragsteller Halter eines Kfz sein oder dieses dauerhaft nachweisbar nutzen (vgl. VwV Rn. 35). Festlegungen sollen Missbrauch der Bewohnerparkrechte entgegenwirken. Nur in Ausnahmefällen können mehrere Kfz-Kennzeichen in den Ausweis eingetragen werden. Auch Mitglieder einer Carsharing-Organisation können Parkausweis erhalten. Zur Erteilung eines zweiten Bewohner-Parkausweises bei **Familien**-Carsharing vgl. *VG Berlin* NZV 2003, 53. Zwar gebietet Art. 3 GG eine Gleichbehandlung beider Formen des Carsharing, der Nachweis dieser Organisationsform dürfte aber schwer zu führen sein, wenn es sich um Familien-Carsharing handelt; daher Ablehnung wg. Gefahr des Missbrauchs vertretbar.

6c Bewohnerparkvorrechte können nunmehr auf zweierlei Weise angeordnet werden.

1. wie bislang durch Kennzeichnung von Sonderparkrechten durch Z 286, 290.1 mit Zusatzsch. „Bewohner frei" sowie durch Beschränkung der

Z 314/315 speziell für Bewohner, wobei laut VwV künftig die negat. Beschilderung durch Z 286, 290.1 vorgenommen werden soll (laut Begr. dient dies zusätzl. der Gewährleistung des Gemeingebrauchs – zudem soll diese Beschilderung den unnützen Parksuchverkehr unterbinden).
2. durch Z 314/315 mit Zusatzschild, welches eine Parkraumbewirtschaftungsmaßn. nach § 13 Abs. 2 vorschreibt, von der dann die Bewohner durch ein weiteres Zusatzz. ausgenommen werden (war bislang noch nicht geregelt, wurde aber vielfach bereits praktiziert).

7 Die Kennzeichnung erfolgt ausschl. auf Grund einer verkehrsrechtl. Anordnung der StrVerkBeh durch amtl. VZ (Z 242.1/242.2, 325.1/325.2). Zuvor muss straßenrechtl. Teileinziehung erfolgen. Zudem muss der Kennzeichnung eine planungsrechtliche Anordnung zur Einrichtung des Fußgängerbereichs vorausgehen. Allein die ordnungsrechtlichen Entscheidungen erfolgen dann auf der Grundlage der Nr. 4. Wird gegen die Anordnung verstoßen, so ist nur die verkehrsrechtl. OWi (§ 49 Abs. 3 Nr. 4) zu verfolgen, nicht zugleich etwa eine – z. B. bei Fußg.Zonen – unbefugte straßenrechtl. Sondernutzung (*BayObLG* VRS 70, 53). Anordnungen dieser Art dürfen nur erlassen werden, wenn einer der Gründe des § 45 Abs. 1, Abs. 1a, Abs. 1b Nr. 5 gegeben ist, die Anordnung zur Erreichung des angestrebten Zwecks erforderlich und nach Abwägung aller Umstände und Interessen auch verhältnismäßig ist (vgl. auch *Bouska* DAR 89, 441). Bes. sorgfältig muss bei der Kennzeichnung verkehrsberuhigter **Bereiche** (Z 325.1/325.2) verfahren werden. Es ist rechtswidrig und gefährlich, eine „normale" Straße lediglich durch Aufstellung von VZ in einen solchen Bereich umzuwandeln. Verk.beruhigte Bereiche müssen vielmehr so beschaffen sein, dass sich dem Kraftf. die Funktion des Bereiches auch dann „aufdrängen" würde, wenn *kein* Z vorhanden wäre (vgl. auch die Erl. zu Z 325.1/325.2).

8 Solche Maßn. wären an sich schon durch Abs. 1 Satz 1 gedeckt. Die Vorschr. bringt insoweit eine Klarstellung. Sie unterstreicht, dass verhaltensrechtl. Anordnungen in Fußg.Zonen oder verk.ber. Bereichen nur durch die StrVerkBeh auf Grund der StVO erlassen werden dürfen. Orts- oder Landesrecht ist insoweit unzulässig und unwirksam. Diese Nummer war erforderlich, um Verstößen wirksam begegnen zu können. Auf diese Art und Weise kommt das gesamte Instrumentarium der StVO zur Anwendung, obwohl in der StVO nur der Rechtsgrund für die Kennzeichnung und nicht abschließend für die Anordnung der Zone oder den Bereich verankert ist (Stadtplanung).

9 Die Vorschr. ist im Hinbl. auf Abs. 1 Satz 2 Nr. 3 systematisch nur verständlich, wenn man sie im Zusammenhang mit Abs. 1b Satz 2 (Einvernehmen) sieht. Sie geht allerdings auch materiell weiter als Abs. 1, weil nicht nur Maßn. zum Schutz der „Wohnbevölkerung", sond. allg. zum Schutz der Bevölk. zul. sind. Es können hier also VerkBeschr. auch z. B. zum Schutz der Beschäftigten in Betrieben und Ladengeschäften, erlassen wer-

den; *BVerwG* (BVerwGE 109, 29) beschränkt die Anordnung mit Blick auf die Ermächtigungsgrundlage § 6 Abs. 1 Nr. 15 StVG auf Schutz vor Abgasen in Fußg.Zonen und verk.beruh. Bereichen.

10 Mit dieser Ermächtigung wird der „klassische“ Aufgabenbereich des StrVerkRechts als Ordnungsrecht verlassen. Es wäre durchaus mögl. und vertretbar gewesen, für diesen Bereich bes. Rechtsgrundlagen, etwa im Städtebaurecht, zu schaffen. Der Gesetzgeber hat sich jed. dafür entschieden, dass der VT alle im öff. Straßenverkehr zu beachtenden Regeln und Zeichen im StrVerkRecht – also in der StVO – finden soll. Die Vorschrift setzt deshalb das Vorliegen einer Städteplanung voraus (*BVerwG* NZV 94, 493). So kann die Vorschrift nicht genutzt werden, um diese erst vorzubereiten (quasi als schnell umzusetzendes Rechtsinstrument). Für ein Verkehrskonzept wäre z. B. zu verlangen: konkrete verkehrliche Planung für bestimmten räumlichen Bereich zur geordneten städtebaulichen Entwicklung durch das jeweils zuständige Organ der Gemeinde unter Berücksichtigung widerstreitender Belange und Interessen (planerische Abwägung, vgl. *BVerwG* a.a.O.). Wegen der Wechselbeziehungen zum kommunalen Planungsrecht ist das Einvernehmen mit der Gemeinde erforderlich (vgl. Erl. 11). Die Ermächtigung ist weit gefasst. Sie muss von der Praxis ausgefüllt werden. Zulässig ist es insbes., best. Verkehrsarten aus best. Gebieten herauszunehmen, um die in der Planung festgelegte, gewünschte städtebaul. Funktion dieser Gebiete (z. B. Wohngebiet) zu fördern (z. B. Z 250, 251 oder 253), soweit nicht eine Verkehrsberuhigung mit Fußg.Zonen (Z 242.1/242.2) oder mit verk.ber. Bereichen (Z 325.1, 325.2) gewählt wird. Wird in solchen Fällen auch der Anliegerverkehr ausgeschlossen, so muss allerdings vorher die straßenrechtl. Widmung entspr. eingeschränkt werden. Zul. ist es z. B. auch, einen städtebaulich wertvollen Platz mit Hilfe amtl. VZ vom ruh. Verk. freizuhalten. Bei Maßn. der Verkehrsberuhigung sind die Auswirkungen auf and. Straßen zu berücksichtigen, wobei die StrVerkBeh allerdings nicht verpflichtet ist, für eine gleiche Belastung aller betroffenen Straßen zu sorgen (*VGH Mannheim* NZV 89, 87).

10a **Schwellen** oder entspr. Hindernisse sind auf Fahrb. verboten. Das ergibt sich nicht nur aus der Verkehrssicherungspflicht des StrBaulastträgers, sondern auch aus dem Inhalt der öff.-rechtlichen Straßenbaulast, die dazu verpflichtet, eine Straße so anzulegen und zu unterhalten, dass sie den Erfordernissen der Sicherheit des Verkehrs entspricht. Deshalb darf der StrBaulastträger auf der Fahrb. weder künstliche Vertiefungen (Gräben) noch künstl. Erhöhungen (Schwellen) anbringen, die zu einer Gefährdung führen können, insbes. auch für Zweiradfahrer (zu „Aufpflasterungen“ vgl. unten). Die Rechtsprechung hierzu ist bisher unterschiedlich: *Hamm* (DAR 91, 178) hält Bodenschwellen grds. für zulässig, fordert allerdings, dass VT solche Aufbauten „mit der gebotenen Sorgfalt bewältigen“ können; *Frankfurt* (NZV 92, 38) schließt z. B. eine Anwendung des § 315b Abs. 1 StGB bei Verwendung sog. Kölner Teller aus, weil es sich zwar um Hindernisse handle, die aber der Sicherheit des Straßenverkehrs dienten (dies mag zwar der subj. Ansicht des StrBaulastträgers entsprechen, ist aber häufig objektiv nicht der Fall). Vorkehrungen zum Schutz der Radf. bei Verwendung sog. Kölner Teller; *Saarbrücken* NZV 98, 284. Deutlich kritischer dagegen *BGH* NZV 91, 385; nunmehr auch *Köln* VM 93, 39. **Blumentröge** und ähnl. Möblierungen sind auf Fahrb. ebenfalls verboten (§ 32 StVO), in best. Fällen kann § 315b Abs. 1 Nr. 2 StGB verletzt sein (vgl. dazu *LG Aurich* DAR 89, 69; *Frankfurt* NZV 91, 469; *Celle* DAR 91, 25 und *LG Koblenz* DAR 91, 456 halten jedenfalls eine bes. Absicherung für notwendig – „Sperrflächen" und Rückstrahler reichen dazu nicht aus). Dagegen halten *Hamm* NZV 94, 400 und *Düsseldorf* NZV 94, 478 die Aufstellung von Blumenkübeln auf der Fahrb. für grds. zulässig, selbst ohne entspr. Geschw.beschr., jed. mit „Warnung"; die Anwendbarkeit des § 32 wird verneint. Damit wird die Sicherheitsfunktion des § 32 verkannt; Hindernisse dürfen auf einer Fahrb. auch nicht in „guter Absicht" errichtet werden; notw. ist, sofern zur „VerkBeruhigung" erforderlich, eine Veränderung der Fahrb. selbst, z. B. durch Verringerung der Fahrbahnbreite (nach den Regeln der Straßenbautechnik). Anders ist die Rechtslage bei verk.beruhigtem Bereich (vgl. Erl. 1 zu Z 325.1) und auf Parkplätzen (vgl. *Koblenz* NZV 2000, 378 = DAR 2000, 358; *Koblenz* VersR 2001, 349). Zu den Grenzen der Verkehrssicherungspflicht hinsichtl. Metallpfeilern, die zum Zwecke der Verkehrsbeschränkung quer zur Fahrb. auf einer nach Z 260 für den Verk. mit Kfz und Krafträdern verbotenen Promenade aufgest. sind vgl. *Rostock* VersR 2001, 1441. Auch ein rot-weißer Sperrpfosten auf einem gemeins. Fuß- und Radweg kann, wenn er nachts nicht ausreich. beleuchtet ist, eine abhilfebed. Gefahrenquelle darstellen; vgl. *Hamm* NZV 2002, 129. Zulässig sind dagegen idR sog. **Aufpflasterungen** (geringe Rampenneigung, breite Kronenfläche), sofern die Geschw. entspr. beschränkt ist (zur Ausgestaltung vgl. *Köln* DAR 92, 376). Werden Hindernisse, die auf der Fahrb. verboten sind, am Rand der Fahrb. aufgebracht bzw. aufgestellt und lediglich mit einer weißen Linie gleichsam „eingerahmt", so wird das Verbot dadurch nicht beseitigt; die Markierung wird hier nur zur Umgehung des Verbots eingesetzt und bedeutet bei vernünftiger Auslegung des Z 295 keine „Fahrbahnbegrenzung" im eigentlichen Sinne; außerdem wird die Gefährlichkeit durch die „Umrahmung" prakt. nicht gemindert. Bauliche Verengung der Fahrb. zur Verk.Beruhigung (z. B. durch ordnungsgemäß ausgeführte „Gehweg-Nasen") ist möglich. Zu den Problemen der Verk.Beruhigung aus straßenverkehrsrechtl. Sicht vgl. *Bouska* DAR 87, 97 und *Randelzkofer* DAR 87, 237. Zur Verk.Si.Pflicht bei unbefestigtem Bankett vgl. *BGH* NZV 2005, 255 und bei Freihaltung des Luftraums über der Fahrb. bei Baumbewuchs NVwZ-RR 2005, 289.

11 Einvernehmen bedeutet, dass die Gemeinde der Maßn. förmlich zustimmen muss. Das StrVerkRecht enthält keine Verpflichtung der Gemeinde zur Zustimmung. Besteht eine solche Verpfl. auf Grund and. Vorschriften, so kann die RechtsaufsBeh. der Gem. nach Maßg. des Kommunalrechts der Länder die Zust. herbeiführen bzw. ersetzen. Das Erfordernis des Einvernehmens bezieht sich nur auf die in Abs. 1b geregelten und in dessen Satz 2 genannten Maßnahmen, im Bereich des Schutzes vor Lärm und Abgasen wegen der weitergehenden Fassung des Abs. 1b Satz 1 Nr. 5 im Verh. zu Abs. 1 Satz 2 Nr. 3 allerdings auf alle Maßn., die einen sachl. Bezug zur städtebaul. Entwicklung einer Gemeinde haben. **(Beispiele: a)** GeschwBeschr. aus Gründen des Lärmschutzes auf einer AB im Ballungsgebiet, die außerh. geschl. Ortschaft an einer Wohnsiedlung vorbei verläuft = Rechtsgrundlage Abs. 1 Satz 2 Nr. 3, kein Einvernehmen. **b)** Nachtfahrverbot aus Lärmschutzgründen für Lkw in innerörtl. Wohngebiet = Rechtsgrundlage Abs. 1b Satz 1 Nr. 5, Einvernehmen erforderlich. Vgl. auch *BVerwG* VRS 88, 142. Vgl. im Übrigen zur Rechtsstellung der **Gemeinden** beim Vollzug des § 45 *Steiner* NZV 95, 209 ff.

11a Also in den durch Z 310/311 begrenzten Ortsteilen. Außerorts sind Tempo 30-Zonen nicht zulässig. Im Übrigen müssen die StrVerkBeh respektieren, dass der VO-Geber – ungeachtet der durch die VO v. 11.12.2000 (BGBl I S. 1690) bewirkten „Erleichterungen" – die allg. Innerortsgeschw. mit 50 km/h festgesetzt hat und dass eine generelle Beschr. auf 30 km/h auch nicht auf „Umwegen" dadurch eingeführt werden darf, dass ganze Gemeindebereiche in eine GeschwZone „verwandelt" werden oder eine Vielzahl von Zonen so aneinander gereiht wird, dass praktisch eine solche Wirkung erzielt wird. Allerdings gibt die Neuregelung einschl. der VwV hierzu und im Hinblick auf § 39 Abs. 1a der VerkBeh. einen deutlich größeren Spielraum als bisher, so dass die meisten der bisher vielfach vorschriftswidr. Tempo 30-Zonen nunmehr „legalisiert" sind. Jede Anordnung einer **geschw.beschr. Zone** muss aber Gesichtspunkte der Sicherheit des Verk. (§ 45 Abs. 1 Satz 1) berücksichtigen; ob weiterhin erforderlich ist, ein „Zonenbewusstsein" (überschaubare Größe der Zone, gleichartige Merkmale der einbezogenen Straßen, erkennbare städtebauliche Einheit (*BVerwG* NZV 95, 165 = DAR 95, 170 = NJW 95, 1371 = VM 95, 33 = VRS 89, 60) zu schaffen, ist umstr., vgl. *Bouska*, NZV 2001, 27 f, *Kramer*, DAR 2001, 100, *VG Oldenburg* Urt. v. 19.5.2004 Az 7 A 1055/03). Zumindest wurden die Anforderungen an das „Zonenbewusstsein durch die Neuregelung gelockert. Fzgf. muss nunmehr abseits der Vorfahrtsstraßen (Z 306) grds. mit der Anordnung einer Tempo 30-Zone rechnen. Trotz Verwendung des Indikativs „ordnet an" bleibt es bei einer Ermessensentscheidung der Behörde (vgl. *BayVGH* in Kommunal-Praxis By 2006, 150). Allerdings erfolgt Ermessenskonkretisierung durch Rn. 44 der VwV zu § 45. Statt der baulichen Umgestaltung und der städtebaul. Einheit erinnert den Fzgf. nunmehr ein „verkehrsrechtl. Regime" daran, dass er sich in einer 30er Zone befindet. Eine Straße in einer geschw.beschr. Zone sollte stets so ausgestaltet sein, dass dem Kraftf. der Eindruck einer bes. Situation („Langsamfahr-Straße") vermittelt wird. Ggf. durch Verengung des Fahrbahnquerschnitts durch Markierung von Parkständen und Sperrflächen oder Aufbringung von „30" auf der Fahrb. (in großen Zonen, oder wo Vorfahrt durch Z 301 angeordnet ist). Die alleinige Anbringung eines VZ führt erfahrungsgemäß kaum zu einer Verhaltensänderung bei den Kraftf., so dass die Gefahr einer bloßen Scheinsicherheit besteht. Gleichwohl nimmt die nunmehr geltende Regelung solche Lösungen weitgehend in Kauf.

11b Beispielhafte Aufzählung. Andere Bereiche sind nicht stets ausgeschlossen; jed. bedarf es hier bes. Umstände, um eine Tempo 30-Zone zu rechtfertigen. So kommen Tempo 30-Zonen z. B. in Gewerbe- und Industriegebieten mit breiten Fahrb. idR nicht in Betracht (dabei ist zu bedenken, dass nicht gerechtfertigte GeschwBeschr. – nicht nur, aber auch in „Zonen" – vom Kraftf. als „Geßler-Hüte" und „Schikanen" aufgefasst werden, die seine Bereitschaft, sich an Verk.Beschr. zu halten, insges. beeinträchtigen).

11c Für die genannten Straßen kommen also allenfalls Streckengeschw.beschr. in Betracht, wenn sie iSd § 45 Abs. 9 geboten sind.

11d Eine entgegen diesen Vorgaben angeordnete Zonen-Geschw.beschr. ist fehlerhaft und muss – entweder durch die Aufsichtsbehörde oder im Verwaltungsrechtsweg – aufgehoben werden, soweit die Vorauss. nicht noch nachträglich geschaffen werden. Wo straßenrechtliche Widmung und tatsächliche verkehrliche Bedeutung einer klassifizierten Straße sich auseinanderentwickelt haben: Möglichk. der Abstufung zur Gemeindestraße. Wo diese unmögl. vgl. Erl. 11c). Ansonsten Entfernung der VZ oder -einrichtungen. Wenn diese aus Sicherheitsgründen unverzichtbar: Indiz dafür, dass es sich um eine Straße handelt, die sich den Maßn. zur flächenhaften Verkehrsberuhigung entzieht. Lichtzeichengeregelt ist eine Kreuzung oder Einmündung auch dann, wenn lediglich auf *einer* Seite Ampeln (idR an einer Fußgängerfurt) stehen, auf der gegenüberlieg. Seite eine vorgezogene Haltlinie (mit Hinweisschild „Bei Rot hier halten!") aber bewirkt, dass die Ampel doch den Verkehr an der Kreuzung/Einmündung „regelt". Zulässig sind dagegen. stets Lichtzeichen an Fußgängerfurten außerhalb des Kreuzungsbereichs, auch als Druckknopfampeln. Für Lichtzeichenanlagen an Kreuzungen und Einmündungen, die vor dem 1.11.2000 in angeordneten 30er-Zonen bereits vorhanden waren, bleibt zu hoffen, dass sie abgebaut werden. Stattdessen z. B. kleine Kreisverkehre mit Fußgängerquerungshilfen. Dies würde Kfzf. Unterscheidbark. zw. Tempo 30-Zone und Straßen außerh. der Zonen erleichtern. Zur Anordnung einer Zonenbeschilderung vgl. *Niedersächsisches OVG* Urt. v. 18.7.2006, Az.: 12 LC 270/04. Auch Schutzstreifen für den Radverk. sind nicht zulässig, denn auch sie werden durch Leitlinien gekennzeichnet.

11e **Andere Vorfahrtregelungen** (z. B. mit Z 301/205 oder 306/205) sind zulässig, wenn ausnahmsweise nach den örtl. Gegebenheiten eine „Rechts-vor-links"-Regelung nicht in Betracht kommt (vgl. VwV-StVO zu § 8; Einmündung schmaler, unbeleuchteter oder schwach beleuchteter Seitenstraßen in eine breite, durchgehende, gut beleuchtete Fahrb. mit stärkerer Verkehrsfunktion; hier ist allerdings häufig eine Tempo 30-Zone keine fachlich wünschenswerte Lösung, weil Kraftf. meist deutlich schneller als 30 km/h fahren und die Vorfahrt des einmündenden Verkehrs kaum beachten;

Letzterer nimmt aus „Vernunftsgründen" seine Vorfahrt wenig in Anspruch und gleicht damit die ungünstige Verkehrsregelung aus. Auch Belange des Linienverkehrs können eine abw. Vorfahrtregelung erfordern).

11f Indiz für eine Fußg.-Schutzfunktion der LZA ist, dass die Anlage über Lichtzeichen für Fußg. (§ 37 Abs. 2 Nr. 5) verfügt.

11g Vgl. insges. *Kramer* DAR 2001, 100 und *Bouska* NZV 2001, 27.

11h Betrifft im Wesentl. zentrale Bereiche (Plätze und Straßen) kleinerer und mittl. Städte, für die nach ihrer städtebaulichen u. verkehrlichen Struktur und ihrer wirtschaftl. Funktion oft die Einrichtung einer Fußg.Zone (Z 242.1/242.2) nicht in Betracht kommt oder jedenfalls nicht erwünscht ist. Auch verk.ber. Bereiche (Z 325.1/325.2) passen für solche Gebiete idR nicht, weil Art und Dichte des FzgVerkehrs die Einrichtung einer „echten" Mischverkehrsfläche rechtlich und praktisch nicht zulässt. In verkehrsberuhigten Geschäftsbereichen wird daher die Trennung der Verkehrsarten beibehalten, wobei allerdings die Fahrb. auch auf einfache Weise abgegrenzt werden kann. Im Einzelfall können die Vorauss. für einen verk.ber. Geschäftsbereich auch in größeren Städten, insbes. in Nebenzentren solcher Städte, gegeben sein. Liegen die Voraussetzungen in einem stadtebaulich zusammenhängenden Gebiet für den ganz überwiegenden Teil des Gebiets vor, so kann das Gebiet einheitlich als verk.ber. Geschäftsbereich behandelt werden.

12 Z. B. 20 km/h, in bes. Fällen auch 10 km/h. Damit besteht die theoretische Möglichk. der Anordnung einer Tempo 10-Zone. Da allerdings nur die in der StVO oder mit Verkehrsblattverl. veröffentlichten Z angeordnet werden dürfen (sog. Ausschließlichkeitsgrds.) kann diese Zone mangels veröffentlichtem Z derzeit nicht visualisiert werden.

13 Abs. 1e eingefügt durch **Art. 3** des Gesetzes zur Änderung des Fernstraßenbauprivatfinanzierungsgesetzes und straßenverkehrsrechtlicher Vorschriften vom 1.9.2002 (BGBl I, 3442, 3444). Damit können nunmehr bestimmte privatfinanzierte Ingenieurbauwerke (Brücken, Tunnel) mautpflichtig gestaltet werden (Z 391).

14 Eingefügt durch den Neuerlass der StVO in 2013. StVG verlangt zur Feststellung einer Ordnungswidrigkeit ein vorsätzlich oder fahrlässiges Zuwiderhandeln gegen eine Vorschrift einer auf Grund des § 6 Abs. 1 StVG erlassenen Rechtsverordnung oder gegen eine auf Grund einer solchen Rechtsverordnung ergangene Anordnung (§ 24 StVG). Damit muss entweder ein Verstoß gegen eine allgemeine Verhaltensregel der StVO oder gegen ein Ge- oder Verbot einer Verkehrszeichenanordnung feststellbar sein. Oder es muss sich um einen Verstoß gegen ein VZ handeln, das aufgrund einer VO erlassen wurde, die auf dem StVG fußt. Nicht rechtssicher war zunächst, ob die in die StVO eingeführten Umweltzonenzeichen, die mit Art. 2 der VO zum Erlass und zur Änderung von Vorschriften über die Kennzeichnung emissionsarmer Kraftfahrzeuge vom 10.10.2006 (KennzeichnungsVO) im Herbst 2006 eingeführt wurden, dies erfüllt, denn es wurde dort keine unselbstständige VO-Ermächtigung wie beim EmoG oder CsG gewählt. Vielmehr ist es wahrscheinlicher, dass dieser Artikel allein auf dem StVG fußte. Da sich Bund und Länder im Anschluss an die gängige Rspr. aber darauf geeinigt hatten, dass es sich bei der Umweltzonenregelung des BImSchG um eine bloße Rechtsfolgenverweisung auf das Straßenverkehrsrecht handelt, musste in § 45 zusätzlich eine Anordnungsgrundlage für das Aufstellen des Z geschaffen werden, damit Verstöße entspr. als Ordnungswidrigkeiten belangt werden können. Eine Ermächtigungsgrundlage für die Kennzeichnung war daher zu schaffen (vgl. Begr.). § 40 Abs. 1 und Abs. 2 sehen jeweils eine Rechtsgrundlage für die mögliche Beschränkung des Kfz-Verkehrs durch die StV-Behörden vor. Von der Ermächtigung in Abs. 2 hat der VO-Geber bislang keinen Gebrauch gemacht. Maßgebliche Grundlage ist § 40 Abs. 1 BImSchG. Die zust. Behörden sind nach § 47 Abs. 1 BImSchG verpflichtet, einen Luftreinhalteplan aufzustellen, sofern (die in einer VO nach § 48a Abs. 1) festgelegten Immissionsgrenzwerte einschließlich festgelegter Toleranzmargen für Luftschadstoffe überschritten werden. Mit Erlass der 39. BImSchV wurden von der VO-Ermächtigung nach § 48a Abs. 1 BImSchG Gebrauch gemacht und die Immissionsgrenzwerte, die sich insbes. aus der RiLi 2008/50/EG des Europ. Parl. und des Rates v. 21.5.2008 über Luftqualität und saubere Luft für Europa ergeben, für Deutschland umgesetzt. Die 39. BImschV legt die Immissionsgrenzwerte und Alarmschwellen u. a. für Schwelfeldioxid, Stickstoffdioxid, und Feinstaub, die Immissionsgrenzwerte für Blei, Benzol, Kohlenmonoxid sowie u. a. Zielwerte für bodennahen Ozon, das für sog. Sommersmog maßgeblich ist, fest. Auf Grund des BImSchG wurde in der StVO bislang lediglich die Möglichkeit zur Kennzeichnung von Umweltzonen (Zeichen 270.1 und 270.2 der StVO) geschaffen. Durch ZZ, die den Plaketten der 35. BImSchV entsprechen, kann der Verkehr in solchen Zonen auf bestimmte Fahrzeuge (z. B. mit grüner Plakette) beschränkt werden. Die 35. BImSchV regelt Ausnahmen von Verkehrsverboten nach § 40 Abs. 1 BImSchG und die Zuordnung von Kfz zu Schadstoffgruppen und bestimmte Anforderungen, welche bei einer Kennzeichnung von Kfz zu erfüllen sind. die von den Verkehrsbeschränkungen ausgenommen werden. Die Kombination des Zeichen 270.1 mit anderen ZZ als den in der StVO dargestellten ZZ (rote, gelbe, grüne Plakette) ist nach den Vorschriften bislang unzulässig. Umstr. ist, ob der Wortlaut die Anordnung des Z 270.1 auch ohne ZZ zulässt. Die übrigen Vorschriften der StVO, die auf der Grundlage des StVG ergangen sind, kommen für dieses Zeichen, das allein als Platzhalter die StVO gewählt hat, um Ordnungswidrigkeitentatbestände festlegen zu können, verbunden mit entspr. Bußgeldern, jedenfalls nicht zur Anwendung. Also können andere ZZ aus der StVO, einschl. des sog. Selbsterfindungsrechts der Länder zu ZZ mit Wortlaut ebenfalls nicht zur Anwendung kommen. Dazu hätte es einer vergleichbaren Regelung wie beim verk.beruh. Bereich bedurft (vgl. Erl. 8). Den Plaketten müssen Vorgaben zu den Schadstoffgruppen auf Kfz-Ebene zugeordnet werden, dies geht nur iVm einer BImSchV. Vgl. auch Ordnungsnummer **3 c.** Der Wortlaut der Nr. 1 der Spalte 3 zum Zeichen 270.1 lässt den Schluss zu, dass das Zeichen auch allein angeordnet werden kann. Die Bundesregelungen sind insoweit also abschl. Dies hat auch das BVerwG in 2018 so geurteilt, dann aber infolge einer unionsrechtsfreundlichen Auslegung der Vorschr. den Teil unabwendbar gelassen, der diese abschließende Regelung bedeutet, vgl. dazu in Gänze Ordnungsnr. 3 c.

14a Eingef. durch Art. 2 der 50. VO zur Änderung straßenverk. Vorschr. v. 15.9.2015 (BGBl I S. 1575). Damit ist zur Bevorrechtigung von Elektrofahrzeugen ausschließl. diese Schilderkombination zul. – nicht auf diese Grundlage gestützt werden kann z. B. eine Kombination von Z 229 mit den genannten Z. Dazu müsste unter Verkehrssicherheitsaspekten auf Abs. 1 Satz 1 iVm mit den durch VkBl 2011, S. 199 veröffentlichten ZZ zurückgegriffen werden (Ladesäule am Taxistand) vgl. Erl. 6 zu Anlage 3. Zum Außerkrafttreten vgl. § 52. Im Übrigen s. a. Erl. 16 zu § 39.

14aa Eingef. durch Novelle v. 20.4.2020 (BGBl I S 814). Forderungen stationsbasierter Carsharingunternehmen, nach Abbildung des Firmenlogos auf dem ZZ ist eine Absage zu erteilen (Werbung § 33 Abs. 2 S. 2).

14a1 Nach dem Vorbild der Tempo 30-Zonenregelung wurde mit Novelle v. 20.4.2020 (BGBl I S. 814)auch die Möglichk. geschaffen Fahrradstraßen zonal anzuordnen. Dem Sichtbarkeitsgrds. zu VZ geschuldet lässt sich das Zonenbewusstsein nur anhand der Vorgaben zur einheitlichen verkehrsrechtlichen Gestaltung der Straßen herstellen. Unterstützung findet es durch die wiederholende Aufbringung des Sinnbildes – was allerdings der Schilderwaldnovelle zuwiderläuft. Auf eine korrespondierende Vorschr. in § 39 hat der BR (BR-Drs. 591/19 Beschl.) nicht nachvollziehbar verzichtet.

14b Eingef. durch Art. 2 der VO zur Änderung der BOStrab und der StVO v. 16.12.2016 (BGBl I S. 2947). Bereits in der Begr. zu § 20 BOStrab aus dem Jahr 1987 wurde darauf verwiesen, dass im Zuge der Bemühungen, Straßenbahn- und Straßenverkehr weitgehend zu entflechten, zahlreiche neue Straßenbahnstrecken entstanden sind, auf denen die Straßenbahn vom Straßenverkehr genauso unabhängig geführt wird, wie die Eisenbahn. Folgerichtig wurde für solche unabhängigen Bahnkörper die Anordnungsbefugnis gleich der Eisenbahn für die Sicherung auf die Technische Aufsichtsbehörde überführt.

15 Die Baulastträger müssen also die nach Abs. 1 bis 3 verfügten Anordnungen vollziehen (Amtspflicht: *Köln* DAR 77, 323). Bei Verstößen soll die StrVerkBeh die gemeinsame vorgesetzte Behörde anrufen. Ist Baulastträger eine Gemeinde oder ein sonst. kommunaler Verband, so sorgt die Rechtsaufsichtsbeh. nach Maßg. des Kommunalrechts der Länder für Abhilfe.

16 Bei Verstößen kann der Eigentümer durch Verwaltungsakt zur Leistung angehalten werden.

16a Die ehemalige Delegationsmöglichkeit bei Veranstaltungen nach § 29 Abs. 2 wurde mit dem StVO-Neuerlass gestrichen; entspr. Regelungen gehören ins Landesrecht.

17 Zu Rechtsfragen der **Baustellenbeschilderung** vgl. VD 72, 261. Anordnungen der StrVerkehBeh bei Arbeiten im Straßenraum VD 71, 151. Kostenerhebung VD 71, 155; VD 72, 109. Nach *Köln* (VRS 63, 76) sind unter Arbeiten iSd § 45 Abs. 6 nur Bauarbeiten am Straßenkörper zu verstehen. Diese Auff. ist aber zu eng und findet weder im Wortlaut der Vorschr. noch in ihrer Zweckbest. eine Stütze. § 45 Abs. 6 findet deshalb z. B. auch an einer Hochbaustelle Anwendung, wenn etwa der Kran auf Straßengrund eingesetzt wird (vgl. *Düsseldorf* VRS 67, 377). Das „Grundgesetz" für die Absicherung von Baustellen sind die **„Richtlinien für die Sicherung von Arbeitsstellen an Straßen"** (RSA, VkBl 95, 221), die nach VwV-StVO Abschn. I zu § 43 Abs. 3 Nr. 2, ggf. ergänzt oder geändert durch Ländererlasse (VwV-StVO zu § 46 Abs. 2), zu beachten sind.

18 **Bauunternehmer** sind also nur der „verlängerte Arm" der zust. Behörde, der alle verkehrsrechtl. Maßnahmen zuzurechnen sind (vgl. auch *BVerwG* DAR 70, 277). VZ, die ein Bauunternehmer ohne Anordnung der zust. Behörde aufstellt, sind unverbindlich (*Hamm* VRS 52, 150) und können Pflichten nur über § 1 Abs. 2 auslösen (vgl. auch Erl. 1 zu § 39). Zur Verantwortlichkeit bei Verstoß gegen die Vorschr. vgl. *Düsseldorf* VRS 87, 53.

19 Eingefügt durch die VO v. 22.12.2005 (BGBl I S. 3716, Begründung vgl. VkBl 2006, 41). Vorschrift soll den typischen Gefahren beim Liegenbleiben von Kfz begegnen. In diesen Fällen sind i. d. R. Pannendienstleister, aber nicht die Polizei zugegen, um zum Schutze des fließenden Verkehrs und des liegengebliebenen Fzg verkehrslenkende und -regelnde Maßnahmen durchzuführen. Das Aufstellen der Leitkegel soll Gefährdungssituationen durch unkonzentrierte, unerfahrene Verkehrsteilnehmer vorbeugen, die so im ausreichenden Abstand an der Pannenstelle vorbeigeführt werden können.

20 Die Begr. verweist auf die „RiLi über die Mindestanforderungen an Bauart oder Ausrüstung von Pannenhilfsfahrzeugen" (VkBl 1997, S. 472), die eine Ausrüstungspflicht für Pannendiensteinsatzfzg über 3,5 t zGG und alle Pannendienst-Kastenwagen mit 5 Leitkegeln festgelegt. Zu den anerkannten Pannenhilfsfzg vgl. § 52 Abs. 4 Nr. 2 StVZO (kann auch Lkw für die Fahrzeugbeförderung, selbstfahrende Arbeitsmaschinen, Abschleppwagen, Berge- und Kranfzg, Mobilautokräne etc. erfassen). Der Begriff „Pannenstelle" ist umfassend zu verstehen und kann auch eine Unfallstelle erfassen. Es bleibt aber dabei: bei Gefahr im Verzug tritt die Polizei nach § 44 Abs. 2 an die Stelle der zuständigen Verkehrsbehörde für regelnde bzw. sichernde Maßnahmen; über das Aufstellen der Leitkegel hinaus haben die Pannendienstleister keine Befugnisse, in den Verkehr einzugreifen.

21 Soweit Fahrlehrer im öff. Verk.Raum nach den PrüfungsRiLi-Grundfahraufgaben (VkBl 2004, 138) Leitkegel verwenden, damit Slalomfahren oder

Ausweichvorgänge seitens der Motorradfahrer geübt werden können, bestehen Ländererlasse, die der Polizei bei Störung der Verk.Si. ein Einschreiten ermöglichen. Die Verankerung einer Ermächtigungsgrundlage in § 45 wird seitens Bund und Ländern nicht für erforderlich gehalten. Leitkegel sind aber Verk.Einr. und haben damit anordnenden leitenden Inhalt; Fahrlehrer sind keine Behörden. § 32 wäre zudem zu beachten. Ggf. empfiehlt sich die Verwendung kleinerer Teller mit Ausn. von § 32 nach § 46 Abs. 2.

21a Zur Anhebung der Geschw. vgl. RiLi in VkBl S. 545 Nr. 277.

22 Der mit VO v. 7.8.1997 eingeführte Abs. 9 richtet sich an die zur Anordnung von VZ und -einrichtungen zuständigen **Behörden** (korresp. Vorschr. für die VT ist § 39 Abs. 1, vgl. die dort. Erl.). Die Vorschr. ist ein – erstmaliger – Versuch des VO-Gebers, insbes. das in Deutschland – im europ. Vergleich – häufig zu beobachtende Übermaß an VZ durch eine ausdrückliche, die Behörden ebenso wie die Gerichte bindende Rechtsnorm einzudämmen. Ein solches Übermaß ist hinsichtl. der Verk.Si. kontraproduktiv, weil es nicht nur die Bereitschaft und (wg. der mögl. „Ablenkung" des Fahrers vom tats. Verkehrsgeschehen) u. U. auch die Fähigkeit des Kraftf., eigenverantwortlich und mit ständiger intensiver Beobachtung des Verkehrsablaufs und des Umfeldes zu fahren, beeinträchtigen kann, sondern auch durch einen „Abstumpfungseffekt" seine Bereitschaft, VZanordnungen „ernst zu nehmen" und stets sorgfältig zu beachten, schmälern kann. Dies kann ein Sicherheitsdefizit dort bewirken, wo die Anordnung „auf Grund der besonderen Umstände zwingend geboten ist". Lediglich mit verstärkter polizeilicher (od. kommunaler) Überwachung, ggf. mit einschneid. Ahndungsmaßn., auch diejenigen Anordnungen „durchzusetzen", die nicht iSd VO „zwingend geboten" sind, wäre der falsche Weg (abgesehen von den personellen Kapazitätsgrenzen der Überwachungsorgane) und könnte das – ohnehin sensible – Vertrauen der VT in die obj. Notw. von Maßn. zur „Führung" des Verkehrs beschädigen. Ein versuchsweiser Abbau eines großen Teils außerörtl. VerkBeschränkungen (insbes. Geschw.beschr. und Überholverbote) in dem bayer. Regierungsbezirk Mittelfranken hatte gezeigt, dass eine Reduzierung der Z auf das angestrebte obj. Maß die Verk.Si. nicht beeinträchtigt, tendenziell eher begünstigt. Vgl. allg. *Bouska* DAR 97, 337. Vorschrift ist keine eigenständige Ermächtigungsgrundlage oder Zuständigkeitsregelung, hier sind vielmehr weitere materielle Vorauss. für die Anordnung von Z und Einrichtungen geregelt (*BVerwG* Beschl. v. 3.5.2011, 3 B 91/10, juris).

Die Vorschr. wurde durch VO v. 11.12.2000 in Bezug auf Tempo 30-Zonen wieder eingeschränkt und damit entspr. „aufgeweicht". Solche Zonen dürfen auch dann angeordnet werden, wenn für den Schutz der einschläg. Rechtsgüter (z. B. Sicherheit, Schutz vor Lärm und Abgasen, städtebauliche Entwicklung) keine über das „allgemeine Risiko" hinausgehende Beeinträchtigung besteht. Dies war notwendig, um dem Wunsch des VO-Gebers entspr. die Einführung von Tempo 30-Zonen zu erleichtern. Von der

Ausdehnung her kann damit künftig Tempo 30 innerorts überwiegen. Dennoch gilt auch für Tempo 30-Zonen Satz 1. Weitere Aufweichungen erfolgten zugunsten von Verkehrsbeschränkungen zur Eindämmung des Mautausweichverkehrs und zur Anordnung von Fahrradstraßen und Schutzstreifen für den Radverkehr mit dem Neuerlass der StVO. Eine Radwegebenutzungspflicht wurde hingegen nicht von dem Erfordernis des Satz 2 ausgenommen. Sie darf daher nur bei einer besonderen Gefahrenlage für die geschützten Rechtsgüter aufgrund besonderer örtlicher Verhältnisse (Streckenführung, Kurvenreichtum, fehlende Übersicht, schlechte Ausleuchtung, Steigung oder Gefälle, Ausbauzustand, witterungsbedingte Einflüsse – Schnee, Nebel, Eisglätte –, Verkehrsbelastung, Unfallzahlen) angeordnet werden (Fahrbahnbenutzungsverbot ist der Anordnung immanent), BVerwGE 138, 159.

23 Die Vorschr. ist nicht nur ein Hinweis oder eine Anregung, sond. eine **verbindliche Anweisung** des VO-Gebers. **Bes. Umstände** sind z. B. eine gegenüber dem Durchschnitt ähnlicher Strecken signifikant **erhöhte Unfallrate** (ggf. auch Unfalldichte), die erkennbar mit der Ursache zusammenhängt, deren Bekämpfung das vorgesehene Z dienen soll. Aber auch bes. gefahrenträchtige **Streckenführung** oder **Straßenschäden, Minderbelastbarkeit** von Brücken usw. können Anordnungen begründen; nicht aber „überdurchschnittliche Verkehrsbelastung" (vgl. *VGH* SH NZV 2006, 333). Nicht dagegen z. B. die allg. Erwägung, eine geringere Geschw. führe zumind. zu geringeren Unfallfolgen oder ein durch Z angeordn. Überholverbot könne (ergänzend zu den sicher „ausreichenden" Bestimmungen des § 5) wegen der besseren Einprägsamkeit nur nützlich sein. Solche allg. Sicherheitsüberlegungen sind dem Gesetz- bzw. VO-Geber vorbehalten, der dabei alle Aspekte einer Abwägung der Erfordernisse der – stets „gefahrgeneigten" – Mobilität und der Verkehrssicherheit berücksichtigen muss. Tendenziell haben bereits in der Vergangenheit die Verw-Gerichte solche Maßstäbe – wenn auch idR nur vage – angewandt. Die VerkBeh. sehen sich jedoch häufig dem Druck der Bürger, nicht selten unterstützt durch örtl. Medien, ausgesetzt, wenn sie die Anordnung „nicht zwingend gebotener" Z (die, wenn sie dann angeordnet wurden, häufig genug von denselben Bürgern nicht beachtet wurden), ablehnten. All dies hat den einmütig kritisierten „Schilderwald" begünstigt. Soweit allerdings VerkBeschr. auch nach den neuen Kriterien „zwingend geboten" sind, müssen sie angeordnet und strikt überwacht werden.

23a Die Vorschr. war ehemals bei § 40 verankert und wurde aus systematischen Gründen nach Abs. 9 verschoben. Stand sie vormals am Ende des Absatzes, wurde sie wiederum aus systematischen Gründen vorgezogen.

23b Diese Verhältnisse spiegeln nicht den normalen Verkehrsraum wieder, für den die allgemeinen Verhaltensregeln bereits ausreichen (z. B. besondere Topographie, Verkehrszusammensetzung, Streckenführung, Ausbauzustand, witterungsbedingte Einflüsse, Verkehrsbelastung, Unfallzahlen etc.). Auch Wahrnehmung des Ausbauzustandes durch die VT und damit Annahme besonderer örtlicher Verh.; vgl. dazu BVerwG Beschl. v. 3.1.2018, 3 B 58/16, juris.

23c **Rechtsgüter,** deren Gefährdung die Anordnung einer bes. Beschränkung des **fließenden Verkehrs** rechtfertigen können, sind die in den Abs. 1-2 genannten, insbes. Sicherheit und Ordnung des Verkehrs, Schutz vor Lärm und Abgasen sowie Erhaltung der öffentl. Sicherheit (zu Letzt. gehört auch der Schutz der Gesundheit z. B. vor Immissionen, die nicht unmittelbar zu den Bereichen Lärm und Abgase gehören, jed. durch den Verk. verursacht werden). Der VO-Geber hat in Satz 2 den **fließ. Verk.** deshalb zusätzlich zu den allg. Best. des Satzes 1 geregelt, weil im Wesentl. hier nicht zwingend gebotene Beschr. angeordnet werden, während im ruh. Verk. idR nur das Notwendige getan wird und der auch dort vorhand. „Schilderwald" im Wesentl. durch die mat. Vorschr. über die Kennz. von – absolut oder beschränkt – Haltverboten bedingt ist. Wenn die Vorschr. auf das „allgemeine Risiko" abstellt, so wird damit durch Rechtsnorm der Unmöglichkeit Rechnung getragen, durch eine umfassende Beschilderung auch dieses allg. Risiko ganz oder nahezu ganz auszuschließen (der erklärte Wille des VO Gebers ist es, statt dessen die Eigenverantwortung der VT im Rahmen der allg. Verh.Normen zu stärken; vgl. dazu § 39 Abs. 1). Der unbest Rechtsbegriff **„erheblich übersteigt"** ist im Hinblick auf die Vielfalt der örtl. Verh. nicht mathematisch präzise zu definieren. Hinsichtl. des Rechtsgutes „Sicherheit" kann jed. idR dann ein „erhebl. Übersteigen" angenommen werden, wenn z. B. die Unfallrate (also die Zahl der Unfälle bezogen auf die auf einer best. Strecke erbrachten Fahrleistungen) mehr als etwa 30 % über der für vergleichb. Strecken überwiegend ermittelten Rate liegt (vgl. *OVG Hamburg* NZV 2000, 346; *BVerwG* NZV 2000, 345, *BVerwG* NZV 2001, 528 = DAR 2001, 424 = VRS 2001, 473 = NJW 2001, 3139); aber auch dann wird erst die genaue Analyse der Situation zeigen, ob eine VZanordnung oder z. B. bauliche Maßn. am besten geeignet sind, Abhilfe zu schaffen). Im Einzelfall kann aber auch eine hohe Zahl von Unfällen (Unfalldichte) trotz nicht erhebl. überhöhter Unfallrate Anlass für Beschr. sein. *BVerwG* (NJW 2001, 3139) verlangt eine an Gewissheit grenzende Wahrscheinlichkeit (konkrete Gefahrenlage) des Schadenseintritts auf **konkretem** Streckenabschnitt, ein Vergleich mit anderen Streckenabschnitten ist nicht zielführend. Liegen die Vorauss. (die als unbest. Rechtsbegriffe der verwaltungsgerichtl. Überprüfung unterliegen) nicht vor, so müssen VZanordnungen unterbleiben bzw. gleichwohl erlassene Anordn. aufgehoben werden. Liegen sie vor, so kann die StrVerkBeh unter den allg. Vorauss. eine Anordnung erlassen (vgl. auch Erl. 1). Für die Beurteilung der Frage, ob aus Lärmschutzgründen eine VZAnordnung zu treffen ist, sind die Lärmschutz-Richtlinien StV (2007) heranzuziehen zur Feststellung der besonderen Gefahrenlage. Bislang ist weder wissenschaftl. nachgewiesen, noch durch die Rspr. geurteilt, bei Überschreitung welchen Grenzwertes genau eine konkrete Schwelle der Gesundheitsgefährdung gegeben ist. Bei den seitens des Bundes erfolgten Lärmsanierungsmaßnahmen handelt es sich um freiwillige Leistungen des Bundes im Rahmen seiner finanziellen Möglichkeiten, die auf die Beurteilung des Vorliegens der besonderen Gefahrenlage keinen Einfluss haben.

23d Inhaltl. ergänzt durch den Neuerlass der StVO 2013. Damit war zunächst infolge der Rspr. zur Radwegebenutzungspflicht mit einer inflationären Anordnung von Schutzstreifen zu rechnen. Dies dürfte sich mit der jüngsten Änderung der StVO aber wieder entschwächen. Denn nun sind innerorts auch Radfahrstreifen von der besonderen Nachweispflicht einer erhöhten Gefahrenlage ausgenommen.

24 Wurde mit VO v. 14.12.2016 (BGBl I S. 2848) eingef. Aufzählung der Einricht. ist abschließ. Soll das Tempo aus Lärmschutzgr. abgesenkt werden, kommt Ermächtigung nicht zur Anwendung. Vorschr. erging in Umsetzung des **Verkehrssicherheitsprogramms** der BReg.

24a Eingefügt durch VO v. 22.12.2005 (BGBl I S. 3714, Begründung vgl. VkBl 2006, 37). Damit wurde für Lkw-Ausweichverkehre (Lkw ab 12 t zGG), die sich infolge der Erhebung der Maut nach dem ABMG gebildet haben, eine abgesenkte Eingriffsschwelle eingefügt. Conditio sine qua non für eine Änderung der Verkehrsverhältnisse darf damit nicht der jährlich zu verzeichnende normal auftretende Zuwachs an Lkw-Verkehr sein. Es muss nachgewiesen werden, dass Zuwachs dem Mautausweichverk. geschuldet ist mit der Folge der erheblichen Auswirkung auf die Verkehrs- oder Lebensverhältnisse (Lärm, Abgase, Sicherheit u. Ordnung des Verkehrs). Bei Lärm ist dies lt. *BayVGH* (Beschl. v. 7.12.2006) erst bei einer Verdoppelung des Verkehrs und damit verbundenen Zunahme des hörbaren Lärms um 3 dB (A) der Fall. Vgl. dazu Erl. 3. Laut Begr. sind Maßn. bereits zulässig, wenn dadurch die erheblichen Auswirkungen der veränderten Verkehrsverhältnisse, beseitigt oder abgemildert werden können – vorherige Lärmberechnung oder Abgasmessung ist hier nicht erforderlich (nach *BVerwG*, Urt. v. 13.3.2008 3 C 18/07, juris, reicht insoweit bereits fundierte Schätzung aus), im Gegensatz zur vorherigen Erhebung der Verkehrsbelastung und -strukturen samt Abschätzung der daraus folgenden Auswirkungen auf Umwelt und Gesundheit der Anlieger sowie der Folgen auf die Wirtschaft. Damit dürften trotz geringerer Eingriffsschwelle nur folgenschwere Verkehrsverlagerungen, die sich dauerhaft erhärten, Maßn. zulassen. Dies trifft nur für vereinzelte Strecken in Deutschland zu. Der Gefahr einer gemeingebräuchlichen Beeinträchtigung kann ggf. durch (tages)zeitlich beschränkte Maßn. Rechnung getragen werden. Maßn. des Umweltschutzes dürfen dem Widmungszweck der Straße nicht zuwiderlaufen. In Rspr. (Fundstellen vgl. Erl. 3 und vgl. *VG Gelsenkirchen* Urt. v. 21.6.2006 Az.: 14 K 1655/03, juris) ist anerkannt, dass die Immissionsgrenzwerte der 16. BImSchVO, die unmittelb. nur für den Bau und die wesentl. Änderung von Straßen gelten, als Orientierungshilfe herangezogen werden können für die Beurteilung der Frage, von welcher Schwelle an eine nicht mehr hinzunehmende Beeinträchtigung (der Gebietsfunktion) vorliegt. Es ist darauf zu achten, dass durch die verkehrsbeschränkenden Maßnahmen kein Zielkonflikt mit der FerienreiseVO entsteht. Je nach Abwägung der Interessen ist ggf. der Streckenkatalog der FerienreiseVO zu ändern. Von dem Durchfahrverbot darf auch anderer als nur Mautausweichverkehr betroffen sein, *BVerwG* NJW 2012, 160. Regelung soll überörtlichen Durchgangsverk. mit schweren Nutzfzg aus Gründen der Ordnung des Verkehrs – insbes. auch zum Schutz der Wohnbevölkerung an Ortsdurchfahrten – und zur Verbesserung des Verkehrsablaufs und des Verkehrsverhaltens im nachgeordneten Straßennetz – zumindest an herausragenden Stellen – wieder auf die AB leiten (vgl. Begr.). Das setzt wie auch sonst bei Fragen des Lärmschutzes (vgl. etwa Beschl. v. 19.2.1992 – *BVerwG* 4 NB 11.91 – *Buchholz* 310 § 47 VwGO Nr. 63 Rn. 13 ff. m. w. N.) voraus, dass in einer Gesamtschau den konkreten Gegebenheiten des jeweiligen Einzelfalls umfassend Rechnung getragen wird. Mitbetroffenheit sonstigen Verkehrs ist zu berücksichtigen. Verkehrsstrukturen, wirtschaftliche Belange, Auswirkungen auf den Verkehr mit schweren Nutzfahrzeugen, der auf dieser Strecke bereits vor der Einführung der Autobahnmaut fahrenden Lkw, Umfang der Umwege und Zeitverluste sind zu berücksichtigen; auch die Möglichkeit der Erteilung von Ausnahmegenehmigungen nach § 46 Abs. 1 Nr. 11.

25 Mit dieser ergänzenden Änderung zur Kennzeichnung von Umweltzonen ist endlich abschließend dem Umstand Rechnung getragen, dass die Anordnung von Umweltzonen nicht auf der Grundlage der StVO erfolgt, dies gilt nur für die Kennzeichnung. Ergänzt mit VO v. 14.12.2016 (BGBl I S. 2848).

26 VO-Geber hat rechtz. erkannt, dass auch diesbezügl. eine Sonderregelung in der StVO zu treffen ist. StVO ist insoweit nur Platzhalter für die VZ. StVO als typisches Gefahrenabwehrrecht kann für die Bevorrechtigung nicht herangezogen werden. Die Vorschrift ist notw., weil das Ziel „weniger VZ, bessere Besch.“ bei Bevorrechtigungen nicht ausschlaggebend sein kann. Ausnahme gilt nicht für die mit Verkehrsblattverl. veröffentlichten ZZ (VkBl 2011 S. 199). Diese beruhen auf Gefahrenabwehrrecht, kommen in der Praxis aber so gut wie nicht vor. Nach dem Vorbild der Bevorrechtigung von Elektrofzg wurde für Carsharingfzg ebendiese Regelung getroffen.

27 Angefügt durch Novelle v. 18.12.2020 (BGBl I S. 3047). Vorschr. ergeht zur Übertragung bestimmter Anordnungsbefugnisse an das Fernstraßenbundesamt und in der Folge auf die Autobahn-GmbH. zwecks Herstellung einheitlicher VZ-Regelungen für AB im gesamten Bundesgebiet. Vgl. im Weiteren dazu Erl. zu § 44a. Umfasst sind auch die die Straßenbaubehörden betreffenden Vorschriften, da das FBA oder die Autobahn GmbH nicht unter die Definition der Straßenbaubeh. fallen, jedoch gem. § 4 FStrG straßenbaubehördliche Zuständigkeiten ausüben

§ 46 Ausnahmegenehmigung und Erlaubnis

(1) Die Straßenverkehrsbehörden können[1] in bestimmten Einzelfällen oder allgemein für bestimmte Antragsteller[1a] Ausnahmen genehmigen

1. von den Vorschriften über die Straßenbenutzung (§ 2);
2. vorbehaltlich Absatz 2a Satz 1 Nummer 3[1b] vom Verbot, eine Autobahn oder eine Kraftfahrstraße zu betreten oder mit dort nicht zugelassenen Fahrzeugen zu benutzen (§ 18 Absatz 1 und 9[2]);
3. von den Halt- und Parkverboten (§ 12 Absatz 4);
4. vom Verbot des Parkens vor oder gegenüber von Grundstücksein- und -ausfahrten (§ 12 Absatz 3 Nummer 3);

4a. von der Vorschrift, an Parkuhren nur während des Laufens der Uhr, an Parkscheinautomaten nur mit einem Parkschein zu halten (§ 13 Absatz 1);

4b. von der Vorschrift, im Bereich eines Zonenhaltverbots (Zeichen 290.1 und 290.2) nur während der dort vorgeschriebenen Zeit zu parken (§ 13 Absatz 2);

4c. von den Vorschriften über das Abschleppen von Fahrzeugen (§ 15a);

5. von den Vorschriften über Höhe, Länge und Breite von Fahrzeug und Ladung (§ 18 Absatz 1 Satz 2, § 22 Absatz 2 bis 4);[2a]

5a. von dem Verbot der unzulässigen Mitnahme von Personen (§ 21);

5b. von den Vorschriften über das Anlegen von Sicherheitsgurten und das Tragen von Schutzhelmen[2b] (§ 21a);

6. vom Verbot, Tiere von Kraftfahrzeugen und andere Tiere als Hunde von Fahrrädern aus zu führen (§ 28 Absatz 1 Satz 3 und 4);
7. [3] vom Sonn- und Feiertagsfahrverbot (§ 30 Absatz 3);
8. vom Verbot, Hindernisse auf die Straße zu bringen (§ 32 Absatz 1);
9. von den Verboten, Lautsprecher zu betreiben, Waren oder Leistungen auf der Straße anzubieten (§ 33 Absatz 1 Nummer 1 und 2);
10. [4] vom Verbot der Werbung und Propaganda in Verbindung mit Verkehrszeichen (§ 33 Absatz 2 Satz 2) nur für die Flächen von Leuchtsäulen, an denen Haltestellenschilder öffentlicher Verkehrsmittel angebracht sind;
11. [4a] von den Verboten oder Beschränkungen, die durch Vorschriftzeichen (Anlage 2)[4b], Richtzeichen (Anlage 3), Verkehrseinrichtungen (Anlage 4) oder Anordnungen (§ 45 Absatz 4) erlassen sind[5];
12. von dem Nacht- und Sonntagsparkverbot (§ 12 Absatz 3a).

Vom Verbot, Personen auf der Ladefläche oder in Laderäumen[5a] mitzunehmen (§ 21 Absatz 2), können für die Dienstbereiche der Bundeswehr, der auf Grund des Nordatlantik-Vertrages errichteten internationalen Hauptquartiere, der Bundespolizei[6] [6a] und der Polizei deren

Dienststellen[6b], für den Katastrophenschutz die zuständigen Landesbehörden, Ausnahmen genehmigen. Dasselbe gilt für die Vorschrift, dass vorgeschriebene Sicherheitsgurte angelegt sein oder Schutzhelme getragen werden müssen (§ 21a).

(1a) Die Straßenverkehrsbehörden können zur Bevorrechtigung elektrisch betriebener Fahrzeuge allgemein durch Zusatzzeichen Ausnahmen von Verkehrsbeschränkungen, Verkehrsverboten oder Verkehrsumleitungen nach § 45 Absatz 1 Satz 2 Nummer 3, Absatz 1a und 1b Nummer 5 erste Alternative zulassen. Das gleiche Recht haben sie für die Benutzung von Busspuren durch elektrisch betriebene Fahrzeuge. Die Anforderungen des § 3 Absatz 1 des Elektromobilitätsgesetzes sind zu beachten.[6c]

(2) Die zuständigen obersten Landesbehörden oder die nach Landesrecht bestimmten Stellen[7] können von allen Vorschriften dieser Verordnung Ausnahmen für bestimmte Einzelfälle oder allgemein für bestimmte Antragsteller genehmigen. Vom Sonn- und Feiertagsfahrverbot (§ 30 Absatz 3) können sie darüber hinaus für bestimmte Straßen oder Straßenstrecken Ausnahmen zulassen, soweit diese im Rahmen unterschiedlicher Feiertagsregelung in den Ländern (§ 30 Absatz 4) notwendig werden[7a]. Erstrecken sich die Auswirkungen der Ausnahme über ein Land hinaus und ist eine einheitliche Entscheidung notwendig, ist das Bundesministerium für Verkehr und digitale Infrastruktur zuständig; die Ausnahme erlässt dieses Bundesministerium durch Verordnung[8 8a 8b].

(2a) Abweichend von Absatz 1 und 2 Satz 1 kann für mit Zeichen 330.1 und 330.2 gekennzeichnete Autobahnen in der Baulast des Bundes das Fernstraßen-Bundesamt in bestimmten Einzelfällen oder allgemein für bestimmte Antragsteller folgende Ausnahmen genehmigen:

1. Ausnahmen vom Verbot, an nicht gekennzeichneten Anschlussstellen ein- oder auszufahren (§ 18 Absatz 2 und Absatz 10 Satz 1), im Benehmen mit der nach Landesrecht zuständigen Straßenverkehrsbehörde;
2. Ausnahmen vom Verbot zu halten (§ 18 Absatz 8);
3. Ausnahmen vom Verbot, eine Autobahn zu betreten oder mit dort nicht zugelassenen Fahrzeugen zu benutzen (§ 18 Absatz 1 und 9);
4. Ausnahmen vom Verbot, Werbung und Propaganda durch Bild, Schrift, Licht oder Ton zu betreiben (§ 33 Absatz 1 Satz 1 Nummer 3 und Satz 2);
5. Ausnahmen von der Regelung, dass ein Autohof nur einmal angekündigt werden darf (Zeichen 448.1);

6. Ausnahmen von den Verboten oder Beschränkungen, die durch Vorschriftzeichen (Anlage 2), Richtzeichen (Anlage 3), Verkehrseinrichtungen (Anlage 4) oder Anordnungen (§ 45 Absatz 4) erlassen sind (Absatz 1 Satz 1 Nummer 11).

Wird neben einer Ausnahmegenehmigung nach Satz 1 Nummer 3 auch eine Erlaubnis nach § 29 Absatz 3 oder eine Ausnahmegenehmigung nach Absatz 1 Satz 1 Nummer 5 beantragt, ist die Verwaltungsbehörde zuständig, die die Erlaubnis nach § 29 Absatz 3 oder die Ausnahmegenehmigung nach Absatz 1 Satz 1 Nummer 5 erlässt. Werden Anlagen nach Satz 1 Nummer 4 mit Wirkung auf den mit Zeichen 330.1 und 330.2 gekennzeichneten Autobahnen in der Baulast des Bundes im Widerspruch zum Verbot, Werbung und Propaganda durch Bild, Schrift, Licht oder Ton zu betreiben (§ 33 Absatz 1 Satz 1 Nummer 3 und Satz 2), errichtet oder geändert, wird über deren Zulässigkeit

1. von der Baugenehmigungsbehörde, wenn ein Land hierfür ein bauaufsichtliches Verfahren vorsieht, oder
2. von der zuständigen Genehmigungsbehörde, wenn ein Land hierfür ein anderes Verfahren vorsieht,

im Benehmen mit dem Fernstraßen-Bundes-amt entschieden. Das Fernstraßen-Bundesamt kann verlangen, dass ein Antrag auf Erteilung einer Ausnahmegenehmigung gestellt wird. Sieht ein Land kein eigenes Genehmigungsverfahren für die Zulässigkeit nach Satz 3 vor, entscheidet das Fernstraßen-Bundesamt[8c].

(3) Ausnahmegenehmigung und Erlaubnis können unter dem Vorbehalt des Widerrufs erteilt werden und mit Nebenbestimmungen (Bedingungen, Befristungen, Auflagen)[9] versehen werden. Erforderlichenfalls kann die zuständige Behörde die Beibringung eines Sachverständigengutachtens auf Kosten des Antragstellers verlangen[10]. Die Bescheide sind mitzuführen und auf Verlangen zuständigen Personen auszuhändigen. Bei Erlaubnissen nach § 29 Absatz 3 und Ausnahmegenehmigungen nach § 46 Absatz 1 Nummer 5 genügt das Mitführen fernkopierter Bescheide oder von Ausdrucken elektronisch erteilter und signierter Bescheide sowie deren digitalisierte Form auf einem Speichermedium, wenn diese derart mitgeführt wird, dass sie bei einer Kontrolle auf Verlangen zuständigen Personen lesbar gemacht werden kann[11].

(4) Ausnahmegenehmigungen und Erlaubnisse der zuständigen Behörde sind für den Geltungsbereich dieser Verordnung wirksam, sofern sie nicht einen anderen Geltungsbereich nennen.

Erläuterungen

1 Entscheidung nach pflichtgem. **Ermessen**. Antragsteller hat Rechtsanspruch nur auf fehlerfreie Ausübung des Ermessens (formelles subjekt.-öff. Recht), nicht auf best. Sachentscheidung. Fehlerhaft ist insbes. die Berücksicht. sachfremder Erwägungen. Sehen Verwaltungsvorschriften (Richtlinien, Ministerialentschließungen) die Erteilung einer Ausn.Gen. unter best. Voraussetz. vor, so bewirkt das über den Gleichheitsgrds. eine gew. Selbstbindung der Behörden, die zu einem mat. Anspruch auf Genehmigung führen kann. Ausnahmen sollten nur genehmigt werden, wo das bei verständiger Abwägung der Interessen der Allgemeinheit und des Einzelnen im öff. Int. od. zur Vermeidung einer unbilligen, vom VO-Geber nicht beabsichtigten Härte notw. ist. Strenge Vorauss. für Ausn.Gen. Entscheidung des VO-Gebers darf nicht unterlaufen werden (vgl. *BVerfG* VM 76, 43 = VRS 50, 241 = NJW 76, 559; *BVerwG* NJW 74, 1781, 1782; BayVBl 94, 601; *VGH Mannheim* NZV 91, 485).

1a Nach *BVerwG* DAR 94, 333 = NZV 94, 244 = VRS 87, 235 lässt es die geltende Fassung der Vorschr. nicht zu, z. B. einem Gewerbetreibenden auch „für seine Kunden" eine Ausn.Gen. zu erteilen. „Allgemein" bezieht sich gerade nicht auf den Kreis der durch die Ausn. Begünstigten, sondern auf den Sachverhalt, auf den sich die Ausn.Gen. zeitlich und räumlich erstreckt. Kreis der VT, für die die Ausnahme gilt, muss bestimmt und nicht bloß bestimmbar sein (*BVerwG* NZV 94, 244).

1b Eingefügt durch Novelle v. 18.12.2020 (BGBl I S. 3047); vgl. Erl. 8c und zu § 44a.

2 Geändert durch VO vom 22.12.2005 (BGBl I S. 3716), mit der eine offensichtliche Unstimmigkeit (Verweis auf den falschen Abs.) beseitigt wurde.

2a Ausn.Gen. beschränkt sich auf die Ladung insg. – auch wenn sie nur aus einem Teil besteht (z. B. liegendes Blech, für das grds. der Schrägtransport zu empfehlen ist). Von § 22 Abs. 5 S 2 kann nach Abs. 2 Ausnahme erteilt werden. Ausn.Gen. sind dann mit der Auflage der besonderen Kenntlichmachung zu versehen.

2b Allein religiöse Gründe reichen nicht. Bei gesundheitlichen Gründen empfiehlt sich zusätzliche Auflage der reduzierten Höchstgeschwindigkeit.

3 Ausn.Gen. für Schnittblumen möglich, nicht für Topfpflanzen (nicht leicht verderblich); keine Ausn.Gen. für Transportgüter, die auf **taktdicht** verkehrenden Fähren weiter transportiert werden (Taktdichte und Regelmäßigk. der Seeschiffe ist entscheidend). Wirtschaftliche od. wettbewerbsrechtliche Gründe reichen allein nicht aus. Zur Verweigerung der Ausnahme für Rübentransporte zwecks Anlieferung an eine Zuckerfabrik vgl. ablehnende Entscheidung des *OVG Sachsen-Anhalt* (Beschl. v. 8.12.2006, 1 M 234/06, juris). Unternehmen haben ihre Produktionsabläufe grds. auf

Fahrverbotsregelung einzustellen, dies kann auch mit erhöhtem Energieaufwand, und erhöhtem Schadstoffaufkommen verbunden sein.

4 Vorschrift sollte bei nächster Gelegenheit aus Gründen der Verk.Si. gestrichen werden. Ungleichbehandlung mit Werbung auf Blechschildern ist nicht zu rechtfertigen. Dann wäre Werbung iVm Haltestellenzeichen nur noch nach § 46 Abs. 2 Satz 1 zulässig. Derzeit läuft für beleuchtete Dachwerbeträger auf Taxen, die nur von der Seite her sichtbar sind, mittels Ausnahmegenehmigung eine Erprobung der ablenkenden Wirkung in einzelnen Städten. Erste wissenschaftliche Untersuchungen widerlegen die ablenkende Blickabwendung, so dass eine bundesweite Erprobung zu erwarten ist. Hierzu bedarf es einer Ausnahme-VO mit Zustimmung des BR von Vorschriften der BO-Kraft. Eine Ausnahme von § 33 ist nicht erforderlich, weil bereits eine verkehrsgefährdende ablenkende Wirkung nicht gegeben zu sein scheint und keine Werbung iVm VZ vorgenommen wird.

4a Bezgl. Gefahrgut kategorisierter Tunnel (vgl. Erl. 4 zu Z 261) ist str., ob von der Kategorisierung des Tunnels od. den stoffbezogenen Tunnelcodes abgewichen werden kann. Daher ist es unerlässlich, die Kategorisierung stets im Zusammenwirken mit der StrVerkBeh vorzunehmen. Etwaige Ausnahmen sind jedenfalls in Übereinstimmung mit EU-Recht (ADR-Übereinkommen) zu treffen. Die gefahrgutrechtlichen Vorschriften (z. B. § 7 Abs. 2 Nr. 2 GGVSE) enthalten eine Rechtsgrundverweisung auf straßenverkehrsrechtliche Vorschriften (damit auch auf § 46 Abs. 1 Nr. 11).

4b Ausgabe von Besucherkarten an Bewohner, um generell Besuchern von Bewohnern ein Parken in Wohnungsnähe zu ermöglichen, stellt eine personenbezogene Privilegierung dar, die mit der StVO nicht vereinbar ist. Erteilung einer Ausnahme im begründeten Einzelfall ist aber möglich.

5 Vorschr. betrifft auch Ausnahmen von **Verkehrszeichenanordnungen,** die den ruh. Verk. regeln, z. B. Z 283, 286 od. 314 mit entspr. Zusatzschild (dagegen betrifft die Nr. 3 nur die allg. Vorschrift des § 12 Abs. 4). 1 km Fußweg zur Parkmöglichkeit für körperlich nicht Behinderte ist zumutbar (*BayVGH* NZV 92, 503 = DAR 92, 475 = VRS 84, 70). Zum EU-einheitlichen Muster für Behindertenparkausweis vgl. Erl. 4 zu Z 314. Ein Schwerbehinderter mit dem Merkmal „aG" hat keinen Anspruch auf Erteilung von mehreren Ausn.Gen. für verschiedene Pkw (Grund: Missbrauchsgefahr); ggf. Lösung über Anwendung des Opportunitätsprinzips bei Parkverstoß denkbar (vgl. *VG Braunschweig* Urt. v. 8.2.2006, 6 A 340/05).

5a Geändert durch VO v. 22.12.2005 (BGBl I S. 3716, Begründung vgl. VkBl 2006, 41), es erfolgt eine Anpassung an den ebenfalls geänderten § 21 Abs. 2

6 Die Privilegierung der Deutschen Bundesbahn wurde 1993 gestrichen (BGBl I S. 2378, 2418). Die Namensänderung des BGS zur Bundespolizei erfolgte d. G v. 21.6.2005 (BGBl I 2005, 1818 (1836)).

6a Die Privilegierung der Deutschen Bundespost wurde mit dem Post- und telekommunikationsrechtlichen Bereinigungsgesetz v. 7.5.2002 (BGBl I, 1529, 1535) aufgehoben.

6b Welche Dienststellen im Einzelnen zuständig sind, wird durch interne Anordnung bestimmt.

6c Eingef. durch Art. 2 der 50. VO zur Änderung straßenverk. Vorschr. v. 15.9.2015. Der Verweis auf das EmoG bedeutet, dass die Ausnahmen, die zur Bevorrechtigung der Elektrofahrzeuge getroffen werden, stets unter den Gesichtspunkten Sicherheit und Ordnung des Verkehrs unproblematisch sein müssen; zum Außerkrafttreten vgl. § 52. Im Übrigen vgl. auch Erl. 16 zu § 39.

7 Vgl. Erl. 1 zu § 44.

7a Möglich ist z. B. die „Freigabe" eines „Korridors" (z. B. einer AB-Strecke) durch ein Land, aber auch – z. B. in „Grenznähe" zu einem Land ohne Feiertagsbeschränkung – die Freistellung best. Straßenverbindungen aus einer Stadt (od. einem Kreis) in das Nachbarland. Auf diese Weise kann der Insellage Berlins Rechnung getragen werden bei z. B. nicht bundeseinheitlichen Feiertagsregelungen. BMVI bereitet eine Ausnahme-VO für Lkw von Schaustellern vor. Vgl. dazu Erl. 7 zu § 30.

8 Ministeriumsbezeichnung geändert durch VO v. 31.10.2006 (BGBl I, 2407, 2467); mit VO v. 20.4.2020 (BGBl I S. 817) erfolgte Klarstellung, dass Bundesministerium selbst keine VAe erlässt, sondern lediglich als VOGeber (Ausnahme-VO) tätig werden kann. Eine materielle Änderung erfolgte dadurch nicht.

8a Streichung erfolgt infolge des Inkrafttretens des 56. Strafrechtsänderungsgesetzes v. 30.9.2017 (BGBl I S. 3532) infolge der Einfügung des neuen § 315d StGB. Es handelt sich um ein Verbot mit Erlaubnisvorbehalt – zur Erlaubnis vgl. § 29 Abs. 2, eine Ausnahmegenehmigung ist entbehrlich.

8b Es liegt im Wesen des Vollzugs von Bundesrecht durch die Länder (Art. 84 GG), dass die Maßn. der örtl. zust. Beh. grds. Geltung für das gesamte Bundesgebiet haben (vgl. dazu § 44 Abs. 3 Satz 2, § 47 für die wichtigsten Fälle überörtlich wirkender Erlaubnisse und Genehmigungen, aber auch z. B. die Geltung von Fahrerlaubnissen und zulassungsrechtl. Entscheidungen, § 68 Abs. 2 Satz 3 StVZO). Die überregionale Entscheidung des BMVBS ergeht im Wege einer Ausnnahme-VO (§ 6 Abs. 3 StVG iVm des Abs. 1) und kommt nur in seltenen Ausnahmefällen in Betracht; insbes. bedeutet nicht jede Auswirkung einer Ausnahme über ein Land hinaus, dass bereits deshalb eine einheitl. Entscheidung notw. ist. Das wird jetzt durch den mit VO v. 27.11.1975 neu eingefügten Abs. 4 verdeutlicht und bestätigt. Die ehemalige Ausn.Gen. des BMVBS für die Deutsche Post AG (VkBl 2000 S. 380), geändert durch Ausn.Gen. v. 17.11.2003 (VkBl 2003, 783), war rechtswidrig.

8c Eingef. durch Novelle v. 18.12.2020 (BGBl I S. 3047). Vgl. Erl. zu § 44a.

9 Ob eine **Nebenbestimmung** angeordnet wird und ggf. welche, bestimmt die zust. Behörde nach pflichtgem. Ermessen (Erl. 1). Wird Bedingung od. Befristung nicht eingehalten, so fehlt es an einer Genehm. bzw. Erlaubnis. Bei Verstoß gegen Auflage bleibt Genehm. od. Erlaubnis unberührt, kann aber ggf. – ungeachtet einer Verfolgung nach § 49 Abs. 4 Nr. 4 – widerrufen werden.

10 Wohl kein VA (ebenso *BVerwG* VM 70, 44 = DAR 70, 167 für § 3 Abs. 2 StVZO). Kommt Antragsteller (od. Erlaubnisinhaber) einer Anordnung nicht nach, die objekt. notw. war, um Bedenken auszuräumen od. die Entscheidungsgrundlage zu schaffen, so Ablehnung od. Widerruf der Erlaubnis.

11 Dem neuen internetbasierten Verfahrensmanagement für die Durchführung von Erlaubnisverfahren von Großraum- und Schwertransporten (VEMAGS) wird durch den Neuerlass der StVO in 2013 Rechnung getragen. Eine Gleichbehandlung papiergebundener und elektronischer Bescheide wurde vorgenommen. Die Authentizität wird durch die elektronische Signatur gewährleistet (vgl. Begr.).

§ 47 Örtliche Zuständigkeit

(1) Die Erlaubnis nach § 29 Absatz 2 und nach § 30 Absatz 2 erteilt für eine Veranstaltung, die im Ausland beginnt, die nach § 44 Absatz 3 sachlich zuständige Behörde, in deren Gebiet die Grenzübergangsstelle liegt. Diese Behörde ist auch zuständig, wenn sonst erlaubnis- oder genehmigungspflichtiger Verkehr im Ausland beginnt. Die Erlaubnis nach § 29 Absatz 3 erteilt die Straßenverkehrsbehörde, in deren Bezirk der erlaubnispflichtige Verkehr beginnt, oder die Straßenverkehrsbehörde, in deren Bezirk das den Transport durchführende Unternehmen seinen Sitz oder eine Zweigniederlassung, bei der eine Pflicht zur Eintragung in das Handels-, Genossenschafts- oder Partnerschaftsregister besteht, hat. Befindet sich der Sitz im Ausland, so ist die Behörde zuständig, in deren Bezirk erstmalig von der Erlaubnis Gebrauch gemacht wird[1].

(2) Zuständig sind für die Erteilung von Ausnahmegenehmigungen:

1. nach § 46 Absatz 1 Nummer 2 für eine Ausnahme von § 18 Absatz 1 die Straßenverkehrsbehörde, in deren Bezirk auf die Autobahn oder Kraftfahrstraße eingefahren werden soll. Wird jedoch eine Erlaubnis nach § 29 Absatz 3 oder eine Ausnahmegenehmigung nach § 46 Absatz 1 Nummer 5 erteilt, ist die Verwaltungsbehörde zuständig, die diese Verfügung erlässt;
2. nach § 46 Absatz 1 Nummer 4a für kleinwüchsige Menschen sowie nach § 46 Absatz 1 Nummer 4a und 4b für Ohnhänder die Straßen-

verkehrsbehörde, in deren Bezirk der Antragsteller seinen Wohnort hat, auch für die Bereiche, die außerhalb ihres Bezirks liegen;
3. nach § 46 Absatz 1 Nummer 4c die Straßenverkehrsbehörde, in deren Bezirk der Antragsteller seinen Wohnort, seinen Sitz oder eine Zweigniederlassung hat;
4. nach § 46 Absatz 1 Nummer 5 die Straßenverkehrsbehörde, in deren Bezirk der zu genehmigende Verkehr beginnt oder die Straßenverkehrsbehörde, in deren Bezirk das den Transport durchführende Unternehmen seinen Sitz oder eine Zweigniederlassung, bei der eine Pflicht zur Eintragung in das Handels-, Genossenschafts- oder Partnerschaftsregister besteht, hat. Befindet sich der Sitz im Ausland, so ist die Behörde zuständig, in deren Bezirk erstmalig von der Erlaubnis Gebrauch gemacht wird[2];
5. nach § 46 Absatz 1 Nummer 5b die Straßenverkehrsbehörde, in deren Bezirk der Antragsteller seinen Wohnort hat, auch für die Bereiche, die außerhalb ihres Bezirks liegen;
6. nach § 46 Absatz 1 Nummer 7 die Straßenverkehrsbehörde, in deren Bezirk die Ladung aufgenommen wird, im Falle einer flächendeckenden Ausnahmegenehmigung die Straßenverkehrsbehörde, in deren Bezirk die den Transport durchführende Person ihren Wohnort oder Sitz oder das den Transport durchführende Unternehmen seinen Sitz oder eine Zweigniederlassung, bei der eine Pflicht zur Eintragung in das Handels-, Genossenschafts- oder Partnerschaftsregister besteht, hat. Die Behörde ist dann auch für die Genehmigung der Leerfahrt zum Beladungsort zuständig, ferner wenn in ihrem Land von der Ausnahmegenehmigung kein Gebrauch gemacht wird oder wenn dort kein Fahrverbot besteht. Befindet sich der Wohnort oder Sitz im Ausland, so ist die Behörde zuständig, in deren Bezirk erstmalig von der Genehmigung Gebrauch gemacht wird[3];
7. [4] nach § 46 Absatz 1 Nummer 11 die Straßenverkehrsbehörde, in deren Bezirk die Verbote, Beschränkungen und Anordnungen erlassen sind, für schwerbehinderte Menschen jedoch jede Straßenverkehrsbehörde auch für solche Maßnahmen, die außerhalb ihres Bezirks angeordnet sind;
8. in allen übrigen Fällen die Straßenverkehrsbehörde, in deren Bezirk von der Ausnahmegenehmigung Gebrauch gemacht werden soll.

(3) Die Erlaubnisse für die übermäßige Benutzung der Straße durch die Bundeswehr, die in § 35 Absatz 5 genannten Truppen, die Bundespolizei[2], die Polizei und den Katastrophenschutz, erteilt die höhere Verwaltungsbehörde oder die nach Landesrecht bestimmte Stelle, in deren Bezirk der erlaubnispflichtige Verkehr beginnt.

Erläuterungen

1 Geändert durch Novelle v. 18.12.2020 (BGBl I S. 3047), in Kraft seit 24.12.2020. Ziel der Änderung: Antragstourismus soll verhindert werden (vgl. auch BR-Drs. 591/19 Beschl. – zur nie in diesem Punkt in Kraft getretenen 54. VO. zur Änderung straßenverkehrsrechtlicher Vorschr., die in diesem Punkt durch die zunächst genannte VO abgelöst wurde.).

2 Vgl. vorherige Erl. – gilt hier entsprechend.

3 Vgl. vorherige Erl. – gilt hier entsprechend.

4 Geändert durch VO aus 2009, der Kreis der Sonderparkberechtigten wurde erweitert, vgl. dazu die VwV-StVO zu § 46 Abs. 1 Nr. 11.

5 Vgl. Erl. 1 zu § 35.

§ 48 Verkehrsunterricht[1]

Wer Verkehrsvorschriften nicht beachtet, ist auf Vorladung[2] [3] der Straßenverkehrsbehörde oder der von ihr beauftragten Beamten verpflichtet[4], an einem Unterricht über das Verhalten im Straßenverkehr teilzunehmen.

Erläuterungen

1 Verstößt nicht gegen das GG (*BVerfG* VRS 33, 1 = DAR 67, 215 = VM 67, 59 = VkBl 67, 459 = NJW 67, 1221; *BVerwG* VRS 15, 229 = DAR 58, 282 = VM 58, 49 = NJW 58, 1249; VD 67, 193).

2 **Mehrfacher** Verstoß **nicht** Voraussetz. einer Vorladung, jed. häufig Anhaltspunkt für die Notw. einer Unterrichtung des Betr. Es kommt auf die Umstände des Einzelfalles an (Einzelverstoß genügt, wenn er gefährlich war Abs. 3 oder Abs. 4 u. aus Unkenntnis *OVG Sachsen-Anhalt* (Beschl. v. 8.12.2006, 1 M 234/06, juris) der Vorschr. begangen wurde). Vorladung steht im pflichtgem. **Ermessen** der StrVerkBeh; nur sachgerechte Erwägungen können Entsch. tragen. Gleichheitsgrds (RiLi) u. Verhältnismäßigkeit beachten. Verkehrsunterricht muss – bezogen auf die Person des Betr. und auf die Tat – sinnvoll und angemessen sein (*OVG Münster* VRS 29, 319; *OVG Koblenz* VRS 29, 316 = NJW 65, 1733; VD 67, 193) Notw. ist die Feststellung eines „Erziehungsbedürfnisses", da der Verkehrsunterricht keine zusätzliche Ahndung darstellt (z.B. bei besonders auffälligen und uneinsichtigen VT). Ein solches Bedürfnis ist gegeben, wenn der Betr. entw. ungenügende Kenntnisse der Verk.Vorschr. aufweist oder deren Bedeutung für die Verk.Si. verkennt oder aus charakterlichen Gründen nicht entspr. handeln kann oder will. Zum Verwaltungsverfahren vgl. VD 75, 247.

3 VA u. kostenpflichtige Amtshandlung. Die Vorladung zu einem Verkehrsunterricht nach § 48 StVO ist unabhängig von dem zum 1.1.1999 eingeführ-

ten Institut des obligatorischen Aufbauseminars (nach dem Punktsystem) (§ 41 Abs. 4 FeV).

4 Die (aus Gründen der Rechtssicherheit mögl. schriftl.) Vorladung wird mit ihrer Bekanntgabe an den Betr. wirksam. Förml. Zustellung nicht notw., jed. zu empfehlen. Erscheint Betr. zum Termin ohne ausreich. Entschuldigung nicht, dann Ordnungswidrigkeit nach § 49 Abs. 4 Nr. 6, wenn die Vorladung zu diesem Zeitpunkt bereits unanfechtbar (§ 70 VwGO) oder für sofort vollziehbar erklärt war (§ 80 Abs. 2 Nr. 4 VwGO) oder wenn diese Vorauss. zwar nicht erfüllt sind, Betr. aber jedenfalls keinen Widerspruch eingelegt hatte (denn auch ein noch anfechtbarer Bescheid ist voll wirksam, *BayObLG* VRS 15, 314; DAR 69, 167). Auch zulässiger Widerspruch, der *nach* dem Unterrichtstermin eingelegt wird, beseitigt Ordnungswidrigkeit nicht (vgl. *BGH* DAR 69, 304 = VM 69, 89; a.A. *Celle* VRS 67, 464).

§ 49 Ordnungswidrigkeiten[1]

(1) Ordnungswidrig im Sinne des § 24 des Straßenverkehrsgesetzes handelt, wer vorsätzlich oder fahrlässig gegen eine Vorschrift über

1. das allgemeine Verhalten im Straßenverkehr nach § 1 Absatz 2,
2. die Straßenbenutzung durch Fahrzeuge nach § 2 Absatz 1 bis 3a, Absatz 4 Satz 1, 4, 5 oder 6 oder Absatz 5,
3. die Geschwindigkeit nach § 3,
4. den Abstand nach § 4,
5. das Überholen nach § 5 Absatz 1 oder 2, Absatz 3 Nummer 1, Absatz 3a bis 4a, Absatz 5 Satz 2, Absatz 6 oder 7,
6. das Vorbeifahren nach § 6,
7. das Benutzen linker Fahrstreifen nach § 7 Absatz 3a Satz 1, auch in Verbindung mit Satz 2, Absatz 3b, Absatz 3c Satz 3 oder den Fahrstreifenwechsel nach § 7 Absatz 5,

7a. das Verhalten auf Ausfädelungsstreifen nach § 7a Absatz 3,

8. die Vorfahrt nach § 8,
9. das Abbiegen, Wenden oder Rückwärtsfahren nach § 9 Absatz 1, Absatz 2 Satz 2 oder 3, Absatz 3 bis 6,
10. das Einfahren oder Anfahren nach § 10 Satz 1 oder Satz 2,
11. das Verhalten bei besonderen Verkehrslagen nach § 11 Absatz 1 oder 2,
12. das Halten oder Parken nach § 12 Absatz 1, 3, 3a Satz 1, Absatz 3b Satz 1, Absatz 4 Satz 1, 2 zweiter Halbsatz, Satz 4 oder 6 oder Absatz 4a bis 6,
13. Parkuhren, Parkscheine oder Parkscheiben nach § 13 Absatz 1 oder 2,
14. die Sorgfaltspflichten beim Ein- oder Aussteigen nach § 14,
15. das Liegenbleiben von Fahrzeugen nach § 15,

15a. das Abschleppen nach § 15a,
16. die Abgabe von Warnzeichen nach § 16,
17. die Beleuchtung und das Stehenlassen unbeleuchteter Fahrzeuge nach § 17 Absatz 1 bis 4, Absatz 4a Satz 1, Absatz 5 oder 6,
18. die Benutzung von Autobahnen und Kraftfahrstraßen nach § 18 Absatz 1 bis 3, Absatz 5 Satz 2 oder Absatz 6 bis 11[1a],
19. das Verhalten
    a) an Bahnübergängen nach § 19 Absatz 1 Satz 1 Nummer 2 oder 3, Satz 2, Satz 3 oder Absatz 2 Satz 1, auch in Verbindung mit Satz 2 oder Absatz 3 bis 6 oder
    b) an und vor Haltestellen von öffentlichen Verkehrsmitteln und Schulbussen nach § 20,
20. die Personenbeförderung nach § 21 Absatz 1 Satz 1 oder 4[1b], Absatz 1a Satz 1, auch in Verbindung mit Satz 2 Nummer 2, Absatz 2 Satz 1, 4 oder 6 oder Absatz 3 Satz 1 bis 3,
20a. das Anlegen von Sicherheitsgurten nach § 21a Absatz 1 Satz 1 oder das Tragen von Schutzhelmen nach § 21a Absatz 2 Satz 1[2,3],
21. die Ladung nach § 22,
22. sonstige Pflichten des Fahrzeugführers nach § 23 Absatz 1, Absatz 1a Satz 1, auch in Verbindung mit den Sätzen 2 bis 4, Absatz 1c, Absatz 1d, Absatz 2 erster Halbsatz, Absatz 3 oder Absatz 4 Satz 1,
23. das Fahren mit Krankenfahrstühlen oder anderen als in § 24 Absatz 1 genannten Rollstühlen nach § 24 Absatz 2,
24. das Verhalten
    a) als zu Fuß Gehender nach § 25 Absatz 1 bis 4,
    b) an Fußgängerüberwegen nach § 26 oder
    c) auf Brücken nach § 27 Absatz 6,
25. den Umweltschutz nach § 30 Absatz 1 oder 2 oder das Sonn- und Feiertagsfahrverbot nach § 30 Absatz 3 Satz 1 oder 2 Nummer 7 Satz 2,
26. das Sporttreiben oder Spielen nach § 31 Absatz 1 Satz 1, Absatz 2 Satz 3,
27. das Bereiten, Beseitigen oder Kenntlichmachen von verkehrswidrigen Zuständen oder die wirksame Verkleidung gefährlicher Geräte nach § 32,
28. Verkehrsbeeinträchtigungen nach § 33 Absatz 1 oder 2 oder
29. das Verhalten nach einem Verkehrsunfall nach § 34 Absatz 1 Nummer 1, Nummer 2, Nummer 5 oder Nummer 6 Buchstabe b – sofern er in diesem letzten Fall zwar eine nach den Umständen angemessene Frist wartet, aber nicht Name und Anschrift am Unfallort hinterlassen wird – oder nach § 34 Absatz 3,

verstößt.

(2) Ordnungswidrig im Sinne des § 24 des Straßenverkehrsgesetzes handelt auch, wer vorsätzlich oder fahrlässig

1. als Führer eines geschlossenen Verbandes entgegen § 27 Absatz 5 nicht dafür sorgt, dass die für geschlossene Verbände geltenden Vorschriften befolgt werden,

1a. entgegen § 27 Absatz 2 einen geschlossenen Verband unterbricht,

2. als Führer einer Kinder- oder Jugendgruppe entgegen § 27 Absatz 1 Satz 4 diese nicht den Gehweg benutzen lässt,

3. als Tierhalter oder sonst für die Tiere Verantwortlicher einer Vorschrift nach § 28 Absatz 1 oder Absatz 2 Satz 2 zuwiderhandelt,

4. als Reiter, Führer von Pferden, Treiber oder Führer von Vieh entgegen § 28 Absatz 2 einer für den gesamten Fahrverkehr einheitlich bestehenden Verkehrsregel oder Anordnung zuwiderhandelt,

5. (aufgehoben)[4],

6. entgegen § 29 Absatz 2 Satz 1 eine Veranstaltung durchführt oder als Veranstalter entgegen § 29 Absatz 2 Satz 3 nicht dafür sorgt, dass die in Betracht kommenden Verkehrsvorschriften oder Auflagen befolgt werden oder

7. entgegen § 29 Absatz 3 ein dort genanntes Fahrzeug oder einen Zug führt.

(3) Ordnungswidrig im Sinne des § 24 des Straßenverkehrsgesetzes handelt ferner, wer vorsätzlich oder fahrlässig

1. entgegen § 36 Absatz 1 bis 4 ein Zeichen oder eine Weisung oder entgegen Absatz 5 Satz 4 ein Haltgebot oder eine Anweisung eines Polizeibeamten nicht befolgt,

2. einer Vorschrift des § 37 über das Verhalten an Wechsellichtzeichen, Dauerlichtzeichen oder beim Rechtsabbiegen mit Grünpfeil zuwiderhandelt,

3. entgegen § 38 Absatz 1, 2 oder 3 Satz 3 blaues Blinklicht zusammen mit dem Einsatzhorn oder allein oder gelbes Blinklicht verwendet oder entgegen § 38 Absatz 1 Satz 2 nicht sofort freie Bahn schafft,

4. entgegen § 41 Absatz 1 ein durch Vorschriftzeichen angeordnetes Ge- oder Verbot der Anlage 2 Spalte 3 nicht befolgt,

5. entgegen § 42 Absatz 2 eine durch Richtzeichen angeordnetes Ge- oder Verbot der Anlage 3 Spalte 3 nicht befolgt,

6. entgegen § 43 Absatz 3 Satz 2 eine abgesperrte Straßenflächen befährt oder

7. einer den Verkehr verbietenden oder beschränkenden Anordnung, die nach § 45 Absatz 4 zweiter Halbsatz bekannt gegeben worden ist,

zuwiderhandelt.

(4) Ordnungswidrig im Sinne des § 24 des Straßenverkehrsgesetzes handelt schließlich, wer vorsätzlich oder fahrlässig

1. dem Verbot des § 35 Absatz 6 Satz 1, 2 oder 3 über die Reinigung von Gehwegen zuwiderhandelt,

1a. entgegen § 35 Absatz 6 Satz 4 keine auffällige Warnkleidung trägt,

2. entgegen § 35 Absatz 8 Sonderrechte ausübt, ohne die öffentliche Sicherheit und Ordnung gebührend zu berücksichtigen,

3. entgegen § 45 Absatz 6 mit Arbeiten beginnt, ohne zuvor Anordnungen eingeholt zu haben, diese Anordnungen nicht befolgt oder Lichtzeichenanlagen nicht bedient,

4. entgegen § 46 Absatz 3 Satz 1 eine vollziehbare Auflage der Ausnahmegenehmigung oder Erlaubnis nicht befolgt,

5. entgegen § 46 Absatz 3 Satz 3, auch in Verbindung mit Satz 4, die Bescheide, Ausdrucke oder deren digitalisierte Form nicht mitführt oder auf Verlangen nicht aushändigt oder sichtbar macht,

6. entgegen § 48 einer Vorladung zum Verkehrsunterricht nicht folgt oder

7. entgegen § 50 auf der Insel Helgoland ein Kraftfahrzeug führt oder mit einem Fahrrad fährt.

Erläuterungen

1 Mit dem Neuerlass der StVO 2013 mussten auch die Ordnungswidrigkeitenfeststellungen als Folgeänderung angepasst werden. Wesentliche Änderungen stellen dabei die Abschaffung der Doppelbewehrungen dar (vgl. Abs. 1 Nr. 2, Nr. 5 Abs. 3 Nr. 4). Eine weitere Anpassung der Vorschrift ist hinsichtlich Abs. 3 zu erwarten, weil die dort getroffene Formulierung ausschließlich Verstöße gegen ein Ge- od. Verbot der in den Anlagen befindlichen VZ voraussetzt. Werden also z.B. VZ durch VkBLverlautb. eingeführt, so sind entspr. Verstöße nicht als Ordnungswidrigk. verfolgbar.

1a Die Erweiterung auf den Abs. 11 resultiert aus der VO aus 2009. Hier wurde für Lkw und Zugmaschinen ein Benutzungsverbot des äußersten linken Fahrstreifens bei extrem schlechten Witterungslagen eingef.

1b Geändert durch VO v. 11.5.2006 (zur Begründung vgl. VkBl 2006, 488).

2 Geändert durch VO v. 22.1.2004 (BGBl I, 117); Streichung der Ausn. für Omnibusse mit zGG über 3,5 t wurde infolge der tragischen Busunfälle im Sommer 2002 und 2003 vorgenommen und war Teil eines Maßnahmepakets zur Steigerung der Bussicherheit; vgl. auch *Kramer* VD 2003, 175 und VD 2004, 35. Das Gurtanlegen in Bussen wird durch § 8 Abs. 2a BOKraft unterstützt; danach muss der Busfahrer die Fahrgäste vor Fahrtantritt auf Gurtanlegepflicht hinweisen.

3 Geändert durch VO v. 22.12.2005 (BGBl I S. 3716, Begründung vgl. VkBl 2006, 41), mit der eine Anpassung an den geänderten § 21a Abs. 2 vorgenommen wurde.

4 Aufhebung erfolgte infolge des 56. Strafrechtsänderungsgsetzes v. 30.9.2017 (BGBl I S. 3532) und der Aufwertung der Ordnungswidrigkeit zum Straftatbestand Verbot illegaler Kfz-Rennen in § 315d StGB. Begründung: Gefährdungspotential ist mit Trunkenheitsfahrten vergleichbar. Rennteilnehmer werden zusätzlich durch den Wettbewerb bestärkt, Fahr- und Verkehrssicherheit außer Acht zu lassen und für einen Zuwachs an Geschw. den Verlust der Kontrolle über ihre Fzg, zumal in unvorhergesehenen Verkehrssituationen, in Kauf zu nehmen. Zudem ist ihre Aufmerksamkeit – anders als bei „normalen" Geschwindigkeitsübertretungen – nicht allein auf den Straßenverkehr gerichtet, sondern notwendigerweise – zumindest in den Fällen des § 315d Abs. 1 Nr. 2 StGB – auch durch Mitbewerber gebunden. Damit bleiben Wettbewerbe, für die die zuständigen Stellen auf Antrag nach § 29 Abs. 2 StVO eine Erlaubnis erteilt haben, von der Strafdrohung ausgenommen. Eine lediglich fahrlässige Veranstaltung von oder Teilnahme an Rennen scheint nicht denkbar.

§ 50 Sonderregelung für die Insel Helgoland

Auf der Insel Helgoland sind der Verkehr mit Kraftfahrzeugen und das Radfahren verboten.

§ 51 Besondere Kostenregelung

Die Kosten des Zeichens 386.1, 386.2 und 386.3 trägt abweichend von § 5b Absatz 1 des Straßenverkehrsgesetzes derjenige, der die Aufstellung dieses Zeichens beantragt.

§ 51a Überleitung

Der Bund, vertreten durch das Bundesministerium für Verkehr und digitale Infrastruktur und das Fernstraßen-Bundesamt, tritt im Rahmen seiner Zuständigkeit nach dieser Verordnung in vor dem 1. Januar 2021 eingeleitete Verwaltungsverfahren ein. Er tritt mit Wirkung zum 1. Januar 2021 im Rahmen seiner Zuständigkeit nach dieser Verordnung in die Rechte und Pflichten aus den zu diesem Zeitpunkt bestehenden verkehrsrechtlichen Anordnungen ein, die von den zuständigen Straßenverkehrsbehörden der Länder bis zum 31. Dezember 2020 im eigenen Namen im Rahmen der Wahrnehmung von straßenverkehrsrechtlichen Aufgaben erlassen wurden. Gleiches gilt für Vereinbarungen oder Stellungnahmen zum künftigen Handeln, wenn die straßenverkehrsrechtlichen Vorschriften beachtet wurden.

Erläuterungen

1 Eingefügt durch Novelle v. 18.12.2020 (BGBl. I, S. 3047). Überleitungsvorschr. ist erforderlich, weil es laufende Verwaltungsverfahren gab und Rechte und Pflichten aus vormals bestehenden verkehrsrechtlichen Anordnungen der Länderverkehrsbehörden Bestand haben sollten. Dies bedeutet aber keinen Bestandsschutz für VAe, diese sind als belastende VAe Allgemeinverfügungen, die stetig hinsichtlich der Vereinbarkeit mit den Rechtsgrundlagen auf dem Prüfstand stehen.

§ 52 Übergangs- und Anwendungsbestimmungen

(1) Mit Ablauf des 31. Dezember 2026 sind nicht mehr anzuwenden:

1. § 39 Absatz 10,
2. § 45 Absatz 1g,
3. § 46 Absatz 1a,
4. Anlage 2 Nummer 25 Spalte 3 Nummer 4 sowie Nummer 25.1, 27.1, 63.5 und 64.1,
5. Anlage 3 Nummer 7 Spalte 3 Nummer 3, Nummer 8 Spalte 3 Nummer 4, Nummer 10 Spalte 3 Nummer 3 und Nummer 11 Spalte 3.[1]

(2) Abweichend von § 2 Absatz 3a Satz 1 darf der Führer eines Kraftfahrzeuges dieses bis zum Ablauf des 30. September 2024 bei Glatteis, Schneeglätte, Schneematsch, Eisglätte oder Reifglätte auch fahren, wenn alle Räder mit Reifen ausgerüstet sind, die unbeschadet der allgemeinen Anforderungen an die Bereifung

1. die in Anhang II Nummer 2.2 der Richtlinie 92/23/EWG des Rates vom 31. März 1992 über Reifen von Kraftfahrzeugen und Kraftfahrzeuganhängern und über ihre Montage (ABl. L 129 vom 14.5.1992, S. 95), die zuletzt durch die Richtlinie 2005/11/EG (ABl. L 46 vom 17.2.2005, S. 42) geändert worden ist, beschriebenen Eigenschaften erfüllen (M+S Reifen) und
2. nicht nach dem 31. Dezember 2017 hergestellt worden sind.

Im Falle des Satzes 1 Nummer 2 maßgeblich ist das am Reifen angegebene Herstellungsdatum.[2]

(3) § 2 Absatz 3a Satz 3 Nummer 2 ist erstmals am ersten Tag des sechsten Monats, der auf den Monat folgt, in dem das Bundesministerium für Verkehr und digitale Infrastruktur dem Bundesrat einen Bericht über eine Felduntersuchung der Bundesanstalt für Straßenwesen über die Eignung der Anforderungen des § 2 Absatz 3a Satz 3 Nummer 2 vorlegt, spätestens jedoch ab dem 1. Juli 2020, anzuwenden.[3]

(4) § 23 Absatz 1a ist im Falle der Verwendung eines Funkgerätes erst ab dem 1. Juli 2021 anzuwenden.[4]

(5) § 44a sowie die Änderungen des § 45 Absatz 11, § 46 Absatz 1 Satz 1 Nummer 2 und Absatz 2a durch die Verordnung zur Änderung der Straßenverkehrs-Ordnung und der Vierundfünfzigsten Verordnung zur Änderung straßenverkehrsrechtlicher Vorschriften vom 18. Dezember 2020 (BGBl. I S. 3047) sind erst ab dem 1. Januar 2021 anzuwenden.

Erläuterungen

1 Die Befristung bezieht sich auf die Privilegierungsmöglichkeiten für Elektrofzg Angesichts des doch recht schleppenden Inverkehrbringens von Elektrofahrzeugen ist mit einer Verlängerung der Befristung zu rechnen.

2 Die Übergangsvorschrift soll Reifenherstellern und dem Güterkraftgewerbe hinreichend Zeit für die Umstellung auf die mit der 52. VO zur Änderung straßenverk. Vorschr. im Mai 2017 getroffenen Anforderungen an die Winterbereifung gewähren.

3 Die Ausrüstung der vorderen Lenkachsen ist **spätestens** zum 1.7.2020 anzuwenden. Die Anwendungsbestimmung wurde mit der 52. VO zur Änderung straßenverk. Vorschr. im Mai 2017 durch den Bundesrat eingefügt. Hintergrund: Wunsch der Länder nach einer techn. Bewertung der achsenbezogenen Winterreifenpflicht für Lkw und Busse. Es soll insb. geprüft werden, ob der hohe Kautschukanteil von Lkw-Reifen tats. winterreifennahe Eigenschaften aufweist, sodass eine Ausstattung der Lenkachsen mit speziellen Winterreifen unter wirtschaftl. Aspekten für die Halter iSd Erhöhung der Verk.Si. entbehrlich ist.

4 Die Aufschiebung der novellierten Handy-Hand-Held-Verbotsregelung, welche infolge des technikoffenen Ansatzes künftig auch für mobile oder fest eingebaute (CB)-Funkgeräte gelten wird, wurde mit der 53. VO zur Änderung straßenverk. Vorschr. (v. 6.10.2017, BGBl I S. 3549) wegen der auf dem Markt noch nicht / nicht in ausreichender Anzahl angebotenen Freisprecheinrichtungen hinausgeschoben. Sonderregelung gilt für BOS-Funk, vgl. dazu § 35 Abs. 9. Eine erneute Verschiebung erfolgte mit der Novelle v. 18.12.2020 (BGBl I S. 3047).

§ 53 Inkrafttreten

(1) Diese Verordnung tritt am 1. April 2013 in Kraft.

(2) Die Straßenverkehrs-Ordnung vom 16. November 1970 (BGBl. I S. 1565; 1971 I S. 38), die zuletzt durch Artikel 1 der Verordnung vom 1. Dezember 2010 (BGBl. I S. 1737) geändert worden ist, tritt mit folgenden Maßgaben an dem in Absatz 1 bezeichneten Tag außer Kraft:

1. [1] Verkehrszeichen in der Gestaltung nach der bis zum 1. Juli 1992 geltenden Fassung behalten weiterhin ihre Gültigkeit.
2. Für Kraftomnibusse, die vor dem 8. Dezember 2007 erstmals in den Verkehr gekommen sind, ist § 18 Absatz 5 Nummer 3 in der vor dem 8. Dezember 2007 geltenden Fassung weiter anzuwenden[2].
3. Zusatzzeichen zu Zeichen 220, durch die nach den bis zum 1. April 2013 geltenden Vorschriften der Fahrradverkehr in der Gegenrichtung zugelassen werden konnte, soweit in einer Einbahnstraße mit geringer Verkehrsbelastung die zulässige Höchstgeschwindigkeit durch Verkehrszeichen auf 30 km/h oder weniger beschränkt ist, bleiben bis zum 1. April 2017 gültig.[2a]
4. Die bis zum 1. April 2013 angeordneten Zeichen 150, 153, 353, 380, 381 und 389 bleiben bis zum 31. Oktober 2022 gültig.
5. Bereits angeordnete Zeichen 311, die im oberen Teil weiß sind, wenn die Ortschaft, auf die hingewiesen wird, zu derselben Gemeinde wie die zuvor durchfahrene Ortschaft gehört, bleiben weiterhin gültig.[3]

Erläuterungen

1 Mit dem Neuerlass der StVO 2013 wurden die durch VO v. 19.3.1992 (BGBl I S. 678) eingefügten Übergangsvorschriften beibehalten. Damit kann der Austausch der Schilder je nach Abgängigk. vorgenommen werden.

2 Eingef. durch VO v. 28.11.2007 (BGBl I S. 2774, Begr. VkBl 2008, S. 4).

2a Alte ZZ sind mittlerweile ungültig.

3 Soweit die Ortstafeln entgegen den RWB im oberen Bereich noch weiß sind, wenn die Ortschaft, auf die hingewiesen wird, zu derselben Gemeinde wie die zuvor durchfahrene Ortschaft gehört, müssen die Z nicht ausgetauscht werden.

Anlage 1
(zu § 40 Absatz 6 und 7)

Allgemeine und Besondere Gefahrzeichen

1	2	3
lfd. Nr.	**Zeichen**	**Erläuterungen**
Abschnitt 1 Allgemeine Gefahrzeichen (zu § 40 Abs. 6)		
1	Zeichen 101  Gefahrstelle	Ein Zusatzzeichen[1] kann die Gefahr näher bezeichnen.
2	Zeichen 102  Kreuzung oder Einmündung	Kreuzung oder Einmündung mit Vorfahrt von rechts
3	Zeichen 103  Kurve	

1	2	3
lfd. Nr.	**Zeichen**	**Erläuterungen**
4	Zeichen 105  Doppelkurve	
5	Zeichen 108  Gefälle	
6	Zeichen 110  Steigung	
7	Zeichen 112  Unebene Fahrbahn	

1	2	3
lfd. Nr.	**Zeichen**	**Erläuterungen**
8	Zeichen 114  Schleuder- oder Rutschgefahr	Schleuder- oder Rutschgefahr bei Nässe oder Schmutz[2]
9	Zeichen 117  Seitenwind	
10	Zeichen 120  Verengte Fahrbahn	
11	Zeichen 121  Einseitig verengte Fahrbahn	

1	2	3
lfd. Nr.	**Zeichen**	**Erläuterungen**
12	Zeichen 123  Arbeitsstelle[3]	
13	Zeichen 124  Stau	
14	Zeichen 125  Gegenverkehr	
15	Zeichen 131  Lichtzeichenanlage	

1	**2**	**3**
lfd. Nr.	**Zeichen**	**Erläuterungen**
16	Zeichen 133  Fußgänger	
17	Zeichen 136[4]  Kinder	
18	Zeichen 138[5]  Radverkehr	
19	Zeichen 142[6]  Wildwechsel	

1	2	3
lfd. Nr.	**Zeichen**	**Erläuterungen**
Abschnitt 2 Besondere Gefahrzeichen vor Übergängen von Schienenbahnen mit Vorrang (zu § 40 Abs. 7)		
20	Zeichen 151  Bahnübergang	
21	Zeichen 156  Bahnübergang mit dreistreifiger Bake	Bahnübergang mit dreistreifiger Bake etwa 240 m vor dem Bahnübergang. Die Angabe erheblich abweichender Abstände kann an der dreistreifigen, zweistreifigen und einstreifigen Bake oberhalb der Schrägstreifen in schwarzen Ziffern erfolgen.
22	Zeichen 159  Zweistreifige Bake	Zweistreifige Bake etwa 160 m vor dem Bahnübergang
23	Zeichen 162  Einstreifige Bake	Einstreifige Bake etwa 80 m vor dem Bahnübergang

Erläuterungen

1 Mit Neuerlass der StVO in 2013 wurde das ehemalige ZusatzZ 1052-38 „Schlechter Fahrbahnrand" gestrichen, weil in der Praxis das Z nicht hinreichend bekannt war. Der durch ZusatzZ 1010-11 erlaubte Wintersport ist nun in § 31 geregelt.

2 Mit Neuerlass der StVO in 2013 wurde das Wort „Rutschgefahr" ergänzt. Dies trägt dem Umstand Rechnung, dass es Fahrbahnoberflächen gibt (z.B. offenporiger Asphalte), bei denen der Kraftschlusswert bei Nässe übermäßig vermindert ist, verbunden mit einer entspr. Rutschgefahr (Begr.).

3 Neben Baustellen kann das Z auch vor Arbeitsstellen gezeigt werden, bei denen nicht unbedingt die Bautätigkeit im Vordergrund steht.

4 Z weist grds. ohne zeitl. Einschränkung darauf hin, dass mit plötzl. Betreten der Fahrb. durch Kinder zu rechnen ist und zwar auch ohne konkrete Gefahrenanzeige und insbes., wenn das konkr. Umfeld (dichte Wohnbebauung, schmaler Gehweg, park. Fzg, Tageszeit) die Annahme nahe legt, es sei mit plötzl. Auftauchen von Kindern zu rechnen (*Düsseldorf* NZV 2001, 82). Folge: wie bei § 3 Abs. 2a (*BGH* DAR 94, 152 = NZV 94, 149). Wegen notwendiger Absenkung der Geschw. (vgl. § 40 Abs. 1) scheidet das Z in Tempo 30-Zonen idR aus. Zudem darf techn. Sicherung (z.B. Umlaufsperre) nicht möglich sein. Z kann auch – innerorts und außerorts – in angemessener Entfernung auch vor Schulbushaltestellen stehen. Dabei ist das ZusatzZ „Schulbus" zu verwenden. Die Haltestelle selbst darf nur mit Z 224 mit ZusatzZ „Schulbus" gekennzeichnet werden.

5 Mit dem Neuerlass der StVO in 2013 wird nun insges. auf Radverkehr und nicht mehr „nur" auf kreuzende Radf. hingewiesen.

6 Auf öff. Straße, die durch waldiges Gelände führt, muss jeder Kraftf. auch ohne Z damit rechnen, dass Wild plötzl. über Straße springt; vgl. § 39 Abs. 1. Es ist nicht Aufgabe des Verkehrssicherungspflichtigen, alle Strecken, auf denen Wildwechsel möglich ist, zu sichern (vgl. *LG Coburg* DAR 2002, 129). Sinnvoll ist die Aufstellung an Unfallhäufungsstellen (vgl. Merkblatt für die Auswertung von Verkehrsunfällen, Teil 1: Führen und Auswerten von Unfalltypen-Steckkarten) = in 3 Jahren mind. 3 Unfälle mit schwerem Personenschaden oder in 1 Jahr 5 gleichartige Unfälle. Falls Wildschutzzäune vorhanden sind, scheidet das Z aus.

Anlage 2
(zu § 41 Abs. 1)

Vorschriftzeichen

1	2	3
lfd. Nr.	**Zeichen und Zusatzzeichen**	**Ge- oder Verbote Erläuterungen**
Abschnitt 1 Wartegebote und Haltgebote		
1	Zeichen 201[1] 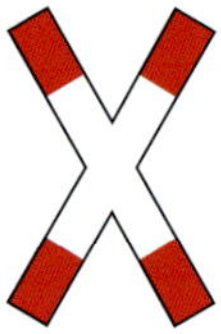 Andreaskreuz	**Ge- oder Verbot** 1. Wer ein Fahrzeug führt, muss dem Schienenverkehr Vorrang gewähren. 2. Wer ein Fahrzeug führt, darf bis zu 10 m vor diesem Zeichen nicht halten, wenn es dadurch verdeckt wird. 3. Wer ein Fahrzeug führt, darf vor und hinter diesem Zeichen a) innerhalb geschlossener Ortschaften (Zeichen 310 und 311) bis zu je 5 m, b) außerhalb geschlossener Ortschaften bis zu je 50 m nicht parken. 4. Ein Zusatzzeichen mit schwarzem Pfeil zeigt an, dass das Andreaskreuz nur für den Straßenverkehr in Richtung dieses Pfeils gilt. **Erläuterung** Das Zeichen (auch liegend) befindet sich vor dem Bahnübergang, in der Regel unmittelbar davor. Ein Blitzpfeil in der Mitte des Andreaskreuzes zeigt an, dass die Bahnstrecke eine Spannung führende Fahrleitung hat.
2	Zeichen 205  Vorfahrt gewähren.	**Ge- oder Verbot** 1. Wer ein Fahrzeug führt, muss Vorfahrt gewähren. 2. Wer ein Fahrzeug führt, darf bis zu 10 m vor diesem Zeichen nicht halten, wenn es dadurch verdeckt wird. **Erläuterung** Das Zeichen steht unmittelbar vor der Kreuzung oder Einmündung. Es kann durch dasselbe Zeichen mit Zusatzzeichen, das die Entfernung angibt, angekündigt sein.

1	2	3
lfd. Nr.	**Zeichen und Zusatzzeichen**	**Ge- oder Verbote Erläuterungen**
2.1		**Ge- oder Verbot** Ist das Zusatzzeichen zusammen mit dem Zeichen 205 angeordnet, bedeutet es: Wer ein Fahrzeug führt, muss Vorfahrt gewähren und dabei auf Radverkehr und Elektrokleinstfahrzeuge im Sinne der eKFV[1a] von links und rechts achten.[2] **Erläuterung** Das Zusatzzeichen steht über dem Zeichen 205.
2.2		**Ge- oder Verbot** Ist das Zusatzzeichen zusammen mit dem Zeichen 205 angeordnet, bedeutet es: Wer ein Fahrzeug führt, muss der Straßenbahn Vorfahrt gewähren. **Erläuterung** Das Zusatzzeichen steht über dem Zeichen 205.
3	Zeichen 206  Halt. Vorfahrt gewähren.	**Ge- oder Verbot** 1. Wer ein Fahrzeug führt, muss anhalten und Vorfahrt gewähren.[3] 2. Wer ein Fahrzeug führt, darf bis zu 10 m vor diesem Zeichen nicht halten, wenn es dadurch verdeckt wird. 3. Ist keine Haltlinie (Zeichen 294) vorhanden, ist dort anzuhalten, wo die andere Straße zu übersehen ist.[4]
3.1		**Erläuterung** Das Zusatzzeichen kündigt zusammen mit dem Zeichen 205 das Haltgebot in der angegebenen Entfernung an.

1	2	3
lfd. Nr.	Zeichen und Zusatzzeichen	Ge- oder Verbote Erläuterungen
3.2		**Ge- oder Verbot** Ist das Zusatzzeichen zusammen mit dem Zeichen 206 angeordnet, bedeutet es: Wer ein Fahrzeug führt, muss anhalten und Vorfahrt gewähren und dabei auf Radverkehr und Elektrokleinstfahrzeuge im Sinne der eKFV[4a] von links und rechts achten. **Erläuterung** Das Zusatzzeichen steht über dem Zeichen 206.
Zu 2 und 3		**Erläuterung** Das Zusatzzeichen gibt zusammen mit den Zeichen 205 oder 206 den Verlauf der Vorfahrtstraße[5] (abknickende Vorfahrt) bekannt.
4	Zeichen 208  Vorrang des Gegenverkehrs	**Ge- oder Verbot** Wer ein Fahrzeug führt, hat dem Gegenverkehr Vorrang zu gewähren.
Abschnitt 2 Vorgeschriebene Fahrtrichtungen[6]		
zu 5 bis 7		**Ge- oder Verbot** Wer ein Fahrzeug führt, muss der vorgeschriebenen Fahrtrichtung folgen. **Erläuterung** Andere als die dargestellten Fahrtrichtungen werden entsprechend vorgeschrieben. Auf Anlage 2 laufende Nummer 70 wird hingewiesen.

1	2	3
lfd. Nr.	**Zeichen und Zusatzzeichen**	**Ge- oder Verbote Erläuterungen**
5	Zeichen 209  Rechts	
6	Zeichen 211  Hier rechts	
7	Zeichen 214  Geradeaus oder rechts	
8	Zeichen 215  Kreisverkehr[7]	**Ge- oder Verbot** 1. Wer ein Fahrzeug führt, muss der vorgeschriebenen Fahrtrichtung im Kreisverkehr rechts folgen. 2. Wer ein Fahrzeug führt, darf die Mittelinsel des Kreisverkehrs nicht überfahren. Ausgenommen von diesem Verbot sind nur Fahrzeuge, denen wegen ihrer Abmessungen das Befahren sonst nicht möglich wäre. Mit ihnen darf die Mittelinsel und Fahrbahnbegrenzung überfahren werden, wenn eine Gefährdung anderer am Verkehr Teilnehmenden ausgeschlossen ist

1	2	3
lfd. Nr.	**Zeichen und Zusatzzeichen**	**Ge- oder Verbote Erläuterungen**
		3. Es darf innerhalb des Kreisverkehrs auf der Fahrbahn nicht gehalten werden.
9	Zeichen 220[8]  Einbahnstraße	**Ge- oder Verbot** Wer ein Fahrzeug führt, darf die Einbahnstraße nur in Richtung des Pfeils befahren. **Erläuterung** Das Zeichen schreibt für den Fahrzeugverkehr auf der Fahrbahn die Fahrtrichtung vor.
9.1		**Ge- oder Verbot** Ist Zeichen 220 mit diesem Zusatzzeichen angeordnet, bedeutet dies: Wer ein Fahrzeug führt, muss beim Einbiegen und im Verlauf einer Einbahnstraße auf Radverkehr und Elektrokleinstfahrzeuge im Sinne der eKFV[8a] entgegen der Fahrtrichtung achten. **Erläuterung** Das Zusatzzeichen zeigt an, dass Radverkehr in der Gegenrichtung zugelassen ist. Beim Vorbeifahren an einer für den gegenläufigen Radverkehr freigegebenen Einbahnstraße bleibt gegenüber dem ausfahrenden Radfahrer der Grundsatz, dass Vorfahrt hat, wer von rechts kommt (§ 8 Abs. 1 Satz 1) unberührt.[9] Dies gilt auch für den ausfahrenden Radverkehr. Mündet eine Einbahnstraße für den gegenläufig zugelassenen Radverkehr in eine Vorfahrtstraße, steht für den aus der Einbahnstraße ausfahrenden Radverkehr das Zeichen 205.

1	2	3
lfd. Nr.	**Zeichen und Zusatzzeichen**	**Ge- oder Verbote Erläuterungen**
Abschnitt 3 Vorgeschriebene Vorbeifahrt		
10	Zeichen 222  Rechts vorbei	**Ge- oder Verbot** Wer ein Fahrzeug führt, muss der vorgeschriebenen Vorbeifahrt folgen. **Erläuterung** „Links vorbei" wird entsprechend vorgeschrieben.
Abschnitt 4 Seitenstreifen als Fahrstreifen, Haltestellen und Taxenstände		
Zu 11 bis 13		**Erläuterung** Wird das Zeichen 223.1, 223.2 oder 223.3 für eine Fahrbahn mit mehr als zwei Fahrstreifen angeordnet, zeigen die Zeichen die entsprechende Anzahl der Pfeile.
11	Zeichen 223.1  Seitenstreifen befahren[10]	**Ge- oder Verbot** Das Zeichen gibt den Seitenstreifen als Fahrstreifen frei; dieser ist wie ein rechter Fahrstreifen zu befahren.
11.1	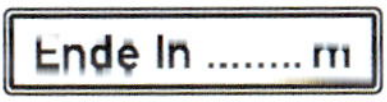	**Erläuterung** Das Zeichen 223.1 mit dem Zusatzzeichen kündigt die Aufhebung der Anordnung an.
12	Zeichen 223.2[11]  Seitenstreifen nicht mehr befahren	**Ge- oder Verbot** Das Zeichen hebt die Freigabe des Seitenstreifens als Fahrstreifen auf.

1	2	3
lfd. Nr.	**Zeichen und Zusatzzeichen**	**Ge- oder Verbote Erläuterungen**
13	Zeichen 223.3[12]  Seitenstreifen räumen	**Ge- oder Verbot** Das Zeichen ordnet die Räumung des Seitenstreifens an.
14	Zeichen 224  Haltestelle[13]	**Ge- oder Verbot** Wer ein Fahrzeug führt, darf bis zu 15 m vor und hinter dem Zeichen nicht parken. **Erläuterung** Das Zeichen kennzeichnet eine Haltestelle des Linienverkehrs und für Schulbusse. Das Zeichen mit dem Zusatzzeichen „Schulbus" (Angabe der tageszeitlichen Benutzung) auf einer gemeinsamen weißen Trägerfläche kennzeichnet eine Haltestelle nur für Schulbusse.
15	Zeichen 229  Taxenstand[14]	**Ge- oder Verbot** Wer ein Fahrzeug führt, darf an Taxenständen nicht halten, ausgenommen sind für die Fahrgastbeförderung bereitgehaltene Taxen. **Erläuterung** Die Länge des Taxenstandes wird durch die Angabe der Zahl der vorgesehenen Taxen oder das am Anfang der Strecke aufgestellte Zeichen mit einem zur Fahrbahn weisenden waagerechten weißen Pfeil und durch ein am Ende aufgestelltes Zeichen mit einem solchen von der Fahrbahn wegweisenden Pfeil oder durch eine Grenzmarkierung für Halt- und Parkverbote (Zeichen 299) gekennzeichnet.

1	2	3
lfd. Nr.	**Zeichen und Zusatzzeichen**	**Ge- oder Verbote Erläuterungen**
Abschnitt 5 Sonderwege[15]		
16	Zeichen 237  Radweg[16]	**Ge- oder Verbot** 1. Der Radverkehr darf nicht die Fahrbahn, sondern muss den Radweg benutzen (Radwegbenutzungspflicht). 2. Anderer Verkehr darf ihn nicht benutzen. 3. Ist durch Zusatzzeichen die Benutzung eines Radwegs für eine andere Verkehrsart erlaubt, muss diese auf den Radverkehr Rücksicht nehmen und der andere Fahrzeugverkehr muss erforderlichenfalls die Geschwindigkeit an den Radverkehr anpassen. 4. § 2 Abs. 4 Satz 6 bleibt unberührt.
17	Zeichen 238  Reitweg	**Ge- oder Verbot** 1. Wer reitet, darf nicht die Fahrbahn, sondern muss den Reitweg benutzen. Dies gilt auch für das Führen von Pferden (Reitwegbenutzungspflicht). 2. Anderer Verkehr darf ihn nicht benutzen. 3. Ist durch Zusatzzeichen die Benutzung eines Reitwegs für eine andere Verkehrsart erlaubt, muss diese auf den Reitverkehr Rücksicht nehmen und der Fahrzeugverkehr muss erforderlichenfalls die Geschwindigkeit an den Reitverkehr anpassen.
18	Zeichen 239  Gehweg[17]	**Ge- oder Verbot** 1. Anderer als Fußgängerverkehr darf den Gehweg nicht benutzen. 2. Ist durch Zusatzzeichen die Benutzung eines Gehwegs für eine andere Verkehrsart erlaubt, muss diese auf den Fußgängerverkehr Rücksicht nehmen. Der Fußgängerverkehr darf weder gefährdet noch behindert werden. Wenn nötig, muss der Fahrver-

1	2	3
lfd. Nr.	**Zeichen und Zusatzzeichen**	**Ge- oder Verbote Erläuterungen**
		kehr warten; er darf nur mit Schrittgeschwindigkeit fahren. **Erläuterung** Das Zeichen kennzeichnet einen Gehweg (§ 25 Abs. 1 Satz 1), wo eine Klarstellung notwendig ist.
19	Zeichen 240  Gemeinsamer Geh- und Radweg	**Ge- oder Verbot** 1. Der Radverkehr darf nicht die Fahrbahn, sondern muss den gemeinsamen Geh- und Radweg benutzen (Radwegbenutzungspflicht). 2. Anderer Verkehr darf ihn nicht benutzen. 3. Ist durch Zusatzzeichen die Benutzung eines gemeinsamen Geh- und Radwegs für eine andere Verkehrsart erlaubt, muss diese auf den Fußgänger- und Radverkehr Rücksicht nehmen. Erforderlichenfalls muss der Fahrverkehr die Geschwindigkeit an den Fußgängerverkehr anpassen. 4. § 2 Abs. 4 Satz 6 bleibt unberührt. **Erläuterung** Das Zeichen kennzeichnet auch den Gehweg (§ 25 Abs. 1 Satz 1).
20	Zeichen 241  Getrennter Rad- und Gehweg	**Ge- oder Verbot** 1. Der Radverkehr darf nicht die Fahrbahn, sondern muss den Radweg des getrennten Rad- und Gehwegs benutzen (Radwegbenutzungspflicht). 2. Anderer Verkehr darf ihn nicht benutzen. 3. Ist durch Zusatzzeichen die Benutzung eines getrennten Geh- und Radwegs für eine andere Verkehrsart erlaubt, darf diese nur den für den Radverkehr bestimmten Teil des getrennten Geh- und Radwegs befahren.

1	2	3
lfd. Nr.	**Zeichen und Zusatzzeichen**	**Ge- oder Verbote Erläuterungen**
		4. Die andere Verkehrsart muss auf den Radverkehr Rücksicht nehmen. Erforderlichenfalls muss anderer Fahrzeugverkehr die Geschwindigkeit an den Radverkehr anpassen. 5. § 2 Abs. 4 Satz 6 bleibt unberührt. **Erläuterung** Das Zeichen kennzeichnet auch den Gehweg (§ 25 Abs. 1 Satz 1).
21	Zeichen 242.1  Beginn einer Fußgängerzone[18]	**Ge- oder Verbot** 1. Anderer als Fußgängerverkehr darf die Fußgängerzone nicht benutzen. 2. Ist durch Zusatzzeichen die Benutzung einer Fußgängerzone für eine andere Verkehrsart erlaubt, dann gilt für den Fahrverkehr Nummer 2 zu Zeichen 239 entsprechend.
22	Zeichen 242.2  Ende einer Fußgängerzone	
23	Zeichen 244.1  Beginn einer Fahrradstraße[19]	**Ge- oder Verbot** 1. Anderer Fahrzeugverkehr als Radverkehr sowie Elektrokleinstfahrzeuge im Sinne der eKFV darf Fahrradstraßen nicht benutzen, es sei denn, dies ist durch Zusatzzeichen erlaubt. Die freigegebenen Verkehrsarten können auch gemeinsam auf einem Zusatzzeichen abgebildet sein. Das Überqueren einer Fahrradstraße durch anderen Fahrzeugverkehr an einer Kreu-

1	2	3
lfd. Nr.	**Zeichen und Zusatzzeichen**	**Ge- oder Verbote Erläuterungen**
		zung zum Erreichen der weiterführenden Straße ist gestattet. 2. Für den Fahrverkehr gilt eine Höchstgeschwindigkeit von 30 km/h. Der Radverkehr darf weder gefährdet noch behindert werden. Wenn nötig, muss der Kraftfahrzeugverkehr die Geschwindigkeit weiter verringern. 3. Das Nebeneinanderfahren mit Fahrrädern ist erlaubt. 4. Im Übrigen gelten die Vorschriften über die Fahrbahnbenutzung und über die Vorfahrt.
24	Zeichen 244.2  Ende einer Fahrradstraße	
24.1	Zeichen 244.3[19a]  Beginn einer Fahrradzone	**Ge- oder Verbot** 1. Anderer Fahrzeugverkehr als Radverkehr sowie Elektrokleinstfahrzeuge im Sinne der eKFV darf Fahrradzonen nicht benutzen, es sei denn, dies ist durch Zusatzzeichen erlaubt. Die freigegebenen Verkehrsarten können auch gemeinsam auf einem Zusatzzeichen abgebildet sein. 2. Für den Fahrverkehr gilt eine Höchstgeschwindigkeit von 30 km/h. Der Radverkehr darf weder gefährdet noch behindert werden. Wenn nötig, muss der Kraftfahrzeugverkehr die Geschwindigkeit weiter verringern. 3. Das Nebeneinanderfahren mit Fahrrädern und Elektrokleinstfahrzeugen im Sinne der eKFV ist erlaubt.

1	2	3
lfd. Nr.	**Zeichen und Zusatzzeichen**	**Ge- oder Verbote Erläuterungen**
		4. Im Übrigen gelten die Vorschriften über die Fahrbahnbenutzung und über die Vorfahrt.
24.2	Zeichen 244.4  Ende einer Fahrradzone	
25	Zeichen 245  Bussonderfahrstreifen[20]	**Ge- oder Verbot** 1. Anderer Fahrverkehr als Omnibusse des Linienverkehrs sowie nach dem Personenbeförderungsrecht mit dem Schulbus-Schild zu kennzeichnende Fahrzeuge des Schüler- und Behindertenverkehrs dürfen Bussonderfahrstreifen nicht benutzen. 2. Mit Krankenfahrzeugen, Taxen, Fahrrädern und Bussen im Gelegenheitsverkehr darf der Sonderfahrstreifen nur benutzt werden, wenn dies durch Zusatzzeichen angezeigt ist. 3. Taxen dürfen an Bushaltestellen (Zeichen 224) zum sofortigen Ein- und Aussteigen von Fahrgästen halten. 4. Mit elektrisch betriebenen Fahrzeugen darf der Bussonderfahrstreifen nur benutzt werden, wenn dies durch Zusatzzeichen angezeigt ist.[20]
25.1		**Ge- oder Verbot** Mit diesem Zusatzzeichen sind elektrisch betriebene Fahrzeuge auf dem Bussonderfahrstreifen zugelassen.[20a]

1	2	3
lfd. Nr.	**Zeichen und Zusatzzeichen**	**Ge- oder Verbote Erläuterungen**
Abschnitt 6 Verkehrsverbote		
26		**Ge- oder Verbot** Die nachfolgenden Zeichen 250 bis 261 (Verkehrsverbote) untersagen die Verkehrsteilnahme[21] ganz oder teilweise mit dem angegebenen Inhalt. **Erläuterung** Für die Zeichen 250 bis 259 gilt: 1. Durch Verkehrszeichen gleicher Art mit Sinnbildern nach § 39 Abs. 7 können andere Verkehrsarten verboten werden. 2. Zwei der nachstehenden Verbote können auf einem Schild vereinigt sein.
27	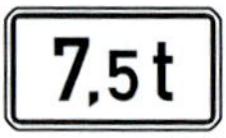	**Ge- oder Verbot** Ist auf einem Zusatzzeichen eine Masse, wie „7,5 t", angegeben, gilt das Verbot nur, soweit die zulässige Gesamtmasse dieser Verkehrsmittel einschließlich ihrer Anhänger die angegebene Grenze überschreitet.
27.1		**Ge- oder Verbot** Mit diesem Zusatzzeichen sind elektrisch betriebene Fahrzeuge von Verkehrsverboten (Zeichen 250, 251, 253, 255, 260) ausgenommen.[20a]
28	Zeichen 250  Verbot für Fahrzeuge aller Art	**Ge- oder Verbot** 1. Verbot für Fahrzeuge aller Art. Das Zeichen gilt nicht für Handfahrzeuge, abweichend von § 28 Absatz 2 auch nicht für Reiter, Führer von Pferden sowie Treiber und Führer von Vieh.[22] 2. Krafträder und Fahrräder dürfen geschoben werden.

1	2	3
lfd. Nr.	**Zeichen und Zusatzzeichen**	**Ge- oder Verbote Erläuterungen**
29	Zeichen 251  Verbot für Kraftwagen	**Ge- oder Verbot** Verbot für Kraftwagen und sonstige mehrspurige Kraftfahrzeuge.[23]
30	Zeichen 253  Verbot für Kraftfahrzeuge über 3,5 t	**Ge- oder Verbot** Verbot für Kraftfahrzeuge mit einer zulässigen Gesamtmasse über 3,5 t, einschließlich ihrer Anhänger[24], und für Zugmaschinen. Ausgenommen sind Personenkraftwagen und Kraftomnibusse. **Erläuterung** Das Zeichen kann in einer Überleitungstafel oder in einer Verschwenkungstafel oder in einer Fahrstreifentafel integriert sein. Dann bezieht sich das Verbot nur auf den jeweiligen Fahrstreifen, für den das Verbot angeordnet ist.
30.1	 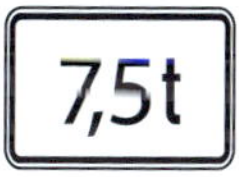 	**Ge- oder Verbot** Wird Zeichen 253 mit diesen Zusatzzeichen angeordnet, bedeutet dies:[25] 1. Das Verbot ist auf den Durchgangsverkehr mit Nutzfahrzeugen, einschließlich ihrer Anhänger, mit einer zulässigen Gesamtmasse ab 7,5 t beschränkt. 2. Durchgangsverkehr liegt nicht vor, soweit die jeweilige Fahrt a) dazu dient, ein Grundstück an der vom Verkehrsverbot betroffenen Straße oder an einer Straße, die durch die vom Verkehrsverbot betroffene Straße erschlossen wird, zu erreichen oder zu verlassen,

1	2	3
lfd. Nr.	**Zeichen und Zusatzzeichen**	**Ge- oder Verbote Erläuterungen**
		b) dem Güterverkehr im Sinne des § 1 Abs. 1 des Güterkraftverkehrsgesetzes in einem Gebiet innerhalb eines Umkreise von 75 km, gerechnet in der Luftlinie vom Mittelpunkt des zu Beginn einer Fahrt ersten Beladeorts des jeweiligen Fahrzeugs (Ortsmittelpunkt), dient; dabei gehören alle Gemeinden, deren Ortsmittelpunkt innerhalb des Gebietes liegt, zu dem Gebiet, oder c) mit im Bundesfernstraßenmautgesetz bezeichneten Fahrzeugen, die nicht der Mautpflicht unterliegen, durchgeführt wird. 3. Ausgenommen von dem Verkehrsverbot ist eine Fahrt, die auf ausgewiesenen Umleitungsstrecken (Zeichen 421, 442, 454 bis 457.2 oder Zeichen 460 und 466) durchgeführt wird, um besonderen Verkehrslagen Rechnung zu tragen. **Erläuterung** Diese Kombination ist nur mit Zeichen 253 zulässig.
31	Zeichen 254  Verbot für Radverkehr	**Ge- oder Verbot** Verbot für den Radverkehr und den Verkehr mit Elektrokleinstfahrzeugen im Sinne der eKFV[25a]

1	2	3
lfd. Nr.	**Zeichen und Zusatzzeichen**	**Ge- oder Verbote Erläuterungen**
32	Zeichen 255  Verbot für Krafträder	**Ge- oder Verbot** Verbot für Krafträder, auch mit Beiwagen, Kleinkrafträder und Mofas
33	Zeichen 259  Verbot für Fußgänger	**Ge- oder Verbot** Verbot für den Fußgängerverkehr
34	Zeichen 260  Verbot für Kraftfahrzeuge	**Ge- oder Verbot** Verbot für Krafträder, auch mit Beiwagen, Kleinkrafträder und Mofas sowie für Kraftwagen und sonstige mehrspurige Kraftfahrzeuge
35	Zeichen 261[26]  Verbot für kennzeichnungspflichtige Kraftfahrzeuge mit gefährlichen Gütern	**Ge- oder Verbot** Verbot für kennzeichnungspflichtige Kraftfahrzeuge mit gefährlichen Gütern

1	2	3
lfd. Nr.	**Zeichen und Zusatzzeichen**	**Ge- oder Verbote Erläuterungen**
zu 36 bis 40		**Ge- oder Verbot** Die nachfolgenden Zeichen 262 bis 266 verbieten die Verkehrsteilnahme für Fahrzeuge, deren Maße oder Massen, einschließlich Ladung, eine auf dem jeweiligen Zeichen angegebene tatsächliche Grenze überschreiten. **Erläuterung** Die angegebenen Grenzen stellen nur Beispiele dar.
36	Zeichen 262  Tatsächliche Masse	**Ge- oder Verbot** Die Beschränkung durch Zeichen 262 gilt bei Fahrzeugkombinationen für das einzelne Fahrzeug, bei Sattelkraftfahrzeugen gesondert für die Sattelzugmaschine einschließlich Sattellast und für die tatsächlich vorhandenen Achslasten des Sattelanhängers. **Erläuterung** Das Zeichen kann in einer Überleitungstafel oder in einer Verschwenkungstafel oder in einer Fahrstreifentafel integriert sein. Dann bezieht sich das Verbot nur auf den jeweiligen Fahrstreifen, für den das Verbot angeordnet ist.
37	Zeichen 263  Tatsächliche Achslast	**Erläuterung** Das Zeichen kann in einer Überleitungstafel oder in einer Verschwenkungstafel oder in einer Fahrstreifentafel integriert sein. Dann bezieht sich das Verbot nur auf den jeweiligen Fahrstreifen, für den das Verbot angeordnet ist.

1	2	3
lfd. Nr.	**Zeichen und Zusatzzeichen**	**Ge- oder Verbote Erläuterungen**
38	Zeichen 264  Tatsächliche Breite	**Erläuterung** Die tatsächliche Breite gibt das Maß einschließlich der Fahrzeugaußenspiegel an.[27] Das Zeichen kann in einer Überleitungstafel oder in einer Verschwenkungstafel oder in einer Fahrstreifentafel integriert sein. Dann bezieht sich das Verbot nur auf den jeweiligen Fahrstreifen, für den das Verbot angeordnet ist.
39	Zeichen 265  Tatsächliche Höhe	**Erläuterung** Das Zeichen kann in einer Überleitungstafel oder in einer Verschwenkungstafel oder in einer Fahrstreifentafel integriert sein. Dann bezieht sich das Verbot nur auf den jeweiligen Fahrstreifen, für den das Verbot angeordnet ist.
40	Zeichen 266  Tatsächliche Länge	**Ge- oder Verbot** Das Verbot gilt bei Fahrzeugkombinationen für die Gesamtlänge.
41	Zeichen 267  Verbot der Einfahrt[28]	**Ge- oder Verbot** Wer ein Fahrzeug führt, darf nicht in die Fahrbahn einfahren, für die das Zeichen angeordnet ist. **Erläuterung** Das Zeichen steht auf der rechten Seite der Fahrbahn, für die es gilt, oder auf beiden Seiten dieser Fahrbahn.

1	2	3
lfd. Nr.	**Zeichen und Zusatzzeichen**	**Ge- oder Verbote Erläuterungen**
41.1		**Ge- oder Verbot** Durch das Zusatzzeichen zu dem Zeichen 267 ist die Einfahrt für den Radverkehr und Elektrokleinstfahrzeuge im Sinne der eKFV zugelassen.
42	Zeichen 268  Schneeketten vorgeschrieben[29]	**Ge- oder Verbot** Wer ein Fahrzeug führt, darf die Straße nur mit Schneeketten befahren.
43	Zeichen 269  Verbot für Fahrzeuge mit wassergefährdender Ladung[30]	**Ge- oder Verbot** Wer ein Fahrzeug führt, darf die Straße mit mehr als 20 l wassergefährdender Ladung nicht benutzen.
44	Zeichen 270.1  Beginn einer Verkehrsverbotszone zur Verminderung schädlicher Luftverunreinigungen in einer Zone[31]	**Ge- oder Verbot** 1. Die Teilnahme am Verkehr mit einem Kraftfahrzeug innerhalb einer so gekennzeichneten Zone ist verboten. 2. § 1 Abs. 2 sowie § 2 Abs. 3 iVm Anhang 3 der Verordnung zur Kennzeichnung der Kraftfahrzeuge mit geringem Beitrag zur Schadstoffbelastung v. 10.10.2006 (BGBl. I S. 2218), die durch Artikel 1 der Verordnung v. 5.12.2007 (BGBl. I S. 2793) geändert worden ist, bleiben unberührt. Die Ausnahmen können im Einzelfall oder allgemein durch Zusatzzeichen oder Allgemeinverfügung zugelassen sein.

1	2	3
lfd. Nr.	**Zeichen und Zusatzzeichen**	**Ge- oder Verbote Erläuterungen**
		3. Von dem Verbot der Verkehrsteilnahme sind zudem Kraftfahrzeuge zur Beförderung schwerbehinderter Menschen mit außergewöhnlicher Gehbehinderung, beidseitiger Amelie oder Phokomelie oder mit vergleichbaren Funktionseinschränkungen sowie blinde Menschen ausgenommen. **Erläuterung** Die Umweltzone ist zur Vermeidung von schädlichen Umwelteinwirkungen durch Luftverunreinigungen in einem Luftreinhalteplan oder einem Plan für kurzfristig zu ergreifende Maßnahmen nach § 47 Abs. 1 oder 2 des Bundes-Immissionsschutzgesetzes festgesetzt und auf Grund des § 40 Abs. 1 des Bundes-Immissionsschutzgesetzes angeordnet. Die Kennzeichnung der Umweltzone erfolgt auf Grund von § 45 Abs. 1 f.
45	Zeichen 270.2  Ende einer Verkehrsverbotszone zur Verminderung schädlicher Luftverunreinigungen in einer Zone	

1	2	3
lfd. Nr.	**Zeichen und Zusatzzeichen**	**Ge- oder Verbote Erläuterungen**
46	 Freistellung vom Verkehrsverbot nach § 40 Abs. 1 des Bundes-Immissionsschutzgesetzes[1]	**Ge- oder Verbot** Das Zusatzzeichen zum Zeichen 270.1 nimmt Kraftfahrzeuge vom Verkehrsverbot aus, die mit einer auf dem Zusatzzeichen in der jeweiligen Farbe angezeigten Plakette nach § 3 der Verordnung zur Kennzeichnung der Kraftfahrzeuge mit geringem Beitrag zur Schadstoffbelastung ausgestattet sind.
47	Zeichen 272  Verbot des Wendens[32]	**Ge- oder Verbot** Wer ein Fahrzeug führt, darf hier nicht wenden.
48	Zeichen 273  Verbot des Unterschreitens des angegebenen Mindestabstandes	**Ge- oder Verbot** Wer ein Kraftfahrzeug mit einer zulässigen Gesamtmasse über 3,5 t oder eine Zugmaschine führt, darf den angegebenen Mindestabstand zu einem vorausfahrenden Kraftfahrzeug gleicher Art nicht unterschreiten. Personenkraftwagen und Kraftomnibusse sind ausgenommen.

1) Vgl. zur Anerkennung von Plaketten nach der tschechischen Regierungsverordnung über die Zuordnung der Kfz zu Schadstoffgruppen und über Umweltplaketten VkBl 2014, S. 498.

1	2	3
lfd. Nr.	**Zeichen und Zusatzzeichen**	**Ge- oder Verbote Erläuterungen**
Abschnitt 7 Geschwindigkeitsbeschränkungen und Überholverbote[33]		
49	Zeichen 274[34]  Zulässige Höchstgeschwindigkeit	**Ge- oder Verbot** 1. Wer ein Fahrzeug führt, darf nicht schneller als mit der jeweils angegebenen Höchstgeschwindigkeit fahren. 2. Sind durch das Zeichen innerhalb geschlossener Ortschaften bestimmte Geschwindigkeiten über 50 km/h zugelassen, gilt das für Fahrzeuge aller Art. 3. Außerhalb geschlossener Ortschaften bleiben die für bestimmte Fahrzeugarten geltenden Höchstgeschwindigkeiten (§ 3 Abs. 3 Nummer 2 Buchstabe a und b und § 18 Abs. 5) unberührt, wenn durch das Zeichen eine höhere Geschwindigkeit zugelassen ist. **Erläuterung** Das Zeichen kann in einer Fahrstreifentafel oder einer Einengungstafel oder einer Aufweitungstafel integriert sein. Dann bezieht sich die zulässige Höchstgeschwindigkeit nur auf den jeweiligen Fahrstreifen, für den die Höchstgeschwindigkeit angeordnet ist.
49.1	 35	**Ge- oder Verbot** Das Zusatzzeichen zu dem Zeichen 274 verbietet Fahrzeugführenden bei nasser Fahrbahn die angegebene Geschwindigkeit zu überschreiten.

1	2	3
lfd. Nr.	**Zeichen und Zusatzzeichen**	**Ge- oder Verbote Erläuterungen**
50	Zeichen 274.1  Beginn einer Tempo 30-Zone	**Ge- oder Verbot** Wer ein Fahrzeug führt, darf innerhalb dieser Zone nicht schneller als mit der angegebenen Höchstgeschwindigkeit fahren.[36] **Erläuterung** Mit dem Zeichen können in verkehrsberuhigten Geschäftsbereichen auch Zonengeschwindigkeitsbeschränkungen von weniger als 30 km/h angeordnet sein.
51	Zeichen 274.2  Ende einer Tempo 30-Zone	
52	Zeichen 275  Vorgeschriebene Mindestgeschwindigkeit	**Ge- oder Verbot** Wer ein Fahrzeug führt, darf nicht langsamer als mit der angegebenen Mindestgeschwindigkeit fahren, sofern nicht Straßen-, Verkehrs-, Sicht- oder Wetterverhältnisse dazu verpflichten. Es verbietet, mit Fahrzeugen, die nicht so schnell fahren können oder dürfen, einen so gekennzeichneten Fahrstreifen zu benutzen. **Erläuterung** Das Zeichen kann in einer Fahrstreifentafel oder einer Aufweitungstafel integriert sein. Dann bezieht sich die vorgeschriebene Mindestgeschwindigkeit nur auf den jeweiligen Fahrstreifen, für den die Mindestgeschwindigkeit angeordnet ist.

1	2	3
lfd. Nr.	**Zeichen und Zusatzzeichen**	**Ge- oder Verbote Erläuterungen**
Zu 53, 54 und 54.4		**Ge- oder Verbot** Die nachfolgenden Zeichen 276 und 277 verbieten Kraftfahrzeugen das Überholen[37] von mehrspurigen Kraftfahrzeugen und Krafträdern mit Beiwagen[38]. Ist auf einem Zusatzzeichen eine Masse, wie „7,5 t“ angegeben, gilt das Verbot nur, soweit die zulässige Gesamtmasse dieser Kraftfahrzeuge, einschließlich ihrer Anhänger[39], die angegebene Grenze überschreitet. Soll mehrspurigen Kraftfahrzeugen und Krafträdern mit Beiwagen das Überholen von einspurigen[39a] Fahrzeugen verboten werden, ist Zeichen 277.1 angeordnet.
53	Zeichen 276  Überholverbot für Kraftfahrzeuge aller Art	
54	Zeichen 277  Überholverbot für Kraftfahrzeuge über 3,5 t	**Ge- oder Verbot** Überholverbot für Kraftfahrzeuge[40] mit einer zulässigen Gesamtmasse über 3,5 t, einschließlich ihrer Anhänger, und für Zugmaschinen. Ausgenommen sind Personenkraftwagen und Kraftomnibusse.

1	2	3
lfd. Nr.	**Zeichen und Zusatzzeichen**	**Ge- oder Verbote Erläuterungen**
54.1	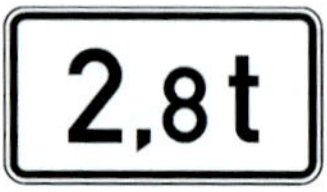 [41]	**Ge- oder Verbot** Mit dem Zusatzzeichen gilt das durch Zeichen 277 angeordnete Überholverbot auch für Kraftfahrzeuge über 2,8 t, einschließlich ihrer Anhänger.
54.2		**Ge- oder Verbot** Mit dem Zusatzzeichen gilt das durch Zeichen 277 angeordnete Überholverbot auch für Kraftomnibusse und Personenkraftwagen mit Anhänger.
54.3	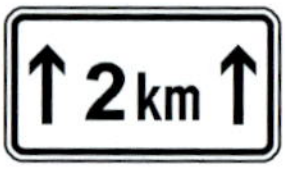	**Erläuterung** Das Zusatzzeichen zu dem Zeichen 274, 276, 277 oder 277.1 gibt die Länge einer Geschwindigkeitsbeschränkung oder eines Überholverbotes an.
54.4	Zeichen 277.1  Verbot des Überholens von einspurigen Fahrzeugen für mehrspurige Kraftfahrzeuge und Krafträder mit Beiwagen	**Ge- oder Verbot** Wer ein mehrspuriges Kraftfahrzeug führt, darf ein- und mehrspurige Fahrzeuge nicht überholen.[41b]

1	2	3
lfd. Nr.	**Zeichen und Zusatzzeichen**	**Ge- oder Verbote Erläuterungen**
55		**Erläuterung** Das Ende einer streckenbezogenen Geschwindigkeitsbeschränkung oder eines Überholverbots[42] ist nicht gekennzeichnet, wenn das Verbot nur für eine kurze Strecke gilt und auf einem Zusatzzeichen die Länge des Verbots angegeben ist. Es ist auch nicht gekennzeichnet, wenn das Verbotszeichen zusammen mit einem Gefahrzeichen angebracht ist und sich aus der Örtlichkeit zweifelsfrei ergibt, von wo an die angezeigte Gefahr nicht mehr besteht.[42a] Sonst ist es gekennzeichnet durch die Zeichen 278 bis 282.
56	Zeichen 278  Ende der zulässigen Höchstgeschwindigkeit	**Erläuterung** Das Zeichen kann in einer Fahrstreifentafel oder einer Einengungstafel oder Aufweitungstafel integriert sein. Dann bezieht sich das Zeichen nur auf den jeweiligen Fahrstreifen, für den die zulässige Höchstgeschwindigkeit vorher angeordnet worden war.
57	Zeichen 279  Ende der vorgeschriebenen Mindestgeschwindigkeit	**Erläuterung** Das Zeichen kann in einer Fahrstreifentafel oder einer Einengungstafel integriert sein. Dann bezieht sich das Zeichen nur auf den jeweiligen Fahrstreifen, für den die vorgeschriebene Mindestgeschwindigkeit vorher angeordnet worden war.

1	2	3
lfd. Nr.	**Zeichen und Zusatzzeichen**	**Ge- oder Verbote Erläuterungen**
58	Zeichen 280  Ende des Überholverbots für Kraftfahrzeuge aller Art	
59	Zeichen 281  Ende des Überholverbots für Kraftfahrzeuge über 3,5 t	
59.1	Zeichen 281.1  Ende des Verbots des Überholens von einspurigen Fahrzeugen für mehrspurige Kraftfahrzeuge und Krafträder mit Beiwagen	

1	2	3
lfd. Nr.	**Zeichen und Zusatzzeichen**	**Ge- oder Verbote Erläuterungen**
60	Zeichen 282  Ende sämtlicher streckenbezogener Geschwindigkeitsbeschränkungen und Überholverbote	**Erläuterung** Das Zeichen kann in einer Fahrstreifentafel oder einer Aufweitungstafel integriert sein. Dann bezieht sich das Zeichen nur auf den jeweiligen Fahrstreifen, für den die streckenbezogenen Geschwindigkeitsbeschränkungen und Überholverbote vorher angeordnet worden waren.
Abschnitt 8 Halt- und Parkverbote[43]		
61		**Ge- oder Verbot** 1. Die durch die nachfolgenden Zeichen 283 und 286 angeordneten Haltverbote gelten nur auf der Straßenseite, auf der die Zeichen angebracht sind. Sie gelten bis zur nächsten Kreuzung oder Einmündung auf der gleichen Straßenseite oder bis durch Verkehrszeichen für den ruhenden Verkehr eine andere Regelung vorgegeben wird. 2. Mobile[44], vorübergehend angeordnete Haltverbote durch Zeichen 283 und 286 heben Verkehrszeichen auf, die das Parken erlauben. **Erläuterung** Der Anfang der Verbotsstrecke kann durch einen zur Fahrbahn weisenden waagerechten weißen Pfeil im Zeichen, das Ende durch einen solchen von der Fahrbahn wegweisenden Pfeil gekennzeichnet sein. Bei in der Verbotsstrecke wiederholten Zeichen weist eine Pfeilspitze zur Fahrbahn, die zweite von ihr weg.

1	2	3
lfd. Nr.	**Zeichen und Zusatzzeichen**	**Ge- oder Verbote Erläuterungen**
62	Zeichen 283  Absolutes Haltverbot	**Ge- oder Verbot** Das Halten auf der Fahrbahn ist verboten.
62.1		**Ge- oder Verbot** Das mit dem Zeichen 283 angeordnete Zusatzzeichen verbietet das Halten von Fahrzeugen auch auf dem Seitenstreifen.
62.2		**Ge- oder Verbot** Das mit dem Zeichen 283 angeordnete Zusatzzeichen verbietet das Halten von Fahrzeugen nur auf dem Seitenstreifen.
63	Zeichen 286  Eingeschränktes Haltverbot	**Ge- oder Verbot** 1. Wer ein Fahrzeug führt, darf nicht länger als drei Minuten auf der Fahrbahn halten, ausgenommen zum Ein- oder Aussteigen oder zum Be- oder Entladen.[45] 2. Ladegeschäfte müssen ohne Verzögerung durchgeführt werden.
63.1		**Ge- oder Verbot** Mit dem Zusatzzeichen zu Zeichen 286 darf auch auf dem Seitenstreifen nicht länger als drei Minuten gehalten werden, ausgenommen zum Ein- oder Aussteigen oder zum Be- oder Entladen.
63.2		**Ge- oder Verbot** Mit dem Zusatzzeichen zu Zeichen 286 darf nur auf dem Seitenstreifen nicht länger als drei Minuten gehalten werden, ausgenommen zum Ein- oder Aussteigen oder zum Be- oder Entladen.

1	2	3
lfd. Nr.	**Zeichen und Zusatzzeichen**	**Ge- oder Verbote Erläuterungen**
63.3	 [46]	**Ge- oder Verbot** 1. Das Zusatzzeichen zu Zeichen 286 nimmt schwerbehinderte Menschen mit außergewöhnlicher Gehbehinderung, beidseitiger Amelie oder Phokomelie oder mit vergleichbaren Funktionseinschränkungen sowie blinde Menschen, jeweils mit besonderem Parkausweis Nummer …, vom Haltverbot aus. 2. Die Ausnahme gilt nur, soweit der Parkausweis gut lesbar ausgelegt oder angebracht ist.[47]
63.4		**Ge- oder Verbot** 1. Das Zusatzzeichen zu Zeichen 286 nimmt Bewohner[48] mit besonderem Parkausweis vom Haltverbot aus. 2. Die Ausnahme gilt nur, soweit der Parkausweis gut lesbar ausgelegt oder angebracht ist.
63.5		**Ge- oder Verbot** Durch das Zusatzzeichen zu Zeichen 286 wird das Parken für elektrisch betriebene Fahrzeuge innerhalb der gekennzeichneten Flächen erlaubt.[20a]
63.6		**Ge- oder Verbot** Durch das Zusatzzeichen zu Zeichen 286 wird das Parken für Carsharingfahrzeuge (§ 39 Absatz 11) innerhalb der gekennzeichneten Flächen erlaubt.

1	2	3
lfd. Nr.	**Zeichen und Zusatzzeichen**	**Ge- oder Verbote Erläuterungen**
64	Zeichen 290.1  Beginn eines eingeschränkten Haltverbotes für eine Zone	**Ge- oder Verbot** 1. Wer ein Fahrzeug führt, darf innerhalb der gekennzeichneten Zone nicht länger als drei Minuten halten, ausgenommen zum Ein- oder Aussteigen oder zum Be- oder Entladen. 2. Innerhalb der gekennzeichneten Zone gilt das eingeschränkte Haltverbot auf allen öffentlichen Verkehrsflächen[49], sofern nicht abweichende Regelungen durch Verkehrszeichen oder Verkehrseinrichtungen getroffen sind.[50] 3. Durch Zusatzzeichen kann das Parken für Bewohner mit Parkausweis oder mit Parkschein oder Parkscheibe (Bild 318) innerhalb gekennzeichneter Flächen erlaubt sein. 4. Durch Zusatzzeichen kann das Parken mit Parkschein oder Parkscheibe (Bild 318) innerhalb gekennzeichneter Flächen erlaubt sein. Dabei ist der Parkausweis, der Parkschein oder die Parkscheibe gut lesbar auszulegen oder anzubringen.
64.1		**Ge- oder Verbot** Durch das Zusatzzeichen zu Zeichen 290.1 wird das Parken für elektrisch betriebene Fahrzeuge innerhalb der gekennzeichneten Flächen erlaubt.[20a]
64.2		**Ge- oder Verbot** Durch das Zusatzzeichen zu Zeichen 290.1 wird das Parken für Carsharingfahrzeuge (§ 39 Absatz 11) innerhalb der gekennzeichneten Flächen erlaubt.

1	2	3
lfd. Nr.	**Zeichen und Zusatzzeichen**	**Ge- oder Verbote Erläuterungen**
65	Zeichen 290.2  Ende eines eingeschränkten Haltverbotes für eine Zone	
Abschnitt 9 Markierungen[51]		
66	Zeichen 293  Fußgängerüberweg	**Ge- oder Verbot** Wer ein Fahrzeug führt, darf auf Fußgängerüberwegen sowie bis zu 5 m davor nicht halten.
67	Zeichen 294 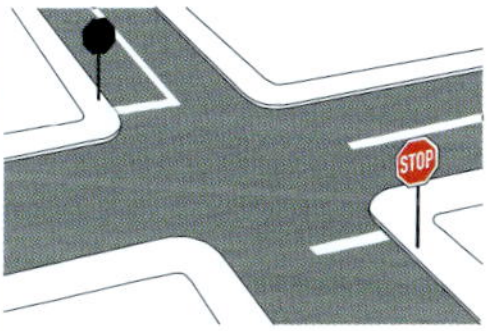 Haltlinie[52]	**Ge- oder Verbot** Ergänzend zu Halt- oder Wartegeboten, die durch Zeichen 206, durch Polizeibeamte, Lichtzeichen oder Schranken gegeben werden, ordnet sie an: Wer ein Fahrzeug führt, muss hier anhalten. Erforderlichenfalls ist an der Stelle, wo die Straße eingesehen werden kann, in die eingefahren werden soll (Sichtlinie), erneut anzuhalten.
68	Zeichen 295 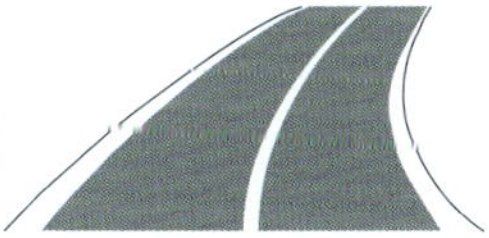 Fahrstreifenbegrenzung, Begrenzung von Fahrbahnen und Sonderwegen	**Ge- oder Verbot** 1. a) Wer ein Fahrzeug führt, darf die durchgehende Linie[53] auch nicht teilweise überfahren. b) Trennt die durchgehende Linie den Teil der Fahrbahn oder des Sonderwegs[53a] für den Gegenverkehr ab, ist rechts von ihr zu fahren.

1	2	3
lfd. Nr.	Zeichen und Zusatzzeichen	Ge- oder Verbote Erläuterungen
		c) Grenzt sie einen befestigten Seitenstreifen ab, müssen außerorts landwirtschaftliche Zug- und Arbeitsmaschinen, Fuhrwerke und ähnlich langsame Fahrzeuge möglichst rechts von ihr fahren. d) Wer ein Fahrzeug führt, darf auf der Fahrbahn nicht parken, wenn zwischen dem abgestellten Fahrzeug und der Fahrstreifenbegrenzungslinie kein Fahrstreifen von mindestens 3 m mehr verbleibt.[54] 2. a) Wer ein Fahrzeug führt, darf links von der durchgehenden Fahrbahnbegrenzungslinie nicht halten, wenn rechts ein Seitenstreifen oder Sonderweg vorhanden ist. b) Wer ein Fahrzeug führt, darf die Fahrbahnbegrenzung der Mittelinsel des Kreisverkehrs nicht überfahren. c) Ausgenommen von dem Verbot zum Überfahren der Fahrbahnbegrenzung der Mittelinsel des Kreisverkehrs sind nur Fahrzeuge, denen wegen ihrer Abmessungen das Befahren sonst nicht möglich wäre. Mit ihnen darf die Mittelinsel überfahren werden, wenn eine Gefährdung anderer am Verkehr Teilnehmenden ausgeschlossen ist. 3. a) Wird durch Zeichen 223.1 das Befahren eines Seitenstreifens angeordnet, darf die Fahrbahnbegrenzung wie eine Leitlinie zur Markierung von Fahrstreifen einer durchgehenden Fahrbahn (Zeichen 340) überfahren werden.

1	2	3
lfd. Nr.	**Zeichen und Zusatzzeichen**	**Ge- oder Verbote Erläuterungen**
		b) Grenzt sie einen Sonderweg ab, darf sie nur überfahren werden, wenn dahinter anders nicht erreichbare Parkstände angelegt sind oder sich Grundstückszufahrten befinden[54a] und das Benutzen von Sonderwegen weder gefährdet noch behindert wird. c) Die Linie zur Begrenzung von Fahrbahnen oder Sonderwegen[54b] darf überfahren werden, wenn sich dahinter eine nicht anders erreichbare Grundstückszufahrt befindet. **Erläuterung** 1. Als Fahrstreifenbegrenzung trennt das Zeichen den für den Gegenverkehr bestimmten Teil der Fahrbahn oder mehrere Fahrstreifen für den gleichgerichteten Verkehr voneinander ab. Die Fahrstreifenbegrenzung kann zur Abtrennung des Gegenverkehrs aus einer Doppellinie bestehen. Die Doppellinie kann voneinander abgesetzt aufgebracht sein, dann kann der verbleibende Zwischenraum in grüner Farbe ausgefüllt sein, was weder einen Mittelstreifen noch eine bauliche Trennung darstellt. 2. Als Fahrbahnbegrenzung kann die durchgehende Linie auch einen Seitenstreifen oder Sonderweg abgrenzen. 3. Als Begrenzung eines Sonderwegs kennzeichnet sie den Verlauf des für den Radverkehr bestimmten Teils des Sonderwegs.

1	2	3
lfd. Nr.	**Zeichen und Zusatzzeichen**	**Ge- oder Verbote Erläuterungen**
69	Zeichen 296 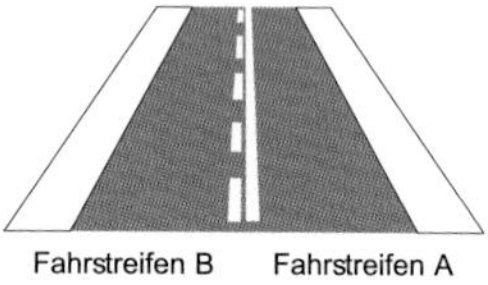 Einseitige Fahrstreifenbegrenzung	**Ge- oder Verbot** 1. Wer ein Fahrzeug führt, darf die durchgehende Linie nicht überfahren oder auf ihr fahren. 2. Wer ein Fahrzeug führt, darf nicht auf der Fahrbahn parken, wenn zwischen dem parkenden Fahrzeug und der durchgehenden Fahrstreifenbegrenzungslinie kein Fahrstreifen von mindestens 3 m mehr verbleibt. 3. Für Fahrzeuge auf dem Fahrstreifen B ordnet die Markierung an: Fahrzeuge auf dem Fahrstreifen B dürfen die Markierung überfahren, wenn der Verkehr dadurch nicht gefährdet wird.
70	Zeichen 297  Pfeilmarkierungen	**Ge- oder Verbot** 1. Wer ein Fahrzeug führt, muss der Fahrtrichtung auf der folgenden Kreuzung oder Einmündung folgen, wenn zwischen den Pfeilen Leitlinien (Zeichen 340) oder Fahrstreifenbegrenzungen (Zeichen 295) markiert sind.[55] 2. Wer ein Fahrzeug führt, darf auf der mit Pfeilen markierten Strecke der Fahrbahn nicht halten (§ 12 Abs. 1).[56] **Erläuterung** Pfeile empfehlen, sich rechtzeitig einzuordnen und in Fahrstreifen nebeneinander zu fahren. Fahrzeuge, die sich eingeordnet haben, dürfen auch rechts überholt werden.

1	2	3
lfd. Nr.	**Zeichen und Zusatzzeichen**	**Ge- oder Verbote Erläuterungen**
71	Zeichen 297.1 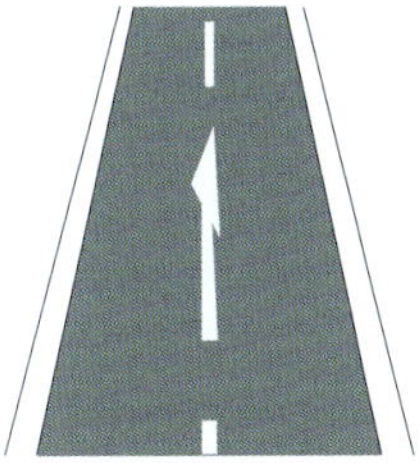 Vorankündigungspfeil	**Erläuterung** Mit dem Vorankündigungspfeil wird eine Fahrstreifenbegrenzung angekündigt oder das Ende eines Fahrstreifens angezeigt. Die Ausführung des Pfeiles kann von der gezeigten abweichen.
72	Zeichen 298 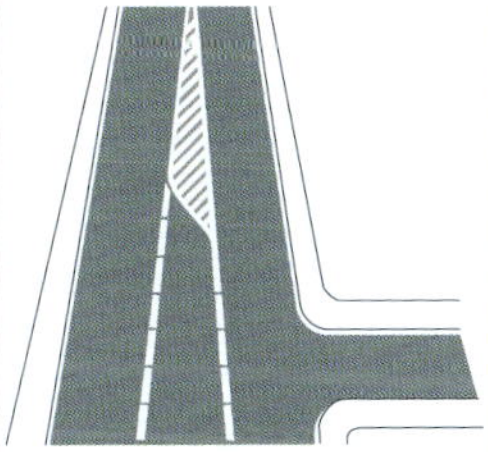 Sperrfläche	**Ge- oder Verbot** Wer ein Fahrzeug führt, darf Sperrflächen[57] nicht benutzen.
73	Zeichen 299 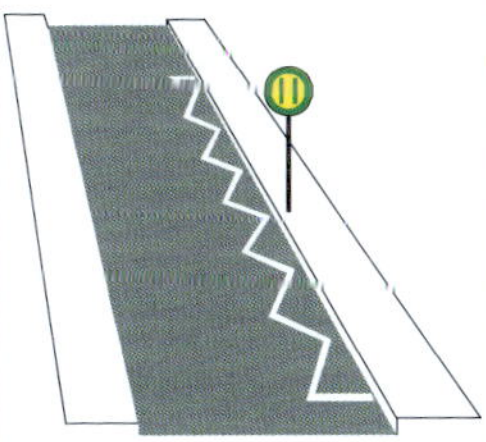 Grenzmarkierung für Halt- oder Parkverbote	**Ge- oder Verbot** Wer ein Fahrzeug führt, darf innerhalb einer Grenzmarkierung für Halt- oder Parkverbote nicht halten oder parken. **Erläuterung** Grenzmarkierungen bezeichnen, verlängern oder verkürzen ein an anderer Stelle vorgeschriebenes Halt- oder Parkverbot.[58]

1	2	3
lfd. Nr.	**Zeichen und Zusatzzeichen**	**Ge- oder Verbote Erläuterungen**
74	Parkflächenmarkierung	**Ge- oder Verbot** Eine Parkflächenmarkierung erlaubt das Parken; auf Gehwegen aber nur Fahrzeugen mit einer zulässigen Gesamtmasse bis zu 2,8 t[59]. Die durch die Parkflächenmarkierung angeordnete Aufstellung ist einzuhalten. Wo sie mit durchgehenden Linien markiert sind, dürfen diese überfahren werden. **Erläuterung** Sind Parkflächen auf Straßen erkennbar abgegrenzt, wird damit angeordnet, wie Fahrzeuge aufzustellen sind.

Erläuterungen

1 Zur Beschilderung eines unbeschr. Bahnübergangs in bes. Fällen vgl. *München* NZV 2000, 206. Kombination von Z 201 und 206 derzeit nicht mögl.; Z 206 steht nur an Straßenkreuzungen. Bund und Länder prüfen, ob durch Rechtsänderung (ggf. durch Ausnahme-VO) mittels Zulassung der Kombination den BÜ-Unfällen an dafür besonders geeigneten BÜ unter Einhaltung bestimmter Parameter begegnet werden kann. Probleme bestehen dabei vor allem bzgl. der Neuausrichtung der sog. Annäherungszeiten seitens des Schienenverkehrs, der Freihaltung von Sichtdreiecken und des schwierigen Anfahrens an sog. Kuppen (Gefahr des Abwürgens des Motors – längere Räumzeiten). Das Ansinnen, Z 201 künftig entspr. den Vorgaben des Wiener Übereinkommens über den Straßenverkehr und Straßenverkehrszeichen zu gestalten, wurde seitens der BASt bewertet und für nicht zielführend bezeichnet, weil dies die Auffälligk. des Z nicht erhöht.

1a Ergänzung um die Elektrokleinstfzg erfolgte mit Novelle v. 20.4.2020 (BGBl I S. 818) durch BR (BR-Drs. 591/19 Beschl.). Derzeit liegt zu dem ZZ bezogen auf den Radverk. ein Verstoß gegen § 41 Abs. 2 S. 3 vor. Das ZZ des gegenläufigen Radverk. ist nicht in § 41 Abs. 2 S. 4 aufgez., damit ist es kein besonderes ZZ. Es kann damit nach S. 3 nur eine allg. Beschr. des Vorfahrtgebotes enthalten oder eine allg. Ausnahme von diesem. Dies soll das ZZ aber nicht bewirken, es kommt hingegen ausschließl. als allg. Hinweis zur Anwendung, dass mit Radverk. aus beiden Richtungen auf einem für den Gegenverk. freigegebenen Radweg zu rechnen ist. Es müsste damit mit der nächsten Novelle eine Aufnahme des ZZ in Satz 4 erfolgen. Bezogen auf Elektrokleinstfzg ist misslich, dass § 39 um ein besonderes Piktogramm zu den Elektrokleinstfzg ergänzt wurde, dies aber an dieser Stelle nicht aufgenommen wurde. BMVI wollte dies, BR ist dem aber nicht gefolgt (Begr: Verhinderung des Umbeschilderungsaufwands). **Vgl. Erl. 25a.** Vorschr. kann damit derz. nicht zur Anwendung kommen. Anstelle muss die Erläuterung „Entsprechendes kann durch Zusatzzeichen für Elektrokleinstfzg nach der eKFV angeordnet sein. Beide Fahrzeugarten können auch gemeinsam auf einem Zusatzzeichen abgebildet sein." eingef. werden, wie ehemals vom BMVI im VO-Gebungsverf. vorgeschlagen.

2 Anordnung sollte auf Fälle beschränkt werden, in dem z.B. auf dem „Zweirichtungs-Radweg" erhebl. Radverk. herrscht und ein wartepflicht. Kraftf. bei durchschn. Aufmerksamkeit die Lage nicht „überblickt".

3 Es ist in jedem Fall anzuhalten, auch wenn sich auf der bevorrechtigten Straße kein Fzg nähert. Das Fzg muss zu einem, wenn auch ggf. nur kurzen, Stillstand kommen.

4 Folg. Fälle sind zu unterscheiden:

a) IdR ist bei Z 206 eine Haltlinie (Z 294) anzubringen, die mit der Sichtlinie übereinstimmen muss (Rn. 2 VwV-StVO zu Z 206). Dann muss an der Haltlinie – und zwar mit dem gesamten Umriss des Fzg vor ihr – gehalten werden. Ist die Haltlinie im Einzelfall so angebracht, dass die andere Straße noch nicht übersehen werden kann (falsche Position der Haltlinie oder Sichtbehinderung z.B. durch Büsche), so muss erneut dort angehalten werden, wo volle Sicht besteht (Sichtlinie); die StrVerk-Beh sollte verständigt werden, damit Abhilfe geschaffen wird. Ist zweifelhaft, ob die Haltlinie auch gleichzeitig „Sichtlinie" ist (hier gibt es eine „Grauzone", weil die Erl. zu Z 206 den unbestimmten Begriff „zu übersehen" verwendet – also keine Angabe der notw. Sichtweite in Metern – und damit ein Beurteilungsspielraum besteht), so muss sich der Fzgf., nachdem er zunächst an der Haltlinie angehalten hat, vorsichtig in die bevorrechtigte Straße hineintasten, ohne aber zwingend nochmals zu einem vollen Halt zu kommen.

b) Ist die Haltlinie vor einer Ampel angelegt und ist bei Abschaltung der Ampel ein Z 206, das nicht am gleichen Ampelpfosten angebracht ist, zu beachten, so gilt die der Ampel zugeordnete Linie nicht auch für das Z 206; an ihr muss daher nicht gehalten werden (vgl. VD 76, 211). Zu halten ist hier an der Sichtlinie (*Bouska* NZV 2000, 498); oder zusätzlich an der dem Z 206 zugeordneten Haltlinie, wenn zusätzlich vorhanden.

c) Ist – ausnahmsweise – keine Haltlinie vorhanden, so ist an der „Sichtlinie" anzuhalten. Warten vor einer Kreuzung oder Einm. mehrere Fzg, so muss das jeweils vorderste unmittelbar vor der Einfahrt in die bevorrechtigte Straße anhalten, auch wenn der Fzgf. in „zweiter Position" bereits zum Halten gekommen war und von dort aus die bevorr. Straße weitgehend übersehen konnte; denn es kommt immer auf die konkr. Verkehrssituation in dem Augenblick an, in dem das Fzg in die bevorr. Straße tatsächlich einfahren kann, also in „erster Position" unmittelbar davor steht.

4a Vgl. Erl. 1a. Entspr. Ausführungen gelten für das ZZ zu Z 206.

5 Vgl. auch Erl. zu Z 306.

6 Wo Pfeile oder VZ das Linksabbiegen zulassen, darf auch gewendet werden (VD 74, 155; vgl. auch *Mühlhaus* DAR 77, 7). Wendeverbot durch VZ vgl. Z 272.

7 Mit dem Neuerlass der StVO wurde der vormalige § 9a Abs. 2 hier eingefügt. Z 215 hat keine vorfahrtreg. Bedeutung. Deshalb. muss bei Aufstellung des Z 215 stets auch Z 205 angeordnet werden (VwV-StVO zu Z 215). Es gilt ein absolutes Haltverbot für die Fahrb. und damit – selbstverständlich – auch ein Parkverbot. Verläuft entlang der Kreisfahrb. ein Rad- und/oder Gehweg, so besteht auf diesen Wegen ebenfalls Haltverbot (§ 12 Abs. 4). Sind Z 237 ff. angeordnet, folgt das Benutzungsverbot für Kfz auch aus diesen Z. Mittelinsel eines Kreisverk. darf bereits nach § 2 Abs. 1 Satz 1 nicht befahren werden. Vorschr. ist nur notw. weil sie als „Basis" der Ausnahme nach Satz 2 dient. Auch Schneiden der Kreisfahrbahn ist unzulässig (vgl. *Hamm* DAR 2004, 90). Fraglich ist, ob Abs. 2 auch Kreisverkehre betrifft, die nicht mit Z 215/205 beschildert sind. Die amtl. Begr. sagt dazu nichts, ist aber wohl zu verneinen, weil Satz 1 den Begriff „des Kreisverkehrs" (nicht „eines Kreisverkehrs") verwendet und damit den Bezug zu Abs. 1 herstellt. Das Überfahrverbot für Mittelinseln in and. Kreisverk. ergibt sich demnach „nur" aus § 2 Abs. 1. Daher gilt auch die Ausnahme des Abs. 2 Satz 2 in solchen Fällen nicht (das ist auch zweckmäßig, weil Mittelinseln häufig baulich und nach ihrer Ausstattung so gestaltet sind, dass ein Überfahren „technisch" unmöglich oder jedenfalls mit erhebl. Beschädigungen verbunden wäre – hohe Bordsteine, Bepflanzung, Denkmäler usw.). In solchen Fällen muss die Benutzung des Kreisverk., wenn bauliche „Aufweitungen" nicht möglich sind, für übermäßig lange Fzg durch geeignete VZ beschränkt oder verboten werden. Soweit ein „Überfahren" zulässig ist, muss die Straßenbaubehörde die Mittelinsel so anlegen und ausstatten (z.B. Niederborde), dass weder das Fzg noch die Insel beschädigt werden kann. Ausnahme des Befahrens der Mittelinsel gilt nur für Schwerverkehr, nicht für Pkw oder einspurige Fzg Beim Befahren wird höchste Sorgfaltsstufe verlangt, vor allem wenn auf der Mittelinsel mit Fußg. zu rechnen ist, ebenso beim „Einfahren" auf die Fahrb. nach Benutzung der Mittelinsel; alle übrigen VT, vor allem der Fahrbahn-Verkehr, haben dann ggf. Vorrang.

8 Gegenverkehr für best. Fahrzeugarten darf auf der Fahrbahn einer Einbahnstraße grds. nicht zugelassen werden (vgl. *BGH* DAR 61, 287 = VRS 21, 228 = VM 61, 73 = NJW 61, 1779; *BayOLG* VRS 20, 302 = NJW 61, 576). Eine Ausnahme gilt für den Radverkehr. Fußg., die Fzg führen, dürfen die Einbahnstraße in Gegenrichtung benutzen. Rückwärtsfahren unter Beachtung des § 1 Abs. 2, § 9 Abs. 5 nur in geringem Umfang zulässig, insbes. zum Einparken (*Hamm* DAR 78, 54; im Erg. auch *Karlsruhe* VM 78, 13; vgl. auch VD 78, 149). Vertretbar erscheint hierzu eine Strecke von

höchstens 10 m. Allerdings braucht ein Kraftf. nicht mit Rückwärtsfahren eines and. zu rechnen (*Hamm* aaO), so dass jede Rückwärtsbewegung unterbleiben muss, wenn und so lange ein Kfz von hinten herankommt. Sog. unechte Einbahnstraßen sind solche, bei denen die Einfahrt von einer Seite mit Z 267 gesperrt wird, die aber nicht mit Z 220 zur Einbahnstraße im Rechtssinne erklärt werden. In solchen Straßen ist Gegenverkehr allg. zulässig; die Maßn. dient lediglich der Beruhigung des Verkehrs. Hier können best. Verkehrsarten, insbes. Radf., durch ZZ vom Einfahrtverbot des Z 267 ausgenommen werden.

8a **Vgl. Erl. 1a und 25a**. Entspr. Ausführungen gelten für das ZZ zu Z 220. Zudem hat der BR es unterlassen, im Folgenden bei der Erläuterung gleichsam die Ergänzung um die Elektrokleinstfzg vorzunehmen. Es ist also bei der nächsten Novelle Änderung zwingend und Ergänzung zu erwarten, dass die für den Radverk. geltende rechts-vor-links Regelung bei der Ausf. auch für Elektrokleinstfzg anzuwenden ist.

9 Nur dieses ZZ bewirkt die Freigabe des Radverkehrs in Gegenrichtung. Prüfung der Zulassung von Radverkehr in Gegenrichtung steht im pflichtgemäßen Ermessen der StrVerkBeh. Sie muss die betroff. Interessen sorgfältig abwägen (vgl. *BVerwG* DAR 95, 170 = NZV 95, 165 = VRS 89, 60 = VM 95, Nr. 33 = NJW 95, 1371), Anord. darf nur ergehen, wenn unter Berücks. der örtl. Gegebenheiten nach „menschlichem Ermessen“ nicht mit Unfällen in einem Maße gerechnet werden muss, dass die Unfallgefahr bei regulären, also Nicht-Einbahnstraßen, wesentlich übersteigt. „Erforderlich“ iSd VwV ist die Benutzung einer Straßenstrecke nicht schon deshalb, weil andernfalls Radf. zw. zwei für sie „freien“ Strecken für eine kurze Strecke absteigen und das Fahrrad (etwa auf einem Gehweg) schieben müssten. Die Zulassung gegenläuf. Fahrrad-Verk. muss sich daran ausrichten, ob sie wegen der bes. Bedeutung der „Fahrrad-Trasse“ nach entspr. Abwägung der Int. des Radverk. notw. erscheint. Die Begegnungsstrecke ist von „geringer Länge“, wenn sie idR nicht länger als 300 m, bei bes. guter Überschaubarkeit höchstens 400 m ist. Einbahnstraßen mit zugelass. Radfahr-Gegenverkehr sind keine „Fahrbahnen für eine Richtung“, so dass sich bei zweckentspr. Auslegung Fzg vor dem Linksabbiegen nur bis zur Mitte der Fahrb. einordnen dürfen (§ 9 Abs. 1 Satz 2). Auf jeden Fall muss links von einem linksabbieg. Fzg Raum für einen entgegenkomm. Radf. bleiben. Im Übrigen gilt auf Einbahnstraßen mit zugel. Radfahrverkehr in beiden Richtungen das Rechtsfahrgebot (§ 2 Abs. 2). Vgl. insges. auch *Bouska* DAR 97, 337. Mit Neuerlass der StVO wurde ausdrücklich klargestellt, dass die allg. Vorfahrt-Regel rechts vor links bei Vorbeifahrt an der für den gegenläufigen Radverk. freigegebenen Einbahnstraße gilt. Handelt es sich um eine Einbahnstraße, die auf eine vorfahrtberechtigte Straße (Z 306) trifft, dann ist für den ausfahrenden Radverk. Z 205 anzuordnen.

10 Z 223.1 kommt nur für überdurchschnittl. belastete AB (kann aber auch für andere Strecken wie z.B. Kraftfahrstraßen angeordnet werden) in Betracht,

bei denen wegen dichten Verkehrsaufkommens zu bestimmten Zeiten der Verkehrsfluss erheblich gestört ist. Zu den generellen Anforderungen vgl. VkBl. 2002, S. 691. Vor Freigabe des Seitenstreifens ist Abwägung aller Belange erforderlich: Der Seitenstreifen hat erhebl. Bedeutung für die Verkehrssicherheit (z.B. Abstellen eines liegen gebliebenen Fzg, Ausweichraum). Die Vorteile der Freigabe (z.B. Stauabbau, Verhinderung von Auffahrunfällen am Stauende) müssen gegenüber den Nachteilen des temporären Wegfalls des Seitenstreifens dominieren. Solch geänderte Streckenverläufe sorgen ggf. für neue Lärmbetroffenheiten von Anwohnern. Seitenstreifen muss idR vor Freigabe baulich ertüchtigt werden (ausreichende Tragfähigkeit, keine Querneigung der Fahrbahnoberfläche, Vorhalten von Nothaltebuchten etc.); zudem muss vor und während der Anordnung geprüft werden, ob Seitenstreifen frei von Hindernissen ist. Freigabe nur iVm Tempolimit (Z 274) zulässig. Z 295 bleibt in ihrem Markierungsbild unverändert, enthält aber durch Z 223.1 rechtlich die Bedeutung einer Leitlinie (Z 340), durchgehende Linie darf damit z.B. zwecks Überholens überfahren werden. Für Seitenstreifen gilt für die Dauer der Anordnung das Rechtsfahrgebot.

11 Durch das Z verliert die durchgehende Linie ihre rechtliche Bedeutung als Leitlinie, sie wird wieder zur Fahrbahnbegrenzung. Ab dem Z darf der Seitenstreifen nicht mehr als Fahrstreifen benutzt werden. VO-Geber wollte den Anschlussstellenbereich von der Seitenstreifenbenutzung freihalten (Gefahr der Kollision von Ein- und Ausfahrenden mit Seitenstreifenbenutzern). Zur Folge bei unterbliebener Anordnung des Z im Anschlussstellenbereich vgl. *Celle* DAR 2006, 267 (Amtspflichtverletzung bei Beschilderung einer mobilen Wanderbaustelle).

12 Z soll nach VwV durch ZZ „Seitenstreifen räumen" unterstützt werden. Es steht wenigstens 400 m vor Z 223.2. Anstelle des Z kann auch Z 223.1 mit Zusatzschild „Ende in … m" angeordnet sein. Es enthält das Gebot des Wechselns auf den ursprünglichen rechten Fahrstreifen (vgl. § 7 Abs. 5).

13 Z 224 kann isoliert aufgestellt werden, kann aber auch auf einem hellgrundigen mögl. weißen Hintergrund, z.B. auf einer rechteckigen Tafel, gezeigt werden. Z 224 kann auch z.B. in Haltestellensäulen integriert werden; es muss jed. als amtl. VZ stets klar erkennbar bleiben (mind. heller Hintergrund, deutliche Absetzung von anderen Texten oder Darstellungen). Z 224 wird durch die StrVerkBeh angeordnet. Zur Beschränkung von Einwendungen eines Anliegers vgl. *VGH Mannheim* NZV 95, 333.

Andere Kennzeichnung von Schulbushaltestellen ist nicht zulässig. Kennzeichnung überall dort, wo das zur Sicherung des Schulbusverkehrs nach den örtl. Verhältnissen notw. erscheint, also nicht in jedem Fall (z.B. idR nicht erforderlich, wenn Schulbushaltestelle mit allg. Haltestelle nach Z 224 zusammengelegt ist). Die Schulbushaltestelle ist ebenfalls von der StrVerkBeh anzuordnen und vom Straßenbaulastträger (ggf. nach näherer Anordnung der StrVerkBeh) anzulegen und auszugestalten. Polizei und Schulbehörde sind vorher zu hören. Eine unmittelbare Amtspflicht der

Schulbehörde für die Einrichtung u. techn. Sicherung der Haltestelle besteht nicht (a.A. wohl *BGH* VRS 77, 222 = DAR 81, 318). Eine solche Verpfl. der Schulbeh. könnte allenfalls für die Beaufsichtigung der Schulkinder an Schulbushaltestellen im unmittelb. Schulbereich angenommen werden.

14 Mit Neuerlass der StVO wurde das Wort „betriebsbereit" an die Vorschrift des PBefG „zur Fahrtgastbeförderung bereit gehaltene Taxen" angepasst.

15 Die vormalige Regelung in § 41 Abs. 2 Nr. 5b über ein durch Treten fortbewegtes Mofa wurde mangels Praxisrelevanz mit dem Neuerlass der StVO gestrichen. Die Z 239 ff. unterscheiden bei Zulassung anderer Verkehre zwischen Fahr- und Fahrzeugverkehr. Dies ist notwendig, um auch § 28 Rechnung zu tragen.

16 Mit dem Neuerlass der StVO wurde zum Zwecke der Beseitigung einer bedenklichen Doppelbewehrung die Benutzungspflicht ausschließlich an das angeordnete Z geknüpft (vgl. geänd. § 2). Auch ein Liegefahrrad ist ein Fahrrad iSd StVO (*BVerwG* VRS 2001, 310 = NZV 2001, 493). Benutzungspflicht gilt auch für Fahrräder mit Anhänger, wenn ihnen ein Befahren infolge ihrer Ausmaße obj. möglich ist. Dies gilt selbst für Rennradfahrer (*Düsseldorf* NZV 92, 291 = VRS 83, 285 = VM 92, 39). Keine Benutzungspflicht, wenn wegen der Beschaffenheit des Radwegs oder seines Zustandes (z.B. tiefer Schnee, Eis, tiefe Löcher) für Radf. nicht zumutbar (*Düsseldorf* am zul. aO; *Köln* NZV 94, 278) oder unmöglich (z.B. wegen großer Breite des Fzg mit Anhänger). Anordnung der Radwegebenutzungspflicht ist ein Fahrbahnbenutzungsverbot immanent (BVerwGE 138, 159-166 und *BVerwG* in NJW 2012, 3048-3051), sodass die Anordnung an § 45 Abs. 9 Satz 2 StVO zu messen ist. Hierbei ist das Vorliegen einer besonderen Gefahrenlage aufgrund der Örtlichkeit darzulegen. Es muss die Mitbenutzung der Fahrbahn durch den Radverkehr zu einer Gefährdungssituation (Sicherheit oder Leichtigkeit des Verkehrs) führen, die auch mit Blick auf den Ausbauzustand des Radwegs nicht hinnehmbar ist (vgl. dazu Erl. zu § 45 Abs. 9). Konkret dazu wird in die Gesamtabwägung auch einzustellen sein, dass es aufgrund einer von der Rechtslage abweichenden Verwaltungspraxis im deutschen Straßenbild künftig eine zunehmende Anzahl nicht benutzungspflichtiger Radwege geben wird, wissenschaftlich aber nachgewiesen ist, dass der Radverkehr besonders stark gefährdet ist, wo Kfzf. ihn nicht erwarten bzw. nicht sehen können. Besonderes Augenmerk ist daher in der Gesamtabwägung auf deutlich erkennbare Radwege zu werten (z.B. infolge unterschiedlicher Farbmarkierung oder Pflasterung im Vergleich zum daneben befindlichen Fußweg). Sie bergen besondere Gefahren, da Kfzf. erfahrungsgemäß generell davon ausgehen, dass baulich angelegte Radwege auch vom Radverkehr tatsächlich frequentiert werden. Mit Radverkehr auf der Fahrbahn wird in solchen Fällen eher nicht gerechnet, was zwangsläufig zu einer erhöhten Gefährdung von auf der Straße fahrenden Radf. führen muss. Konsequenzen daraus sind ggf. im Rahmen der Ermessensausübung dahingehend zu ziehen, dass ergänzend zur Anordnung der Radwegebenutzungspflicht ggf. Gefahrzeichen oder eine negative Vorfahrtbeschilderungen für den Radverkehr an Kreuzungen oder Einmündungen sicherer sind oder statt der Radwegebenutzungspflicht ggf. Geschwindigkeitsbeschr. oder Überholverbote auf der Fahrb. in Betracht gezogen werden müssen. Bund und Länder bereiten derzeit Handlungsempfehlungen zur Anordnung der Radwegebenutzungspflicht im Lichte der *BVerwG*-Entscheidung vor.

Mit der Ausgestaltung der VwV-StVO hat sich Gesetzgeber dazu entschieden, die ERA lediglich hinsichtlich der baulichen Ausgestaltung der Radwege heranzuziehen. Einsatzgrenzen etc. sind davon ausdrücklich gerade nicht erfasst. Bei der ERA 2010 handelt es sich zudem nicht um eine anerkannte Regel der Technik. Sie ist keine Richtlinie, die durch das BMVBS mit ARS eingeführt wurde und sie enthält nicht mehrheitsfähige Inhalte und ist nicht mit den Ländern abgestimmt, die sich in Teilen sogar ausdrücklich gegen den Inhalt dieser Empfehlungen ausgesprochen haben.

17 Gehweg ist auch ohne Kennzeichnung mit Z 239 jede öff. Verkehrsfläche, die auf Grund ihrer baulichen Gestaltung – insbes. Absetzung durch Bordsteine – erkennbar zur Benutzung durch Fußg. bestimmt ist; hier gilt stets § 25 auch ohne Kennzeichnung durch Z 239. Die Benutzungspflicht ergibt sich bereits aus der allg. Verkehrsregel. Durch Z 239 wird diese anders als bei den anderen Sonderwegen nicht angeordnet. Wird eine Straßenfläche niveaugleich ausgebaut, auf einer Seite oder auf beiden Seiten jed. ein Streifen durch andersartige oder andersfarbige Oberflächengestaltung, ggf. „unterstützt" durch eine Pflasterrinne, angelegt, so ist dies ohne Kennzeichnung durch Z 239 kein Gehweg, sondern ein Seitenstreifen (anders allenfalls bei „gehwegtypischem" Belag). Anders als bei der „Schilderwaldnovelle" wurde im Rahmen des Neuerlasses der StVO für Gehwege die Schrittgeschwindigkeit beibehalten. Hintergrund: Bund und Länder lehnen Flanierzone nach Schweizer Vorbild aus Gründen der Verkehrssicherheit ab, weil eine Geschw. von 20 km/h mit einem Vortrittsrecht für Fußg. nicht vereinbar sei (vgl. Begr.), auch im verk. Bereich wurde Schrittgschw. beibehalten. Auch weil Sport und Spiel auf Fußgänger-Verkehrsfl. erlaubt sind. Auch findet hier der kommunikative Gemeingebrauch statt. Damit ist nur 4 – 7 km/h (*Köln* VRS 68, 382) vereinbar. Radf. muss zudem jederzeit sicher in der Lage sein anzuhalten (vgl. *LG Hannover* VD 12/06 S. 326). Auf konkrete Vorgabe eines Tempolimits wurde extra verzichtet (Hintergrund: Radverk. verfügt idR nicht über Tacho, er kann sich nur an der Geschw. der Fußg. orientieren, der er sich ungefähr anzunähern hat). Werden Radf. durch ZusatzZ zugelassen, muss dies mit den Belangen der Fußg. vereinbar sein. Zudem bedürfen die Fahrbahnübergänge wie bei Radwegen einer Absenkung. Zudem muss die Beschaffenheit der Fußgängerverkehrsfläche für Radfahrer geeignet sein.

18 Bevor ein FußgZone verkehrsrechtl. mit Z 242.1 gekennzeichnet wird, muss die straßenrechtl. Teileinziehung erfolgen. Anschl. kann die StrVerk-

Beh im Einvernehmen mit der Gemeinde die Aufstellung der Z anordnen (§ 45 Abs. 1b). Das Verhalten der VT in der FußgZone regelt sich ausschließlich nach der StVO. Orts- oder landesrechtl. Vorschr. sind nicht zulässig und, sofern sie gleichwohl erlassen werden (z B. durch kommunale Satzung), sind sie unwirksam. Parken in FußgZonen ist grds. verboten, auch für Krafträder (*Köln* NZV 97, 191 = VRS 92, 362); allerdings umfasst eine – durch ZZ zugelassene – Benutzung der FußgZone durch Kfz (z. B. im Lieferverkehr, vgl. Erl. 3) auch die Befugnis zum Parken, soweit dies zu dem zugel. Zweck erforderlich ist. Fahrräder dürfen ggf. eingeschoben werden und werden abgestellt, nicht geparkt. Verbotenes Parken in FußgZonen ist nur als Verstoß gegen die StVO zu ahnden, nicht als unbefugte Sondernutzung nach Straßenrecht (*BayOLG* VRS 70, 53); gilt entspr. für unbefugtes Befahren. Keine uneingeschränkte Anfahrmöglichkeit für Anlieger, auch nicht auf Grund des Art. 14 Abs. 1 GG (*BVerwG* DAR 94, 250 = VRS 87, 63 = NZV 94, 125). Zugelassen sind neben den Fußg. auch besond. Fortbewegungsmittel (§ 24 Abs. 2), ebenso Kinder bis zum vollend. 10. Lebensjahr auf Fahrrädern (§ 2 Abs. 5). ZZ „Lieferverkehr frei“ berechtigt auch zur Anlieferung oder Abholung von Gegenständen, die einen Transport mit dem Fzg erfordern, durch private Fzg, also nicht nur im gewerbl. Lieferverkehr; aA *KG* VRS 62, 65; *BVerwG* DAR 94, 250 = VRS 87, 63 = NZV 94, 125. Würde die Rspr. der für die Ahndung von Verstößen zust. Gerichte der Auff. des *BVerwG* folgen, so müssten andere ZZ gewählt werden, die eine Klarstellung zugunsten nicht-gewerblicher, gleichwohl aber notwendiger Transporte bringen. Abholen und Bringen von Personen ist jed. nicht erlaubt (*Düsseldorf* DAR 84, 326). Nach Beendigung des Liefervorgangs muss FußgZone auf dem kürzesten Wege verlassen werden (*BayOLG* VRS 80, 226 = NZV 91, 164). Sind best. Fzg durch ZusatzZ zu best. Zeiten zugelassen, so müssen sie am Ende des zugel. Zeitraums FußgZone wieder verlassen haben (Benutzungsverbot umfasst auch ruh. Verkehr (vgl. dazu sinngem. *Celle* VRS 74, 66). Schrittgeschw. = 4 – 7 km/h (*Köln* VRS 68, 382). Es besteht ein absoluter Vorrang der Fußg. in FußgZonen.

19 Fahrradstraßen bedingen idR eine vorherige Teileinziehung, auch, wenn mit ZZ FzgVerkehr zugelassen wird, weil dieses dann Reiter etc. ausschließt. An der Einmündung oder Kreuzung solcher Fahrb. mit and. Fahrb. gelten – anders als bei baulich als Radwege gestalteten Wegen – die Regeln der Vorfahrt, also § 8, und nicht die Regeln über das „Einfahren“, § 10. And. FzgVerkehr ist idR KfzVerkehr, ggf. beschränkt auf best. Größenordnung, auf Anlieger oder Lieferverkehr. Unbest. Rechtsbegriff der mäßigen Geschw. wurde durch StVO-Neuerlass in 2013 durch konkrete Geschw.vorgabe ersetzt.

Fahrradstraßen sind Sonderwege eigener Art, die idR baulich wie eine Fahrb. angelegt und ausgestattet sind, für die grds. auch die Regeln des Fahrb.Verk. gelten. Sie bieten sich an für Hauptverbindungen des Radverkehrs. Nebeneinanderfahren also zul., wenn übr. Verk. in best. Maße „behindert“ wird; die Grenze liegt – über den stets zu beachtenden § 1 Abs. 2 –

dort, wo ein Überholen nicht mehr möglich ist und zul. Gegenverkehr behindert oder gefährdet wird. Mit dieser Maßgabe dürfen auch mehr als zwei Radfahrer nebeneinander fahren.

Fahrradstraßen setzen den Rückbau baulich abgesetzter Radwege voraus, oder deren Umwandlung in eine Verkehrsfläche für Fußgänger (hier dürfte sich Z 293 empfehlen) – parallele Vorhaltung von Radweg und Fahrbahn verunsichert und ist zu vermeiden. Im Übrigen gelten die Vorschriften über die Fahrbahnbenutzung und über die Vorfahrt (rechts vor links, Vorfahrtzeichen (§ 45 Abs. 9) etc.). Fahrradstraße kann mit ihrem Regelungsgehalt (z. B. Nebeneinanderfahren von Radfahrern immer erlaubt, keine Maßnahme der Verkehrsberuhigung) nicht in eine Tempo 30-Zone (Maßnahme der Verkehrsberuhigung) integriert werden. Zeichen 244.1 (Fahrradstraße) ist zudem im Unterschied zu Zeichen 274.1 (Tempo 30-Zone) streckenbezogen. Auch Anlage von FGÜ ist dort zulässig. Zonenbeschilderung ist daher vorher aufzuheben und danach wieder zu beginnen. Dort ist Nebeneinanderfahren von Radfahrern in beiden Richtungen erlaubt – dies bedingt eine Mindestbreite von 2,50 m pro Fahrtrichtung.

Mit Novelle v. 20.4.2020 (BGBl I S. 818) wurde die Fahrradstraße durch BR (BR-Drs. 591/19 Beschl.) erweitert auf Elektrokleinstfzg. Die seitens des BR vorgenommene Klarstellung in Nr. 1, dass die Freigabe von Verkehrsarten auf einem ZZ auch gemeinsam vorgenommen werden kann, erfolgte mit der Begründung, dass ein Gleichklang zu den zu Z 206, 306 und 220 vorgenommen Änderungen vorgenommen werden sollte, dort hatte der BR aber gerade das Aufbringen der Piktogramme Elektrokleinstfzg und Radverk auf einem ZZ gestrichen, die Begr. geht also fehl, ist aber unter dem Aspekt der Eindämmung des Schilderwaldes zu begrüßen. Es ist hier eine weitere Änderung der Vorschr. mit der nächsten Novelle zu erwarten, weil das Nebeneinanderf. laut Wortlaut nun auf den Radverk. beschränkt ist, hier hat der BR eine entspr. Erweiterung auf die Elektrokleinstfzg genauso vergessen, wie den Umstand, dass nur der Radverk. nun weder gefährdet noch behindert werden darf. Völlig unnötig erscheint hingegen die Aufnahme der ausdrücklichen Erlaubnis, die Fahrradstraße queren zu dürfen, um zu einer dahinter gelegenen weiterführenden Straße zu gelangen. Nr 4. hatte dies bereits zuvor abgebildet, in der gerade auf die übrigen Vorschr. zur Fahrbahnbenutzung und Vorf. verwiesen wird. Auch geht vor diesem Hintergr. die Begr. fehl, da diese allein die Anlieger in den Blick nimmt. Im Übrigen vgl. Erl. 1a und 25a.

19a Eingef. durch Novelle v. 20.4.2020 (BGBl I S. 818) nach dem Vorbild der Tempo 30 Zonen-Regelung sollte auch die Fahrradstraße u. a. zur Eindämmung des Schilderwaldes flächenhaft angeordnet werden dürfen. Hintergrund: Radverkehrsförderung, die verkehrssicher durch entspr. Regelungen zu begleiten ist.

20 Benutzungsverbot gilt nur für Längsverkehr. Überqueren z. B. durch Fußg. zulässig. Sonderrechtsfzg (z. B. Polizei, Feuerwehr, Rettungsdienst) dürfen den Sonderfahrstreifen nach Maßg. des § 35 Abs. 1, Abs. 5a benutzen, and. Fzgf. – z B. Ärzte in bes. anderen Fällen – können nach Maßg. des § 16 OWiG berechtigt sein. Z gilt auch für Schüler- und Behindertenverk. (§§ 42, 43 PBefG) auch zum und vom Kindergarten (Begr, §§ 42, 43 PBefG.). Kennz. richtet sich nach § 33 Abs. 4 BOKraft, bzw. § 1 Abs. 2 BOKraft iVm § 1 Nr. 4 Buchst. d, g und i der VO über die Befreiung bestimmter Beförderungsfälle von den Vorschriften des PBefG. Zusätzlich möglich: Zulassung von Busfahrten bei Stadtrundfahrten, Ausflugsfahrten und Ferienziel-Reisen, aber nicht generell für den Gelegenheitsverk (§ 48, 49 PBefG, Begr.), auch Fernlinienbusse sind davon erfasst, denn sie verkehren im Linienverkehr. BMVI wollte Möglichk. eröffnen, mehrfachbesetzte Kfz durch ZZ auf Busspuren zulassen zu können, soweit sich dies nicht nachteilig auf den ÖPNV auswirkt. BR hat diese Möglichk. verhindert (BR-Drs. 591/19, Beschl.). Er hat unverständlicherweise aber das dafür notw. Piktogramm in § 39 nicht gestrichen, es kann also weiterhin Gegenstand eines ZZ sein, soweit dies in einem anderen Zusammenh. benötigt wird. Als Begr. verweist er auf ggf. im Zusammenh. mit der Erprobungsklausel des § 45 Abs. 1 S. 2 Nr. 6 vorzunehmende Beschilderungen. Dann aber bemängelt der BR das fehlende Vorliegen einer StVG-Ermächtigung zur Öffnung der Bussonderspur für mehrfachbesetzte Fzg und wertet dies als personenbez. Bevorrechtigung. Auffassung ist widersprüchlich und wird nicht geteilt. Dann hätte der BR auch das Piktogramm in § 39 streichen müssen, denn Gegenstand eines Erprobungstatbestandes kann nur sein, was mit der StVO in Gänze im Einklang steht und darf nicht gegen höherrangiges Recht verstoßen. Im Übrigen wird durch die Zulassung anderer VT oder Verkehrsarten lediglich der Umfang der „Bevorrechtigung des ÖPNV" geschmälert und keine Privilegierung von Personen verfolgt. Es handelt sich zudem um eine fahrzeugbezogene Vorschrift.

20a Grundlage für die Anordnungsbefugnis: § 45 Abs. 1g, § 46 Abs. 1a.

21 Durch StVO-Neuerlass wird klargestellt, dass die nachfolgenden Verbote den fließenden und ruhenden Verk. betreffen (Begr).

22 Gespanne sind nicht ausgenommen (Neuerlass-StVO-Begr.). Ausnahmen auf Grund von ZZ möglich: Häufigste Ausnahme ist „Anlieger frei" oder „Anliegerverkehr frei"; es nimmt Fzg vom Verkehrsverbot aus, deren Führer ein Grundstück innerhalb der gesperrten Straße – privat oder geschäftlich – aufsuchen wollen (z. B. als Anwohner, Inhaber oder Bediensteter eines Geschäftes oder einer Praxis, Besucher eines Anwohners, Kunden eines Geschäftes, Hotelgast usw., aber auch zum Aufsuchen eines außerhalb der Straße gelegenen – privaten oder öff. – Parkplatzes, wenn der betreff. Fahrer dort berechtigt parken darf). Nach *BayOLG* (VRS 60, 152) gibt die Ausnahme „Anwohner frei" dieselben Rechte wie das Schild „Anlieger frei". Zum Anlieger-Begriff vgl. auch *BVerwG* NZV 2000, 435 = DAR 2000, 423. Wer in die gesperrte Straße einfahren will, nur um dort auf der Fahrb. oder auf dem Seitenstreifen zu parken, ist nicht Anlieger. Wer dagegen berechtigt einfährt, darf während des Besuchs, der Abwicklung eines Geschäftes, des Aufenthalts in einem Hotel oder einem Restaurant usw. auch auf der gesperrten Straße parken (soweit kein bes. Parkverbot besteht), auch z B. wenn ein ZZ lediglich die „Zufahrt zur Firma. . ." erlaubt (*Düsseldorf* NZV 93, 362 = DAR 93, 272 = VRS 85, 142 = VM 93, 43); ist der Zweck des berechtigten Einfahrens erfüllt, so darf allerdings nicht für eine erhebl. Zeit weiter darüber hinausgehend dort geparkt werden (*Düsseldorf* NZV 92, 85 = VRS 82, 231 = VM 92, 4). Auf Ausnahme „für Anlieger frei" kann sich auch berufen, wer Bahnbenutzer vom Bahnhof abholen will, auch wenn andere Ausgänge des Bahnhofs über nicht gesperrte Straßen zu erreichen sind (*BayOLG* DAR 75, 250), ebenso wer eine Person abholen will, die aus irgendwelchen Gründen einen Anlieger besucht hat (*Hamm* VRS 43, 313). Entscheid. ist, dass der Zugang, der erreicht werden soll, innerhalb der gesperrten Strecke liegt (*Hamm* VRS 52, 304). Will ein Kraftf. zu einem unbebauten Grundstück fahren, so kann er nur dann „Anlieger" sein, wenn der Eigentümer oder der sonst. Berechtigte den Zugang zu dem Grundstück ausdrückl. oder stillschweigend zugelassen hat (z. B. bei einem Seegrundstück durch den Hinweis „Baden auf eigene Gefahr erlaubt", *Zweibrücken* VRS 77, 462). Zusatzschild „landwirtschaftlicher Verkehr frei" nimmt Verkehr aus, der der Bewirtschaftung des Bodens in der für die Landwirtschaft typischen Form, also seine Bebauung oder Ausnutzung zur Erzeugung tierischer oder pflanzlicher Rohstoffe dient; dazu gehört auch fischereiwirtschaftl. Verkehr, nicht aber die Fahrt eines Sportanglers zum Fischgewässer (*Köln* VRS 71, 224 = DAR 86, 298) oder Fahrt zum Ort der hobbygärtnerischen Landbestellung zur Deckung des Eigenbedarfs (*OVG* NW VM 2002, 85). Fahrt muss mit dem konkr. landwirt. Betrieb im Zusammenhang stehen (*Schleswig* VRS 71, 227).

23 Nur Pkw, Lkw (einschl. der Sattel-Kfz) und Sonder-Kfz, nicht aber Zugmaschinen; Letztere werden aber als „sonstige mehrspurige Kfz" vom Verbot des Z 251 erfasst. Krafträder mit Beiwagen sind keine mehrspurigen Kfz.

24 Die Angaben zu zul. Gesamtmasse gelten für die „verbundene Transporteinheit"; es werden die zul. Gesamtmassen von ZugFzg und Anhänger also zusammengerechnet.

25 Zeichenkomb. wurde wegen extremer Zunahme des Schwerlastverkehrs (Lkw über 12 t zGG) auf infolge der Mauterhebung erforderl., hierzu gelten Ausnahmen vom strengen Erfordernis des § 45 Abs. 9 Satz 2 (sog. Ausweichverkehr); insb. zum Schutze der Anlieger in den Ortsdurchfahrten vor unnötigen zusätzl. Lärm- und Abgasimmissionen und zugunsten des dortigen Verkehrsablaufs. Begr. hebt Notwendigkeit einer geeigneten Wegweisung bis zur nächstgelegenen Autobahnanschlussstelle im nachgeordneten Netz bei Verwendung der Schilderkombination hervor. Denn: Aufstellung der Kombination auf der AB hindert die betroffenen Fzg bereits am Verlassen der AB, im Übrigen besteht die Möglichkeit, vor besonders sensiblen Bereichen die Fzg wieder auf die AB zu leiten. Eine begleitende VwV wurde nicht für erforderl. gehalten. Von dem Verbot sind ausgenommen: sog. Regionaltransporte und Verkehre, die auf die Nutzung des Straßenraums aufgrund der Erschließungsfunktion der Straße angewiesen sind, zudem Lieferverkehre und Fzg, die nicht der Mautpflicht unterliegen (§ 1 Abs. 2 BFStrMG), zudem Fahrten auf ausgewiesenen Umleitungsstrecken. Lt. Begründung bleibe damit insbes. der Verkehr zw. benachbarten Gemeinden bzw. Landkreisen unberührt. Mit dem Neuerlass der StVO wurde die Vorschrift an das geänderte Bundesfernstraßenmautgesetz angepasst. Laut *BVerwG* (BVerwGE 130, 383 – 395) können Orientierungspunkte, die Erheblichkeitsschwelle des § 45 Abs. 9 Satz 3 erreicht ist, u. a. der 16. BImSchV entnommen werden (Erhöhung Beurteilungspegel durch Mautausweichverkehr um mind. 3 dB (A) oder mind. 70 dB (A) tags oder 60 dB (A) nachts erreicht oder weiter erhöht wird). Dabei ist nach *BVerwG* (DAR 2012, 412) bei Prüfung der Verhältnismäßigkeit des Durchfahrverbots nicht allein anhand des abstrakten Verhältnisses des Mautausweichverkehrs zu dem sonstigen von der Sperrung betroffenen Durchgangsverkehr beurteilt werden. Vielmehr müssten die wirtschaftlichen Nachteile der vom Durchfahrverbot betroffenen Unternehmen der sich durch den Mautfluchtverkehr ergebenden Zusatzbelastung für die Anwohner gegenübergestellt werden.

Absenkung von 12 t auf 7,5 t erfolgte durch Novelle v. 20.4.2020 (BGBl I S. 818) und war im Gleichklang zum BFStrMG überfällig.

25a Die Erweiterung des Bedeutungsgehalts des VerbotsZ erfolgte durch BR mit Novelle v. 20.4.2020 (BGBl I S. 818, BR-Drs. 591/19 Beschl.). BR irrt, dass die am 15.6.2019 in Kraft getretene eKFV u. a. Änderungen der StVO bewirkt hätte. Das ist gerade mit Blick auf das WÜ nicht erfolgt. Im WÜ ist eine Def. des Radverk. vorhanden, der auf muskelbetriebene Fzg reduziert ist. Dem wurde in § 1 StVG ebenfalls Rechnung getragen (u. a. Hintergrund für die Regelung zu den Pedelecs im dortigen Abs. 3). Auch die StVO richtet ihr Radverk.Vorschr. nach dieser Def. aus. Dass nun Elektrokleinstfzg als motorbetriebene Fzg und damit Kfz durch den BR dem Radverk. zugeordnet werden, ist nicht mit höherrangigem Recht vereinbar. Lösung: Ge- und Verbot muss unverändert bleiben. Durch Einfügung einer zusätzl. Erläuterung mit dem Inhalt „Für Elektrokleinstfahrzeuge gilt das Verbot nach § 12 Abs. 3 eKFV entsprechend." kann das Gewollte aber durchaus rechtskonform und mit dem höheren Recht vereinbar erreicht werden. Bis zum Inkrafttreten einer solchen Änderung kann ein etwaiger Verstoß auch keine Rechtsfolge auslösen.

26 Vgl. auch die RiLi für die Anordnung von verkehrsregelnden Maßnahmen für den Transport gefährl. Güter auf Straßen (VkBl 1987, S. 857), welche den Anwendungsbereich der VwV zu Z. 261 und 269 über den Bereich der Bauwerksbeschädigung auf Fälle ausdehnen, wo erhebliche Gefahren für Leib, Leben und Gesundheit zu besorgen sind. Beispielsfälle: lange Gefällstrecke (ab 500 m) mit Gefälle über 4 % führt in bebaute Ortslage oder durch Gewerbegebiet hindurch, durch Ortsdurchfahrt mit kurvenreicher Straßenführung und mit Engstellen, durch Naturschutzgebiet. Dort sind auch Maßnahmen bei nicht möglicher Umleitung beschrieben, wie z. B. Überholverbot oder Tempolimit. An gefahrgutrechtlichen Bestimmungen sind z. B. die ADR – Übereinkommen (Internat. Transport gefährlicher Güter auf der Straße) v. 8.9.2006 (BGBl II S. 826), die Gefahrgut-VO Straße und Eisenbahn (GGSVE) iVm. der Durchführungs-VO (RSE) und die VO über Ausnahmen von den Vorschriften über die Beförderung gefährlicher Güter (Gefahrgut-AusnahmeVO GGAV) zu beachten. Vor der Entscheidung über Durchfahrtbeschränkungen ist nach den gefahrgutrechtlichen Vorschr. eine Risikoeinschätzung (Vergleich der Gefährlichkeit der Tunneldurchfahrt/alternative Strecke und Verkehrsträger) anhand von vorgegebenen Tunnelkategorien durchzuführen. Ein Tunnel kann dabei mehreren Kategorien (Unterscheidung nach Gefahren: Explosion, Freiwerden giftiger Gase oder flüchtiger giftiger flüssiger Stoffe sowie Brände) zugeordnet werden (z. B. auch abhängig von Uhrzeit des Transports); StrVerkBeh muss die Kategorisierung bei Beschilderung aufgreifen und durch entsprechendes ZZ (Schilder zeigen Buchstaben B – E – Ausgestaltung siehe VkBl-Verlautb. V. 5.11.2007 – VkBl 2007, 703) anzeigen. Alternative Strecken sind anzugeben. Sowohl die Kategorie des Tunnels als auch der Tunnelbeschränkungscode für die gefährlichen Güter sind dem ADR-Übereinkommen zu entnehmen. Zur Möglichkeit der Ert. von Ausn.Gen. vgl. Erl. 4a zu § 46. Gefahrgutverkehr stellt gemeingebräuchlichen Verk. dar. Die AB- und Bundesfernstraßen-Tunnel in D sind in einem technischen Zustand, der i. d. R. die Durchfahrt solcher Transporte erlaubt. Umleitung ist ggf. durch das nachgeordnete Streckennetz (Kurven, Gefällstrecken etc.) gefährlicher. Vgl. auch Erl 30.

27 Laut Neuerlass der StVO in 2013 wurde Ergänzung erforderlich, weil Gesamtbreite des Fzg einschließl. Außenspiegel für die Anordnung der Zeichen ausschlaggebend ist (Begr.); Z wird wegen begrenzter Straßen- bzw. Platzverh. erforderlich. Im Gegensatz zu §§ 18 Abs. 1 und 22 Abs. 2; wo § 32 Abs. 2 StVZO gilt. Wird Z 264 in eine Überlenkungstafel integriert, entfällt der Verbotstatbestand; VO-Geber will dies ändern.

28 Z wird insbes. zur Sperrung der verbotenen Richtung einer Einbahnstraße verwendet und darf dann grds. nicht für einzelne FzgArten durch ZZ eingeschränkt werden (Ausn.: Radf. bei Z 220). Z kann aber auch eingesetzt werden, um Fahrb. mit Gegenverkehr aus einer Richtung iSe Verk.beruh. abzuschirmen. Vgl. Erl. 1a und 25a. BMVI hatte aus gutem Grund die Erläuterung „Entsprechendes kann durch Zusatzzeichen für Elektrokleinstfahrzeuge nach der eKFV angeordnet sein. Beide Fahrzeugarten können auch gemeinsam auf einem Zusatzzeichen abgebildet sein." im VO-Gebungsverfahren in 2020 vorgeschlagen (BR-Drs. 591/19). Es müssen sämtliche Vorschr. zu diesem Thema überarbeitet werden, sollen sie rechtskonform sein.

29 Schneeketten auf den Antriebsrädern genügen (vgl. insges. VD 78, 13). Derzeit läuft im Zusammenhang mit der Winterreifenpflicht ein Forschungsvorhaben bei der BASt, in dessen Rahmen auch die Wirksamkeit/Notwendigk. von Schneeketten (vor allem bei Lkw) beleuchtet wird.

30 Gilt für Kfz und/oder Anhänger. Auf den Umfang der wassergefährd. Ladung (z. B. Benzin, Heizöl) kommt es seit dem Neuerlass der StVO ebenfalls an. Die Begrenzung auf 20 l wurde unter Bezugnahme auf die Vorgaben der GGVSEB festgelegt. Ausnahmen können durch Zusatzschild oder durch Einzel-Ausn.Gen. zugelassen werden, z. B. zur Versorgung von Haushalten mit Heizöl. Treibstoff im eingebauten Tank eines Kfz ist keine Ladung iSd Z 269. Durch die Mengenbegrenzung besteht ein geringes Restrisiko, welches durch Ölbindemittel der Feuerwehren beherrschbar sei (Begr.). Z gilt auch für ein Durchfahrtverbot mit Gülle und Jauche, hier ist nicht Z 261 aufzustellen.

31 Z eingefügt durch VO v. 10.10.2006 (BGBl I S. 2218, 2226; Berichtigung: BGBl I S. 2543 [es wurde das Zonen-Ende-Zeichen versehentlich farblich verkündet]).

Durch Neuerlass der StVO wurde klargestellt, dass Anordnung des Z **auf Grund** des § 40 Abs. 1 BImSchG erfolgt, wenn ein Luftreinhalte- oder Aktionsplan dies vorsieht (vgl. BGBl I 2004, S. 1612 – BImSchG neugefasst, Bekanntmachung vgl. BGBl I 2013, S. 1274). Zuvor hatten Bund und Länder in Übereinstimmung mit der Rspr. festgehalten, dass § 40 Abs. 1 S. 1 BImSchG eine Rechtsfolgenverweisung auf die StVO enthalte. Dies kam vormals nicht hinreichend beim Zeichen 270.1 zum Ausdruck und stand zudem im Widerspruch dazu, dass im § 45 keine Ermächtigungsgrundlage zur Anordnung der Kennzeichnung enthalten war. Diese ist aber notwendig, um einen Verstoß gegen das Z als Ordnungswidrigkeit überhaupt bewehren zu können (vgl Erl. zu § 45 Abs. 1f neu).

Der Nutzen des Z ist umstr. Hinsichtlich der angestrebten Verringerung der Feinstaubbelastung dürfte er eher gering ausfallen, denn hier steht vor allem der Reifenabrieb im Vordergrund (vgl. dazu auch die allgemeinen Anmerkungen in Ordnungsnr. 3 c). Kraftfahrzeuge mit Ottomotor ohne geregelten Katalysator tragen nicht stärker zur Feinstaubbelastung bei als Ottomotorfahrzeuge mit geregeltem Katalysator. Hinzu kommt, dass sich die Fahrzeugflotte mittlerweile vorwiegend aus Kfz mit grünen Plaketten zusammensetzt. Zumindest rot oder gelb gekennzeichnete Umweltzonen verlieren damit an Bedeutung. Diskussionen zur Fortschreibung der Umweltzonenregelung mehren sich, Umweltseite plant z. B. eine neue blaue Plakette für Kfz ab Euro 6. Dies lehnt die Verkehrsministerseite bislang als noch nicht entscheidungsreif ab. Vorrangig sollten nach ihrer Auffassung nicht neue Fahrverbote ausgesprochen werden, sondern z. B. durch nicht dirigistische Maßnahmen die Schadstoffbelastung verringert werden (z. B. Förderung der Umstellung des ÖPNV auf Elektromobilität). Auch sind

Vorschläge zur Einführung einer No_x-Zone im Gespräch. Autoindustrie setzt stattdessen auf eine Nachrüstung der Pkw.

Z betrifft den ruhenden und fließenden Verkehr. Z kann auch zur Beschränkung anderer Schadstoffe angeordnet sein. So haben das *OVG Lüneburg* (Urt. v. 12.5.2011, 12 LC 143/09, juris), das *VG Köln* (Urt. v. 9.10.2009, 18 K 5493/07, 18 K 8188/08, juris) und das *VG Hannover* (Urt. v. 21.4.2009, 4 A 5211/08, juris) dies für Stickstoffdioxid bereits entschieden.

Ist kein ZZ angeordnet, verbietet es den gesamten Verkehr, also auch mit umweltfreundlichen Kfz. Ausnahme: durch VO ausgenommene Fzg zu den Emissionsschlüsselnummern für Pkw und Nutzfzg, die als Nachweis für die Einstufung/Zuordnung in die jeweilige Schadstoffgruppe dienen (vgl. VkBl 2006, 867). Folgende Kfz fallen von vornherein per VO (vgl. Anhang 3 zu § 2 Abs. 3 der 35. BImSchV – BGBl I 2006, 2218) nicht unter das Verkehrsverbot: Mobile Maschinen und Geräte, Arbeitsmaschinen, land- und forstwirtschaftliche Zugmaschinen, zwei- und dreirädrige Kfz, Krankenwagen, Arztwagen mit entsprechender Kennzeichnung im Einsatz zur medizinischen Betreuung der Bevölkerung, Kfz zur Beförderung behinderter Personen mit dem Merkmal „aG" (außergewöhnlich gehbehindert), „H" (hilflos) oder „Bl" (blind), Fzg für die Sonderrechte (§ 35) in Anspruch genommen werden können, militärische Fzg im Einsatz, zivile Kfz im Auftrag der Bundeswehr bei unaufschiebbaren Fahrten. Diese Fzg bedürfen auch keiner Kennzeichnung durch eine Plakette (vgl. BGBl I 2006, 2225). Durch Neuerlass der StVO wurde zudem 2013 der Behindertenkreis erweitert.

Nur bei Anordnung des ZZ (Inhalt ist beispielhaft dargestellt, es können auch weniger Plaketten angezeigt werden) gilt das Verbot nicht für den gesamten Verkehr. Nach § 1 Abs. 2 der 35. BImSchV (Fundstelle vgl vorherige Anm). kann die zust. Behörde oder bei Unaufschiebbarkeit auch die Polizei, ebenfalls für nicht gekennzeichnete Fzg für Fahrten zu und von bestimmten Einrichtungen, Ausnahmen zulassen, soweit dies im öffentlichen Interesse liegt (insb. zur Versorgung der Bevölkerung mit lebensnotwendigen Gütern und Dienstleistungen), oder unaufschiebbare Einzelinteressen dies erfordern (z. B. zur Aufrechterhaltung von Fertigungs- und Produktionsprozessen); ob die Erteilung einer ebenfalls möglichen Ausn.Gen. nach § 46 Abs. 1 Nr. 11 bei hinreichender Darlegung der Gründe durch die StrVerkBeh allein (ohne Beteiligung der Umweltbehörden) zulässig ist, ist str. und infolge der Annahme einer reinen Rechtsfolgenverweisung zu verneinen. Straßenverkehrsrechtl. Belange insg. sind bereits auf der Stufe der Erstellung des Luftreinhalteplans einzubringen (§ 47 Abs. 4 BImSchG); die Straßenverkehrsbehörden sind als Träger öffentlicher Belange einzubinden, auch solche des § 46 StVO bei etwaigen zusätzlichen streckenbezogenen Fahrverboten nach § 45 Abs. 1 Satz 2 Nr. 3 iVm Abs. 9 oder Abs. 1b Nr. 5 iVm Abs. 9 innerhalb einer Umweltzone. § 45 Abs. 9 kommt bei der Anordnung einer Umweltzone, die ihre Rechtsgrundlage nicht in der StVO hat, ebenfalls nicht zur Anwendung. Die bestehende Umweltzonenregelung ist in Bezug auf eine zonale Beschränkung abschließend. Zur Auslegung des § 1 Abs. 2 der 35. BImSchV hat die Bundesregierung mit Beteiligung der Länder Leitlinien zum Zwecke eines einheitlichen Verwaltungsvollzugs erarbeitet, die in Ordnungsnr. 3 c abgedruckt sind. Diese wurden bislang aber nicht förmlich eingeführt.

Bei Anordnung des ZZ. werden von den Verkehrsverboten Kfz mit geringem Beitrag für die Schadstoffbelastung ausgenommen, die Fzg sind entsprechend ihrem Schadstoffausstoß zu kennzeichnen. Ausgabestelle für die Plaketten: Zulassungsbehörden, andere nach Landesrecht bestimmte Stellen oder für die Durchführung von ASU anerkannte Stellen. Überarbeitung der VO vom 10.10.2006 erfolgte durch Änd-VO vom 5.12.2007 (BGBl I S. 2793). Nunmehr sind ebenfalls per VO ausgenommen: Pkw mit älteren Katalysatoren (US-Norm – erhalten ebenfalls grüne Plakette); auch für nachgerüstete Diesel-Pkw der Stufe Euro 1 und nachgerüstete Nutzfzg gibt es nunmehr Plaketten. Zudem wurden Oldtimer mit H- oder 07-Kennzeichen ausgenommen. Modernere Kfz ab EURO-4- -Abgasnorm, müssen ebenfalls gekennzeichnet werden. Die roten, gelben und grünen Plaketten kennzeichnen die Schadstoffgruppen 2 bis 4 (Diesel-Pkw ab Euro 2, Benziner mit geregeltem Kat). Eine Diesel-Kfz-Nachrüstung mit einem Rußpartikelfilter ermöglicht eine „günstigere" Plakettenzuordnung. Fzg, die im Fahrzeugschein (ältere Scheine unter Punkt „zu 1", neue Scheine unter Punkt „14.1") mit den Schlüsselnummern „00" bis „13" am Ende oder mit „15" und „17" gekennzeichnet sind, fallen unter die Schadstoffgruppe 1 und erhalten keine Plakette. Die EU-weiten Vorgaben zur Einhaltung der NO_2-Grenzwerte (Jahresmittelwert) mahnen zu weiteren Maßnahmen. Ob dies eine zonenbezogene Fortschreibung der BImSchV sein muss, darf aber bislang bezweifelt werden, schränken sie doch die Mobilität sehr ein und belasten damit die Bürger und die innerstädtische Wirtschaft vgl. auch Erl. 14 zu § 45.

32 Fzg wendet, wenn es auf derselben Straße in die Gegenrichtung gebracht wird (auch wenn nicht beabsichtigt ist, in der Gegenrichtung weiterzufahren). Besteht „dieselbe" Straße aus zwei getrennten Richtungsfahrb., so liegt Wenden vor, wenn die Überfahrt in die gegenläufige Richtungsfahrb. in einem Bogen erfolgt, also bei Trennstreifen mit geringer Breite (vgl. *KG* VM 81, 67). Wer die Straße, auf der er herangekommen ist, vollständig verlässt (z. B. durch Einfahrt in eine Seitenstraße oder in ein Grundstück) und, um in die Gegenrichtung zu gelangen, vorwärts oder rückwärts wieder auf die zunächst benutzte Straße herausfährt, wendet nicht. Zum Begriff des Wendens vgl. auch Erl. zu § 18 Abs. 7.

33 Mit dem Neuerlass der StVO wurde der Begriff des „Streckenverbotes" aufgegeben, weil in dem Abschnitt auch zonenbezogene Anordnungen vorhanden sind. Zur Bedeutung der Ortstafel für Streckenverbote vgl. *Bouska* VD 75, 73. Ortstafeln beenden Geschwindigkeitsbeschränkungen (*BayOLG* DAR 93, 394), nicht jedoch andere Streckenverbote. Länder haben Bund gebeten, eine Erweiterung des Bedeutungsgehalts der Ortstafel im

Lichte internation. Vorgaben zu prüfen, um den Schilderwald weiter eindämmen zu können. StreckenvorschriftsZ. verlieren ihre Bedeutung nicht an einer Einmündung oder Kreuzung (zu Z 274 vgl. *Hamm* NZV 2001, 489 = VRS 2001, 226). Der für VZ geltende Sichtbark.grds. hat nur Bedeutung für den ortsunkund. VT im Einbiegeverk.

34 Geschw.beschr. durch VZ dürfen nur mit der Maßgabe der Beachtung des § 45 Abs. 9 Satz 2 angeordnet werden; also besondere Gefahrenlage (wenn auf einer best. Straßenstrecke Umstände gegeben sind, die von den allg. auf entspr. Strecken vorhandenen Umständen deutlich abweichen – z. B. signifikant erhöhte Unfallrate – etwa 30 % vgl. *OVG Hamburg* NZV 2000, 346, bes. Unfallgefahr durch Straßenführung, Fahrbahnzustand oder Umfeld, bes. Lärmbeeinträchtigung – vgl. die Lärmschutz-Richtlinien – StV v. 6.11.1981, VkBl S. 428, vgl. dazu auch *VG Koblenz* DAR 93, 310). VZ für Geschw.Beschr. müssen eindeutig und ohne weiteres verständlich sein (*Stuttgart* VRS 95, 441). Bei offensichtl. Willkür, Sinnwidrigkeit oder obj. Unklarheit ist ein Vorschr.Z sogar unwirksam (*Düsseldorf* NZV 99, 217 = VRS 96, 143 = VM 99, Nr. 42). Die StrVerkBeh dürfen Geschw.beschr. daher nicht mit der Begr. anordnen, die nach der StVO bestehenden Geschw.vorschriften (§§ 3, 18) seien generell nicht ausreichend. Allg. Geschw.beschr. sind dem Bundesgesetzgeber vorbehalten (vgl. Art. 74 Nr. 22 GG, § 6 Abs. 1 Nr. 3 StVG). Zum Regelplan der Beschilderung einer Kontrollstelle des Bundesamtes für Güterverkehr vgl. VkBl. 2011 S. 9 – Kontrollgrundlage ist dazu das GüKG.

Zum Bedeutungsverlust des Z 274 in seiner ehemaligen Ausgestaltung (beziff. Höchstgeschw. nebst Zusatz „km") als amtl. VZ vgl. *Stuttgart* NZV 2001, 274.

Wird der Grund für die Geschw.beschr. auf einem ZZ. angegeben (z. B. „Lärmschutz"), so beeinträchtigt das die Wirksamkeit der Beschränkung nicht (*Saarbrücken* NZV 89, 159).

Anhebung der Innerortshöchstgeschw. grds. nur auf Vorfahrtstraßen (Z 306), bei benutzungspfl. Radwegen und Lichtzeichenanlagen für Fußg.querverk.

35 Das frühere einschränkende ZZ, das nur die Worte „bei Nässe" enthielt, durfte nur noch bis 31.12.1988 verwendet werden; nach diesem Zeitpunkt hat dieses Z keine rechtl. Wirkung mehr. Die Vorschrift „bei Nässe" ist hinreichend bestimmt und muss beachtet werden (*BGH* DAR 78, 82; vgl. auch VD 77, 73, 161, 193, 361; 78, 9). Nässe bedeutet, dass sich auf der Fahrb. ein, wenn auch dünner Wasserfilm gebildet haben muss (erkennbar idR an einer vom vorausfahr. Fzg ausgehenden „Sprühfahne"; vgl. auch *Hamm* NZV 2001, 90). Ist die Fahrb. lediglich feucht (erkennbar idR am „Dunkeln" der Oberfläche), so wird die Geschw.beschr. noch nicht ausgelöst. Ist bei mehrstreifiger Fahrb. ein Fahrstreifen „nass", der andere aber trocken oder nur feucht, so gilt die Beschr. nur für den nassen Fahrstreifen. Die

VerkBeh. sollte Geschw.beschr. „bei Nässe“ zurückhaltend anordnen, z. B. nur, wenn durch außergewöhnl. schlechte Abflussverhältnisse ein Wasserfilm unter Umständen entsteht, die sonst nicht dazu führen, so dass auch ein verantwortungsbewusster Kraftf. „überrascht“ werden kann. „Überrascht“ werden kann Kraftf. z. B. auch, wenn es sich um Neubaustrecke oder gänzlich neue AB handelt. Hier vertraut. Kraftf. ggf. auf Gewährleistung einer möglichst sicheren Entwässerung. Nach *Brandenburg* (DAR 2002, 124) reicht dann sogar Höchstgeschw. 80 km/h (Z 274) mit Zusatz „bei Nässe“ nicht aus.

36 Zu den Voraussetzungen für die Einrichtung einer geschw.beschr. Zone vgl. § 45 Abs. 1c. Bei zu großer Zonenausdehnung und Fehlen baulicher Maßn. evtl. kein Vorwurf für zu schnell Fahrenden (vgl. aber auch dazu *KG* NZV 95, 369); Zonenbewusstsein muss sich einstellen können, wird aber durch § 39 Abs. 1a abgeschwächt. Eine „höhere“ Zonengeschw. (z. B. 40 km/h) ist unzulässig. Eine niedrigere Geschwindigkeit (Tempo 20) geht in den Fällen des § 45 Abs. 1d. Für Tempo 10-Zone wurde bislang kein VZ verlautbart, sie kann also nicht visualisiert werden (vgl. auch *OVG Berlin-Brandenburg* Urt. v. 20.11.2019 – OVG 1 B 16.17, juris).

37 Z 276/277 untersagt grds. auch das Rechtsüberholen. Hat sich allerdings ein Linksabbieger auf einem bes. Abbiegefahrstreifen eingeordnet, so darf er nach dem Sinn und Zweck des Z durch geradeaus weiterf. Fzg auf dem durchgeh. Fahrstreifen rechts überholt werden (*Koblenz* VRS 83, 59 = NZV 92, 198), nicht aber, wenn der „Rechtsüberholer“ seinerseits nach links abbiegen will (*BayOLG* VRS 72, 298 = DAR 87, 94). Auch wenn mehrere Fahrstr. für eine Richtung vorhanden sind, darf im Bereich eines Z 276/277 nicht überholt werden und zwar weder links noch rechts, auch nicht innerorts (also im Bereich der freien Fahrstreifenwahl); vgl. auch *BayOLG* VRS 72, 301 = DAR 87, 94. Wer im Bereich eines Z 276/277 neben einem vor einer Verkehrsampel bei Rot wartenden Fzg auffährt und bei Grün schneller als das wart. Fzg anfährt und dieses hinter sich lässt, verstößt gegen das Überholverbot; auch die Regelung des § 37 Abs. 4 befreit nicht von der Pflicht zur Einhaltung des Überholverbots (*Düsseldorf* VRS 70, 41)

Überholverbot der Z 276/277 gilt nur im Verhältnis zw. Fzg, die die Fahrb. in gleicher Richtung benutzen. Deshalb dürfen Fzg, die auf der Fahrb. fahren, Fzg, die auf einem Seitenstreifen (auch Mehrzweckstreifen) fahren, auch im Bereich der genannten Z überholen. Die gegenteilige Auff. (*Köln* VRS 67, 374) berücksichtigt nicht den Sicherheitszweck der Z: fährt z. B. auf einem Mehrzweckstreifen eine landw. Zug- oder Arbeitsmaschine mit geringer Geschw., so wäre es weder notw. noch sinnvoll, ein auf der Fahrb. fahrendes Fzg zu zwingen, neben dem landw. Fzg mit 20 – 25 km/h zu fahren, obwohl die Fahrb. frei ist und das Überholverbot aus ganz and. Erwägungen (z. B. Unübersichtlichkeit der Fahrb.) angeordnet wurde. Eine solche Regelung wäre willkürlich und wurde vom VO Geber nicht beabsichtigt.

38 Die unterschiedl. Behandlung von mehr- und einspurigen Fzg ist entgegen der Auffassung des *AG Düren* (VM 80, 48) gerechtfertigt und verfassungsmäßig (VD 80, 165; *Koblenz* DAR 81, 126).

39 Gilt also, wie bei Z 253, stets für die „verbundene Transporteinheit".

39a Vgl. Erl. 41b. Hier liegt ein Widerspruch zum Z 277.1 selbst vor, dort auch mehrspurige Fzg.

40 Gilt auch für Wohnmobile über 3,5 t (*Braunschweig* DAR 93, 478 = NZV 94, 80; *BayOLG* DAR 97, 319 = VRS 94, 133 = VM 98, Nr. 4); Wohnmobile sollen aber nach dem Willen von Bund und Ländern von dem Überholverbot künftig ausgenommen werden. Es kommt auf die Bezeichnung des Fzg im FzgSchein an (vgl. *BayOLG* DAR 2000, 483). PKW und KOM sind von dem Überholverbot ausgenommen, auch wenn sie Anhänger mitführen und selbst dann, wenn die zul. Gesamtmasse des Zuges mehr als 3,5 t beträgt. Denn solche Züge sind auf Grund der Motorisierung des ziehenden Fzg in der Lage, zügig zu überholen.

41 Bei den durch den Neuerlass der Schilderwaldnovelle eingestellten besonderen ZZ handelt es sich um einer Erweiterung des Bedeutungsgehaltes des Hauptverkehrz. Die Ergänzung wurde im Lichte des Regelbeschilderungsplans des BAG für ihre Fahrzeugkontrollen erforderlich (vgl. auch *GüKG* und Fahrpersonalverordnung).

41b Z eingef. durch Novelle v. 20.4.2020, BGBl I S. 819). BR hat sinnwidrig eine Ausweitung auch auf das Überholen von mehrspurigen Fzg ergänzt (BR-Drs. 591/19 Beschl.), obwohl die Vorbemerkung nur das Überholen von einspurigen Fzg anspricht, auch die Bildunterschrift enthält diesen Widerspruch, der mit nächster Novelle aufgelöst werden muss, vgl. dazu auch identisch das Ende-Z 281.1.

42 Überholverbot endet nicht an einer Einmündung (*Düsseldorf* NZV 88, 77) oder Kreuzung; jedoch sollte das Z 276/277 idR nach einer solchen Stelle bald wiederholt werden, weil sonst jedenfalls ein von der Seite einbiegender, ortsunkundiger Kraftf. nicht schuldhaft handelt, wenn er das ihm nicht bekannte Verbot missachtet; dies gilt entspr. auch z. B. für eine Geschw.beschr. mit Z 274. Ist auf einer AB eine Geschw.beschr. (Z 274) angeordnet, so gilt sie auch über eine Anschlussstelle hinaus und endet erst bei Z 278 (*Hamm* DAR 96, 416 = VRS 91, 205); es genügt daher nicht, bei autom. Matrixanlagen beim nächsten Anzeigenquerschnitt Z 274 nicht mehr zu zeigen, ohne Z 278 aufleuchten zu lassen. Dag. kann ein obj. gegebener Verstoß entschuldbar sein, wenn eine solche „Fehlschaltung" vorliegt oder Z 274 unangemessen lang nicht wiederholt wird.

42a Vgl. *Düsseldorf* Beschl. v. 17.10.2016, IV-2 RBS 140/16, juris zur Kombination Z 274 mit Z 201 „Kurve" – nach Ende der Kurve besteht Verbotstatbestand nicht mehr.

43 Haltverbote nach Z 283 u. 286 gelten nur für die Fahrb., nicht aber z. B. für Park- oder Ladebucht (*BayOLG* DAR 73, 221 = VRS 45, 141), soweit nicht Sonderregelung durch ZZ. (so auch *Hamm* VRS 47, 63; *Hamburg* VM 76, 79). Haltverbote, die lt. ZZ. „werktags" gelten, gelten auch am Samstag (*Hamburg* DAR 84, 157, *Hamm* DAR 2001, 376). Begriff der Einmündung ist hier der gleiche wie in § 8 (*BayOLG* VRS 75, 364 = NZV 88, 154), also nur Einm. einer Fahrb. „Einmündungen" iSd § 10, also Grundstücksausfahrten, Einführung von Fußg.zonen, verk.ber. Bereichen oder über abgesenkte Bordsteine beenden desh. Haltverbote nicht. Zur Möglichk. der Ausnahme von Elektrofzg an Ladesäulen gl. Ausführungen zu Z 314, 315.

44 Mit Neuerlass der StVO wurde klargestellt, dass bewegliche VZ, die nur vorübergehend aufgestellt werden, die fest angebrachten VZ aufheben.

45 Im eingeschr. Haltverbot ist jedes Halten bis zu 3 Minuten zulässig (vgl. § 12); auf den Zweck des Haltens kommt es nicht an (z. B. Studium einer Straßenkarte, Fahrerwechsel). Das Fzg darf währ. der 3 Minuten-Frist auch „verlassen" werden. Damit bedeutet Z 286 zunächst eine „Mini-Kurzpark-Möglichkeit". Wird über 3 Minuten hinaus gehalten, so ist dies bei Z 286 nur zu den genannten Zwecken zulässig (*BayOLG* DAR 79, 198 –; bei letzt. Vorgang sollte allerdings eine zeitl. Grenze bei max. 10 Min. gezogen werden, vgl. VD 79, 121).

46 Durch diese Beschilderung können keine allg. Behinderten-Parkplätze geschaffen werden (z. B. vor öff. Gebäuden), sondern nur Parkflächen für best., mit numm. Parkausweis versehene Fzg reserviert werden (z. B. Parkplatz für einen Schwerbehind. vor der Wohnung bzw. der Arbeitsstätte). Be- und Entladen, Ein- und Aussteigen sind allerdings für jedermann zulässig.

47 Sind die Parkausweise nicht oder nicht gut lesbar ausgelegt, so ist die Ausnahme rechtlich nicht existent. Auch wer zum begünstigten Personenkreis gehört und im Besitz eines Ausweises ist, verstößt dann gegen das Haltverbot und kann mit einem Verwarnungs- oder Bußgeld belegt werden.

48 Auch wer einen bes. Parkausweis als Bewohner besitzt, darf in Grundstückszufahrten (vgl. § 12 Abs. 3) nicht parken, wenn er nicht selbst über die Zufahrt verfügen kann; andererseits darf in einer solchen Zufahrt grds. auch derjenige parken, der – ohne Inh. eines bes. Parkausweises zu sein – entw. selbst über die Zufahrt verfügen kann oder von dem VerfBerechtigten zum Parken ermächtigt ist (vgl. auch *Düsseldorf* DAR 94, 163 = NZV 94, 162).

49 Z gilt nicht nur für die Fahrb., sondern für alle öff. Verkehrsflächen. Z gilt aber nicht für Gehwege (vgl. *BVerwG* DVBl 2004, 519 = VD 2004, 135 = NJW 2004, 1815 = NVwZ 2004, 1380 – NVwZ 2004, 1380 = NZV 2005, 333). Jedenfalls umfangreichere Haltverbotszonen sind problematisch, weil sich die Beschilderung am Beginn einer solchen Zone vor allem einem ortsfremden Fahrer häufig nicht genügend einprägt und er dann eine Ahn-

dung wg. verbotswidr. Parkens als nicht gerechtfertigt empfindet. Z gilt nicht für Gehwege, daher Zonenhaltverbot, das durch ZZ. auf das Abstellen von Fahrrädern auf reine Fußgängerverkehrsflächen ausgedehnt wird, ist rechtsw. Im Übrigen werden Fahrräder nicht geparkt, sondern abgestellt. Kostenpflichtige Abschleppmaßnahmen bei kurzfristig aufgestellten Haltverbotszeichen sind erst nach Vorlaufzeit von 3 Tagen möglich (*BVerwG* Urt. v. 24.5.2018, 3 C 25/16, juris).

50 Eine Zone kann daher z. B. durch ein absol. Haltverbot (Z 283), durch einen Haltestellenbereich (Z 224) oder durch einen Taxistandplatz (Z 229), wohl auch durch einen mit Z 314 (ggf. mit ZZ. z. B. zugunsten Schwerbehinderter) gekennzeichneten Bereich, „unterbrochen" sein; die Haltverbotszone setzt sich dann nach der Unterbrechung fort, ohne dass ein neuerliches Z 290.1 aufgestellt werden muss.

51 Vgl. die „Richtlinien für die Markierung von Straßen" – RMS – v. 23.8.1993 (VkBl 93 S. 667), die derzeit überarbeitet werden.

52 Ist eine durch eine Lichtzeichenanlage geschützte Fußgängerfurt unmittelbar hinter der Kreuzung oder Einmündung angebracht, so wird die Haltlinie auf der der Kreuzung oder Einm. zugewandten Seite bereits vor der Kreuzung oder Einm. angebracht, ggf. ergänzt durch ein Z 131 mit ZZ. „bei Rot hier halten". Dann muss bei Rot bereits hier angehalten werden (*Hamm* NZV 92, 409); es darf dann bei Rot auch nicht nach rechts abgebogen werden. Allerdings darf eine solche Lösung nur gewählt werden, wenn die Haltlinie nicht weit von der Ampel entfernt ist, so dass der durchschnittl. Kraftf. noch die „Beziehung" ohne weiteres erkennt, also nur, wenn die einmündende Straße schmal ist und die Ampel unmittelbar nach der Kreuzung oder Einm. steht.

53 Linie allein verbietet nicht das Überholen, soweit der Überholer rechts von ihr bleibt (*Düsseldorf* VRS 62, 302; *BGH* DAR 87, 283; *Hamm* DAR 92, 32). Fußg., der die Fahrb. überquert, darf an der Linie darauf vertrauen, dass auf der „Gegenfahrbahn" kein Fzg von links kommt (*München* NZV 96, 115).

53a Erweiterungen auf Bedeutungsgehalt für Sonderwege generell erfolgte durch BR mit der Novelle v. 20.4.2020 (BGBl I, 819, BR-Drs. 591/19 Beschl.) vorrangig mit Blick auf Sonderwege für den Radverk. im Außerortsbereich.

54 Wird die Fahrb. durch ein verbotswidrig parkendes Fzg „blockiert", so darf ein nachfolg. Fzg mit bes. Vorsicht an dem „Hindernis" auch dann vorbeifahren, wenn dazu die durchgeh. Linie kurz überfahren werden muss. Das gilt grds. auch dann, wenn das „blockierende" Fzg nur hält, ohne zu parken, es sei denn, mit seiner Weiterfahrt ist in zumutbarer Zeit (etwa 1 Min.) zu rechnen.

54a Zur Änderung vgl. Erl. 53a, Ergänzung ermöglicht die ununterbrochene Aufbringung der durchgez. Linie auch bei Radfahrstreifen von Grundstückszufahrten, was unter VerkSi-Aspekten geboten ist.

54b Die Ergänzung um den Sonderweg geht ebenfalls auf den BR (BR-Drs. 591/19 Beschl.) zurück, macht aber angesichts des vorherigen Buchstabes b, der bereits den Sonderweg behandelt, an dieser Stelle keinen Sinn.

55 Ist auf der Fahrb. mit mehreren Fahrstreifen für eine Richtung nur einer mit Richtungspfeilen versehen, so bedeutet Markierung nur eine Empfehlung (*BayOLG* DAR 74, 305 = VRS 47, 394). Sind dagegen mind. zwei nebeneinanderlieg. Fahrstreifen so markiert, so müssen die Pfeile auch dann beachtet werden, wenn die Fahrb. insg. mehr als zwei Fahrstreifen aufweist. Allerdings darf der Fahrstreifen vor der Kreuzung noch gewechselt werden (*Bremen* DAR 93, 304 = NZV 93, 321 = VM 93, 42), jed. nur mit größter Vorsicht (§ 7 Abs. 5) und nur bis zum Beginn einer Fahrstreifenbegrenzung (Z 295).

56 Ist an einer solchen Strecke Z 286 aufgestellt, so gehen diese als die speziellere Regelung dem (absoluten) Haltverbot der Pfeilmarkierung vor.

57 Sperrflächen können überall dort aufgebracht werden, wo für best. Teilflächen die Benutzung durch Fzg ausgeschlossen werden soll, also sowohl auf Fahrb. als auch z. B. auf Parkplätzen. Die abweichende Meinung des *Köln* (VRS 80, 227 = DAR 91, 66), wonach Sperrflächen nur für den fließ. Verkehr zulässig sind, findet in der StVO keine Stütze und kann insbes. nicht damit begründet werden, dass die Abbildung des Z 298 – beispielhaft – eine Sperrfläche auf einer Fahrb. zeigt.

58 Grenzmarkierung begründet kein selbstständiges Verbot, sondern setzt das Bestehen eines solchen voraus u. begrenzt lediglich den Verbotsbereich (*Düsseldorf* VRS 74, 68).

59 Zwar wurden die Angaben über Massegrenzen in der StVO durchgehend von 2,8 t auf 3,5 t erhöht, nicht jed. in diesem Falle, weil andernfalls Beschädigungen des Gehwegs bzw. der dort verlegten Rohre etc. zu befürchten wären.

Anlage 3
(zu § 42 Abs. 2)

Richtzeichen

1	2	3
lfd. Nr.	**Zeichen und Zusatzzeichen**	**Ge- oder Verbote Erläuterungen**
Abschnitt 1 Vorrangzeichen		
1	Zeichen 301  Vorfahrt	**Ge- oder Verbot** Das Zeichen zeigt an, dass an der nächsten Kreuzung oder Einmündung Vorfahrt besteht.
2	Zeichen 306  Vorfahrtstraße[1]	**Ge- oder Verbot** Wer ein Fahrzeug führt, darf außerhalb geschlossener Ortschaften auf Fahrbahnen von Vorfahrtstraßen nicht parken. Das Zeichen zeigt an, dass Vorfahrt besteht bis zum nächsten Zeichen 205 „Vorfahrt gewähren.“, 206 „Halt. Vorfahrt gewähren.“ oder 307 „Ende der Vorfahrtstraße“.
2.1		**Ge- oder Verbot** 1. Wer ein Fahrzeug führt und dem Verlauf der abknickenden Vorfahrtstraße folgen will, muss dies rechtzeitig und deutlich ankündigen; dabei sind die Fahrtrichtungsanzeiger zu benutzen.[2] 2. Auf den Fußgängerverkehr ist besondere Rücksicht zu nehmen. Wenn nötig, muss gewartet werden.[3] **Erläuterung** Das Zusatzzeichen zum Zeichen 306 zeigt den Verlauf der Vorfahrtstraße an.

1	2	3
lfd. Nr.	**Zeichen und Zusatzzeichen**	**Ge- oder Verbote Erläuterungen**
3	Zeichen 307  Ende der Vorfahrtstraße[4]	
4	Zeichen 308  Vorrang vor dem Gegenverkehr	**Ge- oder Verbot** Wer ein Fahrzeug führt, hat Vorrang vor dem Gegenverkehr.
Abschnitt 2 Ortstafel		
zu 5 und 6		**Erläuterung** Ab der Ortstafel gelten jeweils die für den Verkehr innerhalb oder außerhalb geschlossener Ortschaften bestehenden Vorschriften.[5]
5	Zeichen 310  Ortstafel Vorderseite	Die Ortstafel bestimmt: Hier beginnt eine geschlossene Ortschaft

1	2	3
lfd. Nr.	**Zeichen und Zusatzzeichen**	**Ge- oder Verbote Erläuterungen**
6	Zeichen 311  Ortstafel Rückseite	Die Ortstafel bestimmt: Hier endet eine geschlossene Ortschaft.
Abschnitt 3 Parken		
7	Zeichen 314  Parken	**Ge- oder Verbot** 1. Wer ein Fahrzeug führt, darf hier parken. 2. a) Durch ein Zusatzzeichen[6] kann die Parkerlaubnis insbes. nach der Dauer, nach Fahrzeugarten, zugunsten der mit besonderem Parkausweis versehenen Bewohner oder auf das Parken mit Parkschein oder Parkscheibe beschränkt sein. b) Ein Zusatzzeichen mit Bild 318 (Parkscheibe) und Angabe der Stundenzahl schreibt das Parken mit Parkscheibe und dessen zulässige Höchstdauer vor. c) Durch Zusatzzeichen können Bewohner mit Parkausweis von der Verpflichtung zum Parken mit Parkschein oder Parkscheibe freigestellt sein. d) Durch ein Zusatzzeichen mit Rollstuhlfahrersinnbild kann die Parkerlaubnis beschränkt sein auf schwerbehinderte Menschen mit außergewöhnlicher Gehbehinderung, beidseitiger Amelie oder Phokomelie oder mit vergleichbaren Funktionseinschränkungen sowie auf blinde Menschen.[7]

1	2	3
lfd. Nr.	**Zeichen und Zusatzzeichen**	**Ge- oder Verbote Erläuterungen**
		e) Die Parkerlaubnis gilt nur, wenn der Parkschein, die Parkscheibe oder der Parkausweis gut lesbar ausgelegt oder angebracht ist.[8] f) Durch Zusatzzeichen kann ein Parkplatz als gebührenpflichtig ausgewiesen sein. 3. a) Durch Zusatzzeichen kann die Parkerlaubnis zugunsten elektrisch betriebener Fahrzeuge beschränkt sein. b) Durch Zusatzzeichen können elektrisch betriebene Fahrzeuge von der Verpflichtung zum Parken mit Parkschein oder Parkscheibe freigestellt sein. Sind Parkscheinautomaten aufgestellt, kann die Freistellung auch allein am Automaten angegeben sein. c) Durch Zusatzzeichen kann die Parkerlaubnis für elektrisch betriebene Fahrzeuge nach der Dauer beschränkt sein. Der Nachweis zur Einhaltung der zeitlichen Dauer erfolgt durch Auslegen der Parkscheibe. Die Parkerlaubnis gilt nur, wenn die Parkscheibe gut lesbar ausgelegt oder angebracht ist.[8a] 4. a) Durch Zusatzzeichen kann die Parkerlaubnis zugunsten von mit einem Carsharingausweis[8b] versehenen Carsharingfahrzeugen beschränkt sein. Eine Beschränkung auf Fahrzeuge nur eines Carsharingunternehmens oder auf bestimmte Carsharingunternehmen ist nach Maßgabe des Carsharinggesetzes zulässig. Die Beschränkung erfolgt durch die Angabe

1	2	3
lfd. Nr.	**Zeichen und Zusatzzeichen**	**Ge- oder Verbote Erläuterungen**
		der entsprechenden Firmenbezeichnung in schwarzer Schrift auf weißem Grund auf einem weiteren Zusatzzeichen. Die Parkerlaubnis gilt nur, wenn der Carsharingausweis im Fahrzeug gut lesbar ausgelegt oder angebracht ist. b) Durch Zusatzzeichen können Carsharingfahrzeuge von der Verpflichtung zum Parken mit Parkschein oder Parkscheibe freigestellt sein. Sind Parkscheinautomaten aufgestellt, kann die Freistellung auch allein am Automaten angegeben sein. **Erläuterung** 1. Der Anfang des erlaubten Parkens kann durch einen zur Fahrbahn weisenden waagerechten weißen Pfeil im Zeichen, das Ende durch einen solchen von der Fahrbahn wegweisenden Pfeil gekennzeichnet sein. Bei in der Strecke wiederholten Zeichen weist eine Pfeilspitze zur Fahrbahn, die zweite von ihr weg. 2. Das Zeichen mit einem Zusatzzeichen mit schwarzem Pfeil weist auf die Zufahrt zu größeren Parkplätzen oder Parkhäusern hin. Das Zeichen kann auch durch Hinweise ergänzt werden, ob es sich um ein Parkhaus handelt.

1	2	3
lfd. Nr.	**Zeichen und Zusatzzeichen**	**Ge- oder Verbote Erläuterungen**
8	Zeichen 314.1  Beginn einer Parkraumbewirtschaftungszone[9]	**Ge- und Verbot** 1. Wer ein Fahrzeug führt, darf innerhalb der Parkraumbewirtschaftungszone nur mit Parkschein oder mit Parkscheibe (Bild 318) parken, soweit das Halten und Parken nicht gesetzlich oder durch Verkehrszeichen verboten ist. 2. Durch Zusatzzeichen können Bewohner mit Parkausweis von der Verpflichtung zum Parken mit Parkschein oder Parkscheibe freigestellt sein. 3. Die Parkerlaubnis gilt nur, wenn der Parkschein, die Parkscheibe oder der Parkausweis gut lesbar ausgelegt oder angebracht ist. 4. a) Durch Zusatzzeichen kann die Parkerlaubnis zugunsten elektrisch betriebener Fahrzeuge beschränkt sein. Sind Parkscheinautomaten aufgestellt, kann die Freistellung allein am Automaten angegeben sein. b) Durch Zusatzzeichen können elektrisch betriebene Fahrzeuge von der Verpflichtung zum Parken mit Parkschein oder Parkscheibe freigestellt sein. Sind Parkscheinautomaten aufgestellt, kann die Freistellung auch allein an Automaten angegeben sein. c) Durch Zusatzzeichen kann die Parkerlaubnis für elektrisch betriebene Fahrzeuge nach der Dauer beschränkt sein. Der Nachweis zur Einhaltung der zeitlichen Dauer erfolgt durch Auslegen der Parkscheibe. Die Parkerlaubnis gilt nur, wenn die Parkscheibe gut lesbar ausgelegt oder angebracht ist.[8a]

1	2	3
lfd. Nr.	**Zeichen und Zusatzzeichen**	**Ge- oder Verbote Erläuterungen**
		5. a) Durch Zusatzzeichen kann die Parkerlaubnis zugunsten von mit einem Carsharingausweis[8b] versehenen Carsharingfahrzeugen beschränkt sein. Eine Beschränkung auf Fahrzeuge nur eines Carsharingunternehmens oder auf bestimmte Carsharingunternehmen ist nach Maßgabe des Carsharinggesetzes zulässig. Die Beschränkung erfolgt durch eine zusätzliche Angabe der entsprechenden Firmenbezeichnung in schwarzer Schrift auf weißem Grund auf einem weiteren Zusatzzeichen. Die Parkerlaubnis gilt nur, wenn der Carsharingausweis gut lesbar im Fahrzeug ausgelegt oder angebracht ist. b) Durch Zusatzzeichen können Carsharingfahrzeuge von der Verpflichtung zum Parken mit Parkschein oder Parkscheibe freigestellt sein. Sind Parkscheinautomaten aufgestellt, kann die Freistellung auch allein am Automaten angegeben sein. **Erläuterung** Die Art der Parkbeschränkung wird durch Zusatzzeichen angezeigt.
9	Zeichen 314.2  Ende einer Parkraumbewirtschaftungszone	

1	2	3
lfd. Nr.	**Zeichen und Zusatzzeichen**	**Ge- oder Verbote Erläuterungen**
10	Zeichen 315  Parken auf Gehwegen	**Ge- oder Verbot** 1. Wer ein Fahrzeug führt, darf auf Gehwegen mit Fahrzeugen mit einer zulässigen Gesamtmasse über 2,8 t nicht parken. Dann darf auch nicht entgegen der angeordneten Aufstellungsart des Zeichens oder entgegen Beschränkungen durch Zusatzzeichen geparkt werden. 2. a) Durch ein Zusatzzeichen kann die Parkerlaubnis insbes. nach der Dauer, nach Fahrzeugarten, zugunsten der mit besonderem Parkausweis versehenen Bewohner oder auf das Parken mit Parkschein oder Parkscheibe beschränkt sein. b) Ein Zusatzzeichen mit Bild 318 (Parkscheibe) und Angabe der Stundenzahl schreibt das Parken mit Parkscheibe und dessen zulässige Höchstdauer vor. c) Durch Zusatzzeichen können Bewohner mit Parkausweis von der Verpflichtung zum Parken mit Parkschein oder Parkscheibe freigestellt sein. d) Durch ein Zusatzzeichen mit Rollstuhlfahrersinnbild kann die Parkerlaubnis beschränkt sein für schwerbehinderte Menschen mit außergewöhnlicher Gehbehinderung, beidseitiger Amelie oder Phokomelie oder mit vergleichbaren Funktionseinschränkungen sowie für blinde Menschen. e) Die Parkerlaubnis gilt nur, wenn der Parkschein, die Parkscheibe oder der Parkausweis gut lesbar ausgelegt oder angebracht ist.

1	2	3
lfd. Nr.	Zeichen und Zusatzzeichen	Ge- oder Verbote Erläuterungen
		3. a) Durch Zusatzzeichen kann die Parkerlaubnis zugunsten elektrisch betriebener Fahrzeuge beschränkt sein. b) Durch Zusatzzeichen können elektrisch betriebene Fahrzeuge von der Verpflichtung zum Parken mit Parkschein oder Parkscheibe freigestellt sein. Sind Parkscheinautomaten aufgestellt, kann die Freistellung allein am Automaten angegeben sein. c) Durch Zusatzzeichen kann die Parkerlaubnis für elektrisch betriebene Fahrzeuge nach der Dauer beschränkt sein. Der Nachweis zur Einhaltung der zeitlichen Dauer erfolgt durch Auslegen der Parkscheibe. Die Parkerlaubnis gilt nur, wenn die Parkscheibe gut lesbar ausgelegt oder angebracht ist.[8a] 4. a) Durch Zusatzzeichen kann die Parkerlaubnis zugunsten von mit einem Carsharingausweis[8b] versehenen Carsharingfahrzeugen beschränkt sein. Eine Beschränkung auf Fahrzeuge nur eines Carsharingunternehmens oder auf bestimmte Carsharingunternehmen ist nach Maßgabe des Carsharinggesetzes zulässig. Die Beschränkung erfolgt durch eine zusätzliche Angabe der entsprechenden Firmenbezeichnung in schwarzer Schrift auf weißem Grund auf einem weiteren Zusatzzeichen. Die Parkerlaubnis gilt nur, wenn der Carsharingausweis gut lesbar im Fahrzeug ausgelegt oder angebracht ist.

<table>
<tr><th>1</th><th>2</th><th>3</th></tr>
<tr><th>lfd. Nr.</th><th>Zeichen und Zusatzzeichen</th><th>Ge- oder Verbote Erläuterungen</th></tr>
<tr><td></td><td></td><td>b) Durch Zusatzzeichen können Carsharingfahrzeuge von der Verpflichtung zum Parken mit Parkschein oder Parkscheibe freigestellt sein. Sind Parkscheinautomaten aufgestellt, kann die Freistellung auch allein am Automaten angegeben sein.
Erläuterung
1. Der Anfang des erlaubten Parkens kann durch einen zur Fahrbahn weisenden waagerechten weißen Pfeil im Zeichen, das Ende durch einen solchen von der Fahrbahn wegweisenden Pfeil gekennzeichnet sein. Bei in der Strecke wiederholten Zeichen weist eine Pfeilspitze zur Fahrbahn, die zweite Pfeilspitze von ihr weg.
2. Im Zeichen ist bildlich dargestellt, wie die Fahrzeuge aufzustellen sind.</td></tr>
<tr><td>11</td><td>Bild 318

Parkscheibe[10]</td><td>Ge- oder Verbot
Ist die Parkzeit bei elektrisch betriebenen Fahrzeugen beschränkt, so ist der Nachweis durch Auslegen der Parkscheibe zu erbringen.</td></tr>
<tr><td colspan="3">Abschnitt 4 Verkehrsberuhigter Bereich</td></tr>
<tr><td>12</td><td>Zeichen 325.1

Beginn eines verkehrsberuhigten Bereichs[11]</td><td>Ge- oder Verbot
1. Wer ein Fahrzeug führt, muss mit Schrittgeschwindigkeit[12] fahren.
2. Wer ein Fahrzeug führt, darf den Fußgängerverkehr weder gefährden noch behindern; wenn nötig, muss gewartet werden.
3. Wer zu Fuß geht, darf den Fahrverkehr nicht unnötig behindern.</td></tr>
</table>

1	2	3
lfd. Nr.	**Zeichen und Zusatzzeichen**	**Ge- oder Verbote Erläuterungen**
		4. Wer ein Fahrzeug führt, darf außerhalb der dafür gekennzeichneten Flächen nicht parken, ausgenommen zum Ein- oder Aussteigen und zum Be- oder Entladen. 5. Wer zu Fuß geht, darf die Straße in ihrer ganzen Breite benutzen; Kinderspiele[13] sind überall erlaubt.
13	Zeichen 325.2  Ende eines verkehrsberuhigten Bereichs	**Erläuterung** Beim Ausfahren ist § 10 zu beachten.[13a]
Abschnitt 5 Tunnel		
14	Zeichen 327  Tunnel[14]	**Ge- oder Verbot** 1. Wer ein Fahrzeug führt, muss beim Durchfahren des Tunnels Abblendlicht benutzen und darf im Tunnel nicht wenden. 2. Im Falle eines Notfalls oder einer Panne sollen nur vorhandene Nothalte- und Pannenbuchten genutzt werden.[15]
Abschnitt 6 Nothalte- und Pannenbucht		
15	Zeichen 328  Nothalte- und Pannenbucht	**Ge- oder Verbot** Wer ein Fahrzeug führt, darf nur im Notfall oder bei einer Panne in einer Nothalte- und Pannenbucht halten.[16]

1	2	3
lfd. Nr.	**Zeichen und Zusatzzeichen**	**Ge- oder Verbote Erläuterungen**
Abschnitt 7 Autobahnen und Kraftfahrstraßen		
16	Zeichen 330.1  Autobahn[17]	**Erläuterung** Ab diesem Zeichen gelten die Regeln für den Verkehr auf Autobahnen.
17	Zeichen 330.2  Ende der Autobahn[17a]	
18	Zeichen 331.1  Kraftfahrstraße	**Erläuterung** Ab diesem Zeichen gelten die Regeln für den Verkehr auf Kraftfahrstraßen.
19	Zeichen 331.2  Ende der Kraftfahrstraße	

1	2	3
lfd. Nr.	**Zeichen und Zusatzzeichen**	**Ge- oder Verbote Erläuterungen**
20	Zeichen 333  Ausfahrt von der Autobahn	**Erläuterung** Auf Kraftfahrstraßen oder autobahnähnlich ausgebauten Straßen weist das entsprechende Zeichen mit schwarzer Schrift auf gelbem Grund auf die Ausfahrt hin. Das Zeichen kann auch auf weißem Grund ausgeführt sein.
21	Zeichen 450  Ankündigungsbake	**Erläuterung** Das Zeichen steht 300 m, 200 m (wie abgebildet) und 100 m vor einem Autobahnknotenpunkt (Autobahnanschlussstelle, Autobahnkreuz oder Autobahndreieck). Es steht auch vor einer bewirtschafteten Rastanlage. Vor einem Knotenpunkt kann auf der 300 m-Bake die Nummer des Knotenpunktes angezeigt sein.
Abschnitt 8 Markierungen[18]		
22	Zeichen 340  Leitlinie	**Ge- oder Verbot** 1. Wer ein Fahrzeug führt, darf Leitlinien nicht überfahren, wenn dadurch der Verkehr gefährdet wird. 2. Wer ein Fahrzeug führt, darf auf der Fahrbahn durch Leitlinien markierte Schutzstreifen für den Radverkehr nur bei Bedarf überfahren[19] insbesondere um dem Gegenverkehr auszuweichen. Der Radverkehr darf dabei nicht gefährdet werden. 3. Auf durch Leitlinien markierten Schutzstreifen für den Radverkehr darf nicht gehalten werden. Satz 1 gilt nicht für Fahrräder und Elektrokleinstfahrzeuge im Sinne der eKFV.[20] **Erläuterung** Der Schutzstreifen für den Radverkehr ist in regelmäßigen Abständen mit dem Sinnbild „Radverkehr“ auf der Fahrbahn gekennzeichnet.

1	2	3
lfd. Nr.	**Zeichen und Zusatzzeichen**	**Ge- oder Verbote Erläuterungen**
23	Zeichen 341 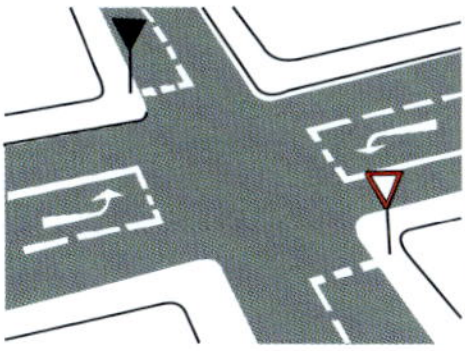 Wartelinie[21]	**Erläuterung** Die Wartelinie empfiehlt dem Wartepflichtigen, an dieser Stelle zu warten.
23.1	Zeichen 342  Haifischzähne[21a]	**Erläuterung** Die Markierung hebt eine Wartepflicht infolge einer bestehenden Rechts-vor-links-Regelung abseits der Bundes-, Landes- und Kreisstraßen sowie weiterer Hauptverkehrsstraßen und eine durch Zeichen 205 oder 206 angeordnete Vorfahrtberechtigung des Radverkehrs im Zuge von Kreuzungen oder Einmündungen von Radschnellwegen hervor. Im Fall dieser Vorfahrtberechtigung des Radverkehrs sind die Markierungen auf beiden Seiten entlang der Fahrbahnkanten des Radschnellwegs mit den Spitzen in Richtung des wartepflichtigen Verkehrs anzuordnen.
Abschnitt 9 Hinweise[21b]		
24	Zeichen 350  Fußgängerüberweg	

1	2	3
lfd. Nr.	**Zeichen und Zusatzzeichen**	**Ge- oder Verbote Erläuterungen**
24.1	Zeichen 350.1  Radschnellweg	**Erläuterung** Das Zeichen steht an Radschnellwegen. Es dient der Unterrichtung über den Beginn von Radschnellwegen und der Führung von Radschnellwegen an Knotenpunkten.[21c]
24.2	Zeichen 350.2  Ende des Radschnellwegs	
25	Zeichen 354  Wasserschutzgebiet	
26	Zeichen 356  Verkehrshelfer	

1	**2**	**3**
lfd. Nr.	**Zeichen und Zusatzzeichen**	**Ge- oder Verbote Erläuterungen**
27	Zeichen 357  Sackgasse	**Erläuterung** Im oberen Teil des Verkehrszeichens kann die Durchlässigkeit der Sackgasse für den Radverkehr und/oder Fußgängerverkehr durch Piktogramme[22] angezeigt sein.
zu 28 und 29		**Erläuterung** 1. Durch solche Zeichen mit entsprechenden Sinnbildern können auch andere Hinweise gegeben werden, wie auf Fußgängerunter- oder -überführung, Fernsprecher, Notrufsäule, Pannenhilfe, Tankstellen, Zelt- und Wohnwagenplätze, Autobahnhotel, Autobahngasthaus, Autobahnkiosk. 2. Auf Hotels, Gasthäuser und Kioske wird nur auf Autobahnen und nur dann hingewiesen, wenn es sich um Autobahnanlagen oder Autohöfe handelt.
28	Zeichen 358  Erste Hilfe	
29	Zeichen 363  Polizei	

1	2	3
lfd. Nr.	**Zeichen und Zusatzzeichen**	**Ge- oder Verbote Erläuterungen**
30	Zeichen 385  Ortshinweistafel	
zu 31 und 32		**Erläuterung** Die Zeichen stehen außerhalb von Autobahnen. Sie dienen dem Hinweis auf touristisch bedeutsame Ziele und der Kennzeichnung des Verlaufs touristischer Routen. Sie können auch als Wegweiser ausgeführt sein.
31	Zeichen 386.1  Touristischer Hinweis[23]	
32	Zeichen 386.2  Touristische Route	
33	Zeichen 386.3  Touristische Unterrichtungstafel	**Erläuterung** Das Zeichen steht an der Autobahn. Es dient der Unterrichtung über touristisch bedeutsame Ziele.

1	2	3
lfd. Nr.	**Zeichen und Zusatzzeichen**	**Ge- oder Verbote Erläuterungen**
34	Zeichen 390  Mautpflicht nach dem Bundesfernstraßen-mautgesetz[24]	
35	Zeichen 391  Mautpflichtige Strecke[25]	
36	Zeichen 392  Zollstelle	
37	Zeichen 393 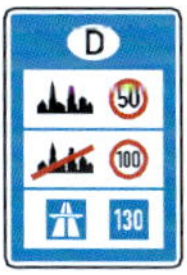 Informationstafel an Grenzübergangsstellen	

1	2	3
lfd. Nr.	**Zeichen und Zusatzzeichen**	**Ge- oder Verbote Erläuterungen**
38	Zeichen 394 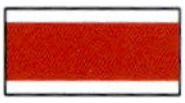 Laternenring	**Erläuterung** Das Zeichen kennzeichnet innerhalb geschlossener Ortschaften Laternen, die nicht die ganze Nacht leuchten. In dem roten Feld kann in weißer Schrift angegeben sein, wann die Laterne erlischt.
Abschnitt 10 Wegweisung		
		1. Nummernschilder
39	Zeichen 401  Bundesstraßen	
40	Zeichen 405  Autobahnen	
41	Zeichen 406  Knotenpunkte der Autobahnen	**Erläuterung** So sind Knotenpunkte der Autobahnen (Autobahnausfahrten, Autobahnkreuze und Autobahndreiecke) beziffert.
42	Zeichen 410  Europastraßen	

1	2	3
lfd. Nr.	**Zeichen und Zusatzzeichen**	**Ge- oder Verbote Erläuterungen**
		2. Wegweiser außerhalb von Autobahnen
		a) Vorwegweiser
43	Zeichen 438 	
44	Zeichen 439 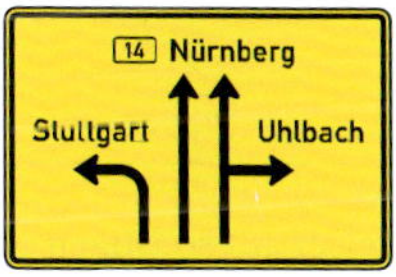	
45	Zeichen 440 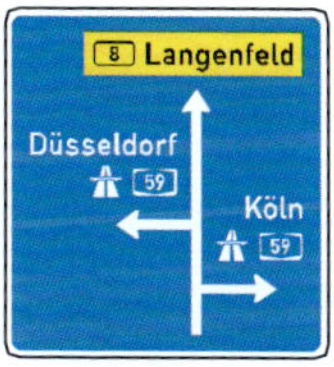	
46	Zeichen 441 	

1	2	3
lfd. Nr.	**Zeichen und Zusatzzeichen**	**Ge- oder Verbote Erläuterungen**
		b) Pfeilwegweiser
zu 47 bis 49		**Erläuterung** Das Zusatzzeichen „Nebenstrecke“ oder der Zusatz „Nebenstrecke“ im Wegweiser weist auf eine Straßenverbindung von untergeordneter Bedeutung hin.
47	Zeichen 415 	**Erläuterung** Pfeilwegweiser auf Bundesstraßen.
48	Zeichen 418 	**Erläuterung** Pfeilwegweiser auf sonstigen Straßen.
49	Zeichen 419 	**Erläuterung** Pfeilwegweiser auf sonstigen Straßen mit geringerer Verkehrsbedeutung.[26]
50	Zeichen 430 	**Erläuterung** Pfeilwegweiser zur Autobahn.
51	Zeichen 432 	**Erläuterung** Pfeilwegweiser zu Zielen mit erheblicher Verkehrsbedeutung.[27]

1	2	3
lfd. Nr.	Zeichen und Zusatzzeichen	Ge- oder Verbote Erläuterungen
		c) Tabellenwegweiser
52	Zeichen 434 	**Erläuterung** Der Tabellenwegweiser kann auch auf einer Tafel zusammengefasst sein. Die Zielangaben in einer Richtung können auch auf separaten Tafeln gezeigt werden.
		d) Ausfahrttafel
53	Zeichen 332.1 	**Erläuterung** Ausfahrt von der Kraftfahrstraße oder einer autobahnähnlich ausgebauten Straße. Das Zeichen kann innerhalb geschlossener Ortschaften auch mit weißem Grund ausgeführt sein.
		e) Straßennamensschilder
54	Zeichen 437 	**Erläuterung** Das Zeichen hat entweder weiße Schrift auf dunklem Grund oder schwarze Schrift auf hellem Grund. Es kann auch an Bauwerken angebracht sein.

1	2	3
lfd. Nr.	**Zeichen und Zusatzzeichen**	**Ge- oder Verbote Erläuterungen**
		3. Wegweiser auf Autobahnen
		a) Ankündigungstafeln
zu 55 und 58		**Erläuterung** Die Nummer (Zeichen 406) ist die laufende Nummer der Autobahnausfahrten, Autobahnkreuze und Autobahndreiecke der gerade befahrenen Autobahn. Sie dient der besseren Orientierung.
55	Zeichen 448 	**Erläuterung** Das Zeichen weist auf eine Autobahnausfahrt, ein Autobahnkreuz oder Autobahndreieck hin. Es schließt Zeichen 406 ein.
56		**Erläuterung** Das Sinnbild weist auf eine Ausfahrt hin.
57	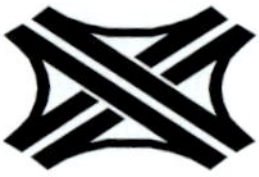	**Erläuterung** Das Sinnbild weist auf ein Autobahnkreuz oder Autobahndreieck hin; es weist auch auf Kreuze und Dreiecke von Autobahnen mit autobahnähnlich ausgebauten Straßen des nachgeordneten Netzes hin.

1	2	3
lfd. Nr.	**Zeichen und Zusatzzeichen**	**Ge- oder Verbote Erläuterungen**
58	Zeichen 448.1 	**Erläuterung** 1. Mit dem Zeichen wird ein Autohof in unmittelbarer Nähe einer Autobahnausfahrt angekündigt. 2. Der Autohof wird einmal am rechten Fahrbahnrand 500 bis 1000 m vor dem Zeichen 448 angekündigt. Auf einem Zusatzzeichen wird durch grafische Symbole der Leistungsumfang des Autohofs dargestellt.
		b) Vorwegweiser
59	Zeichen 449 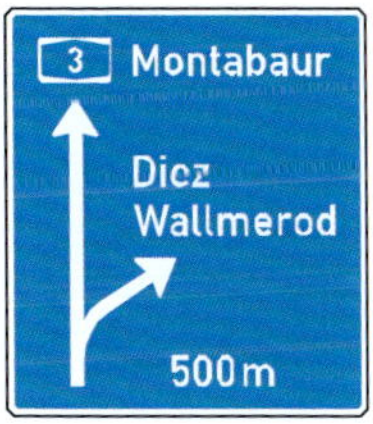	
		c) Ausfahrttafel
60	Zeichen 332 	

1	2	3
lfd. Nr.	**Zeichen und Zusatzzeichen**	**Ge- oder Verbote Erläuterungen**
		d) Entfernungstafel
61	Zeichen 453 	**Erläuterung** Die Entfernungstafel gibt Fernziele und die Entfernung zur jeweiligen Ortsmitte an. Ziele, die über eine andere als die gerade befahrene Autobahn zu erreichen sind, werden unterhalb des waagerechten Striches angegeben.
Abschnitt 11 Umleitungsbeschilderung[28]		
		1. Umleitung außerhalb von Autobahnen
		a) Umleitungen für bestimmte Verkehrsarten
62	Zeichen 442  Vorwegweiser	**Erläuterung** Vorwegweiser für bestimmte Verkehrsarten
63	Zeichen 421 	**Erläuterung** Pfeilwegweiser für bestimmte Verkehrsarten
64	Zeichen 422 	**Erläuterung** Wegweiser für bestimmte Verkehrsarten

1	2	3
lfd. Nr.	**Zeichen und Zusatzzeichen**	**Ge- oder Verbote Erläuterungen**
		b) Temporäre Umleitungen (z.B. infolge von Baumaßnahmen)
65		**Erläuterung** Der Verlauf der Umleitungsstrecke kann gekennzeichnet werden durch
66	Zeichen 454 	**Erläuterung** Umleitungswegweiser oder
67	Zeichen 455.1 	**Erläuterung** Fortsetzung der Umleitung.
zu 66 und 67		**Erläuterung** Die Zeichen 454 und 455.1 können durch eine Zielangabe auf einem Schild über den Zeichen ergänzt sein. Werden nur bestimmte Verkehrsarten umgeleitet, sind diese auf einem Zusatzzeichen über dem Zeichen angegeben.
68		**Erläuterung** Die temporäre Umleitung kann angekündigt sein durch Zeichen 455.1 oder
69	Zeichen 457.1 	**Erläuterung** Umleitungsankündigung

1	2	3
lfd. Nr.	Zeichen und Zusatzzeichen	Ge- oder Verbote Erläuterungen
70		**Erläuterung** jedoch nur mit Entfernungsangabe auf einem Zusatzzeichen und bei Bedarf mit Zielangabe auf einem zusätzlichen Schild über dem Zeichen. Soll die Ankündigung nur für bestimmte Verkehrsarten gelten, sind diese auf einem Zusatzzeichen über dem Zeichen angegeben.
71		**Erläuterung** Die Ankündigung kann auch erfolgen durch
72	Zeichen 458 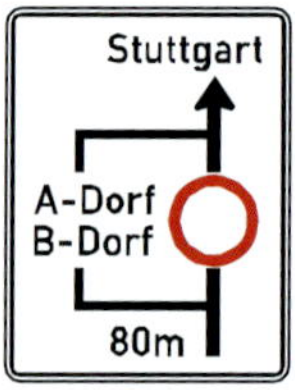	**Erläuterung** eine Planskizze.
73		**Erläuterung** Das Ende der Umleitung kann angezeigt werden durch
74	Zeichen 457.2 	**Erläuterung** Ende der Umleitung oder
75	Zeichen 455.2 	**Erläuterung** Ende der Umleitung.

1	2	3
lfd. Nr.	**Zeichen und Zusatzzeichen**	**Ge- oder Verbote Erläuterungen**
		2. Bedarfsumleitung für den Autobahnverkehr
76	Zeichen 460  Bedarfsumleitung	**Erläuterung** Das Zeichen kennzeichnet eine alternative Streckenführung im nachgeordneten Straßennetz zwischen Autobahnanschlussstellen.
77	Zeichen 466 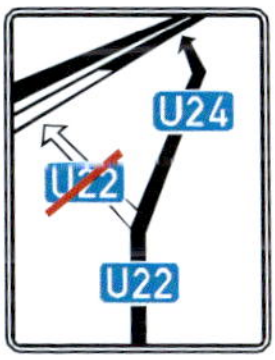 Weiterführende Bedarfsumleitung	**Erläuterung** Kann der umgeleitete Verkehr an der nach Zeichen 460 vorgesehenen Anschlussstelle noch nicht auf die Autobahn zurückgeleitet werden, wird er durch dieses Zeichen über die nächste Bedarfsumleitung weitergeführt.
Abschnitt 12 Sonstige Verkehrsführung		
		1. Umlenkungspfeil
78	Zeichen 467.1 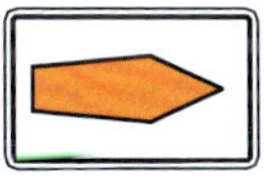 Umlenkungspfeil	**Erläuterung** Das Zeichen kennzeichnet Alternativstrecken auf Autobahnen, deren Benutzung im Bedarfsfall empfohlen wird (Streckenempfehlung).
79	Zeichen 467.2 	**Erläuterung** Das Zeichen kennzeichnet das Ende einer Streckenempfehlung.

1	2	3
lfd. Nr.	**Zeichen und Zusatzzeichen**	**Ge- oder Verbote Erläuterungen**
		2. Verkehrslenkungstafeln
80		**Erläuterung** Verkehrslenkungstafeln geben den Verlauf und die Anzahl der Fahrstreifen an, wie beispielsweise:
81	Zeichen 501  Überleitungstafel[29]	**Erläuterung** Das Zeichen kündigt die Überleitung des Verkehrs auf die Gegenfahrbahn an.
82	Zeichen 531  Einengungstafel	
82.1		**Erläuterung** Bei Einengungstafeln wird mit dem Zusatzzeichen der Ort angekündigt, an dem der Fahrstreifenwechsel nach dem Reißverschlussverfahren (§ 7 Abs. 4) erfolgen soll.

1	2	3
lfd. Nr.	**Zeichen und Zusatzzeichen**	**Ge- oder Verbote Erläuterungen**
		3. Blockumfahrung
83	Zeichen 590 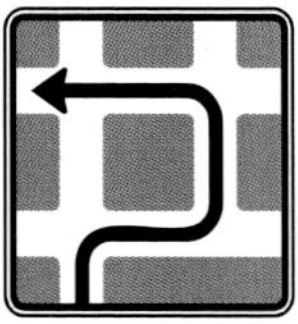 Blockumfahrung	**Erläuterung** Das Zeichen kündigt eine durch die Zeichen „Vorgeschriebene Fahrtrichtung" (Zeichen 209 bis 214) vorgegebene Verkehrsführung an.

Erläuterungen

1 Mit dem Neuerlass der StVO in 2013 wurden die vormaligen Sätze zum Standort des Z in die VwV verschoben. Das Z gibt die Vorfahrt ohne Rücksicht darauf, ob es an jeder Kreuzung oder Einmünd. wiederholt wird und ob in der and. Straße jeweils neg. VorfahrtsZ angebracht sind (*BGH* DAR 77, 72 = VRS 52, 168 = VM 77, 73); fehlen neg. Z, dann allerdings häufig kein Vorwurf bei Vorfahrtsverletzung (*BGH* aaO). Innerorts sind alle klassifiz. Straßen also Bundes-, Landes- und Kreisstraßen und wesentl. Hauptverk.Straßen mit Z 306 anzuordnen (vgl. Rn. 1 VwV zu Z 306). Solche Straßen entziehen sich auch einer Tempo 30-Zonenregelung (§ 45 Abs. 1c). Mit Neuerlass der StVO in 2013 wurde das ehemals in § 12 Abs. 3 Nr. 8a enthaltene Parkverbot hier verankert.

2 Der Benutzer einer „abknickenden Vorfahrt" folgt der „bisherigen Straße". Er hat deshalb das Rechtsfahrgebot einzuhalten und unterliegt nicht § 9 (*Frankfurt* DAR 83, 81). Wer einer abknick. Vorfahrt nicht folgt, sond. im natürl. Sinne geradeaus fährt, darf nicht blinken; dies könnte jedenfalls dort, wo Seitenstraßen einmünden, irreführen (*BayOLG* DAR 86, 126). Wer einer nach links abknickenden Vorfahrtstraße nicht folgt, auch nicht im natürl. Sinn geradeaus fährt, sondern in eine von rechts kommende Seitenstraße nach rechts abbiegt, muss rechts blinken (und umgekehrt). Da die Vorschr. über die abknick. Vorf., mit denen die VT. sich nur langsam vertraut gemacht haben, jetzt bereits seit Jahrzehnten gelten, darf darauf vertraut werden, dass der Benutzer einer solchen Straße jeweils das richtige Blinkzeichen gibt bzw. das Blinken unterlässt (vgl. auch *Zweibrücken* DAR 91, 68). Verpflichtung besteht nicht auf Straßen, die sich ihrem natürl. Verlauf nach als einheitl. Straßenzug darstellen (*BayOLG* VRS 65, 233). Solche Straßen dürfen auch nicht als abknick. Vorfahrtstraßen beschildert werden.

3 Kein Vorrang der Fußg., welche die Fahrb. bei abknick. Vorfahrt an einer Stelle überschreiten wollen, die sich dem Fzgf. als eine Fahrb.stelle darbietet, die im „natürlichen Sinne" vor dem „Abbiegevorgang" liegt (vgl. § 9).

4 Z wird innerh. geschl. Ortschaften nicht verwendet, außerorts zus. mit Z 205 oder 206.

5 Da die Ortstafeln konkr. Bedeutung für die Geschwindigkeit haben (vgl. § 3 Abs. 3), beenden sie eine jeweils davor auf Grund eines Z 274 geltende Geschw.beschr., z. B. „Geschwindigkeitstrichter" vor Beginn einer geschl. Ortschaft mit 80 km/h, 60 km/h: ab Z 310 gilt 50 km/h, ohne dass gleichzeitig die 60 km/h-Beschr. mit Z 278 aufgehoben werden muss. Oder: Geschw.beschr. 30 km/h innerorts durch Z 274: ab Z 311 gilt 100 km/h nach § 3 Abs. 3 Nr. 2, ohne dass die 30 km/h-Beschr. durch Z 278 aufzuheben wäre (vgl. auch *BayOLG* DAR 93, 394 = NZV 93, 363 = VRS 85, 378). Bundesländer haben RiLi zur Geschw.überw. erlassen (vgl. DAR 98, 85); darin enthalten sind z. B. Mindestabstandsvorgaben für Messstellen zur Ortstafel. Unbeschadet dessen gelten die Vorgaben ab dem Z. Mit dem Neuerlass der StVO in 2013 wurde die Möglichkeit, den oberen Teil des Z weiß auszugestalten, in Übereinstimmung mit der RWB gestrichen. Bereits angeordnete Ortstafeln in dieser Form können aber stehenbleiben (vgl. § 53). Zum Begriff „Geschlossene Ortschaft" vgl. *VG Braunschweig*, Urt. v. 27.9.2011, 6 A 21/09, juris. Nicht zu vergleichen mit der straßenrechtlichen Festlegung „geschlossenen Ortslage", welche allein zur Aufteilung der Straßenbaulast heranzuziehen ist. Straßenverkehrsrechtlich ist allein der Grund der Sicherheit und Ordnung des Verk. maßgebend. Das Z soll signalisieren, dass nach Passieren der Tafel mit veränderten Verkehrssituationen zu rechnen ist (typisch für Innerortsverk.: komplexe Verkehrssituation, Vielzahl von Kreuzungen und Einmündungen, Parksuchverkehr, Anfahren vom Fahrbahnrand, Querverkehr durch Fußg. etc.). Dies setzt eine (nicht notwendigerweise beidseitige) Bebauungslage voraus, die für diese Verkehrssituation ursächlich ist.

6 Mit dieser Zeichenkombination können z. B. allgemeine, nicht auf best. Fzg begrenzte Behindertenparkplätze ausgewiesen werden, z. B. auf der Fahrb. vor öff. Gebäuden oder auf Parkplätzen; die Zeichenkomb. kann aber auch zur Kennz. von best. Einzelparkplätzen für Inh. nummerierter Parkausweise verwendet werden; vgl. zur Kennzeichnung VkBl 1980, S. 527. Zur Kennzeichnung von Sonderparkplätzen sowie den Parkausweisen für Bewohner vgl. VkBl 2002, S. 147. Nicht Sonderparkberechtigte oder nicht privilegierte Fzg dürfen hier nicht „parken" (§ 12 Abs. 2) – vgl. *Köln* VRS 88, 389, auch nicht z. B. zu Ladetätigkeiten. Auch für die Vorhaltung von Parkflächen für Elektrofzg besteht vor allem an Ladesäulen die Möglichkeit Stellflächen unter ordnungsrechtlichen Gesichtspunkten vorzuhalten (vgl. VkBl 2011, S. 199). Die Begründung „Förderung der Elektromobilität" reicht als Anordnungsbegründung für diese Z dann nicht aus. Dazu muss auf das EmoG und seine im Nachgang vorgenommene Änderung der

StVO zurückgegriffen werden (vgl. nachstehend). Wesentlich ist für eine Anordnung aus Gründen der Sicherh. und Ordnung des Verk, dass die Sicherheit und Leichtigk. des Verkehrs infolge der eingeschränkten Kilometerlaufleistung solcher der Fzg (Batterien müssen stetig aufgeladen werden) nur durch die Vorhaltung von Ladesäulen im öff. VerkRaum gewährleistet werden kann (fehlende öffentlich zugängliche „Tankstellen"). Ansonsten drohen die Fzg schlimmstenfalls im Kreuzungsbereich oder auf einem Bahnübergang liegen zu bleiben. Z sollten möglichst nicht mit Z 283, Z 286 kombiniert werden, denn die einschl. VwV dürften nicht erfüllt sein. Zur Bevorrechtigung von Elektrofahrzeugen wurde ein Elektromobilitätsgesetz erlassen mit zeitlich nachfolgender neuer Anordnungsbefugnisnorm in § 45 Abs. 1g; Ladestationen für Elektrofahrzeuge werden mit Zeichen 365-65 im Rahmen der Hinweisbeschilderung ausgeschildert; vgl. dazu Erl. 21a. Damit dürfte sich die Beschilderungsmöglichkeit „blaues P mit Zusatzzeichen Pkw mit Stecker" aus Gründen der Verk.Si. fast erledigt haben. Geplant ist, deutschlandweit ein dichtes Stationsnetz vorzuhalten, um die Elektromobilität zu fördern. Vereinzelte Ladepunkte, die aus Sicherheitsgründen erforderlich sind, um einem Liegenbleiben der Elektrofahrzeuge vorzubeugen, dürften damit hinfällig werden.

Nachdem man sich zwischenz. auf eine einheitl. Definition von Carsharing-Fzg geeinigt hat, hat der Bund auch für diese Fzg ein entspr. Bevorrechtigungsgesetz mit VO-Ermächtigung erarbeitet (Ziel: Vorhaltung von Stellflächen – CsgG BGBl I 2017 S. 2230). Danach sind dies Kfz, die einer unbestimmten Anzahl von Fahrerinnen und Fahrern auf der Grundlage einer Rahmenvereinbarung zur selbstständigen Nutzung nach einem die Energiekosten mit einschließenden Zeit- oder Kilometertarif oder Mischformen solcher Tarife angeboten werden. Zur Umsetzung des G in der StVO vgl. Erl. 8b.

Zum CsgG vgl. auch *Brenner* SVR 2017.

7 Zu unterscheiden ist zwischen Parkausweisen, die zur Benutzung von Behindertenparkplätzen (Parkplätze mit „Rollstuhlsymbol") berechtigen und Parkausweisen, mit denen Ausnahmen von mit VZ angeordneten Halt- und Parkverboten genehmigt werden. Behindertenparkplätze dürfen nur von den ausdrückl. genannten schwerbehinderten Menschen benutzt werden. Die Berechtigung wird mit dem (blauen) Europäischen Parkausweis (vgl. VkBl 2000 S. 624) für behinderte Menschen nachgewiesen, der bundesweite Gültigkeit besitzt. Länder haben im Erlasswege für weitere Menschen mit Behinderungen Regelungen getroffen. Hier bestand bis 2009 ein bundesuneinheitlicher Flickenteppich. Seit dem bestand Einigung, dass folgenden Gruppen Ausnahmen erteilt werden dürfen, wobei ein orangefarbener Ausweis erteilt wird, der aber nicht zur Benutzung von Behindertenparkplätzen berechtigt:

- Schwerbehinderten Menschen mit den Merkzeichen „G" und „B" und einem GdB von wenigstens 70 allein für Funktionsstörungen an den unteren Gliedmaßen (und der Lendenwirbelsäule, soweit sich diese auf das Gehvermögen auswirken) und gleichzeitig einen GdB von wenigstens 50 für Funktionsstörungen des Herzens oder der Atmungsorgane.
- Schwerbehinderten Menschen, die an Morbus Crohn oder Colitis ulcerosa erkrankt sind, wenn hierfür ein GdB von wenigstens 60 vorliegt.
- Schwerbehinderten Menschen mit künstlichem Darmausgang und zugleich künstlicher Harnableitung, wenn hierfür ein GdB von wenigstens 70 vorliegt.

Seit Änderung des Sozialgesetzbuches, Neuntes Buch (SGB IX) durch das Bundesteilhabegesetz ergibt sich seit dem 1.1.2017 der berechtigte Personenkreis schwerbeh. Menschen mit Merkmal aG aus § 229 SGB IX (Art. 1 des Gesetzes v. 23.12.2016, BGBl I S. 3234). Er lautet:

(1) In seiner Bewegungsfähigkeit im Straßenverkehr erheblich beeinträchtigt ist, wer infolge einer Einschränkung des Gehvermögens (auch durch innere Leiden oder infolge von Anfällen oder von Störungen der Orientierungsfähigkeit) nicht ohne erhebliche Schwierigkeiten oder nicht ohne Gefahren für sich oder andere Wegstrecken im Ortsverkehr zurückzulegen vermag, die üblicherweise noch zu Fuß zurückgelegt werden. Der Nachweis der erheblichen Beeinträchtigung in der Bewegungsfähigkeit im Straßenverkehr kann bei schwerbehinderten Menschen mit einem Grad der Behinderung von wenigstens 80 nur mit einem Ausweis mit halbseitigem orangefarbenem Flächenaufdruck und eingetragenem Merkzeichen „G" geführt werden, dessen Gültigkeit frühestens mit dem 1. April 1984 beginnt, oder auf dem ein entsprechender Änderungsvermerk eingetragen ist.

(2) Zur Mitnahme einer Begleitperson sind schwerbehinderte Menschen berechtigt, die bei der Benutzung von öffentlichen Verkehrsmitteln infolge ihrer Behinderung regelmäßig auf Hilfe angewiesen sind. Die Feststellung bedeutet nicht, dass die schwerbehinderte Person, wenn sie nicht in Begleitung ist, eine Gefahr für sich oder für andere darstellt.

(3) Schwerbehinderte Menschen mit außergewöhnlicher Gehbehinderung sind Personen mit einer erheblichen mobilitätsbezogenen Teilhabebeeinträchtigung, die einem Grad der Behinderung von mindestens 80 entspricht. Eine erhebliche mobilitätsbezogene Teilhabebeeinträchtigung liegt vor, wenn sich die schwerbehinderten Menschen wegen der Schwere ihrer Beeinträchtigung dauernd nur mit fremder Hilfe oder mit großer Anstrengung außerhalb ihres Kraftfahrzeuges bewegen können. Hierzu zählen insbesondere schwerbehinderte Menschen, die auf Grund der Beeinträchtigung der Gehfähigkeit und Fortbewegung – dauerhaft auch für sehr kurze Entfernungen – aus medizinischer Notwendigkeit auf die Verwendung eines Rollstuhls angewiesen sind. Verschiedenste Gesundheitsstörungen (insbesondere Störungen bewegungsbezogener, neuromuskulärer oder mentaler Funktionen, Störungen des kardiovaskulären oder Atmungssystems) können die Gehfähigkeit erheblich beeinträchtigen. Diese sind als außergewöhnliche Gehbehinderung anzusehen, wenn nach versorgungsärztlicher Feststellung die Auswirkung der Gesundheitsstörungen sowie deren Kombination auf die Gehfähigkeit dauerhaft so schwer ist, dass sie der unter Satz 1 genannten Beeinträchtigung gleich kommt.

Dazu bestehen nun gewisse Überschneidungen, die durch Änd. der VwV-StVO im Nachgang gelöst werden müssen. Zur Ausgestaltung der Parkplätze vgl. „DIN 18040-3:2014-12 Barrierefreies Bauen – Planungsgrundlagen – Teil 3: Öffentlicher Verkehrs- und Freiraum".

Nicht erforderlich ist, dass der Behinderte das Fzg selbst führt (*BayOLG* VRS 69, 462 = DAR 85, 355).Behindertenparkplatz (Z 314 mit Zusatzsch. 1044–10) kann durch Zusatzsch. 1040–32 (Parkscheibe 2 Std.) auch für diesen Begünstigtenkreis beschränkt sein (vgl. *VGH Mannheim* DAR 2002, 93; *VGH Baden-Württemberg* NZV 2002, 54). Eine solche Zeichenkombination steht aber grds. im Widerspr. zu Sinn und Zweck des Behindertenparknachteilsausgleichs und sollte daher nur in besond. begründeten Einzelfällen angeordnet werden. Denn für den Behinderten ist eine auf seine Bedürfnisse zugeschnittene Nutzung ohne zeitl. Einschränkung zu ermöglichen. Der Zeitfaktor ist Wesensmerkmal des Nachteilsausgleichs. Hintergrund: die Vorhaltung des Parkplatzes soll den Behinderten einen Wegeaufwand zur Erreichung des angestrebten Ziels ersparen – hingegen sind die Ausmaße der Parkplätze, die idR ein besseres Einsteigen ermöglichen, nur ein Nebeneffekt.

8 Das gut lesbare Auslegen des bes. Parkausweises (nicht den allg. Schwerbeh.Ausweises!) ist Bedingung des Parksonderrechts (*VGH Baden-Württemberg* DAR 92, 273). Ausweis sollte hinter der Windschutzscheibe ausgelegt werden; u. U. kann auch Auslegen auf Hutablage genügen, sofern gut

lesbar (*Köln* NZV 92, 376 = DAR 93, 71 = VRS 83, 457; vgl. sinngem. auch *Naumburg* NZV 98, 168 = VM 98, Nr. 49). Ist die Bedingung nicht erfüllt, so besteht keine Parkberechtigung. Die Bestimmung dient im Int. des den Nachteil ausgleichenden Personenkreises dazu, eine effektive Überwachung zu ermöglichen und die missbräuchl. Inanspruchnahme von begrenzten Sonderparkflächen zu verhindern (vgl. *VGH Baden-Württemberg* DAR 92, 273, *OVG Rheinland-Pfalz* in „Der Kassenarzt" 2005, 40.) Bei Parken durch Nichtberechtigten liegt sofortige Abschleppmaßn. im öff. Interesse (vgl. *VGH Baden-Württemberg* NVwZ-RR 2003, 558; *BayVGH* NJW 1996, 979).

8a Eingef. durch Art. 2 der 50. VO zur Änderung straßenverkehrsrechtl. Vorschr. v. 15.9.2015. Ermächtigungsgrundlage § 45 1g, § 46 Abs. 1a. Außerkrafttreten vgl. § 52.

8b Eingef. zur Ausfüllung des CsgG mit Novelle v. 20.4.2020 (BGBl I, 820). BR hatte durch Änderungen im VO-Gebungsverfahren sich in nicht nachvollziehbarer Hinsicht an einer Stelle (vgl. Anlage 2 zu § 42 Abs. 2) für eine Kennz. durch Plakette und an dieser Stelle durch einen Ausweis entsch. BR-Drs. 591/19 Beschl). Erneute Änderung ist also zu erwarten. Für einen Ausweis spricht, dass es mittlerweile bei den Carsharingunternehmen Unternehmensmodelle gibt, bei denen Autovermieter auch Carsharing anbieten, die Fzg aber für beide Unternehmensmodelle zum Einsatz kommen. Eine an der Windschutzschreibe fest anzubringende Plakette würde dieses Modell ausschließen. Mit dem Erfordernis der Rahmenvereinbarung nach CsgG fallen klassische Autovermietungen aus der Möglichkeit der Parkbevorrechtigung raus. Es ist zudem das Familiencarsharing ausgeschlossen, weil es keinen offenen Benutzerkreis hat. Für die Verlagerung von Abhol- und Rückgabestellen der stationsgebundenen Carsharingfirmen ist eine straßenrechtl. Vorentsch. zu treffen (Sondernutzung). Da der Bund ledigl. für die Straßen in seiner Baulast eine Gesetzgebungskomp. hat, müssen die Länder dem CsgG nachgebildete Regelungen für ihre Straßen treffen, damit die StVO-Vorschr. auch dort vollumfänglich zur Anwendung kommen können. Das Logo der Firma darf nicht auf dem ZZ erscheinen, dies würde einen Verstoß gegen § 33 Abs. 2 bedeuten.

9 Z wurde mit Neuerlass der StVO in 2013 eingefügt, um den Schilderwald weiter zu lichten. Problematisch ist insoweit, wie sich ein Zonenbewusstsein ausbilden soll. Im Gegensatz zu den Tempo 30-Zonen hat VO-Geber keine Regelung in § 39 getroffen, um den baulichen Anforderungen an ein einheitliches Erscheinungsbild durch Ersatz rechtlicher Parameter gerecht zu werden. Der Sichtbarkeitsgrds. wurde daher abgeschwächt, was im Ordnungswidrigkeitenverfahren berechtigte Einwendungen nach sich ziehen könnte.

10 Mit Neuerlass der StVO in 2013 wurde das ehemalige Z 291 aus systematischen Gründen zum Abschnitt Parken verschoben.

11 Im Gegensatz zu FußgZonen handelt es sich hier um Verk.flächen, die grds. allen VT zur Verf. stehen (Mischverkehr), Teileinziehung daher nicht erforderl. Verkehr ist auch nicht auf Anliegerverkehr beschränkt. Durch die bauliche Ausgestaltung der verk.beruhigten Bereiche, wird jed. idR erreicht werden, dass nur derjenige dort fährt, der unbedingt ein Grundstück innerh. des Bereichs aufsuchen muss (verk.beruhigte Bereiche können „möbliert" sein, z. B. mit Brunnen, Sitzbänken oder Blumentrögen. Auch Schwellen sind zulässig (*LG Oldenburg* DAR 89, 69; *Hamm* NZV 93, 231), sofern sie unter Berücks. der örtl. Verhältnisse keine Gefahr für die Benutzer des Bereichs bedeuten, wobei bei Fzg von Schrittgeschw. auszugehen ist. Ziel ist eine Beruhigung des allg. Verkehrsablaufs, so dass sich auch Kommunikationsmöglichkeiten einschl. des Kinderspielens und Spazierengehens ergeben. Gleichzeitig wird aber der FzgVerk. nicht völlig ausgeschlossen, so dass auch Geschäftsbetriebe innerh. des Bereichs noch angefahren werden können. Versuche im In- und Ausland haben ergeben, dass unter best. Vorauss. diese Form der Verk.beruhigung ihren Zweck erreicht und von der Bevölkerung gut angenommen wird. Sie ist aber keineswegs die einzige Form der Verk.beruhigung, die auch mit anderen Mitteln (z. B. Einbahnstraßenregelung, Sackgassen usw.) erfolgen kann. Verk.beruhigte Bereiche sind im Verhältnis zu and. Arten öff. Verkehrsflächen ein aliud (vgl. § 10). Es gibt dort eine einheitliche, für den gemischten Verk. bestimmte Fläche, jedoch keine Trennung in Fahrb., Seitenstreifen und Gehwege; eine solche Trennung wird durch das Z 325.1 begrifflich ausgeschlossen (a. A. *VG Düsseldorf* NZV 93, 287 in klarer Verkennung der Einrichtung „verk.beruhigter Bereich"). Nicht ausgeschlossen, aber auch nicht empfehlenswert ist die bauliche Abtrennung von „Bereichen", z. B. durch den Einbau von Pollern. In keinem Fall entstehen dadurch jed. „Fahrbahnen" oder „Gehwege" iSd StVO. Auf gekennz. Flächen darf in verk.beruhigten Bereichen auch in Fahrtrichtung links geparkt werden (*Köln* DAR 97, 411 – VRS 94, 136), denn die Verpflichtung des § 12 Abs. 4, rechts zu parken, gilt nur für die Fahrb.; die Verkehrsfläche eines verk.beruhigten Bereiches ist aber rechtlich keine Fahrb., sondern eine Mischverkehrsfläche eigener Art – sie bleibt aber dennoch Straße, lediglich die einzelnen Straßenteile (Bürgersteig, Fahrbahn) sind nicht existent.

12 4 – 7 km/h (*Köln* VRS 68, 382). Gilt auch für Radf. Bund und Länder halten die Gestaltung der verkehrsberuhigten Bereiche iSv Flanierzonen nach schweizerischem Vorbild mit einem Vortrittsrecht für Fußg. und der Festlegung einer Geschw. von 20 km/h für zu gefährlich und lehnen dies ab.

13 Es muss sich um Spiele handeln, die nach allg. Verständnis als „Kinderspiele" anzusehen sind (z. B. Fahren mit Dreirädern oder Rollern, „Fangen", wohl aber nicht Fußball mit Aufstellen von Toren). Nur geringe elterliche Aufsichtspflicht über radf. Kind in einem verk.beruhigten Bereich (*Hamm* NZV 2001, 42).

13a Innerhalb eines verk.beruhigten Bereichs gilt grds. die Vorfahrtregel „rechts vor links", wenn sich Fzgf. an Kreuzungen oder Einmündungen begegnen. Dass die einzelnen Straßenteile nicht existent sind, ändert nichts daran, dass es dort auch Kreuzungs- und Einmündungssituationen geben kann. Eine abweichende Vorfahrtregelung ist für den inneren Bereich für die Fzgf. beim VZ nicht getroffen worden.

14 Z dient der Umsetzung der EU-RiLi 2004/54/EG über Mindestanforderungen an die Sicherheit von Tunneln im transeurop. Straßennetz (Abl. EU Nr. L 167 S. 39, Nr. L 201 S. 56). Ein weiteres national. Umsetzungselement stellen die RiLi für die Ausstattung und den Betrieb von Straßentunneln (RABT) dar, die von der Forschungsgesellschaft für Straßen- und Verkehrswesen e. V. im Benehmen mit dem ehemaligen BMVBS (heute BMVI) und den zuständigen Länderbehörden (fort-)geschrieben werden. Zu den verkehrstechn. Einrichtungen vgl. dort Kap. 5 f. Bislang anzutreffende nicht amtl. Z am Tunnelportal „Licht an" etc. sind überflüssig. Bei Tunneln mit mehreren Fahrstreifen je Richtung ist vermehrt mit Anordnung des Z 277 zu rechnen.

15 Regel trägt dem Umstand der eingeschränkten Ausweichmöglichkeiten im Tunnel Rechnung.

16 Also nicht z. B. zum Anhalten zwecks Telefonieren, um § 23 Abs. 1a gerecht zu werden oder um eine Pause zu machen.

17 Von diesem Z an gelten die Vorschr. des ABverkehrs (§ 18); auf die straßenrechtl. Widmung kommt es nicht an. Sog. Standspur ist rechtl. ein Seitenstreifen und nicht Teil der Fahrb. (VD 77, 197; aA *BGH* DAR 81, 295 mit krit. Erl. *Bouska* DAR 81, 289 – aber überholt durch § 18 Abs. 8 und § 2 Abs. 1). Auch der Bereich von Parkplätzen und Raststätten gehört zur AB, dabei sind allerdings die Vorschr. des § 18 mit den sich aus der Zweckbestimmung dieser Flächen ergebenden Einschränkungen (z. B. keine Richtgeschw.) anzuwenden (vgl. Erl. zu § 18).

17a Z enthält keine Anordnung der Höchstgeschw – alleiniger Regelungsgehalt: § 18 mit seinen besonderen Vorschriften kommt nicht mehr zur Anwendung (*Hamm* Beschl. v. 24.11.2015 – III – 5 RBs 34/15, juris).

18 Vgl. auch „Richtlinien für die Markierung von Straßen" – RMS – (VkBl 1993, S. 667, werden derzeit überarbeitet). Sie ist nun dreiteilig angelegt. Zwischenzeitlich durch die FGSV, Köln, herausgegeben ist der Teil A: Autobahnen (Autobahnen nach den RAA und seitens BMVI empfohlen für autobahnähnliche Straßen auch in der Baulast der Länder), Ausgabe 2019, bekannt gegeben durch BMVI via Allgemeinem Rundschreiben Straßenbau Nr. 23/2019 v. 9.12.2019. Die Teile Landstraßen und Stadtstraßen werden folgen. Verwendung nicht zugelassener Farben führt zur Unwirksamkeit der Markierung (so im Ergeb. wohl *BVerwG* NZV 93, 246 = DAR 93, 191 = VRS 85, 71 = VM 93, 49).

19 Teilfläche der Fahrb. zw. dem Fahrbahnrand und einem Fahrstr. Nach VwV soll der Schutzstreifen mind. 1,25 m, mögl. aber 1,6 m breit sein. Er ist also kein Fahrstr. iSd § 7 Abs. 1 Satz 2, soll jed., wie der Name sagt, dem Radf. einen gewissen Schutz bieten. Andere Fzg erfüllen das Rechtsfahrgebot (§ 2 Abs. 2), wenn sie links des Schutzstr. fahren. Radf müssen, um dem Rechtsfahrgebot zu genügen, den Schutzstr. benutzen; sie dürfen auf den angrenzenden Fahrstr. vorübergehend ausweichen, wenn der Schutzstr. z. B. durch ein rechtswidr. parkendes Fzg versperrt ist; dabei dürfen sie den Verk. nicht gefährden; sie dürfen durchgehend auf dem angrenz. Fahrstr. fahren, wenn der Schutzstr. durchgeh. nicht zur Verf. steht. Radf. dürfen auf dem Schutzstr. Fzg, die auf dem angrenz. Fahrstr. warten, nach Maßg. des § 5 Abs. 8 rechts überholen. Nach dem Zweck der Regelung dürfen sie solche Fzg auch dann auf dem Schutzstr. überholen, wenn diese – idR stockend oder jedenfalls langsam – fahren. Andere Fzg dürfen die Markierung „nur bei Bedarf" überfahren (oder über ihr fahren), d. h. nur, wenn dies insbes. zum Ausweichen vor entgegenkommenden Fzg notw. ist; vergleichbar: Ausweichen im Notfall, um einem Unfall zu entgehen. Klarstellung erfolgte mit Novelle v. 20.4.2020 (BGBl I S. 820). Mot. Zweiräder dürfen dort nicht rechts überholen. Insbes. berechtigt dazu auch nicht § 7 Abs. 3, weil hier für den Rechtsüberholer ein eigener Fahrstr. vorausgesetzt wird. Mot. Zweiräder dürfen zwar grds., wie and. Kfz, den Schutzstr. „bei Bedarf" befahren, doch ist ein solcher Bedarf hier kaum vorstellbar (der Wunsch, bei einer Stockung „voranzukommen", begründet jedenfalls keinen „Bedarf"). Schutzzweck spricht deshalb für die Annahme, dass der Schutzstr. für mot. Zweiräder insgesamt nicht zur Verfügung steht. Höchste Sorgfaltsstufe wird verlangt, jed. nichts Unmögliches (muss z. B. ein Kfz auf den Schutzstr. ausweichen, so muss der Fahrer idR nicht mit einem plötzlich mit unangem. Geschw. herannahenden Radf. rechnen).Schutzstr. ist kein Radweg, darf also nicht mit Z 237 (auch nicht als Fahrb.markierung) gekennzeichnet sein.

20 Mit Neuerlass der StVO in 2013 wurde bereits generelles Parkverbot festgeschrieben. Da die Anordnung von Schutzstreifen künftig nicht den strengen Anforderungen des § 45 Abs. 9 Satz 2 unterliegt und damit eine Fluktuation in diesem Bereich zu erwarten ist, wurde damals noch ein generelles Haltverbot als unverh. eingestuft. Stattdessen setzte man bei Bedarf auf die Anordnung von Z 283. Aber auch hier ist bis zu 3 Minuten Halten iSd § 12 Abs. 2 zulässig. Mit Novelle v. 20.4.2020 (BGBl I S. 820) wurde dann angesichts der unbestreitbaren Tatsache des vermehrten Falschparkens auf Schutzstreifen sogar ein allgemeines Haltverb. ergänzt, um die Radf. vor einem verkehrsunsicheren Schlangenlinienfahren zu schützen. Zur Erweiterung auf Kleinstelektrofzg vgl. Erl. 25a zu Anlage 2 zu § 42 Abs. 2.

21 Bei „rechts-vor-links"-Regelung darf keine Wartelinie angebracht werden. Ebenso nicht vor Lichtzeichenanlagen oder vor Stop-Zeichen (Z 206). Wartelinie ist auch unzulässig anstelle einer Haltlinie (Z 294), da die Erl. zu Z 341 die Verwendung der Wartelinie abschließend regelt. Dazu zählt auch: wo vor Lichtzeichenanlage vor Z 294 oder vor einem BÜ eine Straße

oder Zufahrt einmündet. Überfahren einer Wartelinie ist nicht verkehrswidrig, da lediglich Empfehlung.

21a Eingef. durch Novelle v. 20.4.2020 (BGBl I S. 820). Markierung widerspricht dem Grds. „weniger Verkehrszeichen, bessere Beschilderung" und der VwV zu § 39-43 Rn 2.

21b Zum Hinweiszeichen für Ladestationen für Elektrofahrzeuge (und zum Hinweiszeichen zu Wasserstofftankstellen) vgl. VkBl-Verlautbarung 2014, S. 133.

21c Eingef. durch Novelle v. 20.4.2020 (BGBl I S. 820). Ein Radschnellweg zeichnet sich nicht durch eine besond. verk.rechtl. Ausgestaltung aus. Er verläuft vor allem außerorts und soll eine schnelle überörtl. Verbindungsfunktion für den Radverk. erfüllen. Radschnellwege haben damit eine eigenst. Verkehrsbed. und verfügen über besondere bauliche Standards (kaum Kreuzungen, griffige Oberfläche) für den schnellen, möglichst störungsfreien Radverk. Sie sollen vor allem in Metropolregionen dazu dienen, Pendlerverkehre verstärkt mit dem Fahrrad abzuwickeln, Staus zu vermeiden und den Verk. insg. zu verflüssigen. Radschnellwege könnte zur Kenntlichm. z. B. zusätzlich grün in der Fläche eingefärbt werden. Eine Blaueinfärbung verstößt gegen WÜ (blaue Farbe ist dem Parken vorbehalten), auch linienhaft am Rand in blau oder grün nicht zulässig (Linien dürfen nur weiß oder im Ausnahmefall gelb sein). Zu den Haifischzähnen vgl. Erl. 21a.

22 Also nicht durch Z 239 oder Z 237.

23 Vgl. die „Richtlinien für touristische Beschilderung" RtB der Forschungsgesellschaft für Straßen- und Verkehrswesen, Köln.

24 Mit Verkehrsblatt-Verlautbarung (2004, 542 ber. 2004, 686) wurde das Z 390 „Mautpflicht nach dem Autobahnmautgesetz – ABMG" eingef. Mit dem Neuerlass der StVO in 2013 wurde es nun hier verankert. Die VwV ist überarbeitungsbedürftig und an das mittlerweile geänderte Bundesfernstraßenmautgesetz anzupassen. Vor allem die fehlende Unterscheidung zw. diesem Gesetz und dem FernstraßenbauprivatfinanzierungsG (vgl. nachfolgende Erl.) ist zu verankern. Z ist nur dort anzuordnen, wo das Gesetz (Mauttabelle) die Strecke nicht enthält. Mit VkBl-Verlautbarung v. 18.2.2015, S. 90 wurde das Zeichen 390.2 „Ende der Mautpflicht nach dem Bundesfernstraßenmautgesetz" eingeführt. Es wurde aber bislang versäumt, das Zeichen 390 in 390.1 umzubenennen – nur dazu gibt es eine VwV. Die Schilderkombination ist nicht mehr wichtig für sog. Insellagen im Zuge von ansonsten nicht mautpflichtigen Straßen, denn diese gibt es seit der Bemautung sämtlicher Bundesfernstraßen nicht mehr. Siehe Elektronischer Bundesanzeiger (BAnz AT 29.05.2017 B8).

25 Z wurde mit VkBl-Verlautbarung v. 27.6.2003, S. 430 eingeführt und mit dem Neuerlass der StVO in 2013 hier verankert. Es gilt für die Mauterhebung nach dem FernstraßenbauprivatfinanzierungsG (z. B. Herrentunnel in Lübeck oder Warnow-Querung). Durch rechtzeitiges Beachten des Z erhält der VT die Möglichkeit, auf eine andere, nicht mautpflichtige Strecke auszuweichen. Aus diesem Grund kann es bei dem Verweis in der VwV auf die VwV zum vorherigen Z nicht bleiben. Eine Anpassung der VwV steht noch aus. Die Kosten für die Beschaffung, Anbringung, Unterhaltung und Entfernung der Zeichen trägt der Betreiber der mautpflichtigen Strecke (vgl. § 2 Abs. 2 Satz 1 FStrPrivFinÄndG).

26 Wegweisung mit Z 415, 418, 419 auch dann, wenn der Zielort zur gleichen pol. Gemeinde gehört, jed. eine eigene geschl. Ortschaft iSd StVO bildet (also nicht Z 432).

27 Z kann wegen der Vorgaben durch den Neuerlass der StVO in 2013 nur noch **außerhalb** der AB als Wegweiser zu best. öff. oder priv. Einrichtungen verwendet werden, wenn wegen des hohen Verkehrsaufkommens auf der zu der Einrichtung führenden Straße ein öff. Interesse an einer solchen Wegweisung besteht (z. B. Sportplatz, Schwimmbad, Golfplatz). Zu Werbezwecken darf das Schild **nicht** verwendet werden. Aufstellung dient nicht auch dem Schutz von Wettbewerbsinteressen oder sonstigen wirtschaftlichen Belangen von Gewerbetreibenden *VG Düsseldorf* Beschl. v. 6.9.2012, 6 L 1093/12, juris. Für Wegweiser zu privaten Gewerbetreibenden muss ein ähnlich großes Lenkungsbedürfnis bestehen wie z. B. zu Zentrum, Flughafen, Bahnhof, Rathaus, Universität, Stadion; zudem darf ein allgemeiner Hinweis, wie Industriegebiet Nord, nicht ausreichen. Aufstellungsrichtlinien: VkBl 2010, S. 378. Mit Neuerlass der StVO in 2013 wurde das ehemals in § 12 Abs. 3 Nr. 8a enthaltene Parkverbot hier verankert. Z ist nicht zu verwechseln mit Hinweisschildern auf Gottesdienste und sonstige religiöse Veranstaltungen von Kirchen oder Glaubensgemeinschaften – diese haben rein informativen Charakter und sind nicht Teil der verkehrsrechtlichen Wegweisung – vgl. dazu VkBl. 2008, S. 461.

28 AB-Bedarfsumleitungsstraße verträgt sich nicht mit der Anordnung eines Durchfahrtverbotes und sei dieses auch nur auf eine bestimmte Kfz-Art (z. B. Lkw) oder Tageszeit (z. B. nachts) beschränkt.

29 Vielfach wird das Z vor Arbeitsstellen mit Z 264, angeordnet für den linken Fahrstreifen, durch Integration im Z kombiniert. Durch Zulassung dieser Möglichkeit in der Erläuterung zu Z 264 behält das Z 264 seinen Verbotsgehalt.

Anlage 4
(zu § 43 Abs. 3)

Verkehrseinrichtungen[1]

1	2	3
lfd. Nr.	**Zeichen**	**Ge- oder Verbot Erläuterungen**
Abschnitt 1 Einrichtungen zur Kennzeichnung von Arbeits- und Unfallstellen oder sonstigen vorübergehenden Hindernissen		
1	Zeichen 600  Absperrschranke	
2	Zeichen 605  Leitbake[2] Pfeilbake Schraffenbake	
3	Zeichen 628  Leitschwelle mit Pfeilbake mit Schraffenbake	

1	**2**	**3**
lfd. Nr.	**Zeichen**	**Ge- oder Verbot Erläuterungen**
4	Zeichen 629  Leitbord mit Pfeilbake mit Schraffenbake	
5	Zeichen 610  Leitkegel[2a]	
6	Zeichen 615  Fahrbare Absperrtafel	

1	2	3
lfd. Nr.	**Zeichen**	**Ge- oder Verbot Erläuterungen**
7	Zeichen 616  Fahrbare Absperrtafel mit Blinkpfeil	
zu Nr. 1 bis 7		**Ge- oder Verbot** Die Einrichtungen verbieten das Befahren der so gekennzeichneten Straßenfläche und leiten den Verkehr an dieser Fläche vorbei. **Erläuterung** 1. Warnleuchten an diesen Einrichtungen zeigen rotes Licht, wenn die ganze Fahrbahn gesperrt ist, sonst gelbes Licht oder gelbes Blinklicht. 2. Zusammen mit der Absperrtafel können überfahrbare Warnschwellen[3] verwendet sein, die quer zur Fahrtrichtung vor der Absperrtafel ausgelegt sind.
Abschnitt 2 Einrichtungen zur Kennzeichnung von dauerhaften Hindernissen oder sonstigen gefährlichen Stellen		
8	Zeichen 625  Richtungstafel in Kurven	Die Richtungstafel in Kurven kann auch in aufgelöster Form angebracht sein.

1	2	3
lfd. Nr.	**Zeichen**	**Ge- oder Verbot Erläuterungen**
9	Zeichen 626  Leitplatte	
10	Zeichen 627  Leitmal	Leitmale kennzeichnen in der Regel den Verkehr einschränkende Gegenstände. Ihre Ausführung richtet sich nach der senkrechten, waagerechten oder gewölbten Anbringung beispielsweise an Bauwerken, Bauteilen, Gerüsten.
Abschnitt 3 Einrichtung zur Kennzeichnung des Straßenverlaufs		
11	Zeichen 620 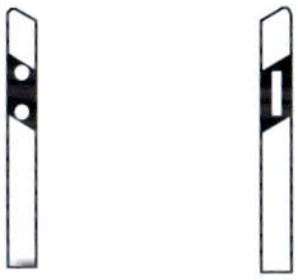 Leitpfosten (links) (rechts)	Um den Verlauf der Straße kenntlich zu machen, können an den Straßenseiten Leitpfosten in der Regel im Abstand von 50 m und in Kurven verdichtet stehen.

1	2	3
lfd. Nr.	**Zeichen**	**Ge- oder Verbot Erläuterungen**
Abschnitt 4 Warntafel zur Kennzeichnung von Fahrzeugen und Anhängern bei Dunkelheit		
12	Zeichen 630  Parkwarntafel[4]	

Erläuterungen

1 Mit dem Neuerlass der StVO in 2013 wurde diese Anlage an die derzeit im Straßenverkehr gängigen Leit- und Sicherungsmittel und damit an die allgemein anerkannten Regeln der Technik im Straßenbau, die im Wesentlichen durch die Forschungsgesellschaft Straßen- und Verkehrswesen (FGSV), Köln, aufgestellt werden (z.B. RSA), angepasst. Sichtschutzwände gegen Gaffer bei Unglücksfällen zählen genauso wenig wie Falschfahrerwarntafeln zu den Verkehrseinrichtungen.

2 Leitbaken haben die Aufgabe, die für den Verkehr freigegebene Fläche optisch und räumlich abzugrenzen, zudem leiten sie den Verkehr an der gesperrten Fläche vorbei (Begr.).

2a Auch Faltleitkegel müssen dem Bild genau entsprechen. Standfestigkeit von Faltleitkegeln ist durch BASt nur für bestimmte Faltleitkegel (DIN EN 13422:2004+A1:2009 + Reflexionseigenschaften aus der DIN EN 471:2003+A1:2007) mit einer Höhe von 75 cm bestätigt; Einsatz daher allenfalls nur kurzfristig möglich (z.B. bei Pannenhilfe).

3 Der Einstellung in die StVO ging ein Probebetrieb voraus. Einem vorübergehend aufgetretenen Problem des Aufwirbelns der Warnschwellen konnte im Wege einer technischen Überarbeitung der Warnschwellen entgegen gewirkt werden. Infolge dessen haben sich Bund und Länder auf einen bundesweiten Einsatz der Warnschwellen in Kombination mit der fahrbaren Absperrtafel geeinigt (vgl. dazu auch die „Empfehlungen zum Einsatz von Warnschwellen zur Sicherung von stationären Arbeitsstellen kürzerer Dauer auf AB“ in der Zeitschrift Straße + Autobahn 7.2005 S. 384). Die Schwellen bergen einen Sicherheitsgewinn für VT und die im Straßenraum Arbeitenden (es erfolgt ein Wachrütteln bei Überfahren). Mit Allgemeinem Rundschreiben des Bundesverkehrsministeriums (VkBl 2015, S. 91) wurden die Technischen Liefer- und Prüfbedingungen für transportable Warnschwellen eingeführt; die Veröffentlichung enthält auch Regelpläne für deren Einsatz.

4 Vgl. §§ 51c, 22a Abs. 1 Nr. 9 StVZO.

3 a

Allgemeine Verwaltungsvorschrift zur Straßenverkehrs-Ordnung (VwV-StVO)

vom 26.1.2001 (BAnz. S. 1419, 5206), zuletzt geändert durch AVV vom 22.5.2017 (BAnz. AT 29.5.2017 B8)[1)]

Abschnitt A

Zu § 1 Grundregeln

I. Die Straßenverkehrs-Ordnung (StVO) regelt und lenkt den öffentlichen Verkehr. 1

II. Öffentlicher Verkehr findet auch auf nicht gewidmeten Straßen statt, wenn diese mit Zustimmung oder unter Duldung des Verfügungsberechtigten tatsächlich allgemein benutzt werden. Dagegen ist der Verkehr auf öffentlichen Straßen nicht öffentlich, solange diese, zum Beispiel wegen Bauarbeiten, durch Absperrschranken oder ähnlich wirksame Mittel für alle Verkehrsarten gesperrt sind. 2

III. Landesrecht über den Straßenverkehr ist unzulässig (vgl. Artikel 72 Abs. 1 in Verbindung mit Artikel 74 Nr. 22 des Grundgesetzes). Für örtliche Verkehrsregeln bleibt nur im Rahmen der StVO Raum. 3

Zu § 2 Straßenbenutzung durch Fahrzeuge

Zu Absatz 1

I. Zwei Fahrbahnen sind nur dann vorhanden, wenn die Fahrstreifen für beide Fahrtrichtungen durch Mittelstreifen, Trenninseln, abgegrenzte Gleiskörper, Schutzplanken oder andere bauliche Einrichtungen getrennt sind. 1
Ist bei besonders breiten Mittelstreifen, Gleiskörpern und dergleichen der räumliche Zusammenhang zweier paralleler Fahrbahnen nicht mehr erkennbar, so ist der Verkehr durch Verkehrszeichen auf die richtige Fahrbahn zu leiten. 2

II. Für Straßen mit drei Fahrbahnen gilt Folgendes:
1. Die mittlere Fahrbahn ist in der Regel dem schnelleren Kraftfahrzeugverkehr aus beiden Richtungen vorzubehalten. Es ist zu erwägen, auf beiden äußeren Fahrbahnen jeweils nur eine Fahrtrichtung zuzulassen. 3

---
1) Vgl. VkBl 2017, S. 565.

4 2. In der Regel sollte die Straße mit drei Fahrbahnen an den Kreuzungen und Einmündungen die Vorfahrt erhalten. Schwierigkeiten können sich dabei aber ergeben, wenn die kreuzende Straße eine gewisse Verkehrsbedeutung hat oder wenn der Abbiegeverkehr aus der mittleren der drei Fahrbahnen nicht ganz unbedeutend ist. In solchen Fällen kann es sich empfehlen, den äußeren Fahrbahnen an den Kreuzungen und Einmündungen die Vorfahrt zu nehmen. Das ist aber nur dann zu verantworten, wenn die Wartepflicht für die Benutzer dieser Fahrbahnen besonders deutlich zum Ausdruck gebracht werden kann. Auch sollen, wo möglich, die äußeren Fahrbahnen in diesen Fällen jeweils nur für eine Richtung zugelassen werden.

5 3. In vielen Fällen wird sich allein durch Verkehrszeichen eine befriedigende Verkehrsregelung nicht erreichen lassen. Die Regelung durch Lichtzeichen ist in solchen Fällen aber schwierig, weil eine ausreichende Leistungsfähigkeit kaum zu erzielen ist. Anzustreben ist daher eine bauliche Gestaltung, die eine besondere Verkehrsregelung für die äußeren Fahrbahnen entbehrlich macht.

6 III. Auf Straßen mit vier Fahrbahnen sind in der Regel die beiden mittleren dem schnelleren Fahrzeugverkehr vorzubehalten. Außerhalb geschlossener Ortschaften werden sie in der Regel als Kraftfahrstraßen (Zeichen 331.1) zu kennzeichnen sein. Ob das innerhalb geschlossener Ortschaften zu verantworten ist, bedarf gründlicher Erwägungen vor allem dann, wenn in kleineren Abständen Kreuzungen und Einmündungen vorhanden sind. Wo das Zeichen „Kraftfahrstraße" nicht verwendet werden kann, wird in der Regel ein Verkehrsverbot für Radfahrer und andere langsame Fahrzeuge (Zeichen 250 mit entsprechenden Sinnbildern) zu erlassen sein. Durch Zeichen 283 das Halten zu verbieten, empfiehlt sich in jedem Fall, wenn es nicht schon durch § 18 Abs. 8 verboten ist. Die beiden äußeren Fahrbahnen bedürfen, wenn die mittleren als Kraftfahrstraßen gekennzeichnet sind, keiner Beschilderung, die die Benutzung der Fahrbahn regelt; andernfalls sind sie durch Zeichen 251 für Kraftwagen und sonstige mehrspurige Kraftfahrzeuge mit Zusatzzeichen z.B. „Anlieger oder Parken frei" zu kennzeichnen; zusätzlich kann es auch ratsam sein, zur Verdeutlichung das Zeichen 314 „Parkplatz" anzubringen. Im Übrigen ist auch bei Straßen mit vier Fahrbahnen stets zu erwägen, auf den beiden äußeren Fahrbahnen jeweils nur eine Fahrtrichtung zuzulassen.

Zu Absatz 3

7 Wo es im Interesse des Schienenbahnverkehrs geboten ist, den übrigen Fahrverkehr vom Schienenraum fernzuhalten, kann das durch einfache bauliche Maßnahmen, wie Anbringung von Bordsteinen, oder durch Fahrstreifenbegrenzungen (Zeichen 295) oder Sperrflächen (Zeichen 298) oder durch geeignete Verkehrseinrichtungen, wie Geländer oder Absperrgeräte (§ 43 Abs. 1 und 3) erreicht werden.

Zu Absatz 4 Satz 2

I. Allgemeines

1. Benutzungspflichtige Radwege sind mit Zeichen 237 gekennzeichnete baulich angelegte Radwege und Radfahrstreifen, mit Zeichen 240 gekennzeichnete gemeinsame Geh- und Radwege sowie die mit Zeichen 241 gekennzeichneten für den Radverkehr bestimmten Teile von getrennten Rad- und Gehwegen. 8
2. Benutzungspflichtige Radwege dürfen nur angeordnet werden, wenn ausreichende Flächen für den Fußgängerverkehr zur Verfügung stehen. Sie dürfen nur dort angeordnet werden, wo es die Verkehrssicherheit oder der Verkehrsablauf erfordern. Innerorts kann dies insbesondere für Vorfahrtstraßen mit starkem Kraftfahrzeugverkehr gelten. 9
3. Ein Radfahrstreifen ist ein mit Zeichen 237 gekennzeichneter und durch Zeichen 295 von der Fahrbahn abgetrennter Sonderweg. Das Zeichen 295 ist in der Regel in Breitstrich (0,25 m) auszuführen. Zur besseren Erkennbarkeit des Radfahrstreifens kann in seinem Verlauf das Zeichen 237 in regelmäßigen Abständen markiert werden. Werden Radfahrstreifen an Straßen mit starkem Kraftfahrzeugverkehr angelegt, ist ein breiter Radfahrstreifen oder ein zusätzlicher Sicherheitsraum zum fließenden Verkehr erforderlich. Radfahrstreifen sind in Kreisverkehren nicht zulässig. 10
4. Ist ein Radfahrstreifen nicht zu verwirklichen, kann auf der Fahrbahn ein Schutzstreifen angelegt werden. Ist das nicht möglich, ist die Freigabe des Gehweges zur Mitbenutzung durch den Radverkehr in Betracht zu ziehen. Zum Gehweg vgl. zu Zeichen 239. 11
5. Ein Schutzstreifen ist ein durch Zeichen 340 gekennzeichneter und zusätzlich in regelmäßigen Abständen mit dem Sinnbild „Fahrräder“ markierter Teil der Fahrbahn. Er kann innerhalb geschlossener Ortschaften auf Straßen mit einer zulässigen Höchstgeschwindigkeit von bis zu 50 km/h markiert werden, wenn die Verkehrszusammensetzung eine Mitbenutzung des Schutzstreifens durch den Kraftfahrzeugverkehr nur in seltenen Fällen erfordert. Er muss so breit sein, dass er einschließlich des Sicherheitsraumes einen hinreichenden Bewegungsraum für den Radfahrer bietet. Der abzüglich Schutzstreifen verbleibende Fahrbahnteil muss so breit sein, dass sich zwei Personenkraftwagen gefahrlos begegnen können. Schutzstreifen sind in Kreisverkehren nicht zulässig. Zum Schutzstreifen vgl. Nummer II zu Zeichen 340; Randnummer 2 ff. 12

   Hinsichtlich der Gestaltung von Radverkehrsanlagen wird auf die Empfehlungen für Radverkehrsanlagen (ERA) der Forschungsgesellschaft für Straßen- und Verkehrswesen (FGSV) in der jeweils gültigen Fassung hingewiesen. 13

II. Radwegebenutzungspflicht

Ist aus Verkehrssicherheitsgründen die Anordnung der Radwegebenutzungspflicht mit den Zeichen 237, 240 oder 241 erforderlich, so ist sie, wenn nachfolgende Voraussetzungen erfüllt sind, vorzunehmen. 14

15 Voraussetzung für die Kennzeichnung ist, dass

1. eine für den Radverkehr bestimmte Verkehrsfläche vorhanden ist oder angelegt werden kann. Das ist der Fall, wenn
   a) von der Fahrbahn ein Radweg baulich oder ein Radfahrstreifen mit Zeichen 295 „Fahrbahnbegrenzung" abgetrennt werden kann oder
   b) der Gehweg von dem Radverkehr und dem Fußgängerverkehr getrennt oder gemeinsam benutzt werden kann,

16 2. die Benutzung des Radweges nach der Beschaffenheit und dem Zustand zumutbar sowie die Linienführung eindeutig, stetig und sicher ist. Das ist der Fall, wenn

17 a) er unter Berücksichtigung der gewünschten Verkehrsbedürfnisse ausreichend breit, befestigt und einschließlich eines Sicherheitsraums frei von Hindernissen beschaffen ist. Dies bestimmt sich im Allgemeinen unter Berücksichtigung insbesondere der Verkehrssicherheit, der Verkehrsbelastung, der Verkehrsbedeutung, der Verkehrsstruktur, des Verkehrsablaufs, der Flächenverfügbarkeit und der Art und Intensität der Umfeldnutzung. Die lichte Breite (befestigter Verkehrsraum mit Sicherheitsraum) soll in der Regel dabei durchgehend betragen:

18 aa) Zeichen 237
- baulich angelegter Radweg
  möglichst 2,00 m
  mindestens 1,50 m

19 - Radfahrstreifen
  (einschließlich Breite des Zeichens 295)
  möglichst 1,85 m
  mindestens 1,50 m

20 bb) Zeichen 240
- gemeinsamer Fuß- und Radweg
  innerorts mindestens 2,50 m
  außerorts mindestens 2,00 m

21 cc) Zeichen 241
- getrennter Fuß- und Radweg
  für den Radweg mindestens 1,50 m.

Zur lichten Breite bei der Freigabe linker Radwege für die Gegenrichtung vgl. Nummer II 3 zu § 2 Abs. 4 Satz 3.

22 Ausnahmsweise und nach sorgfältiger Überprüfung kann von den Mindestmaßen dann, wenn es aufgrund der örtlichen oder verkehrlichen Verhältnisse erforderlich und verhältnismäßig ist, an kurzen Abschnitten (z.B. kurze Engstelle) unter Wahrung der Verkehrssicherheit abgewichen werden.

23 Die vorgegebenen Maße für die lichte Breite beziehen sich auf ein einspuriges Fahrrad. Andere Fahrräder (vgl. Definition des Übereinkommens über den Straßenverkehr vom 8. November 1968, BGBl. 1977 II S. 809) wie mehrspurige Lastenfahrräder und Fahrräder mit Anhänger werden davon nicht erfasst. Die Führer anderer

Fahrräder sollen in der Regel dann, wenn die Benutzung des Radweges nach den Umständen des Einzelfalles unzumutbar ist, nicht beanstandet werden, wenn sie den Radweg nicht benutzen;

b) die Verkehrsfläche nach den allgemeinen Regeln der Baukunst und Technik in einem den Erfordernissen des Radverkehrs genügendem Zustand gebaut und unterhalten wird und 24

c) die Linienführung im Streckenverlauf und die Radwegeführung an Kreuzungen und Einmündungen auch für den Ortsfremden eindeutig erkennbar, im Verlauf stetig und insbesondere an Kreuzungen, Einmündungen und verkehrsreichen Grundstückszufahrten sicher gestaltet sind. 25

Das Abbiegen an Kreuzungen und Einmündungen sowie das Einfahren an verkehrsreichen Grundstückszufahrten ist mit Gefahren verbunden. Auf eine ausreichende Sicht zwischen dem Kraftfahrzeugverkehr und dem Radverkehr ist deshalb besonders zu achten. So ist es notwendig, den Radverkehr bereits rechtzeitig vor der Kreuzung oder Einmündung im Sichtfeld des Kraftfahrzeugverkehrs zu führen und die Radwegeführung an der Kreuzung oder Einmündung darauf abzustimmen. Zur Radwegeführung vgl. zu § 9 Abs. 2 und 3; Rn. 3 ff. 26

3. und bei Radfahrstreifen die Verkehrsbelastung und Verkehrsstruktur auf der Fahrbahn sowie im Umfeld die örtlichen Nutzungsansprüche auch für den ruhenden Verkehr nicht entgegenstehen. 27

III. Über die Kennzeichnung von Radwegen mit den Zeichen 237, 240 oder 241 entscheidet die Straßenverkehrsbehörde nach Anhörung der Straßenbaubehörde und der Polizei. In die Entscheidung ist, soweit örtlich vorhanden, die flächenhafte Radverkehrsplanung der Gemeinden und Träger der Straßenbaulast einzubeziehen. Auch kann sich empfehlen, zusätzlich Sachkundige aus Kreisen der Radfahrer, der Fußgänger und der Kraftfahrer zu beteiligen. 28

IV. Die Straßenverkehrsbehörde, die Straßenbaubehörde sowie die Polizei sind gehalten, bei jeder sich bietenden Gelegenheit die Radverkehrsanlagen auf ihre Zweckmäßigkeit hin zu prüfen und den Zustand der Sonderwege zu überwachen. Erforderlichenfalls sind von der Straßenverkehrsbehörde sowie der Polizei bauliche Maßnahmen bei der Straßenbaubehörde anzuregen. Vgl. Nummer IV 1 zu § 45 Abs. 3; Rn. 56. 29

Zu Absatz 4 Satz 3 und Satz 4

I. Radwege ohne Benutzungspflicht

Radwege ohne Benutzungspflicht sind für den Radverkehr vorgesehene Verkehrsflächen ohne Zeichen 237, 240 oder 241. Dabei ist zu beachten, dass 30

1. der Radverkehr insbesondere an Kreuzungen, Einmündungen und verkehrsreichen Grundstückszufahrten durch Markierungen sicher geführt wird und 31
2. ausreichend Vorsorge getroffen ist, dass der Radweg nicht durch den ruhenden Verkehr genutzt wird. 32

II. Freigabe linker Radwege (Radverkehr in Gegenrichtung)

33 1. Die Benutzung von in Fahrtrichtung links angelegten Radwegen in Gegenrichtung ist insbesondere innerhalb geschlossener Ortschaften mit besonderen Gefahren verbunden und soll deshalb grundsätzlich nicht angeordnet werden.

34 2. Auf baulich angelegten Radwegen kann nach sorgfältiger Prüfung die Benutzungspflicht auch für den Radverkehr in Gegenrichtung mit Zeichen 237, 240 oder 241 oder ein Benutzungsrecht durch das Zusatzzeichen „Radverkehr frei" (1022–10) angeordnet werden.

35 3. Eine Benutzungspflicht kommt in der Regel außerhalb geschlossener Ortschaften, ein Benutzungsrecht innerhalb geschlossener Ortschaften ausnahmsweise in Betracht.

36 4. Am Anfang und am Ende einer solchen Anordnung ist eine sichere Querungsmöglichkeit der Fahrbahn zu schaffen.

37 5. Voraussetzung für die Anordnung ist, dass
   a) die lichte Breite des Radweges einschließlich der seitlichen Sicherheitsräume durchgehend in der Regel 2,40 m, mindestens 2,0 m beträgt;
   b) nur wenige Kreuzungen, Einmündungen und verkehrsreiche Grundstückszufahrten zu überqueren sind;
   c) dort auch zwischen dem in Gegenrichtung fahrenden Radfahrer und dem Kraftfahrzeugverkehr ausreichend Sicht besteht.

38 6. An Kreuzungen und Einmündungen sowie an verkehrsreichen Grundstückszufahrten ist für den Fahrzeugverkehr auf der untergeordneten Straße das Zeichen 205 „Vorfahrt gewähren." oder Zeichen 206 „Halt. Vorfahrt gewähren." jeweils mit dem Zusatzzeichen mit dem Sinnbild eines Fahrrades und zwei gegengerichteten waagerechten Pfeilen (1000–32) anzuordnen. Zum Standort der Zeichen vgl. Nummer I zu Zeichen 205 und 206. Bei Zweifeln, ob der Radweg noch zu der vorfahrtberechtigten Straße gehört vgl. Nummer I zu § 9 Absatz 3; Randnummer 8.

Zu Absatz 4 Satz 5

39 Ein Seitenstreifen ist der unmittelbar neben der Fahrbahn liegende Teil der Straße. Er kann befestigt oder unbefestigt sein.

40 Radfahrer haben das Recht, einen Seitenstreifen zu benutzen. Eine Benutzungspflicht besteht dagegen nicht. Sollen Seitenstreifen nach ihrer Zweckbestimmung auch der Benutzung durch Radfahrer dienen, ist auf eine zumutbare Beschaffenheit und einen zumutbaren Zustand zu achten.

Zu § 3 Geschwindigkeit

1 Sattelkraftfahrzeuge zur Lastenbeförderung sind Lastkraftwagen im Sinne der StVO.

Zu § 5 Überholen und § 6 Vorbeifahren

An Teilnehmern des Fahrbahnverkehrs, die sich in der gleichen Richtung weiterbewegen wollen, aber warten müssen, wird nicht vorbeigefahren; sie werden überholt. Wer durch die Verkehrslage oder durch eine Anordnung aufgehalten ist, der wartet. 1

Zu § 5 Abs. 6 Satz 2

Wo es an geeigneten Stellen fehlt und der Verkehrsfluss wegen Lastkraftwagenverkehrs immer wieder leidet, ist der Bau von Haltebuchten anzuregen. 1

Zu § 7 Benutzung von Fahrstreifen durch Kraftfahrzeuge

Zu den Absätzen 1 bis 3

I. Ist auf einer Straße auch nur zu gewissen Tageszeiten mit so dichtem Verkehr zu rechnen, dass Kraftfahrzeuge vom Rechtsfahrgebot abweichen dürfen oder mit Nebeneinanderfahren zu rechnen ist, empfiehlt es sich, die für den gleichgerichteten Verkehr bestimmten Fahrstreifen einzeln durch Leitlinien (Zeichen 340) zu markieren. Die Fahrstreifen müssen so breit sein, dass sicher nebeneinander gefahren werden kann. 1

II. Wo auf einer Straße mit mehreren Fahrstreifen für eine Richtung wegen ihrer baulichen Beschaffenheit nicht mehr wie bisher nebeneinander gefahren werden kann, ist durch geeignete Markierungen, Leiteinrichtungen, Hinweistafeln oder dergleichen zu zeigen, welcher Fahrstreifen endet. Auf Straßen mit schnellem Verkehr ist zu prüfen, ob eine Geschwindigkeitsbeschränkung erforderlich ist. 2

Zu Absatz 3

Werden innerhalb geschlossener Ortschaften auf Straßen mit mehreren Fahrstreifen für eine Richtung Leitlinien markiert, so ist anzustreben, dass die Anzahl der dem geradeausfahrenden Verkehr zur Verfügung stehenden Fahrstreifen im Bereich von Kreuzungen und Einmündungen nicht dadurch verringert wird, dass ein Fahrstreifen durch einen Pfeil auf der Fahrbahn (Zeichen 297) nur einem abbiegenden Verkehrsstrom zugewiesen wird. Wenn das Abbiegen zugelassen werden muss, besondere Fahrstreifen für Abbieger aber nicht zur Verfügung stehen, so kommt unter Umständen die Anbringung kombinierter Pfeile, z.B. Geradeaus/Links, in Frage. 3

Zu § 8 Vorfahrt

Zu Absatz 1

Verkehrsregelung an Kreuzungen und Einmündungen

I. 1. Kreuzungen und Einmündungen sollten auch für den Ortsfremden schon durch ihre bauliche Beschaffenheit erkennbar sein. Wenn das 1 nicht der Fall ist, sollten bei der Straßenbaubehörde bauliche Veränderungen angeregt werden.

2 2. Bei schiefwinkligen Kreuzungen und Einmündungen ist zu prüfen, ob für den Wartepflichtigen die Tatsache, dass er an dieser Stelle andere durchfahren lassen muss, deutlich erkennbar ist und ob die Sicht aus dem schräg an der Straße mit Vorfahrt wartenden Fahrzeug ausreicht. Ist das nicht der Fall, so ist mit den Maßnahmen zu Nummer I1 und II zu helfen; des Öfteren wird es sich empfehlen, bei der Straßenbaubehörde eine Änderung des Kreuzungswinkels anzuregen.

3 II. Die Verkehrsregelung an Kreuzungen und Einmündungen soll so sein, dass es für den Verkehrsteilnehmer möglichst einfach ist, sich richtig zu verhalten. Es dient der Sicherheit, wenn die Regelung dem natürlichen Verhalten des Verkehrsteilnehmers entspricht. Unter diesem Gesichtspunkt sollte, wenn möglich, die Entscheidung darüber getroffen werden, ob an Kreuzungen der Grundsatz „Rechts vor Links" gelten soll oder eine Regelung durch Verkehrszeichen vorzuziehen ist und welche Straße dann die Vorfahrt erhalten soll. Bei jeder Regelung durch Verkehrszeichen ist zu prüfen, ob die Erfassbarkeit der Regelung durch Längsmarkierungen (Mittellinien und Randlinien, die durch retroreflektierende Markierungsknöpfe verdeutlicht werden können) im Verlauf der Straße mit Vorfahrt verbessert werden kann.

4 1. Im Verlauf einer durchgehenden Straße sollte die Regelung stetig sein. Ist eine solche Straße an einer Kreuzung oder Einmündung mit einer Lichtzeichenanlage versehen oder positiv beschildert, so sollte an der nächsten nicht „Rechts vor Links" gelten, wenn nicht der Abstand zwischen den Kreuzungen oder Einmündungen sehr groß ist oder der Charakter der Straße sich von einer Kreuzung oder Einmündung zur anderen grundlegend ändert.

5 2. Einmündungen von rechts sollte die Vorfahrt grundsätzlich genommen werden. Nur wenn beide Straßen überwiegend dem Anliegerverkehr dienen (z.B. Wohnstraßen) und auf beiden nur geringer Verkehr herrscht, bedarf es nach der Erfahrung einer Vorfahrtbeschilderung nicht.

6 3. An Kreuzungen sollte der Grundsatz „Rechts vor Links" nur gelten, wenn

a) die kreuzenden Straßen einen annähernd gleichen Querschnitt und annähernd gleiche, geringe Verkehrsbedeutung haben,
b) keine der Straßen, etwa durch Straßenbahngleise, Baumreihen, durchgehende Straßenbeleuchtung, ihrem ortsfremden Benutzer den Eindruck geben kann, er befinde sich auf der wichtigeren Straße,
c) die Sichtweite nach rechts aus allen Kreuzungszufahrten etwa gleich groß ist und
d) in keiner der Straßen in Fahrstreifen nebeneinander gefahren wird.

7 4. Müsste wegen des Grundsatzes der Stetigkeit (Nummer 1) die Regelung „Rechts vor Links" für einen ganzen Straßenzug aufgegeben

werden, weil für eine einzige Kreuzung eine solche Regelung nach Nummer 3 nicht in Frage kommt, so ist zu prüfen, ob nicht die hindernde Eigenart dieser Kreuzung, z.B. durch Angleichung der Sichtweiten beseitigt werden kann.

5. Der Grundsatz „Rechts vor Links“ sollte außerhalb geschlossener Ortschaften nur für Kreuzungen und Einmündungen im Verlauf von Straßen mit ganz geringer Verkehrsbedeutung gelten. 8

6. Scheidet die Regelung „Rechts vor Links“ aus, so ist die Frage, welcher Straße die Vorfahrt zu geben ist, unter Berücksichtigung des Straßencharakters, der Verkehrsbelastung, der übergeordneten Verkehrslenkung und des optischen Eindrucks der Straßenbenutzer zu entscheiden. Keinesfalls darf die amtliche Klassifizierung der Straßen entscheidend sein. 9

   a) Ist eine der beiden Straßen eine Vorfahrtstraße oder sind auf einer der beiden Straßen die benachbarten Kreuzungen positiv beschildert, so sollte in der Regel diese Straße die Vorfahrt erhalten. Davon sollte nur abgewichen werden, wenn die Verkehrsbelastung der anderen Straße wesentlich stärker ist oder wenn diese wegen ihrer baulichen Beschaffenheit dem, der sie befährt, den Eindruck vermitteln kann, er befände sich auf der wichtigeren Straße (z.B. Straßen mit Mittelstreifen oder mit breiter Fahrbahn oder mit Straßenbahngleisen). 10

   b) Sind beide Straßen Vorfahrtstraßen oder sind auf beiden Straßen die benachbarten Kreuzungen positiv beschildert, so sollte der optische Eindruck, den die Fahrer von der von ihnen befahrenen Straße haben, für die Wahl der Vorfahrt wichtiger sein als die Verkehrsbelastung. 11

   c) Wird entgegen diesen Grundsätzen entschieden oder sind aus anderen Gründen Missverständnisse über die Vorfahrt zu befürchten, so muss die Wartepflicht entweder besonders deutlich gemacht werden (z.B. durch Markierung, mehrfach wiederholte Beschilderung), oder es sind Lichtzeichenanlagen anzubringen. Erforderlichenfalls sind bei der Straßenbaubehörde bauliche Maßnahmen anzuregen. 12

7. Bei Kreuzungen mit mehr als vier Zufahrten ist zu prüfen, ob nicht einzelne Kreuzungszufahrten verlegt oder gesperrt werden können. In anderen Fällen kann die Einrichtung von der Kreuzung wegführender Einbahnstraßen in Betracht kommen. 13

8. Bei der Vorfahrtregelung sind die Interessen der öffentlichen Verkehrsmittel besonders zu berücksichtigen; wenn es mit den unter Nummer 6 dargelegten Grundsätzen vereinbar ist, sollten diejenigen Kreuzungszufahrten Vorfahrt erhalten, in denen öffentliche Verkehrsmittel linienmäßig verkehren. Kann einer Straße, auf der eine Schienenbahn verkehrt, die Vorfahrt durch Verkehrszeichen nicht gegeben werden, so ist eine Regelung durch Lichtzeichen erforderlich; keinesfalls darf auf einer solchen Kreuzung die Regel „Rechts vor Links“ gelten. 14

15 III. 1. Als Vorfahrtstraßen sollen nur Straßen gekennzeichnet sein, die über eine längere Strecke die Vorfahrt haben und an zahlreichen Kreuzungen bevorrechtigt sind. Dann sollte die Straße solange Vorfahrtstraße bleiben, wie sich das Erscheinungsbild der Straße und ihre Verkehrsbedeutung nicht ändern. Bei der Auswahl von Vorfahrtstraßen ist der Blick auf das gesamte Straßennetz besonders wichtig.

16 a) Bundesstraßen, auch in ihren Ortsdurchfahrten, sind in aller Regel als Vorfahrtstraßen zu kennzeichnen.

17 b) Innerhalb geschlossener Ortschaften gilt das auch für sonstige Straßen mit durchgehendem Verkehr.

18 c) Außerhalb geschlossener Ortschaften sollten alle Straßen mit erheblicherem Verkehr Vorfahrtstraßen werden.

19 2. Im Interesse der Verkehrssicherheit sollten im Zuge von Vorfahrtstraßen außerhalb geschlossener Ortschaften Linksabbiegestreifen angelegt werden, auch wenn der abbiegende Verkehr nicht stark ist. Linksabbiegestreifen sind um so dringlicher, je schneller die Straße befahren wird.

20 3. Über die Beschilderung von Kreuzungen und Einmündungen vgl. Nummer VI zu den Zeichen 205 und 206 (Randnummer 6), von Vorfahrtstraßen vgl. zu den Zeichen 306 und 307.

21 IV. Über die Verkehrsregelung durch Polizeibeamte und Lichtzeichen vgl. zu § 36 Abs. 2 und 4; Rn. 3 ff. sowie Nummer IV zu den Nummern 1 und 2 zu § 37 Abs. 2; Rn. 12.

Zu § 9 Abbiegen, Wenden und Rückwärtsfahren

Zu Absatz 1

1 I. Wo erforderlich und möglich, sind für Linksabbieger besondere Fahrstreifen zu markieren. Auf Straßen innerhalb geschlossener Ortschaften mit auch nur tageszeitlich starkem Verkehr und auf Straßen außerhalb geschlossener Ortschaften sollte dann der Beginn der Linksabbiegestreifen so markiert werden, dass Fahrer, die nicht abbiegen wollen, an dem Linksabbiegestreifen vorbeigeleitet werden. Dazu eignen sich vor allem Sperrflächen; auf langsamer befahrenen Straßen genügen Leitlinien.

2 II. Es kann sich empfehlen, an Kreuzungen Abbiegestreifen für Linksabbieger so zu markieren, dass aus entgegengesetzten Richtungen nach links abbiegende Fahrzeuge voreinander vorbeigeführt werden (tangentiales Abbiegen). Es ist dann aber immer zu prüfen, ob durch den auf dem Fahrstreifen für den nach links abbiegenden Gegenverkehr Wartenden nicht die Sicht auf den übrigen Verkehr verdeckt wird.

Zu Absatz 2

3 I. Als Radverkehrsführung über Kreuzungen und Einmündungen hinweg dienen markierte Radwegefurten. Radverkehrsführungen können ferner das Linksabbiegen für den Radverkehr erleichtern. Das Linksabbiegen im

Kreuzungsbereich kann durch Abbiegestreifen für den Radverkehr, aufgeweitete Radaufstellstreifen und Radfahrerschleusen gesichert werden. Das Linksabbiegen durch Queren hinter einer Kreuzung/Einmündung kann durch Markierung von Aufstellbereichen am Fahrbahnrand bzw. im Seitenraum gesichert werden.

II. Im Fall von Radverkehrsanlagen im Zuge von Vorfahrtstraßen (Zeichen 306) sind Radwegefurten stets zu markieren. Sie dürfen nicht markiert werden an Kreuzungen und Einmündungen mit Vorfahrtregelung „Rechts vor Links", an erheblich (mehr als ca. 5 m) abgesetzten Radwegen im Zuge von Vorfahrtstraßen (Zeichen 306) sowie dort nicht, wo dem Radverkehr durch ein verkleinertes Zeichen 205 eine Wartepflicht auferlegt wird. Die Sätze 1 und 2 gelten sinngemäß, wenn im Zuge einer Vorfahrtstraße ein Gehweg zur Benutzung durch den Radverkehr freigegeben ist. 4

III. Eigene Abbiegefahrstreifen für den Radverkehr können neben dem Abbiegestreifen für den Kraftfahrzeugverkehr mit Fahrstreifenbegrenzung (Zeichen 295) markiert werden. Dies kommt jedoch nur dann in Betracht, wenn zum Einordnen 5

1. an Kreuzungen und Einmündungen von gekennzeichneten Vorfahrtstraßen nur ein Fahrstreifen zu überqueren ist,
2. an Kreuzungen und Einmündungen mit Lichtzeichenanlage nicht mehr als zwei Fahrstreifen zu überqueren sind oder
3. Radfahrschleusen vorhanden sind.

IV. Bei aufgeweiteten Radaufstellstreifen wird das Einordnen zum Linksabbiegen in Fortsetzung einer Radverkehrsanlage dadurch ermöglicht, dass für den Kraftfahrzeugverkehr auf der Fahrbahn durch eine zusätzliche vorgelagerte Haltlinie (Zeichen 294) mit räumlichem und verkehrlichem Bezug zur Lichtzeichenanlage das Haltgebot angeordnet wird. 6

V. Bei Radfahrschleusen wird das Einordnen zum Linksabbiegen in Fortsetzung einer Radverkehrsanlage dadurch ermöglicht, dass dem Hauptlichtzeichen in ausreichendem Abstand vorher ein weiteres Lichtzeichen vorgeschaltet wird. 7

Zu Absatz 3

I. Der Radverkehr fährt nicht mehr neben der Fahrbahn, wenn ein Radweg erheblich (ca. 5 m) von der Straße abgesetzt ist. Können Zweifel aufkommen oder ist der abgesetzte Radweg nicht eindeutig erkennbar, so ist die Vorfahrt durch Verkehrszeichen zu regeln. 8

II. Über Straßenbahnen neben der Fahrbahn vgl. Nummer VI zu Zeichen 201; Randnummer 11 bis 13. 9

Zu § 12 Halten und Parken

Zu Absatz 1

Halten ist eine gewollte Fahrtunterbrechung, die nicht durch die Verkehrslage oder eine Anordnung veranlasst ist. 1

Zu Absatz 3 Nr. 1

2 Wo an einer Kreuzung oder Einmündung die 5-Meter-Zone ausreichende Sicht in die andere Straße nicht schafft oder das Abbiegen erschwert, ist die Parkverbotsstrecke z.B. durch die Grenzmarkierung (Zeichen 299) angemessen zu verlängern. Da und dort wird auch die bloße Markierung der 5-Meter-Zone zur Unterstreichung des Verbots ratsam sein.

Zu Absatz 3a

3 I. Die Straßenverkehrsbehörden sollten bei den Gemeinden die Anlage von Parkplätzen anregen, wenn es für ortsansässige Unternehmer unmöglich ist, eigene Betriebshöfe zu schaffen. Bei Anlage derartiger Parkplätze ist darauf zu achten, dass von ihnen keine Störung der Nachtruhe der Wohnbevölkerung ausgeht.

4 II. Wirkt sich das regelmäßige Parken schwerer Kraftfahrzeuge oder Anhänger in anderen als den aufgeführten Gebieten, z.B. in Mischgebieten, störend aus, kommen örtliche, zeitlich beschränkte Parkverbote in Betracht (§ 45 Abs. 1).

Zu Absatz 4

5 Wo es nach dem äußeren Anschein zweifelhaft ist, ob der Seitenstreifen für ein auf der Fahrbahn parkendes Fahrzeug fest genug ist, darf wegen Nichtbenutzung des Seitenstreifens nicht eingeschritten werden.

Zu § 13 Einrichtungen zur Überwachung der Parkzeit

Zu Absatz 1

1 I. Wo Parkuhren aufgestellt sind, darf das Zeichen 286 nicht angeordnet werden.

2 II. Parkuhren und Parkscheinautomaten sind vor allem dort anzuordnen, wo kein ausreichender Parkraum vorhanden ist und deshalb erreicht werden muss, dass möglichst viele Fahrzeuge nacheinander für möglichst kurze genau begrenzte Zeit parken können.

3 III. Vor der Anordnung von Parkuhren und Parkscheinautomaten sind die Auswirkungen auf den fließenden Verkehr und auf benachbarte Straßen zu prüfen.

4 IV. Parkraumbewirtschaftung empfiehlt sich nur dort, wo eine wirksame Überwachung gewährleistet ist.

5 V. Über Parkuhren und Parkscheinautomaten in Haltverbotszonen vgl. Nummer II zu Zeichen 290.1 und 290.2, Randnummer 2.

VI. Der Parkschein soll mindestens folgende, gut lesbare Angaben enthalten:

6 1. Standort des Parkscheinautomaten

7 2. Datum und

8 3. Ende der Parkzeit.

VII. Für die Festlegung und die Höhe der Parkgebühren gelten die Parkgebührenordnungen (§ 6a Absatz 6 StVG). 9

Zu Absatz 2

I. Das Parken mit Parkscheibe darf nur in Haltverbotszonen (Zeichen 290.1) und Parkraumbewirtschaftungszonen (Zeichen 314.1) sowie in Verbindung mit Zeichen 314 oder 315 angeordnet werden. Zur Anordnung des Parkens mit Parkscheibe in Haltverbotszonen vgl. Nummer II zu Zeichen 290.1 und 290.2, Randnummer 2. 10

II. Auf der Vorderseite der Parkscheibe sind Zusätze, auch solche zum Zwecke der Werbung, nicht zulässig. 11

Zu § 14 Sorgfaltspflichten beim Ein- und Aussteigen

Zu Absatz 2

Wenn der Führer eines Kraftfahrzeugs sich in solcher Nähe des Fahrzeugs aufhält, dass er jederzeit eingreifen kann, ist nichts dagegen einzuwenden, wenn eine besondere Maßnahme gegen unbefugte Benutzung nicht getroffen wird. Andernfalls ist darauf zu achten, dass jede vorhandene Sicherung verwendet, insbesondere auch bei abgeschlossenem Lenkradschloss das Fahrzeug selbst abgeschlossen wird; wenn die Fenster einen Spalt offen bleiben oder wenn das Verdeck geöffnet bleibt, ist das nicht zu beanstanden. 1

Zu § 16 Warnzeichen

Zu Absatz 1 Nr. 2

Gegen missbräuchliche Benutzung des Warnblinklichts ist stets einzuschreiten. Das ist immer der Fall, wenn durch ein Fahrzeug der Verkehr nicht gefährdet, sondern nur behindert wird, z.B. ein Fahrzeug an übersichtlicher Stelle be- oder entladen wird. 1

Zu Absatz 2

Die Straßenverkehrsbehörden haben sorgfältig zu prüfen, an welchen Haltestellen von Schulbussen sowie von Omnibussen des Linienverkehrs der Fahrer des Busses das Warnblinklicht einzuschalten hat. Maßgebliches Kriterium sind dabei die Belange der Verkehrssicherheit. 2

Dort, wo sich in der Vergangenheit bereits Unfälle zwischen Fahrgästen und dem Kraftfahrzeugverkehr an der Haltestelle ereignet haben, ist die Anordnung, das Warnblinklicht einzuschalten, indiziert. Andererseits spricht das Nichtvorkommen von Unfällen, vor allem bei Vorhandensein von Querungshilfen für Fußgänger (z.B. Fußgängerüberweg, Lichtsignalanlage) in unmittelbarer Nähe der Haltestelle, gegen eine entsprechende Anordnung. Auch die Höhe des Verkehrsaufkommens, das Vorhandensein baulich getrennter Richtungsfahrbahnen, insbesondere bei mehrstreifiger Fahrbahnführung, sowie die 3 bauliche Ausgestaltung der Haltestelle selbst (z.B. Absperrgitter zur Fahrbahn), sind in die Entscheidung einzubeziehende Abwägungskriterien. Die Lage der Haltestelle in unmittelbarer Nähe einer Schule oder eines Altenheimes spricht für das Einschalten des Warnblinklichts. Unter Umständen kann es auch in Betracht kommen, das Einschalten des Warnblinklichtes nur zu bestimmten Zeiten, gegebenenfalls auch für bestimmte Tagesstunden, anzuordnen.

4 Maßgeblich für die Entscheidung, an welcher Haltestelle die Anordnung, das Warnblinklicht einzuschalten, erforderlich ist, sind in jedem Fall die Sachkunde und die Ortskenntnis der Straßenverkehrsbehörden. Entsprechendes gilt für die Anordnung, in welcher Entfernung von der Haltestelle das Warnblinklicht eingeschaltet werden soll.

5 Die Anordnung, wo das Warnblinklicht eingeschaltet werden muss, ist gegenüber den Busbetreibern und den Fahrern der Busse auszusprechen.

Zu § 17 Beleuchtung

Zu Absatz 1

1 Es ist zu beanstanden, wenn der, welcher sein Fahrzeug schiebt, Beleuchtungseinrichtungen durch seinen Körper verdeckt; zu den Beleuchtungseinrichtungen zählen auch die Rückstrahler (§ 49a Abs. 1 Satz 2 StVZO).

Zu Absatz 2

2 I. Es ist darauf hinzuwirken, dass der Abblendpflicht auch gegenüber Radfahrern auf Radwegen sowie bei der Begegnung mit Schienenfahrzeugen und gegenüber dem Schiffsverkehr, falls die Führer dieser Fahrzeuge geblendet werden können, genügt wird. Einzelner entgegenkommender Fußgänger wegen muss dann abgeblendet werden, wenn sie sonst gefährdet wären (§ 1 Abs. 2).

3 II. Nicht nur die rechtzeitige Erfüllung der Abblendpflicht und die darauf folgende Pflicht zur Mäßigung der Fahrgeschwindigkeit sind streng zu überwachen; vielmehr ist auch darauf zu achten, dass nicht

4 1. Standlicht vorschriftswidrig verwendet wird,
5 2. Blendwirkung trotz Abblendens bestehen bleibt,
6 3. die vordere Beleuchtung ungleichmäßig ist,
7 4. Nebelscheinwerfer, Nebelschlussleuchten oder andere zusätzliche Scheinwerfer oder Leuchten vorschriftswidrig verwendet werden.

Zu Absatz 4

8 Andere zugelassene lichttechnische Einrichtungen zur Kennzeichnung sind Park-Warntafeln nach Anlage 4 Abschnitt 4. Einzelheiten über die Verwendung ergeben sich aus § 51c Abs. 5 StVZO. Die Park-Warntafeln unterliegen einer Bauartgenehmigung nach § 22a StVZO.

Zu Absatz 4a

Machen Militärfahrzeuge, insbesondere Panzer, von den Sonderrechten nach § 35 Gebrauch und fahren ohne Beleuchtung, so sind sie mit gelb-roten retroreflektierenden Warntafeln oder gleichwertigen Absicherungsmitteln zu kennzeichnen. 9

Zu § 18 Autobahnen und Kraftfahrstraßen

Vgl. zu den Zeichen 330.1, 331.1, 333, zu den Zeichen 330.2 und 331.2 und zu den Zeichen 330.1, 331.1, 330.2 und 331.2.

Zu § 19 Bahnübergänge

Zu Absatz 1

Sofern auf Straßen mit nur einem Fahrstreifen je Richtung das Überholverbot häufig missachtet werden sollte, ist seine Unterstützung durch die Anordnung einer einseitigen Fahrstreifenbegrenzung (Zeichen 296) in Betracht zu ziehen.

Zu § 20 Öffentliche Verkehrsmittel und Schulbusse

Zu Absatz 4

I. Vor der Festlegung von Haltestellen von Schulbussen sind von der Straßenverkehrsbehörde neben Polizei und Straßenbaubehörde auch Schule, Schulträger und Schulbusunternehmer zu hören. Dabei ist darauf zu achten, dass die Schulbusse möglichst – gegebenenfalls unter Hinnahme eines Umwegs – so halten, dass die Kinder die Fahrbahn nicht überqueren müssen. 1

II. Es ist vorzusehen, dass Schulbusse nur rechts halten. Die Mitbenutzung der Haltestellen öffentlicher Verkehrsmittel ist anzustreben. 2

Zu § 21 Personenbeförderung

Zu den Absätzen 1 und 2

„Besonderer Sitz" ist eine Vorrichtung, die nach ihrer Bauart dazu bestimmt ist, als Sitz zu dienen, mag diese Zweckbestimmung auch nicht die ausschließliche sein. Geeignet ist eine Sitzgelegenheit nur dann, wenn man auf ihr sicher sitzen kann; bei Anhängern, die für land- oder forstwirtschaftliche Zwecke verwendet werden, kann das auch die Ladefläche sein. 1

Zu Absatz 1a

1. Geeignet sind Rückhalteeinrichtungen für Kinder, die entsprechend der UNECE-Regelung Nr. 44 (BGBl. 1984 II S. 458, mit weiteren Änderungen) oder der UNECE-Regelung Nr. 129 (ABl. L 97 vom 29.3.2014, S. 21) gebaut, geprüft, genehmigt und entweder mit dem nach der UNECE-Regelung Nr. 44 oder Nr. 129 vorgeschriebenen Genehmigungszeichen oder mit dem 2

nationalen Prüfzeichen nach der Fahrzeugteileverordnung gekennzeichnet sind. Dies gilt entsprechend für Rückhalteeinrichtungen für Kinder der Klasse 0 (geeignet für Kinder bis zu einem Gewicht von 9 kg), wenn für sie eine Betriebserlaubnis nach § 22 StVZO vorliegt.

3 2. Die Eignung der Rückhalteeinrichtungen für Kinder und deren jeweilige Verwendung auf Vordersitzen ergibt sich aus der Genehmigung sowie der Anweisung, die vom Hersteller der Rückhalteeinrichtung für Kinder beizufügen ist. So ist zum Beispiel bei Verwendung von Rückhalteeinrichtungen für Kinder nach der UNECE-Regelung Nr. 129 für Kinder bis zu einem Alter von 15 Monaten eine Beförderung nur entgegen der Fahrtrichtung oder seitlich gerichtet zur Fahrtrichtung möglich.

Zu § 22 Ladung

Zu Absatz 1

1 I. Zu verkehrssicherer Verstauung gehört sowohl eine die Verkehrs- und Betriebssicherheit nicht beeinträchtigende Verteilung der Ladung als auch deren sichere Verwahrung, wenn nötig Befestigung, die ein Verrutschen oder gar Herabfallen unmöglich machen.

2 II. Schüttgüter, wie Kies, Sand, aber auch gebündeltes Papier, die auf Lastkraftwagen befördert werden, sind in der Regel nur dann gegen Herabfallen besonders gesichert, wenn durch überhohe Bordwände, Planen oder ähnliche Mittel sichergestellt ist, dass auch nur unwesentliche Teile der Ladung nicht herabfallen können.

3 III. Es ist vor allem verboten, Kanister oder Blechbehälter ungesichert auf der Ladefläche zu befördern.

4 IV. Vgl. auch § 32 Abs. 1.

Zu § 23 Sonstige Pflichten des Fahrzeugführers

Zu Absatz 1

1 I. Bei Kraftwagen, die neben dem Innenspiegel nur einen Außenspiegel haben, ist gegen sichtbehinderndes Bekleben und Verstellen der Rückfenster mit Gegenständen einzuschreiten. Zu beanstanden ist das Fehlen eines zweiten Außenspiegels auch dann, wenn ein mitgeführter Anhänger die Sicht beim Blick in den Außen- oder Innenspiegel wesentlich beeinträchtigt. Auch der sichtbehindernde Zustand der Fenster (z.B. durch Beschlagen oder Vereisung) ist zu beanstanden.

2 II. Fußgänger, die Handfahrzeuge mitführen, sind keine Fahrzeugführer.

Zu § 24 Besondere Fortbewegungsmittel

Zu Absatz 1

1 I. Solche Fortbewegungsmittel unterliegen auch nicht den Vorschriften der StVZO.

II. Schieberollstühle sind Rollstühle mit Schiebeantrieb nach Nummer 2.1.1, Greifreifenrollstühle sind Rollstühle mit Greifreifenantrieb nach Nummer 2.1.2 der DIN 13240 Teil 1. 2

III. Kinderfahrräder sind solche, die üblicherweise zum spielerischen Umherfahren im Vorschulalter verwendet werden. 3

IV. Zur Freigabe von Fahrbahnen, Seitenstreifen und Radwegen für Inline-Skates und Rollschuhe vgl. VwV zu § 31 Absatz 2. 4

Zu Absatz 2

Krankenfahrstühle sind Fahrzeuge. 5

Zu § 25 Fußgänger

Zu Absatz 3

I. Die Sicherung des Fußgängers beim Überqueren der Fahrbahn ist eine der vornehmsten Aufgaben der Straßenverkehrsbehörden und der Polizei. Es bedarf laufender Beobachtungen, ob die hierfür verwendeten Verkehrszeichen und Verkehrseinrichtungen den Gegebenheiten des Verkehrs entsprechen und ob weitere Maßnahmen sich als notwendig erweisen. 1

II. Wo der Fahrzeugverkehr so stark ist, dass Fußgänger die Fahrbahn nicht sicher überschreiten können, und da, wo Fußgänger den Fahrzeugverkehr unzumutbar behindern, sollten die Fußgänger entweder von der Fahrbahn ferngehalten werden (Stangen- oder Kettengeländer), oder der Fußgängerquerverkehr muss unter Berücksichtigung zumutbarer Umwege an bestimmten Stellen zusammengefasst werden (z.B. Markierung von Fußgängerüberwegen oder Errichtung von Lichtzeichenanlagen). Erforderlichenfalls ist bei der Straßenbaubehörde der Einbau von Inseln anzuregen. 2

III. 1. Die Markierungen an Lichtzeichenanlagen für Fußgänger, sogenannte Fußgängerfurten, bestehen aus zwei in der Regel 4 m voneinander entfernten, unterbrochenen Quermarkierungen. Einzelheiten ergeben sich aus den Richtlinien für die Markierung von Straßen (RMS). Vgl. zu § 41 Absatz 1, Anlage 2 Abschnitt 9. 3

2. Wo der Fußgängerquerverkehr dauernd oder zeitweise durch besondere Lichtzeichen geregelt ist, sind Fußgängerfurten zu markieren. Sonst ist diese Markierung, mit Ausnahme an Überwegen, die durch Schülerlotsen, Schulweghelfer oder sonstige Verkehrshelfer gesichert werden, unzulässig. 4

3. Mindestens 1 m vor jeder Fußgängerfurt ist eine Haltlinie (Zeichen 294) zu markieren; nur wenn die Furt hinter einer Kreuzung oder Einmündung angebracht ist, entfällt selbstverständlich eine Haltlinie auf der der Kreuzung oder Einmündung zugewandten Seite. 5

IV. Über Fußgängerüberwege vgl. zu § 26. 6

V. Wenn nach den dort genannten Grundsätzen die Anlage von Fußgängerüberwegen ausscheidet, der Schutz des Fußgängerquerverkehrs aber erforderlich ist, muss es nicht immer geboten sein, Lichtzeichen vorzusehen. 7

In vielen Fällen wird es vielmehr genügen, die Bedingungen für das Überschreiten der Straße zu verbessern (z.B. durch Einbau von Inseln, Haltverbote, Überholverbote, Geschwindigkeitsbeschränkungen, Beleuchtung).

8 VI. Die Straßenverkehrsbehörde hat bei der Straßenbaubehörde anzuregen, die in § 11 Abs. 4[2] der Straßenbahn-Bau- und Betriebsordnung vorgesehene Aufstellfläche an den für das Überschreiten durch Fußgänger vorgesehenen Stellen zu schaffen; das bloße Anbringen einer Fahrstreifenbegrenzung (Zeichen 295) wird nur ausnahmsweise den Fußgängern ausreichenden Schutz geben.

Zu Absatz 5

9 Das Verbot ist bußgeldbewehrt durch § 63 Abs. 2 Nr. 1 der Straßenbahn-Bau- und Betriebsordnung; wenn es sich um Eisenbahnanlagen handelt, durch § 64b der Eisenbahn-Bau- und Betriebsordnung.

Zu § 26 Fußgängerüberwege

1 I. Örtliche Voraussetzungen

1. Fußgängerüberwege dürfen nur innerhalb geschlossener Ortschaften und nicht auf Straßen angelegt werden, auf denen schneller als 50 km/h gefahren werden darf.

2 2. Die Anlage von Fußgängerüberwegen kommt in der Regel nur infrage, wenn auf beiden Straßenseiten Gehwege vorhanden sind.

3 3. Fußgängerüberwege dürfen nur angelegt werden, wenn nicht mehr als ein Fahrstreifen je Richtung überquert werden muss. Dies gilt nicht an Kreuzungen und Einmündungen in den Straßen mit Wartepflicht.

4 4. Fußgängerüberwege müssen ausreichend weit voneinander entfernt sein; das gilt nicht, wenn ausnahmsweise zwei Überwege hintereinander an einer Kreuzung oder Einmündung liegen.

5 5. Im Zuge von Grünen Wellen, in der Nähe von Lichtzeichenanlagen oder über gekennzeichnete Sonderfahrstreifen nach Zeichen 245 dürfen Fußgängerüberwege nicht angelegt werden.

6 6. In der Regel sollen Fußgängerüberwege zum Schutz der Fußgänger auch über Radwege hinweg angelegt werden.

7 II. Verkehrliche Voraussetzungen

Fußgängerüberwege sollten in der Regel nur angelegt werden, wenn es erforderlich ist, dem Fußgänger Vorrang zu geben, weil er sonst nicht sicher über die Straße kommt.

Dies ist jedoch nur dann der Fall, wenn es die Fahrzeugstärke zulässt und es das Fußgängeraufkommen nötig macht.

III. Lage

8 1. Fußgängerüberwege sollten möglichst so angelegt werden, dass die Fußgänger die Fahrbahn auf dem kürzesten Wege überschreiten.

2) Anm. d. Verlages: Heute § 16 Abs. 4, Änderung geboten.

2. Fußgängerüberwege sollten in der Gehrichtung der Fußgänger liegen. Wo Umwege für Fußgänger zum Erreichen des Überwegs unvermeidbar sind, empfehlen sich z.B. Geländer. 9
3. Bei Fußgängerüberwegen an Kreuzungen und Einmündungen ist zu prüfen, ob es nicht ausreicht, über die Straße mit Vorfahrt nur einen Fußgängerüberweg anzulegen. Bei Einbahnstraßen sollte dieser vor der Kreuzung oder Einmündung liegen. An Kreuzungen und Einmündungen mit abknickender Vorfahrt darf ein Fußgängerüberweg auf der bevorrechtigten Straße nicht angelegt werden. 10
4. Vor Schulen, Werksausgängen und dergleichen sollten Fußgänger nicht unmittelbar auf den Fußgängerüberweg stoßen, sondern durch Absperrungen geführt werden. 11
5. Im Zuge von Straßen mit Straßenbahnen ohne eigenem Bahnkörper sollen Fußgängerüberwege nicht angelegt werden. Fußgängerüberwege über Straßen mit Schienenbahnen auf eigenem Bahnkörper sollen an den Übergängen über den Gleisraum mit versetzten Absperrungen abgeschrankt werden. 12

IV. Markierung und Beschilderung 13

1. Die Markierung erfolgt mit Zeichen 293.
   Auf Fußgängerüberwege wird mit Zeichen 350 hingewiesen. In wartepflichtigen Zufahrten ist dies in der Regel entbehrlich. 14

V. Beleuchtung

Die Straßenverkehrsbehörden müssen die Einhaltung der Beleuchtungskriterien nach den Richtlinien für die Anlage und Ausstattung von Fußgängerüberwegen (R-FGÜ) gewährleisten und gegebenenfalls notwendige Beleuchtungseinrichtungen anordnen (§ 45 Absatz 5 Satz 2). 15

VI. Richtlinien

Das Bundesministerium für Verkehr und digitale Infrastruktur gibt im Einvernehmen mit den zuständigen obersten Landesbehörden Richtlinien für die Anlage und Ausstattung von Fußgängerüberwegen (R-FGÜ) im Verkehrsblatt bekannt. 16

Zu § 27 Verbände

Zu Absatz 1

Abweichend von den (nur sinngemäß geltenden) allgemeinen Verkehrsregeln ist darauf hinzuwirken, dass zu Fuß marschierende Verbände, die nach links abbiegen wollen, sich nicht nach links einordnen, sondern bis zur Kreuzung oder Einmündung am rechten Fahrbahnrand geführt werden. 1

Zu Absatz 2

Leichenzügen und Prozessionen ist, soweit erforderlich, polizeiliche Begleitung zu gewähren. Gemeinsam mit den kirchlichen Stellen ist jeweils zu prüfen, wie sich die Inanspruchnahme stark befahrener Straßen einschränken lässt. 2

Zu Absatz 3

3 Bei geschlossenen Verbänden ist besonders darauf zu achten, dass sie geschlossen bleiben; bei Verbänden von Kraftfahrzeugen auch darauf, dass alle Fahrzeuge die gleichen Fahnen, Drapierungen, Sonderbeleuchtungen oder ähnlich wirksamen Hinweise auf ihre Verbandszugehörigkeit führen.

Zu Absatz 4

4 Bedarf ein zu Fuß marschierender Verband eigener Beleuchtung, so ist darauf zu achten, dass die Flügelmänner des ersten und des letzten Gliedes auch dann Leuchten tragen, wenn ein Fahrzeug zum Schutze des Verbandes vorausfährt oder ihm folgt.

Zu § 28 Tiere

Zu Absatz 1

1 I. Die Halter von Federvieh sind erforderlichenfalls dazu anzuhalten, die notwendigen Vorkehrungen zur Fernhaltung ihrer Tiere von der Straße zu treffen.

2 II. Wenn Hunde auf Straßen mit mäßigem Verkehr nicht an der Leine, sondern durch Zuruf und Zeichen geführt werden, so ist das in der Regel nicht zu beanstanden.

3 III. Solange Beleuchtung nicht erforderlich ist, genügt zum Treiben einer Schafherde in der Regel ein Schäfer, wenn ihm je nach Größe der Herde ein Hund oder mehrere zur Verfügung stehen.

Zu § 29 Übermäßige Straßenbenutzung

Zu Absatz 1[3)]

1 I. Rennen sind Wettbewerbe oder Teile eines Wettbewerbes (z.B. Sonderprüfung mit Renncharakter) sowie Veranstaltungen zur Erzielung von Höchstgeschwindigkeiten oder höchsten Durchschnittsgeschwindigkeiten mit Kraftfahrzeugen (z.B. Rekordversuch). Auf die Art des Starts (gemeinsamer Start, Gruppen- oder Einzelstart) kommt es nicht an.
Indizien für das Vorliegen eines Wettbewerbs sind die Verwendung renntypischer Begriffe, die Beteiligung von Sponsoren, gemeinsame Start-, Etappen- und Zielorte, der nahezu gleichzeitige Start aller Fahrzeuge, Startnummern, besondere Kennzeichnung und Werbung an den Fahrzeugen sowie vorgegebene Fahrtstrecken und Zeitnahmen (auch verdeckt) und die Verbindung zwischen den einzelnen Teilnehmern bzw. zwischen den Teilnehmern und dem Veranstalter (per Funk, GPS o. ä.). Die Einhaltung der geltenden Verkehrsregeln oder das Fahren im Konvoi widerspricht dem Renncharakter nicht.

3) VwV entbehrlich wegen Aufwertung des Verbots zum Straftatbestand; mit nächster Novelle Streichung zu erwarten.

II. Das Verbot gilt auch für nichtorganisierte Rennen. 2

III. Zur Ausnahmegenehmigung vgl. § 46 Abs. 2 Satz 1 und Satz 3, 2. Halbsatz StVO sowie VwV zu § 46 Abs. 2. 3

Zu Absatz 2

I. Erlaubnispflichtige Veranstaltungen

1. Motorsportliche Veranstaltungen

Mit erteilter Ausnahmegenehmigung nach Absatz 1 i. V. m. § 46 Abs. 2 wird ein Rennen nach Absatz 1 zur erlaubnispflichtigen Veranstaltung nach Absatz 2. 4

Darüber hinaus sind nicht genehmigungsbedürftige motorsportliche Veranstaltungen dann erlaubnispflichtig, wenn 30 Kraftfahrzeuge und mehr am gleichen Platz starten oder ankommen oder 5

unabhängig von der Zahl der teilnehmenden Fahrzeuge, wenn wenigstens eines der folgenden Kriterien gegeben ist: 6

- vorgeschriebene Durchschnitts- oder Mindestgeschwindigkeit,
- vorgeschriebene Fahrtzeit (auch ohne Bewertung der Fahrtzeit),
- vorgeschriebene Streckenführung,
- Ermittlung des Siegers nach meistgefahrenen Kilometern,
- Durchführung von Sonderprüfungen,
- Fahren im geschlossenen Verband.

Ballon-Begleitfahrten, Fahrten mit Motorschlitten, Stockcarrennen, Autovernichtungs- oder Karambolagerennen sowie vergleichbare Veranstaltungen dürfen nicht erlaubt werden. 7

Eine Veranstaltung nach Rn. 4 erfordert die Sperrung der in Anspruch genommenen Straßen für den allgemeinen Verkehr. Dies kommt nur für Straßen mit untergeordneter Verkehrsbedeutung in Betracht und setzt eine zumutbare Umleitungsstrecke voraus. 8

2. Weitere Veranstaltungen

Erlaubnispflichtig sind 9

a) Radrennen, Mannschaftsfahrten und vergleichbare Veranstaltungen,
b) Radtouren, wenn mehr als 100 Personen teilnehmen oder wenn mit erheblichen Verkehrsbeeinträchtigungen (i. d. R. erst ab Landesstraße) zu rechnen ist,
c) Volkswanderungen und Volksläufe, wenn mehr als 500 Personen teilnehmen oder das überörtliche Straßennetz (ab Kreisstraße) beansprucht wird, 10
d) Umzüge bei Volksfesten u. ä., es sei denn, es handelt sich um ortsübliche Prozessionen und andere ortsübliche kirchliche Veranstaltungen sowie kleinere örtliche Brauchtumsveranstaltungen. 11
e) Nicht erlaubnispflichtig sind Versammlungen und Aufzüge im Sinne des § 14 des Versammlungsgesetzes. 12

II. Allgemeine Grundsätze

Die Erlaubnisbehörde ordnet alle erforderlichen Maßnahmen an und knüpft die Erlaubnis insbesondere an folgende Auflagen und Bedingungen: 13

14 1. Veranstaltungen sollen grundsätzlich auf abgesperrtem Gelände durchgeführt werden. Ist eine vollständige Sperrung wegen der besonderen Art der Veranstaltung nicht erforderlich und nicht verhältnismäßig, dürfen nur Straßen benutzt werden, auf denen die Sicherheit oder Ordnung des allgemeinen Verkehrs nicht beeinträchtigt wird. Zu Rennveranstaltungen vgl. Rn. 4 und 8.

15 2. Die Erlaubnispflicht erstreckt sich auch auf Straßen mit tatsächlich öffentlichem Verkehr; für deren Benutzung ist zusätzlich die Zustimmung des Verfügungsberechtigten erforderlich.

16 3. Auf das Erholungs- und Ruhebedürfnis der Bevölkerung ist besonders Rücksicht zu nehmen. Veranstaltungen, die geeignet sind, die Nachtruhe der Bevölkerung zu stören, dürfen für die Zeit von 22.00 bis 6.00 Uhr nicht erlaubt werden.

17 4. Eine Erlaubnis darf nur Veranstaltern erteilt werden, die die Gewähr dafür bieten, dass die Veranstaltung entsprechend den Bedingungen und Auflagen der Erlaubnisbehörde abgewickelt wird. Diese Gewähr bietet ein Veranstalter in der Regel nicht, wenn er eine erlaubnispflichtige Veranstaltung ohne Erlaubnis durchgeführt oder die Nichtbeachtung von Bedingungen und Auflagen einer erlaubten Veranstaltung zu vertreten hat.

18 5. Die Erlaubnisbehörde hat sich vom Veranstalter schriftlich seine Kenntnis darüber bestätigen zu lassen, dass die Veranstaltung eine Sondernutzung iSd § 8 des Bundesfernstraßengesetzes bzw. der entsprechenden Bestimmungen in den Straßengesetzen der Länder darstellt. In der Erklärung ist insbesondere die Kenntnis über die straßenrechtlichen Erstattungsansprüche zu bestätigen, wonach der Erlaubnisnehmer alle Kosten zu ersetzen hat, die dem Träger der Straßenbaulast durch die Sondernutzung entstehen. Das zuständige Bundesministerium gibt ein Muster[4)] einer solchen Erklärung nach Anhörung der obersten Landesbehörden im Verkehrsblatt bekannt. Diese ist bei allen Veranstaltungen mit der Antragstellung zu verlangen. Im Übrigen bleiben die gesetzlichen Vorschriften über die Haftpflicht des Veranstalters unberührt. Hierauf ist im Erlaubnisbescheid hinzuweisen.

19 6. In den Erlaubnisbescheid ist zudem aufzunehmen, dass der Straßenbaulastträger und die Erlaubnisbehörde keinerlei Gewähr dafür übernehmen, dass die Straßen samt Zubehör durch die Sondernutzung uneingeschränkt benutzt werden können und den Straßenbaulastträger im Rahmen der Sondernutzung keinerlei Haftung wegen Verletzung der Verkehrssicherungspflicht[5)] trifft.

20 7. Die Erlaubnisbehörde hat den Abschluss von Versicherungen zur Abdeckung gesetzlicher Haftpflichtansprüche (vgl. Rn. 18) mit folgenden Mindestversicherungssummen zu verlangen:

4) Vgl. Formblatt im Anschluss, Rn. 66.

5) Verkehrssicherungspflicht trifft bei den Bundesstraßen wegen der verfassungsgemäßen Zuständigkeit der Länder in der Auftragsverwaltung die Länder (Wahrnehmungspflicht).

- Bei Veranstaltungen mit Kraftwagen und bei gemischten Veranstaltungen 21
  500 000 € für Personenschäden (für die einzelne Person mindestens 150 000 €),
  100 000 € für Sachschäden,
  20 000 € für Vermögensschäden;
- bei Veranstaltungen mit Motorrädern und Karts 22
  250 000 € für Personenschäden (für die einzelne Person mindestens 150 000 €),
  50 000 € für Sachschäden,
  5 000 € für Vermögensschäden;
- bei Radsportveranstaltungen, anderen Veranstaltungen mit Fahrrädern (Rn. 9) und sonstigen Veranstaltungen (Rn. 10) 23
  250 000 € für Personenschäden (für die einzelne Person mindestens 100 000 €),
  50 000 € für Sachschäden,
  5 000 € für Vermögensschäden.

8. Unabhängig von Nummer 7 muss bei motorsportlichen Veranstaltungen, die auf nicht abgesperrten Straßen stattfinden, für jedes Fahrzeug der Abschluss eines für die Teilnahme an der Veranstaltung geltenden Haftpflichtversicherungsvertrages mit folgenden Mindestversicherungssummen verlangt werden: 24
   - bei Veranstaltungen mit Kraftwagen 1 000 000 € pauschal;
   - bei Veranstaltungen mit Motorrädern und Karts 500 000 € pauschal.
9. Es ist darauf hinzuweisen, dass bei Rennen und Sonderprüfungen mit Renncharakter Veranstalter, Fahrer und Halter für die Schäden, die durch die Veranstaltung an Personen und Sachen verursacht worden sind, nach Maßgabe der gesetzlichen Bestimmungen über Verschuldens- und Gefährdungshaftung herangezogen werden. Haftungsausschlussvereinbarungen sind zu untersagen, soweit sie nicht Haftpflichtansprüche der Fahrer, Beifahrer, Fahrzeughalter, Fahrzeugeigentümer sowie der Helfer dieser Personen betreffen. Dem Veranstalter ist ein ausreichender Versicherungsschutz zur Deckung von Ansprüchen aus vorbezeichneten Schäden aufzuerlegen. Mindestversicherungssummen sind: 25
   - für jede Rennveranstaltung mit Kraftwagen 26
     500 000 € für Personenschäden pro Ereignis,
     150 000 € für die einzelne Person,
     100 000 € für Sachschäden,
     20 000 € für Vermögensschäden;
   - für jede Rennveranstaltung mit Motorrädern und Karts 27
     250 000 € für Personenschäden pro Ereignis,
     150 000 € für die einzelne Person,
     50 000 € für Sachschäden,
     10 000 € für Vermögensschäden

28 Außerdem ist dem Veranstalter der Abschluss einer Unfallversicherung für den einzelnen Zuschauer in Höhe folgender Versicherungssummen aufzuerlegen:
15 000 € für den Todesfall,
30 000 € für den Invaliditätsfall (Kapitalzahlung je Person).

29 Hierbei muss sichergestellt sein, dass die Beträge der Unfallversicherung im Schadensfall ohne Berücksichtigung der Haftungsfrage an die Geschädigten gezahlt werden. In den Unfallversicherungsbedingungen ist den Zuschauern ein unmittelbarer Anspruch auf die Versicherungssumme gegen die Versicherungsgesellschaften einzuräumen.

30 Dem Veranstalter ist ferner aufzuerlegen, dass er Sorge zu tragen hat, dass an der Veranstaltung nur Personen als Fahrer, Beifahrer oder deren Helfer teilnehmen, für die einschließlich etwaiger freiwilliger Zuwendungen der Automobilklubs folgender Unfallversicherungsschutz besteht:
7 500 € für den Todesfall,
15 000 € für den Invaliditätsfall (Kapitalzahlung je Person).
Die Nummern 7 und 8 bleiben unberührt.

31 10. Bei Bedarf ist im Streckenverlauf, insbesondere an Gefahrenstellen, der Einsatz zuverlässiger, kenntlich gemachter Ordner (z.B. durch Armbinden oder Warnwesten) aufzuerlegen. Diese sind darauf hinzuweisen, dass ihnen keine polizeilichen Befugnisse zustehen und dass sie den Weisungen der Polizei unterliegen.

32 11. Soweit es die Art der Veranstaltung zulässt, ist zudem zu verlangen, Anfang und Ende der Teilnehmerfelder durch besonders kenntlich gemachte Fahrzeuge (Spitzen- und Schlussfahrzeug) oder Personen anzuzeigen.

33 12. Dem Veranstalter kann aufgegeben werden, in der Tagespresse und in sonst geeigneter Weise rechtzeitig auf die Veranstaltung hinzuweisen.

34 13. Im Erlaubnisbescheid ist darauf hinzuweisen, dass die Teilnehmer an einer Veranstaltung kein Vorrecht im Straßenverkehr genießen und, ausgenommen auf gesperrten Straßen, die Straßenverkehrsvorschriften zu beachten haben.

III. Erlaubnisverfahren

35 1. Allgemeines

a) Für das Verfahren werden im zuständigen Bundesministerium nach Anhörung der zuständigen obersten Landesbehörden Formblätter (z.B. für die Erklärungen) herausgegeben und im Verkehrsblatt veröffentlicht.

36 b) Autorennen, Motorradrennen und Sonderprüfungen mit Renncharakter betreffende Anträge sind nur zu bearbeiten, wenn zugleich Gutachten von Sachverständigen insbesondere die Geeignetheit der Fahrtstrecken und die gebotenen Sicherungsmaßnahmen betreffend vorgelegt werden. Streckenabnahmeprotokolle von bun-

desweiten Motorsportdachorganisationen (z.B. DMSB, DAM und DASV) sind Gutachten in diesem Sinne.

c) Es sind die Polizei, die Straßenverkehrsbehörden, die Behörden der Straßenbaulastträger, die Forstbehörden und die Naturschutzbehörden zu hören, soweit ihr Zuständigkeitsbereich berührt wird. Werden Bahnstrecken höhengleich (Bahnübergänge) gekreuzt, sind die betroffenen Eisenbahninfrastrukturunternehmen anzuhören. **37**

d) Werden Forderungen von den nach Buchstabe c gehörten Stellen erhoben, sollen diese im Erlaubnisbescheid durch entsprechende Bedingungen und Auflagen berücksichtigt werden. Forderungen des Straßenbaulastträgers und des Eisenbahninfrastrukturunternehmens sind zwingend zu berücksichtigen. Können Behörden die Erstattung von Aufwendungen für besondere Maßnahmen aus Anlass der Veranstaltung verlangen, so hat sich der Antragsteller schriftlich zu deren Erstattung zu verpflichten (vgl. Rn. 18). Eine vom Straßenbaulastträger geforderte Sondernutzungsgebühr ist im Erlaubnisbescheid gesondert festzusetzen. **38**

e) Die Erlaubnis soll erst dann erteilt werden, wenn die beteiligten Behörden und Stellen gegen die Veranstaltung keine Bedenken geltend gemacht haben. **39**

2. Rennen mit Kraftfahrzeugen

a) Rennen nach Nr. I zu Abs 1 (Rn. 1) dürfen nur auf abgesperrten Straßen erlaubt werden. **40**

b) Bevor die Erlaubnis erteilt wird, müssen **41**
   - die Ausnahmegenehmigung von § 29 Abs. 1,
   - das Gutachten (Rn. 36) über die Eignung der Strecke für das Rennen und
   - der Nachweis des Abschlusses der in den Nummern II.7, 8 und 9 (Rn. 20 ff.) genannten Versicherungen vorliegen.

   Ein Gutachten ist entbehrlich bei Wiederholung eines Rennens auf gleicher Strecke. Dann genügt eine rechtsverbindliche Erklärung des Gutachters (vgl. Rn 36), dass sich die Strecke seit der letzten rennbedingten Streckenabnahme weder in baulicher noch in rennmäßiger Hinsicht verändert hat.

c) Die Erteilung der Erlaubnis ist insbesondere an folgende Bedingungen und Auflagen zu knüpfen:

aa) zur Vorbereitung/Durchführung des Rennens
   - Dem Rennen hat ein Training vorauszugehen, das Teil des Wettbewerbs ist; das gilt nicht für Sonderprüfungen mit Renncharakter. **42**
   - Beginn und Ende des Rennens sind bekannt zu geben, damit die erforderlichen Sicherheitsmaßnahmen der zuständigen Behörden oder Stellen eingeleitet und wieder aufgehoben werden können. **43**
   - Vor und während des Rennens ist eine Verbindung mit der Polizeieinsatzleitung herzustellen und zu halten. Besondere **44**

Vorkommnisse während des Rennens sind dieser Einsatzleitung sofort bekannt zu geben. Dabei ist zu berücksichtigen, dass der Veranstalter für die Sicherheit der Teilnehmer, Sportwarte und Zuschauer innerhalb des Sperrbereichs zu sorgen hat. Die Polizei hat lediglich die Aufgabe, verkehrsregelnde Maßnahmen außerhalb des Sperrbereichs – soweit erforderlich – zu treffen, es sei denn, dass ausnahmsweise (z.B. weil die Zuschauer den Anordnungen der Ordner nicht nachkommen) auf ausdrückliche Weisung ihres Leiters ein Einsatz innerhalb des Sperrbereichs erforderlich ist.

45 – Auf Verlangen ist eine Lautsprecheranlage um die Rennstrecke aufzubauen und während des Rennens in Betrieb zu halten; diese Anlage und andere vorhandene Verständigungseinrichtungen müssen der Polizei zur Verfügung gestellt werden, falls das im Interesse der öffentlichen Sicherheit oder Ordnung notwendig ist.

46 – Entlang der Absperrung ist eine ausreichende Zahl von Ordnern vorzuhalten. Umfang, Art und Beschaffenheit der Sicherungen ergeben sich aus den örtlichen Verhältnissen. Dabei sind die Auflagen im Gutachten (vgl. Rn. 36) zu beachten. Insbesondere sind die bei der Abnahme der Rennstrecke festgesetzten Sperrzonen abzugrenzen, zu beschildern und mit eigenen Kräften zu überwachen.

47 – Es ist ein Sanitätsdienst mit den erforderlichen Ärzten, Unfallstationen und Krankentransportwagen einzurichten. Zudem ist für ausreichenden Feuerschutz zu sorgen und die notwendigen hygienischen Anlagen sind bereitzustellen.

48 – Vor dem Start des Rennens ist die Rennstrecke durch den Veranstalter freizugeben.

49 – Die Rennstrecke darf während des Wettbewerbs nicht betreten werden. Ausgenommen davon sind Sportwarte mit besonderem Auftrag der Rennleitung und Personen, die von der Rennleitung zur Beseitigung von Ölspuren und sonstigen Hindernissen sowie für den Sanitäts- und Rettungsdienst eingesetzt werden; sie müssen eine auffällige Warnkleidung tragen.

50 – Die Fahrzeuge der Rennleitung sind deutlich kenntlich zu machen.

bb) zu den an dem Rennen teilnehmenden Fahrern und Fahrzeugen

51 – Die Fahrer müssen eine gültige anerkannte Fahrerlizenz (z.B. des DMSB, DAM, DASV oder einer vergleichbaren ausländischen Organisation) besitzen und an dem Pflichttraining (vgl. Rn. 42) teilgenommen haben.

– Die Rennfahrzeuge dürfen nur im verkehrssicheren Zustand an dem Rennen teilnehmen. Dazu sind sie durch Sachverständige insbesondere hinsichtlich der Fahrzeugteile, die die Verkehrssicherheit beeinträchtigen können, zu untersuchen. **52**

3. Sonstige motorsportliche Veranstaltungen

Die Erteilung der Erlaubnis ist insbesondere an folgende Bedingungen und Auflagen zu knüpfen:

a) zur Vorbereitung/Durchführung der Veranstaltung

– Jedem Teilnehmer ist eine Startnummer zuzuteilen, die deutlich sichtbar rechts oder links am Fahrzeug anzubringen ist. Von dieser Auflage kann abgesehen werden, wenn die Art der Veranstaltung diese Kennzeichnung entbehrlich macht. Die Startnummernschilder dürfen erst bei der Fahrzeugabnahme (vgl. Rn. 60) angebracht und müssen nach Beendigung des Wettbewerbs oder beim vorzeitigen Ausscheiden sofort entfernt werden. **53**

– Der Abstand der Fahrzeuge beim Start darf eine Minute nicht unterschreiten. **54**

Im Rahmen einer Veranstaltung dürfen je 30 km Streckenlänge je eine, insgesamt jedoch nicht mehr als fünf Sonderprüfungen mit Renncharakter auf öffentlichen Straßen durchgeführt werden. Der Veranstalter kann nach Maßgabe landesrechtlicher Vorschriften abseits öffentlicher Straßen weitere Sonderprüfungen mit Renncharakter abhalten. Sonderprüfungsstrecken auf öffentlichen Straßen dürfen in der Regel während einer Veranstaltung nur einmal durchfahren werden. **55**

– Kontrollstellen dürfen nur abseits von bewohnten Grundstücken an geeigneten Stellen eingerichtet werden. Der allgemeine Verkehr darf durch die Kontrollstellen nicht beeinträchtigt werden. **56**

– Die Fahrzeugbesatzung muss aus mindestens zwei Personen bestehen, wenn die Art der Veranstaltung (z.B. Suchfahrt) dies erfordert. Bei Wettbewerben, die ohne Fahrerwechsel über mehr als 450 km geführt werden oder die mehr als acht Stunden Fahrzeit erfordern, muss eine Zwangspause von mindestens 30 Minuten eingelegt werden. **57**

– Die Fahrzeiten sind unter Berücksichtigung der Straßenverhältnisse so zu bemessen, dass jeder Teilnehmer in der Lage ist, die Verkehrsvorschriften zu beachten. Der Veranstalter hat die Teilnehmer zu verpflichten, Bordbücher oder -karten auf Verlangen der Polizeibeamten zur Eintragung festgestellter Verstöße gegen straßenverkehrsrechtliche Bestimmungen auszuhändigen. Bei Feststellung solcher Eintragungen sind die betreffenden Teilnehmer aus der Wertung zu nehmen. **58**

b) zu den an der Veranstaltung teilnehmenden Fahrern und Fahrzeugen

59 – Es dürfen nur solche Fahrer zum Start zugelassen werden, die eine gültige Fahrerlaubnis besitzen und nachweisen können, dass ihr Fahrzeug ausreichend versichert ist.

60 – Fahrzeuge, die nicht den Vorschriften der StVZO entsprechen oder nicht für den öffentlichen Verkehr zugelassen sind, sind von der Teilnahme auszuschließen. Werden nach dem Start Veränderungen an Fahrzeugen vorgenommen oder werden während der Fahrt Fahrzeuge verkehrs- oder betriebsunsicher, führt dies unverzüglich zum Ausschluss aus dem Wettbewerb.

4. Radrennen, Mannschaftsfahrten und vergleichbare Veranstaltungen

61 a) Sie sollen möglichst nur auf Straßen mit geringer Verkehrsbedeutung erlaubt werden.

62 b) Die Zahl der zur Sicherung der Veranstaltung erforderlichen Begleitfahrzeuge ist im Erlaubnisbescheid festzulegen, sie sind besonders kenntlich zu machen.

63 c) Die jeweiligen Streckenabschnitte müssen in der Regel vom übrigen Fahrverkehr freigehalten werden. Dies ist entweder durch Sperrungen oder durch Weisungen der Polizei sicherzustellen.

5. Sonstige Veranstaltungen

64 a) Volkswanderungen, Volksläufe und Radtouren sollen nur auf abgelegenen Straßen (Gemeindestraßen, Feld- und Waldwegen) zugelassen werden.

65 b) Vom Veranstalter ist ausreichender Feuerschutz (wegen evtl. Waldbrandgefahr), die Vorhaltung eines Sanitätsdienstes und von hygienischen Anlagen zu verlangen.

66 c) In der Regel ist zu verlangen, dass die Teilnehmer in Gruppen starten.

Randnummern 67–78 aufgehoben

Formblatt Veranstaltererklärung für das Erlaubnisverfahren der übermäßigen Straßenbenutzung gemäß § 29 Absatz 2 StVO

Bonn, 14.09.2012
LA22/7332.2/29/1680270

Veranstaltungen, für die Straßen mehr als verkehrsüblich in Anspruch genommen werden, bedürfen gemäß § 29 Absatz 2 StVO der Erlaubnis der zuständigen Straßenverkehrsbehörde. Hiermit gebe ich nach Anhörung der zuständigen obersten Landesbehörden das Formblatt Veranstaltererklärung gemäß der Allgemeinen Verwaltungsvorschrift zu § 29 Absatz 2 Nummer II Ziffer 5 Randnummer 18 neu bekannt.

Gleichzeitig hebe ich das mit Verkehrsblattverlautbarung vom 19.04.2010, Seite 179 veröffentlichte Formblatt auf.

Bundesministerium für Verkehr, Bau und Stadtentwicklung

Im Auftrag
Friewald

Veranstaltererklärung

....
(Veranstalter)

...., den ....
(Ort) (Datum)

An
Straßenverkehrsbehörde
Musterstraße
11111 Musterstadt

Hinsichtlich der von mir beantragten Veranstaltung

....
(Bezeichnung und Datum der Veranstaltung)

erkläre ich Folgendes:

1. Mir ist bekannt, dass die Veranstaltung eine Sondernutzung im Sinne des § 8 Bundesfernstraßengesetz (FStrG) bzw. .... (ggf. einfügen: §§ des Straßengesetzes des Landes) darstellt und ich als Erlaubnisnehmer alle Kosten zu ersetzen habe, die dem Träger der Straßenbaulast durch die Sondernutzung entstehen.
2. Mir ist bekannt, dass der Träger der Straßenbaulast und die Straßenverkehrsbehörde keinerlei Gewähr dafür übernehmen, dass die Straßen samt Zubehör durch die Sondernutzung uneingeschränkt benutzt werden können. Den Träger der Straßenbaulast trifft im Rahmen der Sondernutzung

keinerlei Haftung wegen Verletzung der Verkehrssicherungspflicht.

3. Soweit die zuständigen Behörden aus Anlass der Veranstaltung Aufwendungen für besondere Maßnahmen verlangen können, verpflichte ich mich diese zu erstatten.
4. Über den nach der Allgemeinen Verwaltungsvorschrift zu § 29 Abs. 2 Straßenverkehrs-Ordnung (StVO) für Veranstaltungen vorgeschriebenen Umfang von Haftpflichtversicherungen sowie ggf. notwendigen Unfallversicherungsschutz bin ich informiert. Mir ist bekannt, dass es sich bei den in der vorgenannten Verwaltungsvorschrift aufgeführten Versicherungssummen lediglich um Mindestversicherungssummen handelt. Eine Bestätigung zu dem von der Erlaubnisbehörde verlangten Versicherungsschutz stelle ich zur Verfügung bzw. habe ich bereits zur Verfügung gestellt. Mir ist bekannt, dass ohne eine solche Bestätigung die Erlaubnis nicht erteilt werden kann.

....	....
(Unterschrift)	(Name in Druckschrift oder Stempel)

Formblatt Bestätigung der Versicherungsgesellschaft zur Vorlage bei der Straßenverkehrsbehörde über den Haftpflichtversicherungsschutz für eine Veranstaltung gemäß § 29 Absatz 2 StVO

Bonn, 14.09.2012
LA22/7332.2/29/1680270

Veranstaltungen, für die Straßen mehr als verkehrsüblich in Anspruch genommen werden, bedürfen gemäß § 29 Absatz 2 StVO der Erlaubnis. Nach der Allgemeinen Verwaltungsvorschrift zur StVO zu § 29 Absatz 2 Nummer II Ziffer 7 Randnummern 20 – 23 darf die Erlaubnis nur erteilt werden, wenn der Veranstalter Haftpflichtversicherungen für Personen-, Sach- und Vermögensschäden abgeschlossen hat. Hiermit gebe ich im Einvernehmen mit den zuständigen obersten Landesbehörden das Formblatt Bestätigung der Versicherungsgesellschaft zur Vorlage bei der Straßenverkehrsbehörde über den Haftpflichtversicherungsschutz für eine Veranstaltung bekannt.

Gleichzeitig hebe ich die mit Verkehrsblattverlautbarung vom 26.10.1979, Seite 746 veröffentlichten Formblätter auf.

Bundesministerium für Verkehr, Bau und Stadtentwicklung

Im Auftrag
Friewald

Bestätigung der Versicherungsgesellschaft zur Vorlage bei der Straßenverkehrsbehörde über den Haftpflichtversicherungsschutz für eine Veranstaltung

____

Versicherungsgesellschaft

______________________________ den ______________________

Ort

An ____

Name des Veranstalters/Versicherungsnehmers

____

Ort

Betreff: ____

Bezeichnung der Veranstaltung

am ____

Veranstaltungstag(e)

Versicherungsschein- bzw. Mitglieds-Nr.: ______________________

Bestätigung

Hiermit bestätigen wir, dass im Rahmen und Umfang der oben bezeichneten Versicherung Versicherungsschutz für die gesetzliche Haftpflicht privatrechtlichen Inhalts gemäß der Allgemeinen Verwaltungsvorschrift zu § 29 Abs. 2 StVO (Randnr. 20 – 23) für die Vorbereitung und Durchführung der oben bezeichneten Veranstaltung besteht.

- Der Versicherungsschutz erstreckt sich auch auf alle Risiken im Zusammenhang mit dem Gebrauch von Kraftfahrzeugen und Anhängern. Hiervon ausgenommen sind Risiken, die durch Versicherungen nach dem Gesetz über die Pflichtversicherung für Kraftfahrzeughalter abzusichern sind (§ 1 PflVG) oder für die in gleicher Weise und in gleichem Umfang wie beim Bestehen einer Kfz-Haftpflichtversicherung einzutreten ist (§ 2 Abs. 2 PflVG).
- Der Versicherungsschutz erstreckt sich nicht auf öffentlich-rechtliche Ansprüche (wie z.B. straßenrechtliche Erstattungsansprüche).

Individuell gemäß Vertragsinhalt anzupassen (zutreffende Alternative bitte ankreuzen):

Die Versicherungssummen betragen je Versicherungsfall

☐ _______ Euro für Personenschäden (innerhalb dieser Versicherungssumme ohne weitere Begrenzung für die einzelne Person), _______ Euro für Sachschäden und _______ Euro für Vermögensschäden.

☐ ______ Euro pauschal für Personen- und Sachschäden (innerhalb dieser Versicherungssumme ohne weitere Begrenzung für die einzelne Person) und ______ Euro für Vermögensschäden.
☐ ______ Euro pauschal für Personen-, Sach- und Vermögensschäden (innerhalb dieser Versicherungssumme ohne weitere Begrenzung für die einzelne Person).

Die Höchstersatzleistung des Versicherers für alle Versicherungsfälle anlässlich dieser Veranstaltung beträgt das __-fache dieser Versicherungssummen.

______________________	______________________
Unterschrift	Name in Druckschrift und/oder Stempel

Fortsetzung des Texts der VwV-StVO:

Zu Absatz 3

Großraum- und Schwerverkehr

79 I. Unbeschadet des Erfordernisses einer Erlaubnis nach § 29 Absatz 3 Satz 1 (vgl. dazu Rn. 80) bedürfen Fahrzeuge und Fahrzeugkombinationen, deren Abmessungen, Achslasten oder Gesamtmassen die nach den §§ 32 und 34 StVZO zulässigen Grenzen überschreiten oder bei denen das Sichtfeld (§ 35b Absatz 2 StVZO) eingeschränkt ist oder von denen das Kurvenlaufverhalten (§ 32d StVZO) nicht eingehalten wird, einer fahrzeugtechnischen Ausnahmegenehmigung nach § 70 Absatz 1 Nummer 1 oder 2 StVZO.

80 II. Einer Erlaubnis nach § 29 Absatz 3 bedürfen Fahrzeuge und Fahrzeugkombinationen, die einer fahrzeugtechnischen Ausnahmegenehmigung im Sinne der Nummer I bedürfen und die diese Grenzen tatsächlich überschreiten. Erlaubte Abweichungen von den Grenzen der StVZO, Geltungsbereich und Geltungsdauer der Erlaubnis müssen von der fahrzeugtechnischen Ausnahmegenehmigung gedeckt sein, innerhalb des Geltungsbereichs und der Geltungsdauer der Ausnahmegenehmigung nach § 70 StVZO liegen (vgl. dazu Rn. 79). Die Geltungsdauer der Erlaubnis nach § 29 Absatz 3 darf dabei einen Zeitraum von drei Jahren nicht überschreiten.

81 Die Erteilung einer Erlaubnis nach § 29 Absatz 3 ersetzt nicht das Erfordernis einer Ausnahmegenehmigung nach § 46 im Übrigen (z.B. bei bestehenden Durchfahrtverboten oder Transporten an Sonn- und Feiertagen).

III. Eine Erlaubnis nach § 29 Absatz 3 ist nicht erforderlich,

82 1. wenn Fahrzeuge und Fahrzeugkombinationen nur aufgrund ihrer Ladung die Abmessungen nach § 18 Absatz 1 Satz 2 oder § 22 Absatz 2 bis 4 überschreiten; diese bedürfen einer Ausnahmegenehmigung nach § 46 Absatz 1 Nummer 5,

2. wenn eine konstruktiv vorgesehene Verlängerung oder Verbreiterung des Fahrzeugs oder der Fahrzeugkombination (z.B. durch Ausziehen der Ladefläche oder Ausklappen oder Anstecken von Konsolen) nicht oder nur teilweise erfolgt und das Fahrzeug in diesem Zustand den Bestimmungen des § 32 StVZO entspricht oder **83**
3. bei einem Fahrzeug, dessen Zulassung wegen der Überschreitung zulässiger Achslasten und Gesamtmassen einer Ausnahmegenehmigung nach § 70 StVZO bedarf, im Verkehr dann aber die tatsächliche Gesamtmasse und die tatsächlichen Achslasten die in § 34 StVZO festgelegten Grenzen nicht überschreitet. **84**

IV. Voraussetzungen der Erlaubnis

1. Eine Erlaubnis darf nur erteilt werden, wenn
   a) der Verkehr nicht – wenigstens zum größten Teil der Strecke – auf der Schiene oder auf dem Wasser möglich ist oder wenn durch einen Verkehr auf dem Schienen- oder Wasserweg unzumutbare Mehrkosten (auch andere als die reinen Transportmehrkosten) entstehen würden und **85**
   b) für den gesamten Fahrtweg Straßen zur Verfügung stehen, deren baulicher Zustand durch den Verkehr nicht beeinträchtigt wird und für deren Schutz keine besonderen Maßnahmen erforderlich sind, oder wenn wenigstens die spätere Wiederherstellung der Straßen oder die Durchführung jener Maßnahmen, vor allem aus verkehrlichen Gründen, nicht zu zeitraubend oder zu umfangreich wäre. **86**
2. Eine Erlaubnis darf außerdem nur für den Transport folgender Ladungen erteilt werden:
   a) einer unteilbaren Ladung; unteilbar ist eine Ladung, wenn ihre Zerlegung aus technischen Gründen unmöglich ist oder unzumutbare Kosten verursachen würde; als unteilbar gelten auch das Zubehör eines Kranes und die Gewichtsstücke eines Eichfahrzeuges; **87**
   b) einer aus mehr als einem Teil bestehenden Ladung, wenn die Teile aus Festigkeitsgründen nicht als Einzelstücke befördert werden können und diese unteilbar sind (dies ist durch eine Bestätigung eines amtlich anerkannten Sachverständigen mit Fachverstand für das Ladungsgut oder eines Prüfingenieurs einer amtlich anerkannten Überwachungsorganisation mit Fachverstand für das Ladungsgut nachzuweisen); für den Transport abmontierter Räder selbstfahrender Arbeitsmaschinen, wenn sich dadurch die Abmessungen des erlaubten Transports nicht vergrößert und die nach § 34 StVZO zulässigen Achslasten und Gesamtmassen eingehalten werden; **88**
   c) mehrerer einzelner unteilbarer Teile, die je für sich wegen ihrer Länge, Breite oder Höhe die Benutzung eines Fahrzeugs mit einer Ausnahmegenehmigung nach § 70 StVZO erfordern und unteilbar sind, jedoch unter Einhaltung der nach § 34 StVZO zulässigen Gesamtmasse und Achslasten; **89**

90 d) Zubehör zu unteilbaren Ladungen; es darf 10 % der Gesamtmasse der Ladung nicht überschreiten und muss in dem Begleitpapier mit genauer Bezeichnung aufgeführt sein.

91 3. Eine Erlaubnis darf weiterhin erteilt werden für die Überführung eines unbeladenen Fahrzeugs oder einer unbeladenen Fahrzeugkombination, dessen oder deren tatsächliche Abmessungen, Achslasten, Gesamtmasse oder Kurvenlaufverhalten die nach den §§ 32, 34 und 35b StVZO zulässigen Grenzen überschreiten oder bei dem oder der das Sichtfeld nach § 35b Absatz 2 StVZO eingeschränkt ist.

92 4. Hat der Antragsteller oder die transportdurchführende Person vorsätzlich oder grob fahrlässig zuvor einen erlaubnispflichtigen Verkehr ohne die erforderliche Erlaubnis durchgeführt oder gegen die Bedingungen und Auflagen einer Erlaubnis verstoßen, so soll ihm oder ihr für einen angemessenen Zeitraum keine Erlaubnis mehr erteilt werden.

93 5. Haben Absender und Empfänger Gleisanschlüsse, ist die Erteilung einer Erlaubnis nur zulässig, wenn nachgewiesen ist, dass eine Schienenbeförderung nicht möglich oder unzumutbar ist. Von dem Nachweis darf nur in dringenden Fällen abgesehen werden.

V. Das Verfahren für die Erteilung einer Erlaubnis

94 1. Erklärung des Antragstellers
Die Erlaubnisbehörde hat sich vom Antragsteller schriftlich seine Kenntnis darüber bestätigen zu lassen, dass
a) ein Großraum- oder Schwertransport eine Sondernutzung im Sinne des § 8 des Bundesfernstraßengesetzes und der entsprechenden straßenrechtlichen Vorschriften der Länder darstellt; in der Erklärung ist insbesondere die Kenntnis der straßenrechtlichen Erstattungsansprüche zu bestätigen, wonach der Antragsteller alle Kosten zu übernehmen hat, die dem Träger der Straßenbaulast durch die Sondernutzung entstehen;
b) der Träger der Straßenbaulast und die Straßenverkehrsbehörde keinerlei Gewähr dafür übernehmen, dass die Straßen samt Zubehör durch die Sondernutzung uneingeschränkt benutzt werden können; den Träger der Straßenbaulast oder denjenigen, der im Auftrag des Trägers der Straßenbaulast die Straße verwaltet, trifft im Rahmen der Sondernutzung keinerlei Haftung wegen Verletzung der Verkehrssicherungspflicht.

95 2. Für Großraum- oder Schwertransporte können Einzelerlaubnisse oder Dauererlaubnisse erteilt werden. Sie sind unter dem Vorbehalt des Widerrufs zu erteilen.

96 a) Einzelerlaubnis
Die Einzelerlaubnis ist auf höchstens drei Monate zu befristen und kann im Rahmen der zeitlichen Gültigkeit einmal um drei Monate verlängert werden. Zulässig ist die Erlaubnis eines Transportumlaufs: Leerfahrt (Standort oder Firmensitz des Fahrzeugs zum Beladeort) mit anschließender Lastfahrt (vom Belade- zum Zielort) und

abschließender Leerfahrt (vom Zielort zurück zum Firmensitz). Je Bescheid ist nur ein zusammenhängender Fahrtweg zulässig. In einen Bescheid können höchstens fünf baugleiche Fahrzeugkombinationen aufgenommen werden. Als baugleich gelten Fahrzeugkombinationen, deren Maße (Länge, Breite, Höhe), Kurvenlaufverhalten, Sichtfeld, Gesamtmassen, Achslasten und Achsabstände übereinstimmen.

b) Dauererlaubnis 97

Eine Dauererlaubnis kann für bestimmte Fahrtwege oder flächendeckend erteilt werden. Sie darf nur erteilt werden, wenn polizeiliche Maßnahmen zur Verkehrssicherung oder -regelung nicht erforderlich sind. Polizeiliche Maßnahmen sind stets erforderlich, wenn Ermessensentscheidungen vor Ort getroffen werden müssen oder bei sonstigen schwierigen Straßen- oder Verkehrsverhältnissen. In einen Bescheid können höchstens fünf baugleiche Fahrzeugkombinationen aufgenommen werden. Zur Baugleichheit vgl. Rn. 96.

aa) Streckenbezogene Dauererlaubnis 98

Die Dauererlaubnis ist auf Fahrten zwischen bestimmten Orten zu beschränken.

Bis zu einer tatsächlichen Gesamtmasse von 60 t oder einer Achslast von weniger als 12 t können in einem Bescheid bis zu fünf Fahrtwege festgelegt werden. Die Fahrauflagen (Anlage 3 des Bescheides) sind dann im Erlaubnisbescheid getrennt nach Fahrtweg fahrtwegteilchronologisch zu gliedern. Bei höherer Gesamtmasse oder Achslast kann nur ein Fahrtweg genehmigt werden.

bb) Flächendeckende Dauererlaubnis 99

Eine Dauererlaubnis kann für alle Straßen im Zuständigkeitsbereich der Erlaubnisbehörde und der benachbarten Erlaubnisbehörden erteilt werden. Für Straßenverkehrsbehörden mit kleinen räumlichen Zuständigkeitsbereichen und für bestimmte qualifizierte Straßen können die obersten Landesbehörden Sonderregelungen treffen.

Für eine Überschreitung bis zu den in Nummer V.4.f (Rn. 109 ff.) genannten Abmessungen, Achslasten und Gesamtmassen (anhörfreier Bereich) kann eine allgemeine Dauererlaubnis für den gesamten Geltungsbereich der StVO erteilt werden. Neben den nach Landesrecht zuständigen Erlaubnisbehörden kann auch die Verwaltungsbehörde, die nach § 70 Absatz 1 Nummer 1 StVZO eine Ausnahmegenehmigung von den Vorschriften der §§ 32 und 34 StVZO erteilt, innerhalb der Anhörfreigrenzen nach Nummer V.4.f (Rn. 109 ff.) zugleich eine allgemeine Dauererlaubnis erteilen. Entsprechendes gilt, wenn das Sichtfeld (§ 35 Absatz 2 StVZO)[6] eingeschränkt ist. 100

6) Anm. d. Verlages: Heute § 35b Absatz 2 StVZO, Änderung geboten.

Zur Gewährleistung der Standsicherheit und Dauerhaftigkeit der Brückenbauwerke im Zuge von Bundesfernstraßen ist eine flächendeckende Dauererlaubnis unter Einschluss der Brücken im Zuge von Bundesfernstraßen nur für Kranfahrzeuge bis 48 t und für andere Fahrzeuge oder Fahrzeugkombinationen bis 60 t möglich. Alle Bauwerke, für die im Rahmen der flächendeckenden Dauererlaubnis das Befahren nicht erlaubt werden kann, sind in einer Liste („Negativliste") aufzuführen. Die Negativliste muss hinsichtlich der Anzahl der aufgelisteten Bauwerke überschaubar und nachvollziehbar sein. In der Negativliste sind die Bauwerke nach Straßenzügen zu ordnen und innerhalb einer Straße fortlaufend aufzuführen. Trotz Negativliste müssen im Bundesfernstraßennetz noch ausreichend Strecken zur Verfügung stehen, welche die Erteilung einer flächendeckenden Dauererlaubnis rechtfertigen.

3. Antragsdaten

101 In dem Antrag müssen der beabsichtigte Fahrtweg und mindestens folgende tatsächliche technische Daten angegeben sein:

102 Länge, Breite, Höhe, zulässige und tatsächliche Gesamtmasse, zulässige und tatsächliche Achslasten, Anzahl der Achsen, Achsabstände, Anzahl der Räder je Achse, Art und Bezeichnung der Ladung und Angaben zur Unteilbarkeit der Ladung, Abmessungen und Gewicht der Ladung, bauartbedingte Höchstgeschwindigkeit des Transports, amtliche Kennzeichen und Fahrzeugidentifikationsnummern von Zugfahrzeugen und Anhängern und Kurvenlaufverhalten sowie die Bodenfreiheit.

103 Die Angaben zum Achsbild sind entbehrlich, wenn die Gesamtmasse, Achslasten und Achsabstände nach § 34 StVZO nicht überschritten sind.

104 4. Anhörverfahren

a) Außer im anhörfreien Bereich nach Nummer V.4.f (Rn. 109 ff.) hat die zuständige Erlaubnisbehörde für den beantragten Fahrtweg die nach § 8 Absatz 6 des Bundesfernstraßengesetzes oder nach den entsprechenden straßenrechtlichen Vorschriften der Länder zu beteiligenden Straßenbaulastträger und, wenn Bahnstrecken höhengleich (Bahnübergänge) gekreuzt oder nicht höhengleich (Überführungen) überfahren bzw. (Unterführungen) unterfahren oder Bahnanlagen berührt (Unterschreitung eines Sicherheitsabstandes) werden, auch die Eisenbahninfrastrukturunternehmen zu hören. Des Weiteren ist auch die Wasserstraßen- und Schifffahrtsverwaltung des Bundes (WSV) anzuhören, soweit Kreuzungsbauwerke mit einer Bundeswasserstraße (Über- oder Unterführungen) genutzt werden und die WSV Baulastträger ist. Geht die Fahrt über den Zuständigkeitsbereich einer Erlaubnisbehörde hinaus, so sind außerdem die Straßenverkehrsbehörden zu hören, durch deren Zuständigkeitsbereich der Fahrtweg führt; diese verfahren für ihren Zuständigkeitsbereich nach Satz 1. Die Polizei ist in den Fällen, in denen polizeiliche Maßnahmen (vgl. Rn. 97, 134 ff.) in Betracht kommen, anzuhören.

b) Ist die zeitweise Sperrung einer Autobahn oder einer Richtungs- **105**
fahrbahn einer Autobahn erforderlich, bedarf es der Zustimmung der nach Landesrecht zuständigen Behörde. Den beteiligten Behörden sind die in Nummer V.3 (Rn. 102 und 103) aufgeführten technischen Daten des Fahrzeugs oder der Fahrzeugkombination mitzuteilen.

c) Geht die Fahrt über das Gebiet eines Landes hinaus, so ist unter **106**
Mitteilung der in Nummer V.3 (Rn. 102 und 103) aufgeführten technischen Daten des Fahrzeugs oder der Fahrzeugkombination die Zustimmung der nach Landesrecht zuständigen Behörde einzuholen, durch deren Zuständigkeitsbereich die Fahrt in den anderen Ländern jeweils zuerst geht. Diese Behörden führen entsprechend Nummer V.4.a (Rn. 104) ein Anhörverfahren durch und fassen die Stellungnahmen zu einer Stellungnahme des Landes zusammen. In einer Zustimmung sind etwaige Bedingungen und Auflagen fahrtwegteilchronologisch getrennt nach Last- und Leerfahrt zu gliedern. Die Stellungnahme und die Zustimmung sind bei Einzelerlaubnissen grundsätzlich für einen Zeitraum von drei Monaten und bei Dauererlaubnissen für einen Zeitraum von drei Jahren abzugeben. Eine zeitliche Begrenzung auf einen kürzeren Zeitraum ist besonders zu begründen. Die Zustimmung darf nur mit der Begründung versagt werden, dass die Voraussetzungen nach Nummer IV.1.b (Rn. 86) in ihrem Zuständigkeitsbereich nicht vorliegen.

d) Führt die Fahrt nur auf kurzen Strecken in ein anderes Land, so ge- **107**
nügt es, statt mit der dortigen nach Landesrecht zuständigen Behörde unmittelbar mit der örtlich zuständigen Straßenverkehrsbehörde und der örtlichen Straßenbaubehörde des Nachbarlandes Verbindung aufzunehmen und Einvernehmen herzustellen.

e) Jede Änderung eines Antrages oder Bescheides erfordert eine er- **108**
neute Anhörung der betroffenen Stellen. Ausgenommen hiervon sind Änderungen von Kennzeichen bei Verwendung baugleicher Fahrzeuge.

f) Von dem in Nummer V.4 (Rn. 104 ff.) angeführten Anhörverfahren **109**
ist abzusehen, wenn folgende tatsächliche Abmessungen, Achslasten und Gesamtmassen im Einzelfall nicht überschritten werden und Zweifel an der Geeignetheit des Fahrtweges, insbesondere der Tunnelanlagen und der Tragfähigkeit der Brücken, nicht bestehen:

Höhe über alles		4 m
Breite über alles		3 m
Länge über alles:		**110**
–	Einzelfahrzeuge (ausgenommen Sattelanhänger)	15 m

–	Sattelkraftfahrzeuge	20 m
–	Züge	23 m
–	wenn das Kurvenlaufverhalten des Sattelkraftfahrzeugs in einer Teilkreisfahrt eingehalten wird (§ 32d StVZO)	23 m

111 Achslasten

–	Einzelachsen		11,5 t
–	Doppelachsen		
	Achsabstand:	1,0 m bis weniger als 1,3 m	17,6 t
		1,3 m bis 1,8 m	20,0 t

112 Gesamtmasse

– Einzelfahrzeuge

Fahrzeuge mit zwei Achsen (ausgenommen Sattelanhänger)	18,0 t
Kraftfahrzeuge mit drei Achsen	27,5 t
Anhänger mit drei Achsen	25,0 t
Kraftfahrzeuge mit zwei Doppelachsen, deren Mitten mindestens 4,0 m voneinander entfernt sind sowie Sattelzugmaschinen und Zugmaschinen mit mehr als drei Achsen	33,0 t

113 – Fahrzeugkombinationen (Züge und Sattelkraftfahrzeuge)

mit drei Achsen	29,0 t
mit vier Achsen	38,0 t
mit mehr als vier Achsen	41,8 t.

114 Dies gilt auch, wenn das Sichtfeld des Fahrzeugführers (§ 35b Absatz 2 StVZO) eingeschränkt ist.
Betreiber der Schienenwege sind erst ab einer Länge von über 25,00 m, einer Breite von über 3,50 m oder einer Höhe von über 4,50 m oder einer Achslast von über 12 t zu hören.
Auf die Anhörung kann verzichtet werden, wenn der Antragsteller im Rahmen des Antragsverfahrens den Nachweis geführt hat, dass ein Überqueren des höhengleichen Bahnübergangs mit dem vorgesehenen Fahrzeug oder der vorgesehenen Fahrzeugkombination gefahrlos und

ohne Beeinträchtigungen möglich ist. Von der Anhörung kann ebenfalls abgesehen werden, wenn nachgewiesen werden kann, dass mit baugleichen Fahrzeugen oder Fahrzeugkombinationen bereits entsprechende Transporte sicher durchgeführt wurden. In diesen Fällen reicht eine Information der Erlaubnis- und Genehmigungsbehörde an den Betreiber des Schienennetzes über die Erlaubniserteilung aus.
Zu den Fahrauflagen vgl. Rn. 146.

5. An den Nachweis der Voraussetzungen der Erlaubniserteilung nach Nummer VI. (Rn. 85 ff.) sind strenge Anforderungen zu stellen. Zum Verlangen von Sachverständigengutachten vgl. § 46 Absatz 3 Satz 2. Die Erteilungsvoraussetzungen dürfen nur dann als amtsbekannt behandelt werden, wenn in den Akten dargelegt wird, worauf sich diese Kenntnis gründet. Der für die Fahrzeuge und Fahrzeugkombinationen gültige fahrzeugtechnische Genehmigungsbescheid nach § 70 Absatz 1 Nummer 1 oder 2 StVZO ist beizufügen (vgl. Rn. 80). 115
   a) Die Erlaubnisbehörde hat, wenn es sich um einen Verkehr über einen Fahrtweg von mehr als 250 km handelt, nach Nummer V.4 ein Anhörverfahren vorgeschrieben ist und eine Gesamtbreite von 4,20 m oder eine Gesamthöhe von 4,80 m (jeweils von Fahrzeug und Ladung) nicht überschritten wird, sich vom Antragsteller nachweisen zu lassen, dass eine Schienenbeförderung oder eine gebrochene Beförderung Schiene/Straße nicht möglich ist oder unzumutbare Mehrkosten verursachen würde. 116
   b) Die Erlaubnisbehörde hat, wenn es sich um einen Verkehr über einen Fahrtweg von mehr als 250 km handelt und eine Gesamtbreite von 4,20 m oder eine Gesamthöhe von 4,80 m (jeweils von Fahrzeug und Ladung) oder eine Gesamtmasse von 72 t überschritten wird, sich vom Antragsteller nachweisen zu lassen, dass eine Beförderung auf dem Wasser oder eine gebrochene Beförderung Wasser/Straße nicht möglich ist oder unzumutbare Mehrkosten verursachen würde. 117
   c) In geeigneten Fällen kann die Erlaubnisbehörde die Bescheinigung auch für Transporte mit weniger als 250 km Fahrtweg verlangen. Ein Nachweis nach Buchstabe b ist nicht erforderlich, wenn ein Transport auf dem Wasserweg offensichtlich nicht in Betracht kommt. 118

VI. Inhalt des Erlaubnisbescheides

1. Allgemeines
   Der Fahrtweg ist festzulegen, wenn nach Nummer V.4 (Rn. 104 ff.) ein Anhörverfahren vorgeschrieben ist. Dabei müssen sämtliche Möglichkeiten des gesamten Straßennetzes bedacht werden. Eine Beeinträchtigung des Verkehrsflusses in den Hauptverkehrszeiten ist zu vermeiden. Dabei soll der Fahrtweg so festgelegt werden, dass vor Ort eine Ermessensentscheidung zur Verkehrsregelung nicht erforderlich ist. 119
   Soweit es die Sicherheit oder Ordnung des Verkehrs oder der Schutz der Straßeninfrastruktur erfordert, sind die erforderlichen Auflagen 120

zu erteilen und Bedingungen zu stellen. Die im Anhörverfahren mitgeteilten Bedingungen oder Auflagen sind und getrennt nach Last- und Leerfahrt fahrtwegteilchronologisch zusammenzustellen.

2. Bedingungen und Auflagen

121 a) Kenntnisnahmebescheinigung

Wird der Transport nicht durch den Antragsteller (Bescheidinhaber) selbst durchgeführt, muss die durchführende Person oder das durchführende Unternehmen vor Beginn des Transportes in einer Bescheinigung bestätigen, dass der Inhalt des Bescheids einschließlich der Bedingungen und Auflagen zur Kenntnis genommen wurde. Diese Bescheinigung ist beim Antragsteller mindestens ein Jahr aufzubewahren und zuständigen Behörden auf Anfrage auszuhändigen. Eine Kopie der Bescheinigung ist beim Transport mitzuführen und auf Verlangen zuständigen Personen auszuhändigen. Es genügt dessen digitalisierte Form auf einem Speichermedium, wenn diese derart mitgeführt wird, dass sie bei einer Kontrolle auf Verlangen zuständigen Personen lesbar gemacht werden kann.

122 b) Begleitung durch Verwaltungshelfer

Für alle im Vorhinein planbaren und regelbaren Streckenabschnitte mit Standardsituationen und -fällen, bei denen vor Ort keine Ermessensentscheidung der Polizei zur Gewährleistung eines sicheren und flüssigen Verkehrsablaufs in Abhängigkeit des jeweiligen Verkehrsgeschehens erforderlich ist, kann die Polizeibegleitung entfallen. Für diese Fälle gilt: Es kann eine im Vorhinein getroffene verkehrsrechtliche Anordnung der für diesen Streckenabschnitt zuständigen Straßenverkehrsbehörde in den Erlaubnisbescheid als Bestimmung aufgenommen werden, welche dem Erlaubnisinhaber (oder dem den Transport durchführenden Unternehmen oder der den Transport durchführenden Person) für den jeweils betreffenden Streckenabschnitt das Visualisieren von Verkehrszeichen vorschreibt (Auflage). Diese Auflage ist dann mit der weiteren Auflage zu verbinden, dass der Bescheidinhaber (oder die den Transport durchführende Person oder das den Transport durchführende Unternehmen) als Verwaltungshelfer der Straßenverkehrsbehörde oder ein von diesem (oder diesen) beauftragter und namentlich der Straßenverkehrsbehörde benannter Unternehmer als Verwaltungshelfer der Straßenverkehrsbehörde die von der Straßenverkehrsbehörde erlassene verkehrsrechtliche Anordnung entsprechend der im Vorhinein getroffenen verkehrsrechtlichen Anordnung mit einem oder mehreren Begleitfahrzeugen mit Wechselverkehrszeichen-Anlage zu visualisieren hat. Dem Verwaltungshelfer der Straßenverkehrsbehörde steht kein eigenständiges Ermessen zu. Rn. 121 gilt für die Begleitung durch Verwaltungshelfer entsprechend.

123 In Fällen der Rn. 122 kann ein oder können mehrere Begleitfahrzeuge mit einer nach hinten oder nach hinten, vorn und seitlich

wirkenden Wechselverkehrszeichen-Anlage angeordnet werden, wenn der Gegenverkehr, der nachfolgende Verkehr oder der Querverkehr durch das Zeigen von Verkehrszeichen angehalten oder auf andere Art und Weise beschränkt oder beeinflusst werden muss. Entsprechendes gilt

- bei einer Durchfahrt unter einem Überführungsbauwerk oder durch sonstige feste Straßenüberbauten, wenn der Transport nur in abgesenktem Zustand erfolgen kann oder
- wenn im Richtungsverkehr aufgrund der Masse des Transportes nur eine Einzelfahrt, Fahrt im Alleingang oder die Fahrt unter Ausschluss von sonstigem Lkw-Verkehr über Brücken mit einer Geschwindigkeit von maximal 5 km/h durchgeführt werden darf.

Zur Ausrüstung der Fahrzeuge vgl. Rn. 132.

c) Fahrtunterbrechung 124
Es ist als Auflage vorzuschreiben, dass die Fahrt bei erheblicher Sichtbehinderung durch Nebel, Schneefall oder Regen oder bei Schneeglätte, Schneematsch, Eis, Reifglätte oder Glatteis zu unterbrechen und der nächstgelegene geeignete Platz zum Parken aufzusuchen und das Fahrzeug zu sichern ist.

d) Kenntlichmachung 125
Die Auflage, das Fahrzeug oder die Fahrzeugkombination besonders kenntlich zu machen, ist in der Regel geboten, beispielsweise durch Verwendung von Kennleuchten mit gelbem Blinklicht (§ 38 Absatz 3) oder durch Anbringung weiß-rot-weißer Warntafeln am Fahrzeug oder an der Fahrzeugkombination selbst oder an einem begleitenden Fahrzeug. Auf die „Richtlinien für die Kenntlichmachung überbreiter und überlanger Straßenfahrzeuge sowie bestimmter hinausragender Ladungen“ wird verwiesen.

e) Abfahrtkontrolle 126
Außerdem ist die Auflage aufzunehmen, dass durch die transportdurchführende Person oder das transportdurchführende Unternehmen vor Fahrtantritt zu prüfen ist, ob die im Erlaubnisbescheid festgelegten Abmessungen eingehalten werden.

f) Sachverständigengutachten 127
Transporte mit einer Gesamtmasse von mehr als 100 t (ausgenommen Autokrane, selbstfahrende Arbeitsmaschinen, Eichfahrzeuge und andere Fahrzeuge jeweils ohne Ladung) dürfen nur durchgeführt werden, wenn unmittelbar vor Fahrtantritt durch einen amtlich anerkannten Sachverständigen oder Prüfer mit Fachverstand für das Fahrzeug, die Fahrzeugkombination und das Ladungsgut oder einen Prüfingenieur einer amtlich anerkannten Überwachungsorganisation mit Fachverstand für das Fahrzeug, die Fahrzeugkombination und das Ladungsgut die Einhaltung der im Erlaubnisbescheid genannten Abmessungen, Gesamtmasse, Achslasten, die Lastverteilung und die Ladungssicherung entsprechend

den anerkannten Regeln der Technik geprüft wurden. Die Feststellungen sind durch ein Gutachten nachzuweisen. Dieses ist beim Transport mitzuführen.

128 g) Bei wiederkehrenden Transporten, bei denen das gleiche Fahrzeug oder die gleiche Fahrzeugkombination oder ein baugleiches Fahrzeug oder eine baugleiche Fahrzeugkombination eingesetzt und die gleiche Ladung oder die gleiche Ladungsart transportiert werden und ein beanstandungsfreies Erstgutachten nach Nummer VI.2.f (Rn. 127) vorliegt, ist ab dem zweiten Transport ein Gutachten eines amtlich anerkannten Sachverständigen oder Prüfers mit Fachverstand für das Fahrzeug, die Fahrzeugkombination und das Ladungsgut oder eines Prüfingenieurs einer amtlich anerkannten Überwachungsorganisation mit Fachverstand für das Fahrzeug, die Fahrzeugkombination und das Ladungsgut, der die Übereinstimmung des Transports mit dem beanstandungsfreien Erstgutachten nach Kontrolle des Transports bestätigt, ausreichend. Die Bestätigung und das Erstgutachten sind beim Transport mitzuführen.

129 Prüfung des Fahrtweges

Unmittelbar vor der Durchführung des Verkehrs ist in eigener Verantwortung zu prüfen, ob der genehmigte Fahrtweg für die Durchführung des Transportes tatsächlich geeignet ist.

3. Besondere Auflagen für anhörpflichtige Transporte

a) Beifahrer oder private Begleitfahrzeuge

130 Es kann auch in anderen Fällen als in den Rn. 122 und 123 genannten geboten sein, einen Beifahrer, weiteres Begleitpersonal oder private Begleitfahrzeuge mit oder ohne Wechselverkehrszeichen-Anlage vorzuschreiben.

131 Begleitfahrzeuge mit nach hinten oder mit nach hinten, vorn und seitlich wirkender Wechselverkehrszeichen-Anlage sind gemäß „Merkblatt über die Ausrüstung von privaten Begleitfahrzeugen zur Absicherung von Großraum- und Schwertransporten" auszurüsten.

132 Ein Begleitfahrzeug mit einer nach hinten wirkenden Wechselverkehrszeichen-Anlage darf in diesen Fällen nur vorgeschrieben werden, wenn wegen besonderer Umstände zur Verdeutlichung der Gefahr, die mit dem Großraum- und Schwertransport einhergeht, das Zeigen von Zeichen 101 geboten erscheint. Zudem ist dies erforderlich, um die allgemeinen Verhaltensregeln zum Überholen und Vorbeifahren an solchen Transporten zu verdeutlichen (Zeichen 276, 277).

133 Ein Begleitfahrzeug mit einer nach hinten wirkenden Wechselverkehrszeichen-Anlage ist anzuordnen, wenn der Transport auf

aa) Autobahnen und Straßen, die wie eine Autobahn ausgebaut sind,

- bei zwei oder mehr Fahrstreifen plus Seitenstreifen je Richtung die Breite über alles von 4,50 m oder

- bei zwei Fahrstreifen ohne Seitenstreifen je Richtung die Breite über alles von 4,00 m oder

bb) außerhalb von Autobahnen und Straßen, die wie eine Autobahn ausgebaut sind, die Breite von 3,50 m

überschreitet.

cc) Dies gilt ebenfalls für Straßen, auf denen der Sicherheitsabstand von 10 cm unter Überführungsbauwerken nicht eingehalten werden kann. Und bei Überschreitung einer Länge von 27,00 m, soweit sich Kreisverkehre im Streckenverlauf befinden.

b) Polizei 134

Polizeiliche Begleitung oder polizeiliche Maßnahmen (vgl. Rn. 97) sind nur erforderlich, wenn der Einsatz von Begleitfahrzeugen nach Nummer VI.2.b (Rn. 122 und 123) oder nach Nummer VI.3 (Rn. 130 bis 133) nicht ausreicht. Das kann insbesondere der Fall sein wenn

aa) auf der Autobahn oder auf Straßen, die wie eine Autobahn ausgebaut sind, der Verkehr auf der Gegenfahrbahn oder der Gegenverkehr angehalten werden muss oder 135

bb) auf anderen Straßen bei sonstigen außergewöhnlichen Straßen- oder Verkehrsverhältnissen eine Breite über alles von 3,50 m überschritten wird und die oben genannten Begleitfahrzeuge ein sicheres Anhalten oder Passieren des Gegenverkehrs nicht gewährleisten können oder 136

cc) bei sonstigen schwierigen Straßen- oder Verkehrsverhältnissen, soweit in diesen Fällen nicht der Verkehr durch im Vorhinein planbare Verkehrszeichenanordnungen der örtlich zuständigen Straßenverkehrsbehörden wirksam sicher und geordnet geregelt werden kann, insbesondere wenn eine Ermessensentscheidung der Polizei vor Ort in Abhängigkeit der jeweiligen Situation erforderlich ist. 137

Sofern eine polizeiliche Begleitung oder polizeiliche Maßnahme (vgl. Rn. 97) erforderlich ist, ist der Transport frühzeitig, mindestens 48 Werktagsstunden vor Fahrtantritt, bei allen im Bescheid genannten Polizeidienststellen anzumelden. 138

c) Fahrzeitbeschränkungen

Eine Fahrzeitbeschränkung darf nur angeordnet werden, wenn nach Nummer V.4 (Rn. 104) ein Anhörverfahren vorgeschrieben ist und wenn bei Transporten aufgrund der Abmessungen, der Geschwindigkeit oder wegen der Fahrauflagen eine Beeinträchtigung des übrigen Verkehrs zu erwarten ist. Liegen diese Voraussetzungen vor, soll die Benutzung 139

aa) von Autobahnen und Straßen, die wie eine Autobahn ausgebaut sind, 140

- von Samstag 6.00 Uhr bis Sonntag 22.00 Uhr und, falls diese starken Berufsverkehr aufweisen, von Montag bis Frei-

tag von jeweils 6.00 Uhr bis 9.00 Uhr und von jeweils 16.00 Uhr bis 19.00 Uhr und
- von Gründonnerstag 22.00 Uhr bis Dienstag nach Ostern 6.00 Uhr und von Freitag 22.00 Uhr vor Pfingsten bis Dienstag danach 6.00 Uhr nicht erlaubt werden. Gegebenenfalls kommt auch ein Verbot der Autobahnbenutzung an anderen Feiertagen (z.B. Weihnachten) sowie an den Tagen davor und danach in Betracht.

Eine Zulassung ist dort in der Regel in verkehrsarmen Zeiten von 22.00 Uhr bis 6.00 Uhr möglich.

141 bb) von anderen Straßen
- von Samstag 6.00 Uhr bis Sonntag 22.00 Uhr und bei
- starkem Berufsverkehr in der Regel auch werktags von 6.00 Uhr bis 9.00 Uhr und von 16.00 Uhr bis 19.00 Uhr nicht erlaubt werden.

142 Transporte mit erheblichen Abmessungen können in Absprache mit den dafür zuständigen Stellen ausnahmsweise auch tagsüber erlaubt werden. Es gilt das Prinzip „Sicherheit vor Leichtigkeit des Verkehrs“.

143 Ist die Sperrung einer Autobahn, einer Fahrbahn einer Autobahn oder die teilweise Sperrung einer Straße mit erheblichem Verkehr notwendig, so ist das in der Regel nur in der Zeit von 22.00 Uhr bis 6.00 Uhr zu erlauben.

144 Um einen reibungslosen Ablauf des Großraum- und Schwerverkehrs sicherzustellen, kann die zuständige Polizeidienststelle im Einzelfall von der im Erlaubnisbescheid festgesetzten zeitlichen Beschränkung eine Abweichung zulassen, wenn es die Verkehrslage erfordert oder gestattet.

145 Zur Gewährleistung eines sicheren und geordneten Verkehrsablaufs ist es erforderlich, dass bei anhörpflichtigen Transporten während des gesamten Transports eine Person anwesend ist, die sich hinreichend in der deutschen Sprache verständigen kann, insbesondere mit begleitenden Polizeibeamten.

4. Besondere Auflagen für die Kreuzung von Bahnübergängen im anhörungsfreien Bereich

146 Beim Überqueren des Bahnübergangs im anhörungsfreien Bereich ist bei Bedarf durch Zuwarten auf eine Lücke im Verkehrsfluss sicherzustellen, dass im Bereich des Bahnübergangs auf einer Länge von 50 m vor und hinter dem Bahnübergang kein Gegenverkehr stattfindet. Die Querung des Bahnübergangs darf nur im Alleingang unter Ausschluss des gesamten Gegenverkehrs erfolgen. Das Überqueren des Bahnübergangs muss mit einer Mindesträumgeschwindigkeit von 20 km/h ohne Rangieren erfolgen. Beim Befahren des Bahnübergangs an elektrifizierten Strecken muss sichergestellt sein, dass sich weder Personen auf dem Fahrzeug befinden, noch Gegenstände, Fahrzeugteile (z.B. Antennen) oder Ladungsteile über die zugelassene Fahrzeughö-

he von 4,50 m hinausragen. Auch etwaige Begleitfahrzeuge dürfen auf dem Bahnübergang nicht zum Stehen kommen.

VII. Sonderbestimmungen für Autokrane, selbstfahrende Arbeitsmaschinen und Eichfahrzeuge **147**

Die Vorschriften in Nummer IV.1.a (Rn. 85) sind nicht anzuwenden.

Die Vorschriften über Fahrzeitbeschränkungen in Nummer VI.3.d (Rn. 139 ff.) sind nicht anzuwenden, wenn eine Gesamtmasse von 54 t nicht überschritten wird.

Im Übrigen gelten die Vorschriften in den Nummern I bis VI. **148**

Zu § 30 Umweltschutz und Sonntagsfahrverbot

Zu Absatz 1

I. Unnötiger Lärm wird auch verursacht durch **1**
  1. unnötiges Laufenlassen des Motors stehender Fahrzeuge,
  2. Hochjagen des Motors im Leerlauf und beim Fahren in niedrigen Gängen, **2**
  3. unnötig schnelles Beschleunigen des Fahrzeugs, namentlich beim Anfahren, **3**
  4. zu schnelles Fahren in Kurven, **4**
  5. unnötig lautes Zuschlagen von Wagentüren, Motorhauben und Kofferraumdeckeln. **5**

II. Vermeidbare Abgasbelästigungen treten vor allem bei den in Nummer 1 bis 3 aufgeführten Ursachen auf. **6**

Zu Absatz 2

I. Als Nachtzeit gilt die Zeit zwischen 22.00 Uhr und 6.00 Uhr. **7**

II. Nur Veranstaltungen mit nur wenigen Kraftfahrzeugen und solche, die weitab von menschlichen Behausungen stattfinden, vermögen die Nachtruhe nicht zu stören. **8**

III. Die Polizei und die betroffenen Gemeinden sind zu hören. **9**

Zu Absatz 3

Vom Sonn- und Feiertagsfahrverbot erfasst ist die geschäftsmäßige oder entgeltliche Beförderung von Gütern mit Lkw (gewerblicher Güterverkehr) einschließlich der damit verbundenen Leerfahrten. Hierunter fällt auch der Werkverkehr nach § 1 Absatz 2 des Güterkraftverkehrsgesetzes (GüKG). Anhänger (z.B. Wohnwagen oder Pferdeanhanger), die ausschließlich zu Sport- und Freizeitzwecken und weder gewerblich noch entgeltlich hinter Lastkraftwagen geführt werden, unterfallen nicht dem Sonn- und Feiertagsfahrverbot. Dies gilt auch für Fahrten mit Oldtimer-Lastkraftwagen zu Oldtimerveranstaltungen, soweit keine gewerblichen Zwecke verfolgt werden und diese nicht entgeltlich erfolgen. **10**

Lastkraftwagen im Sinne des Sonn- und Feiertagsfahrverbotes sind Kraftfahrzeuge, die nach Bauart und Einrichtung zur Beförderung von Gütern bestimmt **11** sind. Sattelkraftfahrzeuge zur Lastenbeförderung sind Lastkraftwagen in diesem Sinne; selbstfahrende Arbeitsmaschinen wie Bagger, Betonpumpen, Teermaschinen, Autokrane, Eichfahrzeuge oder Mähdrescher fallen nicht darunter.

12 Vom Sonn- und Feiertagsfahrverbot sind weiterhin nicht betroffen Zugmaschinen, die ausschließlich dazu dienen, andere Fahrzeuge zu ziehen, ferner Zugmaschinen mit Hilfsladefläche, deren Nutzlast nicht mehr als das 0,4fache der zulässigen Gesamtmasse beträgt. Das Sonn- und Feiertagsfahrverbot gilt ebenfalls nicht für Kraftfahrzeuge, bei denen die beförderten Gegenstände zum Inventar der Fahrzeuge gehören (z.B. Ausstellungs-, Film- oder Fernsehfahrzeuge, bestimmte Schaustellerfahrzeuge und Fahrzeuge zur Beschickung von Märkten, soweit es sich um mobile Verkaufsstände handelt, jeweils auch mit Anhänger).

Zu § 31 Sport und Spiel

Zu Absatz 1

1 Auch wenn Spielplätze und sonstige Anlagen, wo Kinder spielen können, zur Verfügung stehen, muss geprüft werden, wie Kinder auf den Straßen geschützt werden können, auf denen sich Kinderspiele erfahrungsgemäß nicht unterbinden lassen.

Zu Absatz 2

2 I. Die Anordnung des Zusatzzeichens mit dem Sinnbild eines Inline-Skaters und dem Wortzusatz „frei" kommt vor allem an Aufkommensschwerpunkten des Inline-Skatens/Rollschuhfahrens in Betracht, wenn die Beschaffenheit (Belag und Breite) der Fußgängerverkehrsanlage für diese besonderen Fortbewegungsmittel (vgl. § 24) nicht geeignet ist. Soll ein nicht benutzungspflichtiger Radweg für das Fahren mit Inline-Skates/ Rollschuhen freigegeben werden, kann das Zusatzzeichen allein ohne ein entsprechendes „Hauptverkehrszeichen" angeordnet werden.

3 II. Radwege müssen ausreichend breit sein, um auch in Stunden der Spitzenbelastung ein gefahrloses Miteinander von Radfahrern und Inline-Skatern/Rollschuhfahrern zu gewährleisten.

4 III. Auf Fahrbahnen und Fahrradstraßen darf der Kraftfahrzeugverkehr nur gering sein (z.B. nur Anliegerverkehr). Die zugelassene Höchstgeschwindigkeit darf nicht mehr als 30 km/h betragen.

Zu § 32 Verkehrshindernisse

Zu Absatz 1

1 I. Insbesondere in ländlichen Gegenden ist darauf zu achten, dass verkehrswidrige Zustände infolge von Beschmutzung der Fahrbahn durch Vieh oder Ackerfahrzeuge möglichst unterbleiben (z.B. durch Reinigung der Bereifung vor Einfahren auf die Fahrbahn), jedenfalls aber unverzüglich beseitigt werden.

II. Zuständige Stellen dürfen nach Maßgabe der hierfür erlassenen Vorschriften die verkehrswidrigen Zustände auf Kosten des Verantwortlichen beseitigen. 2

III. Kennzeichnung von Containern und Wechselbehältern 3
Die Aufstellung von Containern und Wechselbehältern im öffentlichen Verkehrsraum bedarf der Ausnahmegenehmigung durch die zuständige Straßenverkehrsbehörde.

Als „Mindestvoraussetzung" für eine Genehmigung ist die sachgerechte Kennzeichnung von Containern und Wechselbehältern erforderlich. 4

Einzelheiten hierzu gibt das Bundesministerium für Verkehr und digitale Infrastruktur im Einvernehmen mit den zuständigen obersten Landesbehörden im Verkehrsblatt bekannt. 5

Zu § 33 Verkehrsbeeinträchtigungen

Zu Absatz 1 Nr. 1

Lautsprecher aus Fahrzeugen erschweren den Verkehr immer. 1

Zu Absatz 1 Nr. 2

Das Ausrufen von Zeitungen und Zeitschriften wird den Verkehr nur unter außergewöhnlichen Umständen gefährden oder erschweren. 2

Zu Absatz 2

I. Schon bei nur oberflächlicher Betrachtung darf eine Einrichtung nicht den Eindruck erwecken, dass es sich um ein amtliches oder sonstiges zugelassenes Verkehrszeichen oder eine amtliche Verkehrseinrichtung handelt. Verwechselbar ist eine Einrichtung auch dann, wenn (nur) andere Farben gewählt werden. 3

II. Auch Beleuchtung im Umfeld der Straße darf die Wirkung der Verkehrszeichen und Verkehrseinrichtungen nicht beeinträchtigen. 4

III. Wenn auf Grundstücken, auf denen kein öffentlicher Verkehr stattfindet, z.B. auf Fabrik- oder Kasernenhöfen, zur Regelung des dortigen Verkehrs den Verkehrszeichen oder Verkehrseinrichtungen gleiche Einrichtungen aufgestellt sind, darf das auch dann nicht beanstandet werden, wenn diese Einrichtungen von einer Straße aus sichtbar sind. Denn es ist wünschenswert, wenn auf nichtöffentlichem Raum sich der Verkehr ebenso abwickelt wie auf öffentlichen Straßen. 5

Zu Absatz 3

I. Die Hinweise auf Dienstleistungen erfolgen durch Firmenlogos der Anbieter von Serviceleistungen. Sie sind durch § 33 Absatz 3 straßenverkehrsrechtlich zugelassen und werden von der Straßenbaubehörde als Zusätze zu den amtlichen Hinweisschildern angebracht. 6

7 II. Hinsichtlich der Beschaffenheit, Gestaltung und Anbringung solcher Zusätze sind die Vorschriften der Richtlinien für die wegweisende Beschilderung auf Autobahnen (RWBA) entsprechend zu beachten. Die Schilder richten sich nach der Breite der Ankündigungstafel und haben eine Höhe von 800 mm.

8 III. Hinsichtlich der Größe und Anzahl der auf dem Schild erscheinenden Firmenlogos gelten die Vorschriften der Richtlinie für die wegweisende Beschilderung auf Autobahnen (RWBA) für grafische Symbole entsprechend.

Zu § 35 Sonderrechte

Zu den Absätzen 1 und 5

1 I. Bei Fahrten, bei denen nicht alle Vorschriften eingehalten werden können, sollte, wenn möglich und zulässig, die Inanspruchnahme von Sonderrechten durch blaues Blinklicht zusammen mit dem Einsatzhorn angezeigt werden. Bei Fahrten im geschlossenen Verband sollte mindestens das erste Kraftfahrzeug blaues Blinklicht verwenden.

2 II. Das Verhalten geschlossener Verbände mit Sonderrecht
Selbst hoheitliche Aufgaben oder militärische Erfordernisse rechtfertigen es kaum je, und zudem ist es mit Rücksicht auf die öffentliche Sicherheit (Absatz 8) auch dann wohl nie zu verantworten, dass solche geschlossenen Verbände auf Weisung eines Polizeibeamten (§ 36 Abs. 1) nicht warten oder Kraftfahrzeugen, die mit blauem Blinklicht und Einsatzhorn (§ 38 Abs. 1) fahren, nicht freie Bahn schaffen.

Zu Absatz 2

3 I. Die Erlaubnis (§ 29 Abs. 2 und 3) ist möglichst frühzeitig vor Marschbeginn bei der zuständigen Verwaltungsbehörde zu beantragen, in deren Bezirk der Marsch beginnt.

4 II. Die zuständige Verwaltungsbehörde beteiligt die Straßenbaubehörden und die Polizei. Geht der Marsch über den eigenen Bezirk hinaus, so beteiligt sie die anderen zuständigen Verwaltungsbehörden. Berührt der Marsch Bahnanlagen, so sind zudem die Bahnunternehmen zu hören. Alle beteiligten Behörden sind verpflichtet, das Erlaubnisverfahren beschleunigt durchzuführen.

5 III. Die Erlaubnis kann auch mündlich erteilt werden. Wenn es die Verkehrs- und Straßenverhältnisse dringend erfordern, sind Bedingungen zu stellen oder Auflagen zu machen. Es kann auch geboten sein, die Benutzung bestimmter Straßen vorzuschreiben.

6 IV. Wenn der Verkehr auf der Straße und deren Zustand dies zulassen, kann eine Dauererlaubnis erteilt werden. Sie ist zu widerrufen, wenn der genehmigte Verkehr zu unerträglichen Behinderungen des anderen Verkehrs führen würde.

Zu Absatz 3

In die Vereinbarungen sind folgende Bestimmungen aufzunehmen: 7

1. Ein Verkehr mit mehr als 50 Kraftfahrzeugen in geschlossenem Verband (§ 27) ist möglichst frühzeitig – spätestens fünf Tage vor Marschbeginn – der zuständigen Verwaltungsbehörde anzuzeigen, in deren Bezirk der Marsch beginnt. Bei besonders schwierigen Verkehrslagen ist die zuständige Verwaltungsbehörde berechtigt, eine kurze zeitliche Verlegung des Marsches anzuordnen.
2. Ein Verkehr mit Kraftfahrzeugen, welche die in der Vereinbarung bestimmten Abmessungen und Gewichte überschreiten, bedarf der Erlaubnis. Diese ist möglichst frühzeitig zu beantragen. Auflagen können erteilt werden, wenn es die Verkehrs- oder Straßenverhältnisse dringend erfordern. Das Verfahren richtet sich nach Nummer II zu Absatz 2 (Rn. 4). 8

Zu Absatz 4

Es sind sehr wohl Fälle denkbar, in denen schon eine unmittelbar drohende Gefahr für die öffentliche Sicherheit oder Ordnung einen jener Hoheitsträger zwingt, die Beschränkungen der Sonderrechte nicht einzuhalten. Dann darf das nicht beanstandet werden. 9

Zu Absatz 5

I. Das zu Absatz 2 Gesagte gilt entsprechend. 10

II. In Vereinbarungen über Militärstraßen nach Artikel 57 Abs. 4 Buchstabe b des Zusatzabkommens zum NATO-Truppenstatut (BGBl. 1961 II S. 1183), zuletzt geändert durch Artikel 2 des Gesetzes vom 28.9.1994 (BGBl. 1994 II S. 2594), in der jeweils geltenden Fassung, sind die zu Absatz 3 erwähnten Bestimmungen (Rn. 7 und 8) aufzunehmen. 11

III. Die Truppen können sich der zuständigen militärischen Verkehrsdienststelle der Bundeswehr bedienen, welche die erforderliche Erlaubnis einholt oder die erforderliche Anzeige übermittelt. 12

Zu Absatz 6

I. Satz 1 gilt auch für Fahrzeuge des Straßenwinterdienstes, die zum Schneeräumen, Streuen usw. eingesetzt sind. 13

II. Die Fahrzeuge sind nach DIN 30710 zu kennzeichnen. 14

III. Nicht gekennzeichnete Fahrzeuge dürfen die Sonderrechte nicht in Anspruch nehmen. 15

IV. Die Warnkleidung muss der EN 471[7] entsprechen. Folgende Anforderungsmerkmale der EN 471 müssen hierbei eingehalten werden. 16
   1. Warnkleidungsausführung (Absatz 4.1) mindestens die Klasse 2 gemäß Tabelle 1, 17

7) Heute DIN EN ISO 20471

18 2. Farbe (Absatz 5.1) fluoreszierendes Orange-Rot oder fluoreszierendes Gelb gemäß Tabelle 2,

19 3. Mindestrückstrahlwerte (Absatz 6.1) die Klasse 2 gemäß Tabelle 5.

20 Warnkleidung, deren Warnwirkung durch Verschmutzung, Alterung oder Abnahme der Leuchtkraft der verwendeten Materialien nicht mehr ausreicht, darf nicht verwendet werden.

Bei der Regelung über die Größe der Verkehrszeichen (Zu den §§ 39 bis 43 Allgemeines über Verkehrszeichen und Verkehrseinrichtungen, Rn. 8 bis 14) ist die Verpflichtung aus der Richtlinie 83/189/EWG des Rates vom 28. März 1983 über ein Informationsverfahren auf dem Gebiet der Normen und technischen Vorschriften (Abl. EG Nr. L 109 S. 8), zuletzt geändert durch die Richtlinie 94/10/EG des Europäischen Parlaments und des Rates vom 23. März 1994 (EG Nr. L 100 S. 30) beachtet worden.

Abschnitt B

Zu § 36 Zeichen und Weisungen der Polizeibeamten

Zu Absatz 1

1 I. Dem fließenden Verkehr dürfen nur diejenigen Polizeibeamten, die selbst als solche oder deren Fahrzeuge als Polizeifahrzeuge erkennbar sind, Zeichen und Weisungen geben. Das gilt nicht bei der Verfolgung von Zuwiderhandlungen.

2 II. Weisungen müssen klar und eindeutig sein. Es empfiehlt sich, sie durch Armbewegungen zu geben. Zum Anhalten kann der Beamte eine Winkerkelle benutzen oder eine rote Leuchte schwenken.

Zu den Absätzen 2 und 4

3 I. Ist der Verkehr an Kreuzungen und Einmündungen regelungsbedürftig, so sollte er vorzugsweise durch Lichtzeichenanlagen geregelt werden; selbst an besonders schwierigen und überbelasteten Kreuzungen werden Lichtzeichenanlagen im Allgemeinen den Anforderungen des Verkehrs gerecht. An solchen Stellen kann es sich empfehlen, Polizeibeamte zur Überwachung des Verkehrs einzusetzen, die dann erforderlichenfalls in den Verkehrsablauf eingreifen.

4 II. Wenn besondere Verhältnisse es erfordern, kann der Polizeibeamte mit dem einen Arm „Halt“ anordnen und mit dem anderen abbiegenden Verkehr freigeben.

5 III. Bei allen Zeichen sind die Arme so lange in der vorgeschriebenen Haltung zu belassen, bis sich der Verkehr auf die Zeichen eingestellt hat. Die Grundstellung muss jedoch bis zur Abgabe eines neuen Zeichens beibehalten werden.

6 IV. Die Zeichen müssen klar und bestimmt, aber auch leicht und flüssig gegeben werden.

Zu Absatz 5

I. Verkehrskontrollen sind sowohl solche zur Prüfung der Fahrtüchtigkeit der Führer oder der nach den Verkehrsvorschriften mitzuführenden Papiere als auch solche zur Prüfung des Zustandes, der Ausrüstung und der Beladung der Fahrzeuge. 7

II. Straßenkontrollen des Bundesamtes für Güterverkehr (§ 12 Abs. 1 und 2 GüKG) sollen in Zusammenarbeit mit der örtlich zuständigen Polizei durchgeführt werden. 8

Zu § 37 Wechsellichtzeichen, Dauerlichtzeichen und Grünpfeil

Die Gleichungen der Farbgrenzlinien in der Farbtafel nach DIN 6163 Blatt 5 sind einzuhalten. 1

Zu Absatz 1

So bleiben z.B. die Zeichen 209 ff. „Vorgeschriebene Fahrtrichtung" neben Lichtzeichen gültig, ebenso die die Benutzung von Fahrstreifen regelnden Längsmarkierungen (Zeichen 295, 296, 297, 340). 2

Zu Absatz 2

I. Die Regelung des Verkehrs durch Lichtzeichen setzt eine genaue Prüfung der örtlichen Gegebenheiten baulicher und verkehrlicher Art voraus und trägt auch nur dann zu einer Verbesserung des Verkehrsablaufs bei, wenn die Regelung unter Berücksichtigung der Einflüsse und Auswirkungen im Gesamtstraßennetz sachgerecht geplant wird. Die danach erforderlichen Untersuchungen müssen von Sachverständigen durchgeführt werden. 3

II. Wechsellichtzeichen dürfen nicht blinken, auch nicht vor Farbwechsel. 4

III. Die Lichtzeichen sind rund, soweit sie nicht Pfeile oder Sinnbilder darstellen. Die Unterkante der Lichtzeichen soll in der Regel 2,10 m und, wenn die Lichtzeichen über der Fahrbahn angebracht sind, 4,50 m vom Boden entfernt sein. 5

IV. Die Haltlinie (Zeichen 294) sollte nur so weit vor der Lichtzeichenanlage angebracht werden, dass die Lichtzeichen aus einem vor ihr wartenden Personenkraftwagen noch ohne Schwierigkeit beobachtet werden können (vgl. aber Nummer III 3 zu § 25; Rn. 5). Befindet sich z.B. die Unterkante des grünen Lichtzeichens 2,10 m über einem Gehweg, so sollte der Abstand zur Haltlinie 3,50 m betragen, jedenfalls über 2,50 m. Sind die Lichtzeichen wesentlich höher angebracht oder muss die Haltlinie in geringerem Abstand markiert werden, so empfiehlt es sich, die Lichtzeichen verkleinert weiter unten am gleichen Pfosten zu wiederholen. 6

Zu den Nummern 1 und 2

I. An Kreuzungen und Einmündungen sind Lichtzeichenanlagen für den Fahrverkehr erforderlich, 7

1. wo es wegen fehlender Übersicht immer wieder zu Unfällen kommt und es nicht möglich ist, die Sichtverhältnisse zu verbessern oder den kreuzenden oder einmündenden Verkehr zu verbieten,

8 2. wo immer wieder die Vorfahrt verletzt wird, ohne dass dies mit schlechter Erkennbarkeit der Kreuzung oder mangelnder Verständlichkeit der Vorfahrtregelung zusammenhängt, was jeweils durch Unfalluntersuchungen zu klären ist,

9 3. wo auf einer der Straßen, sei es auch nur während der Spitzenstunden, der Verkehr so stark ist, dass sich in den wartepflichtigen Kreuzungszufahrten ein großer Rückstau bildet oder einzelne Wartepflichtige unzumutbar lange warten müssen.

10 II. Auf Straßenabschnitten, die mit mehr als 70 km/h befahren werden dürfen, sollen Lichtzeichenanlagen nicht eingerichtet werden; sonst ist die Geschwindigkeit durch Zeichen 274 in ausreichender Entfernung zu beschränken.

11 III. Bei Lichtzeichen, vor allem auf Straßen, die mit mehr als 50 km/h befahren werden dürfen, soll geprüft werden, ob es erforderlich ist, durch geeignete Maßnahmen (z.B. Blenden hinter den Lichtzeichen, übergroße oder wiederholte Lichtzeichen, entsprechende Gestaltung der Optik) dafür zu sorgen, dass sie auf ausreichende Entfernung erkennbar sind. Ferner ist die Wiederholung von Lichtzeichen links von der Fahrbahn, auf Inseln oder über der Straße zu erwägen, weil nur rechts stehende Lichtzeichen durch voranfahrende größere Fahrzeuge verdeckt werden können.

12 IV. Sind im Zuge einer Straße mehrere Lichtzeichenanlagen eingerichtet, so empfiehlt es sich in der Regel, sie aufeinander abzustimmen (z.B. auf eine Grüne Welle). Jedenfalls sollte dafür gesorgt werden, dass bei dicht benachbarten Kreuzungen der Verkehr, der eine Kreuzung noch bei „Grün" durchfahren konnte, auch an der nächsten Kreuzung „Grün" vorfindet.

13 V. Häufig kann es sich empfehlen, Lichtzeichenanlagen verkehrsabhängig so zu schalten, dass die Stärke des Verkehrs die Länge der jeweiligen Grünphase bestimmt. An Kreuzungen und Einmündungen, an denen der Querverkehr schwach ist, kann sogar erwogen werden, der Hauptrichtung ständig Grün zu geben, das von Fahrzeugen und Fußgängern aus der Querrichtung erforderlichenfalls unterbrochen werden kann.

14 VI. Lichtzeichenanlagen sollten in der Regel auch nachts in Betrieb gehalten werden; ist die Verkehrsbelastung nachts schwächer, so empfiehlt es sich, für diese Zeit ein besonderes Lichtzeichenprogramm zu wählen, das alle Verkehrsteilnehmer möglichst nur kurz warten lässt. Nächtliches Ausschalten ist nur dann zu verantworten, wenn eingehend geprüft ist, dass auch ohne Lichtzeichen ein sicherer Verkehr möglich ist. Solange die Lichtzeichenanlagen, die nicht nur ausnahmsweise in Betrieb sind, nachts abgeschaltet sind, soll in den wartepflichtigen Kreuzungszufahrten gelbes Blinklicht gegeben werden. Darüber hinaus kann es sich empfehlen, negative Vorfahrtzeichen (Zeichen 205 und 206) von in-

nen zu beleuchten. Solange Lichtzeichen gegeben werden, dürfen diese Vorfahrtzeichen dagegen nicht beleuchtet sein.

VII. Bei der Errichtung von Lichtzeichenanlagen an bestehenden Kreuzungen und Einmündungen muss immer geprüft werden, ob neue Markierungen (z.B. Abbiegestreifen) anzubringen sind oder alte Markierungen (z.B. Fußgängerüberwege) verlegt oder aufgehoben werden müssen, ob Verkehrseinrichtungen (z.B. Geländer für Fußgänger) anzubringen oder ob bei der Straßenbaubehörde anzuregende bauliche Maßnahmen (Verbreiterung der Straßen zur Schaffung von Stauraum) erforderlich sind. **15**

VIII. Die Schaltung von Lichtzeichenanlagen bedarf stets gründlicher Prüfung. Dabei ist auch besonders auf die sichere Führung der Abbieger zu achten. **16**

IX. Besonders sorgfältig sind die Zeiten zu bestimmen, die zwischen dem Ende der Grünphase für die eine Verkehrsrichtung und dem Beginn der Grünphase für die andere (kreuzende) Verkehrsrichtung liegen. Die Zeiten für Gelb und Rot-Gelb sind unabhängig von dieser Zwischenzeit festzulegen. Die Übergangszeit Rot und Gelb (gleichzeitig) soll für Kraftfahrzeugströme eine Sekunde dauern, darf aber nicht länger als zwei Sekunden sein. Die Übergangszeit Gelb richtet sich bei Kraftfahrzeugströmen nach der zulässigen Höchstgeschwindigkeit in der Zufahrt. In der Regel beträgt die Gelbzeit 3 s bei zul. V = 50 km/h, 4 s bei zul. V = 60 km/h und 5 s bei zul. V = 70 km/h. Bei Lichtzeichenanlagen, die im Rahmen einer Zuflussregelungsanlage aufgestellt werden, sind abweichend hiervon für Rot mindestens 2 s und für die Übergangssignale Rot und Gelb (gleichzeitig) bzw. Gelb mindestens 1 s zu wählen. Bei verkehrsabhängigen Lichtzeichenanlagen ist beim Rücksprung in die gleiche Phase eine Alles-Rot-Zeit von mindestens 1 s einzuhalten, ebenso bei Fußgänger-Lichtzeichenanlagen mit der Grundstellung Dunkel für den Fahrzeugverkehr. Bei Fußgänger-Lichtzeichenanlagen soll bei Ausführung eines Rücksprungs in die gleiche Fahrzeugphase die Mindestsperrzeit für den Fahrzeugverkehr 4 s betragen. **17**

X. Pfeile in Lichtzeichen **18**

1. Solange ein grüner Pfeil gezeigt wird, darf kein anderer Verkehrsstrom Grün haben, der den durch den Pfeil gelenkten kreuzt; auch darf Fußgängern, die in der Nähe den gelenkten Verkehrsstrom kreuzen, nicht durch Markierung eines Fußgängerüberwegs Vorrang gegeben werden. Schwarze Pfeile auf Grün dürfen nicht verwendet werden.
2. Wenn in einem von drei Leuchtfeldern ein Pfeil erscheint, müssen auch in den anderen Feldern Pfeile gezeigt werden, die in die gleiche Richtung weisen. Vgl. Nummer X 6. **19**
3. Darf aus einer Kreuzungszufahrt, die durch ein Lichtzeichen geregelt ist, nicht in allen Richtungen weitergefahren werden, so ist die Fahrtrichtung durch die Zeichen 209 bis 214 vorzuschreiben. Vgl. dazu Nummer III zu den Zeichen 209 bis 214 (Randnummer 3). Dort, wo Missverständnisse sich auf andere Weise nicht beheben lassen, **20**

kann es sich empfehlen, zusätzlich durch Pfeile in den Lichtzeichen die vorgeschriebene Fahrtrichtung zum Ausdruck zu bringen; dabei sind schwarze Pfeile auf Rot und Gelb zu verwenden.

21 4. Pfeile in Lichtzeichen dürfen nicht in Richtungen weisen, die durch die Zeichen 209 bis 214 verboten sind.

22 5. Werden nicht alle Fahrstreifen einer Kreuzungszufahrt zur gleichen Zeit durch Lichtzeichen freigegeben, so kann auf Pfeile in den Lichtzeichen dann verzichtet werden, wenn die in die verschiedenen Richtungen weiterführenden Fahrstreifen baulich so getrennt sind, dass zweifelsfrei erkennbar ist, für welche Richtung die verschiedenen Lichtzeichen gelten. Sonst ist die Richtung, für die die Lichtzeichen gelten, durch Pfeile in den Lichtzeichen zum Ausdruck zu bringen.

23 Hierbei sind Pfeile in allen Lichtzeichen nicht immer erforderlich. Hat z.B. eine Kreuzungszufahrt mit Abbiegestreifen ohne bauliche Trennung ein besonderes Lichtzeichen für den Abbiegeverkehr, so genügen in der Regel Pfeile in diesen Lichtzeichen. Für den anderen Verkehr sollten Lichtzeichen ohne Pfeile gezeigt werden. Werden kombinierte Pfeile in solchen Lichtzeichen verwendet, dann darf in keinem Fall gleichzeitig der zur Hauptrichtung parallel gehende Fußgängerverkehr freigegeben werden (vgl. Nummer XI; Rn. 27 ff.).

24 6. Wo für verschiedene Fahrstreifen besondere Lichtzeichen gegeben werden sollen, ist die Anbringung der Lichtzeichen besonders sorgfältig zu prüfen (z.B. Lichtzeichenbrücken, Peitschenmaste, Wiederholung am linken Fahrbahnrand). Wo der links abbiegende Verkehr vom übrigen Verkehr getrennt geregelt ist, sollte das Lichtzeichen für den Linksabbieger nach Möglichkeit zusätzlich über der Fahrbahn angebracht werden; eine Anbringung allein links ist in der Regel nur bei Fahrbahnen für eine Richtung möglich, wenn es für Linksabbieger lediglich einen Fahrstreifen gibt.

25 7. Wo der Gegenverkehr durch Rotlicht aufgehalten wird, um Linksabbiegern, die sich bereits auf der Kreuzung oder Einmündung befinden, die Räumung zu ermöglichen, kann das diesen durch einen nach links gerichteten grünen Pfeil, der links hinter der Kreuzung angebracht ist, angezeigt werden. Gelbes Licht darf zu diesem Zweck nicht verwendet werden.

26 8. Eine getrennte Regelung des abbiegenden Verkehrs setzt in der Regel voraus, dass für ihn auf der Fahrbahn ein besonderer Fahrstreifen mit Richtungspfeilen markiert ist (Zeichen 297).

XI. Grünpfeil

27 1. Der Einsatz des Schildes mit grünem Pfeil auf schwarzem Grund (Grünpfeil) kommt nur in Betracht, wenn der Rechtsabbieger Fußgänger- und Fahrzeugverkehr der freigegebenen Verkehrsrichtungen ausreichend einsehen kann, um die ihm auferlegten Sorgfaltspflichten zu erfüllen. Es darf nicht verwendet werden, wenn

28 a) dem entgegenkommenden Verkehr ein konfliktfreies Abbiegen nach links signalisiert wird,

b) für den entgegenkommenden Linksabbieger der grüne Pfeil gemäß § 37 Abs. 2 Nr. 1 Satz 4 verwendet wird, 29
c) Pfeile in den für den Rechtsabbieger gültigen Lichtzeichen die Fahrtrichtung vorschreiben, 30
d) beim Rechtsabbiegen Gleise von Schienenfahrzeugen gekreuzt oder befahren werden müssen, 31
e) der freigegebene Fahrradverkehr auf dem zu kreuzenden Radweg für beide Richtungen zugelassen ist oder der Fahrradverkehr trotz Verbotes in der Gegenrichtung in erheblichem Umfang stattfindet und durch geeignete Maßnahmen nicht ausreichend eingeschränkt werden kann, 32
f) für das Rechtsabbiegen mehrere markierte Fahrstreifen zur Verfügung stehen oder 33
g) die Lichtzeichenanlage überwiegend der Schulwegsicherung dient. 34

2. An Kreuzungen und Einmündungen, die häufig von seh- oder gehbehinderten Personen überquert werden, soll die Grünpfeil-Regelung nicht angewandt werden. Ist sie ausnahmsweise an Kreuzungen oder Einmündungen erforderlich, die häufig von Blinden oder Sehbehinderten überquert werden, so sind Lichtzeichenanlagen dort mit akustischen oder anderen geeigneten Zusatzeinrichtungen auszustatten. 35
3. Für Knotenpunktzufahrten mit Grünpfeil ist das Unfallgeschehen regelmäßig mindestens anhand von Unfallsteckkarten auszuwerten. Im Falle einer Häufung von Unfällen, bei denen der Grünpfeil ein unfallbegünstigender Faktor war, ist der Grünpfeil zu entfernen, soweit nicht verkehrstechnische Verbesserungen möglich sind. Eine Unfallhäufung liegt in der Regel vor, wenn in einem Zeitraum von drei Jahren zwei oder mehr Unfälle mit Personenschaden, drei Unfälle mit schwerwiegendem oder fünf Unfälle mit geringfügigem Verkehrsverstoß geschehen sind. 36
4. Der auf schwarzem Grund ausgeführte grüne Pfeil darf nicht leuchten, nicht beleuchtet sein und nicht retroreflektieren. Das Schild hat eine Breite von 250 mm und eine Höhe von 250 mm. 37

Zu Nummer 2

Vgl. für verengte Fahrbahn Nummer II zu Zeichen 208 (Rn. 2); bei Festlegung der Phasen ist sicherzustellen, dass auch langsamer Fahrverkehr das Ende der Engstelle erreicht hat, bevor der Gegenverkehr freigegeben wird. 38

Zu Nummer 3

Die Farbfolge Gelb-Rot darf lediglich dort verwendet werden, wo Lichtzeichenanlagen nur in größeren zeitlichen Abständen in Betrieb gesetzt werden müssen, z. B. an Bahnübergängen, an Ausfahrten aus Feuerwehr- und Straßenbahnhallen und Kasernen. Diese Farbfolge empfiehlt sich häufig auch an Wen- 39 deschleifen von Straßenbahnen und Oberleitungsomnibussen. Auch an Haltebuchten von Oberleitungsomnibussen und anderen Linienomnibussen ist ihre Anbringung zu erwägen, wenn auf der Straße starker Verkehr herrscht. Sie oder Lichtzeichenanlagen mit drei Farben sollten in der Regel da nicht fehlen, wo Straßenbahnen in eine andere Straße abbiegen.

Zu Nummer 4

40 I. Vgl. Nummer X 6 bis 8 zu den Nummern 1 und 2; Rn. 24 bis 26.

41 II. Besondere Zeichen sind die in der Anlage 4 der Straßenbahn-Bau- und Betriebsordnung aufgeführten. Zur Markierung vorbehaltener Fahrstreifen vgl. zu Zeichen 245.

Zu Nummer 5

42 I. Im Lichtzeichen für Fußgänger muss das rote Sinnbild einen stehenden, das grüne einen schreitenden Fußgänger zeigen.

43 II. Lichtzeichen für Radfahrer sollten in der Regel das Sinnbild eines Fahrrades zeigen. Besondere Lichtzeichen für Radfahrer, die vor der kreuzenden Straße angebracht werden, sollten in der Regel auch Gelb sowie Rot und Gelb (gleichzeitig) zeigen. Sind solche Lichtzeichen für einen abbiegenden Radfahrverkehr bestimmt, kann entweder in den Lichtzeichen zusätzlich zu dem farbigen Sinnbild des Fahrrades ein farbiger Pfeil oder über den Lichtzeichen das leuchtende Sinnbild eines Fahrrades und in den Lichtzeichen ein farbiger Pfeil gezeigt werden.

Zu Nummer 6

44 Zur gemeinsamen Signalisierung des Fußgänger- und Radverkehrs gilt Folgendes: In den roten und grünen Lichtzeichen der Fußgängerlichtzeichenanlage werden jeweils die Sinnbilder für Fußgänger und Radfahrer gemeinsam gezeigt oder neben dem Lichtzeichen für Fußgänger wird ein zweifarbiges Lichtzeichen für Radfahrer angebracht; beide Lichtzeichen müssen jeweils dieselbe Farbe zeigen. Vgl. im Übrigen zur Signalisierung für den Radverkehr die Richtlinien für Lichtsignalanlagen (RiLSA)[8].

Zu Absatz 3

45 I. Dauerlichtzeichen dürfen nur über markierten Fahrstreifen (Zeichen 295, 296, 340) gezeigt werden. Ist durch Zeichen 223.1 das Befahren eines Seitenstreifens angeordnet, können Dauerlichtzeichen diese Anordnung und die Anordnungen durch Zeichen 223.2 und Zeichen 223.3 unterstützen, aber nicht ersetzen (vgl. Nummer V zu den Zeichen 223.1 bis 223.3; Rn. 5).

46 II. Die Unterkante der Lichtzeichen soll in der Regel 4,50 m vom Boden entfernt sein.

8) Aktuelle Fassung VkBl. 2015, S. 635, Ausgabe 2015, FGSV Verlag, Köln.

III. Die Lichtzeichen sind an jeder Kreuzung und Einmündung und erforderlichenfalls auch sonst in angemessenen Abständen zu wiederholen. 47

IV. Umkehrstreifen im Besonderen 48
Wird ein Fahrstreifen wechselweise dem Verkehr der einen oder der anderen Fahrtrichtung zugewiesen, müssen die Dauerlichtzeichen für beide Fahrtrichtungen über allen Fahrstreifen gezeigt werden. Bevor die Fahrstreifenzuweisung umgestellt wird, muss für eine zur Räumung des Fahrstreifens ausreichende Zeit das Zeichen gekreuzte rote Balken für beide Richtungen gezeigt werden.

Zu § 38 Blaues Blinklicht und gelbes Blinklicht

Zu den Absätzen 1 bis 3

Gegen missbräuchliche Verwendung von gelbem und blauem Blinklicht an damit ausgerüsteten Fahrzeugen ist stets einzuschreiten. 1

Zu Absatz 3

I. Gelbes Blinklicht darf auf der Fahrt zur Arbeits- oder Unfallstelle nicht verwendet werden, während des Abschleppens nur, wenn der Zug ungewöhnlich langsam fahren muss oder das abgeschleppte Fahrzeug oder seine Ladung genehmigungspflichtige Übermaße hat. Fahrzeuge des Straßendienstes der öffentlichen Verwaltung dürfen gelbes Blinklicht verwenden, wenn sie Sonderrechte (§ 35 Abs. 6) beanspruchen oder vorgebaute oder angehängte Räum- oder Streugeräte mitführen. 2

II. Ortsfestes gelbes Blinklicht sollte nur sparsam verwendet werden und nur dann, wenn die erforderliche Warnung auf andere Weise nicht deutlich genug gegeben werden kann. Empfehlenswert ist vor allem, es anzubringen, um den Blick des Kraftfahrers auf Stellen zu lenken, die außerhalb seines Blickfeldes liegen, z.B. auf ein negatives Vorfahrtzeichen (Zeichen 205 und 206), wenn der Kraftfahrer wegen der baulichen Beschaffenheit der Stelle nicht ausreichend klar erkennt, dass er wartepflichtig ist. Aber auch auf eine Kreuzung selbst kann so hingewiesen werden, wenn diese besonders schlecht erkennbar oder aus irgendwelchen Gründen besonders gefährlich ist. Vgl. auch Nummer VI zu § 37 Abs. 2 Nr. 1 und 2; Rn. 14. Im gelben Blinklicht dürfen nur schwarze Sinnbilder für einen schreitenden Fußgänger, ein Fahrrad, eine Straßenbahn, einen Kraftomnibus, einen Reiter oder ein schwarzer Pfeil gezeigt werden. 3

III. Fahrzeuge und Ladungen sind als ungewöhnlich breit anzusehen, wenn sie die gesetzlich zugelassenen Breiten überschreiten (§ 32 Abs. 1 StVZO und § 22 Abs. 2) 4

Zu den §§ 39 bis 43 Allgemeines über Verkehrszeichen und Verkehrseinrichtungen

I. Die behördlichen Maßnahmen zur Regelung und Lenkung des Verkehrs durch Verkehrszeichen und Verkehrseinrichtungen sollen die allgemei- 1 nen Verkehrsvorschriften sinnvoll ergänzen. Dabei ist nach dem Grundsatz zu verfahren, so wenig Verkehrszeichen wie möglich anzuordnen. Bei der Straßenbaubehörde ist gegebenenfalls eine Prüfung anzuregen, ob anstelle von Verkehrszeichen und Verkehrseinrichtungen vorrangig durch verkehrstechnische oder bauliche Maßnahmen eine Verbesserung der Situation erreicht werden kann.

2 Verkehrszeichen, die lediglich die gesetzliche Regelung wiedergeben, sind nicht anzuordnen. Dies gilt auch für die Anordnung von Verkehrszeichen einschließlich Markierungen, deren rechtliche Wirkung bereits durch ein anderes vorhandenes oder gleichzeitig angeordnetes Verkehrszeichen erreicht wird. Abweichungen bedürfen der Zustimmung der obersten Landesbehörde.

3 Verkehrszeichen dürfen nur dort angebracht werden, wo dies nach den Umständen geboten ist. Über die Anordnung von Verkehrszeichen darf in jedem Einzelfall und nur nach gründlicher Prüfung entschieden werden; die Zuziehung ortsfremder Sachverständiger kann sich empfehlen.

4 1. Beim Einsatz moderner Mittel zur Regelung und Lenkung des Verkehrs ist auf die Sicherheit besonders Bedacht zu nehmen.
   Verkehrszeichen, Markierungen, Verkehrseinrichtungen sollen den Verkehr sinnvoll lenken, einander nicht widersprechen und so den Verkehr sicher führen.
   Die Wahrnehmbarkeit darf nicht durch Häufung von Verkehrszeichen beeinträchtigt werden.

5 2. Die Flüssigkeit des Verkehrs ist mit den zur Verfügung stehenden Mitteln zu erhalten. Dabei geht die Verkehrssicherheit aller Verkehrsteilnehmer der Flüssigkeit des Verkehrs vor. Der Förderung der öffentlichen Verkehrsmittel ist besondere Aufmerksamkeit zu widmen.

6 II. Soweit die StVO und diese Allgemeine Verwaltungsvorschrift für die Ausgestaltung und Beschaffenheit, für den Ort und die Art der Anbringung von Verkehrszeichen und Verkehrseinrichtungen nur Rahmenvorschriften geben, soll im Einzelnen nach dem jeweiligen Stand der Wissenschaft und Technik verfahren werden, den das Bundesministerium für Verkehr und digitale Infrastruktur nach Anhörung der zuständigen obersten Landesbehörden im Verkehrsblatt erforderlichenfalls bekannt gibt.

III. Allgemeines über Verkehrszeichen

7 1. Es dürfen nur die in der StVO abgebildeten Verkehrszeichen verwendet werden oder solche, die das Bundesministerium für Verkehr und digitale Infrastruktur nach Anhörung der zuständigen obersten Landesbehörden durch Verlautbarung im Verkehrsblatt zulässt.
   Die Formen der Verkehrszeichen müssen den Mustern der StVO entsprechen.
   Mehrere Verkehrszeichen oder ein Verkehrszeichen mit wenigstens einem Zusatzzeichen dürfen gemeinsam auf einer weißen Trägertafel aufgebracht werden. Die Trägertafel hat einen schwarzen Rand und einen weißen Kontraststreifen. Zusatzzeichen werden jeweils von

einem zusätzlichen schwarzen Rand gefasst. Einzelne Verkehrszeichen dürfen nur auf einer Trägertafel aufgebracht sein, wenn wegen ungünstiger Umfeldbedingungen eine verbesserte Wahrnehmbarkeit erreicht werden soll.

2. Allgemeine Regeln zur Ausführung der Gestaltung von Verkehrszeichen sind als Anlage zu dieser Verwaltungsvorschrift im Katalog der Verkehrszeichen in der aktuellen Ausgabe (VzKat) ausgeführt. **8**

Gefahrzeichen können spiegelbildlich dargestellt werden (die einzelnen Varianten ergeben sich aus dem VzKat), **9**

a) wenn dadurch verdeutlicht wird, wo die Gefahr zu erwarten ist (Zeichen 103, 105, 117, 121) oder **10**

b) wenn sie auf der linken Fahrbahnseite wiederholt werden (Zeichen 117, 133 bis 142); die Anordnung von Gefahrzeichen für beide Fahrbahnseiten ist jedoch nur zulässig, wenn nach den örtlichen Gegebenheiten nicht ausgeschlossen werden kann, dass Verkehrsteilnehmer das nur rechts befindliche Gefahrzeichen nicht oder nicht rechtzeitig erkennen können. **11**

3. Größe der Verkehrszeichen

a) Die Ausführung der Verkehrszeichen und Verkehrseinrichtungen ist auf das tatsächliche Erfordernis zu begrenzen; unnötig groß dimensionierte Zeichen sind zu vermeiden. **12**

b) Sofern in dieser Vorschrift nichts anderes bestimmt wird, erfolgt die Wahl der benötigten Verkehrszeichengröße – vor dem Hintergrund einer sorgfältigen Abwägung – anhand folgender Tabellen: **13**

Verkehrszeichen	**Größe 1 (70 %)**	**Größe 2 (100 %)**	**Größe 3 (125 bzw. 140 %)**
Ronde (∅)	420	600	750 (125 %)
Dreieck (Seitenl.)	630	900	1260 (140 %)
Quadrat (Seitenl.)	420	600	840 (140 %)
Rechteck (H × B)	630 × 420	900 × 600	1260 × 840 (140 %)

Maße in mm

Zusatzzeichen	**Größe 1 (70 %)**	**Größe 2 (100 %)**	**Größe 3 (125 %)**
Höhe 1	231 × 420	330 × 600	412 × 750
Höhe 2	315 × 420	450 × 600	562 × 750
Höhe 3	420 × 420	600 × 600	750 × 750

Maße der Zusatzzeichen in mm

14 c) Größenangaben für Sonderformen (z.B. Zeichen 201 „Andreaskreuz"), die in dieser Vorschrift nicht ausgeführt werden, sind im VzKat festgelegt.

15 d) In der Regel richtet sich die Größe nach der am Aufstellungsort geltenden zulässigen Höchstgeschwindigkeit:

Größen der Verkehrszeichen für Dreiecke, Quadrate und Rechtecke

Geschwindigkeitsbereich (km/h)	**Größe**
20 bis weniger als 50	1
50 bis 100	2
mehr als 100	3

Größen der Verkehrszeichen für Ronden

Geschwindigkeitsbereich (km/h)	**Größe**
0 bis 20	1
mehr als 20 bis 80	2
mehr als 80	3

16 e) Auf Autobahnen und autobahnähnlich ausgebauten Straßen ohne Geschwindigkeitsbeschränkung werden Verbote und vergleichbare Anordnungen zunächst durch Verkehrszeichen der Größe 3 nach den Vorgaben des VzKat angekündigt, Wiederholungen erfolgen bei zweistreifigen Fahrbahnen in der Regel in der Größe 2.

f) Kleinere Ausführungen als Größe 1 kommen unter Berücksichtigung des Sichtbarkeitsgrundsatzes nur für den Fußgänger- und Radverkehr sowie die Regelungen des Haltens und Parkens in Betracht. Das Verhältnis der vorgeschriebenen Maße soll auch dann gegeben sein. Im Übrigen sind bei allen Verkehrszeichen kleine Abweichungen von den Maßen zulässig, wenn dies aus besonderen Gründen notwendig ist und die Wahrnehmbarkeit und Lesbarkeit der Zeichen nicht beeinträchtigt.

17a g) Die Größe von Zonenzeichen, z.B. Zeichen 270.1, sollte sich nach dem darauf enthaltenen Hauptzeichen richten.

18 4. Die Ausführung der Verkehrszeichen darf nicht unter den Anforderungen anerkannter Gütebedingungen liegen.

19 5. Als Schrift ist die Schrift für den Straßenverkehr gemäß DIN 1451, Teil 2 zu verwenden.

20 6. Die Farben müssen den Bestimmungen und Abgrenzungen des Normblattes „Aufsichtsfarben für Verkehrszeichen – Farben und Farbgrenzen" DIN 6171 entsprechen.

7. Verkehrszeichen, ausgenommen solche für den ruhenden Verkehr, müssen rückstrahlend oder von außen oder innen beleuchtet sein. Das gilt auch für Verkehrseinrichtungen nach § 43 Absatz 3 Anlage 4 und für Zusatzzeichen. Werden Zusatzzeichen verwendet, müssen sie wie die Verkehrszeichen rückstrahlend oder von außen oder innen beleuchtet sein. Hinsichtlich lichttechnischer Anforderungen wird auf die EN 12899-1 „Ortsfeste, vertikale Straßenverkehrszeichen" sowie die einschlägigen Regelwerke der Forschungsgesellschaft für Straßen- und Verkehrswesen (FGSV) verwiesen. **21**

   Ein Verkehrszeichen ist nur dann von außen beleuchtet, wenn es von einer eigenen Lichtquelle angeleuchtet wird. **22**

   Verkehrszeichen können auch lichttechnisch erzeugt als Wechselverkehrszeichen in Wechselverkehrszeichengebern dargestellt werden. Einzelheiten enthalten die „Richtlinien für Wechselverkehrszeichen an Bundesfernstraßen (RWVZ)" und die „Richtlinien für Wechselverkehrszeichenanlagen an Bundesfernstraßen (RWVA)", die das Bundesministerium für Verkehr und digitale Infrastruktur im Einvernehmen mit den zuständigen obersten Landesbehörden im Verkehrsblatt bekannt gibt. **23**

8. Die Verkehrszeichen müssen fest eingebaut sein, soweit sie nicht nur vorübergehend aufgestellt werden. Pfosten, Rahmen und Schilderrückseiten sollen grau sein. **24**

   Strecken- und Verkehrsverbote für einzelne Fahrstreifen sind in der Regel so über den einzelnen Fahrstreifen anzubringen, dass sie dem betreffenden Fahrstreifen zweifelsfrei zugeordnet werden können (Verkehrszeichenbrücken oder Auslegermaste). **25**

   Muss von einer solchen Anbringung abgesehen werden oder sind die Zeichen nur vorübergehend angeordnet, z.B. bei Arbeitsstellen, sind die Ge- oder Verbotszeichen auf einer Verkehrslenkungstafel (Zeichen 501 ff.) am rechten Fahrbahnrand anzuzeigen (vgl. VwV zu den Zeichen 501 bis 546 Verkehrslenkungstafeln, Randnummer 7). Insbesondere außerhalb geschlossener Ortschaften sollen die angeordneten Ge- oder Verbotszeichen durch eine gleiche Verkehrslenkungstafel mit Entfernungsangabe auf einem Zusatzzeichen angekündigt werden. **26**

   Bei den Zeichen 209 bis 214 und 245 reicht eine Aufstellung rechts neben dem Fahrstreifen, für den sie gelten, aus. **27**

9. Verkehrszeichen sind gut sichtbar in etwa rechtem Winkel zur Fahrbahn rechts daneben anzubringen, soweit nicht in dieser Verwaltungsvorschrift anderes gesagt ist. **28**

   a) Links allein oder über der Straße allein dürfen sie nur angebracht werden, wenn Missverständnisse darüber, dass sie für den gesamten Verkehr in einer Richtung gelten, nicht entstehen können und wenn sichergestellt ist, dass sie auch bei Dunkelheit auf ausreichende Entfernung deutlich sichtbar sind. **29**

   b) Wo nötig, vor allem an besonders gefährlichen Straßenstellen, können die Verkehrszeichen auf beiden Straßenseiten, bei getrennten Fahrbahnen auf beiden Fahrbahnseiten aufgestellt werden. **30**

31 c) Verkehrszeichen können so gewölbt sein, dass sie auch seitlich erkennbar sind, wenn dies nach ihrer Zweckbestimmung geboten erscheint und ihre Sichtbarkeit von vorn dadurch nicht beeinträchtigt wird. Dies gilt insbesondere für die Zeichen 250 bis 267, nicht jedoch für vorfahrtregelnde Zeichen.

32 10. Es ist darauf zu achten, dass Verkehrszeichen nicht die Sicht behindern, insbesondere auch nicht die Sicht auf andere Verkehrszeichen oder auf Blinklicht- oder Lichtzeichenanlagen verdecken.

11. Häufung von Verkehrszeichen

33 Weil die Bedeutung von Verkehrszeichen bei durchschnittlicher Aufmerksamkeit zweifelsfrei erfassbar sein muss, sind Häufungen von Verkehrszeichen zu vermeiden. Es ist daher stets vorrangig zu prüfen, auf welche vorgesehenen oder bereits vorhandenen Verkehrszeichen verzichtet werden kann.

34 Sind dennoch an einer Stelle oder kurz hintereinander mehrere Verkehrszeichen unvermeidlich, muss dafür gesorgt werden, dass die für den fließenden Verkehr wichtigen besonders auffallen. Kann dies nicht realisiert werden oder wird ein für den fließenden Verkehr bedeutsames Verkehrszeichen an der betreffenden Stelle nicht erwartet, ist jene Wirkung auf andere Weise zu erzielen (z.B. durch Übergröße oder gelbes Blinklicht).

35 a) Am gleichen Pfosten oder sonst unmittelbar über- oder nebeneinander dürfen nicht mehr als drei Verkehrszeichen angebracht werden; bei Verkehrszeichen für den ruhenden Verkehr kann bei besonderem Bedarf abgewichen werden.

36 aa) Gefahrzeichen stehen grundsätzlich allein (vgl. Nummer I zu § 40, Randnummer 1).

37 bb) Mehr als zwei Vorschriftzeichen sollen an einem Pfosten nicht angebracht werden. Sind ausnahmsweise drei solcher Verkehrszeichen an einem Pfosten vereinigt, dann darf sich nur eins davon an den fließenden Verkehr wenden.

38 cc) Vorschriftzeichen für den fließenden Verkehr dürfen in der Regel nur dann kombiniert werden, wenn sie sich an die gleichen Verkehrsarten wenden und wenn sie die gleiche Strecke oder den gleichen Punkt betreffen.

39 dd) Verkehrszeichen, durch die eine Wartepflicht angeordnet oder angekündigt wird, dürfen nur dann an einem Pfosten mit anderen Verkehrszeichen angebracht werden, wenn jene wichtigen Zeichen besonders auffallen.

40 b) Dicht hintereinander sollen Verkehrszeichen für den fließenden Verkehr nicht folgen. Zwischen Pfosten, an denen solche Verkehrszeichen gezeigt werden, sollte vielmehr ein so großer Abstand bestehen, dass der Verkehrsteilnehmer bei der dort gefahrenen Geschwindigkeit Gelegenheit hat, die Bedeutung der Verkehrszeichen nacheinander zu erfassen.

12. An spitzwinkligen Einmündungen ist bei der Aufstellung der Verkehrszeichen dafür zu sorgen, dass Benutzer der anderen Straße sie nicht auf sich beziehen, auch nicht bei der Annäherung; erforderlichenfalls sind Sichtblenden oder ähnliche Vorrichtungen anzubringen. **41**
13. a) Die Unterkante der Verkehrszeichen sollte sich, soweit nicht bei einzelnen Zeichen anderes gesagt ist, in der Regel 2 m über Straßenniveau befinden, über Radwegen 2,20 m, an Schilderbrücken 4,50 m, auf Inseln und an Verkehrsteilern 0,60 m. **42**
    b) Verkehrszeichen dürfen nicht innerhalb der Fahrbahn aufgestellt werden. In der Regel sollte der Seitenabstand von ihr innerhalb geschlossener Ortschaften 0,50 m, keinesfalls weniger als 0,30 m betragen, außerhalb geschlossener Ortschaften 1,50 m. **43**
14. Sollen Verkehrszeichen nur zu gewissen Zeiten gelten, dürfen sie sonst nicht sichtbar sein. Nur die Geltung der Zeichen 224, 229, 245, 250, 251, 253, 255, 260, 261, 270.1, 274, 276, 277, 283, 286, 290.1, 314, 314.1 und 315 darf stattdessen auf einem Zusatzzeichen, z.B. „8–16 h", zeitlich beschränkt werden. Vorfahrtregelnde Zeichen vertragen keinerlei zeitliche Beschränkungen. **44**
15. Besteht bei Verkehrszeichen an einem Pfosten kein unmittelbarer Bezug, ist dies durch einen Abstand von etwa 10 cm zu verdeutlichen. **45**
16. Zusatzzeichen im Besonderen
    a) Sie sollten, wenn irgend möglich, nicht beschriftet sein, sondern nur Sinnbilder zeigen. Wie Zusatzzeichen auszugestalten sind, die in der StVO oder in dieser Vorschrift nicht erwähnt, aber häufig notwendig sind, gibt das Bundesministerium für Verkehr und digitale Infrastruktur nach Anhörung der zuständigen obersten Landesbehörden im amtlichen Katalog der Verkehrszeichen (VzKat) im Verkehrsblatt bekannt. Abweichungen von dem in diesem Verzeichnis aufgeführten Zusatzzeichen sind nicht zulässig; andere Zusatzzeichen bedürfen der Zustimmung der zuständigen obersten Landesbehörde oder der von ihr bestimmten Stelle. **46**
    b) Mehr als zwei Zusatzzeichen sollten an einem Pfosten, auch zu verschiedenen Verkehrszeichen, nicht angebracht werden. Die Zuordnung der Zusatzzeichen zu den Verkehrszeichen muss eindeutig erkennbar sein (§ 39 Absatz 3 Satz 3). **47**
    c) Entfernungs- und Längenangaben sind auf- oder abzurunden. Anzugeben sind z.B. 60 m statt 63 m, 80 m statt 75 m, 250 m statt 268 m, 800 m statt 750m, 1,2 km statt 1235 m. **48**

IV. Allgemeines über Markierungen

1. Markierungen sind nach den Richtlinien für die Markierung von Straßen (RMS) auszuführen. Das Bundesministerium für Verkehr und digitale Infrastruktur gibt die RMS im Einvernehmen mit den zuständigen obersten Landesbehörden im Verkehrsblatt bekannt. **49**
2. Die auf den fließenden Verkehr bezogenen Markierungen sind retroreflektierend auszuführen. **50**

51 3. Markierungsknöpfe sollen nur dann anstelle der Markierungslinien verwendet werden, wenn dies aus technischen Gründen zweckmäßig ist, z.B. auf Pflasterdecken.

52 4. Dagegen können Markierungen aller Art durch das zusätzliche Anbringen von Markierungsknöpfen in ihrer Wirkung unterstützt werden; geschieht dies an einer ununterbrochenen Linie, dürfen die Markierungsknöpfe nicht gruppenweise gesetzt werden. Zur Kennzeichnung gefährlicher Kurven und zur Verdeutlichung des Straßenverlaufs an anderen unübersichtlichen Stellen kann das zusätzliche Anbringen von Markierungsknöpfen auf Fahrstreifenbegrenzungen, auf Fahrbahnbegrenzungen und auf Leitlinien nützlich sein.

53 5. Markierungsknöpfe müssen in Grund und Aufriss eine abgerundete Form haben. Der Durchmesser soll nicht kleiner als 120 mm und nicht größer als 150 mm sein. Die Markierungsknöpfe dürfen nicht mehr als 25 mm aus der Fahrbahn herausragen.

54 6. Nach Erneuerung oder Änderung einer dauerhaften Markierung darf die alte Markierung nicht mehr sichtbar sein, wenn dadurch Zweifel über die Verkehrsregelung entstehen könnten.

55 7. Durch Schriftzeichen, Sinnbilder oder die Wiedergabe eines Verkehrszeichens auf der Fahrbahn kann der Fahrzeugverkehr lediglich zusätzlich auf eine besondere Verkehrssituation aufmerksam gemacht werden. Von dieser Möglichkeit ist nur sparsam Gebrauch zu machen. Sofern dies dennoch in Einzelfällen erforderlich sein sollte, sind die Darstellungen ebenfalls nach den RMS auszuführen.

56 8. Pflasterlinien in verkehrsberuhigten Geschäftsbereichen (vgl. § 39 Absatz 5 letzter Satz) müssen ausreichend breit sein, in der Regel mindestens 10 cm, und einen deutlichen Kontrast zur Fahrbahn aufweisen.

V. Allgemeines über Verkehrseinrichtungen

57 Für Verkehrseinrichtungen gelten die Vorschriften der Nummern I, III 1, 2, 4, 5, 6, 10 und 13 sinngemäß.

Zu § 39 Verkehrszeichen

Zu Absatz 1

1 Auf Nummer I zu den §§ 39 bis 43 wird verwiesen; Rn. 1.

Zu Absatz 2

2 Verkehrszeichen, die als Wechselverkehrszeichen aus einem Lichtraster gebildet werden (sogenannte Matrixzeichen), zeigen die sonst schwarzen Symbole, Schriften und Ziffern durch weiße Lichter an, der sonst weiße Untergrund bleibt als Hintergrund für die Lichtpunkte schwarz. Diese Umkehrung für Weiß und Schwarz ist nur solchen Matrixzeichen vorbehalten.

Zu Absatz 5

Vorübergehende Markierungen

I. Gelbe Markierungsleuchtknöpfe dürfen nur in Kombination mit Dauerlichtzeichen oder Wechselverkehrszeichen (z.B. Verkehrslenkungstafel, Wechselwegweiser) angeordnet werden. Als Fahrstreifenbegrenzung (Zeichen 295) sollte der Abstand der Leuchtknöpfe auf Autobahnen 6 m, auf anderen Straßen außerorts 4 m und innerorts 3 m betragen. Werden gelbe Markierungsleuchtknöpfe als Leitlinie angeordnet, muss der Abstand untereinander deutlich größer sein. 3

II. Nach den RSA können gelbe Markierungen oder gelbe Markierungsknopfreihen auch im Sockelbereich von temporär eingesetzten transportablen Schutzwänden als Fahrstreifenbegrenzung angebracht werden. 4

Zu Absatz 8

Vor Anordnung eines Gefahrzeichens mit einem Sinnbild aus § 39 Absatz 8 ist zu prüfen, ob vor der besonderen Gefahrenlage nicht mit dem Zeichen 101 und einem geeigneten Zusatzzeichen gewarnt werden kann. 5

Zu § 40 Gefahrzeichen

I. Gefahrzeichen sind nach Maßgabe des § 45 Absatz 9 Satz 4 anzuordnen. Nur wenn sie als Warnung oder Aufforderung zur eigenverantwortlichen Anpassung des Fahrverhaltens nicht ausreichen, sollte stattdessen oder bei unabweisbarem Bedarf ergänzend mit Vorschriftzeichen (insbesondere Zeichen 274, 276) auf eine der Gefahrsituation angepasste Fahrweise hingewirkt werden ; vgl. hierzu I zu den Zeichen 274, 276 und 277. 1

II. Die Angabe der Entfernung zur Gefahrstelle oder der Länge der Gefahrstrecke durch andere als die in Absatz 2 und 4 bezeichneten Zusatzzeichen ist unzulässig. 2

Zu Zeichen 101 Gefahrstelle

I. Das Zeichen darf nicht anstelle der Zeichen 102 bis 151 dauerhaft verwendet werden. 1

II. Vor Schienenbahnen ohne Vorrang darf nur durch dieses Zeichen samt einem Zusatzzeichen z.B. mit dem Sinnbild „Straßenbahn" (1048–19) oder dem Sinnbild aus Zeichen 151 gewarnt werden, bei nicht oder kaum benutzten Gleisen auch durch Zeichen 112. 2

Zu Zeichen 102 Kreuzung oder Einmündung mit Vorfahrt von rechts

Das Zeichen darf nur angeordnet werden vor schwer erkennbaren Kreuzungen und Einmündungen von rechts, an denen die Vorfahrt nicht durch Vorfahrtzeichen geregelt ist. Innerhalb geschlossener Ortschaften ist das Zeichen im Allgemeinen entbehrlich. 1

Zu den Zeichen 103 Kurve und 105 Doppelkurve

1 I. Die Zeichen sind nur dort anzuordnen, wo die Erforderlichkeit einer erheblichen Reduzierung der Geschwindigkeit in einem Kurvenbereich nicht rechtzeitig erkennbar ist, obwohl Richtungstafeln aufgestellt sind (vgl. Nummer II VwV zu § 43 Absatz 3 Anlage 4 Abschnitte 2 und 3, Randnummer 6).

2 II. Es dürfen nur die im Katalog der Verkehrszeichen aufgeführten Varianten der Zeichen 103 und 105 angeordnet werden. Eine nähere Darstellung des Kurvenverlaufs auf den Zeichen ist unzulässig.

3 III. Mehr als zwei gefährliche Kurven im Sinne der Nummer I sind durch ein Doppelkurvenzeichen mit einem Zusatzzeichen, das die Länge der kurvenreichen Strecke angibt, anzukündigen. Vor den einzelnen Kurven ist dann nicht mehr zu warnen.

Zu Zeichen 108 Gefälle und 110 Steigung

1 Die Zeichen dürfen nur dann angeordnet werden, wenn der Verkehrsteilnehmer die Steigung oder das Gefälle nicht rechtzeitig erkennen oder wegen besonderer örtlicher Verhältnisse oder des Streckencharakters die Stärke oder die Länge der Neigungsstrecke unterschätzen kann. Die Länge der Gefahrstrecke kann auf einem Zusatzzeichen angegeben werden.

Zu Zeichen 112 Unebene Fahrbahn

1 I. Das Zeichen ist nur für sonst gut ausgebaute Straßen und nur dann anzuordnen, wenn Unebenheiten bei Einhaltung der jeweils zulässigen Höchstgeschwindigkeit oder der Richtgeschwindigkeit auf Autobahnen eine Gefahr für den Fahrzeugverkehr darstellen können.

2 II. Es ist empfehlenswert, die Entfernung zwischen dem Standort des Zeichens und dem Ende der Gefahrstelle anzugeben, wenn vor einer unebenen Fahrbahn von erheblicher Länge gewarnt werden muss.

3 III. Vgl. auch Nummer II zu Zeichen 101; Randnummer 2.

Zu Zeichen 114 Schleuder- oder Rutschgefahr bei Nässe oder Schmutz

1 I. Das Zeichen ist nur dort anzuordnen, wo die Gefahr nur auf einem kurzen Abschnitt besteht. Besteht die Gefahr auf längeren Streckenabschnitten häufiger, ist stattdessen die zulässige Höchstgeschwindigkeit bei Nässe zu beschränken. Innerhalb geschlossener Ortschaften ist das Zeichen in der Regel entbehrlich.

2 II. Vor der Beschmutzung der Fahrbahn ist nur zu warnen, wenn die verkehrsgefährdende Auswirkung schwer erkennbar ist und nicht sofort beseitigt werden kann; vgl. Nummer I zu § 32 Absatz 1; Randnummer 1.

Zu den Zeichen 120 und 121 Verengte Fahrbahn

1 Verengt sich die Fahrbahn nur allmählich oder ist die Verengung durch horizontale und vertikale Leiteinrichtungen ausreichend gekennzeichnet, bedarf es

des Zeichens nicht. Innerhalb geschlossener Ortschaften sollen die Zeichen nur bei Baustellen angeordnet werden.

Zu Zeichen 123 Arbeitsstelle

Zur Ausführung von Straßenarbeitsstellen vgl. Richtlinien für die Sicherung von Arbeitsstellen an Straßen (RSA). 1

Zu Zeichen 125 Gegenverkehr

Das Zeichen ist nur dann anzuordnen, wenn eine Fahrbahn mit Verkehr in einer Richtung in eine Fahrbahn mit Gegenverkehr übergeht und dies nicht ohne Weiteres erkennbar ist. 1

Zu Zeichen 131 Lichtzeichenanlage

Das Zeichen ist innerhalb geschlossener Ortschaften nur anzuordnen, wenn die Lichtzeichenanlage für die Fahrzeugführer nicht bereits in so ausreichender Entfernung erkennbar ist, dass ein rechtzeitiges Anhalten problemlos möglich ist. Außerhalb geschlossener Ortschaften ist das Zeichen stets in Verbindung mit einer Geschwindigkeitsbeschränkung vor Lichtzeichenanlagen anzuordnen; vgl. III. zu Zeichen 274 1

Zu Zeichen 133 Fußgänger

Das Zeichen ist nur dort anzuordnen, wo Fußgängerverkehr außerhalb von Kreuzungen oder Einmündungen über oder auf die Fahrbahn geführt wird und dies für den Fahrzeugverkehr nicht ohne Weiteres erkennbar ist. 1

Zu Zeichen 136 Kinder

I. Das Zeichen darf nur angeordnet werden, wo die Gefahr besteht, dass Kinder häufig ungesichert auf die Fahrbahn laufen und eine technische Sicherung nicht möglich ist. Die Anordnung des Zeichens ist in Tempo-30-Zonen in der Regel nicht erforderlich (vgl. Nummer XI zu § 45 Absatz 1 bis 1e). 1
II. Vgl. auch zu § 31; Randnummer 1. 2

Zu Zeichen 138 Radfahrer

Das Zeichen ist nur dort anzuordnen, wo Radverkehr außerhalb von Kreuzungen oder Einmündungen die Fahrbahn quert oder auf sie geführt wird und dies für den Kraftfahrzeugverkehr nicht ohne Weiteres erkennbar ist. Vgl. III zu den Zeichen 237, 240 und 241. 1

Zu Zeichen 142 Wildwechsel

I. Das Zeichen darf nur für Straßen mit schnellem Verkehr für bestimmte Streckenabschnitte angeordnet werden, in denen Wild häufig über die 1

Fahrbahn wechselt. Diese Gefahrstellen sind mit den unteren Jagd- und Forstbehörden sowie den Jagdausübungsberechtigten festzulegen.

2 II. Auf Straßen mit Wildschutzzäunen ist das Zeichen entbehrlich.

Zu den Zeichen 151 bis 162 Bahnübergang

1 I. Die Zeichen sind außerhalb geschlossener Ortschaften in der Regel für beide Straßenseiten anzuordnen.

2 II. In der Regel sind die Zeichen 156 bis 162 anzuordnen. Selbst auf Straßen von geringer Verkehrsbedeutung genügt das Zeichen 151 allein nicht, wenn dort schnell gefahren wird oder wenn der Bahnübergang zu spät zu erkennen ist.

3 Innerhalb geschlossener Ortschaften genügt das Zeichen 151, wenn nicht schneller als 50 km/h gefahren werden darf und der Bahnübergang gut erkennbar ist.

Zu § 41 Vorschriftzeichen

1 I. Bei Änderungen von Verkehrsregeln, deren Missachtung besonders gefährlich ist, z.B. bei Änderung der Vorfahrt, ist für eine ausreichende Übergangszeit der Fahrverkehr zu warnen.

2 II. Wenn durch Verbote oder Beschränkungen einzelne Verkehrsarten ausgeschlossen werden, ist dies in ausreichendem Abstand vorher anzukündigen und auf mögliche Umleitungen hinzuweisen.

3 III. Für einzelne markierte Fahrstreifen dürfen Fahrtrichtungen (Zeichen 209 ff.) oder Höchst- oder Mindestgeschwindigkeiten (Zeichen 274 oder 275) vorgeschrieben oder das Überholen (Zeichen 276 oder 277) oder der Verkehr (Zeichen 245 oder 250 bis 266) verboten werden.

4 IV. Soll die Geltung eines Vorschriftzeichens auf eine oder mehrere Verkehrsarten beschränkt werden, ist die jeweilige Verkehrsart auf einem Zusatzzeichen unterhalb des Verkehrszeichens sinnbildlich darzustellen. Soll eine Verkehrsart oder sollen Verkehrsarten von der Beschränkung ausgenommen werden, ist der sinnbildlichen Darstellung das Wort „frei" anzuschließen.

Zu Zeichen 201 Andreaskreuz

1 I. Die Andreaskreuze sind in der Regel möglichst nahe, aber nicht weniger als 2,25 m vor der äußeren Schiene aufzustellen.

2 II. Andreaskreuze sind am gleichen Pfosten wie Blinklichter oder Lichtzeichen anzubringen. Mit anderen Verkehrszeichen dürfen sie nicht kombiniert werden.

3 III. Wo in den Hafen- und Industriegebieten den Schienenbahnen Vorrang gewährt werden soll, müssen Andreaskreuze an allen Einfahrten angeordnet werden. Vorrang haben dann auch Schienenbahnen, die nicht auf besonderem Bahnkörper verlegt sind. Für Industriegebiete kommt eine solche Regelung nur in Betracht, wenn es sich um geschlossene Gebiete

handelt, die als solche erkennbar sind und die nur über bestimmte Zufahrten erreicht werden können.

IV. Weitere Sicherung von Übergängen von Schienenbahnen mit Vorrang

1. Wegen der ständig zunehmenden Verkehrsdichte auf den Straßen ist die technische Sicherung der bisher nicht so gesicherten Bahnübergänge anzustreben. Besonders ist darauf zu achten, ob Bahnübergänge infolge Zunahme der Verkehrsstärke einer technischen Sicherung bedürfen. Anregungen sind der höheren Verwaltungsbehörde vorzulegen. 4
2. Auf die Schaffung ausreichender Sichtflächen an Bahnübergängen ohne technische Sicherung ist hinzuwirken. Wo solche Übersicht fehlt, ist die zulässige Höchstgeschwindigkeit vor dem Bahnübergang angemessen zu beschränken. Das Zeichen 274 ist über den ein- oder zweistreifigen Baken (Zeichen 159 oder 162) anzubringen. 5
3. Dort, wo Längsmarkierungen angebracht sind, empfiehlt es sich, auch eine Haltlinie (Zeichen 294), in der Regel in Höhe des Andreaskreuzes zu markieren. Zur Anordnung einer einseitigen Fahrstreifenbegrenzung (Zeichen 296) vgl. zu § 19 Absatz 1. 6
4. Vgl. auch zu den Zeichen 151 bis 162. 7
5. Bevor ein Verkehrszeichen oder eine Markierung angeordnet oder entfernt wird, ist der Betreiber des Schienennetzes zu hören. 8

V. Straßenbahnen und die übrigen Schienenbahnen (Privatanschlussbahnen)

1. Über die Zustimmungsbedürftigkeit der Aufstellung und Entfernung von Andreaskreuzen vgl. Nummer III zu § 45 Absatz 1 bis 1e; Randnummer 3 ff. Außerdem sind, soweit die Aufsicht über die Bahnen nicht bei den obersten Landesbehörden liegt, die für die Aufsicht zuständigen Behörden zu beteiligen; sind die Bahnen Zubehör einer bergbaulichen Anlage, dann sind auch die obersten Bergbaubehörden zu beteiligen. 9
2. Der Vorrang darf nur gewährt werden, wenn eine solche Schienenbahn auf besonderem oder unabhängigem Bahnkörper verlegt ist, dies auch dann, wenn der besondere Bahnkörper innerhalb des Verkehrsraums einer öffentlichen Straße liegt. Eine Schienenbahn ist schon dann an einem Übergang auf besonderem Bahnkörper verlegt, wenn dieser an dem Übergang endet. Ein besonderer Bahnkörper setzt mindestens voraus, dass die Gleise durch ortsfeste, körperliche Hindernisse vom übrigen Verkehrsraum abgegrenzt und diese Hindernisse auffällig kenntlich gemacht sind; abtrennende Bordsteine müssen weiß sein. 10

VI. 1. Straßenbahnen auf besonderem oder unabhängigem Bahnkörper, der nicht innerhalb des Verkehrsraums einer öffentlichen Straße liegt, ist in der Regel durch Aufstellung von Andreaskreuzen der Vorrang zu geben. An solchen Bahnübergängen ist schon bei mäßigem Verkehr auf der querenden Straße oder wenn auf dieser Straße schneller als 50 km/h gefahren wird, die Anbringung einer straßenbahnabhängigen, in der Regel zweifarbigen Lichtzeichenanlage (vgl. § 37 Absatz 2 11

Nummer 3) oder von Schranken zu erwägen. Auch an solchen Bahnübergängen über Feld- und Waldwege sind Andreaskreuze dann erforderlich, wenn der Bahnübergang nicht ausreichend erkennbar ist; unzureichende Übersicht über die Bahnstrecke kann ebenfalls dazu Anlass geben.

12 2. a) Liegt der besondere oder unabhängige Bahnkörper innerhalb des Verkehrsraums einer Straße mit Vorfahrt oder verläuft er neben einer solchen Straße, bedarf es nur dann eines Andreaskreuzes, wenn der Schienenverkehr für den kreuzenden oder abbiegenden Fahrzeugführer nach dem optischen Eindruck nicht zweifelsfrei zu dem Verkehr auf der Straße mit Vorfahrt gehört. Unmittelbar vor dem besonderen Bahnkörper darf das Andreaskreuz nur dann aufgestellt werden, wenn so viel Stauraum vorhanden ist, dass ein vor dem Andreaskreuz wartendes Fahrzeug den Längsverkehr nicht stört. Wird an einer Kreuzung oder Einmündung der Verkehr durch Lichtzeichen geregelt, muss auch der Straßenbahnverkehr auf diese Weise geregelt werden, und das auch dann, wenn der Bahnkörper parallel zu einer Straße in deren unmittelbarer Nähe verläuft. Dann ist auch stets zu erwägen, ob der die Schienen kreuzende Abbiegeverkehr gleichfalls durch Lichtzeichen zu regeln oder durch gelbes Blinklicht mit dem Sinnbild einer Straßenbahn zu warnen ist.

13 b) Hat der gleichgerichtete Verkehr an einer Kreuzung oder Einmündung nicht die Vorfahrt, ist es nur in Ausnahmefällen möglich, der Straßenbahn Vorrang zu gewähren.

Zu Zeichen 205 Vorfahrt gewähren!

1 I. Ist neben einer durchgehenden Fahrbahn ein Fahrstreifen vorhanden, welcher der Einfädelung des einmündenden Verkehrs dient, ist das Zeichen am Beginn dieses Fahrstreifens anzuordnen. Vgl. Nummer I zu § 7 Absatz 1 bis 3; Randnummer 1. An Einfädelungsstreifen auf Autobahnen und Kraftfahrstraßen ist das Zeichen im Regelfall nicht erforderlich (vgl. § 18 Absatz 3).

2 II. Über Kreisverkehr vgl. zu Zeichen 215.

3 III. Nur wenn eine Bevorrechtigung der Schienenbahn auf andere Weise nicht möglich ist, kann in Ausnahmefällen das Zeichen 205 mit dem Zusatzzeichen mit Straßenbahnsinnbild (1048–19) angeordnet werden, insbesondere wo Schienenbahnen einen kreisförmigen Verkehr kreuzen oder wo die Schienenbahn eine Wendeschleife oder ähnlich geführte Gleisanlagen befährt. Für eine durch Zeichen 306 bevorrechtigte Straße darf das Zeichen mit Zusatzzeichen nicht angeordnet werden.

Zu Zeichen 206 Halt! Vorfahrt gewähren!

I. Das Zeichen 206 ist nur dann anzuordnen, wenn

1 1. die Sichtverhältnisse an der Kreuzung oder Einmündung es zwingend erfordern,

2. es wegen der Örtlichkeit (Einmündung in einer Innenkurve oder in eine besonders schnell befahrene Straße) schwierig ist, die Geschwindigkeit der Fahrzeuge auf der anderen Straße zu beurteilen, oder 2
3. es sonst aus Gründen der Sicherheit notwendig erscheint, einen Wartepflichtigen zu besonderer Vorsicht zu mahnen (z.B. in der Regel an der Kreuzung zweier Vorfahrtstraßen). 3

II. Zusätzlich ist im Regelfall eine Haltlinie (Zeichen 294) dort anzubringen, wo der Wartepflichtige die Straße übersehen kann. Bei einem im Zuge der Vorfahrtstraße (Zeichen 306) verlaufenden Radweg ist die Haltlinie unmittelbar vor der Radwegefurt anzubringen. 4

Zu den Zeichen 205 und 206 Vorfahrt gewähren. und Halt. Vorfahrt gewähren.

I. Die Zeichen sind unmittelbar vor der Kreuzung oder Einmündung anzuordnen. 1

II. Die Zeichen sind nur anzukündigen, wenn die Vorfahrtregelung aufgrund der örtlichen Gegebenheiten (Straßenverlauf, Geschwindigkeit, Verkehrsstärke) anderenfalls nicht rechtzeitig erkennbar wäre. Innerhalb geschlossener Ortschaften ist die Ankündigung in der Regel nicht erforderlich. Außerhalb geschlossener Ortschaften soll sie 100 bis 150 m vor der Kreuzung oder Einmündung erfolgen. Die Ankündigung erfolgt durch Zeichen 205 mit der Entfernungsangabe auf einem Zusatzzeichen. Bei der Ankündigung des Zeichens 206 enthält das Zusatzzeichen neben der Entfernungsangabe zusätzlich das Wort „Stop". 2

III. Das Zusatzzeichen mit dem Sinnbild eines Fahrrades und zwei gegenläufigen waagerechten Pfeilen (1000-32) ist anzuordnen, wenn der Radweg im Verlauf der Vorfahrtstraße für den Radverkehr in beide Richtungen freigegeben ist. 3

IV. Wo eine Lichtzeichenanlage steht, sind die Zeichen in der Regel unter oder neben den Lichtzeichen am gleichen Pfosten anzubringen. 4

V. Nur wo eine Straße mit Wartepflicht in einem großräumigen Knoten eine Straße mit Mittelstreifen kreuzt und für den Verkehrsteilnehmer schwer erkennbar ist, dass es sich um die beiden Richtungsfahrbahnen derselben Straße handelt, ist zusätzlich auf dem Mittelstreifen eines der beiden Zeichen aufzustellen. 5

VI. Jede Kreuzung und Einmündung, in der vom Grundsatz „Rechts vor Links" abgewichen werden soll, ist sowohl positiv als auch negativ zu beschildern, und zwar sowohl innerhalb als auch außerhalb geschlossener Ortschaften. Ausgenommen sind Ausfahrten aus verkehrsberuhigten Bereichen (Zeichen 325.1, 325.2) sowie Feld- und Waldwege, deren Charakter ohne Weiteres zu erkennen ist. Straßeneinmündungen, die wie Grundstückszufahrten aussehen, sowie Einmündungen von Feld- oder Waldwegen können einseitig mit Zeichen 205 versehen werden. 6

VII. Zusatzzeichen „abknickende Vorfahrt" 7
Über die Zustimmungsbedürftigkeit vgl. Nummer III 1 Buchstabe a zu § 45 Absatz 1 bis 1e, Randnummer 4; über abknickende Vorfahrt vgl. fer-

ner zu den Zeichen 306 und 307 und Nummer III zu Zeichen 301; Randnummer 3.

Zu Zeichen 208 Dem Gegenverkehr Vorrang gewähren.

I. Das Zeichen ist nur dann anzuordnen, wenn

1 1. bei einseitig verengter Fahrbahn dem stärkeren Verkehrsfluss abweichend von § 6 Vorrang eingeräumt werden muss oder

2 2. bei beidseitig verengter Fahrbahn für die Begegnung mehrspuriger Fahrzeuge kein ausreichender Raum vorhanden und der Verengungsbereich aus beiden Fahrtrichtungen überschaubar ist. Welcher Fahrtrichtung der Vorrang einzuräumen ist, ist aufgrund der örtlichen Verhältnisse und der beiderseitigen Verkehrsstärke zu entscheiden.

3 II. Am anderen Ende der Verengung muss für die Gegenrichtung das Zeichen 308 angeordnet werden.

4 III. In verkehrsberuhigten Bereichen ist auf die Regelung stets, in geschwindigkeitsbeschränkten Zonen in der Regel zu verzichten.

Zu den Zeichen 209 bis 214 Vorgeschriebene Fahrtrichtung

1 I. In Abweichung von den abgebildeten Grundformen dürfen die Pfeilrichtungen dem tatsächlichen Verlauf der Straße, in die der Fahrverkehr eingewiesen wird, nur dann angepasst werden, wenn dies zur Klarstellung notwendig ist.

2 II. Die Zeichen „Hier rechts“ und „Hier links“ sind hinter der Stelle anzuordnen, an der abzubiegen ist, die Zeichen „Rechts“ und „Links“ vor dieser Stelle. Das Zeichen „Geradeaus“ und alle Zeichen mit kombinierten Pfeilen müssen vor der Stelle stehen, an der in eine oder mehrere Richtungen nicht abgebogen werden darf.

3 III. In Verbindung mit Lichtzeichen dürfen die Zeichen nur dann angebracht sein, wenn für den gesamten Richtungsverkehr ein Abbiegever- oder -gebot insgesamt angeordnet werden soll. Sie dürfen nicht nur fahrstreifenbezogen zur Unterstützung der durch die Fahrtrichtungspfeile oder Pfeile in Lichtzeichen vorgeschriebenen Fahrtrichtung angeordnet werden.

4 IV. Vgl. auch Nummer IV zu § 41; Randnummer 4 und über die Zustimmungsbedürftigkeit Nummer III 1 Buchstabe d zu § 45 Absatz 1 bis 1e; Randnummer 7.

Zu Zeichen 215 Kreisverkehr

1 I. Ein Kreisverkehr darf nur angeordnet werden, wenn die Mittelinsel von der Kreisfahrbahn abgegrenzt ist. Dies gilt auch, wenn die Insel wegen des geringen Durchmessers des Kreisverkehrs von großen Fahrzeugen überfahren werden muss. Zeichen 295 als innere Fahrbahnbegrenzung ist in Form eines Breitstrichs auszuführen (vgl. RMS).

2 II. Außerhalb geschlossener Ortschaften ist der Kreisverkehr mit Vorwegweiser (Zeichen 438) anzukündigen.

III. Die Zeichen 205 und 215 sind an allen einmündenden Straßen anzuordnen. Ist eine abweichende Vorfahrtregelung durch Verkehrszeichen für den Kreisverkehr erforderlich, ist Zeichen 209 (Rechts) anzuordnen. 3

IV. Die Anordnung von Zeichen 215 macht eine zusätzliche Anordnung von Zeichen 211 (Hier rechts) auf der Mittelinsel entbehrlich. Außerhalb geschlossener Ortschaften empfiehlt es sich, auf baulich angelegten, nicht überfahrbaren Mittelinseln gegenüber der jeweiligen Einfahrt vorrangig Zeichen 625 (Richtungstafel in Kurven) anzuordnen. 4

V. Wo eine Straßenbahn die Mittelinsel überquert, darf Zeichen 215 nicht angeordnet werden. Der Straßenbahn ist regelmäßig Vorfahrt zu gewähren; dabei sind Lichtzeichen vorzuziehen. 5

VI. Der Fahrradverkehr ist entweder wie der Kraftfahrzeugverkehr auf der Kreisfahrbahn zu führen oder auf einem baulich angelegten Radweg (Zeichen 237, 240, 241). Ist dieser baulich angelegte Radweg eng an der Kreisfahrbahn geführt (Absatzmaß max. 4–5 m), so sind in den Zufahrten die Zeichen 215 (Kreisverkehr) und 205 (Vorfahrt gewähren) vor der Radfahrerfurt anzuordnen. Ist der baulich angelegte Radweg von der Kreisfahrbahn abgesetzt oder liegt der Kreisverkehr außerhalb bebauter Gebiete, ist für den Radverkehr Zeichen 205 anzuordnen. 6

VII. Zur Anordnung von Fußgängerüberwegen auf den Zufahrten vgl. R-FGÜ. 7

Zu Zeichen 220 Einbahnstraße

I. Das Zeichen 220 ist stets längs der Straße anzubringen. Es darf weder am Beginn der Einbahnstraße noch an einer Kreuzung oder Einmündung in ihrem Verlauf fehlen. Am Beginn der Einbahnstraße und an jeder Kreuzung ist das Zeichen dergestalt anzubringen, dass es aus beiden Richtungen wahrgenommen werden kann. 1

II. Bei Einmündungen (auch bei Ausfahrten aus größeren Parkplätzen) empfiehlt sich die Anbringung des Zeichens 220 gegenüber der einmündenden Straße, bei Kreuzungen hinter diesen. In diesem Fall soll das Zeichen in möglichst geringer Entfernung von der kreuzenden Straße angebracht werden, damit es vom kreuzenden Verkehr leicht erkannt werden kann. 2

III. Geht im Verlauf eines Straßenzuges eine Einbahnstraße in eine Straße mit Gegenverkehr über, siehe zu Zeichen 125. 3

IV. 1. Beträgt in Einbahnstraßen die zulässige Höchstgeschwindigkeit nicht mehr als 30 km/h, kann Radverkehr in Gegenrichtung zugelassen werden, wenn 4

a) eine ausreichende Begegnungsbreite vorhanden ist, ausgenommen an kurzen Engstellen; bei Linienbusverkehr oder bei stärkerem Verkehr mit Lastkraftwagen muss diese mindestens 3,5 m betragen, 5

b) die Verkehrsführung im Streckenverlauf sowie an Kreuzungen und Einmündungen übersichtlich ist, 6

c) für den Radverkehr dort, wo es orts- und verkehrsbezogen erforderlich ist, ein Schutzraum angelegt wird. 7

2. Das Zusatzzeichen 1000–32 ist an allen Zeichen 220 anzuordnen. Wird durch Zusatzzeichen der Fahrradverkehr in der Gegenrichtung zugelassen, ist bei Zeichen 267 das Zusatzzeichen 1022-10 (Sinnbild eines Fahrrades und „frei") anzubringen. Vgl. zu Zeichen 267.

Zu Zeichen 222 Rechts vorbei

1 I. Das Zeichen ist anzuordnen, wo nicht zweifelsfrei erkennbar ist, an welcher Seite vorbeizufahren ist.

2 II. Wenn das Zeichen angeordnet wird, ist in der Regel auf eine Kenntlichmachung der Hindernisse durch weitere Verkehrszeichen und Verkehrseinrichtungen zu verzichten. Die zusätzliche Anordnung von Zeichen 295 ist außerorts vor Inseln erforderlich, innerorts kann sie sich außerhalb von Tempo-30-Zonen empfehlen.

III. Kann an einem Hindernis sowohl rechts als auch links vorbeigefahren werden, verbietet sich die Anordnung des Zeichens. In diesen Fällen kommt die Anordnung von Leitplatten (Zeichen 626) und/oder von Fahrbahnmarkierungen in Betracht.

Zu den Zeichen 223.1 bis 223.3 Befahren eines Seitenstreifens als Fahrstreifen

1 I. Die Zeichen dürfen nur für die Tageszeiten angeordnet werden, zu denen aufgrund der Verkehrsbelastung eine erhebliche Beeinträchtigung des Verkehrsablaufs zu erwarten ist. Sie sind deshalb als Wechselverkehrszeichen auszubilden. Die Anordnung darf nur erfolgen, wenn der Seitenstreifen von den baulichen Voraussetzungen her wie ein Fahrstreifen (vgl. § 7 Abs. 1 Satz 2 StVO) befahrbar ist. Vor jeder Anordnung ist zu prüfen, ob der Seitenstreifen frei von Hindernissen ist. Während der Dauer der Anordnung ist die Prüfung regelmäßig zu wiederholen.

2 II. Die Zeichen sind beidseitig anzuordnen. Die Abmessung der Zeichen beträgt 2,25 m × 2,25 m.

3 III. Das Zeichen 223.1 soll durch ein Zusatzzeichen „Seitenstreifen befahren" unterstützt werden. Das Zusatzzeichen soll dann zu jedem Zeichen angeordnet werden.

4 IV. Das Zeichen 223.1 darf nur in Kombination mit einer Beschränkung der zulässigen Höchstgeschwindigkeit (Zeichen 274) auf nicht mehr als 100 km/h angeordnet werden. Zusätzlich empfiehlt sich bei starkem Lkw-Verkehr die Anordnung von Zeichen 277.

5 V. Das Zeichen 223.1 ist je nach örtlicher Situation in Abständen von etwa 1000 bis 2000 m aufzustellen. Die Standorte sind mit einer Verkehrsbeeinflussungsanlage abzustimmen. Im Bereich einer Verkehrsbeeinflussungsanlage können die Abstände zwischen zwei Zeichen vergrößert werden.

6 VI. Das Zeichen 223.2 ist in der Regel im Bereich einer Anschlussstelle anzuordnen. Wenigstens 400 m vorher ist entweder Zeichen 223.3 oder 223.1 mit dem Zusatz „Ende in m" anzuordnen. Die Anordnung von Zeichen 223.1 mit dem Zusatz „Ende in m" empfiehlt sich nur, wenn der

befahrbare Seitenstreifen in einer Anschlussstelle in den Ausfädelungsstreifen übergeht und nur noch vom ausfahrenden Verkehr benutzt werden kann. Zeichen 223.3 soll durch ein Zusatzzeichen „Seitenstreifen räumen" unterstützt werden.

VII. Im Bereich von Ausfahrten ist die Nutzung des Seitenstreifens als Fahrstreifen in der Wegweisung zu berücksichtigen. Vorwegweiser und Wegweiser sind dann fahrstreifenbezogen als Wechselwegweiser auszuführen. 7

VIII. Zur Markierung vgl. zu Zeichen 295 Nummer 2 (lfd. Nummer 68 der Anlage 2). 8

IX. Die Zeichen können durch Dauerlichtzeichen unterstützt werden. Dies empfiehlt sich besonders für Zeichen 223.2; vgl. Nummer I zu § 37 Abs. 3; Rn. 45. 9

Zu Zeichen 224 Haltestelle

I. Abweichend von Nummer III 3 b) zu §§ 39 bis 43; Randnummer 13 darf das Zeichen einen Durchmesser von 350 bis 450 mm haben. 1

II. Auch Haltestellen für Fahrzeuge des Behindertenverkehrs können so gekennzeichnet werden. 2

III. Über die Verkehrsbedienung und die Linienführung sowie den Fahrplan mit Angabe der Haltestellen wird von der nach dem Personenbeförderungsrecht zuständigen Behörde entschieden. Über die Festlegung des Ortes der Haltestellenzeichen vgl. die Straßenbahn-Bau- und Betriebsordnung und die Verordnung über den Betrieb von Kraftfahrunternehmen im Personenverkehr. 3

IV. Im Orts- und Nachbarorts-Linienverkehr gehört zu dem Zeichen ein Zusatzzeichen mit der Bezeichnung der Haltestelle (Haltestellenname). Darüber hinaus kann die Linie angegeben werden. 4

Bei Bedarf können dazu das Symbol der Straßenbahn und/oder des Kraftomnibusses gezeigt werden. 5

V. Schulbushaltestellen werden mit einem Zusatzzeichen „Schulbus (Angabe der tageszeitlichen Benutzung)" gekennzeichnet. 6

VI. Auch andere Haltestellen können insbesondere bei erheblichem Parkraummangel mit einem Zusatzzeichen, auf dem die tageszeitliche Benutzung angegeben ist, gekennzeichnet werden. 7

VII. Soweit erforderlich, kann der Anfang und das Ende eines Haltestellenbereichs durch Zeichen 299 gekennzeichnet werden. 8

Zu Zeichen 229 Taxenstand

I. Das Zeichen darf nur angeordnet werden, wo zumindest während bestimmter Tageszeiten regelmäßig betriebsbereite Taxen vorgehalten werden. 1

II. Für jedes vorgesehene Taxi ist eine Länge von 5 m zugrunde zu legen. Die Markierung durch Zeichen 299 empfiehlt sich nur, wenn nicht mehr als fünf Taxen vorgesehen sind. Dann ist das Zeichen 229 nur am Anfang der Strecke aufzustellen. 2

Zu den Zeichen 237, 240 und 241 Radweg, gemeinsamer und getrennter Geh- und Radweg

1 I. Zur Radwegebenutzungspflicht vgl. zu § 2 Absatz 4 Satz 2; Randnummer 8 ff.

2 II. Zur Radverkehrsführung vgl. zu § 9 Absatz 2, Randnummer 3 ff.

3 III. Wo das Ende eines Sonderweges zweifelsfrei erkennbar ist, bedarf es keiner Kennzeichnung. Ansonsten ist das Zeichen mit dem Zusatzzeichen „Ende" anzuordnen.

4 IV. Die Zeichen können abweichend von Nummer III 3 zu den §§ 39 bis 43; Randnummer 12 ff. bei baulich angelegten Radwegen immer, bei Radfahrstreifen in besonders gelagerten Fällen, in der Größe 1 aufgestellt werden.

Zu Zeichen 237 Radweg

1 Zur Radwegebenutzungspflicht und zum Begriff des Radweges vgl. zu § 2 Absatz 4 Satz 2; Randnummer 8 ff.

Zu Zeichen 238 Reitweg

1 Der Klarstellung durch das Zeichen bedarf es nur dort, wo die Zweckbestimmung eines Straßenteils als Reitweg sich nicht aus dessen Ausgestaltung ergibt.

Zu Zeichen 239 Gehweg

1 I. Der Klarstellung durch das Zeichen bedarf es nur dort, wo die Zweckbestimmung des Straßenteils als Gehweg sich nicht aus dessen Ausgestaltung ergibt. Soll ein Seitenstreifen den Fußgängern allein vorbehalten werden, so ist das Zeichen zu verwenden.

2 II. Die Freigabe des Gehweges zur Benutzung durch Radfahrer durch das Zeichen 239 mit Zusatzzeichen „Radfahrer frei" kommt nur in Betracht, wenn dies unter Berücksichtigung der Belange der Fußgänger vertretbar ist.

3 III. Die Beschaffenheit und der Zustand des Gehweges sollen dann auch den gewöhnlichen Verkehrsbedürfnissen des Radverkehrs (z.B. Bordsteinabsenkung an Einmündungen und Kreuzungen) entsprechen.

Zu Zeichen 240 Gemeinsamer Geh- und Radweg

1 I. Die Anordnung dieses Zeichens kommt nur in Betracht, wenn dies unter Berücksichtigung der Belange der Fußgänger vertretbar und mit der Sicherheit und Leichtigkeit des Radverkehrs vereinbar ist und die Beschaffenheit der Verkehrsfläche den Anforderungen des Radverkehrs genügt.

2 II. An Lichtzeichenanlagen reicht im Regelfall eine gemeinsame Furt für Fußgänger und Radverkehr aus.

Zu Zeichen 241 Getrennter Rad- und Gehweg

I. Die Anordnung dieses Zeichens kommt nur in Betracht, wenn die Belange der Fußgänger ausreichend berücksichtigt sind und die Zuordnung der Verkehrsflächen zweifelsfrei erfolgen kann. Zur Radwegebenutzungspflicht vgl. zu § 2 Absatz 4 Satz 2; Randnummer 8 ff. 1

II. An Lichtzeichenanlagen ist in der Regel auch eine Führung der Fußgänger durch eine Fußgängerfurt (vgl. Nummer III zu § 25 Abs. 3; Rn. 3 und 5) erforderlich. Zur Lichtzeichenregelung vgl. zu § 37 Abs. 2 Nr. 5 und 6; Rn. 42 ff. 2

Zu den Zeichen 242.1 und 242.2 Beginn und Ende eines Fußgängerbereichs

I. Die Zeichen dürfen nur innerhalb geschlossener Ortschaften angeordnet werden. Fahrzeugverkehr darf nur nach Maßgabe der straßenrechtlichen Widmung zugelassen werden. 1

II. Auf Nummer XI zu § 45 Absatz 1 bis 1e wird verwiesen. 2

Zu Zeichen 244.1 und 244.2 Beginn und Ende einer Fahrradstraße

I. Fahrradstraßen kommen dann in Betracht, wenn der Radverkehr die vorherrschende Verkehrsart ist oder dies alsbald zu erwarten ist. 1

II. Anderer Fahrzeugverkehr als der Radverkehr darf nur ausnahmsweise durch die Anordnung entsprechender Zusatzzeichen zugelassen werden (z.B. Anliegerverkehr). Daher müssen vor der Anordnung die Bedürfnisse des Kraftfahrzeugverkehrs ausreichend berücksichtigt werden (alternative Verkehrsführung). 2

Zu Zeichen 245 Bussonderfahrstreifen

Durch das Zeichen werden markierte Sonderfahrstreifen den Omnibussen des Linienverkehrs sowie des Schüler- und Behindertenverkehrs vorbehalten. 1

I. Der Sonderfahrstreifen soll im Interesse der Sicherheit oder Ordnung des Verkehrs Störungen des Linienverkehrs vermeiden und einen geordneten und zügigen Betriebsablauf ermöglichen. Er ist damit geeignet, den öffentlichen Personenverkehr gegenüber dem Individualverkehr zu fördern (vgl. Nummer I 2 letzter Satz zu den §§ 39 bis 43; Randnummer 5). 2

II. 1. Die Anordnung von Sonderfahrstreifen kommt dann in Betracht, wenn die vorhandene Fahrbahnbreite ein ausgewogenes Verhältnis im Verkehrsablauf des öffentlichen Personenverkehrs und des Individualverkehrs unter Berücksichtigung der Zahl der beförderten Personen nicht mehr zulasst. Auch bei kurzen Straßenabschnitten (z.B. vor Verkehrsknotenpunkten) kann die Anordnung von Sonderfahrstreifen gerechtfertigt sein. Die Anordnung von Sonderfahrstreifen kann sich auch dann anbieten, wenn eine Entflechtung des öffentlichen Personenverkehrs und des Individualverkehrs von Vorteil ist oder zumindest der Verkehrsablauf des öffentlichen Personennahverkehrs verbessert werden kann. 3

4 2. Vor der Anordnung des Zeichens ist stets zu prüfen, ob nicht durch andere verkehrsregelnde Maßnahmen (z.B. durch Zeichen 220, 253, 283, 301, 306, 421) eine ausreichende Verbesserung des Verkehrsflusses oder eine Verlagerung des Verkehrs erreicht werden kann.

5 3. Sonderfahrstreifen dürfen in Randlage rechts, in Einbahnstraßen rechts oder links, in Mittellage allein oder im Gleisraum von Straßenbahnen sowie auf baulich abgegrenzten Straßenteilen auch entgegengesetzt der Fahrtrichtung angeordnet werden.

6 4. Die Sicherheit des Radverkehrs ist zu gewährleisten. Kann der Radverkehr nicht auf einem gesonderten Radweg oder Radfahrstreifen geführt werden, sollte er im Benehmen mit den Verkehrsunternehmen auf dem Sonderfahrstreifen zugelassen werden. Ist das wegen besonderer Bedürfnisse des Linienverkehrs nicht möglich und müsste der Radverkehr zwischen Linienbus- und dem Individualverkehr ohne Radfahrstreifen fahren, ist von der Anordnung des Zeichens abzusehen.

7 5. Werden Krankenfahrzeuge, Fahrräder, Busse im Gelegenheitsverkehr oder elektrisch betriebene Fahrzeuge zugelassen, dürfen auf dem Sonderfahrstreifen keine besonderen Lichtzeichen (§ 37 Absatz 2 Nummer 4 Satz 2, 2. Halbsatz) für den öffentlichen Personenverkehr (Anlage 4 der BOStrab) gezeigt werden, es sei denn, für diese Verkehre werden eigene Lichtzeichen angeordnet.

8 6. Taxen sollen grundsätzlich und elektrisch betriebene Fahrzeuge dürfen auf Sonderfahrstreifen zugelassen werden, wenn dadurch der Linienverkehr nicht wesentlich gestört wird. Satz 1 gilt nicht für Sonderfahrstreifen im Gleisraum von Schienenbahnen. Insbesondere für den Übergang der Sonderfahrstreifen zum allgemeinen Verkehrsraum gilt für die Zulassung von elektrisch betriebenen Fahrzeugen auf diesen Sonderfahrstreifen, dass die Gewährleistung eines sicheren und flüssigen allgemeinen Verkehrsablaufs stets vorgeht.

9 7. Gegenseitige Behinderungen, die durch stark benutzte Zu- und Abfahrten (z.B. bei Parkhäusern, Tankstellen) hervorgerufen werden, sind durch geeignete Maßnahmen, wie Verlegung der Zu- und Abfahrten in Nebenstraßen, auf ein Mindestmaß zu beschränken.

10 8. Sonderfahrstreifen ohne zeitliche Beschränkung in Randlage dürfen nur dort angeordnet werden, wo kein Anliegerverkehr vorhanden ist und das Be- und Entladen, z.B. in besonderen Ladestraßen oder Innenhöfen, erfolgen kann. Sind diese Voraussetzungen nicht gegeben, sind für die Sonderfahrstreifen zeitliche Beschränkungen vorzusehen.

11 9. Zur Befriedigung des Kurzparkbedürfnisses während der Geltungsdauer der Sonderfahrstreifen sollte die Parkzeit in nahegelegenen Nebenstraßen beschränkt werden.

12 10. Sonderfahrstreifen im Gleisraum von Straßenbahnen dürfen nur im Einvernehmen mit der Technischen Aufsichtsbehörde nach § 58 Absatz 3 der Straßenbahn-Bau- und Betriebsordnung angeordnet werden.

11. Die Zeichen sind auf die Zeiten zu beschränken, in denen Linienbus- 13
verkehr stattfindet. Dies gilt nicht, wenn sich der Sonderfahrstreifen in Mittellage befindet und baulich oder durch Zeichen 295 von dem Individualverkehr abgegrenzt ist. Dann soll auf eine zeitliche Beschränkung verzichtet werden. Die Geltungsdauer zeitlich beschränkter Sonderfahrstreifen sollte innerhalb des Betriebsnetzes einheitlich angeordnet werden.

12. Die Anordnung von Sonderfahrstreifen soll in der Regel nur dann er- 14
folgen, wenn mindestens 20 Omnibusse des Linienverkehrs pro Stunde der stärksten Verkehrsbelastung verkehren.

III. 1. Zur Aufstellung vgl. Nummer III 8 zu §§ 39 bis 43. Das Zeichen ist an 15
jeder Kreuzung und Einmündung zu wiederholen. Zur Verdeutlichung kann die Markierung „BUS" auf der Fahrbahn aufgetragen werden.

2. Ist das Zeichen zeitlich beschränkt, ist der Sonderfahrstreifen durch 16
eine Leitlinie (Zeichen 340), ansonsten grundsätzlich durch eine Fahrstreifenbegrenzung (Zeichen 295) zu markieren. Auch Sonderfahrstreifen ohne zeitliche Beschränkung sind dort mit Zeichen 340 zu markieren, wo ein Überqueren zugelassen werden muss (z.B. aus Grundstücksein- und -ausfahrten). Die Ausführung der Markierungen richtet sich nach den Richtlinien für die Markierung von Straßen (RMS).

3. Sonderfahrstreifen in Einbahnstraßen entgegen der Fahrtrichtung, die 17
gegen die Fahrbahn des entgegengerichteten Verkehrs baulich abzugrenzen sind, sollen auch am Beginn der Einbahnstraße durch das Zeichen kenntlich gemacht werden. Es kann sich empfehlen, dem allgemeinen Verkehr die Führung des Busverkehrs anzuzeigen.

4. Kann durch eine Markierung eine Erleichterung des Linienverkehrs 18
erreicht werden (Fahrstreifen in Mittellage, im Gleisraum von Straßenbahnen oder auf baulich abgesetzten Straßenteilen), empfiehlt es sich, auf das Zeichen zu verzichten.
Die Voraussetzungen für die Einrichtung eines Sonderfahrstreifens gelten entsprechend.

5. Die Flüssigkeit des Verkehrs auf Sonderfahrstreifen an Kreuzungen 19
und Einmündungen kann durch Abbiegeverbote für den Individualverkehr (z.B. Zeichen 209 bis 214) verbessert werden. Notfalls sind besondere Lichtzeichen (§ 37 Absatz 2 Nummer 4) anzuordnen. Die Einrichtung von Busschleusen oder die Vorgabe bedarfsgerechter Vor- und Nachlaufzeiten an Lichtzeichenanlagen wird empfohlen.

6. Ist die Kennzeichnung des Endes eines Sonderfahrstreifens erforder- 20
lich, ist das Zeichen mit dem Zusatzzeichen „Ende" anzuordnen.

IV. Die Funktionsfähigkeit der Sonderfahrstreifen hängt weitgehend von ih- 21
rer völligen Freihaltung vom Individualverkehr ab.

Zu Zeichen 251 Verbot für Kraftwagen

Das Zeichen kann zur Gewährleistung der sicheren Befahrbarkeit der Infrastruktur, insbesondere sanierungsbedürftiger Brücken, vor oder während der

Bauphase zur Aufrechterhaltung der Befahrbarkeit der Brücke zumindest für Teilmengen des Verkehrs zusammen mit einem die Gesamtmasse beschränkenden Zusatzzeichen zur Gewährleistung eines geringstmöglichen Eingriffs in den Verkehr angeordnet werden. Bei einer Anordnung des Zeichens nach Satz 1 ist die Straßenfläche zusätzlich durch Verkehrseinrichtungen (Anlage 4 lfd. Nummer 1 bis 4 zu § 43 Absatz 3, Leitbake, Leitschwelle, Leitbord und gegebenenfalls Absperrschranke zur Höhenbeschränkung für besonders hohe und damit große Fahrzeuge) zu kennzeichnen, um die tatsächliche Befahrbarkeit nur für den zugelassenen Kraftfahrzeugverkehr zu verdeutlichen. Im unmittelbaren Zulauf empfiehlt sich zudem die Aufbringung von überfahrbaren Warnschwellen zwecks Ausschluss eines fahrlässigen Übersehens der Verkehrszeichen und -einrichtungen. Die Sätze 2 und 3 gelten nicht, soweit das Zeichen 251 aus anderen als den in Satz 1 genannten Gründen oder ohne ein die Gesamtmasse beschränkendes Zusatzzeichen angeordnet wird. Mit der Anordnung des Durchfahrtverbotes geht in diesem Fall stets ein räumlich weit gestaffeltes Hinweis- und Umleitungskonzept für den ausgeschlossenen Verkehr einher. Es empfiehlt sich zudem, das Verbot im Vorhinein rechtzeitig medial zu begleiten.

Zu Zeichen 261 Verbot für kennzeichnungspflichtige Kraftfahrzeuge mit gefährlichen Gütern

1 I. Gefährliche Güter sind die Stoffe und Gegenstände, deren Beförderung auf der Straße und Eisenbahn nach § 2 Nummer 9 der Gefahrgutverordnung Straße und Eisenbahn (GGVSE) in Verbindung mit den Anlagen A und B des Europäischen Übereinkommens über die internationale Beförderung auf der Straße (ADR) verboten oder nur unter bestimmten Bedingungen gestattet ist. Die Kennzeichnung von Fahrzeugen mit gefährlichen Gütern ist in Kapitel 5.3 zum ADR geregelt.

2 II. Das Zeichen ist anzuordnen, wenn zu besorgen ist, dass durch die gefährlichen Güter infolge eines Unfalls oder Zwischenfalls, auch durch das Undichtwerden des Tanks, Gefahren für das Leben, die Gesundheit, die Umwelt oder Bauwerke in erheblichem Umfang eintreten können. Hierfür kommen z.B. Gefällestrecken in Betracht, die unmittelbar in bebaute Ortslagen führen. Für die Anordnung entsprechender Maßnahmen erlässt das Bundesministerium für Verkehr und digitale Infrastruktur im Einvernehmen mit den obersten Landesbehörden Richtlinien, die im Verkehrsblatt veröffentlicht werden.

Zu den Zeichen 262 bis 266

1 Die betroffenen Fahrzeuge sind rechtzeitig auf andere Straßen umzuleiten (Zeichen 421 und 442).

Zu den Zeichen 264 und 265

1 I. Bei Festlegung der Maße ist ein ausreichender Sicherheitsabstand zu berücksichtigen.

II. Muss das Zeichen 265 bei Ingenieurbauwerken angebracht werden, unter denen der Fahrdraht einer Straßenbahn oder eines Oberleitungsomnibusses verlegt ist, so ist wegen des Sicherheitsabstandes der Verkehrsunternehmer zu hören. 2

III. Siehe auch Richtlinien für die Kennzeichnung von Ingenieurbauwerken mit beschränkter Durchfahrtshöhe über Straßen. 3

Zu Zeichen 267 Verbot der Einfahrt

Für Einbahnstraßen vgl. zu Zeichen 220. 1

Zu Zeichen 268 Schneeketten sind vorgeschrieben

Das Zeichen darf nur zu den Zeiten sichtbar sein, in denen Schneeketten wirklich erforderlich sind. 1

Zu Zeichen 269 Verbot für Fahrzeuge mit wassergefährdender Ladung

I. Das Zeichen ist nur im Benehmen mit der für die Reinhaltung des Wassers zuständigen Behörde anzuordnen. 1

II. Wassergefährdende Stoffe sind feste, flüssige und gasförmige Stoffe, insbesondere 2
- Säuren, Laugen, 3
- Alkalimetalle, Siliciumlegierungen mit über 30 Prozent Silicium, metallorganische Verbindungen, Halogene, Säurehalogenide, Metallcarbonyle und Beizsalze, 4
- Mineral- und Teeröle sowie deren Produkte, 5
- flüssige sowie wasserlösliche Kohlenwasserstoffe, Alkohole, Aldehyde, Ketone, Ester, halogen-, stickstoff- und schwefelhaltige organische Verbindungen, 6
- Gifte, 7

die geeignet sind, nachhaltig die physikalische, chemische oder biologische Beschaffenheit des Wassers nachteilig zu verändern. 8

III. Vgl. auch zu Zeichen 354 und über die Zustimmungsbedürftigkeit Nummer III 1a zu § 45 Abs. 1 bis 1e; Rn. 4. 9

IV. Auf die zu Zeichen 261 erwähnten Richtlinien wird verwiesen. 10

Zeichen 272 Wendeverbot

Nummer III zu Zeichen 209 bis 214; Randnummer 3 gilt entsprechend. 1

Zu Zeichen 273 Verbot des Fahrens ohne einen Mindestabstand

Das Zeichen darf dort angeordnet werden, wo Überbeanspruchungen von Brücken oder sonstigen Ingenieurbauwerken mit beschränkter Tragfähigkeit dadurch auftreten können, dass mehrere schwere Kraftfahrzeuge dicht hintereinander fahren. Die Anordnung kommt ferner vor Tunneln in Betracht, bei denen das Einhalten eines Mindestabstandes aus Verkehrssicherheitsgründen be- 1 sonders geboten ist. In der Regel ist die Länge der Strecke durch Zusatzzeichen anzugeben.

Zu Zeichen 274 Zulässige Höchstgeschwindigkeit

1 I. Geschwindigkeitsbeschränkungen aus Sicherheitsgründen sollen auf bestehenden Straßen angeordnet werden, wenn Unfalluntersuchungen ergeben haben, dass häufig geschwindigkeitsbedingte Unfälle aufgetreten sind. Dies gilt jedoch nur dann, wenn festgestellt worden ist, dass die geltende Höchstgeschwindigkeit von der Mehrheit der Kraftfahrer eingehalten wird. Im anderen Fall muss die geltende zulässige Höchstgeschwindigkeit durchgesetzt werden. Geschwindigkeitsbeschränkungen können sich im Einzelfall schon dann empfehlen, wenn aufgrund unangemessener Geschwindigkeiten häufig gefährliche Verkehrssituationen festgestellt werden.

II. Außerhalb geschlossener Ortschaften können Geschwindigkeitsbeschränkungen nach Maßgabe der Nummer I erforderlich sein,

2 1. wo Fahrzeugführer insbesondere in Kurven, auf Gefällstrecken und an Stellen mit besonders unebener Fahrbahn (vgl. aber Nummer I zu § 40; Randnummer 1), ihre Geschwindigkeit nicht den Straßenverhältnissen anpassen; die zulässige Höchstgeschwindigkeit soll dann auf diejenige Geschwindigkeit festgelegt werden, die vorher von 85 % der Fahrzeugführer von sich aus ohne Geschwindigkeitsbeschränkungen, ohne überwachende Polizeibeamte und ohne Behinderung durch andere Fahrzeuge eingehalten wurde,

3 2. wo insbesondere auf Steigungs- und Gefällstrecken eine Verminderung der Geschwindigkeitsunterschiede geboten ist; die zulässige Höchstgeschwindigkeit soll dann auf diejenige Geschwindigkeit festgelegt werden, die vorher von 85 % der Fahrzeugführer von sich aus ohne Geschwindigkeitsbeschränkungen, ohne überwachende Polizeibeamte und ohne Behinderung durch andere Fahrzeuge eingehalten wurde,

4 3. wo Fußgänger oder Radfahrer im Längs- oder Querverkehr in besonderer Weise gefährdet sind; die zulässige Höchstgeschwindigkeit soll auf diesen Abschnitten in der Regel 70 km/h nicht übersteigen.

4a Liegt zwischen zwei Geschwindigkeitsbeschränkungen auf einer einbahnigen Landstraße ohne Überholfahrstreifen nur ein kurzer Streckenabschnitt (unter 600 Meter) und wäre deshalb ein Überholvorgang infolge der geringen Überholstrecke mit erheblichen Risiken verbunden, so kommt zur Verstetigung des Verkehrsflusses eine Absenkung der Geschwindigkeit auch zwischen den beiden in der Geschwindigkeit beschränkten Streckenabschnitten in Betracht. Die Anordnung der abgesenkten Geschwindigkeit in diesem Bereich setzt voraus, dass die Anordnung eines Überholverbotes als milderes Mittel für diesen Abschnitt nicht ausreicht.

5 III. Außerhalb geschlossener Ortschaften ist die zulässige Höchstgeschwindigkeit vor Lichtzeichenanlagen auf 70 km/h zu beschränken.

IV. Das Zeichen soll so weit vor der Gefahrstelle aufgestellt werden, dass 6
eine Gefährdung auch bei ungünstigen Sichtverhältnissen ausgeschlos-
sen ist. Innerhalb geschlossener Ortschaften sind im Allgemeinen 30
bis 50 m, außerhalb geschlossener Ortschaften 50 bis 100 m und auf Au-
tobahnen und autobahnähnlichen Straßen 200 m ausreichend.

V. Vor dem Beginn geschlossener Ortschaften dürfen Geschwindigkeitsbe- 7
schränkungen zur stufenweisen Anpassung an die innerorts zulässige
Geschwindigkeit nur angeordnet werden, wenn die Ortstafel (Zei-
chen 310) nicht rechtzeitig, im Regelfall auf eine Entfernung von mindes-
tens 100 m, erkennbar ist.

VI. Auf Autobahnen und autobahnähnlichen Straßen dürfen nicht mehr als 8
130 km/h angeordnet werden. Nur dort darf die Geschwindigkeit stu-
fenweise herabgesetzt werden. Eine Geschwindigkeitsstufe soll höchs-
tens 40 km/h betragen. Der Mindestabstand in Metern zwischen den un-
terschiedlichen Höchstgeschwindigkeiten soll das 10-fache der Ge-
schwindigkeitsdifferenz in km/h betragen. Nach Streckenabschnitten
ohne Beschränkung soll in der Regel als erste zulässige Höchstgeschwin-
digkeit 120 km/h angeordnet werden.

VII. Das Zeichen 274 mit Zusatzzeichen „bei Nässe" soll statt des Zei- 9
chens 114 dort angeordnet werden, wo das Gefahrzeichen als Warnung
nicht ausreicht.

VIII. Innerhalb geschlossener Ortschaften kommt eine Anhebung der zulässi- 10
gen Höchstgeschwindigkeit auf höchstens 70 km/h grundsätzlich nur
auf Vorfahrtstraßen (Zeichen 306) in Betracht, auf denen benutzungs-
pflichtige Radwege vorhanden sind und der Fußgängerquerverkehr
durch Lichtzeichenanlagen sicher geführt wird. Für Linksabbieger sind
Abbiegestreifen erforderlich.

IX. Zur Verwendung des Zeichens an Bahnübergängen vgl. Nummer IV 2 11
zu Zeichen 201; Randnummer 5 und an Arbeitsstellen vgl. die Richtlini-
en für die Sicherung von Arbeitsstellen an Straßen (RSA), die das Bun-
desministerium für Verkehr und digitale Infrastruktur im Einvernehmen
mit den obersten Landesbehörden im Verkehrsblatt bekannt gibt.

X. Geschwindigkeitsbeschränkungen aus Gründen des Lärmschutzes dür- 12
fen nur nach Maßgabe der Richtlinien für straßenverkehrsrechtliche
Maßnahmen zum Schutz der Bevölkerung vor Lärm (Lärmschutzrichtli-
nien – StV) angeordnet werden. Zur Lärmaktions- und Luftreinhaltepla-
nung siehe Bundes-Immissionsschutzgesetz.

XI. Innerhalb geschlossener Ortschaften ist die Geschwindigkeit im unmit- 13
telbaren Bereich von an Straßen gelegenen Kindergärten, -tagesstätten,
-krippen, -horten, allgemeinbildenden Schulen, Förderschulen für geis-
tig oder körperlich behinderte Menschen, Alten- und Pflegeheimen oder
Krankenhäusern in der Regel auf Tempo 30 km/h zu beschränken, so-
weit die Einrichtungen über einen direkten Zugang zur Straße verfügen
oder im Nahbereich der Einrichtungen starker Ziel- und Quellverkehr
mit all seinen kritischen Begleiterscheinungen (z.B. Bring- und Abholver-
kehr mit vielfachem Ein- und Aussteigen, erhöhter Parkraumsuchver-

kehr, häufige Fahrbahnquerungen durch Fußgänger, Pulkbildung von Radfahrern und Fußgängern) vorhanden ist. Dies gilt insbesondere auch auf klassifizierten Straßen (Bundes-, Landes- und Kreisstraßen) sowie auf weiteren Vorfahrtstraßen (Zeichen 306). Im Ausnahmefall kann auf die Absenkung der Geschwindigkeit verzichtet werden, soweit etwaige negative Auswirkungen auf den ÖPNV (z.B. Taktfahrplan) oder eine drohende Verkehrsverlagerung auf die Wohnnebenstraßen zu befürchten ist. In die Gesamtabwägung sind dann die Größe der Einrichtung und Sicherheitsgewinne durch Sicherheitseinrichtungen und Querungshilfen (z.B. Fußgängerüberwege, Lichtzeichenanlagen, Sperrgitter) einzubeziehen. Die streckenbezogene Anordnung ist auf den unmittelbaren Bereich der Einrichtung und insgesamt auf höchstens 300 m Länge zu begrenzen. Die beiden Fahrtrichtungen müssen dabei nicht gleich behandelt werden. Die Anordnungen sind, soweit Öffnungszeiten (einschließlich Nach- und Nebennutzungen) festgelegt wurden, auf diese zu beschränken.

Zu den Zeichen 274.1 und 274.2 Tempo-30-Zone

1 I. Vgl. Nummer XI zu § 45 Absatz 1 bis 1e.

2 II. Am Anfang einer Zone mit zulässiger Höchstgeschwindigkeit ist Zeichen 274.1 so aufzustellen, dass es bereits auf ausreichende Entfernung vor dem Einfahren in den Bereich wahrgenommen werden kann. Dazu kann es erforderlich sein, dass das Zeichen von Einmündungen oder Kreuzungen abgesetzt oder beidseitig aufgestellt wird. Abweichend von Nummer III 9 zu §§ 39 bis 43; Randnummer 28 empfiehlt es sich, das Zeichen 274.2 auf der Rückseite des Zeichens 274.1 aufzubringen.

3 III. Das Zeichen 274.2 ist entbehrlich, wenn die Zone in einen Fußgängerbereich (Zeichen 242.1) oder in einen verkehrsberuhigten Bereich (Zeichen 325.1) übergeht. Stattdessen sind die entsprechenden Zeichen des Bereichs anzuordnen, in den eingefahren wird.

4 IV. Zusätzliche Zeichen, die eine Begründung für die Zonengeschwindigkeitsbeschränkung enthalten, sind unzulässig.

Zu Zeichen 275 Vorgeschriebene Mindestgeschwindigkeit

1 I. Das Zeichen darf nur fahrstreifenbezogen, niemals aber auf dem rechten von mehreren Fahrstreifen, angeordnet werden.

2 II. Die vorgeschriebene Mindestgeschwindigkeit muss bei normalen Straßen-, Verkehrs- und Sichtverhältnissen unbedenklich sein.

3 III. Innerhalb geschlossener Ortschaften dürfen die Zeichen nicht angeordnet werden.

4 IV. Die Anordnung kann insbesondere auf drei- oder mehrstreifigen Richtungsfahrbahnen von Autobahnen aus Gründen der Leichtigkeit des Verkehrs in Betracht kommen.

Zu Zeichen 276 Überholverbot

I. Das Zeichen ist nur dort anzuordnen, wo die Gefährlichkeit des Überholens für den Fahrzeugführer nicht ausreichend erkennbar ist. 1

II. Wo das Überholen bereits durch Zeichen 295 unterbunden ist, darf das Zeichen nicht angeordnet werden. 2

III. Außerhalb geschlossener Ortschaften ist das Zeichen in der Regel auf beiden Straßenseiten aufzustellen. 3

IV. Zur Verwendung des Zeichens an Gefahrstellen vgl. Nummer I zu § 40; Randnummer 1. 4

Zu Zeichen 277 Überholverbot für Kraftfahrzeuge über 3,5 t

I. Das Zeichen soll nur auf Straßen mit erheblichem und schnellem Fahrverkehr angeordnet werden, wo der reibungslose Verkehrsablauf dies erfordert. Das kommt z.B. an Steigungs- und Gefällstrecken in Frage, auf denen Lastkraftwagen nicht mehr zügig überholen können; dabei ist maßgeblich die Stärke und Länge der Steigung oder des Gefälles; Berechnungen durch Sachverständige empfehlen sich. 1

II. Bei Anordnung von Lkw-Überholverboten auf Autobahnen und autobahnähnlich ausgebauten Straßen ist ergänzend Folgendes zu beachten:

1. Bei Anordnung von Lkw-Überholverboten auf Landesgrenzen überschreitenden Autobahnen müssen die Auswirkungen auf den im anderen Bundesland angrenzenden Streckenabschnitt berücksichtigt werden. 2
2. Auf Autobahnen empfehlen sich LKW-Überholverbote an unfallträchtigen Streckenabschnitten (z.B. an Steigungs- oder Gefällstrecken, Ein- und Ausfahrten oder vor Fahrstreifeneinziehung von links). 3
3. Auf zweistreifigen Autobahnen können darüber hinaus Überholverbote – auch z.B. auf längeren Strecken – in Betracht kommen, wenn bei hohem Verkehrsaufkommen durch häufiges Überholen von Lkw die Geschwindigkeit auf dem Überholstreifen deutlich vermindert wird und es dadurch zu einem stark gestörten Verkehrsfluss kommt, durch den die Verkehrssicherheit beeinträchtigt werden kann. 4
4. Unter Beachtung des Grundsatzes der Verhältnismäßigkeit kann das Überholverbot auf Fahrzeuge mit einem höheren zulässigen Gesamtgewicht als 3,5 t beschränkt werden, insbesondere an Steigungsstrecken. Wenn das Verkehrsaufkommen und die Fahrzeugzusammensetzung kein ganztägiges Überholverbot erfordern, kommt eine Beschränkung des Überholverbots auf bestimmte Tageszeiten in Betracht. Von dem Überholverbot können auf Autobahnen und Kraftfahrstraßen Wohnmobile mit einer zulässigen Gesamtmasse über 3,5 t bis 7,5 t auf Steigungsstrecken ausgenommen werden, auf denen der durch die 12. Ausnahmeverordnung zur StVO eingeräumte Geschwindigkeitsvorteil besonders zum Tragen kommt. 5

III. Aufgrund der bei Überholmanövern in Tunneln von LKW ausgehenden Gefahr sollte in Tunneln mit mehr als einem Fahrstreifen in jeder Rich- 6 tung ein LKW-Überholverbot angeordnet werden. Von einer Anordnung des Zeichens kann abgesehen werden, wenn nachgewiesen wird, dass hiervon keine negativen Auswirkungen auf die Verkehrssicherheit ausgehen.

Zu den Zeichen 274, 276 und 277

1 I. Die Zeichen sind nur dort anzuordnen, wo Gefahrzeichen oder Richtungstafeln (Zeichen 625) nicht ausreichen würden, um eine der Situation angepasste Fahrweise zu erreichen. Die Zeichen können dann mit Gefahrzeichen kombiniert werden, wenn

2 1. ein zusätzlicher Hinweis auf die Art der bestehenden Gefahr für ein daran orientiertes Fahrverhalten im Einzelfall unerlässlich ist oder

3 2. aufgrund dieser Verkehrszeichenkombination eine Kennzeichnung des Endes der Verbotsstrecke entbehrlich wird (vgl. Erläuterung zu den Zeichen 278 bis 282).

4 II. Gelten diese Verbote für eine längere Strecke, kann die jeweilige Länge der restlichen Verbotsstrecke auf einem Zusatzzeichen 1001 angegeben werden.

5 III. Die Zeichen 274, 276 und 277 sollen hinter solchen Kreuzungen und Einmündungen wiederholt werden, an denen mit dem Einbiegen ortsunkundiger Kraftfahrer zu rechnen ist. Wo innerhalb geschlossener Ortschaften durch das Zeichen 274 eine Geschwindigkeit über 50 km/h zugelassen ist, genügt dagegen dessen Wiederholung in angemessenen Abständen. Grundsätzlich richten sich die Abstände, in denen die Zeichen zu wiederholen sind, nach den jeweiligen Verkehrsverhältnissen und der Verkehrssituation. Auf Autobahnen empfiehlt es sich in der Regel, die Zeichen nach 1 000 m zu wiederholen.

6 IV. Vgl. auch Nummer IV zu § 41; Randnummer 4 und über die Zustimmungsbedürftigkeit Nummer III 1 c und e zu § 45 Absatz 1 bis 1e; Randnummer 6 und 8.

Zu Zeichen 283 Absolutes Haltverbot

1 I. Das Haltverbot darf nur in dem Umfang angeordnet werden, in dem die Verkehrssicherheit, die Flüssigkeit des Verkehrs oder der öffentliche Personennahverkehr es erfordert. Deshalb ist stets zu prüfen, ob eine tages- oder wochenzeitliche Beschränkung durch Zusatzzeichen anzuordnen ist.

2 II. Befindet sich innerhalb einer Haltverbotsstrecke eine Haltestelle (Zeichen 224), ist ein Zusatzzeichen, das Linienomnibussen das Halten zum Fahrgastwechsel erlaubt, überflüssig.

Zu Zeichen 286 Eingeschränktes Haltverbot

1 I. Das Zeichen ist dort anzuordnen, wo das Halten die Sicherheit und Flüssigkeit des Verkehrs zwar nicht wesentlich beeinträchtigt, das Parken jedoch nicht zugelassen werden kann, ausgenommen für das Be- und Entla-

den sowie das Ein- und Aussteigen. Das Verbot ist in der Regel auf bestimmte Zeiten zu beschränken (z.B. „9–12 h" oder „werktags").

II. Durch ein Zusatzzeichen können bestimmte Verkehrsarten vom Haltverbot ausgenommen werden. 2

III. Zum Bewohnerbegriff vgl. Nummer X 7 zu § 45 Absatz 1 bis 1e; Randnummer 35. 3

IV. Zur Bevorrechtigung von elektrisch betriebenen Fahrzeugen wird auf die VwV zu § 45 Absatz 1g verwiesen. Zeichen 286 soll nur in begründeten Einzelfällen angeordnet werden. 4

Zu den Zeichen 283 und 286

I. Den Anfang einer Verbotsstrecke durch einen zur Fahrbahn weisenden Pfeil zu kennzeichnen, ist zumindest dann zweckmäßig, wenn wiederholte Zeichen aufgestellt sind oder das Ende der Verbotsstrecke gekennzeichnet ist. Eine Wiederholung innerhalb der Verbotsstrecke ist nur angezeigt, wenn ohne sie dem Sichtbarkeitsprinzip nicht Rechnung getragen würde. 1

II. Das Ende der Verbotsstrecke ist zu kennzeichnen, wenn Verbotszeichen wiederholt aufgestellt sind oder wenn die Verbotsstrecke lang ist. Das gilt nicht, wenn die Verbotsstrecke an der nächsten Kreuzung oder Einmündung endet oder eine andere Regelung für den ruhenden Verkehr durch Verkehrszeichen unmittelbar anschließt. 2

III. Verbotszeichen mit Pfeilen sind im spitzen Winkel zur Fahrbahn anzubringen. 3

Zu den Zeichen 290.1 und 290.2 Beginn und Ende eines eingeschränkten Haltverbots für eine Zone

I. Die Zeichen sind so aufzustellen, dass sie auch für den einbiegenden Verkehr sichtbar sind, ggf. auf beiden Straßenseiten. 1

II. Soll das Kurzzeitparken in der gesamten Zone oder in ihrem überwiegenden Teil zugelassen werden, sind nicht Zeichen 290.1, 290.2, sondern Zeichen 314.1, 314.2 anzuordnen. 2

Zu Anlage 2 Abschnitt 9 Markierungen

Vgl. § 39 und VwV zu den §§ 39 bis 43, insbesondere Randnummer 49 ff. 1

Zu Zeichen 293 Fußgängerüberweg

Vgl. zu § 26. 1

Zu Zeichen 295 Fahrstreifenbegrenzung und Fahrbahnbegrenzung

Zu Nummer 1 Fahrstreifenbegrenzung

I. Das Zeichen ist zur Trennung des für den Gegenverkehr bestimmten Teils der Fahrbahn in der Regel dann anzuordnen, wenn die Straße mehr als einen Fahrstreifen je Richtung aufweist. In diesen Fällen ist die Fahrstrei- 1 fenbegrenzung in der Regel als Doppellinie auszubilden. Auf Straßen mit nur einem Fahrstreifen je Richtung ist das Zeichen nur dann anzuordnen, wenn das Befahren des für den Gegenverkehr bestimmten Teils der Fahrbahn aus Verkehrssicherheitsgründen nicht zugelassen werden kann. In diesen Fällen soll zuvor eine Leitlinie von ausreichender Länge angeordnet werden, deren Striche länger sein müssen als ihre Lücken (Warnlinie). Die durchgehende Linie ist dort zu unterbrechen, wo das Linksab- und -einbiegen zugelassen werden soll. Soll das Linksab- oder -einbiegen nur aus einer Fahrtrichtung zugelassen werden, ist an diesen Stellen die einseitige Fahrstreifenbegrenzung (Zeichen 296) anzuordnen.

2 II. Zeichen 295 ist außerdem anzuordnen, wenn mehrere Fahrstreifen für den gleichgerichteten Verkehr vorhanden sind, ein Fahrstreifenwechsel jedoch verhindert werden soll. Die Fahrstreifen müssen dann mindestens 3 m breit sein.

3 III. In den übrigen Fällen reicht eine Abgrenzung vom Gegenverkehr durch eine Leitlinie (Zeichen 340) aus.

4 IV. Wegen der Zustimmungsbedürftigkeit vgl. Nummer III 1 c zu § 45 Absatz 1 bis 1e; Randnummer 6.

Zu Nummer 2 Fahrbahnbegrenzung

5 Außerhalb geschlossener Ortschaften ist auf Straßen zumindest bei starkem Kraftfahrzeugverkehr der Fahrbahnrand zu markieren.

Zu Zeichen 297.1 Vorankündigungspfeil

VwV zu Zeichen 297.1 Vorankündigungspfeil

1 I. Aus Gründen der besseren Erkennbarkeit für den Kraftfahrer wird empfohlen, zur Ankündigung des Endes eines Fahrstreifens eine abweichende Ausführung des Pfeils zu verwenden. Diese gibt das Bundesministerium für Verkehr und digitale Infrastruktur nach Anhörung der zuständigen obersten Landesbehörden im Verkehrsblatt bekannt.

2 II. Auf Nummer IV zu §§ 39 bis 43 Allgemeines über Verkehrszeichen und Verkehrseinrichtungen wird verwiesen.

Zu Anlage 2 lfd. Nummer 74 Parkflächenmarkierungen

1 I. Eine Parkflächenmarkierung ist an Parkuhren vorzunehmen und überall dort, wo von der vorgeschriebenen Längsaufstellung abgewichen werden soll oder das Gehwegparken ohne Anordnung des Zeichens 315 zugelassen werden soll. Die erkennbare Abgrenzung der Parkflächen kann mit Markierungen, Markierungsknopfreihen oder durch eine abgesetzte Pflasterlinie erfolgen. In der Regel reicht eine Kennzeichnung der Parkstandsecken aus.

2 II. Das Parken auf Gehwegen darf nur zugelassen werden, wenn genügend Platz für den unbehinderten Verkehr von Fußgängern gegebenenfalls mit Kinderwagen oder Rollstuhlfahrern auch im Begegnungsverkehr bleibt,

die Gehwege und die darunterliegenden Leitungen durch die parkenden Fahrzeuge nicht beschädigt werden können und der Zugang zu Leitungen nicht beeinträchtigt werden kann sowie die Bordsteine ausreichend abgeschrägt und niedrig sind. Die Zulassung des Parkens durch Markierung auf Gehwegen ist dort zu erwägen, wo nur wenigen Fahrzeugen das Parken erlaubt werden soll; sonst ist die Anordnung des Zeichens 315 ratsam.

Zu Zeichen 299 Grenzmarkierung für Halt- und Parkverbote

I. Vgl. zu § 12 Absatz 3 Nummer 1; Randnummer 2. 1

II. Die Markierung kann auch vor und hinter Kreuzungen oder Einmündungen überall dort angeordnet werden, wo das Parken auf mehr als 5 m verboten werden soll. Sie kann ferner angeordnet werden, wo ein Haltverbot an für die Verkehrssicherheit bedeutsamen Stellen verlängert werden muss, z.B. an Fußgängerüberwegen. Die Markierung ist nicht an Stellen anzuwenden, an denen sich Halt- und Parkverbote sonst nicht durchsetzen lassen. 2

III. Bei gesetzlichen Halt- oder Parkverboten reicht es in der Regel aus, nur den Beginn und das Ende bzw. den Bereich der Verlängerung durch eine kombinierte waagerechte und abgeknickte Linie zu markieren. 3

Zu § 42 Richtzeichen

Zu Zeichen 301 Vorfahrt

I. Das Zeichen steht unmittelbar vor der Kreuzung oder Einmündung. 1

II. An jeder Kreuzung und Einmündung, vor der das Zeichen steht, muss auf der anderen Straße das Zeichen 205 oder das Zeichen 206 angeordnet werden. 2

III. Das Zusatzzeichen für die abknickende Vorfahrt (hinter Zeichen 306) darf nicht zusammen mit dem Zeichen 301 angeordnet werden. 3

IV. Das Zeichen ist für Ortsdurchfahrten und Hauptverkehrsstraßen nicht anzuordnen. Dort ist das Zeichen 306 zu verwenden. Im Übrigen ist innerhalb geschlossener Ortschaften das Zeichen 301 nicht häufiger als an drei hintereinanderliegenden Kreuzungen oder Einmündungen zu verwenden. Sonst ist das Zeichen 306 zu verwenden. Eine Abweichung von dem Regelfall ist nur angezeigt, wenn die Bedürfnisse des Buslinienverkehrs in Tempo-30-Zonen dies zwingend erfordern. 4

V. Über Kreisverkehr vgl. zu Zeichen 215 5

Zu den Zeichen 306 und 307 Vorfahrtstraße und Ende der Vorfahrtstraße

I. Innerhalb geschlossener Ortschaften ist die Vorfahrt für alle Straßen des überörtlichen Verkehrs (Bundes-, Landes- und Kreisstraßen) und weitere für den innerörtlichen Verkehr wesentliche Hauptverkehrsstraßen grundsätzlich unter Verwendung des Zeichens 306 anzuordnen (vgl. zu § 15 Absatz 1 bis 1e). 1

2 II. Das Zeichen 306 steht in der Regel innerhalb geschlossener Ortschaften vor der Kreuzung oder Einmündung, außerhalb geschlossener Ortschaften dahinter.

3 III. An jeder Kreuzung und Einmündung im Zuge einer Vorfahrtstraße muss für die andere Straße das Zeichen 205 oder Zeichen 206 angeordnet werden; siehe aber auch § 10.

4 IV. 1. Das Zeichen 306 mit dem Zusatzzeichen „abknickende Vorfahrt" ist immer vor der Kreuzung oder Einmündung anzubringen. Über die Zustimmungsbedürftigkeit vgl. Nummer III 1 Buchstabe a zu § 45 Absatz 1 bis 1e; Randnummer 4.

5 2. Die abknickende Vorfahrt ist nur anzuordnen, wenn der Fahrzeugverkehr in dieser Richtung erheblich stärker ist als in der Geradeausrichtung. Der Verlauf der abknickenden Vorfahrt muss deutlich erkennbar sein (Markierungen, Vorwegweiser).

6 3. Treten im Bereich von Kreuzungen oder Einmündungen mit abknickender Vorfahrt Konflikte mit dem Fußgängerverkehr auf, ist zum Schutz der Fußgänger das Überqueren der Fahrbahn durch geeignete Maßnahmen zu sichern, z.B. durch Lichtzeichenregelung für die Kreuzung oder Einmündung oder Geländer.

7 V. Wird eine weiterführende Vorfahrtstraße an einer Kreuzung oder Einmündung durch Zeichen 205 oder 206 unterbrochen, darf das Zeichen 307 nicht aufgestellt werden. Zeichen 306 darf in diesem Fall erst an der nächsten Kreuzung oder Einmündung wieder angeordnet werden.

8 VI. Endet eine Vorfahrtstraße außerhalb geschlossener Ortschaften, sollen in der Regel sowohl das Zeichen 307 als auch das Zeichen 205 oder das Zeichen 206 angeordnet werden. Innerhalb geschlossener Ortschaften ist das Zeichen 307 entbehrlich. Anstelle des Zeichens 307 kann auch das Zeichen 205 mit Entfernungsangabe als Vorankündigung angeordnet werden.

Zu Zeichen 308 Vorrang vor dem Gegenverkehr

1 Das Zeichen steht vor einer verengten Fahrbahn. Am anderen Ende der Verengung muss das Zeichen 208 angeordnet werden (Vgl. zu Zeichen 208, Randnummer 3)

Zu den Zeichen 310 und 311 Ortstafel

1 I. Die Zeichen sind ohne Rücksicht auf Gemeindegrenze und Straßenbaulast in der Regel dort anzuordnen, wo ungeachtet einzelner unbebauter Grundstücke die geschlossene Bebauung auf einer der beiden Seiten der Straße für den ortseinwärts Fahrenden erkennbar beginnt. Eine geschlossene Bebauung liegt vor, wenn die anliegenden Grundstücke von der Straße erschlossen werden.

2 II. Die Zeichen sind auf der für den ortseinwärts Fahrenden rechten Straßenseite so anzuordnen, dass sie auch der ortsauswärts Fahrende deutlich erkennen kann. Ist das nicht möglich, ist die Ortstafel auch links anzubringen.

III. Die Ortstafel darf auch auf unbedeutenden Straßen für den allgemeinen 3
Verkehr nicht fehlen.

IV. Das Zeichen 310 nennt den amtlichen Namen der Ortschaft und den Ver- 4
waltungsbezirk. Die Zusätze „Stadt", „Kreisstadt", „Landeshauptstadt" sind zulässig. Die Angabe des Verwaltungsbezirks hat zu unterbleiben, wenn dieser den gleichen Namen wie die Ortschaft hat (z.B. Stadtkreis). Ergänzend auch den höheren Verwaltungsbezirk zu nennen, ist nur dann zulässig, wenn dies zur Vermeidung einer Verwechslung nötig ist. Andere Zusätze sind nur zulässig, wenn es sich um Bestandteile des amtlichen Ortsnamens oder Titel handelt, die aufgrund allgemeiner kommunalrechtlicher Vorschriften amtlich verliehen worden sind.

V. Das Zeichen 311 nennt auf der unteren Hälfte den Namen der Ortschaft 5
oder des Ortsteils, die oder der verlassen wird. Angaben über den Verwaltungsbezirk sowie die in Nummer IV genannten zusätzlichen Bezeichnungen braucht das Zeichen 311 nicht zu enthalten. Die obere Hälfte des Zeichens 311 nennt den Namen der nächsten Ortschaft bzw. des nächsten Ortsteiles. An Bundesstraßen kann stattdessen das nächste Nahziel nach dem Fern- und Nahzielverzeichnis gewählt werden. Unter dem Namen der nächsten Ortschaft bzw. des nächsten Ziels ist die Entfernung in ganzen Kilometern anzugeben.

VI. Durch die Tafel können auch Anfang und Ende eines geschlossenen 6
Ortsteils gekennzeichnet werden. Sie nennt dann am Anfang entweder unter dem Namen der Gemeinde den des Ortsteils in verkleinerter Schrift, z.B. „Stadtteil Pasing", „Ortsteil Parksiedlung" oder den Namen des Ortsteils und darunter in verkleinerter Schrift den der Gemeinde mit dem vorgeschalteten Wort: „Stadt" oder „Gemeinde". Die zweite Fassung ist dann vorzuziehen, wenn zwischen den Ortsteilen einer Gemeinde eine größere Entfernung liegt. Die erste Fassung sollte auch dann, wenn die Straße nicht unmittelbar dorthin führt, nicht gewählt werden.

VII. Gehen zwei geschlossene Ortschaften ineinander über und müssen die 7
Verkehrsteilnehmer über deren Namen unterrichtet werden, sind die Ortstafeln für beide etwa auf gleicher Höhe aufzustellen. Deren Rückseiten sind freizuhalten.

VIII. Andere Angaben als die hier erwähnten, wie werbende Zusätze, Stadt- 8
wappen, sind auf Ortstafeln unzulässig.

Zu Zeichen 314 Parken

I. Das Zeichen ist bei der Kennzeichnung von Parkplätzen im Regelfall an 1
deren Einfahrt anzuordnen.

II. Zur Kennzeichnung der Parkerlaubnis auf Seitenstreifen oder am Fahr- 2
bahnrand ist es nur anzuordnen, wenn

a) dort das erlaubte Parken durch Zusatzzeichen beschränkt werden soll 3
oder

b) für Verkehrsteilnehmer nicht erkennbar ist, dass dort geparkt werden darf, und eine Parkflächenmarkierung nicht in Betracht kommt.

4 III. Als Hinweis auf größere öffentlich oder privat betriebene Parkplätze und Parkhäuser ist es nur dann anzuordnen, wenn deren Zufahrt für die Verkehrsteilnehmer nicht eindeutig erkennbar ist, aber nur im unmittelbaren Bereich dieser Zufahrt. Durch zwei weiße dachförmig aufeinander zuführende Schrägbalken über dem „P" kann angezeigt werden, dass es sich um ein Parkhaus handelt. Nicht amtliche Zusätze im unteren Teil des Zeichens mit der Angabe „frei", „besetzt" oder der freien Zahl von Parkständen bzw. Stellplätzen sind zulässig.

5 IV. Durch Zusatzzeichen mit dem Sinnbild eines Fahrrades kann auf Parkflächen für Fahrräder hingewiesen werden.

6 V. Zur Bevorrechtigung von elektrisch betriebenen Fahrzeugen wird auf die VwV zu zu § 45 Absatz 1g verwiesen.

Zu Zeichen 314.1 und 314.2 Parkraumbewirtschaftungszone

1 Das Zeichen ist dann anzuordnen, wenn in einem zusammenhängenden Bereich mehrerer Straßen ganz oder überwiegend das Parken nur mit Parkschein oder mit Parkscheibe zugelassen werden soll. Die Art des zulässigen Parkens ist durch Zusatzzeichen anzugeben. Innerhalb der Zone kann an einzelnen bestimmten Stellen das Halten oder Parken durch Zeichen 283 oder 286 verboten werden. Vgl. auch Nummer II zu den Zeichen 290.1 und 290.2; Randnummer 2.

Zu Zeichen 315 Parken auf Gehwegen

1 I. Das Parken auf Gehwegen darf nur zugelassen werden, wenn genügend Platz für den unbehinderten Verkehr von Fußgängern gegebenenfalls mit Kinderwagen oder Rollstuhlfahrern auch im Begegnungsverkehr bleibt, die Gehwege und die darunterliegenden Leitungen durch die parkenden Fahrzeuge nicht beschädigt werden können und der Zugang zu Leitungen nicht beeinträchtigt werden kann.

2 II. Im Übrigen vgl. zu Parkflächenmarkierungen (lfd. Nummer 74 der Anlage 2).

3 III. Zur Bevorrechtigung von elektrisch betriebenen Fahrzeugen wird auf die VwV zu § 45 Absatz 1g verwiesen.

Zu Bild 318 Parkscheibe

1 Einzelheiten über die Ausgestaltung der Parkscheibe gibt das Bundesministerium für Verkehr und digitale Infrastruktur im Einvernehmen mit den zuständigen obersten Landesbehörden im Verkehrsblatt bekannt.

Zu den Zeichen 325.1 und 325.2 Verkehrsberuhigter Bereich

1 I. Ein verkehrsberuhigter Bereich kann für einzelne Straßen oder Bereiche in Betracht kommen. Die Straßen oder Bereiche dürfen nur von sehr geringem Verkehr frequentiert werden und sie müssen über eine überwiegende Aufenthaltsfunktion verfügen. Solche Straßen oder Bereiche können auch in Tempo 30-Zonen integriert werden.

II. Die mit Zeichen 325.1 gekennzeichneten Straßen oder Bereiche müssen durch ihre besondere Gestaltung den Eindruck vermitteln, dass die Aufenthaltsfunktion überwiegt und der Fahrzeugverkehr eine untergeordnete Bedeutung hat. In der Regel wird ein niveaugleicher Ausbau für die ganze Straßenbreite erforderlich sein. 2

III. Zeichen 325.1 darf nur angeordnet werden, wenn Vorsorge für den ruhenden Verkehr getroffen ist. 3

IV. Zeichen 325.1 ist so aufzustellen, dass es aus ausreichender Entfernung wahrgenommen werden kann; erforderlichenfalls ist es von der Einmündung in die Hauptverkehrsstraße abzurücken oder beidseitig aufzustellen. 4

V. Mit Ausnahme von Parkflächenmarkierungen sollen in verkehrsberuhigten Bereichen keine weiteren Verkehrszeichen angeordnet werden. Die zum Parken bestimmten Flächen sollen nicht durch Zeichen 314 gekennzeichnet werden, sondern durch Markierung, die auch durch Pflasterwechsel erzielt werden kann. 5

Zu Zeichen 327 Tunnel

I. Das Zeichen ist an jeder Tunneleinfahrt anzuordnen. Bei einer Tunnellänge von mehr als 400 m ist der Name des Tunnels und die Tunnellänge mit „ m (km)" anzugeben. In der Regel erfolgt dies durch Angabe im Zeichen unterhalb des Sinnbildes. Bei einer Tunnellänge von weniger als 400 m ist die Angabe des Namens nur notwendig, wenn besondere Umstände dies erfordern. 1

II. Bei einem Tunnel von mehr als 3000 m Länge ist alle 1000 m die noch zurückzulegende Tunnelstrecke durch die Angabe „noch m" anzuzeigen. 2

III. Das Zeichen kann zusätzlich in ausreichendem Abstand vor dem Tunnel mit einem Hinweis „Tunnel in m" in dem Zeichen oder durch Zusatzzeichen 1004 angeordnet werden. 3

Zu Zeichen 328 Nothalte- und Pannenbucht

I. Das Zeichen steht am Beginn einer Nothalte- und Pannenbucht. Bei besonderen örtlichen und verkehrlichen Gegebenheiten kann Zeichen 328 auch als Vorankündigung in ausreichendem Abstand (z.B. in Tunnel ca. 300 m) vor einer Nothalte- und Pannenbucht aufgestellt werden: Dann ist zum Zeichen 328 das Zusatzzeichen 1004 (in m) anzubringen. 1

II. Hinsichtlich der Anordnung des Zeichens Notrufsäule (Zeichen 365–51) wird auf die Richtlinien für die Ausstattung und den Betrieb von Straßentunneln (RABT) verwiesen. 2

Zu Zeichen 330.1 Autobahn

I. Das Zeichen ist sowohl am Beginn der Autobahn als auch an jeder Anschlussstellenzufahrt aufzustellen. In der Regel muss es am Beginn der Zufahrt aufgestellt werden. 1

2 II. Das Zeichen darf auch an Straßen aufgestellt werden, die nicht als Bundesautobahnen nach dem Bundesfernstraßengesetz gewidmet sind, wenn diese Straßen für Schnellverkehr geeignet sind, frei von höhengleichen Kreuzungen sind, getrennte Fahrbahnen für den Richtungsverkehr haben und mit besonderen Anschlussstellen für die Zu- und Ausfahrten ausgestattet sind. Voraussetzung ist aber, dass für den Verkehr, der Autobahnen nicht befahren darf, andere Straßen, deren Benutzung zumutbar ist, und für die Anlieger anderweitige Ein- und Ausfahrten zur Verfügung stehen.

Zu Zeichen 330.1, 331.1, 330.2 und 331.2

1 Über die Zustimmungsbedürftigkeit vgl. Nummer III 1 a zu § 45 Absatz 1 bis 1e; Randnummer 4. Ist die oberste Landesbehörde nicht zugleich oberste Landesbehörde für den Straßenbau, muss auch diese zustimmen.

Zu Zeichen 330.2 und 331.2 Ende der Autobahn und Kraftfahrstraße

1 I. Das jeweilige Zeichen ist am Ende der Autobahn oder der Kraftfahrstraße und an allen Ausfahrten der Anschlussstellen anzuordnen, wobei eine Vorankündigung in aller Regel entbehrlich ist.

2 II. Das jeweilige Zeichen entfällt, wenn die Autobahn unmittelbar in eine Kraftfahrstraße übergeht oder umgekehrt. Dann ist stattdessen Zeichen 330.1 oder 331.1 anzuordnen.

Zu Zeichen 331.1 Kraftfahrstraße

1 I. Voraussetzung für die Anordnung des Zeichens ist, dass für den Verkehr, der Kraftfahrstraßen nicht befahren darf, andere Straßen, deren Benutzung zumutbar ist, zur Verfügung stehen.

2 II. Das Zeichen ist an allen Kreuzungen und Einmündungen zu wiederholen.

Zu Zeichen 332.1 Ausfahrt von der Kraftfahrstraße

1 Vgl. Nummer III VwV zu den Zeichen 332, 448, 449 und 453; Randnummer 4.

Zu Zeichen 333 Ausfahrt von der Autobahn

1 Außerhalb von Autobahnen darf das Zeichen nur an einer autobahnähnlich ausgebauten Straße (vgl. Nummer II zu Zeichen 330.1; Randnummer 2) angeordnet werden. Dann hat das Zeichen entweder einen gelben oder – sofern es Zeichen 332 in Weiß mit Zielen gemäß Zeichen 432 folgt – weißen Grund. Die Schrift und der Rand sind schwarz.

Zu Anlage 3 Abschnitt 8 Markierungen

1 Vgl. § 39 und VwV zu den §§ 39 bis 43.

Zu Zeichen 340 Leitlinie

I. Der für den Gegenverkehr bestimmte Teil der Fahrbahn ist in der Regel durch Leitlinien (Zeichen 340) zu markieren, auf Fahrbahnen mit zwei oder mehr Fahrstreifen für jede Richtung durch Fahrstreifenbegrenzungen (Zeichen 295). Die Fahrstreifenbegrenzung sollte an Grundstückszufahrten nur dann unterbrochen werden, wenn andernfalls für den Anliegerverkehr unzumutbare Umwege oder sonstige Unzuträglichkeiten entstehen; wenn es erforderlich ist, das Linksabbiegen zu einem Grundstück zuzulassen, das Linksabbiegen aus diesem Grundstück aber verboten werden soll, kommt gegebenenfalls die Anbringung einer einseitigen Fahrstreifenbegrenzung (Zeichen 296) infrage. Fahrstreifenbegrenzungen sind nicht zweckmäßig, wenn zu gewissen Tageszeiten Fahrstreifen für den Verkehr aus der anderen Richtung zur Verfügung gestellt werden müssen. Vgl. § 37 Absatz 3. 1

II. Schutzstreifen für Radfahrer

1. Die Leitlinie für Schutzstreifen ist im Verhältnis Strich/Lücke 1:1 zu markieren und auf vorfahrtberechtigten Straßen an Kreuzungen und Einmündungen als Radverkehrsführung fortzusetzen. 2
2. Auf die Markierung einer Leitlinie in Fahrbahnmitte ist zu verzichten, wenn abzüglich Schutzstreifen der verbleibende Fahrbahnanteil weniger als 5,50 m breit ist. 3
3. Zu Schutzstreifen vgl. auch zu Nummer I 5 zu § 2 Absatz 4 Satz 2. 4

III. Leitlinien sind nach den Richtlinien für die Markierung von Straßen (RMS) auszuführen. Vgl. zu Markierungen (Anlage 3). 5

IV. Vgl. auch Nummer I zu § 7 Absatz 1 bis 3. 6

Zu Zeichen 341 Wartelinie

Die Wartelinie darf nur dort angeordnet werden,

1. wo das Zeichen 205 anordnet: „Vorfahrt gewähren.“, 1
2. wo Linksabbieger den Gegenverkehr durchfahren lassen müssen, 2
3. wo vor einer Lichtzeichenanlage, vor dem Zeichen 294 oder vor einem Bahnübergang eine Straße oder Zufahrt einmündet; in diesen Fällen ist die Anordnung des Zusatzzeichens „bei Rot hier halten“ im Regelfall entbehrlich. 3

Zu Zeichen 350 Fußgängerüberweg

Das Zeichen darf nicht in Kombination mit anderen Zeichen aufgestellt werden. 1

Zu Zeichen 354 Wasserschutzgebiet

I. Es ist an den Grenzen der Einzugsgebiete von Trinkwasser und von Heilquellen auf Straßen anzuordnen, auf denen Fahrzeuge mit wassergefährdender Ladung häufig fahren. In der Regel ist die Länge der Strecke, die durch das Wasserschutzgebiet führt, auf einem Zusatzzeichen (§ 10 Abs. 4) anzugeben. 1

2 II. Nummer I zu Zeichen 269 (Rn. 1) gilt auch hier.
3 III. Vgl. auch Nummer II zu Zeichen 269, Rn. 2 bis 8.
4 IV. Es empfiehlt sich, das Zeichen voll retroreflektierend auszuführen.

Zu Zeichen 356 Verkehrshelfer

1 I. Verkehrshelfer sind Schülerlotsen, Schulweghelfer oder andere Helfer für den Fußgängerverkehr.
2 II. An Lichtzeichenanlagen und Fußgängerüberwegen ist das Zeichen nicht anzuordnen.

Zu Zeichen 357 Sackgasse

1 I. Das Zeichen ist nur anzuordnen, wenn die Straße nicht ohne Weiteres als Sackgasse erkennbar ist.
2 II. Ist die Durchlässigkeit einer Sackgasse für Radfahrer und Fußgänger nicht ohne Weiteres erkennbar, ist im oberen Teil des Zeichens je nach örtlicher Gegebenheit ein Sinnbild für „Fußgänger" oder „Fahrrad" in verkleinerter Ausführung in das Zeichen zu integrieren.

Zu Zeichen 358 Erste Hilfe

1 I. Das Zeichen zeigt stets das rote Kreuz ohne Rücksicht darauf, wer den Hilfsposten eingerichtet hat.
2 II. Es darf nur verwendet werden zum Hinweis auf regelmäßig besetzte Posten.

Zu Zeichen 363 Polizei

1 Das Zeichen darf nur für Straßen mit einem erheblichen Anteil ortsfremden Verkehrs und nur dann angeordnet werden, wenn die Polizeidienststelle täglich über 24 Stunden besetzt oder eine Sprechmöglichkeit vorhanden ist.

Zu Zeichen 385 Ortshinweistafel

1 I. Das Zeichen ist nur dann anzuordnen, wenn der Name der Ortschaft nicht bereits aus der Wegweisung ersichtlich ist.

Zu Zeichen 386.1, 386.2 und 386.3 Touristischer Hinweis, touristische Route und touristische Unterrichtungstafel

1 I. Touristische Beschilderungen mit den Zeichen 386.1 bis 386.3 dürfen nur äußerst sparsam angeordnet werden. Durch sie darf die Auffälligkeit, Erkennbarkeit und Lesbarkeit anderer Verkehrszeichen nicht beeinträchtigt werden. Die Zeichen 386.2 und 386.3 dürfen nicht zusammen mit anderen Verkehrszeichen aufgestellt werden.
2 II. Die Zeichen 386.1 und 386.2 können neben einer kennzeichnenden auch eine wegweisende Funktion erfüllen. Als Wegweiser soll Zeichen 386.2 nur dazu eingesetzt werden, den Verlauf touristischer Routen zu kennzeichnen, dem Prinzip von Umleitungsbeschilderungen entsprechend.

III. Im Hinblick auf die Anordnung touristischer Beschilderung sollen die touristisch bedeutsamen Ziele und touristischen Routen unter Beteiligung von Interessenvertretern des Tourismus und anderen interessierten Verbänden von der Straßenverkehrsbehörde festgelegt werden. Zu beteiligen sind vonseiten der Behörden vor allem die Straßenbaubehörde, die für den Tourismus zuständige Behörde, die Denkmalbehörde, die Forstbehörde. 3

IV. Die Ausgestaltung und Aufstellung der Zeichen richtet sich nach den Richtlinien für touristische Beschilderung (RtB). Die Fundstelle gibt das zuständige Bundesministerium bekannt. 4

Zu Zeichen 390.1 Mautpflicht nach dem Bundesfernstraßenmautgesetz

I. Die Anordnung des Verkehrszeichens ist nur an den der Mautpflicht unterliegenden Straßenabschnitten erforderlich, welche nicht unmittelbar an eine Bundesautobahn oder mittelbar über eine andere mautpflichtige Bundesstraße an eine Bundesautobahn angebunden sind oder unmittelbar oder mittelbar an solche anschließen („Insellage"). 1

II. Das Zeichen ist beidseitig am Beginn der mautpflichtigen Strecke und zusätzlich ca. 800 m vor der letzten Ausfahrt vor Beginn der mautpflichtigen Strecke mit dem Zusatzzeichen 1004 unter Angabe der Entfernung bis zum Beginn der mautpflichtigen Strecke anzuordnen. Die Anordnung an einmündenden oder kreuzenden Straßen kann zusätzlich mit der entsprechenden Richtungsangabe durch Zusatzzeichen 1000 versehen werden. Das Zusatzzeichen 1004 gibt dann die Entfernung bis zum Entscheidungspunkt an. 2

III. Zur besseren Orientierung bei der Annäherung an den Beginn einer mautpflichtigen Strecke kann das Zeichen in verkleinerter Form in den Pfeilen der Vorwegweiser Zeichen 438, 439 oder Zeichen 440, 449 dargestellt werden. Dabei richtet sich die Ausführung auch für Zeichen 440, 449 nach den RWB. 3

Zu Zeichen 390.2 Ende der Mautpflicht nach dem Bundesfernstraßenmautgesetz

I. Die Anordnung des Verkehrszeichens ist dort erforderlich, wo die Mautpflicht nach dem Bundesfernstraßenmautgesetz endet. 1

II. Das Zeichen ist am Ende der mautpflichtigen Strecke einmal am rechten Fahrbahnrand anzuordnen. Die Anordnung an einmündenden oder kreuzenden Straßen kann zusätzlich mit der entsprechenden Richtungsangabe durch Zusatzzeichen 1000 versehen werden. Das Zusatzzeichen 1004 gibt dann die Entfernung bis zum Entscheidungspunkt an. 2

Zu Zeichen 391 Mautpflichtige Strecke

I. Die Anordnung des Verkehrszeichens kommt nur für Straßenabschnitte von Bundesfernstraßen in Betracht, deren Bau, Erhaltung, Betrieb und Fi- 1 nanzierung Privaten nach Maßgabe des Fernstraßenbauprivatfinanzierungs-Gesetzes (FStrPrivFinG) zur Ausführung übertragen wurden und sofern für die Benutzung dieser Straßenabschnitte eine Gebühr oder ein Entgelt von dem Privaten erhoben wird.

2 II. Das Zeichen ist beiderseitig am Beginn der mautpflichtigen Strecke aufzustellen, bei der es sich nur um Brücken, Tunnel und Gebirgspässe im Zuge von Bundesautobahnen oder Bundesstraßen oder mehrstreifigen Bundesstraßen mit getrennten Fahrbahnen für den Richtungsverkehr mit Kraftfahrzeugen handeln kann. Zusätzlich ist das Zeichen ca. 800 m vor der letzten Ausfahrt vor Beginn der mautpflichtigen Strecke mit dem Zusatzzeichen 1004 unter Angabe der Entfernung bis zum Beginn der mautpflichtigen Strecke anzuordnen. Die Anordnung an einmündenden oder kreuzenden Straßen ist zusätzlich mit der entsprechenden Richtungsangabe durch Zusatzzeichen 1000 zu versehen. Das Zusatzzeichen 1004 gibt dann die Entfernung bis zum Entscheidungspunkt an.

3 III. Zur besseren Orientierung bei der Annäherung an den Beginn einer mautpflichtigen Strecke kann das Zeichen in verkleinerter Form in den Pfeilen der Vorwegweiser Zeichen 438, 439 oder Zeichen 440, 449 dargestellt werden. Dabei richtet sich die Ausführung auch für Zeichen 440, 449 nach den RWB.

Zu Zeichen 392 Zollstelle

1 Das Zeichen sollte in der Regel 150 bis 250 m vor der Zollstelle aufgestellt werden. Die Zollbehörden sind zu hören.

Zu Anlage 3 Abschnitt 10 Wegweisung

1 I. Die Wegweisung soll den ortsunkundigen Verkehrsteilnehmer über ausreichend leistungsfähige Straßen zügig, sicher und kontinuierlich leiten. Hierbei sind die tatsächlichen Verkehrsbedürfnisse und die Bedeutungen der Straßen zu beachten. Eine Zweckentfremdung der Wegweisung aus Gründen der Werbung ist unzulässig.

2 II. Die Ausgestaltung und Aufstellung der wegweisenden Zeichen richten sich nach den Richtlinien für wegweisende Beschilderung außerhalb von Autobahnen (RWB) und den Richtlinien für wegweisende Beschilderung auf Autobahnen (RWBA). Das Bundesministerium für Verkehr und digitale Infrastruktur gibt die RWB und RWBA im Einvernehmen mit den zuständigen obersten Landesbehörden im Verkehrsblatt bekannt.

Zu Zeichen 394 Laternenring

1 Ringe und Schilder sind 70 mm hoch, Schilder 150 mm breit.

Zu den Zeichen 415 bis 442 Wegweiser außerhalb von Autobahnen

1 Für Bundesstraßen gibt das Bundesministerium für Verkehr und digitale Infrastruktur das Bundesstraßenverzeichnis heraus. Es enthält u. a. die Fern- und

Nahziele der Bundesstraßen sowie die Entfernungen benachbarter Ziele auf der Bundesstraße. Das Bundesstraßenverzeichnis sowie die entsprechenden Verzeichnisse der obersten Landesbehörden für die übrigen Straßen sind bei der Auswahl der Ziele zu beachten.

Zu den Zeichen 421, 422, 442 und 454 bis 466 Umleitungsbeschilderung

I. Umleitungen, auch nur von Teilen des Fahrverkehrs, und Bedarfsumleitungen sind in der Regel in einem Umleitungsplan festzulegen. Die zuständige Behörde hat sämtliche beteiligten Behörden und die Polizei, gegebenenfalls auch die Bahnunternehmen, Linienverkehrsunternehmen und die Versorgungsunternehmen zur Planung heranzuziehen. Dabei sind die Vorschriften des Straßenrechts, insbesondere des § 14 des Bundesfernstraßengesetzes und die entsprechenden Vorschriften der Landesstraßengesetze zu berücksichtigen. Bei allen in den Verkehrsablauf erheblich eingreifenden Umleitungsplänen empfiehlt es sich, einen Anhörungstermin anzuberaumen. 1

II. Die Ausgestaltung und Aufstellung der Umleitungsbeschilderung richtet sich nach den Richtlinien für Umleitungsbeschilderungen (RUB). Das Bundesministerium für Verkehr und digitale Infrastruktur gibt die RUB im Einvernehmen mit den zuständigen obersten Landesbehörden im Verkehrsblatt bekannt. 2

Zu Zeichen 432 Wegweiser zu Zielen mit erheblicher Verkehrsbedeutung

I. Ziele mit erheblicher Verkehrsbedeutung können sein: 1
- Ortsteile (z.B. Parksiedlung, Zentrum, Kurviertel),
- öffentliche Einrichtungen (z.B. Flughafen, Bahnhof, Rathaus, Messe, Universität, Stadion),
- Industrie- und Gewerbegebiete,
- Erholungs- und Freizeitgebiete oder -einrichtungen.

II. Zu anderen Zielen darf nur dann so gewiesen werden, wenn dies wegen besonders starken auswärtigen Zielverkehrs unerlässlich ist und auch nur, wenn allgemeine Hinweise wie „Industriegebiet Nord" nicht ausreichen. Die Verwendung von Logos oder anderen privaten Zusätzen ist nicht zulässig (Vgl. VwV zu Anlage 3 Abschnitt 10 Wegweisung; Randnummer 1). 2

III. Bei touristisch bedeutsamen Zielen ist vorzugsweise eine Beschilderung mit Zeichen 386.1 vorzunehmen, sofern die Richtlinien für touristische Beschilderung (RtB) dies zulassen. 3

Zu Zeichen 434

In dem Zeichen kann durch Einsätze auf Verkehrszeichen hingewiesen werden, die im weiteren Verlauf der Strecke gelten. Dafür wird das entsprechende Verkehrszeichen verkleinert zentral auf dem jeweiligen Pfeilschaft dargestellt. Die Ausführung entspricht den Vorgaben der RWB. 1

Zu Zeichen 437 Straßennamensschilder

1 I. Die auf die gezeigte Weise aufgestellten Straßennamensschilder sind beiderseits zu beschriften.
2 II. Die Zeichen sollen für alle Kreuzungen und Einmündungen und müssen für solche mit erheblichem Fahrverkehr angeordnet werden.

Zu den Zeichen 438 bis 441

1 In den Zeichen kann durch Einsätze auf Verkehrszeichen hingewiesen werden, die im weiteren Verlauf der Strecke gelten. Dafür wird das entsprechende Verkehrszeichen verkleinert zentral auf dem jeweiligen Pfeilschaft dargestellt. Die Ausführung entspricht den Vorgaben der RWB.

Zu Zeichen 442 Vorwegweiser für bestimmte Verkehrsarten

1 Das Zeichen 442 kann mit Entfernungsangabe auf einem Zusatzzeichen auch den Beginn einer Umleitung kennzeichnen.

Zu den Zeichen 332, 448, 449 und 453 Wegweiser auf Autobahnen

1 I. 1. Auf Autobahnen darf nur in den Zeichen 332 und 449 auf folgende Ziele hingewiesen werden:
- Flughäfen, Häfen,
- Industrie- und Gewerbegebiete, Plätze für Parken und Reisen (P+R), Güterverkehrszentren,
- Einrichtungen für Großveranstaltungen (z.B. Messe, Stadion, Multifunktionsarena),
- Nationalparks.

2 2. Voraussetzung ist, dass eine Wegweisung zu diesen Zielen aus Gründen der Verkehrslenkung dringend geboten ist.
3 II. Zur Begrenzung der Zielangaben vgl. RWBA.
4 III. Auf autobahnähnlich ausgebauten Straßen sind die Zeichen 332, 448, 449 und ggf. 453 gemäß den Richtlinien für die wegweisende Beschilderung außerhalb von Autobahnen (RWB) auszuführen.

Zu Zeichen 448.1 Autohof

1 I. Die Abmessung des Zeichens beträgt 2,0 m × 2,8 m.
II. Zeichen 448.1 ist nur anzuordnen, wenn folgende Voraussetzungen erfüllt sind:
2 1. Der Autohof ist höchstens 1 km von der Anschlussstelle entfernt.
3 2. Die Straßenverbindung ist für den Schwerverkehr baulich und unter Berücksichtigung der Anliegerinteressen Dritter geeignet.
4 3. Der Autohof ist ganzjährig und ganztägig (24 h) geöffnet.
5 4. Es sind mindestens 50 Lkw-Stellplätze[9)] an schwach frequentierten (DTV bis 50 000 Kfz) und 100 Lkw-Stellplätze an stärker frequentier-

9) Zur Def. eines Lkw-Stellplatzes vgl. vorläufige Hinweise zu den RiLi für Rastanlagen an Straßen bzgl. Autobahnen (VHRR) von 1999.

ten Autobahnen vorhanden. Pkw-Stellplätze sind davon getrennt ausgewiesen.

5. Tankmöglichkeit besteht rund um die Uhr; für Fahrzeugreparaturen werden wenigstens Fachwerkstätten und Servicedienste vermittelt. 6
6. Von 11 bis 22 Uhr wird ein umfassendes Speiseangebot, außerhalb dieser Zeit werden Getränke und Imbiss angeboten. 7
7. Sanitäre Einrichtungen sind sowohl für Behinderte als auch für die besonderen Bedürfnisse des Fahrpersonals vorhanden. 8

III. Die Abmessung des Zusatzzeichens beträgt 0,8 m × 2,8 m, die der in einer Reihe anzuordnenden grafischen Symbole 0,52 m × 0,52 m. Sollen mehr als 4 (maximal 6) Symbole gezeigt werden, sind diese entsprechend zu verkleinern. 9

IV. Das Zusatzzeichen enthält nur grafische Symbole für rund um die Uhr angebotene Leistungen. Es dürfen die Symbole verwendet werden, die auch das Leistungsangebot von bewirtschafteten Rastanlagen beschreiben (vgl. RWBA 2000, Kap. 8.1.2). Zusätzlich kann auch das Symbol „Autobahnkapelle" verwendet werden, wenn ein jederzeit zugänglicher Andachtsraum vorhanden ist. Zur Verwendung des Symbols „Werkstatt" vgl. RWBA 2000, Kap. 15.1(5). 10

V. Die Autohof Hinweiszeichen, deren Aufstellung vor der Aufnahme des Zeichens 448.1 (Autohof) in die StVO erfolgte und deren Maße nicht den Vorgaben (2,0 m × 2,8 m) entsprechen, sind bis zum 1. Januar 2006 gegen die entsprechenden Zeichen auszutauschen. 11

Zu den Zeichen 454 und 455.1

I. Das Zeichen 454 und 455.1 muss im Verlauf der Umleitungsstrecke an jeder Kreuzung und Einmündung angeordnet werden, wo Zweifel über den weiteren Verlauf entstehen können. 1

II. Zusätzliche Zielangaben sind nur anzuordnen, wo Zweifel entstehen können, zu welchem Ziel die Umleitung hinführt. 2

III. Das Zeichen 455.1 kann im Verlauf der Umleitungsstrecke anstelle von Zeichen 454 angeordnet werden. Wo eine Unterscheidung mehrerer Umleitungsstrecken erforderlich ist, kann es mit einer Nummerierung versehen werden. 3

IV. Das Zeichen 455.1 kann als Vorwegweiser wie auch als Wegweiser eingesetzt werden. 4

V. Zum Einsatz als Ankündigung einer Umleitung siehe VwV zu Zeichen 457.1 und 458. 5

Zu Zeichen 455.2 und 457.2 Ende der Umleitung

Das Zeichen ist dann anzuordnen, wenn das Ende der Umleitungsstrecke nicht aus der folgenden Wegweisung erkennbar ist. 1

Zu den Zeichen 457.1 und 458

I. Größere Umleitungen sollten immer angekündigt werden, und zwar in der Regel durch die Planskizze. 1

2 II. Kleinere Umleitungen auf Straßen mit geringer Verkehrsbedeutung bedürfen der Ankündigung nur, wenn das Zeichen 454 oder 455.1 nicht rechtzeitig gesehen wird.

3 III. Bei Umleitungen für eine bestimmte Verkehrsart ist in Zeichen 458 das entsprechende Verkehrszeichen nach § 41 Absatz 1 (Anlage 2) anstatt Zeichen 250 anzuzeigen.

Zu Zeichen 467.1 Umlenkungspfeil

1 I. Das Zeichen wird entweder zusätzlich oder in den Schildern gezeigt, die der Ankündigung, Vorwegweisung, Wegweisung und Bestätigung einer empfohlenen Umleitungsstrecke dienen. Sie sind zusätzlich zur blauen Autobahnwegweisung aufgestellt.

2 II. Die Umlenkungsbeschilderung zeigt den Umlenkungspfeil und etwaige schwarze Symbole und Aufschriften auf weißem Grund.

3 III. Der umzulenkende Verkehr wird am Beginn der Umlenkung durch entsprechende Ziele und den orangefarbenen Umlenkungspfeil geführt. Im Verlauf der Umlenkungsroute brauchen die Ziele nicht erneut ausgeschildert zu werden. Der Umlenkungspfeil als Leitsymbol übernimmt die weitere Wegführung.

4 IV. Bei Überschneidungen von umgelenkten Routen kann es zweckmäßig sein, die Routen regional zu nummerieren. Die Nummer kann in schwarzer Schrift in dem Pfeilzeichen eingesetzt werden.

5 V. Einzelheiten werden in den „Richtlinien für Wechselverkehrszeichen an Bundesfernstraßen (RWVZ)" festgelegt, die das Bundesministerium für Verkehr und digitale Infrastruktur im Einvernehmen mit den zuständigen obersten Landesbehörden im Verkehrsblatt bekanntgibt.

Zu den Zeichen 501 bis 546 Verkehrslenkungstafeln

1 1. Verkehrslenkungstafeln umfassen Überleitungstafeln (Zeichen 501 und 505), Verschwenkungstafeln (Zeichen 511), Fahrstreifentafeln (Zeichen 521 bis 526), Einengungstafeln (Zeichen 531 bis 536), Aufweitungstafeln (Zeichen 541 bis 546), Trennungstafeln (Zeichen 533) und Zusammenführungstafeln (Zeichen 543 und 544). Die Zeichen sind im amtlichen Katalog der Verkehrszeichen (VzKat) dargestellt.

2 2. Verkehrslenkungstafeln werden 200 m vor dem Bezugspunkt aufgestellt. Abweichend davon beträgt der Abstand zum Bezugspunkt auf Straßen innerhalb geschlossener Ortschaften mit einem Fahrstreifen pro Richtung zwischen 50 und 100 m. Bei Straßen innerhalb und außerhalb geschlossener Ortschaften mit mehr als einem Fahrstreifen pro Richtung wird eine weitere Verkehrslenkungstafel etwa 400 m vor dem Bezugspunkt angeordnet. Auf Straßen mit baulich getrennten Richtungsfahrbahnen sind Verkehrslenkungstafeln beidseitig der Fahrbahn aufzustellen.

3 3. Der Abstand zum Bezugspunkt ist durch ein Zusatzzeichen (Zeichen 1004 „Entfernungsangabe") anzuzeigen.

4. Fahrstreifentafeln können mit dem Zusatzzeichen Zeichen 1001 „Länge einer Strecke" versehen werden. Sie sind dann in Abständen von 1 000 bis 2 000 m zu wiederholen. 4
5. Den Einsatz von Verkehrslenkungstafeln bei Arbeitsstellen an Straßen regeln die RSA. 5
6. Die Standardgröße beträgt 1 600 × 1 250 mm (Höhe x Breite). Bei einer Aufstellung innerorts kann das Maß auf 70 % der Standardgröße verringert werden (1 120 × 875 mm). 6
7. Verkehrslenkungstafeln können fahrstreifenbezogene verkehrsrechtliche Anordnungen beinhalten. Die Vorschriftzeichen werden verkleinert zentral auf dem Pfeilschaft dargestellt. Liegen die Pfeile dicht nebeneinander, werden Vorschriftzeichen vertikal versetzt dargestellt. Die Ausführung entspricht den Vorgaben der RWB. Gilt die gleiche verkehrsrechtliche Anordnung für benachbarte Fahrstreifen, ist nur ein Vorschriftzeichen auf den Pfeilschäften darzustellen. Ein Vorschriftzeichen, dass für mehr als zwei Fahrstreifen gilt, wird nicht auf der Tafel angezeigt. 7

Zu § 43 Verkehrseinrichtungen (Anlage 4)

Zu Absatz 1

Auf Nummer I zu den §§ 39 bis 43 (Rn. 1) wird verwiesen. 1
Schranken, Sperrpfosten und Absperrgeländer sind nur dann als Verkehrseinrichtung anzuordnen, wenn sie sich regelnd, sichernd oder verbietend auf den Verkehr auswirken.

Zu Absatz 3 Anlage 4 Abschnitt 1

I. Die Sicherung von Arbeitsstellen und der Einsatz von Absperrgeräten erfolgt nach den Richtlinien für die Sicherung von Arbeitsstellen an Straßen (RSA), die das Bundesministerium für Verkehr und digitale Infrastruktur im Einvernehmen mit den zuständigen obersten Landesbehörden im Verkehrsblatt bekannt gibt. 2
II. Über die Ausgestaltung und Beschaffenheit der Absperrgeräte gelten die Vorschriften in Nummer II, III 1 bis 7 zu den §§ 39 bis 43 (Rn. 5 ff.) entsprechend. 3
III. Absperrgeräte sind mindestens voll retroreflektierend auszuführen. 4

Zu Absatz 3 Anlage 4 Abschnitte 2 und 3

I. Leitplatten werden angeordnet bei Hindernissen auf oder neben der Fahrbahn. Statt Leitplatten können auch Leitbaken (Zeichen 605) verwendet werden. Die Zeichen sind so aufzustellen, dass die Streifen nach der Seite fallen, auf der an dem Hindernis vorbeizufahren ist. 5
II. Richtungstafeln sind nur dann anzuordnen, wenn der Fahrer bei der Annäherung an eine Kurve den weiteren Straßenverlauf nicht rechtzeitig sehen kann oder die Kurve deutlich enger ist, als nach dem vorausgehenden 6

Straßenverlauf zu erwarten ist. Die Anordnung in aufgelöster Form (Zeichen 625) ist vorzuziehen.

7 III. Zu Leitmalen vgl. Richtlinien für die Kennzeichnung von Ingenieurbauwerken mit beschränkter Durchfahrtshöhe über Straßen.

8 IV. Leitpfosten sollen nur außerhalb geschlossener Ortschaften angeordnet werden.

Zu Anlage 4 Abschnitt 4

Die Park-Warntafeln müssen nach § 22a StVZO bauartgenehmigt und mit dem nationalen Prüfzeichen nach der Fahrzeugteileverordnung gekennzeichnet sein.

Abschnitt C

Zu § 44 Sachliche Zuständigkeit

1 I. Zur Bekämpfung der Verkehrsunfälle haben Straßenverkehrsbehörde, Straßenbaubehörde und Polizei eng zusammenzuarbeiten, um zu ermitteln, wo sich die Unfälle häufen, worauf diese zurückzuführen sind, und welche Maßnahmen ergriffen werden müssen, um unfallbegünstigende Besonderheiten zu beseitigen. Hierzu sind Unfallkommissionen einzurichten, deren Organisation, Zuständigkeiten und Aufgaben Ländererlasse regeln. Für die örtliche Untersuchung von Verkehrsunfällen an Bahnübergängen gelten dabei wegen ihrer Besonderheiten ergänzende Bestimmungen.

2 II. Das Ergebnis der örtlichen Untersuchungen dient der Polizei als Unterlage für zweckmäßigen Einsatz, den Verkehrsbehörden für verkehrsregelnde und den Straßenbaubehörden für straßenbauliche Maßnahmen.

3 III. Dazu bedarf es der Anlegung von Unfalltypensteckkarten oder vergleichbarer elektronischer Systeme, wobei es sich empfiehlt, bestimmte Arten von Unfällen in besonderer Weise, etwa durch die Verwendung verschiedenfarbiger Nadeln, zu kennzeichnen. Außerdem sind Unfallblattsammlungen zu führen oder Unfallstraßenkarteien anzulegen. Für Straßenstellen mit besonders vielen Unfällen oder mit Häufungen gleichartiger Unfälle sind Unfalldiagramme zu fertigen. Diese Unterlagen sind sorgfältig auszuwerten; vor allem Vorfahrtunfälle, Abbiegeunfälle, Unfälle mit kreuzenden Fußgängern und Unfälle infolge Verlustes der Fahrzeugkontrolle weisen häufig darauf hin, dass die bauliche Beschaffenheit der Straße mangelhaft oder die Verkehrsregelung unzulänglich ist.

4 IV. Welche Behörde diese Unterlagen zu führen und auszuwerten hat, richtet sich nach Landesrecht. Jedenfalls bedarf es engster Mitwirkung auch der übrigen beteiligten Behörden.

5 V. Wenn örtliche Unfalluntersuchungen ergeben haben, dass sich an einer bestimmten Stelle regelmäßig Unfälle ereignen, ist zu prüfen, ob es sich dabei um Unfälle ähnlicher Art handelt. Ist das der Fall, so kann durch verkehrsregelnde oder bauliche Maßnahmen häufig für eine Entschär-

fung der Gefahrenstelle gesorgt werden. Derartige Maßnahmen sind in jedem Fall ins Auge zu fassen, auch wenn in absehbarer Zeit eine völlige Umgestaltung geplant ist.

Zu Absatz 1

Müssen Verkehrszeichen und Verkehrseinrichtungen, insbesondere Fahrbahnmarkierungen, aus technischen oder wirtschaftlichen Gründen über die Grenzen der Verwaltungsbezirke hinweg einheitlich angebracht werden, sorgen die zuständigen obersten Landesbehörden oder die von ihnen bestimmten Stellen für die notwendigen Anweisungen. **6**

Zu Absatz 2 Aufgaben der Polizei

I. Bei Gefahr im Verzug, vor allem an Schadenstellen, bei Unfällen und sonstigen unvorhergesehenen Verkehrsbehinderungen ist es Aufgabe der Polizei, auch mithilfe von Absperrgeräten und Verkehrszeichen den Verkehr vorläufig zu sichern und zu regeln. Welche Verkehrszeichen und Absperrgeräte im Einzelfall angebracht werden, richtet sich nach den Straßen-, Verkehrs- und Sichtverhältnissen sowie nach der Ausrüstung der eingesetzten Polizeikräfte. **7**

Auch am Tage ist zur rechtzeitigen Warnung des übrigen Verkehrs am Polizeifahrzeug das blaue Blinklicht einzuschalten. Auf Autobahnen und Kraftfahrstraßen können darüber hinaus zur rückwärtigen Sicherung besondere Sicherungsleuchten verwendet werden. **8**

II. Einer vorherigen Anhörung der Straßenverkehrsbehörde oder der Straßenbaubehörde bedarf es in den Fällen der Nummer I nicht. Dagegen hat die Polizei, wenn wegen der Art der Schadenstelle, des Unfalls oder der Verkehrsbehinderung eine länger dauernde Verkehrssicherung oder -regelung notwendig ist, die zuständige Behörde zu unterrichten, damit diese die weiteren Maßnahmen treffen kann. Welche Maßnahmen notwendig sind, haben die zuständigen Behörden im Einzelfall zu entscheiden. **9**

Zu § 45 Verkehrszeichen und Verkehrseinrichtungen

Zu Absatz 1 bis 1e

I. Vor jeder Entscheidung sind die Straßenbaubehörde und die Polizei zu hören. Wenn auch andere Behörden zu hören sind, ist dies bei den einzelnen Zeichen gesagt. **1**

II. Vor jeder Entscheidung sind erforderlichenfalls zumutbare Umleitungen im Rahmen des Möglichen festzulegen. **2**

III. 1. Die Straßenverkehrsbehörde bedarf der Zustimmung der obersten Landesbehörde oder der von ihr bestimmten Stelle zur Anbringung und Entfernung folgender Verkehrszeichen: **3**

a) auf allen Straßen der Zeichen 201, 261, 269, 275, 279, 290.1, 290.2, 330.1, 330.2, 331.1, 331.2, 363, 460 sowie des Zusatzzeichens „abknickende Vorfahrt" (Zusatzzeichen zu Zeichen 306), **4**

5 b) auf Autobahnen, Kraftfahrstraßen und Bundesstraßen:
des Zeichens 250, auch mit auf bestimmte Verkehrsarten beschränkenden Sinnbildern, wie der Zeichen 251 oder 253, sowie der Zeichen 262 und 263,

6 c) auf Autobahnen, Kraftfahrstraßen sowie auf Bundesstraßen außerhalb geschlossener Ortschaften:
der Zeichen 276, 277, 280, 281, 295 als Fahrstreifenbegrenzung und 296,

7 d) auf Autobahnen und Kraftfahrstraßen:
der Zeichen 209 bis 214, 274 und 278,

8 e) auf Bundesstraßen:
des Zeichens 274 samt dem Zeichen 278 dann, wenn die zulässige Höchstgeschwindigkeit auf weniger als 60 km/h ermäßigt wird.

9 2. Die obersten Landesbehörden sollten jedenfalls für Straßen von erheblicher Verkehrsbedeutung, die in Nummer 1 Buchstabe b bis e nicht aufgeführt sind, entsprechende Anweisungen geben.

10 3. Der Zustimmung bedarf es nicht, wenn jene Maßnahmen zur Durchführung von Arbeiten im Straßenraum oder zur Verhütung außerordentlicher Schäden an den Straßen getroffen werden oder durch unvorhergesehene Ereignisse wie Unfälle, Schadenstellen oder Verkehrsstauungen veranlasst sind.

11 4. Die Straßenverkehrsbehörde bedarf der Zustimmung der obersten Landesbehörde oder der von ihr beauftragten Stelle außerdem für die Anordnung des Schildes nach § 37 Abs. 2 Nr. 1 Satz 8 („Grünpfeil").

11a 5. Die Straßenverkehrsbehörde bedarf der Zustimmung der obersten Landesbehörde oder der von ihr dafür beauftragten Stelle zur Anordnung der Zeichen 386.1, 386.2 und 386.3. Die Zeichen werden durch die zuständige Straßenbaubehörde aufgestellt.

12 IV. Die Straßenverkehrsbehörde bedarf der Zustimmung der höheren Verwaltungsbehörde oder der von ihr bestimmten Stelle zur Aufstellung und Entfernung folgender Verkehrszeichen auf allen Straßen:
der Zeichen 293, 306, 307 und 354 sowie des Zusatzzeichens „Nebenstrecke".

13 V. Die Straßenverkehrsbehörde bedarf der Zustimmung der obersten Landesbehörde oder der von ihr bestimmten Stelle zur Anordnung von Maßnahmen zum Schutz der Bevölkerung vor Lärm und Abgasen. Das Bundesministerium für Verkehr und digitale Infrastruktur gibt im Einvernehmen mit den zuständigen obersten Landesbehörden „Richtlinien für straßenverkehrsrechtliche Maßnahmen zum Schutz der Bevölkerung vor Lärm (Lärmschutz-Richtlinien-StV)" im Verkehrsblatt bekannt.

14 VI. Der Zustimmung bedarf es in den Fällen der Nummer III bis V nicht, wenn und soweit die oberste Landesbehörde die Straßenverkehrsbehörde vom Erfordernis der Zustimmung befreit hat.

15 VII. Unter Landschaftsgebieten, die überwiegend der Erholung der Bevölkerung dienen, sind z.B. Naturparks zu verstehen.

VIII. Maßnahmen zum Schutz kultureller Veranstaltungen (z.B. bedeutende Musik- oder Theaterdarbietungen insbesondere auf Freilichtbühnen) kommen nur in Betracht, wenn diese erheblich durch vom Straßenverkehr ausgehende Lärmemissionen beeinträchtigt werden. Insbesondere kann sich für die Dauer der Veranstaltungen eine Umleitung des Schwerverkehrs empfehlen. 16

IX. Parkmöglichkeiten für schwerbehinderte Menschen mit außergewöhnlicher Gehbehinderung, beidseitiger Amelie oder Phokomelie oder mit vergleichbaren Funktionseinschränkungen sowie für blinde Menschen

Der begünstigte Personenkreis ergibt sich aus Nummer II 1, 2 und 3 Buchstaben a und b zu § 46 Absatz 1 Nr. 11 (Randnummern 129 bis 135). 17

Wegen der Ausgestaltung der Parkplätze wird auf die DIN 18 024-1 „Barrierefreies Bauen, Teil 1: Straßen, Plätze, Wege, öffentliche Verkehrs- und Grünanlagen sowie Spielplätze; Planungsgrundlagen" verwiesen. 18

1. a) Parkplätze, die allgemein dem erwähnten Personenkreis zur Verfügung stehen, kommen, gegebenenfalls mit zeitlicher Beschränkung, insbesondere dort in Betracht, wo der erwähnte Personenkreis besonders häufig auf einen derartigen Parkplatz angewiesen ist, z.B. in der Nähe von Behörden, Krankenhäusern, Orthopädischen Kliniken. 19

b) Zur Benutzung von speziell durch Verkehrszeichen gekennzeichneten Parkplätzen für schwerbehinderte Menschen berechtigt der EU-einheitliche Parkausweis, den das zuständige Bundesministerium im Verkehrsblatt bekannt gibt. 20

c) Die Kennzeichnung dieser Parkplätze erfolgt in der Regel durch die Zeichen 314 oder 315 mit dem Zusatzzeichen „Rollstuhlfahrersymbol". 21

Ausnahmsweise (lfd. Nummer 74 der Anlage 2) kann eine Bodenmarkierung „Rollstuhlfahrersymbol" genügen. 22

2. a) Parkplätze für bestimmte schwerbehinderte Menschen des oben erwähnten Personenkreises, z.B. vor der Wohnung oder in der Nähe der Arbeitsstätte, setzen eine Prüfung voraus, ob 23

– ein Parksonderrecht erforderlich ist. Das ist z.B. nicht der Fall, wenn Parkraummangel nicht besteht oder der schwerbehinderte Mensch in zumutbarer Entfernung eine Garage oder einen Abstellplatz außerhalb des öffentlichen Verkehrsraumes hat, 24

ein Parksonderrecht vertretbar ist. Das ist z.B. nicht der Fall, wenn ein Haltverbot (Zeichen 283) angeordnet wurde, 25

– ein zeitlich beschränktes Parksonderrecht genügt. 26

b) – *weggefallen* – 27

c) Die Kennzeichnung dieser Parkplätze erfolgt durch die Zeichen 314, 315 mit dem Zusatzzeichen „(Rollstuhlfahrersymbol) mit Parkausweis Nr.". 28

X. Sonderparkberechtigung für Bewohner städtischer Quartiere mit erheblichem Parkraummangel (Bewohnerparkvorrechte) 29

1. Die Anordnung von Bewohnerparkvorrechten ist nur dort zulässig, wo mangels privater Stellflächen und aufgrund eines erheblichen allgemeinen Parkdrucks die Bewohner des städtischen Quartiers regelmäßig keine ausreichende Möglichkeit haben, in ortsüblich fußläufig zumutbarer Entfernung von ihrer Wohnung einen Stellplatz für ihr Kraftfahrzeug zu finden.

30 2. Bewohnerparkvorrechte sind vorrangig mit Zeichen 286 oder 290.1 mit Zusatzzeichen „Bewohner mit Parkausweis frei", in den Fällen des erlaubten Gehwegparkens mit Zeichen 315 mit Zusatzzeichen „nur Bewohner mit Parkausweis " anzuordnen. Eine bereits angeordnete Beschilderung mit Zeichen 314 (Anwohnerparkvorrecht nach altem Recht) bleibt weiter zulässig. Werden solche Bewohnerparkvorrechte als Freistellung von angeordneten Parkraumbewirtschaftungsmaßnahmen angeordnet (vgl. Nummer 6), kommen nur Zeichen 314, 315 in Betracht. Die Bezeichnung des Parkausweises (Buchstabe oder Nummer) auf dem Zusatzzeichen kennzeichnet zugleich die räumliche Geltung des Bewohnerparkvorrechts.

31 3. Die Bereiche mit Bewohnerparkvorrechten sind unter Berücksichtigung des Gemeingebrauchs (vgl. dazu Nummer 4), des vorhandenen Parkdrucks (vgl. dazu Nummer 1) und der örtlichen Gegebenheiten festzulegen. Dabei muss es sich um Nahbereiche handeln, die von den Bewohnern dieser städtischen Quartiere üblicherweise zum Parken aufgesucht werden. Die maximale Ausdehnung eines Bereiches darf auch in Städten mit mehr als 1 Mio. Einwohnern 1000 m nicht übersteigen. Soweit die Voraussetzungen nach Nummer 1 in einem städtischen Gebiet vorliegen, dessen Größe die ortsangemessene Ausdehnung eines Bereiches mit Bewohnerparkvorrechten übersteigt, ist die Aufteilung des Gebietes in mehrere Bereiche mit Bewohnerparkvorrechten (mit verschiedenen Buchstaben oder Nummern) zulässig.

32 4. Innerhalb eines Bereiches mit Bewohnerparkvorrechten dürfen werktags von 9.00 bis 18.00 Uhr nicht mehr als 50%, in der übrigen Zeit nicht mehr als 75% der zur Verfügung stehenden Parkfläche für die Bewohner reserviert werden. In kleinräumigen Bereichen mit Wohnbebauung, in denen die ortsangemessene Ausdehnung (vgl. Nummer 3) wesentlich unterschritten wird, können diese Prozentvorgaben überschritten werden, wenn eine Gesamtbetrachtung der ortsangemessenen Höchstausdehnung wiederum die Einhaltung der Prozent-Vorgaben ergibt.

33 5. Für die Parkflächen zur allgemeinen Nutzung empfiehlt sich die Parkraumbewirtschaftung (Parkscheibe, Parkuhr, Parkscheinautomat). Nicht reservierte Parkflächen sollen möglichst gleichmäßig und unter besonderer Berücksichtigung ansässiger Wirtschafts- und Dienstleistungsunternehmen mit Liefer- und Publikumsverkehr sowie des Publikumsverkehrs von freiberuflich Tätigen in dem Bereich verteilt sein.

6. Bewohnerparkvorrechte können in Bereichen mit angeordneter Parkraumbewirtschaftung (vgl. zu § 13) auch als Befreiung von der Pflicht, die Parkscheibe auszulegen oder die Parkuhr/den Parkscheinautomat zu bedienen, angeordnet werden. Zur Anordnung der Zusatzzeichen vgl. Nummer 2. 34
7. Bewohnerparkausweise werden auf Antrag ausgegeben. Einen Anspruch auf Erteilung hat, wer in dem Bereich meldebehördlich registriert ist und dort tatsächlich wohnt. Je nach örtlichen Verhältnissen kann die angemeldete Nebenwohnung ausreichen. Die Entscheidung darüber trifft die Straßenverkehrsbehörde ebenfalls im Einvernehmen mit der Stadt. Jeder Bewohner erhält nur einen Parkausweis für ein auf ihn als Halter zugelassenes oder nachweislich von ihm dauerhaft genutztes Kraftfahrzeug. Nur in begründeten Einzelfällen können mehrere Kennzeichen in dem Parkausweis eingetragen oder der Eintrag „wechselnde Fahrzeuge" vorgenommen werden. Ist der Bewohner Mitglied einer Car-Sharing-Organisation, wird deren Name im Kennzeichenfeld des Parkausweises eingetragen. Das Bewohnerparkvorrecht gilt dann nur für das Parken eines von außen deutlich erkennbaren Fahrzeugs dieser Organisation (Aufschrift, Aufkleber am Fahrzeug); darauf ist der Antragsteller schriftlich hinzuweisen. 35
8. Der Bewohnerparkausweis wird von der zuständigen Straßenverkehrsbehörde erteilt. Dabei ist das Muster zu verwenden, das das Bundesministerium für Verkehr und digitale Infrastruktur im Verkehrsblatt bekannt gibt. 36

XI. Tempo 30-Zonen

1. Die Anordnung von Tempo 30-Zonen soll auf der Grundlage einer flächenhaften Verkehrsplanung der Gemeinde vorgenommen werden, in deren Rahmen zugleich das innerörtliche Vorfahrtstraßennetz (Zeichen 306) festgelegt werden soll. Dabei ist ein leistungsfähiges, auch den Bedürfnissen des öffentlichen Personennahverkehrs und des Wirtschaftsverkehrs entsprechendes Vorfahrtstraßennetz (Zeichen 306) sicher zu stellen. Der öffentlichen Sicherheit und Ordnung (wie Rettungswesen, Katastrophenschutz, Feuerwehr) sowie der Verkehrssicherheit ist vorrangig Rechnung zu tragen. 37
2. Zonen-Geschwindigkeitsbeschränkungen kommen nur dort in Betracht, wo der Durchgangsverkehr von geringer Bedeutung ist. Sie dienen vorrangig dem Schutz der Wohnbevölkerung sowie der Fußgänger und Fahrradfahrer. In Gewerbe- oder Industriegebieten kommen sie daher grundsätzlich nicht in Betracht. 38
3. Durch die folgenden Anordnungen und Merkmale soll ein weitgehend einheitliches Erscheinungsbild der Straßen innerhalb der Zone sicher gestellt werden: 39
   a) Die dem fließenden Verkehr zur Verfügung stehende Fahrbahnbreite soll erforderlichenfalls durch Markierung von Senkrecht oder Schrägparkständen, wo nötig auch durch Sperrflächen (Zei- 40

chen 298) am Fahrbahnrand, eingeengt werden. Werden bauliche Maßnahmen zur Geschwindigkeitsdämpfung vorgenommen, darf von ihnen keine Beeinträchtigung der öffentlichen Sicherheit oder Ordnung, keine Lärmbelästigung für die Anwohner und keine Erschwerung für den Buslinienverkehr ausgehen.

41 b) Wo die Verkehrssicherheit es wegen der Gestaltung der Kreuzung oder Einmündung oder die Belange des Buslinienverkehrs es erfordern, kann abweichend von der Grundregel „rechts vor links“ die Vorfahrt durch Zeichen 301 angeordnet werden; vgl. zu Zeichen 301 Vorfahrt Rn. 4 und 5.

42 c) Die Fortdauer der Zonen-Anordnung kann in großen Zonen durch Aufbringung von „30“ auf der Fahrbahn verdeutlicht werden. Dies empfiehlt sich auch dort, wo durch Zeichen 301 Vorfahrt an einer Kreuzung oder Einmündung angeordnet ist.

43 4. Zur Kennzeichnung der Zone vgl. zu Zeichen 274.1 und 274.2.

44 5. Die Anordnung von Tempo 30-Zonen ist auf Antrag der Gemeinde vorzunehmen, wenn die Voraussetzungen und Merkmale der Verordnung und dieser Vorschrift vorliegen oder mit der Anordnung geschaffen werden können, indem vorhandene aber nicht mehr erforderliche Zeichen und Einrichtungen entfernt werden.

45 6. Lichtzeichenanlagen zum Schutz des Fußgängerverkehrs, die in bis zum Stichtag angeordneten Tempo 30-Zonen zulässig bleiben, sind neben den Fußgänger-Lichtzeichenanlagen auch Lichtzeichenanlagen an Kreuzungen und Einmündungen, die vorrangig dem Schutz des Fußgängerquerungsverkehrs dienen. Dies ist durch Einzelfallprüfung festzustellen.

45a XII. Vor der Anordnung von Verkehrsverboten für bestimmte Verkehrsarten durch Verkehrszeichen, wie insbesondere durch Zeichen 242.1 und 244.1, ist mit der für das Straßen- und Wegerecht zuständigen Behörde zu klären, ob eine straßenrechtliche Teileinziehung erforderlich ist. Diese ist im Regelfall notwendig, wenn bestimmte Verkehrsarten auf Dauer vollständig oder weitestgehend von dem durch die Widmung der Verkehrsfläche festgelegten verkehrsüblichen Gemeingebrauch ausgeschlossen werden sollen. Durch Verkehrszeichen darf kein Verkehr zugelassen werden, der über den Widmungsinhalt hinausgeht.

Zu Absatz 1g Parkbevorrechtigungen für elektrisch betriebene Fahrzeuge

45b I. Sollen für elektrisch betriebene Fahrzeuge in einem Gemeindegebiet oder in Stadtteilen flächendeckend Parkbevorrechtigungen geschaffen werden, so sind vor der Anordnung zumindest für das jeweilige Gebiet verkehrliche Auswirkungen zu berücksichtigen (z.B. durch ein Stellplatz-Konzept), um ein möglichst gleichmäßiges Netz von Stellplätzen, das dem tatsächlichen Bedarf insbesondere an Ladestationen Rechnung trägt, zu gewährleisten. Parkprivilegien sollen insbesondere an Verkehrsknotenpunkten eingerichtet werden, wo der Anschluss an den ÖPV, Carsharing oder andere umweltfreundliche Verkehrsmittel erleichtert wird. Dabei geht die Gewährleistung eines sicheren und flüssigen Verkehrsablaufs aller Verkehrsteilnehmer der Bevorrechtigung vor. In diesem Zusammenhang ist insbesondere die Verträglichkeit der Bevorrechtigung mit den Anforderungen des Öffentlichen Personennahverkehrs zu berücksichtigen. In dem Konzept sind sowohl Stellflächen an Ladestationen als auch nicht stationsbasierte Stellflächen zu berücksichtigen. Die Ausweisung von Stellflächen kommt insbesondere in Innenstadtlagen in Betracht.

II. Parkbevorrechtigungen für elektrisch betriebene Fahrzeuge sind mit Zeichen 314, 315 mit Zusatzzeichen anzuordnen. Sind Parkraumbewirtschaftungsmaßnahmen mit Zeichen 314.1 und 315.1 angeordnet, können elektrisch betriebene Fahrzeuge von diesen mit Zusatzzeichen freigestellt werden. **45c**

III. Die Erlaubnis zum Parken von elektrisch betriebenen Fahrzeugen soll tagsüber zeitlich beschränkt werden. Die maximale Parkdauer an Ladesäulen soll tagsüber in der Zeit von 8 bis 18 Uhr vier Stunden nicht überschreiten. **45d**

Zu Absatz 2

Zu Satz 1

I. Die Straßenverkehrsbehörde ist mindestens zwei Wochen vor der Durchführung der in Satz 1 genannten Maßnahmen davon zu verständigen; sie hat die Polizei rechtzeitig davon zu unterrichten; sie darf die Maßnahmen nur nach Anhörung der Straßenbaubehörde und der Polizei aufheben oder ändern. Ist von vornherein mit Beschränkungen oder Verboten von mehr als drei Monaten Dauer zu rechnen, so haben die Straßenbaubehörden die Entscheidung der Straßenverkehrsbehörden über die in einem Verkehrszeichenplan vorgesehenen Maßnahmen einzuholen. **46**

II. Schutz gefährdeter Straßen **47**

1. Straßenbau- und Straßenverkehrsbehörden und die Polizei haben ihr Augenmerk darauf zu richten, dass frostgefährdete, hitzegefährdete und abgenutzte Straßen nicht in ihrem Bestand bedroht werden.
2. Für Verkehrsbeschränkungen und Verkehrsverbote, welche die Straßenbaubehörde zum Schutz der Straße außer wegen Frost- oder Hitzegefährdung erlassen hat, gilt Nummer I entsprechend. Die Straßenverkehrsbehörde darf Verkehrsbeschränkungen und Verkehrsverbote, welche die Straßenbaubehörde zum Schutz der Straße erlassen hat, nur mit Zustimmung der höheren Verwaltungsbehörde aufheben oder einschränken. Ausnahmegenehmigungen bedürfen der Anhörung der Straßenbaubehörde. **48**
3. Als vorbeugende Maßnahmen kommen in der Regel Geschwindigkeitsbeschränkungen (Zeichen 274) und beschränkte Verkehrsverbote (z. B. Zeichen 262) in Betracht. Das Zeichen 274 ist in angemessenen Abständen zu wiederholen. Die Umleitung der betroffenen Fahrzeuge ist auf Straßen mit schnellerem oder stärkerem Verkehr in der Re- **49**

gel 400 m vor dieser durch einen Vorwegweiser, je mit einem Zusatzzeichen, das die Entfernung, und einem zweiten, das die betroffenen Fahrzeugarten angibt, anzukündigen. Auf Straßen, auf denen nicht schneller als 50 km/h gefahren wird, genügt der Vorwegweiser; auf Straßen von geringerer Verkehrsbedeutung entfällt auch er.

50 4. Für frostgefährdete Straßen stellt die Straßenbaubehörde alljährlich frühzeitig im Zusammenwirken mit der Straßenverkehrsbehörde und der Polizei einen Verkehrszeichenplan auf. Dabei sind auch Vertreter der betroffenen Straßenbenutzer zu hören. Auch die technischen Maßnahmen zur Durchführung sind rechtzeitig vorzubereiten. Die Straßenbaubehörde bestimmt bei eintretender Frostgefahr möglichst drei Tage zuvor den Tag des Beginns und der Beendigung dieser Maßnahmen, sorgt für rechtzeitige Beschilderung, teilt die Daten der Straßenverkehrsbehörde und der Polizei mit und unterrichtet die Öffentlichkeit.

Zu Satz 3

51 I. Dazu müssen die Bahnunternehmen die Straßenverkehrsbehörde, die Straßenbaubehörde und die Polizei hören. Das gilt nicht, wenn ein Planfeststellungsverfahren vorausgegangen ist.

52 II. Für Übergänge anderer Schienenbahnen vgl. Nummer VI zu Zeichen 201; Randnummer 11 ff.

Zu Absatz 3

53 I. Zu den Verkehrszeichen gehören nicht bloß die in der StVO genannten, sondern auch die nach Nummer III 1 zu den §§ 39 bis 43 (Rn. 6) vom Bundesministerium für Verkehr und digitale Infrastruktur zugelassenen Verkehrszeichen.

54 II. Vor der Entscheidung über die Anbringung oder Entfernung jedes Verkehrszeichens und jeder Verkehrseinrichtung sind die Straßenbaubehörden und die Polizei zu hören, in Zweifelsfällen auch andere Sachverständige. Ist nach § 5b StVG ein Dritter Kostenträger, so soll auch er gehört werden.

55 III. Bei welchen Verkehrszeichen die Zustimmung nicht übergeordneter anderer Behörden und sonstiger Beteiligter einzuholen ist, wird bei den einzelnen Verkehrszeichen gesagt.

56 IV. Überprüfung der Verkehrszeichen und Verkehrseinrichtungen

1. Die Straßenverkehrsbehörden haben bei jeder Gelegenheit die Voraussetzungen für einen reibungslosen Ablauf des Verkehrs zu prüfen. Dabei haben sie besonders darauf zu achten, dass die Verkehrszeichen und die Verkehrseinrichtungen, auch bei Dunkelheit, gut sichtbar sind und sich in gutem Zustand befinden, dass die Sicht an Kreuzungen, Bahnübergängen und Kurven ausreicht und ob sie sich noch verbessern lässt. Gefährliche Stellen sind darauf zu prüfen, ob sie sich ergänzend zu den Verkehrszeichen oder an deren Stelle durch Verkehrseinrichtungen wie Leitpfosten, Leittafeln oder durch Schutzplanken oder durch bauliche Maßnahmen ausreichend sichern lassen.

Erforderlichenfalls sind solche Maßnahmen bei der Straßenbaubehörde anzuregen. Straßenabschnitte, auf denen sich häufig Unfälle bei Dunkelheit ereignet haben, müssen bei Nacht besichtigt werden.

2. a) Alle zwei Jahre haben die Straßenverkehrsbehörden zu diesem Zweck eine umfassende Verkehrsschau vorzunehmen, auf Straßen von erheblicher Verkehrsbedeutung und überall dort, wo nicht selten Unfälle vorkommen, alljährlich, erforderlichenfalls auch bei Nacht. An den Verkehrsschauen haben sich die Polizei und die Straßenbaubehörden zu beteiligen; auch die Träger der Straßenbaulast, die öffentlichen Verkehrsunternehmen und ortsfremde Sachkundige aus Kreisen der Verkehrsteilnehmer sind dazu einzuladen. Bei der Prüfung der Sicherung von Bahnübergängen sind die Bahnunternehmen, für andere Schienenbahnen gegebenenfalls die für die technische Bahnaufsicht zuständigen Behörden hinzuzuziehen. Über die Durchführung der Verkehrsschau ist eine Niederschrift zu fertigen. **57**

   b) Eine Verkehrsschau darf nur mit Zustimmung der höheren Verwaltungsbehörde unterbleiben. **58**

   c) Die zuständigen obersten Landesbehörden sorgen dafür, dass bei der Verkehrsschau überall die gleichen Maßstäbe angelegt werden. Sie führen von Zeit zu Zeit eigene Landesverkehrsschauen durch, die auch den Bedürfnissen überörtlicher Verkehrslenkung dienen. **59**

V. Den obersten Landesbehörden wird empfohlen, in Übereinstimmung mit den Fern- und Nahzielverzeichnissen für die wegweisende Beschilderung an Bundesfernstraßen entsprechende Verzeichnisse für ihre Straßen aufzustellen. **60**

VI. Von der Anbringung von Gefahrzeichen aus Verkehrssicherheitsgründen wegen des Straßenzustandes sind die Straßenverkehrsbehörde und die Polizei unverzüglich zu unterrichten. **61**

Zu Absatz 5

Wer zur Unterhaltung der Verkehrszeichen und Verkehrseinrichtungen verpflichtet ist, hat auch dafür zu sorgen, dass diese jederzeit deutlich sichtbar sind (z.B. durch Reinigung, durch Beschneiden oder Beseitigung von Hecken und Bäumen). **62**

Zu Absatz 6

I. Soweit die Straßenbaubehörde zuständig ist, ordnet sie die erforderlichen Maßnahmen an, im Übrigen die Straßenverkehrsbehörde. Vor jeder Anordnung solcher Maßnahmen ist die Polizei zu hören. **63**

II. Straßenverkehrs- und Straßenbaubehörde sowie die Polizei sind gehalten, die planmäßige Kennzeichnung der Verkehrsregelung zu überwachen und die angeordneten Maßnahmen auf ihre Zweckmäßigkeit zu prüfen. Zu diesem Zweck erhält die Polizei eine Abschrift des Verkehrszeichenplans von der zuständigen Behörde. **64**

65 III. Die Straßenbaubehörden prüfen die für Straßenbauarbeiten von Bauunternehmern vorgelegten Verkehrszeichenpläne. Die Prüfung solcher Pläne für andere Arbeiten im Straßenraum obliegt der Straßenverkehrsbehörde, die dabei die Straßenbaubehörde, gegebenenfalls die Polizei zu beteiligen hat.

66 IV. Der Vorlage eines Verkehrszeichenplans durch den Unternehmer bedarf es nicht

1. bei Arbeiten von kurzer Dauer und geringem Umfang der Arbeitsstelle, wenn die Arbeiten sich nur unwesentlich auf den Straßenverkehr auswirken,

67 2. wenn ein geeigneter Regelplan besteht oder

68 3. wenn die zuständige Behörde selbst einen Plan aufstellt.

Zu Absatz 7

69 I. Zur laufenden Straßenunterhaltung gehört z.B. die Beseitigung von Schlaglöchern, die Unterhaltung von Betonplatten, die Pflege der Randstreifen und Verkehrssicherungsanlagen, in der Regel dagegen nicht die Erneuerung der Fahrbahndecke.

70 II. Notmaßnahmen sind z.B. die Beseitigung von Wasserrohrbrüchen und von Kabelschäden.

Zu Absatz 8

71 Die Zustimmung der höheren Verwaltungsbehörde oder der von ihr bestimmten Stelle ist erforderlich. Nummer VI zu Absatz 1 bis 1e (Rn. 14) gilt auch hier.

Zu Absatz 9

72 Auf Nummer I zu den §§ 39 bis 43 (Rn. 1) wird verwiesen.

Zu § 46 Ausnahmegenehmigung und Erlaubnis

Allgemeines über Ausnahmegenehmigungen

1 I. Die Straßen sind nur für den normalen Verkehr gebaut. Eine Ausnahmegenehmigung zu erteilen, ist daher nur in besonders dringenden Fällen gerechtfertigt. An den Nachweis solcher Dringlichkeit sind strenge Anforderungen zu stellen. Erteilungsvoraussetzungen dürfen nur dann als amtsbekannt behandelt werden, wenn in den Akten dargetan wird, worauf sich diese Kenntnis gründet.

2 II. Die Sicherheit des Verkehrs darf durch eine Ausnahmegenehmigung nicht beeinträchtigt werden; sie ist erforderlichenfalls durch Auflagen und Bedingungen zu gewährleisten. Auch Einbußen der Flüssigkeit des Verkehrs sind auf solche Weise möglichst zu mindern.

3 III. Die straßenrechtlichen Vorschriften über Sondernutzungen sind zu beachten.

IV. Hat der Inhaber einer Ausnahmegenehmigung die Nichtbeachtung von Bedingungen und Auflagen zu vertreten, so soll ihm grundsätzlich keine neue Ausnahmegenehmigung erteilt werden. 4

V. Vor der Erteilung einer Ausnahmegenehmigung sollen die beteiligten Behörden gehört werden, wenn dies bei dem Zweck oder dem Geltungsbereich der Ausnahmegenehmigung geboten ist. 5

VI. Dauerausnahmegenehmigungen sind auf höchstens drei Jahre zu befristen. Sie dürfen nur widerruflich erteilt werden. 6

Zu Absatz 1

Zu Nummer 1

Aus Sicherheitsgründen werden in der Regel Bedingungen oder Auflagen geboten sein. 7

Zu Nummer 2

Sofern die Ausnahmegenehmigung sich auf dort nicht zugelassene Fahrzeuge bezieht, gilt Nummer VI 2a zu § 29 Abs. 3; Rn. 115 und 116. 8

Zu Nummer 4

Die betroffenen Anlieger sind zu hören. 9

Zu Nummer 4a und 4b

I. Ohnhänder (Ohnarmer) erhalten eine Ausnahmegenehmigung, um an Parkuhren und Parkscheinautomaten gebührenfrei und im Zonenhaltverbot bzw. auf Parkplätzen mit zeitlicher Begrenzung ohne Benutzung der Parkscheibe zu parken. 10

II. Kleinwüchsige Menschen mit einer Körpergröße von 1,39 m und darunter erhalten eine Ausnahmegenehmigung, um an Parkuhren und Parkscheinautomaten gebührenfrei zu parken. 11

III. Nummer III zu § 46 Abs. 1 Nr. 11 gilt entsprechend. 12

Zu Absatz 1 Nummer 5

I. Fahrzeuge und Fahrzeugkombinationen, die aufgrund ihrer Ladung die Abmessungen des § 18 Absatz 1 oder § 22 Absatz 2 bis 4 überschreiten, bedürfen einer Ausnahmegenehmigung. Bei Überschreiten der Maße und Massen nach den §§ 32 bis 34 StVZO bedürfen diese Fahrzeuge zusätzlich einer Ausnahmegenehmigung nach § 70 Absatz 1 Nummer 1 StVZO und einer Erlaubnis nach § 29 Absatz 3 (vgl. zu § 29 Abs. 3; Rn. 79 ff.). Die Verwaltungsvorschriften zu § 29 Absatz 3 gelten entsprechend mit folgenden Besonderheiten. 13

II. Voraussetzungen der Ausnahmegenehmigung

1. Eine Ausnahmegenehmigung setzt neben der Einhaltung der Anforderungen der Rn. 85 sowie Rn. 86 der VwV zu § 29 Absatz 3 voraus, dass 14

a) die Beschaffung eines Spezialfahrzeugs für den Transport unmöglich oder unzumutbar ist und

b) die Ladung nach vorn nicht über 1 m hinausragt.

15 2. Neben den in den Rn. 87 und 88 der VwV zu § 29 Absatz 3 genannten Ladungen darf die Ausnahmegenehmigung ferner für den Transport mehrerer einzelner Teile, die je für sich mit ihrer Länge, Breite oder Höhe über den in der Zulassungsbescheinigung Teil I (Anlage 5 zu § 11 Fahrzeug-Zulassungsverordnung – FZV) festgelegten Abmessungen des Fahrzeugs oder der Fahrzeugkombination hinausragen und unteilbar sind, erteilt werden. Beiladung ist gestattet, soweit Gesamtmasse und Achslasten die nach § 34 StVZO zulässigen Werte nicht überschreiten.

III. Das Verfahren für die Erteilung der Ausnahmegenehmigung

16 1. Antragsdaten

Aus dem Antrag müssen mindestens folgende technische Daten des Fahrzeuges oder der Fahrzeugkombination einschließlich der Ladung ersichtlich sein: Länge, Breite und Höhe des Fahrzeuges oder der Fahrzeugkombination, Art der Ladung und Angaben zur Unteilbarkeit der Ladung, Abmessungen und Gewicht der Ladung, bauartbedingte Höchstgeschwindigkeit des Transports, amtliche Kennzeichen, Fahrzeugidentifikationsnummern von Zugfahrzeugen und Anhängern.

17 2. Anhörverfahren

Die Rn. 104 ff. der VwV zu § 29 Absatz 3 gelten entsprechend mit der Besonderheit, dass von dem angeführten Anhörverfahren abzusehen ist, wenn folgende Abmessungen im Einzelfall nicht überschritten werden:

18	a) Höhe (Fahrzeug/Fahrzeugkombination und Ladung)	4 m
19	b) Breite (Fahrzeug/Fahrzeugkombination und Ladung)	3 m
20	c) Länge (Fahrzeug/Fahrzeugkombination und Ladung)	22,75 m
21	d) Hinausragen der Ladung nach hinten	4 m
22	e) Hinausragen der Ladung über die letzte Achse	5 m
23	f) Hinausragen der Ladung nach vorn	1 m.

24 3. An den Nachweis der Voraussetzungen der Erteilung einer Ausnahmegenehmigung nach Nummer II sind strenge Anforderungen zu stellen. Die Rn. 115 bis 118 zu § 29 Absatz 3 gelten entsprechend.

IV. Der Inhalt des Genehmigungsbescheides

25 1. Rn. 119 ff. der VwV zu § 29 Absatz 3 gelten entsprechend mit der Besonderheit, dass

26 2. von der Fahrzeitbeschränkung abzusehen ist, wenn Transporte mit Fahrzeugen oder Fahrzeugkombinationen durchgeführt werden, deren zulässige Höchstgeschwindigkeit 80 km/h beträgt und diese Geschwindigkeit transportbedingt eingehalten werden kann, sofern die in Nummer III.2 (Rn. 19 ff.) aufgeführten Abmessungen nicht überschritten werden. Erforderlichenfalls ist vorzuschreiben, dass sich solche Fahrzeuge wie Züge nach § 4 Absatz 2 StVO zu verhalten haben.

3. Ragt die Ladung mehr als 50 cm nach vorn hinaus, so ist die Auflage 27
zu erteilen, die Ladung durch eine rotweiß gestreifte Schutzvorrichtung zu sichern, die bei Dunkelheit blendfrei zu beleuchten ist. Soweit möglich, ist dazu eine mindestens 50 cm lange Schutzkappe über das vordere Ende der Ladung zu stülpen und so zu befestigen, dass die Ladung nicht nach vorn verrutschen kann.
4. Ragt die Ladung nach hinten hinaus, sind folgende Auflagen zu erteilen: 28
   a) Die Ladung, insbesondere deren hintere Enden, sind durch Spannmittel oder sonstige Vorrichtungen ausreichend zu sichern.
   b) Es darf nur abgebogen werden, wenn das wegen des Ausschwenkens der Ladung ohne Gefährdung, insbesondere des nachfolgenden Verkehrs oder des Gegenverkehrs, möglich ist.
   c) Besteht die Gefahr, dass die Ladung auf der Fahrbahn schleift, so ist ein Nachläufer vorzuschreiben. Auf die „Richtlinien für Langmaterialzüge mit selbstlenkendem Nachläufer" wird verwiesen.

V. Im Übrigen sind die Verwaltungsvorschriften zu § 29 Absatz 3 entsprechend anzuwenden. 29

Rn. 31 bis Rn. 92 (weggefallen). 30

Zu Nummer 5b

I. Ausnahmen von der Anlegepflicht 93
Von der Anlegepflicht für Sicherheitsgurte können Personen im Ausnahmewege befreit werden, wenn
- das Anlegen der Gurte aus gesundheitlichen Gründen nicht möglich ist oder 94
- die Körpergröße weniger als 150 cm beträgt. 95

II. Ausnahmen von der Schutzhelmtragepflicht 96
Von der Schutzhelmtragepflicht können Personen im Ausnahmewege befreit werden, wenn das Tragen eines Schutzhelmes aus gesundheitlichen Gründen nicht möglich ist.

III. Voraussetzungen 97
Die in Nummer I und II genannten Voraussetzungen gesundheitlicher Art sind durch eine ärztliche Bescheinigung nachzuweisen. In der ärztlichen Bescheinigung ist ausdrücklich zu bestätigen, dass der Antragsteller aufgrund des ärztlichen Befundes von der Gurtanlege- bzw. Helmtragepflicht befreit werden muss. Die Diagnose braucht aus der Bescheinigung nicht hervorzugehen.

IV. Geltungsdauer und Auflagen 98
Die Ausnahmegenehmigungen sind widerruflich und befristet zu erteilen.
Soweit aus der ärztlichen Bescheinigung keine geringere Dauer hervor 99
geht, ist die Ausnahmegenehmigung in der Regel auf ein Jahr zu befristen. Dort, wo es sich um einen attestierten nichtbesserungsfähigen Dauerzustand handelt, ist eine unbefristete Ausnahmegenehmigung zu erteilen.

Zu Nummer 6

100 Gegen das Führen von Rindvieh in Viehtriebrahmen hinter Schleppern bestehen keine grundsätzlichen Bedenken. In der Ausnahmegenehmigung ist die zulässige Geschwindigkeit auf weniger als 5 km/h festzusetzen. Die Zahl der zu führenden Tiere ist festzulegen.

Zu Nummer 7

101 I. Voraussetzung der Genehmigung
1. Eine Einzelgenehmigung darf nur unter folgenden Voraussetzungen erteilt werden:
102 a) In dringenden Fällen, z.B. zur Versorgung der Bevölkerung mit leichtverderblichen Lebensmitteln, zur termingerechten Be- oder Entladung von Seeschiffen, zur Aufrechterhaltung des Betriebes öffentlicher Versorgungseinrichtungen; wirtschaftliche oder wettbewerbliche Gründe allein rechtfertigen eine Genehmigung keinesfalls,
103 b) für Güter, zu deren Beförderung keine Fahrzeuge bis zu 7,5 t zulässiges Gesamtgewicht verfügbar sind,
104 c) für Güter, deren fristgerechte Beförderung nicht wenigstens zum größten Teil der Strecke auf der Schiene möglich ist, sofern es sich um eine Beförderung über eine Straßenstrecke von mehr als 100 km handelt und
105 d) für grenzüberschreitenden Verkehr, wenn die deutschen und ausländischen Grenzzollstellen zur Zeit der voraussichtlichen Ankunft an der Grenze Lastkraftwagenladungen abfertigen können.
106 2. Eine Dauerausnahmegenehmigung darf nur erteilt werden, wenn außerdem die Notwendigkeit regelmäßiger Beförderung feststeht.
107 II. Das Verfahren
1. Vom Antragsteller sind folgende Unterlagen zu verlangen:
a) Fracht- und Begleitpapiere,
108 b) falls es sich um eine Beförderung über eine Straßenstrecke von mehr als 100 km handelt, eine Bescheinigung der für den Versandort zuständigen Güterabfertigung über die Unmöglichkeit der fristgerechten Schienenbeförderung,
109 c) für grenzüberschreitenden Verkehr ein Nachweis über die Abfertigungszeiten der Grenzzollstelle für Ladungen auf Lastkraftwagen,
110 d) Kraftfahrzeug- und Anhängerschein. Für ausländische Kraftfahrzeuge, in deren Zulassungspapieren zulässiges Gesamtgewicht und Motorleistung nicht eingetragen sind, ist eine entsprechende amtliche Bescheinigung erforderlich.
111 2. Eine Dauerausnahmegenehmigung darf nur erteilt werden, wenn der Antragsteller die Dringlichkeit der Beförderung durch eine Bescheinigung der Industrie- und Handelskammer nachweist oder sonst glaubhaft macht.
112 III. Inhalt der Genehmigung

Für den Genehmigungsbescheid ist ein Formblatt zu verwenden, das das Bundesministerium für Verkehr und digitale Infrastruktur nach Anhörung der obersten Landesbehörden im Verkehrsblatt bekannt gibt.

1. Der Beförderungsweg braucht nur festgelegt zu werden, wenn das aus verkehrlichen Gründen geboten ist. 113
2. Für grenzüberschreitenden Verkehr ist die Beförderungszeit so festzulegen, dass das Kraftfahrzeug an der Grenze voraussichtlich zu einem Zeitpunkt eintrifft, an dem sowohl die deutsche als auch die ausländische Grenzzollstelle zur Abfertigung von Ladungen besetzt ist. 114
3. Die für die Beförderung zugelassenen Güter sind einzeln und genau aufzuführen. 115

Zu Nummer 9

Von dem Verbot verkehrsstörenden Lautsprecherlärms dürfen Ausnahmen nur genehmigt werden, wenn ein überwiegendes Interesse der Allgemeinheit vorliegt. 116

Zu Nummer 10

Gegen die Erteilung einer Ausnahmegenehmigung für Werbung auf Flächen von Leuchtsäulen bestehen in der Regel keine Bedenken; Gründe der Sicherheit oder Leichtigkeit des Straßenverkehrs werden kaum je entgegenstehen. 117

Zu Nummer 11

Ausnahmegenehmigungen für schwerbehinderte Menschen

I. Parkerleichterungen 118

1. Schwerbehinderten Menschen mit außergewöhnlicher Gehbehinderung kann gestattet werden,
   a) an Stellen, an denen das eingeschränkte Haltverbot angeordnet ist (Zeichen 286, 290.1), bis zu drei Stunden zu parken. Antragstellern kann für bestimmte Haltverbotsstrecken eine längere Parkzeit genehmigt werden. Die Ankunftszeit muss sich aus der Einstellung auf einer Parkscheibe (§ 13 Absatz 2 Nr. 2, Bild 318) ergeben, 119
   b) im Bereich eines Zonenhaltverbots (Zeichen 290.1) die zugelassene Parkdauer zu überschreiten, 120
   c) an Stellen, die durch Zeichen 314 und 315 gekennzeichnet sind und für die durch ein Zusatzzeichen eine Begrenzung der Parkzeit angeordnet ist, über die zugelassene Zeit hinaus zu parken, 121
   d) in Fußgängerzonen, in denen das Be- oder Entladen für bestimmte Zeiten freigegeben ist, während der Ladezeiten zu parken, 122
   e) an Parkuhren und bei Parkscheinautomaten zu parken, ohne Gebühr und zeitliche Begrenzung, 123
   f) auf Parkplätzen für Bewohner bis zu drei Stunden zu parken, 124

125 g) in verkehrsberuhigten Bereichen (Zeichen 325.1) außerhalb der gekennzeichneten Flächen ohne den durchgehenden Verkehr zu behindern, zu parken,

126 sofern in zumutbarer Entfernung keine andere Parkmöglichkeit besteht. Die vorgenannten Parkerleichterungen dürfen mit allen Kraftfahrzeugen in Anspruch genommen werden.

127 Die höchstzulässige Parkzeit beträgt 24 Stunden.

128 2. Die Berechtigung ist entweder durch den EU-einheitlichen Parkausweis für behinderte Menschen (vgl. Nummer IX 1 Buchstabe b zu § 45 Absatz 1 bis 1e) oder durch einen besonderen Parkausweis, den das zuständige Bundesministerium im Verkehrsblatt bekannt gibt, nachzuweisen. Der Ausweis muss gut sichtbar hinter der Windschutzscheibe angebracht sein.

II. Voraussetzungen der Ausnahmegenehmigung[10)]

129 1. Als schwerbehinderte Menschen mit außergewöhnlicher Gehbehinderung sind solche Personen anzusehen, die sich wegen der Schwere ihres Leidens dauernd nur mit fremder Hilfe oder nur mit großer Anstrengung außerhalb ihres Kraftfahrzeuges bewegen können.

130 Hierzu zählen:

Querschnittsgelähmte, doppeloberschenkelamputierte, doppelunterschenkelamputierte, hüftexartikulierte und einseitig oberschenkelamputierte Menschen, die dauernd außerstande sind, ein Kunstbein zu tragen, oder nur eine Beckenkorbprothese tragen können oder zugleich unterschenkel- oder armamputiert sind sowie andere schwerbehinderte Menschen, die nach versorgungsärztlicher Feststellung, auch aufgrund von Erkrankungen, dem vorstehend angeführten Personenkreis gleichzustellen sind.

131 2. Schwerbehinderten Menschen mit außergewöhnlicher Gehbehinderung, die keine Fahrerlaubnis besitzen, kann ebenfalls eine Ausnahmegenehmigung (Nummer I 1; Rn. 118 ff.) erteilt werden.

132 In diesen Fällen ist den schwerbehinderten Menschen eine Ausnahmegenehmigung des Inhalts auszustellen, dass der sie jeweils befördernde Kraftfahrzeugführer von den entsprechenden Vorschriften der StVO befreit ist.

133 3. Die Randnummern 118 bis 132 sind sinngemäß auch auf die nachstehend aufgeführten Personengruppen anzuwenden:

134 a) Blinde Menschen;

135 b) Schwerbehinderte Menschen mit beidseitiger Amelie oder Phokomelie oder mit vergleichbaren Funktionseinschränkungen, wobei die zeitlichen Begrenzungen, die eine Betätigung der Parkscheibe voraussetzen, nicht gelten;

136 c) Schwerbehinderte Menschen mit den Merkzeichen G und B und einem Grad der Behinderung (GdB) von wenigstens 80 allein für

10) Der begünstigte Personenkreis schwerbehinderter Menschen mit außergewöhnlicher Gehbehinderung (aG) ergibt sich seit dem 1.1.2017 aus § 146 Absatz 3 SGB IX.

Funktionsstörungen an den unteren Gliedmaßen (und der Lendenwirbelsäule, soweit sich diese auf das Gehvermögen auswirken);

d) Schwerbehinderte Menschen mit den Merkzeichen G und B und einem GdB von wenigstens 70 allein für Funktionsstörungen an den unteren Gliedmaßen (und der Lendenwirbelsäule, soweit sich diese auf das Gehvermögen auswirken) und gleichzeitig einem GdB von wenigstens 50 für Funktionsstörungen des Herzens oder der Atmungsorgane; **137**

e) Schwerbehinderte Menschen, die an Morbus Crohn oder Colitis ulcerosa erkrankt sind, wenn hierfür ein GdB von wenigstens 60 vorliegt; **138**

f) Schwerbehinderte Menschen mit künstlichem Darmausgang und zugleich künstlicher Harnableitung, wenn hierfür ein GdB von wenigstens 70 vorliegt. **139**

III. Das Verfahren

1. Der Antrag auf Ausnahmegenehmigung ist bei der örtlich zuständigen Straßenverkehrsbehörde zu stellen. **140**
2. Die Dauerausnahmegenehmigung wird für maximal fünf Jahre in stets widerruflicher Weise erteilt. **141**
3. Die Ausnahmegenehmigung soll in der Regel gebührenfrei erteilt werden. **142**

IV. Inhalt der Genehmigung **143**

Für den Genehmigungsbescheid ist ein bundeseinheitliches Formblatt zu verwenden, welches das zuständige Bundesministerium im Verkehrsblatt bekannt macht (vgl. Rn. 128).

V. Geltungsbereich **144**

Die Ausnahmegenehmigungen gelten für das ganze Bundesgebiet.

Parkerleichterungen für Ärzte

I. Ärzte handeln bei einem „rechtfertigenden Notstand" (§ 16 des Gesetzes über Ordnungswidrigkeiten) nicht rechtswidrig, wenn sie die Vorschriften der StVO nicht beachten. **145**

II. Ärzte, die häufig von dieser gesetzlichen Ausnahmeregelung Gebrauch machen müssen, erhalten von der zuständigen Landesärztekammer ein Schild mit der Aufschrift **146**
„Arzt – Notfall –
Name des Arztes
Landesärztekammer",
das im Falle von I gut sichtbar hinter der Windschutzscheibe anzubringen ist.

Zu Nummer 12

Eine Ausnahmegenehmigung soll grundsätzlich erteilt werden, wenn die Betroffenen über keine eigenen Betriebshöfe oder Abstellflächen verfügen und sich solche Möglichkeiten auch nicht in zumutbarer Weise beschaffen können **147** und wenn sich zugleich keine Parkplätze mit Abstellerlaubnis in der näheren Umgebung befinden und auch nicht geschaffen werden können.

Zu Absatz 1a Ausnahmen von Verkehrsbeschränkungen, Verkehrsverboten oder Verkehrsumleitungen

148 Bei der Bevorrechtigung geht die Gewährleistung eines sicheren und flüssigen Verkehrsablaufs aller Verkehrsteilnehmer vor. Vor jeder Entscheidung über eine Bevorrechtigung von elektrisch betriebenen Fahrzeugen sind die Straßenbaubehörden und die Polizeien zu hören. Die Straßenverkehrsbehörde bedarf der Zustimmung der obersten Landesbehörde oder der von ihr bestimmten Stelle, wenn von einer Anordnung von Maßnahmen zum Schutz der Bevölkerung vor Lärm und Abgasen elektrisch betriebener Fahrzeuge ausgenommen werden sollen. Der Zustimmung bedarf es nicht, wenn und soweit die oberste Landesbehörde die Straßenverkehrsbehörde vom Erfordernis der Zustimmung befreit hat.

Zu Absatz 2

149 Die zuständigen obersten Landesbehörden oder die von ihnen bestimmten Stellen können von allen Bestimmungen dieser Allgemeinen Verwaltungsvorschrift Abweichungen zulassen.

Zu Absatz 3

Zu Satz 3

150 Es genügt nicht, wenn eine beglaubigte Abschrift oder eine Ablichtung des Bescheides mitgeführt wird.

Zu § 47 Örtliche Zuständigkeit

Zu Absatz 1 und Absatz 2 Nr. 1

1 Über Anträge auf Erteilung einer Dauererlaubnis und Dauerausnahmegenehmigung sollte in der Regel diejenige Straßenverkehrsbehörde entscheiden, in deren Bezirk der Antragsteller seinen Wohnsitz, seinen Sitz oder eine Zweigniederlassung hat. Will diese Behörde das Verfahren abgeben, so hat sie das eingehend zu begründen und über den Antragsteller ausführlich zu berichten.

Zu § 48 Verkehrsunterricht

1 I. Zum Verkehrsunterricht sind auch Jugendliche von 14 Jahren an, Halter sowie Aufsichtspflichtige in Betrieben und Unternehmen heranzuziehen, wenn sie ihre Pflichten nicht erfüllt haben.

2 II. Zweck der Vorschrift ist es, die Sicherheit und Ordnung auf den Straßen durch Belehrung solcher, die im Verkehr Fehler begangen haben, zu heben. Eine Vorladung ist daher nur dann sinnvoll und überhaupt zulässig, wenn anzunehmen ist, dass der Betroffene aus diesem Grunde einer Be-

lehrung bedarf. Das trifft in der Regel nicht bloß bei Personen zu, welche die Verkehrsvorschriften nicht oder nur unzureichend kennen oder beherrschen, sondern auch bei solchen, welche die Bedeutung und Tragweite der Vorschriften nicht erfasst haben. Gerade Mehrfachtäter bedürfen in der Regel solcher Einwirkung. Aber auch schon eine einmalige Verfehlung kann sehr wohl Anlass zu einer Vorladung sein, dies vor allem dann, wenn ein grober Verstoß gegen eine grundlegende Vorschrift vorliegt, oder wenn der bei dem Verstoß Betroffene sich trotz Belehrung uneinsichtig gezeigt hat.

III. Die Straßenverkehrsbehörde soll in der Regel nur Personen zum Verkehrsunterricht heranziehen, die in ihrem Bezirk wohnen. Müssen Auswärtige unterrichtet werden, so ist die für deren Wohnort zuständige Straßenverkehrsbehörde zu bitten, Heranziehung und Unterrichtung zu übernehmen. 3

IV. Der Verkehrsunterricht kann auch durch Einzelaussprache erteilt werden, wenn die Betroffenen aus wichtigen Gründen am allgemeinen Verkehrsunterricht nicht teilnehmen können oder ein solcher nicht stattfindet. 4

V. Die Vorladung muss die beruflichen Verpflichtungen der Betroffenen berücksichtigen. Darum kann es unter Umständen zweckmäßig sein, den Unterricht auf einen Sonntag festzusetzen; dann sind die Unterrichtszeiten mit den kirchlichen Behörden abzustimmen; Betroffene, die sich weigern oder nicht erscheinen, dürfen dafür nicht zur Verantwortung gezogen werden und sind auf einen Werktag oder einen Samstag umzuladen. 5

Zu § 53 Inkrafttreten

Die bisherigen Regeln dieser Verwaltungsvorschrift zu § 37 „Wechsellichtzeichen, Dauerlichtzeichen und Grünpfeil" zu Absatz 2 zu den Nummern 1 und 2 IX behalten auch nach der bis zum 1.7.1992 geltenden Fassung dieser Vorschrift ihre Gültigkeit, jedoch längstens bis zum 31.12.2005. Neue Lichtsignalanlagen sind nach dem 1.7.1992 nach den neuen Regeln auszuführen. 1

Anlage zur VwV-StVO: Verkehrszeichenkatalog (VZKat)[11].

11) Nicht abgedruckt, vgl. dazu Elektronischer Bundesanzeiger (BAnz AT vom 29.5.2017 B8); VkBl-Sammlung-Nr. S. 2310.

3 b

Verordnung zur Erleichterung des Ferienreiseverkehrs auf der Straße (Ferienreiseverordnung)

**vom 13. Mai 1985 (BGBl I S. 774),
zuletzt geändert durch Artikel 5 der 54. V v. 20.04.2020
(BGBl. I S. 814)[1)2)3)]**

§ 1

(1) Lastkraftwagen mit einer zulässigen Gesamtmasse[4)] über 7,5 Tonnen sowie Lastkraftwagen mit Anhänger dürfen zur geschäftsmäßigen oder entgeltlichen Beförderung von Gütern einschließlich damit verbundener Leerfahrten[5)] auf den in Absatz 2 genannten Autobahnen (Zeichen 330.1 der Straßenverkehrs-Ordnung) und den in Absatz 3 genannten Bundesstraßen an allen Samstagen vom 1. Juli bis einschließlich 31. August eines Jahres jeweils in der Zeit von 7.00 Uhr bis 20.00 Uhr nicht geführt werden[6)].

(2) Das Verbot des Absatzes 1 gilt für folgende Autobahnstrecken in beiden Fahrtrichtungen:

---

1) Mit V aus 2012 (BGBl. I S. 1300) wurde der zwischenzeitlich zulassungsrechtlich gebräuchliche Begriff der Gesamtmasse eingeführt. Zudem wurde die lfd. Nr. 4 der Tabelle an die aktuellen Ausbauzustände angepasst.

2) Die Änderung im Zusammenhang mit der sog. „Schilderwaldnovelle" (BGBl. 2009 I S. 2631, Umbenennung des Verkehrszeichens in § 1 Abs. 1 musste aus Gründen der Rechtssicherheit (die Schilderwaldnovelle litt unter einem Zitierfehler in der Präambel) erneut vorgenommen werden VkBl. 2013, 714. Hierin erfolgte auch eine Anpassung der lfd. Nr. 1. Eine zunächst seitens des damaligen BMVBS in diesem Zusammenhang ebenfalls angedachte zeitliche Erweiterung der streckenbezogenen Lkw-Fahrverbote auf Gründonnerstag und den Donnerstag vor Pfingsten wurde nicht weiter verfolgt, und ist bis auf Weiteres nicht zu erwarten. Auffällige Staueregnisse und Verkehrsspitzen an diesen Tagen sind zwar in Teilen belegt, negative Auswirkung auf den Ferienreiseverkehr konnten hingegen nicht dargestellt werden.

3) Die in 2017 vorgenommene Änderung erfolgte durch Artikel 2 der sog. Handy-Novelle. Im Gleichklang zur Schaffung von weiteren Ausnahmen von § 30 Absatz 3 StVO und zwecks Klarstellung, dass von dem Streckenverbot nur die geschäftsmäßige und entgeltliche Beförderung von Gütern einschließlich damit verbundener Leerfahrten und damit der gewerbliche Güterverkehr umfasst ist. Letzte Änderung der Fahrverbotsstrecken erfolgte 2020.

4) Vgl. die Erl. zu § 30 Abs. 3 StVO.

5) Privater Umzug mit Lkw oder z. B. Turnierteilnahme ausschließlich zu Sportzwecken mit Lkw und Pferdeanhänger sind vom Verbot nicht umfasst.

6) Parken damit zulässig (z. B. auf Autobahnraststätten entlang der Verbotsstrecken).

Lfd. Nr.	Autobahn	Streckenbeschreibung
1	A 1	von Autobahndreieck Erfttal über Autobahnkreuz Leverkusen-West, Wuppertal, Kamener Kreuz und Münster bis Anschlussstelle Lohne/Dinklage
2	A 2	von Autobahnkreuz Oberhausen bis Autobahnkreuz Bad Oeynhausen
3	A 3	von Autobahnkreuz Oberhausen bis Autobahnkreuz Köln-Ost, von Mönchhof Dreieck über Frankfurter Kreuz bis Autobahnkreuz Nürnberg
4	A 5	von Darmstädter Kreuz bis Anschlussstelle Karlsruhe-Süd und von der Anschlussstelle Offenburg bis zum Autobahndreieck Neuenburg
5	A 6	von Anschlussstelle Schwetzingen-Hockenheim bis Autobahnkreuz Nürnberg-Süd
6	A 7	von Anschlussstelle Schleswig/Jagel bis Anschlussstelle Hamburg-Schnelsen-Nord, von Anschlussstelle Soltau-Süd bis Anschlussstelle Göttingen-Nord, von Autobahndreieck Schweinfurt/Werneck über Autobahnkreuz Biebelried, Autobahnkreuz Ulm/Elchingen und Autobahndreieck Allgäu bis zum Autobahnende Bundesgrenze Füssen
7	A 8	von Autobahndreieck Karlsruhe bis Anschlussstelle München-Obermenzing und von Anschlussstelle München-Ramersdorf bis Anschlussstelle Bad Reichenhall
8	A 9/E 51	Berliner Ring (Abzweig Leipzig/Autobahndreieck Potsdam) bis Anschlussstelle München-Schwabing
9	A 10	Berliner Ring, ausgenommen der Bereich zwischen der Anschlussstelle Berlin-Spandau über Autobahndreieck Havelland bis Autobahndreieck Oranienburg und der Bereich zwischen dem Autobahndreieck Spreeau bis Autobahndreieck Werder
10	A 45	von Anschlussstelle Dortmund-Süd über Westhofener Kreuz und Gambacher Kreuz bis Seligenstädter Dreieck
11	A 61	von Autobahnkreuz Meckenheim über Autobahnkreuz Koblenz bis Autobahndreieck Hockenheim
12	A 81	von Anschlussstelle Stuttgart-Zuffenhausen bis Anschlussstelle Gärtringen

Lfd. Nr.	Autobahn	Streckenbeschreibung
13	A 92	von Autobahndreieck München-Feldmoching bis Anschlussstelle Oberschleißheim und von Autobahnkreuz Neufahrn bis Anschlussstelle Erding
14	A 93	von Autobahndreieck Inntal bis Anschlussstelle Reischenhart
15	A 99	von Autobahndreieck München Süd-West über Autobahnkreuz München-West, Autobahndreieck München-Allach, Autobahndreieck München-Feldmoching, Autobahnkreuz München-Nord, Autobahnkreuz München-Ost, Autobahnkreuz München-Süd sowie Autobahndreieck München/Eschenried
16	A 215	von Autobahndreieck Bordesholm bis Anschlussstelle Blumenthal
17	A 831	von Anschlussstelle Stuttgart-Vaihingen bis Autobahnkreuz Stuttgart
18	A 980	von Autobahnkreuz Allgäu bis Anschlussstelle Waltenhofen
19	A 995	von Anschlussstelle Sauerlach bis Autobahnkreuz München-Süd

(3) Das Verbot des Absatzes 1 gilt außerdem für folgende Bundesstraßen außerhalb geschlossener Ortschaften in beiden Fahrtrichtungen:

Lfd. Nr.	Bundesstraße	Streckenbeschreibung
1	B 31	von Anschlussstelle Stockach-Ost der A 98 bis Anschlussstelle Sigmarszell der A 96
2	B 96/E 251	Neubrandenburger Ring bis Berlin

§ 2

(1) § 1 gilt nicht für Fahrzeuge
1. der Polizei einschließlich der Bundespolizei,
2. des öffentlichen Straßendienstes der Verwaltung,
3. der Feuerwehr und des Katastrophenschutzes, soweit die Voraussetzungen des § 35 Abs. 4 der Straßenverkehrs-Ordnung vorliegen,
4. der Bundeswehr sowie der von der Bundeswehr beauftragten gewerblichen Transportdienstunternehmen, soweit das für Fragen des

Verkehrs und Transports und der Logistik zuständige Kommando ein dringendes Erfordernis festgestellt hat,

5. der Truppen der nichtdeutschen Vertragsstaaten des Nordatlantikvertrages und der Mitgliedstaaten der Europäischen Union im Falle dringender militärischer Erfordernisse,
6. die auf Grundlage des Bundesleistungsgesetzes, des Verkehrssicherstellungsgesetzes oder des Verkehrsleistungsgesetzes zur Sicherung ausreichender Verkehrsleistungen herangezogen werden.

(2) Bei Fahrten mit Fahrzeugen, die

1. nach dem Bundesleistungsgesetz herangezogen werden (Absatz 1 Nr. 4 oder 6), ist der Leistungsbescheid,
2. nach dem Verkehrssicherstellungsgesetz herangezogen werden (Absatz 1 Nr. 6), ist der jeweilige Verpflichtungsbescheid mitzuführen und auf Verlangen den zur Überwachung zuständigen Personen zur Prüfung auszuhändigen.

(3) Die Befreiungen nach Absatz 1 dürfen nur unter gebührender Berücksichtigung der öffentlichen Sicherheit und Ordnung in Anspruch genommen werden.

§ 3

(1) § 1 gilt ferner nicht für[1)]

1. kombinierten Güterverkehr Schiene – Straße vom Versender bis zum nächstgelegenen Verladebahnhof oder vom nächstgelegenen Entladebahnhof bis zum Empfänger,

1a. kombinierten Güterverkehr Hafen – Straße zwischen Belade- oder Entladestelle und einem innerhalb eines Umkreises von höchstens 150 Kilometern gelegenen Hafen (An- oder Abfuhr),

2. Beförderungen von
   a) frischer Milch und frischen Milcherzeugnissen,
   b) frischem Fleisch und frischen Fleischerzeugnissen,
   c) frischen Fischen, lebenden Fischen und frischen Fischerzeugnissen,
   d) leicht verderblichem Obst und Gemüse,
3. die Beförderung von Material der Kategorie 1 nach Artikel 8 und Material der Kategorie 2 nach Artikel 9 Buchstabe f Ziffer i der Verordnung (EG) Nr. 1069/2009 des Europäischen Parlamentes und des Rates vom 21. Oktober 2009 mit Hygienevorschriften für nicht für den menschlichen Verzehr bestimmte tierische Nebenprodukte und zur Aufhebung der Verordnung (EG) Nr. 1774/2002 (Verord-

1) Vgl. die Erl. zu § 30 Abs. 3 StVO.

nung über tierische Nebenprodukte) (ABl. L 300 vom 14.11.2009, S. 1, L 348 vom 4.12.2014, S. 31),

4. den dringlichen Einsatz von Bergungs-, Abschlepp- und Pannenhilfsfahrzeugen,
5. den Transport von lebenden Bienen,
6. Leerfahrten, die im Zusammenhang mit Fahrten nach Nummern 2 bis 5 stehen.

(2) Für alle geladenen Güter sind die vorgeschriebenen Fracht- oder Begleitpapiere mitzuführen und zuständigen Personen auf Verlangen zur Prüfung auszuhändigen.

§ 4

(1) Die Straßenverkehrsbehörden können Ausnahmen vom Verbot des § 1 in dringenden Fällen genehmigen, wenn eine Beförderung mit anderen Verkehrsmitteln nicht möglich ist.[1)]

(2) Örtlich zuständig für die Erteilung von Ausnahmegenehmigungen nach Absatz 1 ist die Straßenverkehrsbehörde, in deren Bezirk der Antragsteller seinen Wohnort, seinen Sitz oder eine Zweigniederlassung hat. Wird die Ladung außerhalb des Geltungsbereichs dieser Verordnung aufgenommen, so ist die Straßenverkehrsbehörde zuständig, in deren Bezirk die Grenzübergangsstelle des Geltungsbereichs dieser Verordnung liegt.

(3) Die zuständigen obersten Landesbehörden oder die nach Landesrecht bestimmten Stellen können von allen Vorschriften dieser Verordnung Ausnahmen für bestimmte Einzelfälle oder allgemein für bestimmte Antragsteller genehmigen. Erstrecken sich die Auswirkungen der Ausnahme über ein Land hinaus und ist eine einheitliche Entscheidung notwendig, so ist der Bundesminister für Verkehr, Bau und Stadtentwicklung zuständig.

(4) Die Ausnahmegenehmigung ist schriftlich zu erteilen. Der Bescheid über die Erteilung der Ausnahmegenehmigung ist mitzuführen und auf Verlangen zuständigen Personen zur Prüfung auszuhändigen.

1) Die 4. Straßenverkehrs-Ausnahme-VO (BAnz. AT v. 26.2.2021, V2) nimmt Inhaber einer Reisegewerbekarte nach § 55 Abs. 1 Nr. 2 GewerbeO für die Zwecke seiner Tätigkeit als Schausteller oder nach Schaustellerart oder Fahrten, die in seinem Auftrag geführt werden, von der Fahrverbotsregelung bundesweit generell aus. Führt der Inhaber einer Reisegewerbekarte selbst, gilt § 60c Abs. 1 S 1 GewerbeO entspr.. Lässt der Inhaber einer Reisegewerbekarte eine andere Person den Lkw führen, muss diese eine Zweitschrift oder eine beglaubigte Kopie der Reisegewerbekarte mitführen. Vgl Ordnungsnr. 3m.

§ 5

Ordnungswidrig im Sinne des § 24 des Straßenverkehrsgesetzes handelt, wer vorsätzlich oder fahrlässig

1. entgegen § 1 ein Kraftfahrzeug führt oder das Führen eines Kraftfahrzeuges zulässt oder
2. entgegen § 2 Abs. 2 einen Leistungsbescheid oder einen Verpflichtungsbescheid oder entgegen § 3 Abs. 2 vorgeschriebene Fracht- oder Begleitpapiere oder entgegen § 4 Abs. 4 Satz 2 die Ausnahmegenehmigung nicht mitführt oder zuständigen Personen auf Verlangen zur Prüfung nicht aushändigt.

3 c

Verkehrsrechtliche Bestimmungen des Bundes-Immissionsschutzgesetzes

Vorbemerkung

Das BImSchG v. 17.5.2013 (BGBl I, 1274), hat (vermeintlich) direkte Auswirkungen auf das Straßenverkehrsrecht. Insoweit ist insbes. auf § 40 BImSchG hinzuweisen, der erweiterte Möglichkeiten für Verkehrsbeschränkungen und -verbote **auf der Grundlage des BImSchG** enthält (Rechtsfolgenverweisung). Aufgegriffen in der StVO wurde diese Rechtsgrundlage bislang allerdings allein durch die Umweltzonenregelung (vgl. § 45 Abs. 1f) als sog. zusätzliche Kennzeichnungsregelung, derer es weiterhin auch bei einer Rechtsfolgenverweisung im BImSchG bedarf. Die Ge- und Verbote der StVO fußen in der Regel nicht auf dem BImSchG, sondern auf dem StVG, welches auf derselben Gesetzesebene neben dem BImSchG steht. Die Verbote und Beschränkungen nach § 40 Abs. 1 S. 1 BImSchG knüpfen an inhaltliche Vorgaben von Luftreinhalte- und Aktionsplänen nach § 47 Abs. 2 BImSchG an – sie stellen damit die alleinige Rechtsgrundlage nur für die Umweltzone dar. Für außergewöhnliche Fallgestaltungen, die in Luftreinhalte- und Aktionsplänen unberücksichtigt geblieben sind, ermöglicht § 40 Abs. 1 S. 2 BImSchG weitere Ausnahmen (z. B. für dringende Versorgungsfahrten) im Gemeinwohlinteresse. Die Durchführung der Maßnahme (Kennzeichnung der Umweltzone – Rechtsfolge) richtet sich nach straßenverkehrsrechtlichen Vorschriften (Zeichen 270.1[1)]).

Die in der 23. Auflage vertretene Auffassung, dass der BImSchG-Wortlaut „nach Maßgabe" vom Wortlaut her eine Rechtsgrundverweisung darstellt, wird nach wie vor vertreten. Ansonsten hätten Verstöße bis zum Inkrafttreten der nun 2013 neu erlassenen StVO nicht als Ordnungswidrigkeiten verfolgt werden können, mit der erst der § 45 Abs. 1f eingefügt wurde. Denn § 49 Abs. 3 Nr. 4 StVO, wonach nur ordnungswidrig handelt, wer entgegen § 41 eine durch ein Vorschriftzeichen gegebene Anordnung nicht befolgt, kann nicht ohne Heranziehung des § 24 StVG selbst gelesen werden. Danach handelt ordnungs-

1) Vgl. zur Anerkennung von Plaketten nach der tschechischen Regierungsverordnung über die Zuordnung der Kfz zu Schadstoffgruppen und über Umweltplaketten VkBl 2014, S. 498.

widrig, wer vorsätzlich oder fahrlässig einer Vorschrift einer **auf Grund des § 6 Abs. 1** StVG erlassenen Rechtsverordnung (dies sind die allgemeinen Verkehrsregeln der StVO) oder einer **auf Grund einer solchen Rechtsverordnung ergangenen Anordnung** (dies sind die Verkehrszeichenanordnungen nach § 45 StVO) zuwiderhandelt, soweit die Rechtsverordnung für einen bestimmten Tatbestand auf eine Ordnungswidrigkeit (§ 49 StVO) und in der Folge auf eine Bußgeldvorschrift (BKatV) verweist. Demzufolge musste Rechtsgrund für die Anordnung des Umweltzonenzeichens immer § 45 StVO (alt – damals Abs. 1 S. 2 Nr. 3 oder Abs. 1b Nr. 5) sein.

Bund und Länder haben sich aber darauf verständigt, dass eine Rechtsgrundverweisung vom Gesetzgeber nicht gewollt gewesen sein kann und nicht praxisgerecht ist, weil die vormalige StVO-Vorschrift selbst dem Wortlaut nach zur Umweltzone eher eine Rechtsgrundverweisung auf das BImSchG vermuten ließ, wenn selbst diese ehemalige Vorschrift auch nicht eindeutig dahingehend formuliert war. Auch die Rechtsprechung hatte diese Einschätzung bereits so geteilt und hatte deshalb ebenfalls der BImSchG-Regelung eine reine Rechtsfolgenverweisung auf das Straßenverkehrsrecht zugewiesen. Dies war für den Verordnungsgeber dann Anlass genug, beim Neuerlass der StVO im Jahr 2013 die Umweltzonenregelung klarer zu fassen und in § 45 eine eigenständige Ermächtigungsgrundlage nur noch für die **Kennzeichnung** der Umweltzonen zu verankern (§ 45 Abs. 1f), um § 24 StVG Rechnung tragen zu können. In der Folge wurde mit der ersten Änd-VO zur StVO dann noch eine Ausnahme für die Umweltzone von § 45 Abs. 9 verankert, denn diese Vorschrift zur Eindämmung des Schilderwaldes kann nur zur Anwendung kommen, wenn Rechtsgrund für die Anordnung der Umweltzone § 45 Abs. 1 S. 2 Nr. 3 oder Abs. 1b Nr. 5 wäre und diese sollen für die Umweltzonenregelung gerade nicht mehr greifen! Ein vergleichbares Verfahren hat es aber zu anderen Anordnungen der StVO bislang nicht gegeben. Für sie bleibt damit Rechtsgrund das Straßenverkehrsrecht, will man im Nachhinein keine Probleme mit der Bußgeldbewehrung bei etwaigem Verstoß bekommen.

Für die Praxis bedeutet dies, dass Umweltzonen lediglich ausgewiesen werden können, wenn sie Gegenstand eines Luftreinhalteplans sind, der Anordnungsgrundlage für die Umweltzone ist. Die StrVerkBeh sind bei Erstellung des Luftreinhalteplans zwingend als Träger öffentlicher Belange zu beteiligen und haben ihre straßenverkehrsrechtlichen Abwägungsprozesse bereits auf dieser Ebene einzubringen. Das Einvernehmen mit der Straßenverkehrsbehörde ist auf dieser Ebene zwingend herzustellen.

§ 40 Abs. 3 BImSchG ermöglicht die Schaffung von Ausnahmen für umweltfreundliche Kfz. Mit Art. 1 der VO zum Erlass und zur Änderung von Vorschriften über die Kennz. emissionsarmer Kfz v. 10.10.2006 (BGBl I S. 2218), geändert durch VO v. 5.12.2007 (BGBl I S. 2793), wurde eine politisch umstr. Regelung iSd Abs. 3 getroffen. Dortige Maßgaben sollten ehemals vorrangig „nur" zur Senkung der Feinstaubbelastungen beitragen (sog. Kennzeichnungs-VO – 35. BImSchV). Problematisch war in diesem Zusammenhang vor allem, dass es für die damals zur Nachrüstung angebotenen Partikelfilter bspw. keine EU-einheitlichen technischen Anforderungen gab (z. B. über Grenzwerteinhaltung und Haltbarkeitsdauer); zudem, dass viele der angebotenen Filter nicht praxistauglich waren. In der EU erfolgt eine Kfz-Klassifizierung im Übrigen nach dem Grenzwertprinzip und nicht nach dem Vorhandensein von bestimmten Bauteilen. Die Bekanntgabe der Emissionsschlüsselnummern für die Anwendung der 35. BImSchV erfolgte mit VkBl-Verlautbarung v. 16.11.2006 (VkBl 2006 S. 867), geändert durch VO v. 5.12.2007 (VkBl 2007 S. 771). Zu den Partikelminderungsklassen vgl. StVZO-ÄndVO v. 24.5.2007 (VkBl 2007 S. 446).

Darüber hinaus hatte der sog. Diesel-Skandal gezeigt, dass viele Kfz abverlangte Grenzwerte nur im Labor- und nicht im Realbetrieb erfüllen (nach EU-Recht zulässige Begründung der Hersteller: Motorschutz). Die Kontrolle der Realemissionen ist damit eine der wichtigsten Maßnahmen zur Einhaltung der EU-Luftqualitätsgrenzwerte, insb. hinsichtlich NO_2. Seit 2015 gibt es neue EU-Verordnungen, die zusätzliche Prüfverfahren mit portabler Messtechnik im Typgenehmigungsverfahren verankern; hierdurch ist die Begrenzung von Emissionen im Normalbetrieb, insb. bei Dieselfahrzeugen, erfolgt. Weitere EU-Verordnungen, u. a. um eine Kontrolle von in Betrieb befindlichen Kfz gewährleisten zu können, folgten (sog. RDE-Tests – Real Driving Emissions). Darüber hinaus erfolgte die Entwicklung und Festschreibung des WLTP (Worldwide harmonized Light vehicle Test Procedure).

Zwischenzeitlich wurden seitens der Umweltseite eine Fortschreibung der Emissionsklassen um weitere Plaketten (z. B. blaue Plakette) und in der Folge die Einführung spezieller No_2-Zonen oder Diesel-Zonen gefordert. Forderungen nach einer blauen Plakette ließen sich nicht umsetzen. Die BReg setzt stattdessen auf weniger eingreifende Maßn. und will verschärfte Umweltzonen bzw. Fahrverb. möglichst vermeiden. Sie setzt stattdessen z. B. auf Markteinführungsförderung elektrischer und hybrider Antriebe im Bus- und Lkw-/Lieferfahrzeugbereich, Einführung der „grünen Welle", neue Diesel-Motorentechnik mit Messung im Realbetrieb etc. Laut UBA gibt es mittlerweile in Deutschland keine

Überschreitungen der europaweit geltenden Grenzwerte für Schwefeldioxid, Kohlenmonoxid, Benzol und Blei mehr. Die Entwicklung von PM10 und NO2 ist ebenfalls stark rückläufig, geltende Grenzwerte werden aber in Einzelfällen immer noch überschritten.

Jedenfalls ist die Umweltzonenregelung abschließend formuliert mit der Folge, dass sie z. B. aus sich heraus nicht ohne Rechtsänderung um weitere Zusatzzeichen zu Zeichen 270.1 seitens der zuständigen Behörden vor Ort ergänzt werden kann. Dies hatte auch das *BVerwG* in seinen Urt. v. 27.2.2018 (7 C 26/16 und 7 C 30/17) so gesehen. Es bestehe aber eine unionsrechtl. Verpfl. (lt. EUGH-Rspr.), den Zeitr. für die Nichteinh. der Grenzwerte für Stickstoffdioxid so kurz wie möglich zu halten. Daher müsse ein nicht ausr. nat. Recht ausgeblendet werden, soweit durch dies diese Verpfl. nicht erfüllt werden könne. Allein § 40 Abs. 1 Satz 1 BImSchG bleibe daher als Rechtsgr. für eine Umweltzone für andere Fzgkl., die 35. BImSchV und der darauf bezogene Teil der Kennzeichnungsregelung in der StVO könnten hingegen nicht angewandt werden. In den weiteren Ausf. des BVerwG tritt dann aber ein Dilemma zutage: Laut BVerwG dürfen die Fahrverb. aus anderen Gründen nicht rechtsw sein, sie müssen zudem umsetzungsfrei sein, immissionsschutzrechtl. oder andere Vorschr. müssen ihre Durchführung erlauben, Maßn., die in Grundrechte eingreifen, bedürfen einer gesond. fachgesetzlichen Befugnis. Insoweit schlägt laut BVerwG die Rspr. des EUGH dann vollständig auch auf das Verhaltensr. im Straßenverk. mit seinen Bußgeldern durch. Für letztere Rechtsgeb. kommt aber – und dies thematisiert das BVerwG nicht – im Gegensatz zum Immissionsschutzrecht das Subsidiaritätsprinzip zur Anwendung, d. h. diese Rechtsgebiete obliegen allein dem nation. Gesetz- und VO-Geber. Aus gutem Grund ist deshalb in der StVO bislang lediglich auch nur eine Kennzeichnungsvorschr. zur Umweltzone verankert, die auf dem BImSchG beruht. Damit kann vor dem Hintergrund der EUGH-Rspr. allein die dem Gericht nicht ausr. Kennzeichnungsvorschr. ausgeblendet werden, soweit die 35. BImSchV zur Anwendung kommt (also die grüne Plakette in der StVO als mögliches ZZ enthalten ist), sodass dazu ein anderes ZZ für die Umweltzone „erfunden" werden kann. Solche ZZ sind in den Ländern auch bereits im Einsatz.

Für die übrigen StVO-Vorschriften hingegen kann diese EUGH-Rspr. nicht vergleichbar greifen. Jene Vorschriften haben ihren Rechtsgrund nicht im BImSchG. Sie fußen auf dem StVG. Für diese Vorschr. oder Z gibt es keine der Kennzeichnungsvorschr. zur Umweltzone nachgebildete Kennzeichnungs-Vorschr. in der StVO, sodass die Rechtsfolgenverweisung des § 40 BImSchG greifen könnte und § 24 StVG Genüge getan wäre. Wegen des anzuwendenden Subsidiaritätsprinzips kann sich das Immissionsschutzrecht mit seiner unionsfreundlichen Anwendung auch nicht umfassend ändernd auf ein Rechtsgebiet auswirken, das allein dem nationalen VO-Geber obliegt. Diese entscheidende Frage wird seitens des BVerwG nicht erkannt. Nur in diesen Fall wäre zudem das verfassungsr. verankerte Gebot „keine Strafe ohne Gesetz" beachtet. Denn insoweit reicht die Heranziehung einer EUGH-Rspr. nicht aus. Im Gegenteil: Da die Möglichkeit der Sanktionierung etwaiger Verstöße seitens des BVerwG nicht behandelt wird, muss dies der abschließ. Entsch. des BGH vorbehalten bleiben.

Neuen Drive hat die Verkehrsverbots-Diskussion in der Folge auftretender Nachfragen zur Verhältnismäßigk. von Fahrverb. mit dem 13. G zur Änderung des BImSchG erlangt (BGBl. I Nr. 12 v. 11.4.2019 S. 432), durch das eine einheitl. Ermessensausübung in den Ländern zur Ausgestaltung der Verhältnismäßigkeitsabw. erging. Vgl. zu den Entsch.: *VG Gelsenkirchen* Urt. v. 15.11.2018 (8 K 524/15 und 8 K 5068/15, juris), *VG Köln* Urt. v. 8.11.2018 (13 K 6684/15 und 13 K 6682/15, juris), *VG Mainz* Urt. v. 24.10.2018 (3 K 988/16, juris), *VG Berlin* Urt. v. 9.10.2018 (10 K 20.16, juris), *VG Wiesbaden* Urt. v. 5.9.2018 (4 K 1613/15 WI, juris), *VG Aachen* Urt. v. 8.6.2018 (6 K 2211/15, juris). Bereits im Gesetzgebungsverf. hatten sich Gerichte zu einer möglichen Europarechtsw. geäußert (*VG Berlin* Urt. v. 9.10.2018, VG 10 K 207.16; *VG Köln* Urt. v. 8.11.2018, 13 K 6682/15; *VGH Mannheim* NVwZ 2019, 813; *OVG Hamburg* Beschl. v. 31.5.2019, 1 Bs 90/19 und Beschl. v. 31.5.2019, 1 Bs 91/19, *OVG Münster* Urt. v. 31.7.2019, 8 A 2851/18). Seinen Abschluss hat die Diskussion mit der Entsch. des *BVerwG* v. 27.2.2020 (7 C 3.19) gefunden. Danach kann, soweit nach einer Prognose auf hinreichend sicherer Grundlage der Grenzwert für Stickstoffdioxid in Kürze eingehalten wird, ein Verkehrsverbot für Dieselfzge unverh. sein. Aus dem geänderten § 47 Abs. 4a BImSchG ergebe sich nichts anderes.

Nach § 47 Abs. 4a Satz 1 BImSchG kommen Verkehrsverb. idR nur in Gebieten in Betracht, in denen der Wert von 50 Mikrogramm NO2 pro Kubikmeter Luft im Jahresmittel überschritten worden ist. Das Prinzip der Verhältnismäßigk.. gilt auch für das Unionsrecht, vgl. Art. 5 Abs. 4 EUV. Nach Art. 23 Abs. 1 Unterabschn. 2 der RiLi 2008/50/EG des Europ. Parl. und des Rates v. 21.5.2008 über Luftqualität und saubere Luft für Europa (ABl. L 152 v. 11.6.2008, S. 1) (Luftqualitäts-RiLi) müssen die Pläne geeignete Maßn. enthalten, damit der Zeitraum der Nichteinhaltung der Grenzwerte „so kurz wie möglich" gehalten werden kann „Möglich" sind nur rechtlich zulässige Maßn, also verhältnismäßige.

EU-Recht fordert nicht, dass bei Vorliegen mehrerer Mittel zwingend das wirksamste Mittel ergriffen werden muss. *EuGH* (Urt. v. 25.7.2008, Rs. C-237/07, Rn. 43 ff.) hat für die Luftreinhaltepläne entschieden, dass Mittel zur stufenweisen Erreichung des Grenzw. genügen. Die Mitgliedstaaten treffe nicht die Pflicht, Maßn. zu ergreifen, die eine sofortige Grenzwerterreichung ermöglichen. Bei der Wahl der Mittel sind alle vorl. Umstände und betr. Interessen zu berücksichtigen. Ein Ausgleich zw. Ziel der Grenzwerteinh. und den betr. öffentl. und priv. Interessen ist sicherzustellen (*EuGH*-Urt. v. 24.10.2019, C-636/18, Rn. 77, 78).

§ 47 Abs. 4a BImSchG steht im Zusammenhang mit der pos. Entw. der Luftqualität aufgrund der Flottenerneuerung, dem Konzept für saubere Luft und die Sicherung der individuellen Mobilität. Dies erlaubt die Prognose, dass in Städten, in denen der NO2-Jahresmittelwert im Jahr 2017 nicht über 50 Mikrogramm pro Kubikmeter lag, im Jahr 2020 idR der Grenzwert ohne Fahrverbote eingehalten werden kann.

Eine Änderung des Luftreinhalteplans dahingehend, dass die Umweltzone vorübergehend ohne ausnehmendes Zusatzzeichen „grüne Plakette" anzuordnen wäre, wäre im worst case rechtlich ebenfalls möglich. In der Praxis könnte dann die grüne Plakette vorübergehend verdeckt werden. Damit verbunden wären allerdings erhebliche Probleme für die Vollzugspraxis: nicht nur die Einfahrt, sondern auch die Verkehrsteilnahme (also auch das Parken) innerhalb der Zone wären damit umfassend auch für Kfz mit grüner Plakette untersagt. Ein rechtzeitiges Verlassen der Zone ließe sich kaum bewerkstelligen, würde zusätzlichen Verkehr induzieren und müsste zwangsläufig bei der Überwachung den Opportunitätsgedanken überstrapazieren.

Kurzfristig in Betracht kommen zudem ergänzende streckenbezogene zusätzliche Einfahrtverbote auf der Grundlage der StVO z. B. für Dieselfahrzeuge mit schlechteren Abgaswerten, die über eine grüne Plakette verfügen. Der Anordnung darf aber kein zonaler Charakter zukommen. Rechtsgrund könnte § 45 Abs. 1 S. 2 Nr. 3 sein. In die Entscheidung ist z. B. der Verlagerungseffekt eines solchen Verbotes einzubeziehen. Die Schaffung des ggf. unter Verhältnismäßigkeitsgesichtspunkten erforderlichen einschränkenden ZZ könnten die obersten Verkehrsbehörden der Länder oder die von ihnen bestimmten Stellen dazu selbst „erfinden" (vgl. VwV zu § 39, Rn. 46).

Emissionsunabhängige Verkehrsverb. (Verbot je nach geradem/ungeraden Kennzeichen, Ausnahme für mehrfachbesetzte Fahrzeuge etc.)

sollten nicht angeordnet werden. Solche Maßn. dienen der Verringerung des Verkehrs insges., sind allerdings nicht auf den Hauptverursacher gerichtet, dürften damit gegen das Willkürverbot verstoßen und sind für VT mit umweltfreundlichen Kfz unverhältnismäßig.

Historie: Die Vorschriften dienen insg. der Umsetzung der europ. RiLi 96/62/EG des Rates v. 27.9.1996 über die Beurteilung und Kontrolle der Luftqualität sowie der dazu ergangenen, die einzelnen Grenzwerte festlegenden TochterRiLi 1999/30/EG, 2000/69/EG und 2002/3/EG. Einschlägige verschärfte Grenzwerte, Toleranzmargen und Ahndungsschwellen waren in Umsetzung in der 22. VO zur Durchführung des BImSchG v. 11.9.2002 (BGBl I S. 3626) geregelt. Die Durchsetzung der Immissionswerte war hingegen nicht Gegenstand der 22. BImSchV.

Auch wenn das *BVerwG* sich zur Rechtsqualität der Grenzwerte der 22. BImSchV zunächst nicht geäußert hatte (Urt. v. 18.6.2003, 4 A 70/01, juris), ging es für die Grenzwerte der 23. BImSchV bereits davon aus, dass es sich um „erste, grobe Orientierungswerte“ handelt (Urt. v. 26.2.1999, 4 A 47/96, juris) oder sie als „Schwelle, bei deren Überschreiten behördliche Maßnahmen in Betracht zu ziehen sind“ (Urt. v. 16.10.2001, 4 VR 42/01, juris) anzusehen sind. Auch besteht seit mehr als 15 Jahren bereits Klarheit, dass die Grenzwerte drittschützend sind (vgl. dazu *VG München* NVwZ 2005, 842 = DAR 2005, 412; *VG Berlin* Beschl. v. 11.5.2005, 11 A 226/05, juris). Der *EuGH* hatte ebenfalls bereits geklärt, dass nach europ. Gemeinschaftsrecht ein von Feinstaubpartikel-Immissionen Betroffener einen einklagbaren Anspruch auf Aufstellung eines Aktionsplans hat.

Vom *EuGH* wurde zudem klargestellt, dass die verlangten NO_2-Grenzwerte „nicht mehr überschritten werden [dürfen], was einer Ergebnisverpflichtung entspricht“. Seit dem Jahr 2010 regelt die Luftqualitäts-RiLi 2008/59/EG das Recht zur Kontrolle der Luftqualität. Der Anhang XI legt folgende Grenzwerte fest: Der über eine volle Stunde gemittelte Immissionsgrenzwert beträgt 100 g/m³ bei 18 zugelassenen Überschreitungen/Jahr. Der über ein Kalenderjahr gemittelte Immissionsgrenzwert beträgt 40 g/m³. Art. 23 Abs. 1 bestimmt, was die MS bei Überschreitung der Grenzwerte zu tun haben: Aufstellen von Luftqualitätsplänen. Die Maßn. müssen geeignet sein, den Zeitraum der Nichteinhaltung so kurz wie möglich zu halten. Absolute Zeitvorgaben wurden nicht getroffen. Die ergreifenden Maßn. müssen nicht auf einen Schlag zur Zielerreichung führen. Es ist ein mehrstufiges Vorgehen nach Maßgabe des Verhältnismäßigkeitsgrds. möglich (vgl. BVerwGE 147, 312, und o.g. 7 C 30/17 und 7 C 26/16, beide bei juris).

Wenn auch Auslöser für die 35. BImSchV die Feinstaubbelastung war, so ist diese VO ihrem Wortlaut nach offen formuliert („Schadstoffe"). Zunächst galt es, die seit dem 1.1.2005 europaweit geltenden Grenzwerte für Feinstaub (PM_{10}) einzuhalten. Mit der 39. BImSchV v. 2.8.2010 wurden dann die EU-weit geltenden Grenzwerte für Stickstoffdioxid (NO_2) sowie Stickstoffoxide (NO_x) in deutsches Recht übernommen. Die Umweltzonenregelung ist auch für diesen Bereich anwendbar. Plaketten werden nach Schadstoffgruppen vergeben (§ 2 Abs. 2 der 35. BImSchV), bei denen nicht lediglich die Reduzierung der Feinstaubmengen im Vordergrund stehen, sondern auch Stickstoffdioxidemissionen eine Rolle spielen. Auch die Gerichte sehen die Anordnung von Umweltzonen zur Reduzierung von Stickstoffdioxid auf der Grundlage der 35. BImSchV als zulässig an (*OVG Lüneburg* Urt. v. 12.5.2011, 12 LC 143/09, juris; *VG Hannover* Urt. v. 21.4.2009, 4 A 5211/08, juris; *VG Köln* Urt. v. 9.10.2009, 18 K 5493/07, 18 K 8188/08, juris). Nach den derzeit vorliegenden wissenschaftlichen Erkenntnissen ist die Belastung der Luft mit Stickstoffdioxiden in innerstädtischen Bereichen in wesentlichen Teilen auf den Straßenverkehr zurückzuführen (*VG Köln* Urt. v. 9.10.2009, juris; *VG Düsseldorf* Urt. v. 8.12.2009, juris; *VG Berlin* DAR 2010, 156). Die Maßnahmen sind entspr. dem Verursacheranteil an alle Verursacher zu richten (§ 47 Abs. 4 S. 1 BImSchG). Kommen in Bezug auf einen Verursacher keine geeigneten Maßnahmen in Betracht oder nur solche, die mit völlig unangemessenen Belastungen verbunden wären, ist ein stärkeres Vorgehen gegen einen anderen Verursacher nicht ausgeschlossen.

Wie bereits eingangs dargestellt, ist die zuständige StrVerkBeh nach § 40 Abs. 1 BImSchG verpflichtet, nach Maßgabe der straßenverkehrsrechtl. Vorschr. den Kfz-Verk. zu beschränken oder zu verbieten, **sofern Luftreinhalte- oder Aktionspläne dies vorsehen,** diese werden auch vom BVerwG nach ihrer Rechtsnatur als den Verwaltungsvorschriften ähnelnd angesehen. Dem Wortlaut nach sind damit weitere Verwaltungsvorschriften entbehrlich. Vor diesem Hintergrund hatte die Umweltseite für die Fortführung der ehemaligen VwV-StV-ImSch keinen Bedarf mehr gesehen. Die StrVerkBeh haben in diesen Fällen kein Entschließungsermessen – ihnen kommt aber ggf. ein Auswahl- und Durchführungsermessen je nach Ausgestaltung des Aktionsplans zu (*OVG Lüneburg* Urt. v. 12.5.2011, juris).

Die Bund/Länderarbeitsgemeinschaft für Immissionsschutz (LAI), welcher die Abteilungsleiter(innen) der für den Immissionsschutz zuständigen obersten Behörden der Länder und des Bundes angehören, haben sich in der Folge auf eine „Handreichung" zur Vereinheitlichung des

Verwaltungsvollzugs verständigt, die im Anschluss an die abgedruckten aktuellen Vorschriften des BImSchG ebenfalls aufgenommen ist.

Deren Wortlaut legt nahe, dass die Handreichung gerade auch für andere Verkehrszeichenanordnungen nach StVO gelten soll. Diese Zumessung ist bedenklich, denn andere Verkehrszeichen und Anordnungsbefugnisse haben ihren Rechtsgrund in der Regel nicht im BImSchG, sondern in der StVO, fußend auf dem StVG – ansonsten wäre eine Bewehrung bei Nichtbeachtung der Anordnungen nicht möglich, vgl. § 24 StVG! Dies verkennt auch das BVerwG.

Die Behörden sind zur Aufstellung der Pläne verpflichtet. Gleichwohl liegen solche Pläne nicht überall im Bundesgebiet vor. Ob die Pflicht zur Aufstellung der Pläne ausschließlich im Allgemeininteresse besteht (vgl. *VG Berlin* Beschl. v. 1.6.2005, 10 A 75.05, juris, unter Verweis auf die Gesetzesbegründung zur Änderung des BImSchG in BT-Drs. 14/8450, S. 14 und *VG München* Urt. v. 26.7.2005, M 1 K 05.1114, juris, und *VG München* DAR 2005, 412) und damit nicht einklagbar sind (a. A. *VG Stuttgart* Urt. v. 22.5.2005, 16 K 1120/05, 16 K 1121/05, juris, das aber vor dem Hintergrund, dass es einen Aktionsplan als verwaltungsinterne, vorbereitende Maßnahme bezeichnet, nicht nachvollziehbar ist), hatte schlussendlich das *BVerwG* (5.9.2013 – 7 C 21.22) zu entscheiden (*EuGH* hat bereits Einklagbarkeit des Aktionsplans bejaht).

Ist die Behörde ihrer Verpflichtung zur Aufstellung des Plans (noch) nicht nachgekommen, können auch andere streckenbezogene straßenverkehrsrechtliche Maßnahmen auch ohne zugrunde liegende Pläne angeordnet werden. Nach dem *BVerwG* (NVwZ 2005, 442) sind die Pläne nur eines der in Betracht zu ziehenden Instrumente zur Einhaltung der Grenzwerte. Die StVO ist dabei besonderes Gefahrenabwehr- und Ordnungsrecht. Verkehrsbehördliche Maßn. können nur bei Vorliegen einer konkreten Gefahrenlage und nicht aus allgemeinen, abstrakten Erwägungen des Umweltschutzes angeordnet werden. Insbes. müssen die StrVerkBeh bei Nichtvorliegen der Pläne im Rahmen ihres Entschließungs- und Auswahlermessens immer berücksichtigen, dass neben verkehrsbeschränkenden Maßn. auch andere Maßn. (z. B. anlagenbezogene Untersagungen, Verkehrslenkung, finanzielle Förderung von Elektromobilität) erfolgversprechend sind. Zudem sind bei der Anordnung von Maßn. nach § 45 Abs. 1 S. 2 Nr. 3 und Abs. 1b Nr. 5 stets § 45 Abs. 9, die widmungsrechtlichen Vorgaben und die Grundfreiheiten des EG-Vertrages (freie Warendurchfuhr) zu beachten. So hat die EU-Kommission bei Notifizierungen von Umweltzonen im Bundesgebiet wiederholt begrüßend hervorgehoben, dass wesentliche Transitverkehrsstrecken (BAB und wichtige Verkehrsachsen wie z. B. Messezufahrten) nicht durch die Verkehrsverb. betroffen sind. *BVerfG* und *BVerwG* gehen davon aus, dass das Straßenverkehrsrecht Regellösungen nur innerhalb des Rahmens deckt, in dem der Verkehr durch die Widmung zugelassen ist (BVerfGE 40, 371, *BVerwG* VerkMitt 82, 1). Damit gehört zum Straßenwegerecht die Festlegung der spezifischen Verkehrsfunktion der Straße mittels Widmung und damit die Anordnung, unter welchen Vorauss. und in welchem Umfang die Straße dem Einzelnen zur Verfüg. steht (BVerfGE, a.a.O. S. 378).

Der BReg ist zudem in Bezug auf die Umweltzonen-Regelung an einem bundesweit einheitlichen Vorgehen bei der Auslegung von § 1 Abs. 2 der 35. BImSchV („Härtefall-Ausnahmen" – überwiegendes und unaufschiebbares Interesse an der Zulassung einer Ausnahme, unaufschiebbares Privatinteresse) gelegen. Diese Ausn. von den Verkehrsverb. sind spezieller im Vergleich zu straßenverkehrsrechtlichen Ausn., *OVG Berlin-Brandenburg* Beschl. v. 8.12.2009, juris. Die Aus. können auch durch Allgemeinverfügungen (öffentliche Bekanntmachung im Amtsblatt der Stadt etc.) veröffentlicht werden. Die Umweltseite hat allerdings Vorbehalte vor allem hinsichtlich des Prinzips der gegenseitigen Anerkennung von anderenorts erteilten Ausn. angemerkt. Auch diese Leitlinien sind im Anschluss abgedruckt.

Dem Luftreinhalteregime vergleichbar wurden Vorgaben zur Bekämpfung von Umgebungslärm getroffen (G v. 25.6.2005, BGBl I S. 1865). Auf die §§ 47a ff. BImSchG wird hingewiesen. Für den Bereich des Straßenverkehrsrechts wird auf Ordnungsnr. 3 j verwiesen.

Vorschriften des BImSchG:

§ 40 BImSchG Verkehrsbeschränkungen

(1) [1]Die zuständige Straßenverkehrsbehörde beschränkt oder verbietet den Kraftfahrzeugverkehr nach Maßgabe der straßenverkehrsrechtlichen Vorschriften, soweit ein Luftreinhalteplan oder ein Plan für kurzfristig zu ergreifende Maßnahmen nach § 47 Absatz 1 oder 2 dies vorsehen. [2]Die Straßenverkehrsbehörde kann im Einvernehmen mit der für den Immissionsschutz zuständigen Behörde Ausnahmen von Verboten oder Beschränkungen des Kraftfahrzeugverkehrs zulassen, wenn unaufschiebbare und überwiegende Gründe des Wohls der Allgemeinheit dies erfordern.

(2) [1]Die zuständige Straßenverkehrsbehörde kann den Kraftfahrzeugverkehr nach Maßgabe der straßenverkehrsrechtlichen Vorschriften auf bestimmten Straßen oder in bestimmten Gebieten verbieten oder beschränken, wenn der Kraftfahrzeugverkehr zur Überschreitung von in Rechtsverordnungen nach § 48a Absatz 1a festgelegten Immissionswerten beiträgt und soweit die für den

Immissionsschutz zuständige Behörde dies im Hinblick auf die örtlichen Verhältnisse für geboten hält, um schädliche Umwelteinwirkungen durch Luftverunreinigungen zu vermindern oder deren entstehen zu vermeiden. [2]Hierbei sind die Verkehrsbedürfnisse und die städtebaulichen Belange zu berücksichtigen. [3]§ 47 Absatz 6 Satz 1 bleibt unberührt.

(3) [1]Die Bundesregierung wird ermächtigt, nach Anhörung der beteiligten Kreise (§ 51) durch Rechtsverordnung mit Zustimmung des Bundesrates zu regeln, dass Kraftfahrzeuge mit geringem Beitrag zur Schadstoffbelastung von Verkehrsverboten ganz oder teilweise ausgenommen sind oder ausgenommen werden können, sowie die hierfür maßgebenden Kriterien und die amtliche Kennzeichnung der Kraftfahrzeuge festzulegen. [2]Die Verordnung kann auch regeln, dass bestimmte Fahrten oder Personen ausgenommen sind oder ausgenommen werden können, wenn das Wohl der Allgemeinheit oder unaufschiebbare und überwiegende Interessen des Einzelnen dies erfordern.

§ 47 BImSchG Luftreinhaltepläne, Pläne für kurzfristig zu ergreifende Maßnahmen, Landesverordnungen[1)]

(1) Werden die durch eine Rechtsverordnung nach § 48a Absatz 1 festgelegten Immissionsgrenzwerte einschließlich festgelegter Toleranzmargen überschritten, hat die zuständige Behörde einen Luftreinhalteplan aufzustellen, welcher die erforderlichen Maßnahmen zur dauerhaften Verminderung von Luftverunreinigungen festlegt und den Anforderungen der Rechtsverordnung entspricht. Satz 1 gilt entsprechend, soweit eine Rechtsverordnung nach § 48a Absatz 1 zur Einhaltung von Zielwerten die Aufstellung eines Luftreinhalteplans regelt. Die Maßnahmen eines Luftreinhalteplans müssen geeignet sein, den Zeitraum einer Überschreitung von bereits einzuhaltenden Immissionsgrenzwerten so kurz wie möglich zu halten.

(2) Besteht die Gefahr, dass die durch eine Rechtsverordnung nach § 48a Absatz 1 festgelegten Alarmschwellen überschritten werden, hat die zuständige Behörde einen Plan für kurzfristig zu ergreifende Maßnahmen aufzustellen, soweit die Rechtsverordnung dies vorsieht. Besteht die Gefahr, dass durch eine Rechtsverordnung nach § 48a Absatz 1 festgelegte Immissionsgrenzwerte oder Zielwerte überschritten werden, kann die zuständige Behörde einen Plan für kurzfristig zu ergreifende Maßnahmen aufstellen, soweit die Rechtsverordnung dies vorsieht. Die im Plan festgelegten Maßnahmen müssen geeignet sein, die Gefahr der Überschreitung der Werte zu verringern oder den Zeitraum, während dessen die Werte überschritten werden, zu verkürzen. Ein Plan für kurzfristig zu ergreifende Maßnahmen kann Teil eines Luftreinhalteplans nach Absatz 1 sein.

(3) Liegen Anhaltspunkte dafür vor, dass die durch eine Rechtsverordnung nach § 48a Absatz 1a festgelegten Immissionswerte nicht eingehalten werden, oder sind in einem Untersuchungsgebiet im Sinne des § 44 Absatz 2 sonstige

1) Geänd. durch das 13. G zur Änderung des BImSchG v. 8.4.2019, BGBl. I v. 11.04.2019 (neuer Abs. 4a).

schädliche Umwelteinwirkungen zu erwarten, kann die zuständige Behörde einen Luftreinhalteplan aufstellen. Bei der Aufstellung dieser Pläne sind die Ziele der Raumordnung zu beachten; die Grundsätze und sonstigen Erfordernisse der Raumordnung sind zu berücksichtigen.

(4) Die Maßnahmen sind entsprechend des Verursacheranteils unter Beachtung des Grundsatzes der Verhältnismäßigkeit gegen alle Emittenten zu richten, die zum Überschreiten der Immissionswerte oder in einem Untersuchungsgebiet im Sinne des § 44 Absatz 2 zu sonstigen schädlichen Umwelteinwirkungen beitragen. Werden in Plänen nach Absatz 1 oder 2 Maßnahmen im Straßenverkehr erforderlich, sind diese im Einvernehmen mit den zuständigen Straßenbau- und Straßenverkehrsbehörden festzulegen. Werden Immissionswerte hinsichtlich mehrerer Schadstoffe überschritten, ist ein alle Schadstoffe erfassender Plan aufzustellen. Werden Immissionswerte durch Emissionen überschritten, die außerhalb des Plangebiets verursacht werden, hat in den Fällen der Absätze 1 und 2 auch die dort zuständige Behörde einen Plan aufzustellen.

(4a) Verbote des Kraftfahrzeugverkehrs für Kraftfahrzeuge mit Selbstzündungsmotor kommen wegen der Überschreitung des Immissionsgrenzwertes für Stickstoffdioxid in der Regel nur in Gebieten in Betracht, in denen der Wert von 50 Mikrogramm Stickstoffdioxid pro Kubikmeter Luft im Jahresmittel überschritten worden ist. Folgende Kraftfahrzeuge sind von Verkehrsverboten ausgenommen:
1. Kraftfahrzeuge der Schadstoffklasse Euro 6,
2. Kraftfahrzeuge der Schadstoffklassen Euro 4 und Euro 5, sofern diese im praktischen Fahrbetrieb in entsprechender Anwendung des Artikels 2 Nummer 41 in Verbindung mit Anhang IIIa der Verordnung (EG) Nr. 692/2008 der Kommission vom 18. Juli 2008 zur Durchführung und Änderung der Verordnung (EG) Nr. 715/2007 des Europäischen Parlaments und des Rates über die Typgenehmigung von Kraftfahrzeugen hinsichtlich der Emissionen von leichten Personenkraftwagen und Nutzfahrzeugen (Euro 5 und Euro 6) und über den Zugang zu Reparatur- und Wartungsinformationen für Fahrzeuge (ABl. L 199 vom 28.7.2008, S. 1), die zuletzt durch die Verordnung (EU) 2017/1221 (ABl. L 174 vom 7.7.2017, S. 3) geändert worden ist, weniger als 270 Milligramm Stickstoffoxide pro Kilometer ausstoßen,
3. Kraftomnibusse mit einer Allgemeinen Betriebserlaubnis für ein Stickstoffoxid-Minderungssystem mit erhöhter Minderungsleistung, sofern die Nachrüstung finanziell aus einem öffentlichen Titel des Bundes gefördert worden ist, oder die die technischen Anforderungen erfüllen, die für diese Förderung erforderlich gewesen wären,
4. schwere Kommunalfahrzeuge mit einer Allgemeinen Betriebserlaubnis für ein Stickstoffoxid-Minderungssystem mit erhöhter Minderungsleistung, sofern die Nachrüstung finanziell aus einem öffentlichen Titel des Bundes gefördert worden ist, oder die die technischen Anforderungen erfüllen, die für diese Förderung erforderlich gewesen wären, sowie Fahrzeuge der privaten Entsorgungswirtschaft von mehr als 3,5 Tonnen mit einer Allgemeinen Be-

triebserlaubnis für ein Stickstoffoxid-Minderungssystem mit erhöhter Minderungsleistung, die die technischen Anforderungen erfüllen, die für diese Förderung erforderlich gewesen wären,

5. Handwerker- und Lieferfahrzeuge zwischen 2,8 und 7,5 Tonnen mit einer Allgemeinen Betriebserlaubnis für ein Stickstoffoxid-Minderungssystem mit erhöhter Minderungsleistung, sofern die Nachrüstung finanziell aus einem öffentlichen Titel des Bundes gefördert worden ist, oder die die technischen Anforderungen erfüllen, die für diese Förderung erforderlich gewesen wären,
6. Kraftfahrzeuge der Schadstoffklasse Euro VI und
7. Kraftfahrzeuge im Sinne von Anhang 3 Nummer 5, 6 und 7 der Verordnung zur Kennzeichnung der Kraftfahrzeuge mit geringem Beitrag zur Schadstoffbelastung vom 10. Oktober 2006 (BGBl. I S. 2218), die zuletzt durch Artikel 85 der Verordnung vom 31. August 2015 (BGBl. I S. 1474) geändert worden ist.

Im Einzelfall kann der Luftreinhalteplan im Fall des Satzes 2 Nummer 6 auch für diese Kraftfahrzeuge ein Verbot des Kraftfahrzeugverkehrs vorsehen, wenn die schnellstmögliche Einhaltung des Immissionsgrenzwertes für Stickstoffdioxid anderenfalls nicht sichergestellt werden kann. Weitere Ausnahmen von Verboten des Kraftfahrzeugverkehrs, insbesondere nach § 40 Absatz 1 Satz 2, können durch die zuständigen Behörden zugelassen werden. Die Vorschriften zu ergänzenden technischen Regelungen, insbesondere zu Nachrüstmaßnahmen bei Kraftfahrzeugen, im Straßenverkehrsgesetz und in der Straßenverkehrs-Zulassungs-Ordnung bleiben unberührt.

(5) Die nach den Absätzen 1 bis 4 aufzustellenden Pläne müssen den Anforderungen des § 45 Absatz 2 entsprechen. Die Öffentlichkeit ist bei der Aufstellung von Plänen nach den Absätzen 1 und 3 zu beteiligen. Die Pläne müssen für die Öffentlichkeit zugänglich sein.

(5a) Bei der Aufstellung oder Änderung von Luftreinhalteplänen nach Absatz 1 ist die Öffentlichkeit durch die zuständige Behörde zu beteiligen. Die Aufstellung oder Änderung eines Luftreinhalteplanes sowie Informationen über das Beteiligungsverfahren sind in einem amtlichen Veröffentlichungsblatt und auf andere geeignete Weise öffentlich bekannt zu machen. Der Entwurf des neuen oder geänderten Luftreinhalteplanes ist einen Monat zur Einsicht auszulegen; bis zwei Wochen nach Ablauf der Auslegungsfrist kann gegenüber der zuständigen Behörde schriftlich oder elektronisch Stellung genommen werden; der Zeitpunkt des Fristablaufs ist bei der Bekanntmachung nach Satz 2 mitzuteilen. Fristgemäß eingegangene Stellungnahmen werden von der zuständigen Behörde bei der Entscheidung über die Annahme des Plans angemessen berücksichtigt. Der aufgestellte Plan ist von der zuständigen Behörde in einem amtlichen Veröffentlichungsblatt und auf andere geeignete Weise öffentlich bekannt zu machen. In der öffentlichen Bekanntmachung sind das überplante Gebiet und eine Übersicht über die wesentlichen Maßnahmen darzustellen. Eine Ausfertigung des Plans, einschließlich einer Darstellung des

Ablaufs des Beteiligungsverfahrens und der Gründe und Erwägungen, auf denen die getroffene Entscheidung beruht, wird zwei Wochen zur Einsicht ausgelegt. Dieser Absatz findet keine Anwendung, wenn es sich bei dem Luftreinhalteplan nach Absatz 1 um einen Plan handelt, für den nach dem Gesetz über die Umweltverträglichkeitsprüfung eine Strategische Umweltprüfung durchzuführen ist.

(5b) Werden nach Absatz 2 Pläne für kurzfristig zu ergreifende Maßnahmen aufgestellt, macht die zuständige Behörde der Öffentlichkeit sowohl die Ergebnisse ihrer Untersuchungen zur Durchführbarkeit und zum Inhalt solcher Pläne als auch Informationen über die Durchführung dieser Pläne zugänglich.

(6) Die Maßnahmen, die Pläne nach den Absätzen 1 bis 4 festlegen, sind durch Anordnungen oder sonstige Entscheidungen der zuständigen Träger öffentlicher Verwaltung nach diesem Gesetz oder nach anderen Rechtsvorschriften durchzusetzen. Sind in den Plänen planungsrechtliche Festlegungen vorgesehen, haben die zuständigen Planungsträger dies bei ihren Planungen zu berücksichtigen.

(7) Die Landesregierungen oder die von ihnen bestimmten Stellen werden ermächtigt, bei der Gefahr, dass Immissionsgrenzwerte überschritten werden, die eine Rechtsverordnung nach § 48a Absatz 1 festlegt, durch Rechtsverordnung vorzuschreiben, dass in näher zu bestimmenden Gebieten bestimmte
1. ortsveränderliche Anlagen nicht betrieben werden dürfen,
2. ortsfeste Anlagen nicht errichtet werden dürfen,
3. ortsveränderliche oder ortsfeste Anlagen nur zu bestimmten Zeiten betrieben werden dürfen oder erhöhten betriebstechnischen Anforderungen genügen müssen,
4. Brennstoffe in Anlagen nicht oder nur beschränkt verwendet werden dürfen,

soweit die Anlagen oder Brennstoffe geeignet sind, zur Überschreitung der Immissionswerte beizutragen. Absatz 4 Satz 1 und § 49 Absatz 3 gelten entsprechend.

Handreichung zu straßenverkehrsrechtlichen Maßnahmen bei Überschreiten von Grenzwerten nach der 22. BImSchV[1)]

1. Allgemeines

Nach § 40 Abs. 1 S. 1 des Bundes-Immissionsschutzgesetzes (BImSchG) ist die Straßenverkehrsbehörde verpflichtet, nach Maßgabe der straßenverkehrsrechtlichen Vorschriften den Kraftfahrzeugverkehr zu beschränken oder zu verbieten, soweit ein Luftreinhalte- oder Aktions-

1) Die Handreichung ist wegen der BVerwG-Rspr. und des geänd. BImSchG zur Ausgestaltung Verhältnismäßiger Verkehrsbeschränkungen in Teilen überholt.

plan nach § 47 Abs. 1 oder 2 BImSchG dies vorsieht.[1] Eine Ermessensentscheidung darüber, ob sie die entsprechende verkehrsrechtliche Anordnung erlässt oder davon Abstand nimmt (Entschließungsermessen), steht ihr im Gegensatz zur früheren Regelung des § 40 Abs. 2 BImSchG nicht mehr zu. Die Straßenverkehrsbehörde entscheidet jedoch nach pflichtgemäßem Ermessen darüber, welche der in Betracht kommenden verkehrsrechtlichen Anordnungen sie für geeignet und erforderlich hält, um die angestrebte Reduzierung des durch den Straßenverkehr verursachten Emissionsanteils im erforderlichen Maße zu erreichen (Auswahlermessen). Werden daher in Luftreinhalte- oder Aktionsplänen Maßnahmen im Straßenverkehr erforderlich, sind diese im Einvernehmen mit den zuständigen Straßenverkehrsbehörden festzulegen, § 47 Abs. 4 S. 2 BImSchG. Dies bedingt eine frühzeitige Einbindung der Straßenverkehrsbehörde durch die für die Aufstellung der Pläne zuständige Behörde (planaufstellende Behörde).

Im Interesse einer wirksamen und einheitlichen Aufgabenerfüllung wird daher das Verfahren zur Entscheidungsfindung der beteiligten Behörden geregelt. Eingriffsgrundlage für Verkehrsbeschränkungen oder -verbote ist § 40 Abs. 1 S. 1 BImSchG unmittelbar.[2] Die Durchführung erfolgt nach den straßenverkehrsrechtlichen Vorschriften. Es kommen demnach nur solche Maßnahmen in Betracht, die durch den Katalog der Verkehrszeichen der Straßenverkehrs-Ordnung zur Verfügung stehen.[3]

2. Zuständigkeit und Verfahren

2.1 Voraussetzungen für ein Tätigwerden der Straßenverkehrsbehörde

Werden in den Luftreinhalte- und Aktionsplänen nach § 47 Abs. 1 und 2 BImSchG Maßnahmen im Straßenverkehr erforderlich, so sind

1) Luftreinhaltepläne werden erforderlich, wenn Immissionsgrenzwerte einschließlich festgelegter Toleranzmargen überschritten werden. Aktionspläne werden erforderlich, wenn die Gefahr besteht, dass Immissionsgrenzwerte oder Alarmschwellen überschritten werden. Immissionsgrenzwerte, Toleranzmargen und Alarmschwellen sind in der Verordnung über Immissionswerte für Schadstoffe in der Luft (22. BImSchV) festgelegt.

2) Rechtsgrund für die Umweltzonen-Regelung. Übrige Verkehrszeichen-Anordnungen erfolgen auf der Grundlage des StVG (§ 45 StVO) und nicht des BImSchG ansonsten könnte ein Verstoß nicht bewehrt werden – vgl. § 24 StVG! § 40 BImSchG enthält einen Rechtsfolgenverweis auf das Straßenverkehrsrecht, dem im Straßenverkehrsrecht bislang nur durch die Umweltzonen-Regelung Rechnung getragen wurde.

3) In der StVO wurde lediglich zur Umweltzonenanordnung dieser BImSchG-Rechtsgrundlage umfassend Rechnung getragen. Andere Verkehrszeichenanordnungen ergehen i. d. R. auf der Grundlage des § 45 StVO, der seine Ermächtigungsgrundlage im StVG hat! Es müsste jede Präambel von Rechtsänderungen zur StVO durchforstet werden, ob einzelne Verkehrszeichen oder Ermächtigungsgrundlagen zu ihrer Anordnung ihre Rechtsgrundlage gemeinsam im BImSchG und StVG gefunden haben. IdR ist dies nicht der Fall.

diese nach § 47 Abs. 4 S. 2 im Einvernehmen mit den zuständigen Straßenbau- und Straßenverkehrsbehörde festzulegen.

Die planaufstellende Behörde nach § 47 Abs. 1 und 2 BImSchG bezieht daher die Straßenbau- und Straßenverkehrsbehörden bereits zu Beginn der Arbeiten ein. Dies kann bspw. durch eine Beteiligung an einer Projektgruppe geschehen.

2.2 Beteiligung durch die planaufstellende Behörde

Die planaufstellende Behörde stellt zu Beginn des Verfahrens zur Aufstellung von Luftreinhalte- oder Aktionsplänen Informationen darüber zur Verfügung,

2.2.1 wo und in welchem Ausmaß Immissionsgrenzwerte einschließlich festgelegter Toleranzmargen der Verordnung über Immissionswerte für Schadstoffe in der Luft (22. BImSchV) überschritten sind oder die Gefahr besteht, dass Immissionsgrenzwerte oder Alarmschwellen der 22. BImSchV überschritten werden,

2.2.2 welches die Verursacheranteile aller Emittenten – insbes. des Kraftfahrzeugverkehrs und soweit möglich die Anteile einzelner Fahrzeuggruppen – sind, die zum Überschreiten der Immissionswerte beitragen und

2.2.3 wie die Entwicklung der Luftschadstoffkonzentrationen aufgrund der absehbaren emissionsbeeinflussenden Maßnahmen im Zeitraum der nächsten Jahre, insbes. für die zur Einhaltung der Immissionsgrenzwerte vorgesehenen Zeitpunkte, prognostiziert wird.

Die Straßenbau- oder die Straßenverkehrsbehörde stellt auf Anfrage verfügbare Verkehrsdaten wie Verkehrsbelastung, Verkehrszusammensetzung sowie Geometrie der Straßen zur Verfügung.

2.3 Maßnahmen

Maßnahmen sind entsprechend dem Verursacheranteil unter Beachtung des Grundsatzes der Verhältnismäßigkeit gegen alle Emittenten zu richten, die zum Überschreiten der Immissionswerte beitragen.

2.3.1 Maßnahme der Verkehrsplanung/Verkehrslenkung/Fahrzeugtechnik

Sind nach den bei planaufstellenden Behörde vorliegenden Informationen Maßnahmen im Straßenverkehr vorzusehen, so ist zunächst zu prüfen, in welchem Umfang eine Immissionsminderung bspw. durch folgende Maßnahmen der Verkehrsplanung und/oder Verkehrslenkung, Fahrzeugtechnik bewirkt werden kann:

- Verkehrsmanagementmaßnahmen wie P+R-Angebote des ÖPNV, City-Logistik, Parkraummanagement,
- Verkehrstechnik wie verkehrsabhängige Steuerung von Lichtzeichenanlagen, Wechselwegweisung, Streckenbeeinflussung, sogenannte Pförtner-Lichtzeichenanlagen, immissions- und verkehrsabhängige dynamische Verkehrslenkung,
- Güterverteilzentren,
- Nachrüstung und Erneuerung von Fahrzeugflotten.

2.3.2 Verkehrsbeschränkungen und -verbote[1)]

Die Anordnung von Verkehrsbeschränkungen und Verboten kommt insbes. in Betracht, wenn und soweit entsprechende Maßnahmen insbes. der Verkehrsplanung und der Verkehrslenkung sowie der Fahrzeugtechnik noch nicht getroffen werden konnten oder kurzfristig nicht umgesetzt werden können.

Als Maßnahmen nach Maßgabe straßenverkehrsrechtlicher Vorschriften kommen insbes. die folgenden in Frage:

a) Geschwindigkeitsbeschränkungen (Z 274 StVO);
b) Verkehrsverbote mit Z 250 (soweit es sich auf den Kraftfahrzeugverkehr bezieht), 251, 253, 255, 260 StVO;
c) Einrichtung von Einbahnstraßen (Z 267 zusammen mit Z 220);
d) Gebietsbezogene Verkehrsverbote für Kraftfahrzeuge[2)].

2.3.3 Dokumentation

Die den Festlegungen in Luftreinhalte- oder Aktionsplänen zugrunde liegenden Prüfungen und Abwägungen sind sorgfältig in den Akten zu dokumentieren, um den Prüfungs- und Abwägungsprozess im Fall einer gerichtlichen Nachprüfung nachvollziehen zu können.

2.4 Einvernehmen

Bei der Erstellung der Luftreinhalte- oder Aktionspläne prüft die Straßenverkehrsbehörde im Rahmen des ihr obliegenden pflichtgemäßen Ermessens, welche Maßnahmen nach der StVO ergriffen werden sollen.

1) Umweltzone auf der Grundlage des Plans, andere Verkehrszeichenanordnungen auf der Grundlage § 45 StVO, Rechtsgrund dafür bleibt das Straßenverkehrsrecht und nicht das BImSchG.
2) Zeichen 270.1 – Umweltzonenregelung – Rechtsgrundlage: Luftreinhalteplan, Kennzeichnung § 45 StVO.

Die Aufnahme verkehrsrechtlicher Maßnahmen in einen Luftreinhalte- oder Aktionsplan durch die planaufstellende Behörde bedarf deshalb des Einvernehmens der Straßenverkehrsbehörde.

Die Erzielung des Einvernehmens setzt eine enge Zusammenarbeit von planaufstellender Behörde, Straßenverkehrsbehörde und Straßenbaubehörde voraus. Sie erarbeiten gemeinsam die in Betracht kommenden Maßnahmen. Lässt sich eine Einigung über eine bestimmte Maßnahme nicht erzielen, sind weitere verkehrsrechtliche Maßnahmen zur Reduzierung des Emissionsanteils des Straßenverkehrs zu prüfen.

2.5 Grundsatz der Verhältnismäßigkeit

Die Entscheidung der Straßenverkehrsbehörde über das Einvernehmen erfolgt unter Beachtung des Grundsatzes der Verhältnismäßigkeit in der Regel auf der Grundlage einer integrierten Verkehrsplanung unter Berücksichtigung des Schutzes der Gesundheit, der Verkehrssicherheit, der Verkehrsbedürfnisse und der städtebaulichen Belange.

2.5.1 Geeignetheit der Maßnahme

Es kommen nur Maßnahmen in Betracht, die geeignet sind, schädliche Umwelteinwirkungen durch die in der 22. BImSchV genannten Luftverunreinigungen zu vermindern oder ein Überschreiten der Immissionsgrenzwerte oder Alarmschwellen der 22. BImSchV zu vermeiden. Insbes. ist der Verursacheranteil der verschiedenen Emittentengruppen zu berücksichtigen.

Die Maßnahmen sind auch daraufhin zu prüfen, wie sie sich voraussichtlich auf andere Straßen in dem Gebiet oder Ballungsraum, insbes. auf die dortige Immissionsbelastung, auswirken werden.

2.5.2 Erforderlichkeit der Maßnahme

Unter mehreren geeigneten Maßnahmen kommen nur diejenigen in Betracht, welche in die Verkehrsbedürfnisse, die städtebaulichen Belange und die Rechte Einzelner am wenigsten eingreifen.

Die Maßnahmen dürfen nicht weiter gehen, als zur Erreichung des Zwecks erforderlich ist; insbes. ist zu prüfen, ob nur bestimmte Kraftfahrzeugarten von den Maßnahmen erfasst zu werden brauchen und ob die Maßnahmen für eine kürzere Dauer, z. B. für Tage oder Tageszeiten, zu treffen sind.

Das Übermaßverbot ist zu beachten.

2.5.3 Verhältnismäßigkeit im engeren Sinn

Eingriffe in die Verkehrsbedürfnisse, die städtebaulichen Belange und Rechte Einzelner müssen in einem angemessenen Verhältnis zu dem voraussichtlichen Rückgang der Luftverunreinigungen stehen. Je deutlicher die Überschreitung der Immissionsgrenzwerte durch den Verkehr ist, desto stärkere Maßnahmen sind gerechtfertigt, um die erforderliche Verminderung der Luftverunreinigungen zu erreichen.

Innerhalb der verkehrsregelnden Maßnahmen sind Verkehrsbeschränkungen und Verkehrsverbote das letzte Mittel.[1)]

2.6 Besonderheiten bei den Anordnungen durch Verkehrszeichen

2.6.1 Bei der Anordnung von Verkehrsbeschränkungen und Verkehrsverboten auf Autobahnen (Z 330.1 StVO) und Kraftfahrstraßen (Z 331.1 StVO) sind in der Abwägung auch die Belange des weiträumigen Verkehrs sachgerecht zu berücksichtigen. Die Anordnungen von Verkehrsverboten auf Autobahnen (Z 330.1 StVO) ist unzulässig. Die Anordnung von Verkehrsverboten auf Bundesstraßen bedarf der Zustimmung der zuständigen obersten Landesbehörde oder der von ihr bestimmten Stelle.

2.6.2 Je nach der Funktion, die eine bestimmte Straße oder ein bestimmtes Gebiet zu erfüllen hat, können unterschiedliche Beschränkungen angeordnet werden.

Verkehrsbedürfnisse und städtebauliche Belange fordern unter dem Verhältnismäßigkeitsaspekt die den Verkehr am wenigsten belastende Maßnahme.

Die Anordnungen durch Verkehrszeichen sind mit Maßnahmen verkehrsplanerischer und -lenkender Art abzustimmen (z. B. durch Einrichtung von attraktiven P+R-Plätzen).

2.6.3 Unabweisbare Verkehrsbedürfnisse, einschließlich solcher des Wirtschaftsverkehrs, in den betroffenen Gebieten müssen berücksichtigt werden. Die Zu- und Abfahrt mit dem Kraftfahrzeug zugunsten der Nutzungsberechtigten eines Grundstücks im Maßnahmegebiet ist im Kern zu gewährleisten; dies gilt insbes. für wirtschaftliche Unternehmen und Dienstleistungsbetriebe, die hierauf besonders angewiesen sind.

1) § 45 Abs. 9 ist für alle Anordnungen zusätzlich zu beachten, es sei denn es handelt sich um die Umweltzonen Anordnung.

2.7 Umsetzung von verkehrsrechtlichen Maßnahmen

Die Straßenverkehrsbehörden sind zur Durchsetzung der in den Luftreinhalte- oder Aktionsplänen festgelegten Verkehrsbeschränkungen und -verboten verpflichtet.[1] Die Durchführung der Maßnahmen richtet sich nach den straßenverkehrsrechtlichen Vorschriften. Dies bedeutet, dass sich die Straßenverkehrsbehörden zur Durchsetzung von Verkehrsbeschränkungen und -verboten nur der in der StVO verankerten Zeichen und Verkehrseinrichtungen zu bedienen haben. Die Standorte der Zeichen und Verkehrseinrichtungen werden von der Straßenverkehrsbehörde nach Anhörung der Straßenbaubehörde und der Polizei festgelegt.

3. Ausnahmen gemäß § 40 Abs. 1 S. 2 BImSchG[2]

Die Straßenverkehrsbehörde kann gemäß § 40 Abs. 1 S. 2 BImSchG im Einvernehmen mit der für den Immissionsschutz zuständigen Behörde Ausnahmen von Verboten oder Beschränkungen des Kraftfahrzeugverkehrs zulassen, wenn unaufschiebbare und überwiegende Gründe des Wohls der Allgemeinheit dies erfordern.

3.1 Dabei kann es sich bspw. um Kraftfahrzeuge zu folgenden Fahrten zu besonderen Zwecken handeln:

3.1.1 Krankenwagen, Arztwagen und andere Kraftfahrzeuge mit entsprechender Kennzeichnung im Einsatz zur medizinischen sozialen oder pflegerischen Betreuung der Bevölkerung,

3.1.2 Kraftfahrzeuge, mit denen Personen fahren oder gefahren werden, die außergewöhnlich gehbehindert, hilflos oder blind sind, und diese Behinderung durch das Merkzeichen „aG", „H" oder „Bl" im Ausweis gemäß § 4 Abs. 5 des Schwerbehindertengesetzes nachweisen,

3.1.3 Einsatz-, Hilfs- und Versorgungsfahrzeuge des öffentlichen Personennahverkehrs und der Eisenbahnen, der öffentlichen Energie- und Wasserversorgung und der Entsorgung, wenn die Fahrten zur Aufgabenerfüllung erforderlich und unaufschiebbar sind,

3.2 Sonderrechte nach § 35 StVO bleiben unberührt.

1) Soweit es sich um die Umweltzonenregelung handelt. Für die übrigen Anordnungen ist die StVO die Rechtsgrundlage.

2) Auch diese Ausnahme ist auf die Umweltzonen-Anordnung beschränkt; ansonsten kommt § 46 StVO zur Anwendung.

3.3 Weitere Ausnahmegenehmigungen können durch die Straßenverkehrsbehörden im Einvernehmen mit der für den Immissionsschutz zuständigen Behörde im Einzelfall im notwendigen Umfange erteilt werden, wenn ein Bedürfnis nachgewiesen und die Ausnahme im Hinblick auf die Schadstoffkonzentration gerechtfertigt ist.

Leitlinie zur Auslegung von § 1 Absatz 2 der 35. BImSchV

Ausnahmeregelungen von Verkehrsverboten in Umweltzonen

Einleitung

Nach § 1 Abs. 2 der 35. BImSchV kann die zuständige Behörde, in unaufschiebbaren Fällen auch die Polizei, den Verkehr mit von Verkehrsverboten iSd § 40 Abs. 1 des Bundes-Immissionsschutzgesetzes betroffenen Fahrzeugen von und zu bestimmten Einrichtungen zulassen, soweit dies im öffentlichen Interesse liegt, insbes. wenn dies zur Versorgung der Bevölkerung mit lebensnotwendigen Gütern und Dienstleistungen notwendig ist, oder überwiegende und unaufschiebbare Interessen Einzelner dies erfordern, insbes. wenn Fertigungs- und Produktionsprozesse auf andere Weise nicht aufrechterhalten werden können. Von der Möglichkeit, Ausnahmen von Verkehrsverboten zuzulassen, machen die zuständigen Behörden in unterschiedlicher Form Gebrauch. Die folgenden Leitlinien sollen zur bundesweiten Vereinheitlichung der Ausnahmeregelungen beitragen. Die mit den Leitlinien gemachten Erfahrungen werden nach einem angemessen Anwendungszeitraum ausgetauscht.

1. Voraussetzungen für Ausnahmegenehmigungen

Eine Ausnahme von einem in einer Umweltzone geltenden Verkehrsverbot kann gewährt werden, wenn die nachfolgend aufgeführten allgemeinen Voraussetzungen kumulativ und mindestens eine der besonderen Voraussetzungen erfüllt sind. Die Dauer der Ausnahme ist auf das angemessene Maß zu beschränken und dem nachgewiesenen Bedarf anzupassen.

1.1 Allgemeine Voraussetzungen

1.1.1 Das Kraftfahrzeug wurde vor dem 1.3.2007 auf den Fahrzeughalter zugelassen.

1.1.2 Eine Nachrüstung des Fahrzeugs, mit der die für den Zugang zu einer Umweltzone erforderliche Schadstoffgruppe erreicht werden kann, ist technisch nicht möglich. Durch die Bescheinigung eines amtlich anerkannten Sachverständigen einer Technischen Prüfstelle ist nachzuweisen, dass das Kraftfahrzeug nicht nachgerüstet werden kann. Zum Zeitpunkt der Antragstellung darf die Bescheinigung nicht älter als ein Jahr sein.

1.1.3 Dem Halter des Kraftfahrzeugs steht für den beantragten Fahrtzweck kein anderes auf ihn zugelassenes Kraftfahrzeug, das die Zugangsvoraussetzungen einer Umweltzone erfüllt, zur Verfügung.

1.1.4 Eine Ersatzbeschaffung ist wirtschaftlich nicht zumutbar. Bei Privatpersonen wird die wirtschaftliche Zumutbarkeit einer Ersatzbeschaffung anhand der Pfändungsfreigrenzen aus dem Vollstreckungsrecht der ZPO beurteilt. Eine Ersatzbeschaffung gilt als nicht zumutbar, wenn das monatliche Netto-Einkommen einer Privatperson unterhalb folgender Grenzen liegt:
- keine Unterhaltspflichten gegenüber anderen Personen: 1130,00 €,
- Unterhaltspflichten gegenüber einer weiteren Person: 1560,00 €,
- Unterhaltspflichten gegenüber zwei weiteren Personen: 1820,00 €,
- Unterhaltspflichten gegenüber drei weiteren Personen: 2110,00 €,
- Unterhaltspflichten gegenüber vier weiteren Personen: 2480,00 €,
- Unterhaltspflichten gegenüber fünf weiteren Personen: 3020,00 €.

Bei Gewerbetreibenden ist durch eine begründete Stellungnahme eines Steuerberaters zu belegen, dass die Ersatzbeschaffung eines für die Zufahrt zur Umweltzone geeigneten Fahrzeugs zu einer Existenzgefährdung führen würde.

1.2 Besondere Voraussetzungen für bestimmte Fahrtzwecke

Liegen die allgemeinen Voraussetzungen (Nr. 1.1) vor, kann für folgende Fahrtzwecke eine Ausnahme von Verkehrsverboten erteilt werden:

1.2.1 Private/gewerbliche Fahrtzwecke

1.2.1.1 Fahrten zum Erhalt und zur Reparatur von technischen Anlagen, insbes. zur Behebung von Gebäudeschäden einschließlich der Beseitigung von Wasser-, Gas- und Elektroschäden,

1.2.1.2 Fahrten für soziale und pflegerische Hilfsdienste,

1.2.1.3 Fahrten für notwendige regelmäßige Arztbesuche und Fahrten bei medizinischen Notfällen,

1.2.1.4 Quell- und Zielfahrten von Reisebussen sowie

1.2.1.5 Fahrten von Berufspendlern zu ihrer Arbeitsstätte, wenn zum Arbeitsbeginn oder zum Arbeitsende keine öffentlichen Verkehrsmittel verfügbar sind.

1.2.2 Öffentliche Fahrtzwecke

1.2.2.1 Fahrten zur Versorgung der Bevölkerung mit lebensnotwendigen Gütern des Lebensmitteleinzelhandels, von Apotheken, Altenheimen, Krankenhäusern und ähnlichen Einrichtungen; von Wochen- und Sondermärkten sowie

1.2.2.2 Fahrten für die Belieferung und Entsorgung von Baustellen, die Warenanlieferung zu Produktionsbetrieben und Versand von Gütern aus der Produktion, inkl. Werkverkehr, wenn Alternativen nicht zur Verfügung stehen.

1.3 Besondere Voraussetzungen aus sozialen oder kraftfahrzeugbezogenen Gründen

Liegen die allgemeinen Voraussetzungen (Nr. 1.1) vor, kann beim Vorliegen mindestens einer der nachfolgend aufgeführten Fallgruppen eine Ausnahme von Verkehrsverboten erteilt werden:

1.3.1 Schwerbehinderte, die gehbehindert sind und dies durch das nach § 3 Abs. 2 Nr. 2 der Schwerbehindertenausweisverordnung im Schwerbehindertenausweis eingetragene Merkzeichen „G" nachweisen oder Personen, die über einen orangefarbenen Parkausweis für besondere Gruppen schwerbehinderter Menschen nach § 46 Abs. 1 Nr. 11 StVO verfügen und diesen mit sich führen,

1.3.2 Sonderkraftfahrzeuge mit besonderer Geschäftsidee (z.B. historische Busse, die für Hochzeitsfahrten oder Stadtrundfahrten eingesetzt werden),

1.3.3 Sonderkraftfahrzeuge mit hohen Anschaffungs- bzw. Umrüstungskosten und geringen Fahrleistungen innerhalb der Umweltzone (Schwerlasttransporter, Zugmaschinen von Schaustellern, als Arbeitsstätte genutzte Kraftfahrzeuge mit festen Auf-/Einbauten, d. h. Kraftfahrzeuge, die auf Grund ihres speziellen Einsatzzweckes technische Besonderheiten aufweisen (z.B. Messwagen, Mediensonderfahrzeuge und Werkstattwagen von Handwerksbetrieben)) sowie

1.3.4 Besondere Härtefälle, etwa der Existenzgefährdung eines Gewerbetreibenden durch ein Verkehrsverbot. Solche Härtefälle sind durch eine begründete Stellungnahme eines Steuerberaters zu belegen.

2. Ausnahmegenehmigungen, die von anderen Stellen erteilt worden sind

2.1 Vereinfachter Nachweis im Genehmigungsverfahren

Beantragt der Inhaber einer Ausnahmegenehmigung, die vor nicht mehr als zwei Jahren nach Nr. 1.2 dieser Leitlinien erteilt worden ist, eine weitere Ausnahmegenehmigung nach Nr. 1.2 für eine andere Umweltzone, müssen die Genehmigungsvoraussetzungen der Nr. 1.1 nicht erneut geprüft werden. Zum Nachweis dieser Voraussetzungen reicht die bereits erteilte Ausnahmegenehmigung aus.

2.2 Gegenseitige Anerkennung

Die örtlich zuständigen Behörden erkennen erteilte Ausnahmegenehmigungen nach Nr. 1.3 dieser Leitlinien gegenseitig an. Zum Nachweis muss die erteilte Ausnahmegenehmigung auf Nr. 1.3 dieser Leitlinien verweisen und deutlich sichtbar im Kraftfahrzeug mitgeführt werden.

3. Standardisierte Regelungen für Allgemeinverfügungen in den jeweiligen Umweltzonen

Ausnahmeregelungen kommen ungeachtet von Nr. 1 in Form einer Allgemeinverfügung vor allem für folgende Fallgruppen in Betracht:

3.1 Pkw, Nutzfahrzeuge (Kraftfahrzeuge der Klasse N1, N2 und N3), Reisebusse und ausländische Fahrzeuge der Schadstoffgruppe 3 gemäß Anhang 2 Nr. 3 Abs. a – h der 35. BImSchV, d. h. Abgasstufe Euro 3/ Euro III, für die technisch eine Nachrüstung möglich ist,

3.2 Fahrzeuge mit rotem Händlerkennzeichen (Beginn der Erkennungsnummer mit 06) und Fahrzeuge mit Kurzzeitkennzeichen (Beginn der Erkennungsnummer mit 04), sofern diese Fahrzeuge aufgrund ihrer Abgasstandards kennzeichnungsfähig wären,

3.3 Versuchs- und Erprobungsfahrzeuge nach § 70 Abs. 1a oder § 19 Abs. 6 der StVZO,

3.4 Menschen mit beidseitiger Amelie oder Phokomelie oder mit vergleichbaren Funktionsstörungen.

4. Sonstige Regelungen

Sonstige Regelungen zu Ausnahmegenehmigungen bleiben unberührt.

3 d

Verordnung über Ausnahmen von straßenverkehrsrechtlichen Vorschriften (Leichtmofa-Ausnahmeverordnung)[1]

vom 26. März 1993 (BGBl I S. 394),
geändert durch Art. 7 der V vom 18. August 1998 (BGBl I S. 2214)

§ 1

Mofas, die den in der Anlage aufgeführten Merkmalen entsprechen (Leichtmofas), dürfen abweichend von § 50 Abs. 6a und § 53 der Straßenverkehrs-Zulassungs-Ordnung lichttechnische Einrichtungen haben, wie sie für Fahrräder nach § 67 der Straßenverkehrs-Zulassungs-Ordnung vorgeschrieben sind. Dies gilt nur, wenn die in der Anlage Nummer 1.7 genannten Auflagen erfüllt sind.

§ 2

Abweichend von § 21a Abs. 2 der Straßenverkehrs-Ordnung brauchen die Führer der Leichtmofas während der Fahrt keinen Schutzhelm zu tragen.

§ 3

Diese Verordnung tritt mit Wirkung vom 28. Februar 1993 in Kraft.

1) Die Leichtmofa-Ausnahmeverordnung soll mangels Praxisrelevanz ggf. aufgehoben werden. § 2 ist mittlerweile Gegenstand der StVO selbst. Zumindest ist vor diesem Hintergrund eine Anpassung der VO zu erwarten.

Anlage

Merkmale der Leichtmofas

1	Fahrrad-Merkmale	
1.1	Leergewicht:	nicht mehr als 30 kg
1.2	Felgendurchmesser für Vorder- und Hinterrad:	mindestens 559 mm (entspricht 26 Zoll), aber nicht mehr als 640 mm (entspricht 28 Zoll)
1.3	Reifenbreite:	nicht mehr als 47 mm (entspricht 1,75 Zoll)
1.4	Länge der Tretkurbel:	mehr als 169 mm
1.5	Fahrweg im größten Gang je Kurbelumdrehung:	mehr als 4,4 m
1.6	Abstand Oberkante Sitzrohrmuffe bis Mitte Tretlagerachse:	mehr als 530 mm
1.7	Lichttechnische Einrichtungen:	müssen in amtlich genehmigter Bauart ausgeführt sein; folgende Auflagen müssen erfüllt sein: a) Ein Antrieb der Lichtmaschine, der auch nur eine kurzzeitige Unterbrechung der Stromerzeugung nicht erwarten lässt. b) Eine Schaltung, die selbsttätig bei geringer Geschwindigkeit von Lichtmaschinen- auf Batteriebetrieb umschaltet (Standbeleuchtung). c) Ein Großflächen-Rückstrahler, der mit dem Buchstaben „Z" gekennzeichnet ist. d) Ein Scheinwerfer, der der Nummer 23 Abs. 5 Ziffer 2 der Technischen Anforderungen an Fahrzeugteile bei der Bauartprüfung nach § 22a StVZO (VkBl 1983 S. 617) entspricht.

1.8	Abweichungen von den Merkmalen 1.2 bis 1.6:	andere Werte sind zugelassen, wenn diese die Benutzung des Leichtmofas als Fahrrad (Pedalantrieb) auf ebener Strecke von mindestens 10 km Länge in einer Zeit von höchstens 30 Minuten bei einer höchsten Leistungsabgabe zwischen 80 und 100 Watt sicherstellen.
2.	Mofa-Merkmale	
2.1	Hubraum:	nicht mehr als 30 cm^3
2.2	Leistung:	nicht mehr als 0,5 kW
2.3	Durch die Bauart bestimmte Höchstgeschwindigkeit:	nicht mehr als 20 km/h
2.4	Bremsen:	es gilt § 41 StVZO
2.5	Übersetzung zwischen Kurbelwelle und Antriebsrad:	keine Änderungsmöglichkeit
2.6	Leistungscharakteristik:	derart ausgelegt, dass oberhalb einer Geschwindigkeit, die nicht mehr als 24 km/h betragen darf, keine Überschussleistung zum Antrieb des Fahrzeugs abgegeben werden kann.
2.7	maximaler Geräuschpegel bei Vorbeifahrt in 7,5 m Entfernung mit Höchstgeschwindigkeit:	65 dB (A)

3 e

Zweite Verordnung über Ausnahmen von straßenverkehrsrechtlichen Vorschriften

vom 28. Februar 1989 (BGBl I S. 481),
zuletzt geändert durch V vom 6. Dezember 2018 (BGBl I S. 2245)

§ 1

(1) [1]Zugmaschinen mit einer durch die Bauart bestimmten Höchstgeschwindigkeit von nicht mehr als 60 km/h und Anhänger hinter diesen Zugmaschinen sind von der Zulassungspflicht nach § 3 Abs. 1 Satz 1 der Fahrzeug-Zulassungsverordnung[1)] ausgenommen, wenn sie

1. auf örtlichen Brauchtumsveranstaltungen[2)],
2. für nicht gewerbsmäßig durchgeführte Altmaterialsammlungen oder Landschaftssäuberungsaktionen,
3. zu Feuerwehreinsätzen oder Feuerwehrübungen,
4. von Feldgeschworenen[3)] im Rahmen ihrer Tätigkeit oder
5. auf den An- oder Abfahrten zu Einsätzen nach den Nummern 1 bis 4.

[2]Dies gilt nur, wenn für jede eingesetzte Zugmaschine ein eigenes Kennzeichen zugeteilt ist.

(1a) [1]Abweichend von § 19 Abs. 2 der Straßenverkehrs-Zulassungs-Ordnung erlischt für Fahrzeuge, die mit An- oder Aufbauten versehen sind, bei der Verwendung nach Absatz 1 Satz 1 Nr. 1 die Betriebserlaubnis nicht, wenn die Verkehrssicherheit dieser Fahrzeuge auf solchen Veranstaltungen nicht beeinträchtigt wird. [2]Abweichend von den §§ 32 und 34 der Straßenverkehrs-Zulassungs-Ordnung dürfen bei der Verwendung von Fahrzeugen nach Absatz 1 Satz 1 Nr. 1 die zulässigen Abmessungen, Achslasten und Gesamtgewichte[4)] überschritten werden, wenn durch das Gutachten eines amtlich anerkannten Sachver-

---

1) Mit einer Änderungsverordnung aus 2006 (BGBl I 2006, 988, 1078) wurde der am 25.4.2006 in Kraft getretenen Fahrzeugzulassungs-Verordnung Rechnung getragen.

2) Entgeltliche Felder- oder Weinbergfahrten außerhalb der Gewinnerzielung mit Einnahmen zur reinen Kostendeckung hindern die Anwendung der Ausnahme nicht.

3) Feldgeschworene unterstützen die Vermessungsverwaltung, indem sie bei der Abmarkung mitwirken sowie auf die Erhaltung der Grenzzeichen hinwirken und ihren Zustand überwachen (Begr. VkBl. 2019, S. 21). Sie wechseln selbstständig Grenzzeichen aus, setzen diese höher oder tiefer und sichern gefährdete Grenzzeichen. Ergänzend vgl. Landesrecht.

4) Eine Anpassung an den zwischenzeitlich zulassungsrechtlich gebräuchlichen Begriff der Gesamtmasse, der z.B. bereits durchgängig in die StVO Einzug gehalten hat, erfolgte bislang nicht.

ständigen oder Prüfers für den Kraftfahrzeugverkehr bescheinigt wird, dass keine Bedenken gegen die Verkehrssicherheit des Fahrzeugs auf solchen Veranstaltungen bestehen. [3]Abweichend von § 17 Abs. 1 Satz 2 der Straßenverkehrs-Ordnung und § 49a Abs. 1 Satz 1 der Straßenverkehrs-Zulassungs-Ordnung dürfen an Fahrzeugen bei der Verwendung nach Absatz 1 Satz 1 Nr. 1 die vorgeschriebenen oder für zulässig erklärten lichttechnischen Einrichtungen verdeckt und zusätzliche lichttechnische Einrichtungen angebracht sein, wenn die Benutzung der Beleuchtung nach § 17 Abs. 1 Satz 1 der Straßenverkehrs-Ordnung nicht erforderlich ist. [4]Eine Änderung der Fahrzeugpapiere nach § 13 Absatz 1 der Fahrzeug-Zulassungsverordnung[1)] ist nicht erforderlich.

(2) Abweichend von § 6 Abs. 1 der Fahrerlaubnis-Verordnung berechtigt die Fahrerlaubnis der Klasse L oder T auch zum Führen von Zugmaschinen und Anhängern im Sinne von Absatz 1 Satz 1 Nummer 1, 2 und 3 sowie Nummer 5 in den Fällen von Absatz 1 Satz 1 Nummer 1, 2 oder 3, bei Klasse L jedoch nur bis zu einer durch die Bauart bestimmten Höchstgeschwindigkeit der Zugmaschine von nicht mehr als 40 km/h[2)], wenn die Zugmaschinen und Anhänger gemäß dieser Vorschrift eingesetzt werden und der Fahrzeugführer das 18. Lebensjahr vollendet hat.

(3) Abweichend von § 21 Absatz 2 Satz 4 der Straßenverkehrs-Ordnung dürfen beim Einsatz von Fahrzeugen nach Absatz 1 Satz 1 auf örtlichen Brauchtumsveranstaltungen, nicht jedoch auf den An- und Abfahrten, Personen auf Anhängern befördert werden, wenn deren Ladefläche eben, tritt- und rutschfest ist, für jeden Sitz- und Stehplatz eine ausreichende Sicherung gegen Verletzungen und Herunterfallen des Platzinhabers besteht und die Aufbauten sicher gestaltet und am Anhänger fest angebracht sind.

(4) Die Ausnahmen nach den Absätzen 1 bis 3 gelten nur, wenn
1. für jedes der eingesetzten Fahrzeuge eine Kraftfahrzeughaftpflichtversicherung besteht, die die Haftung für Schäden abdeckt, die auf den Einsatz der Fahrzeuge im Rahmen der Absätze 1 bis 3 zurückzuführen sind,
2. die Fahrzeuge mit einer Geschwindigkeit von nicht mehr als 25 km/h, auf den örtlichen Brauchtumsveranstaltungen nur mit Schrittgeschwindigkeit, gefahren werden und

1) Vorheriger Verweis auf § 27 StVZO war nicht mehr aktuell und wurde mit Änd-VO aus 2018 richtig gestellt.
2) Ehemals 32 km/h.

3. die Fahrzeuge bei der Verwendung nach Absatz 1 Satz 1 Nr. 2 einschließlich An- und Abfahrten für eine Geschwindigkeit von nicht mehr als 25 km/h nach § 58 der Straßenverkehrs-Zulassungs-Ordnung gekennzeichnet sind.

§§ 2 bis 5

– *aufgehoben* –

§ 6

Diese Verordnung tritt am Tage nach der Verkündung[1] in Kraft.

1) Anm. d. Verlages.
Verkündet am 21.3.1989.

3 f

Dritte Verordnung über Ausnahmen von straßenverkehrsrechtlichen Vorschriften

vom 5. Juni 1990 (BGBl I S. 999),
geändert durch V vom 22. Dezember 1992 (BGBl I S. 2480)

§ 1

Abweichend von § 22a Abs. 1 Nr. 27 der Straßenverkehrs-Zulassungs-Ordnung brauchen besondere Rückhalteeinrichtungen für behinderte Kinder in Kraftfahrzeugen nicht in einer amtlich genehmigten Bauart ausgeführt zu sein, wenn

1. die Konstruktion dem Stand der Technik entspricht,
2. der Rückhalteeinrichtung eine Einbau- und Gebrauchsanweisung beigegeben ist, in der die Kraftfahrzeuge und Kraftfahrzeugtypen angegeben sind, für die sie verwendbar ist.

§ 2

Abweichend von § 21 Abs. 1a der Straßenverkehrs-Ordnung dürfen behinderte Kinder in Kraftfahrzeugen mitgenommen werden, wenn eine besondere Rückhalteeinrichtung im Sinne des § 1 benutzt wird und in einer ärztlichen Bescheinigung, die auf den Namen des behinderten Kindes ausgestellt ist, bestätigt wird, dass anstelle einer bauartgenehmigten Rückhalteeinrichtung nach § 22a Abs. 1 Nr. 27 der Straßenverkehrs-Zulassungs-Ordnung nur eine besondere Rückhalteeinrichtung verwendet werden kann. Die ärztliche Bescheinigung darf nicht älter als 4 Jahre sein. Sie ist mitzuführen und zuständigen Personen auf Verlangen zur Prüfung auszuhändigen.

§ 3

Diese Verordnung gilt nach § 14 des Dritten Überleitungsgesetzes in Verbindung mit Artikel 3 des Gesetzes zur Änderung des Straßenverkehrsgesetzes vom 28.12.1982 (BGBl I S. 2090) auch im Land Berlin.[1)]

§ 4

Diese Verordnung tritt am Tage nach der Verkündung in Kraft.

---

1) Berlin-Klausel ist entbehrlich.

3 g

Verordnung über eine allgemeine Richtgeschwindigkeit auf Autobahnen und ähnlichen Straßen[1) (Autobahn-Richtgeschwindigkeits-V)

vom 21. November 1978, BGBl I S. 1824,
zuletzt geändert durch Art. 5 der V vom 5. August 2009
(BGBl I S. 2631, 2685)

§ 1

Den Führern von Personenkraftwagen sowie von anderen Kraftfahrzeugen mit einem zulässigen Gesamtgewicht bis zu 3,5 t wird empfohlen, auch bei günstigen Straßen-, Verkehrs-, Sicht- und Wetterverhältnissen

1. auf Autobahnen (Z 330.1),
2. außerhalb geschlossener Ortschaften auf anderen Straßen mit Fahrbahnen für eine Richtung, die durch Mittelstreifen oder sonstige bauliche Einrichtungen getrennt sind, und
3. außerhalb geschlossener Ortschaften auf Straßen, die mindestens zwei durch Fahrstreifenbegrenzung (Z 295) oder durch Leitlinien (Z 340) markierte Fahrstreifen für jede Richtung haben,

nicht schneller als 130 km/h zu fahren (Autobahn-Richtgeschwindigkeit). Das gilt nicht, soweit nach der StVO oder nach deren Zeichen Höchstgeschwindigkeiten (Z 274) bestehen.

§ 2

Im Übrigen bleiben die Vorschriften der Straßenverkehrs-Ordnung unberührt und gelten entsprechend für diese Verordnung.

---

1) Forderungen nach Einführung eines allg. Tempolimits auf AB. erteilte die BReg bislang eine Absage. Begründung: Gesamter CO2- Ausstoß in Deutschland würde bei Tempolimit 120 km/h um weniger als 0,5 % gesenkt, bezogen auf Kraftstoffverbrauch von Pkw und leichten Nutzfzg. um 3,3 %, bezogen auf den gesamten Pkw/LNfzg-Verkehr um ca. 1,2 % und bezogen auf den Gesamtverkehr auf allen Straßen um ca. 0,7 %. Unter Verk.Sicherheitsaspekten sind AB. die sichersten Straßen: auf ihnen werden ca. 33 % der Gesamtfahrleistungen erbracht und es ereignen sich hier unter 7 % der Unfälle mit Personenschaden. Auch der BT lehnt ein Tempolimit ab (Antrag BT Drs. 19/9948, 19/11609).

Die in § 1 genannten Zeichen sind die der Straßenverkehrs-Ordnung.

§ 3

Diese Verordnung gilt nach § 14 des Dritten Überleitungsgesetzes in Verbindung mit Artikel 33 Abs. 2 des Kostenermächtigungs-Änderungsgesetzes vom 23. Juni 1970 (BGBl. I S. 805) auch im Land Berlin.

§ 4

Diese Verordnung tritt am Tage nach der Verkündung[1] in Kraft.

1) Anm. d. Verlages:
Verkündet am 30.11.1978.

3 h

Achte Verordnung über Ausnahmen von den Vorschriften der Straßenverkehrs-Ordnung (8. Ausnahmeverordnung zur StVO)

vom 20. Mai 1998 (BGBl I S. 1130)

§ 1

Abweichend von § 21a Abs. 2 der Straßenverkehrs-Ordnung vom 16.11.1970 (BGBl I S. 1565; 1971 I S. 38), die zuletzt durch die Verordnung vom 7.8.1997 (BGBl I S. 2028) geändert worden ist, brauchen die Führer von Krafträdern während der Fahrt keinen Schutzhelm zu tragen, wenn

1. das Kraftrad den Anforderungen der Anlage zu dieser Verordnung entspricht und
2. die vorhandenen Rückhaltesysteme angelegt sind.

§ 2

Diese Verordnung tritt am Tage nach der Verkündung in Kraft.

Anlage

(*nicht abgedruckt*)

Erläuterungen

1 Die Befreiung von der Schutzhelmpflicht betrifft die Fahrer von Krafträdern, die nach Maßgabe der Anlage (BGBl 1998 I S. 1131 – 1133) technisch ausgestattet sind, insbes. über ein best. Rückhaltesystem verfügen. Prüfung im Rahmen der Erteilung der Betriebserlaubnis; Bestätigung durch einen geeigneten Vermerk in der Betriebserlaubnis, möglichst auch im Fahrzeugschein. Die Befreiung gilt nur, wenn das Rückhaltesystem (z.B. Diagonal-Doppelgurte an best. Rahmenkonstruktion) tats. benutzt wird. Vorschrift gilt, wie § 21a Abs. 2 StVO, nur im Inland, soweit nicht and. Staaten bereit sind, die Ausnahmen zu akzeptieren.

3 i

Neunte Verordnung über Ausnahmen von den Vorschriften der Straßenverkehrs-Ordnung (9. Ausnahmeverordnung zur StVO)

vom 15.10.1998 (BGBl. I S. 3171), zuletzt geändert durch VO vom 31. August 2015 (BGBl. I S. 1544)

§ 1

[1]Abweichend von § 18 Abs. 5 Nr. 1 der Straßenverkehrs-Ordnung beträgt auf Autobahnen (Zeichen 330.1) und Kraftfahrstraßen (Zeichen 331.1)[2] die zulässige Höchstgeschwindigkeit auch unter günstigsten Umständen für Personenkraftwagen mit Anhänger (Kombination) und für sonstige mehrspurige Kraftfahrzeuge mit einer zulässigen Gesamtmasse bis zu 3,5 t[3] mit Anhänger (Kombination), für Kraftomnibus-Anhänger-Kombinationen jedoch nur, wenn der Kraftomnibus mit einer zulässigen Gesamtmasse bis zu 3,5 t als Zugfahrzeug eine Tempo-100 km/h-Zulassung nach § 18 Abs. 5 Nr. 3 der Straßenverkehrs-Ordnung hat, 100 km/h, wenn

1. das Zugfahrzeug mit einem automatischen Blockierverhinderer ausgestattet und die zulässige Gesamtmasse des Anhängers < X mal Leermasse des Zugfahrzeugs ist, dabei gelten folgende Bedingungen:
   a) für alle Anhänger ohne Bremse und für Anhänger mit Bremse, aber ohne hydraulische Schwingungsdämpfer: X = 0,3;
   b) für Wohnanhänger mit starrem Aufbau und hydraulischen Schwingungsdämpfern: X = 0,8;
   c) für andere Anhänger mit hydraulischen Schwingungsdämpfern: X = 1,1, wobei als Obergrenze in jedem Fall der jeweils kleinere Wert der beiden folgenden Bedingungen gilt:
      aa) zulässige Gesamtmasse Anhänger ≤ zulässige Gesamtmasse Zugfahrzeug,
      bb) zulässige Gesamtmasse Anhänger ≤ zulässige Anhängelast;
   d) für Anhänger, die den Anforderungen des § 30a Abs. 2 der Straßenverkehrs-Zulassungs-Ordnung entsprechen, eine Erhöhung des Faktors nach Nummer 1 Buchstabe b auf X = 1,0 und nach Nummer 1 Buchstabe c auf X = 1,2, wenn

aa) der Anhänger mit einer Zugkugelkupplung mit Stabilisierungseinrichtung für Zentralachsanhänger (gemäß ISO 11555-1 in der Fassung vom 1. Juli 2003[1]) oder

bb) mit einem anderen Bauteil oder einer selbstständigen technischen Einheit ausgestattet ist, wodurch der Betrieb einer Kombination bis Tempo 120 km/h im Vergleich zur Nichtausstattung verbessert wird; nachgewiesen werden muss dies mit einem Teilegutachten nach Anlage XIX zur Straßenverkehrs-Zulassungs-Ordnung, einer Allgemeinen Betriebserlaubnis nach § 22 der Straßenverkehrs-Zulassungs-Ordnung oder einer Betriebserlaubnis nach § 20 oder § 21 der Straßenverkehrs-Zulassungs-Ordnung oder einem Nachtrag dazu;

2.[4] im Falle einer nachträglichen Berichtigung der Fahrzeugpapiere des Anhängers ein amtlich anerkannter Sachverständiger oder Prüfer oder ein Prüfingenieur einer amtlich anerkannten Überwachungsorganisation mit einem Formblatt, das vom Bundesministerium für Verkehr und digitale Infrastruktur im Verkehrsblatt bekannt gegeben wird, einen Vorschlag für die Berichtigung nach § 13 Abs. 1 der Fahrzeug-Zulassungsverordnung in den Fällen der Nummer 1, ausgenommen Nummer 1 Buchstabe d Doppelbuchstabe bb, erstellt, oder, wenn eine Änderung nach Nummer 1 Buchstabe d Doppelbuchstabe bb vorliegt, er den vom Fahrzeugführer nach § 19 Abs. 4 Satz 1 Nr. 2 der Straßenverkehrs-Zulassungs-Ordnung mitzuführenden Nachweis erstellt und bestätigt, dass die Voraussetzungen dieser Verordnung vorliegen und dem Verfügungsberechtigten ein Informationsblatt für die Einhaltung der Bedingungen nach § 4 dieser Verordnung ausgehändigt worden ist;

3.[5] die nach Landesrecht zuständige untere Verwaltungsbehörde auf der Grundlage einer Bestätigung nach Nummer 2 mit einem Eintrag in die Fahrzeugpapiere des Anhängers, im Falle des Satzes 2 auch des Zugfahrzeugs, die zulässige Höchstgeschwindigkeit einer Kombination unter Berücksichtigung der Bedingungen dieser Verordnung von 100 km/h bescheinigt;

---

1) Als Fundstelle und Bezugsquelle der ISO-Norm 11555-1 gilt § 73 der Straßenverkehrs-Zulassungs-Ordnung mit folgendem Wortlaut:

„§ 73 Technische Festlegungen

Soweit in dieser Verordnung auf DIN- oder ISO-Normen Bezug genommen wird, sind diese im Beuth-Verlag GmbH, Burggrafenstr. 6, D-10787 Berlin, VDE-Bestimmungen auch im VDE-Verlag, Bismarckstr. 33, D-10625 Berlin, erschienen. Sie sind beim Deutschen Patentamt archivmäßig gesichert niedergelegt."

4. die von der nach Landesrecht zuständige untere Verwaltungsbehörde gemäß § 5 ausgegebene und gesiegelte Tempo-100 km/h-Plakette an der Rückseite des Anhängers angebracht ist.

[2]Im Falle des Satzes 1 Nr. 1 Buchstabe d ist die Erhöhung der Faktoren auch zulässig, wenn das Zugfahrzeug mit einem speziellen fahrdynamischen Stabilitätssystem für den Anhängerbetrieb ausgestattet ist und eine Bestätigung des Herstellers für die in Satz 1 Nr. 1 Buchstabe d Doppelbuchstabe bb genannten Bedingungen vorliegt und dies in den Fahrzeugpapieren eingetragen ist.

§ 2

Der Bestätigung eines amtlich anerkannten Sachverständigen oder Prüfers oder eines Prüfingenieurs einer amtlich anerkannten Überwachungsorganisation nach § 1 Nr. 2 dieser Verordnung ist die Bestätigung einer in anderen Mitgliedstaaten der Europäischen Union oder der Türkei oder in anderen Vertragsstaaten des Abkommens über den Europäischen Wirtschaftsraum zugelassenen Stelle gleichwertig, wenn die der Bestätigung dieser Stellen zugrunde liegenden technischen Anforderungen, Prüfungen und Prüfverfahren denen der deutschen Stellen gleichwertig[7] sind und die Bestätigung in deutscher Sprache erstellt wurde oder eine amtlich beglaubigte Übersetzung in deutscher Sprache vorgelegt und während der Fahrt mitgeführt und zuständigen Personen auf Verlangen zur Prüfung ausgehändigt wird.

§ 3

Die Reifen des Anhängers müssen zum Zeitpunkt der jeweiligen Fahrt, erkennbar am eingeprägten Herstellungsdatum, jünger als sechs Jahre und mindestens mit der Geschwindigkeitskategorie L (= 120 km/h) gekennzeichnet sein.[8]

§ 4

Die Stützlast[9] der Kombination ist an der größtmöglichen Stützlast des Zugfahrzeugs oder des Anhängers zu orientieren, wobei als Obergrenze in jedem Fall der kleinere Wert gilt.

§ 5

Die Ausführung der großen Tempo-100 km/h-Plakette nach § 1 Nr. 4 bestimmt sich nach § 58 Abs. 2 der Straßenverkehrs-Zulassungs-Ordnung.

§ 6

Bei allen Veränderungen, die dazu führen, dass den Anforderungen dieser Verordnung nicht mehr entsprochen wird, richtet sich die zulässige Höchstgeschwindigkeit nach der Straßenverkehrs-Ordnung.

§ 7

Bescheinigungen, die nach § 1 Nr. 5 in der bis zum 21. Oktober 2005 geltenden Fassung ausgestellt worden sind, behalten in Bezug auf die darin zum Anhänger der Kombination enthaltenen Angaben weiterhin ihre Gültigkeit.

§ 8

Diese Verordnung tritt am Tage nach der Verkündung*) in Kraft.

Erläuterungen

1 Mit nächster Änderungs-VO soll die Pflicht zur Siegelung der Tempo 100 km/h-Plakette, die an der Rückseite des Anhängers anzubringen ist, aufgehoben werden und es soll eine Klarstellung zur Leermasse von Fzg erfolgen. Dazu soll in § 1 nach Nr. 1 eine Nr. 2 mit dem Inhalt „die Masse des in Betrieb befindlichen Zugfahrzeugs (Leermasse) der Zulassungsbescheinigung Teil I entnommen wird, wobei der kleinere Wert für die Berechnung gilt" ergänzt werden. Auch die Altersbefristung der Reifen war geraume Zeit in der Diskussion. Angedacht war, sie durch ein geeigneteres technisches Kriterium zu ersetzen. So sollte die Festlegung eines Tragfähigkeitsindexes, der den Tragfähigkeitsindex des für diesen Anhängergenehmigten Reifentypus mindestens um den Wert 4 übersteigt und mindestens mit der Geschwindigkeitskategorie 120 km/h gekennzeichnet ist, verlangt werden Dies sollte für alle Reifen gelten, die ab 2020 hergestellt werden. Da die Reifen bislang aber nicht am Markt hinreichend verfügbar sind, wird von dieser Änderung vsl. zunächst Abstand genommen.

2 VO bezieht sich auf innerörtliche und außerörtliche AB u. Kraftfahrstraßen, soweit Letztere baulich getrennte Richtungsfahrb. haben.

3 Das Gesamtgewicht beider Fzge zusammengenommen darf 3,5 t übersteigen; die 3,5 t beziehen sich nur auf das Zugfzg In der StVO werden Pkw und sonstige Kfz bis 3,5 t auch bei den Geschwindigkeitsvorschr. gleich behandelt (vgl. Begr. VkBl 1998, 1310), daher gebietet es die Systematik, dies auch hier gelten zu lassen.

*) **Anm. d. Verlages:**
Verkündet am 21.10.1998.

Zugfzg muss über automat. Blockierverhinderung (ABS) verfügen. Ob mit Anhänger Tempo 100 km/h gefahren werden kann, richtet sich nach den Massewerten der lit. a bis c. Bei den Anforderungen handelt es sich um Bedingungen. Fehlt auch nur eine der Anforderungen, beträgt höchstzulässige Geschwindigkeit 80 km/h. Der Fahrer kann sich grds. auf die fachliche Richtigkeit der Bestätigung des Sachverst. verlassen.

4 Die vormals enthaltene falsche Verweisung in der Fußnote auf § 37 StVZO wurde mit Änd-VO v. 25.4.2008 beseitigt (BGBl I S. 780, Begr. VkBl 2008, 331).

5 Klarstellung, wer für eine nachträgliche Berichtigung der Fahrzeugpapiere des Anhängers zust. ist.

6 Behörde ist idR die Zulassungsbehörde; vormals genannt war die StrVerkBeh (zur Änd-VO vgl. Erl. 4).

7 Für den Fahrer und die StrVerkBeh ist es schwierig festzustellen, ob die in § 2 verlangte **Gleichwertigkeit** gegeben ist. Eine listenmäßige Klarstellung durch eine Verlautb. des BMVI im VkBl wäre vorteilhaft. Auf jeden Fall muss der Fahrer neben der Bestätigung des amtl. anerk. Sachverst. bzw. des Prüfingenieurs oder neben der „gleichwertigen" ausländ. Bestätigung die **Bescheinigung** einer **inländ. StrVerkBeh** besitzen, mitführen und ggf. aushändigen. Denn § 2 lässt eine ausländ. Ersatzurkunde nur hins. der Bestätigung nach § 1 Nr. 2, nicht auch hins. der Bescheinigung nach § 1 Nr. 3 zu. Der vorher vorhandene Verweis auf § 1 Nr. 5, der ins Leere lief, wurde mit Änd-VO v. 25.4.2008 (vgl. Erl. 4) gestrichen.

8 Die Angaben lassen sich von den Reifenseiten ablesen. Produktionsdatum und Geschwindigkeitskategorie sind hier vermerkt. Ab der Klasse „L" ist die Vorgabe 120 km/h erfüllt. Wird die Verpfl. nicht erfüllt, so **erlischt** kraft Verordnung die **Befugnis,** mit einer Höchstgeschw. von 100 km/h zu fahren und es gilt „automatisch" die Höchstgeschw. nach § 18 StVO.

9 Die Stützlast bemisst sich nach den Angaben auf der Anhängerkupplung des Zugfzg und der Zugdeichsel des Anhängers. Bei unterschiedlichen Angaben ist der kleinere Wert maßgeblich

3 j

Richtlinien für straßenverkehrsrechtliche Maßnahmen zum Schutz der Bevölkerung vor Lärm (Lärmschutz-Richtlinien-StV)

vom 23. November 2007, VkBl 2007, S. 767

Einleitung:

Ziel der Richtlinien ist es, den Straßenverkehrsbehörden eine Orientierungshilfe zur Entscheidung über straßenverkehrsrechtliche Maßnahmen (Regelungen durch Verkehrszeichen und Verkehrseinrichtungen) zum Schutz der Wohn-/Bevölkerung vor Straßenverkehrslärm an die Hand zu geben. Sie gelten nur für bestehende Straßen und lehnen sich an die Grundsätze des baulichen Lärmschutzes an bestehenden Straßen (Lärmsanierung) an.[1]

1. Allgemeines

1.1 Ermächtigungsgrundlagen für straßenverkehrsrechtliche Maßnahmen zum Schutz der Wohn-/Bevölkerung vor Lärm sind für Verkehrsbeschränkungen, Verkehrsverbote und Verkehrsumleitungen:
- § 45 Abs. 1 S. 2 Nr. 3 Straßenverkehrs-Ordnung (StVO),
- § 45 Abs. 1a StVO,
- § 45 Abs. 1b S. 1 Nr. 5 StVO;

für andere Verkehrszeichenregelungen:
- § 45 Abs. 3 StVO.

Diese Maßnahmen dürfen nicht zu einer Beschränkung der Widmung durch Untersagung bestimmter Verkehrsarten oder Benutzungszwecke führen (sog. Vorbehalt des Straßenrechts).

1.2 Die Grenze des billigerweise zumutbaren Verkehrslärms ist nicht durch gesetzlich bestimmte Grenzwerte festgelegt. Maßgeblich ist vielmehr, ob die Lärmbeeinträchtigung jenseits dessen liegt, was unter Berücksichtigung der Belange des Verkehrs im konkreten Fall als ortsüblich hingenommen werden muss.[2]

Dabei sind grundsätzlich die nach Gebieten und Tageszeiten gegliederten Richtwerte unter Nr. 2.1 zugrunde zu legen.

1.3 Bei der Würdigung, ob straßenverkehrsrechtliche Maßnahmen in Betracht kommen, ist nicht nur auf die Höhe des Lärmpegels, sondern auf alle Umstände des Einzelfalls abzustellen.[3]

Maßgeblich sind neben der gebietsbezogenen Schutzwürdigkeit und der Schutzbedürftigkeit der Wohn-/Bevölkerung die Besonderheiten des Einzelfalls.[4]

Vor Anordnung straßenverkehrsrechtlicher Maßnahmen ist der Grundsatz der Verhältnismäßigkeit zu beachten und insbes. das Erfordernis nach § 45 Abs. 9 StVO festzustellen. Die Vor- und Nachteile von Einzelmaßnahmen sind gegeneinander abzuwägen. In diese Abwägung sind auch die unterschiedlichen Funktionen der Straßen (z.B. Autobahnen und Bundesstraßen als integrale Bestandteile des Bundesfernstraßennetzes), das quantitative Ausmaß der Lärmbeeinträchtigungen, die Leichtigkeit der Realisierung von Maßnahmen, eventuelle Einflüsse auf die Verkehrssicherheit, der Energieverbrauch von Fahrzeugen und die Versorgung der Bevölkerung sowie die Auswirkungen von Einzelmaßnahmen auf die allgemeine Freizügigkeit des Verkehrs einzubeziehen. Straßenverkehrsrechtliche Maßnahmen als Mittel der Lärmbekämpfung müssen dort ausscheiden, wo sie die Verhältnisse nur um den Preis neuer Unzulänglichkeiten an anderer Stelle verbessern könnten, die im Ergebnis zu einer verschlechterten Gesamtbilanz führen, etwa weil sie die Sicherheit und Leichtigkeit des Straßenverkehrs in nicht hinnehmbarer Weise beeinträchtigen oder im Hinblick auf eintretende Änderungen von Verkehrsströmen noch gravierendere Lärmbeeinträchtigungen von Anliegern anderer Straßen zur Folge haben.[5]

1.4 Straßenverkehrsrechtliche Lärmschutzmaßnahmen sollen nicht losgelöst von baulichen oder planerischen Lärmschutzmaßnahmen der Straßenbaubehörden oder der Gemeinden angeordnet werden. Sie sollen kein Ersatz für technisch mögliche und finanziell tragbare bauliche oder andere Maßnahmen sein[6], sondern in ein Konzept zur Lärmbekämpfung eingebunden werden, das die zuständigen Stellen erarbeiten. Straßenverkehrsrechtliche Maßnahmen können sich für Ballungsgebiete und Hauptverkehrsstraßen künftig auch aus Lärmaktionsplänen ergeben (§ 47d Bundes-Immissionsschutzgesetz – BImSchG).

Das BImSchG verweist hinsichtlich der Durchsetzung von auf Lärmaktionsplänen basierenden[1)] Maßnahmen auf die jeweils anzuwendenden Rechtsvorschriften (§ 47d Abs. 6 iVm § 47 Abs. 6 BImSchG). Bei straßenverkehrsrechtlichen Maßnahmen ergeben sich die Anordnungsvoraussetzungen aus der Straßenverkehrs-Ordnung und diesen Richtlinien.

2. Grundsätze

2.1 Straßenverkehrsrechtliche Lärmschutzmaßnahmen kommen insbes. in Betracht, wenn der vom Straßenverkehr herrührende Beurteilungspegel[7] am Immissionsort [RLS-90[8]] einen der folgenden Richtwerte[9] überschreitet:

In reinen und allgemeinen Wohngebieten, Kleinsiedlungsgebieten sowie an Krankenhäusern, Schulen, Kur- und Altenheimen

70 dB(A) zwischen 06.00 und 22.00 Uhr (tags)

60 dB(A) zwischen 22.00 und 06.00 Uhr (nachts).

In Kern-, Dorf- und Mischgebieten

72 dB(A) zwischen 06.00 und 22.00 Uhr (tags)

62 dB(A) zwischen 22.00 und 06.00 Uhr (nachts).

In Gewerbegebieten

75 dB(A) zwischen 06.00 und 22.00 Uhr (tags)

65 dB(A) zwischen 22.00 und 06.00 Uhr (nachts).

Existieren keine Bebauungspläne, sind die Gebiete oder Flächen entsprechend ihrer tatsächlichen Nutzung einzuordnen. Wohnbebauung im Außenbereich ist entsprechend ihrer Schutzbedürftigkeit als Kern-, Dorf- oder Mischgebiet zu beurteilen [W2].

2.2 Maßgebend für die Berechnung des Beurteilungspegels und die Bestimmung des Immissionsortes sind die RLS-90[9a]. Örtliche Schallmessungen können nicht berücksichtigt werden, da sich die Messwerte nur auf die zum Zeitpunkt der Messungen vorhandenen Schallemissions- und Schallausbreitungsbedingungen beziehen.

2.3 Durch straßenverkehrsrechtliche Maßnahmen soll der Beurteilungspegel unter den Richtwert abgesenkt, mindestens jedoch eine Pe-

1) Dies bedeutet, Rechtsgrund bleibt das Straßenverkehrsrecht und nicht das Immissionsschutzrecht.

gelminderung um 3 dB(A) bewirkt werden. Bei der Berechnung der Wirkung einer Maßnahme nach den RLS-90 Abschnitt 4 ist die Differenz der nicht aufgerundeten Beurteilungspegel zwischen dem Zustand ohne Maßnahmen und dem Zustand mit Maßnahmen aufzurunden.[10]

2.4 Straßenverkehrsrechtliche Maßnahmen sind auf die Zeit zu beschränken (Tag oder Nacht), für die Überschreitungen des Beurteilungspegels nach Nr. 2.2 errechnet worden sind.

2.5 Die zur Vorbereitung straßenverkehrsrechtlicher Maßnahmen notwendigen Lärmberechnungen sind vom Straßenbaulastträger durchzuführen (§ 5b Abs. 5 Straßenverkehrsgesetz – StVG). Darstellungen der Lärmsituation in Lärmkarten (§ 47c BImSchG mit Verordnung über die Lärmkartierung – 34. BImSchV) reichen nicht aus und sind auf Grund des unterschiedlichen Berechnungsverfahrens nach VBUS[11] auch nicht geeignet, um das Überschreiten der Richtwerte nach Nummer 2.1 zu belegen.

Die im Anhang gegebenen Erläuterungen dienen den Straßenverkehrsbehörden zum besseren Verständnis der Lärmberechnungen und des Einflusses von Verkehrsstärke, Verkehrsstruktur, Geschwindigkeit und Fahrweise.

3. Maßnahmen

Als straßenverkehrsrechtliche Maßnahmen kommen in Betracht:
- Verkehrslenkung
- Lichtzeichenregelung
- Geschwindigkeitsbeschränkungen
- Verkehrsverbote

Es ist stets diejenige Maßnahme vorzuziehen, die den geringsten Eingriff in den Straßenverkehr darstellt. Im Einzelfall ist auch eine Kombination von straßenverkehrsrechtlichen Maßnahmen mit anderen Maßnahmen (vgl. Erl. 6)[12] möglich.

3.1 Verkehrslenkung

Eine Lärmminderung kann oft bereits durch verkehrslenkende Maßnahmen zur Verkehrsentlastung oder zur Verstetigung des Verkehrsflusses erreicht werden. Vor der Anordnung von Geschwindigkeitsbeschränkungen oder Verkehrsverboten ist daher stets zu prüfen, ob nach den speziellen örtlichen Gegebenheiten vor allem eine geänderte Wegweisung (z.B. neue Zielführung, Aktualisierung der Zielangaben), eine geänderte Hinweisbeschilderung (z.B. Parkleitsystem, P + R, Gewerbegebiete, touristisch bedeutsame Sehenswürdigkeiten) oder andere verkehrslenkende Maßnahmen (z.B. die Einrichtung von Einbahnstraßen oder die Vorgabe bestimmter Fahrtrichtungen) in Betracht kommen. Dabei sind die allgemeinen Grundsätze der Wegweisung und der Umleitung wie z.B. Zielführung über eine möglichst kurze und unproblematische Strecke, Geeignetheit und Zumutbarkeit von Ausweichstrekken angemessen zu berücksichtigen.

3.2 Lichtzeichenregelung

Durch Einrichtung von „Grünen Wellen", Sonderprogrammen oder verkehrsabhängigen Steuerungen von Lichtzeichenanlagen können der Verkehrsfluss verstetigt und die Anfahr- und Bremsgeräusche verringert werden. Daher können diese Maßnahmen sinnvoll sein, obwohl sie in den RLS-90 keine Berücksichtigung finden.

Das Abschalten von Lichtzeichenanlagen zu Zeiten schwachen Verkehrs (z.B. nachts) wird wegen der verringerten Anfahrvorgange von den Anliegern subjektiv positiv bewertet (verminderte Lästigkeit). Die verminderte Lästigkeit kommt durch den Wegfall des Lästigkeitszuschlags zum Ausdruck (s. RLS-90 Abschnitt 4.2 und Tabelle 2). Lichtzeichenanlagen sollten aber nur dann abgeschaltet werden, wenn der Grund, der zur Errichtung der Lichtzeichenanlage führte, während bestimmter Zeiten entfällt und wenn vorher eingehend geprüft wurde, ob auch bei abgeschalteter Lichtzeichenanlage ein sicherer Verkehrsablauf möglich ist (Ziff. VI VwV-StVO zu § 37 Abs. 2 und Richtlinien für Lichtsignalanlagen – RiLSA).

3.3 Geschwindigkeitsbeschränkungen

a) Innerhalb geschlossener Ortschaften
In Wohngebieten wird mit der Anordnung von Tempo-30-Zonen (Z 274.1) und verkehrsberuhigten Bereichen (Z 325.1) dem Schutz der Wohnbevölkerung vor Lärm weitgehend Rechnung getragen. Auf den Straßen des überörtlichen Verkehrs (Bundes-, Landes- und Kreisstraßen) und weiteren Hauptverkehrsstraßen bündelt sich der weiträumige und der innerörtliche Verkehr und entlastet gleichzeitig die Wohngebiete.
Einer Geschwindigkeitsbeschränkung steht auf diesen Straßen in der Regel deren besondere Verkehrsfunktion (vgl. FStrG und Straßengesetze der Länder) entgegen.

b) Außerhalb geschlossener Ortschaften
Auf den Straßen des überörtlichen Verkehrs (Bundes-, Landes- und Kreisstraßen) und weiteren Hauptverkehrsstraßen ist stets deren besondere Verkehrsfunktion (vgl. FStrG und Straßengesetze der Länder) zu bedenken. Unterschiedliche Geschwindigkeitsbeschränkungen für Pkw und Lkw sind möglich.
Auf Autobahnen (Z 330.1), Kraftfahrstraßen (Z 331.1) und autobahnähnlichen Straßen (§ 3 Abs. 3 Nr. 2 Buchst. c S. 2 und 3 StVO) mit Richtgeschwindigkeit 130 km/h hat deren besondere Verkehrsfunktion Vorrang. Auf diesen Straßen können Geschwindigkeitsbeschränkungen für Pkw und Krafträder geeignet sein, die Spitzengeschwindigkeiten einzelner, besonders schneller Fahrzeuge bei der Vorbeifahrt deutlich zu verringern. Dies führt nach den bisherigen Erfahrungen dazu, dass solche Geschwindigkeitsbeschränkungen von der betroffenen Bevölkerung positiver bewertet werden als dies im Rückgang des errechneten Lärmpegels zum Ausdruck kommt. Deshalb kann auf Autobahnen, Kraftfahrstraßen und autobahnähnlichen Straßen mit Richtgeschwindigkeit 130 km/h bei einer Richtwertüberschreitung nach Nr. 2.1 im Bereich von Wohnbebauung erheblichen Umfangs die Anordnung eines entsprechenden Tempolimits zur Vermeidung von Lärmpegelspitzen auch dann in Betracht kommen, wenn die nach Nr. 2.3 mindestens zu erreichende Lärmpegelminderung durch Geschwindigkeitsbeschränkungen rechnerisch nicht erreichbar ist.

3.4 Verkehrsverbote

Wenn die in den Nr. 3.1–3.3 aufgeführten Maßnahmen zur erforderlichen Pegelminderung im Einzelfall nicht geeignet oder nicht ausreichend sind und auch andere Maßnahmen (vgl. beispielhaft Erl. 6)[13] nicht in Betracht kommen, kann außerhalb von Autobahnen (Z 330.1), Kraftfahrstraßen (Z 331.1) und autobahnähnlichen Straßen auch die Anordnung von Verkehrsverboten (wie Z 250, 251, 253, 255, 260, 262) erwogen werden.

Verkehrsverbote kommen nur in Betracht, wenn die besondere Verkehrsfunktion der jeweiligen Straße und die Verkehrsbedürfnisse dies zulassen, für die ausgeschlossenen Verkehrsarten eine zumutbare und geeignete Umleitungsstrecke vorhanden ist und eine Verlagerung des Straßenverkehrslärms in andere schutzwürdige Gebiete nicht zu befürchten ist. Ausnahmen können allgemein durch Zusatzzeichen (z.B. „Anlieger frei“, „Lieferverkehr frei“) oder durch Einzelausnahmegenehmigung berücksichtigt werden.

Es ist stets insbesondere anhand der Verkehrsbelastung und der Verkehrsstruktur zu prüfen, ob Verkehrsverbote auf bestimmte Verkehrsarten (z.B. Lkw oder Krafträder) beschränkt werden können. Dabei kann es z.B. genügen, anstelle des gesamten Verkehrs mit Lkw nur den Verkehr mit Lkw oberhalb eines bestimmten zulässigen Gesamtgewichts zu verbieten.

Verkehrsverbote für den gesamten Kraftfahrzeugverkehr dürfen nur angeordnet werden, wenn andere geringere Eingriffe ausscheiden.

Für den ausgeschlossenen Verkehr ist unter Berücksichtigung der Verkehrsbedürfnisse Vorsorge (z.B. ausreichende Park- oder Wendemöglichkeiten, Umleitungsbeschilderung, Wegweisung, Verkehrslenkung) zu treffen. Sollen Verkehrsverbote zeitlich unbeschränkt und dauerhaft (nicht nur vorübergehend) angeordnet werden, müssen sie im Einklang mit der widmungsgemäßen Bestimmung der Straßen stehen.

Anhang

Erläuterungen zu Lärmbewertung, Einfluss von Verkehrsstärke, Geschwindigkeit und Fahrweise

1. Die Lärmbelastung durch den Straßenverkehr wird im Wesentlichen durch die Anzahl der Kraftfahrzeuge, deren Fahrleistungen, das Emissionsverhalten der einzelnen Fahrzeuge sowie das Verhalten des Fahrzeugführers (vor allem im Hinblick auf Geschwindigkeit und Motordrehzahl), den Verkehrsfluss und die allgemeine Verkehrsregelung (bspw. Vorfahrtregelung, Steuerung von Lichtzeichenanlagen) bestimmt. Weitere wichtige Einflussgrößen sind die Kombination Reifen/Fahrbahn (bspw. Fahrbahnbeläge), eventuell Einbauten im Fahrbahnbereich (bspw. Aufpflasterungen) sowie die geometrischen Verhältnisse bei der Schallausbreitung.

2. Bei Lkw-Anteilen über 10 % des DTV wird der Mittelungspegel zunehmend von den Lkw bestimmt. Daher machen sich Geschwindigkeitsbeschränkungen, die nur den Pkw-Verkehr betreffen, im Mittelungspegel praktisch nicht bemerkbar.

3. Zur Kennzeichnung von Geräuschen mit zeitlich veränderlichen Schallpegeln – wie bei Straßenverkehrsgeräuschen z.B. einer nahen gelegenen Straße – dient der A-bewertete Mittelungspegel L_m in dB(A) nach DIN 45 641. In den Mittelungspegel gehen Stärke und Dauer jedes Einzelgeräusches ein.

4. Der Mittelungspegel ist nicht mit dem Pegelmittelwert (arithmetisches Mittel) zu verwechseln. Sein Wert liegt viel näher an den Pegelspitzen.

Beispiel: Herrscht während 54 Minuten ein Pegel von 30 dB(A) und verursachen Lkw 6 Minuten lang 80 dB(A), dann beträgt der (arithmetische) Pegelmittelwert 35 dB(A), der Mittelungspegel aber 70 dB(A).

5. Die Mittelungspegel für unterschiedliche Verkehrsstärken und Lkw-Anteile werden gemäß den Diagrammen I und II der RLS-90 bestimmt. Die Korrekturen D_{StrO}, D_{Stg}, D_S und D_{refl} (andere Fahrbahnoberfläche, Steigung über 5 %, anderer Abstand als 25 m, Mehrfachreflexion in einer Straßenschlucht) sind von straßenverkehrsrechtlichen Maßnahmen nicht betroffen.

6. Der Mittelungspegel steigt mit zunehmender Geschwindigkeit an. Bei gleichmäßiger Fahrweise und einer Geschwindigkeit ab ca. 40 km/h bei Pkw und ca. 60 km/h bei Lkw wird die Fahrzeugemission vom Reifen-Fahrbahn-Geräusch bestimmt. In Geschwindigkeitsbereichen darunter wird der Mittelungspegel maßgeblich von der Fahrweise (gewählter Gang, Beschleunigung usw.) bestimmt.

7. Eine Erhöhung des Mittelungspegels um 10 dB(A) entspricht in etwa der Verdoppelung der subjektiv empfundenen Lautstärke. Eine Verminderung des Mittelungspegels um 10 dB(A) entspricht in etwa der Halbierung der subjektiv empfundenen Lautstärke.

Unter sonst gleichen Bedingungen führt die Verdoppelung der Verkehrsstärke zu einer Erhöhung des Mittelungspegels um 3 dB(A) und die Halbierung der Verkehrsstärke zu einer Minderung des Mittelungspegels um 3 dB(A).

8. Es ist unter Lärmaspekten sinnvoll, den Verkehr auf wenige schon stark belastete Straßen zu konzentrieren (Bündelung).

Die Verlagerung von Verkehr aus hoch belasteten, „lauten" Straßen auf vorher schwach belastete, „leise" Straßen ist dagegen i.A. keine sinnvolle Lärmschutzmaßnahme, weil die Pegelminderung in der „lauten" Straße kaum spürbar, die Pegelerhöhung in der vorher „leisen" Straße aber gravierend ist.

Beispiel: Von einer mit 4000 Fzg/h – davon p = 20 % Lkw – belasteten Straße werden 1500 Fzg/h (20 % Lkw) auf eine Straße verlagert, die vorher nur mit 100 Pkw/h belastet war.

Folge: Der Verkehr in der „lauten" Straße wird um etwa 40 % geringer, der Mittelungspegel erniedrigt sich aber nur um 2 dB(A).

In der „leisen" Straße wird der Verkehr 16mal stärker. Dies bedeutet schon bei reinem Pkw-Verkehr eine Pegelerhöhung um 12 dB(A). Unter Berücksichtigung der nun neu in diese Straße gelangenden Lkw erhöht sich der Mittelungspegel sogar um rund 16 dB(A).

9. Pegelminderungen über 3 dB(A) lassen sich i.A. nur durch Verdrängung hoher Lkw-Anteile und/oder Maßnahmenkombinationen erreichen.

Erläuterungen

1 Die Lärmschutz-RiLi-StV zählen zum Bereich des Polizei- und Ordnungsrechts, sind damit klassisches Gefahrenabwehrrecht und Eingriffsrecht, Rechtsgrundlage ist das Straßenverkehrsrecht und nicht das Bundesimmissionsschutzrecht. Beschränkungen und Verbote des fließenden Verkehrs dürfen als belastende VA, die in den verfassungsr. geschützten Bereich anderer VT eingreifen, nur dort angeordnet werden, wo aufgrund der besonderen örtlichen Verh. eine Gefahr für den Gesundheitsschutz der (Wohn)Bevölkerung durch Lärm besteht, die das allgemeine Risiko im Straßenverkehr erheblich übersteigt (vgl. § 45 StVO). Dabei ist die Grenze des billigerweise zumutbaren Verkehrslärms nicht durch gesetzlich bestimmte Grenzwerte festgelegt. Maßgeblich ist vielmehr, ob die Lärmbeeinträchtigung jenseits dessen liegt, was unter Berücksichtigung der Belange des Verkehrs im konkreten Fall als ortsüblich hingenommen werden muss (z. B. *BVerwG* Urt. v. 22.12.1993, NZV 1994, S. 244, Urt. v. 13.3.2008, BVerwGE 130, S. 383).

Anders verhält es sich bei der Lärmvorsorge oder Lärmsanierung an Straßen. Die „Lärmvorsorge" gehört zur Planung eines Straßenneubaus oder -ausbaus – vgl. dazu die Grenzwerte der Verkehrslärmschutzverordnung (16. BImSchV, geändert durch die 2. VO zur Änderung der 16. BImSchV, BGBl. I 2020, S. 2334 v. 4.11.2020) mit dem Ziel, bei der Berechnung des Beurteilungspegels für Straßen die Emissionsannahmen für Pkw und Lkw durch die Einführung der RiLi für den Lärmschutz an Straßen RLS-19 auf den aktuellen Stand zu bringen. Zudem wurde ein Verfahren zur Bestimmung von Korrekturwerten für Straßendeckschichten eingeführt). Dort werden Immissionsgrenzwerte im Hinblick auf ein bestimmtes Schutzziel, die Vermeidung von Belästigungen am Tag oder Störung der Nachtruhe, festgelegt. Bereits im Vorfeld des Baus oder Ausbaus von Straßen wird berücksichtigt, wie sich nach erfolgter Baumaßnahme die Geräuschbelastung für die Anwohner darstellen wird. Bei Überschreitung vorgegebener Immissionsgrenzwerte sind dann bereits in der Planungsphase entsprechende bauliche Lärmschutzmaßnahmen vorzusehen. Im Gegensatz hierzu greift die Lärmsanierung dort, wo eine Lärmbelastung „gewachsen" ist, ohne dass eine bauliche Änderung der Straße erfolgt. Lärmsanierung wird als freiwillige Leistung der Baulastträger auf der Grundlage haushaltsrechtlicher Regelungen durchgeführt. Voraussetzung für die Lärmsanierung ist die Überschreitung von Auslösewerten, die allerdings weniger streng sind als die Immissionsgrenzwerte der Lärmvorsorge. Weder durch die Lärmvorsorge noch durch die Lärmsanierung (aktive und passive Schallschutzmaßnahmen) wird durch Verwaltungshandeln einschränkend oder verbietend in Rechte der VT eingegriffen. Somit ist eine andere Ebene des Verwaltungshandelns berührt.

Straßenverkehrsrechtliche Maßnahmen aus Lärmschutzgründen können nur anhand der Lärmschutz-RiLi-StV angeordnet werden; vgl. Rn. 13 der VwV-StVO zu § 45 Abs. 1-1e, Rn. 12 zu § 41 Zeichen 274. Die immissionsschutzrechtl. Vorschr. des § 40 BImSchG als Anordnungsgrund kommt insoweit nicht zur Anwendung (vgl. Erl. 11). Dies folgt insbes. aus dem Umstand, dass die auf Art. 84 Abs. 2 GG beruhende VwV einen bundeseinheitlich gleichen Verwaltungsvollzug iSd Gefahrenabwehrrechts gewährleisten soll (eröffnet keinen Raum für eine Anordnung entspr. der örtlichen Lärmaktionsplanung – so auch *OVG Bremen* Beschl. v. 11.2.2016 VRS 130, S. 51). Diesem Umstand trägt der *VGH Baden-Württemberg* irrtümlich nicht Rechnung (Urt. v. 17.07.2018 – 10 S 2449/17, juris) – anordnende Behörde bleibt auf jeden Fall auch die StV-Behörde, die einen Lärmaktionsplan aufstellende Behörde kann nicht an ihre Stelle treten – unzuständige Behörde mit Folgen für den VA (nichtig). Die Lärmschutz-RiLi kommen auch für solche Maßnahmen zur Anwendung, die zum Gegenstand von Lärmaktionsplänen werden, die Umgebungslärmvorschriften greifen nicht, auch ist eine EU-rechtsfreundliche Auslegung insoweit nicht angezeigt. Straßenverkehrsrecht und Lärmschutzrecht sind EU-weit nicht harmonisiert. Das Straßenverkehrsrecht unterfällt dem Subsidiaritätsgrundsatz. Laut BVerwG begründet die europ. Umgebungslärm-RiLi überdies keine subj. Rechte (BVerwGE 150, 294); sie hat lediglich zum Ziel, dass Behörden der Mitgliedstaaten Lärmkarten und Aktionspläne erstellen und verfolgt einen Managementansatz. Auch im BImSchG (§§ 47a-47f) fehlen Festlegungen, die bei Fehlen von Aktionsplänen die Initiierung von erforderlichen Maßnahmen ermöglichen. Es mehren sich Wünsche nach einer Harmonisierung der Rechtsgrundlagen zum Umgebungslärm (§§ 47a-47f BImSchG) mit den straßenverkehrsrechtl. Anordnungsbef. (§ 45 StVO) – vgl. auch BR-Drs. 289/19. Insbes. eine europaweit harmonisierte Methode zur Überprüfung der Lärmbetroffenheit wird angestrebt (einheitliche Lärmindizes, Bezugszeiträume, Berechnungsalgorithmen etc.). Nach einer Ansicht soll zur Berechnungsmethode auf die für den Umgebungslärm von bodennahen Quellen (Straßen, Schienenwege, Industrie und Gewerbe) dienende BUB (europ. Berechnungsverfahren CNOSSOS-EU) zurückgegriffen werden, welche der Umsetzung der RiLi (EU) 2015/996 der KOM v. 19.5.2015 zur Festlegung gemeinsamer Lärmbewertungsmethoden gem. RiLi 2002/

49/EG des EP und des Rates (ABl. L 168 v. 1.7.2015, S. 1) über die Bewertung und Bekämpfung von Umgebungslärm dient. Die spektralen Emissionsannahmen der BUB sind aber nicht gefestigt, CNOSSOS-EU soll zudem geändert werden. Mit den überarbeiteten RLS-90 (RLS-19 – VkBl. v. 31.10.2019, S. 698, Rechtskrafterlangung nach Inkrafttreten der Änderung der 16. BImSchV am 1.3.2021) liegt hingegen bereits ein überarbeitetes Berechnungsverfahren vor, das aktuellen wissenschaftlichen Erkenntnissen zur Lärmberechnung entspricht. Es wird daher allenfalls zu prüfen sein, wie der Verweis in den Lärmschutz-RiLi-StV hin zu der überarbeiteten RLS-90 (RLS-19) in den straßenverkehrsrechtl. RiLi aktualisiert werden kann und ob die Änderungen ein zu eins Eingang in die Lärmschutz-RiLi-StV finden wird (in den RLS-19 werden zugunsten der Lärmbetroffenen Auswirkungen unterstellt, welche im Rahmen des Eingriffsrechts als belastende VAe für andere eigentlich keine Entsprechung finden dürften). Die zur Vorbereitung straßenverkehrsrechtl. Anordnungen notw. Lärmberechnungen sind vom Straßenbaulastträger und nicht von den für die Lärmkartierung zuständigen Kommunen durchzuführen (Darstellungen in den Lärmkarten sind nicht ausreichend).

2 Vgl. *BVerwG* Urt. v. 22.12.1993 – NZV 1994, S. 244.

3 Vgl. *BVerwG* Urt. v. 13.12.1979 – VkBl 1980, S. 237, *BVerwG*, Beschl. v. 18.10.1999 – NZV 2000, S. 386; *BVerwG* Urt. v. 15.2.2000 – DAR 2000, S. 423.

4 Vgl. *BVerwG* Urt. v. 4.6.1986 – NJW 1986, S. 2655 f.

5 *BVerwG* Urt. v. 4.6.1986 – NJW 1986, S. 2655 f.

6 Z. B. aktive und/oder passive Lärmschutzmaßnahmen, Nutzungszuordnung von Verkehrsarten zu bestimmten Hauptverkehrsstraßen bzw. Quartieren, Verlagerung lärmintensiven Gewerbes, Förderung des ÖPNV und des Fahrrad- und Fußgängerverkehrs, Bau lärmarmer Fahrbahndecken, Maßnahmen zur Verflüssigung des Verkehrs (z. B. koordinierte Lichtsignalsteuerung, Parkleitsysteme).

7 Definition Beurteilungspegel (nach RLS-90): Der Beurteilungspegel ist bei Straßenverkehrsgeräuschen gleich dem Mittelungspegel, dem für Immissionsorte in der Nähe von lichtzeichengeregelten Kreuzungen und Einmündungen noch ein Zuschlag für erhöhte Störwirkung hinzugefügt wird. Definition Mittelungspegel: Der Mittelungspegel ist der zeitliche Mittelwert des A-Schallpegels nach DIN 45641. Die RLS-90 befinden sich in der Überarbeitung. Ein Automatismus zur nachfolgenden Anpassung der Lärmschutz-Richtlinien-StV besteht nicht, weil unterschiedliche Verwaltungsebenen betroffen sind.

8 „Richtlinien für den Lärmschutz an Straßen – RLS-90, Nr. 4"; erhältlich bei FGSV Verlag, Köln.

9 Die Richtwerte entsprechen den Beurteilungspegeln für die Lärmsanierung an Bundesfernstraßen. Das BImSchG mit der Verkehrslärmschutzver-

ordnung (16. BImSchV) und deren Immissionsgrenzwerten sowie die Regelungen zur Umsetzung der EU-Umgebungslärmrichtlinie haben hier keine Bedeutung.

9a Vgl. Erl. 8.

10 Dies bedeutet, dass nach dieser für die Lärmvorsorge (16. BImSchV) entwickelten Berechnungsvorschrift schon ab einer berechneten Differenz von 2,1 dB (A) straßenverkehrsrechtliche Maßnahmen geeignet sein können.

11 Bei Lärmaktionsplänen wird die Vorläufige Berechnungsmethode von Umgebungslärm an Straßen (VBUS) zur Berechnung der Schallpegel verwendet. Gemäß VBUS berechnete Isophonen bzw. Auslösepegel-Linien müssen also immer gemäß RLS-90 nachgerechnet werden (Beschl. *OVG Bremen* v. 11.2.2016, 1 B 241/15). Mit der VBUS werden die Lärmindizes LDEN (Tag-Abend-Nacht-Lärmindex) und LNight (Nacht-Lärmindex) der 34. VO zur Durchführung des BImSchG (VO über Lärmkartierung – 34. BImSchV) für Straßenverkehr berechnet (Kartierung von Umgebungslärm). Die VBUS gilt nicht für Schallberechnungen nach der 16. BImSchV, in ihr sind z. B. Beurteilungszu- oder -abschläge hinsichtlich unterschiedlicher Witterungsbedingungen sowie die Lage der Ermittlungspunkte für die Immissionspegel nicht berücksichtigt. Dieses Ergebnis ist mit der EU-Umgebungslärmrichtlinie vereinbar, die im Übrigen lediglich einen so genannten Managementansatz verfolgt. Weder das Erfordernis der Lärmaktionsplanung noch ihr konkreter Inhalt (Auslöse- oder Grenzwerten oder Maßnahmenvorschlägen) sind im Detail festgelegt. Die für straßenverkehrsrechtliche Anordnungen zuständige Straßenverkehrsbehörde ist bereits bei der Aufstellung des Lärmaktionsplans zu beteiligen. Bei der Umsetzung einer im Aktionsplan unter dieser Beteiligung festgelegten Maßnahme ist diese dann an ihr vorheriges Votum grds. gebunden. Rechtsgrund für die Anordnung von straßenverkehrsrechtlichen Maßnahmen zum Schutz vor Lärm bleibt aber das Straßenverkehrsrecht. Eine der Umweltzonenregelung vergleichbare Regelung (hier nur noch Kennzeichnung und Zeichen, aber nicht Anordnungsgrund) wurde bislang in der StVO nicht getroffen. Forderungen, kommunalen Lärmaktionsplänen mehr Verbindlichkeit für die StV-Behörden zuzusprechen, könnte allenfalls im Wege einer einvernehmlichen Entscheidung und einer Anordnungsgrundlage im BImSchG selbst Rechnung getragen werden. § 47d Abs. 6 BImSchG verweist aber lediglich auf § 47 Abs. 6 BImSchG, nicht aber auf § 40 BImSchG.

12 Gemeint ist die Text-Erläuterung mit Anhang zur RiLi.

13 Vgl. vorh. Anm.

3 k

Zwölfte Verordnung über Ausnahmen von den Vorschriften der Straßenverkehrs-Ordnung (12. Ausnahmeverordnung zur StVO)

vom 18. März 2005 (BGBl I S. 866)[1],
zuletzt geändert durch V vom 26. Oktober 2009 (BGBl I S. 3678)

§ 1

Abweichend von § 18 Abs. 5 Satz 2 Nr. 1 der Straßenverkehrs-Ordnung beträgt die zulässige Höchstgeschwindigkeit für Kraftfahrzeuge mit einem zulässigen Gesamtgewicht von über 3,5 t bis 7,5 t, die im Fahrzeugschein als Wohnmobil bezeichnet sind, auf Autobahnen (Zeichen 330.1) und Kraftfahrstraßen (Zeichen 331.1)[2] 100 km/h.

§ 2

Aus den Fahrzeugpapieren von im Ausland zugelassenen Wohnmobilen im Sinne des § 1 muss eindeutig zu ersehen sein, dass diese das zulässige Gesamtgewicht von 7,5 t nicht überschreiten.

§ 3

Diese Verordnung tritt am Tage nach der Verkündung in Kraft.[3]

Erläuterungen

1 Amtl. Begründung siehe VkBl 2005, 364.

2 Wohnmobile sind Sonder-Kfz mit besonderer Zweckbestimmung „Wohnen". Fahrzeugtechnisch gehören sie zu einer eigenen Fahrzeuggruppe.

3 Es hat sich gezeigt, dass die gefahrenen Geschwindigkeiten der Verk.Si. nicht abträglich und dem Verk.fluss zuträglich sind, deshalb erfolgte keine Befristung. Es ist dauerhaft aber keine Einstellung der Geschwindigkeit in § 18 zu erwarten (könnte Begehrlichkeiten für weitere Fzg mit besonderer Zweckbestimmung wecken, für die dies nicht im gleichen Umfang gilt). Auch der Forderung nach Ergänzung der Ausnahmeverordnung um Ausnahmen von durch Verkehrszeichen 277 angeordneten Überholverboten

wird nicht entsprochen werden. Zeichen 277 stellt mit seinem Bedeutungsgehalt auf die reine Personenbeförderung und auf die Gesamtmasse „über 3,5 t" ab. Die Motorisierung und der beschränkte Geschwindigkeitsvorteil können deshalb nicht allein ausschlaggebend für die begehrte Andersbehandlung per Ausnahmeverordnung sein (Verbote bei besonders starkem Seitenwind, Fahrstreifeneinzug von links etc.). Länder können „schwere Wohnmobile" aber bei Bedarf (z.B. an Steigungsstrecken, wo das Überholverbot zur Verflüssigung des Verkehrs angeordnet wurde) durch Zusatzzeichen vom Überholverbot ausnehmen.

Piktogramm Wohnmobil und nachfolgendes Z sind Gegenstand des § 39 Abs. 7 StVO und des VzKat – Zeichen 1010 – 67, 1024 – 19.

31

Verordnung über Ausnahmen von straßenverkehrsrechtlichen Vorschriften für Fahrzeuge und Fahrzeugkombinationen mit Überlänge (LKWÜberlStVAusnV)[1)]

vom 19. Dezember 2011 (eBAnz. AT144 2011 V2),
zuletzt geändert durch VO vom 19. September 2019 (eBAnz AT 1.10.2019 V1) und vom 6. November 2020 (eBAnz AT 13.11.2020 V1)
(Auszug – ohne Anlage „Streckennetz“)

§ 1 Anwendungsbereich[1 2]

Die Verordnung regelt die Voraussetzungen, bei deren Erfüllen bestimmte Fahrzeuge und Fahrzeugkombinationen mit Überlänge am Straßenverkehr abweichend von den Vorschriften der Straßenverkehrs-Ordnung und der Straßenverkehrs-Zulassungs-Ordnung teilnehmen dürfen.

§ 2 Streckennetz[3 4]

(1) Der Verkehr mit Fahrzeugen und Fahrzeugkombinationen mit Überlänge ist ausschließlich auf den in der Anlage festgelegten Strecken nach Maßgabe der folgenden Vorschriften zulässig.[2)]

(2) Abweichend von Absatz 1 dürfen in § 3 Satz 1 Nummer 1 bezeichnete Sattelkraftfahrzeuge in den Ländern Baden-Württemberg, Bayern, Brandenburg, Bremen, Hamburg, Hessen, Niedersachsen, Nordrhein-Westfalen, Rheinland-Pfalz, Saarland, Sachsen, Sachsen-Anhalt, Schles-

1) Diese Verordnung macht Gebrauch von der Richtlinie 96/53/EG vom 25.7.1996 zur Festlegung der höchstzulässigen Abmessungen für bestimmte Straßenfahrzeuge im innerstaatlichen und grenzüberschreitenden Verkehr in der Gemeinschaft sowie zur Festlegung der höchstzulässigen Gewichte im grenzüberschreitenden Verkehr (ABl. L 235 vom 17.9.1996, S.59–75).

2) Den Abdruck der Anlage, welche das zulässige Streckennetz für die bis 25,25 m langen Fahrzeuge/Fahrzeugkombinationen enthält, finden Sie im Loseblattwerk Straßenverkehrsrecht unter 2a80, da diese infolge von Meldungen der Länder fortlaufend geändert wird.

wig-Holstein und Thüringen das gesamte Streckennetz der jeweiligen Länder nutzen.

§ 3 Fahrzeuge

Die nachfolgenden Fahrzeuge und Fahrzeugkombinationen mit Überlänge dürfen am Straßenverkehr teilnehmen:
1. Sattelzugmaschine mit Sattelanhänger (Sattelkraftfahrzeug),
2. Sattelkraftfahrzeug mit Zentralachsanhänger,
3. Lastkraftwagen mit Untersetzachse und Sattelanhänger,
4. Sattelkraftfahrzeug mit einem weiteren Sattelanhänger,
5. Lastkraftwagen mit einem Anhänger.

Im Fall des Satzes 1 Nummer 2 bis 5 gilt dies jedoch nur zum überwiegenden Transport von Ladung mit einem begrenzten Volumen-Masse-Verhältnis (Dichte) nach Maßgabe der Sätze 3, 4 und 5. Zulässig sind Punkt-zu-Punkt-Verkehre oder Transportumläufe. Zu Punkt-zu-Punkt-Verkehren zählt insbesondere auch eine Transportkette mit aufeinander folgenden Be- oder Entladepunkten. Zu Transportumläufen zählt insbesondere auch eine Leerfahrt mit anschließender Lastfahrt und abschließender Leerfahrt.

§ 4 Abmessungen[5]

(1) Fahrzeuge und Fahrzeugkombinationen mit Überlänge nach § 3 Satz 1 Nummer 1, 2 und 4 dürfen abweichend von § 32 Absatz 4 Nummer 2 der Straßenverkehrs-Zulassungs-Ordnung die höchstzulässige Gesamtlänge bis zu einer Gesamtlänge von 17,88 m und die höchstzulässige Teillänge des Sattelanhängers bis zu einer Teillänge Achse Zugsattelzapfen bis zur hinteren Begrenzung von 13,38 m überschreiten.

(2) Fahrzeugkombinationen mit Überlänge nach § 3 Satz 1 Nummer 2 bis 4 dürfen abweichend von § 32 Absatz 4 Nummer 3 der Straßenverkehrs-Zulassungs-Ordnung und abweichend von § 22 Absatz 4 Satz 2 der Straßenverkehrs-Ordnung die höchstzulässige Gesamtlänge bis zu einer Gesamtlänge von 25,25 m überschreiten.

(3) Fahrzeugkombinationen mit Überlänge nach § 3 Satz 1 Nummer 5 dürfen abweichend von § 32 Absatz 4 Nummer 3 der Straßenverkehrs-Zulassungs-Ordnung und abweichend von § 22 Absatz 4 Satz 2 der Straßenverkehrs-Ordnung die höchstzulässige Gesamtlänge bis zu einer Gesamtlänge von 24,00 m überschreiten.

(4) Im Rahmen der Teilnahme am Straßenverkehr dürfen abweichend von § 32a der Straßenverkehrs-Zulassungs-Ordnung hinter

Kraftfahrzeugen mehr als ein Anhänger und hinter Sattelkraftfahrzeugen ein Anhänger mitgeführt werden.

§ 5 Technische Anforderungen an die eingesetzten Fahrzeuge[6]

(1) Fahrzeuge und Fahrzeugkombinationen mit Überlänge dürfen am Straßenverkehr nur teilnehmen, wenn sie mit folgenden technischen Einrichtungen ausgerüstet sind:

1. der Anhänger einer Fahrzeugkombination mit Spurhalteleuchten nach § 51 Absatz 4 der Straßenverkehrs-Zulassungs-Ordnung,
2. Luftfederung oder eine als gleichwertig anerkannte Federung nach Anlage XII der Straßenverkehrs-Zulassungs-Ordnung, außer auf den Lenkachsen der Kraftfahrzeuge,
3. Differenzialsperre oder Antriebsschlupfregelung,
4. elektronisch gesteuertes Bremssystem (EBS nach UN/ECE Regelung Nr. 13 Änderungsserie 11; ABl. L 297/1 vom 13.11.2010, S. 183),
5. Scheibenbremsen und Dauerbremssystem nach der Regelung Nr. 13 der Wirtschaftskommission für Europa der Vereinten Nationen (UNECE) über einheitliche Vorschriften für die Typgenehmigung von Fahrzeugen der Klassen M, N und O hinsichtlich der Bremsen (ABl. L 42 vom 18.2.2016, S. 1) im Zugfahrzeug,
6. automatische Achslastüberwachung mit sinnfälliger Anzeige der Achslasten für die Achsen mit Luftfederung oder der Gesamtmasse,
7. Spurhaltewarnsystem nach der Verordnung (EU) Nr. 351/2012 der Kommission vom 23. April 2012 zur Durchführung der Verordnung (EG) Nr. 661/2009 des Europäischen Parlaments und des Rates hinsichtlich der Anforderungen an die Typgenehmigung von Spurhaltewarnsystemen in Kraftfahrzeugen (ABl. L 110 vom 24.4.2012, S. 18, L 121, S. 41) oder nach der Regelung Nr. 130 der Wirtschaftskommission der Vereinten Nationen für Europa (UN/ECE) über einheitliche Bedingungen für die Genehmigung der Kraftfahrzeuge hinsichtlich ihres Spurhaltewarnsystems (ABl. L 178 vom 18.6.2014, S. 29),
8. Elektronische Fahrdynamikregelsysteme (nach UN/ECE Regelung Nr. 13 Änderungsserie 11; ABl. L 297/1 vom 13.11.2010, S. 183),
9. automatisches Abstandsregelsystem (Abstandstempomat) oder Notbremsassistenzsystem,
10. Einrichtungen für indirekte Sicht nach der Richtlinie 2003/97/EG des Europäischen Parlaments und des Rates vom 10. November 2003 zur Angleichung der Rechtsvorschriften der Mitgliedstaa-

ten für die Typgenehmigung von Einrichtungen für indirekte Sicht und von mit solchen Einrichtungen ausgestatteten Fahrzeugen sowie zur Änderung der Richtlinie 70/156/EWG und zur Aufhebung der Richtlinie 71/127/EWG (ABl. L 25 vom 29.1.2004, S. 1), die zuletzt durch die Richtlinie 2006/96/EG vom 20. November 2006 (ABl. L 363 vom 20.11.2006, S. 81) geändert worden ist,

11. Fahrzeuge und Fahrzeugkombinationen nach § 3 Satz 1 Nummer 2 bis 5: Kamera-System am Heck des Fahrzeugs oder der Fahrzeugkombination sowie ein zugehöriger Monitor im Blickfeld des Fahrers für die Sicht nach hinten,
12. Konturmarkierungen aus retroreflektierendem Material nach UN/ECE Regelung Nr. 48 (ABl. L 137 vom 30.5.2007, S. 1),
13. rückwärtige Kenntlichmachung durch ein Schild aus retroreflektierendem Material in Anlehnung an die UN/ECE Regelung Nr. 70 (BGBl. 1994 II S. 970) mit der Aufschrift „Lang-Lkw" (Schrifthöhe 130 mm),
14. Fahrtenschreiber
    a) nach Artikel 1 Absatz 3 der Durchführungsverordnung (EU) Nr. 2016/799 der Kommission vom 18. März 2016 zur Durchführung der Verordnung (EU) Nr. 165/2014 des Europäischen Parlaments und des Rates zur Festlegung der Vorschriften über Bauart, Prüfung, Einbau, Betrieb und Reparatur von Fahrtenschreibern und ihren Komponenten (ABl. L 139 vom 26.5.2016, S. 1; L 146, S. 31; L 27 vom 1.2.2017, S. 169) in Verbindung mit dem Anhang IB der Verordnung (EWG) Nr. 3821/85 des Rates vom 20. Dezember 1985 über das Kontrollgerät im Straßenverkehr (ABl. L 370 vom 31.12.1985, S. 8), die zuletzt durch die Verordnung (EU) 2016/130 (ABl. L 25 vom 2.2.2016, S. 46) geändert worden ist, oder
    b) nach Artikel 1 Absatz 2 in Verbindung mit dem Anhang I C der Durchführungsverordnung (EU) Nr. 2016/799,
15. Abbiegeassistenzsysteme gemäß den Empfehlungen zu technischen Anforderungen an Abbiegeassistenzsysteme für die Aus- und Nachrüstung an Nutzfahrzeugen mit einer zulässigen Gesamtmasse > 3,5 Tonnen und Kraftomnibussen mit mehr als 9 Sitzplätzen einschließlich Fahrerplatz zur Erteilung einer Allgemeinen Betriebserlaubnis für Abbiegeassistenzsysteme vom 19. September 2018 (VkBl. 09/2018, S. 719).

(2) Zugfahrzeug und Anhänger müssen, unabhängig vom Genehmigungszeitpunkt des Fahrzeuges, Absatz 6.5.3.1 der Regelung Nr. 48 der Wirtschaftskommission der Vereinten Nationen für Europa (UN/ECE)

über einheitliche Bedingungen für die Genehmigung von Fahrzeugen hinsichtlich des Anbaus der Beleuchtungs- und Lichtsignaleinrichtungen (ABl. L 14 vom 16.01.2019, S. 42) entsprechen.

§ 6 Kombinierter Verkehr[7]

(1) Fahrzeuge und Fahrzeugkombinationen mit Überlänge dürfen am Straßenverkehr nur teilnehmen, wenn sie mindestens eine Ladeeinheit befördern, die im Kombinierten Verkehr einsetzbar ist. Satz 1 gilt nicht für Leerfahrten von oder zu Umschlaganlagen des kombinierten Verkehrs. Abweichend von Satz 1 reicht es aus, wenn

1. bei Fahrzeugen und Fahrzeugkombinationen nach § 3 Satz 1 Nummer 1 der Sattelanhänger dauerhaft eine Ladeeinheit darstellt, die im kombinierten Verkehr einsetzbar ist, oder
2. bei Fahrzeugen und Fahrzeugkombinationen nach § 3 Satz 1 Nummer 2 bis 5 mindestens ein Teil der Fahrzeugkombination dauerhaft eine Ladeeinheit darstellt, die im kombinierten Verkehr einsetzbar ist.

(1) Im kombinierten Verkehr einsetzbare Ladeeinheiten im Sinne des Absatzes 1 sind solche Container, Wechselbrücken, Sattelanhänger ohne Zugmaschine und sonstige Anhänger, die mit Umschlaggeräten oder mit Umschlagtechniken für nicht kranbare Sattelanhänger auf die Eisenbahn oder das Binnen-, Küsten- oder Seeschiff umgeschlagen werden können. Umschlaggeräte im Sinne des Satzes 1 sind Kräne und Flurförderzeuge.

§ 7 Übereinstimmungsnachweis[8]

Die Erfüllung der in den §§ 4 und 5 festgelegten Voraussetzungen sowie die Einhaltung des § 32d der Straßenverkehrs-Zulassungs-Ordnung sind nachzuweisen durch ein Gutachten eines amtlich anerkannten Sachverständigen für den Kraftfahrzeugverkehr oder durch ein Gutachten eines nach § 30 der EG-Fahrzeuggenehmigungsverordnung zur Prüfung von Gesamtfahrzeugen der jeweiligen Fahrzeugklasse benannten Technischen Dienstes. Für Fahrzeugkombinationen mit Überlänge nach § 3 Satz 1 Nummer 1 gilt Satz 1 als erfüllt, wenn für jedes Einzelfahrzeug der Fahrzeugkombination ein Gutachten vorliegt, das die Einhaltung der Anforderungen nach Satz 1 für die Fahrzeugkombination belegt. Das Gutachten oder dessen Kopie ist während der Fahrt mitzuführen und Kontrollberechtigten auf Verlangen auszuhändigen.

§ 8 Ladung[9]

(1) Fahrzeuge und Fahrzeugkombinationen mit Überlänge dürfen am Straßenverkehr nur teilnehmen, wenn abweichend von § 22 Absatz 4 der Straßenverkehrs-Ordnung die Ladung nicht nach hinten hinausragt.

(2) Fahrzeuge und Fahrzeugkombinationen mit Überlänge dürfen am Straßenverkehr nur teilnehmen, wenn keine flüssigen Massengüter in Großtanks, kein Gefahrgut, keine lebenden Tiere und keine Güter, die freischwingend befestigt sind und aufgrund ihrer Masse die Fahrstabilität beeinträchtigen, befördert werden. Das Verbot des Satzes 1 gilt nicht für die Beförderung von Gefahrgut in Beförderungseinheiten, die nicht nach den Abschnitten 3.4.13 oder 5.3.2 des Europäischen Übereinkommens über die internationale Beförderung gefährlicher Güter auf der Straße (ADR) vom 30. September 1957 (BGBl. 1969 II S. 1491) in der jeweils geltenden Fassung kennzeichnungspflichtig sind.

§ 9 Überholen[10]

(1) Abweichend von § 5 Absatz 1 und 2 der Straßenverkehrs-Ordnung ist das Überholen mit Fahrzeugen und Fahrzeugkombinationen mit Überlänge nach § 3 Satz 1 Nummer 2 bis 5 unzulässig.

(2) Abweichend von Absatz 1 ist das Überholen von Fahrzeugen und Zügen, die nicht schneller als 25 km/h fahren können oder dürfen, zulässig.

§ 10 Transportweg

Fahrzeugkombinationen mit Überlänge gemäß § 3 Satz 1 Nummer 2 bis 5 dürfen am Straßenverkehr nur teilnehmen, wenn jeweils vor Fahrtantritt sich der Fahrer davon überzeugt hat, dass keine Sperrungen und Umleitungen auf der zugelassenen Transportstrecke vorliegen, die ein Verlassen der in der Anlage festgelegten Strecken erfordern.

§ 11 Persönliche Anforderungen an die Fahrer[11]

(1) Fahrzeuge und Fahrzeugkombinationen mit Überlänge nach § 3 Satz 1 Nummer 2 bis 5 dürfen am Straßenverkehr nur teilnehmen, wenn deren Fahrer seit mindestens fünf Jahren ununterbrochen im Besitz der Fahrerlaubnis der Klasse CE sind und über mindestens fünf Jahre Berufserfahrung im gewerblichen Straßengüter- oder Werkverkehr verfügen. Die Berufserfahrung ist durch Vorlage von Arbeitszeugnissen, Arbeitsverträgen oder sonstigen Nachweisen oder deren be-

glaubigte Abschriften, die während der Fahrt mitzuführen sind, nachzuweisen und Kontrollberechtigten auf Verlangen auszuhändigen.

(2) Fahrzeuge und Fahrzeugkombinationen mit Überlänge dürfen am Straßenverkehr nur teilnehmen, wenn deren Fahrer vor dem erstmaligen Führen eines Fahrzeugs oder einer Fahrzeugkombination mit Überlänge an einer mindestens zweistündigen Einweisung in das eingesetzte Fahrzeug oder die eingesetzte Fahrzeugkombination durch den Hersteller oder eine von diesem beauftragte Stelle teilgenommen haben, in der insbesondere der sichere Umgang mit den besonderen Fahreigenschaften des eingesetzten Fahrzeugs oder der eingesetzten Fahrzeugkombination praktiziert wird. In der Einweisung ist zudem das Kurven- und Rückwärtsfahren besonders zu schulen. Eine Bescheinigung über die Teilnahme an der Einweisung ist mitzuführen und Kontrollberechtigten auf Verlangen auszuhändigen.

§ 12 Anzeigepflicht[12]

Kommt es beim Verkehr mit Fahrzeugen mit Überlänge im Sinne des § 3 Satz 1 Nummer 1 zu einem Unfall oder zu Schwierigkeiten bei der Befahrbarkeit von Strecken oder Verkehrsanlagen, insbesondere zu solchen, die in der besonderen Länge des Fahrzeugs begründet sind, so hat das Transportunternehmen dies bei der Bundesanstalt für Straßenwesen, Brüderstraße 53, 51427 Bergisch Gladbach, schriftlich auf dem Postwege oder elektronisch an LangLkw@bast.de anzuzeigen. Hierbei sind Ort, Zeit und Ursache des Vorkommnisses anzugeben sowie eine kurze Vorgangsbeschreibung beizubringen.

§ 13 Übergangs- und Anwendungsbestimmungen[13]

(1) Mit Ablauf des 31. Dezember 2023 sind nicht mehr anzuwenden:
1. § 2 Absatz 2,
2. § 3 Satz 1 Nummer 1,
3. § 4 Absatz 1,
4. § 12.

(2) § 5 Absatz 1 Nummer 15 und Absatz 2 ist vorbehaltlich des Satzes 2 erst ab dem 1. Juli 2020 anzuwenden. Auf Fahrzeuge, die vor dem 1. Juli 2019 erstmals in den Verkehr gekommen sind, ist § 5 Absatz 1 Nummer 15 und Absatz 2 erst ab dem 1. Juli 2022 anzuwenden.

Erläuterungen

1 Ausnahme-VO ermöglicht für die Lang-Lkw-Typen 1 (verlängerte Sattelauflieger 17,88 m) weiterhin nur den befristeten Einsatz. Begründung: Eu-

rop. RiLi lässt den verl. Sattelauflieger ohne Bestimmung seiner Einsatzzwecke nur örtlich eingesetzt und befristet zu; im Feldversuch waren bislang zudem zu wenige Fahrzeuge im Einsatz (Zulassungsdauer richtet sich nach normaler Abschreibungsphase der Fzg). Die Lang-Lkw-Typen 3-5 (bis 25,25 lang) wurden zum 1.1.2017 in den streckenbezogenen Dauerbetrieb überführt. Nach erfolgreicher Durchführung weiterer Fahrtests bei der BASt folgte dies dann ein Jahr später auch für den Lang-Lkw-Typ 2. Einzig vollständige Ablehnung erfährt der Lang-Lkw weiterhin in Berlin, dort im Wesentlichen aus grds. politischen Erwägungen. Die Ausnahmen von der StVZO und StVO beziehen sich auf Überschreitungen in der Länge (§ 32 Abs. 4 StVZO oder § 22 Abs. 4 StVO). Die VO legt Bedingungen fest, damit die Ausnahmen zum Tragen kommen können und enthält Auflagen zur Ermöglichung eines sicheren, reibungslosen, verträglichen Miteinanders aller VT mit dem Lang-Lkw.

2 Bei Verstoß gegen die Vorschriften gelten § 70 StVZO und § 29 Abs. 3 StVO. Ohne Ausn.Gen. und (Sondernutzungs-)Erlaubnis kommen die dann einschlägigen fernstraßenrechtlichen Sanktionen bzw. die Tatbestände der BKatV zur Anwendung. Im Falle der unvorhersehbaren Unbefahrbarkeit eines Streckenabschnitts müssen Lang-Lkw ggf. bis zur erneuten Befahrbarkeit der Strecke geparkt werden. Weisungen der Polizeibeamten gehen aber der Ausnahmeverordnung vor. Zu § 36 StVO trifft die Ausnahme-Verordnung keine abweichende Regelung.

3 Fahrzeugkombinationen mit einer Länge bis 25,25 m sind an ein Positivnetz (Anlage, nicht abgedruckt) gebunden, welches aufgrund von Meldungen der Länder festgelegt wird. Die Positivliste wird in regelmäßigen Abständen überarbeitet. Unternehmen, die an dem Feldversuch teilnehmen wollen, bitten Länder um Aufnahme der beantragten Strecke in die Positivliste. Ist die Strecke grds. geeignet, kann es dennoch sein, dass sie nicht beim Bundesministerium zur Aufnahme gemeldet wird, wenn ein Baulastträger (z.B. aus politischen Gründen) Aufnahme ablehnt. Sind Streckenabschnitte einmal Bestandteil der VO und wurden damit als geeignet gemeldet, können sie bei politischem Wechsel, der mit einer dann ablehnenden Haltung ggü. Lang-Lkw einhergeht, nicht einfach aus der VO gestrichen werden. Allerdings ist eine Aktualisierung aus Verkehrssicherheitsgründen fortlaufend möglich (z.B. Herausnahme der Strecke bei Einrichtung einer Baustelle, die Befahren aus Platzgründen mit Lang-Lkw nicht zulässt).

4 Länder haben Geeignetheit der Strecke anhand z.B. sog. Schleppkurven (Grundlage für den Entwurf von Anlagen für den fließenden und den ruhenden Kfzverkehr) geprüft. Bahnübergänge wurden seitens des BMVI zunächst als zum Befahren eher ungeeignet bewertet. Hintergrund: es sollte keine kostenintensive Anpassung von Taktfahrplänen, Sichtdreiecken etc. erforderlich werden. Wurde ein Bahnübergang aber seitens der Länder geprüft, stellen die verlängerten Räumzeiten durch Lang-Lkw kein Prob-

lem dar und ist das Befahren sicher möglich, dann können auch sie frei gegeben werden. Zusätzliche Auflagen (z.B. vorheriges Anrufen beim Bahnunternehmen vor dem Passieren) können dem Lang-Lkw-Fahrer allerdings nicht durch das Land auferlegt werden.

5 Die festgelegten höchstzulässigen Längen beziehen sich auf die Fzg-Kombinationen nach § 3 Nr. 2, 3 und 4. Im Hinblick auf den Einsatz von Sattelzugmaschinen mit Sattelanhänger (§ 3 Nr. 1) ist die höchstzulässige Gesamtlänge von bisher 16,50 m auf 17,88 m erhöht worden, um zwei Standard-Wechselaufbauten mit einem Spalt transportieren zu können (Verhindern des Aneinanderreibens der Container). Hinter Kfz kann im Gegensatz zu § 32a StVZO mehr als ein Anhänger und hinter Sattelkfz ein Anhänger mitgeführt werden. Diese Kombinationen unterfallen nicht § 18 Abs. 5 Nr. 2 StVO.

6 Zu den technischen Anforderungen:
- Spurhalteleuchten sorgen für verbesserte Sichtbarkeit
- Luftfederung ermöglicht Achslastüberwachung zum Schutz der Infrastruktur (bezieht sich nicht auf die Lenkachse, wenn dort vorhanden, ist dies aber unschädlich), seit 2018 berücksichtigt: in der StVZO zugelassene Ausrüstung mit gleichwertig anerkannten Federungen nach Anlage XII StVZO anstelle von Luftfederungen.
- elektronisch gesteuertes Bremssystem verkürzt Bremsweg, wegen der größeren Achs-Anzahl kann zudem größere Bremswirkung unterstellt werden
- ehemals genannter Retarder wurde 2018 gestrichen, da nicht eindeutig definiert, vielmehr wird seitdem auf UNECE-Regelung Nr. 13 mit seinem Dauerbremssystem zur Schonung durch geringere Abnutzung abgestellt
- Achslast-Anzeige kann über Manometer an einzelnen Achsen oder Achsgruppen, über Kontrollmodule oder über ein Fahrerinformationssystem erfolgen
- Zum Spurhaltewarnsystem wird entsprechend BASt-Abschlussbericht nun direkt auf die UNECE-Regelung Nr. 130 Bezug genommen (harmonisierte Rechtsvorschrift im Rahmen der Typgenehmigung)
- Zum elektronischen Fahrdynamikregelsystem siehe Abs. 2.34 der UN/ECE Regelung Nr. 13 der Änderungsserie 11 (ABl. L 297/1 v. 13.11.2010, S. 183)
- Zum Notbremsassistenzsystem siehe Art. 3 Nr. 5 der EG-VO 661/2009
- Einrichtungen für indirekte Sicht müssen mind. der RiLi 2003/97/EG i.d.F. 2006/96/EG v. 20.11.2006 genügen
- Kamera gewährleistet Sicht nach hinten am Ende des Lang-Lkw, es müssen beide Heckaußenkanten auf Monitor sichtbar sein
- Konturmarkierungen und Schild verbessern Erkennbarkeit des Lang-Lkw für nachfolgenden Verkehr
- Aktualisiert zum 2.3.2019, damit neben digitalen auch intelligente Fahrtenschreiber.

Eine Ergänzung der Anforderungen erfolgte mit ÄndVO aus 2019 zum Wohle der Verkehrssicherheit. Um eine angemessene Übergangsfrist zur Beschaffung entsprechender Systeme sowie zur Nachrüstung von Bestandsfahrzeugen zu gewährleisten, treten die Änderungen erst am 1.7.2021, für Bestandsfahrzeuge am 1.7.2023 in Kraft. Das rückwärtige Kamera-System ist für Lang-Lkw nach § 3 Satz 1 Nr. 1 künftig nicht mehr erforderlich. VO trifft keine Regelung zur Festlegung einer Mindestachsanzahl für Lang-Lkw, weil Sonderregelungen zu Gewichten oder Achslasten nicht Gegenstand der Ausnahme-VO sind. Ungleichbehandlung von Lang-Lkw ggü. herkömmlichen Lkw, die nicht in ihrer Länge begründet ist, lässt sich nicht rechtfertigen.

7 Beim Kombinierten Verkehr geht es allein um die theoretisch mögliche Einsetzbarkeit im Kombinierten Verkehr. Die „Rollende Landstraße" erfüllt diese Kriterien nicht, weil sie keine innerdeutsche Relation ermöglicht und damit von Vornherein ausscheidet. Ausreichend ist, wenn bei modularem Konzept entweder Auflieger oder vorderer Container kv-tauglich ist. Kranbarkeit nicht zwingend erforderlich – auch innovative, horizontale Umschlagtechniken sind umfasst, deren Nutzung keine besondere Ausstattung am Fahrzeug erfordert (Kran, Gabelstapler, Reachstacker etc.) – es genügt, wenn Ladeeinheiten mit Umschlagtechniken für nicht kranbare Sattelanhänger umschlagbar sind.

Ein Megatrailer mit Innenraumhöhe von 3 m ist aber z.B. nicht auf die Schiene verladbar. Es wird keine technische Zulassung verlangt, Bescheinigung des Herstellers reicht aus.

8 TÜV und DEKRA haben einheitliches Muster für Sachverständigengutachten entworfen zwecks Erleichterung der Überwachung. Alternativer Nachweis für die jew. Einzelfzg von Fzg-Kombinationen nach § 3 Satz 1 Nr. 1 ermöglicht flexiblere Kombination von Sattelzugmaschinen und verlängerten Sattelanhängern.

9 Ladungsüberstand nach hinten aus Sicherheitsgründen zum Schutz anderer VT und Infrastruktur verboten (verbesserter Unterfahrschutz). Waren zunächst jegliche Gefahrgüter verboten, auch die sog. Limited Quantities, wurde die VO nachträglich durch die erste Änd-VO v. 5.7.2012 (eBAnz AT 11.7.2012, V1) etwas aufgeweicht. Verbot der flüssigen Massengüter trägt den in Kurven und beim Bremsen typischen kritischen Massenverlagerungen Rechnung, die es zu verhindern gilt. Typische Verpackungseinheiten wie Flaschen oder Tetrapacks fallen nicht darunter. Ist keine negative Auswirkung auf die Fahrdynamik zu befürchten (z.B. leichte Kleider) dann führt dies nicht zum Ausschluss der Ladung.

10 Durch Zulassung des Überholens von Fzg und Zügen, die nicht schneller als 25 km/h fahren können oder dürfen, außerhalb von AB und Kraftfahrtstraßen wird verhindert, dass Fzg bzw. Fzgkombinationen mit Überlänge, trotz gefahrlos bestehender Überholmöglichkeit, eine übermäßig lange

Zeit hinter den langsamen Fzg oder Zügen verbringen müssten. Dadurch könnten nachfolgende VT sich zu einem gefährlichen Überholen sowohl der vor ihnen fahrenden Fzg bzw. Fzg-Kombination mit Überlänge als auch des davor fahrenden langsamen Fzg herausgefordert fühlen. Für verlängerten Sattelanhänger gilt das Überholverbot nun nicht mehr (deutlich kürzer als normaler Gliederzug).

11 Daneben anwendbar: §§ 2, 5 des Berufskraftfahrer-Qualifikations-Gesetzes mit Anlage 1 zu §§ 1 Abs. 2, 2 Abs. 2, 4 Abs. 1 der Berufskraftfahrer-Qualifikations-Verordnung. Zweistündige Einweisung kann durch Hersteller oder andere von diesem beauftragte geeignete Stelle erfolgen. Für verlängerten Sattelanhänger gilt die „5-Jahre-Anforderung" nach Abs. 1 nicht mehr – er ist mit seinen Kurvenlaufeigenschaften vergleichbar mit dem normalen Autotransporter. Eine Einweisung nach Abs. 2 muss aber auch dafür weiter erfolgen.

12 Details zur wissenschaftlichen Begleitung während des 5-jährigen Feldversuchs vgl. BASt-Homepage. Abschlussbericht ist dort abrufbar.

13 Lang-Lkw Typ 2 (Sattelkraftfahrzeug mit Zentralachsanhänger) war 2016 zunächst nur für ein weiteres Jahr bis Ende 2017 zugelassen worden. Nach Durchführung ergänzender Fahrversuche durch die BASt bestehen aus fahrdynamischer Sicht keine Bedenken gegen eine dauerhafte Zulassung, daher konnte für den Typus die Befristung aufgehoben werden.

Mögliche Fahrzeuge und Fahrzeugkombinationen mit Überlänge

(Lang-Lkw) im Sinne des § 3

1. Sattelzugmaschine mit Sattelanhänger (Sattelkraftfahrzeug) bis zu einer Gesamtlänge von 17,80 Metern (Typ 1, verlängerter Sattelauflieger – Versuch 7 Jahre verlängert)

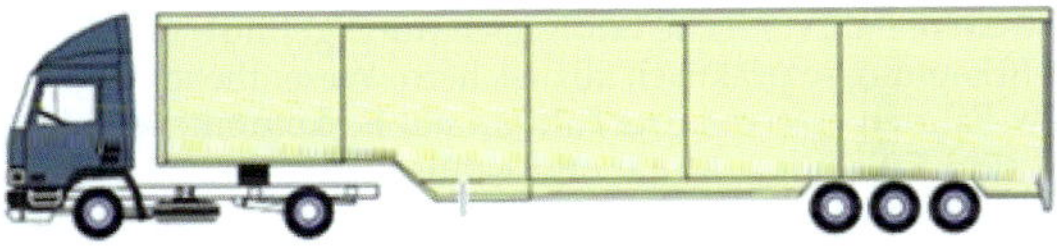

2. Sattelkraftfahrzeug mit Zentralachsanhänger bis zu einer Gesamtlänge von 25,25 Metern (Typ 2 – Versuchsverlängerung ein Jahr)

3. Lastkraftwagen mit Untersetzachse und Sattelanhänger bis zu einer Gesamtlänge von 25,25 Metern (Typ 3 – Aufhebung der Befristung)

4. Sattelkraftfahrzeug mit einem weiteren Sattelanhänger bis zu einer Gesamtlänge von 25,25 Metern (Typ 4 – Aufhebung der Befristung)

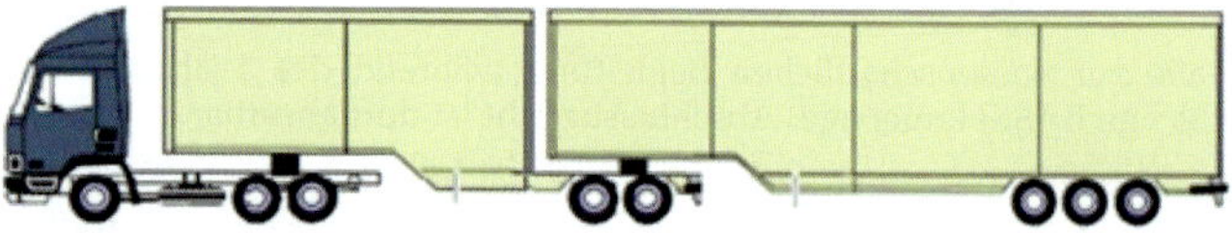

5. Lastkraftwagen mit einem Anhänger bis zu einer Gesamtlänge von 24,00 Metern (Typ 5 – Aufhebung der Befristung).

BASt-Abschlussbericht zeichnet ein positives Bild des Lang-Lkw. Zu Typ 2 wurden weitere Fahrversuche erfolgreich durchgeführt, um die fahrdynamischen Erkenntnisse praktisch abzusichern. Wesentliches Ergebnis: Zwei Lang-Lkw-Fahrten ersetzen drei Fahrten mit herkömmlichen Lkw, zu verzeichnen sind Effizienzgewinne und Kraftstoffersparnisse zwischen 15 % und 25 % (entsprechende günstige Auswirkungen auf CO2), kein erhöhter Erhaltungsaufwand für die Infrastruktur, keine Verlagerungseffekte von der Schiene auf die Straße (sind angesichts der beförderten Güter und Logistikstrukturen auch nicht zu erwarten).

In Vorbereitung sind nun die ersten bilateralen Abkommen (z.B. NL und D), um einen grenzüberschreitenden Verkehr zwischen D und einem Nachbarstaat mit solchen Fahrzeugen generell zu erlauben, Abweichungen von der Ausnahme-VO sind dabei nicht zulässig. Weiterhin unzulässig ist ein Transit durch Deutschland, da dies mit EU-Recht nicht vereinbar wäre. Sämtliche in D geltende Anforderungen für Lang-Lkw bleiben dabei unberührt, d.h. für schwerere Gigaliner findet das Abkommen keine Anwendung.

3 m

Vierte Verordnung über Ausnahmen von straßenverkehrsrechtlichen Vorschriften (Schausteller-Ausnahmeverordnung – SchauAusnV)

vom 19. Februar 2021 (BAnz AT 26.02.2021 V2)

§ 1

(1) Der Inhaber einer Reisegewerbekarte nach § 55 Absatz 1 Nummer 2 der Gewerbeordnung darf Lastkraftwagen mit einer zulässigen Gesamtmasse über 7,5 Tonnen sowie Lastkraftwagen mit Anhänger für die Zwecke seiner Tätigkeit als Schausteller oder nach Schaustellerart abweichend von

1. § 30 Absatz 3 Satz 1 der Straßenverkehrs-Ordnung an Sonntagen und Feiertagen sowie
2. § 1 Absatz 1 der Ferienreiseverordnung an Samstagen vom 1. Juli bis einschließlich 31. August eines Jahres auf den in § 1 Absatz 2 und 3 der Ferienreiseverordnung genannten Straßen führen oder in seinem Auftrag führen lassen.

(2) Führt der Inhaber einer Reisegewerbekarte nach § 55 Absatz 1 Nummer 2 der Gewerbeordnung ein in Absatz 1 genanntes Fahrzeug selbst, gilt § 60c Absatz 1 Satz 1 der Gewerbeordnung entsprechend. Die Tätigkeit als Schausteller oder nach Schaustellerart muss sich aus der Reisegewerbekarte ergeben.

(3) Lässt der Inhaber einer Reisegewerbekarte nach § 55 Absatz 1 Nummer 2 der Gewerbeordnung eine andere Person ein in Absatz 1 genanntes Fahrzeug in seinem Auftrag führen, gilt für diese Person Absatz 2 mit der Maßgabe, dass an die Stelle der Reisegewerbekarte eine Zweitschrift oder eine beglaubigte Kopie der Reisegewerbekarte tritt.

§ 2

Diese Verordnung tritt am Tag nach der Verkündung[1] in Kraft.

1) Anm. d. Verlages:
Verkündet am 26.2.2021.

Stichwortverzeichnis

(Zahlen in Fettdruck verweisen auf die Gliederungsnummern, magere Zahlen auf die Paragraphen und Absätze, Rn. auf die Randnummern)